제4판

법학통론

김 연 · 박정기

法 文 社

제4판 머리말

온 전국이 폭염에 들끓고 있다. 우리나라에서 기상관측이 시작된 이래 최고의 기록이 나왔다고 하는데, 요즘은 정말 에어컨이 없었으면 어떻게 살았을까 아득해질 정도로 날씨가 무섭다. 보도에 따르면 지구 온난화가 가장 큰 원인이라 하는데, 그 소식을 접하며 법률가 내지 법교육자의 한 사람으로서 일말의 책임감을 느낀다. 좀 더 제도적으로 온난화를 막을 수 있는 법령이 정비되어 단 1도라도 기온을 낮출 수 있었으면 좋았지 않았을까. 막연하게 누군가가 하겠지 하는 생각으로 시기를 놓치고 있는 것은 아닐까. 최근 부쩍 심해진 미세먼지와 더불어 단순히 사람과 사람의 사이만이 아니라, 사람이 살기 위해 제도를 잘 갖추어야 한다는 생각이 많이 든다. 그때 이를 가장 단단하게 유지해주는 장치가 법령이라고 할 수 있으므로 법률가나 법학자의 역할이 무엇보다 중요하다고 할 수 있을 것이다.

폭염 속에서 더 살기 좋은 세상을 꿈꾸며, 법학통론 제4판의 작업을 마무리하였다. 이번 개정작업은 그야말로 부분적인 법령이나 판례 등의 업데이트에 그치지 않고, 처음부터 끝까지 잘못되거나 어색한 표현에 이르기까지 전면적으로 손을 보았다. 그 결과로 구저에 비하여 훨씬 더 읽히는 속도가 빨라지고 이해하기도 쉬워졌다고 생각한다. 다만 항상 생각되는 것이지만 의도한 만큼 성과가 났을지는 독자들의 판단에 맡긴다.

새 법학통론을 세상에 내놓으면서, 자기 마음대로 법을 왜곡하는 것이 아니라 누구나 공감할 수 있는 진정한 법이 법으로 인정되는 세상이 오기를 바라며, 이 작은 책이 그러한 길에 작은 이정표가 되기를 바란다. 아울러 어려운 사정에 불구하고 거듭하여 출판을 허락해주신 법문사 사장님과 뜨거운 여름을 이겨내면서 편집에 애쓰신 김용석 과장님, 그리고 온갖 힘든 일을 마다 않고 수고해준 영업부 유진걸 선생께 오늘의 햇살만큼 뜨거운 감사의 인사를 드리는 바이다.

2018년 8월 첫날
저자들 씀

제3판 머리말

법은 정의의 학문이라고 한다. 법학을 왜 공부하느냐고 묻는다면 여러 가지의 대답이 나올 수 있을 것이지만 궁극적으로는 법이라는 도구를 통해서 인류와 국가, 그리고 사회의 부조리를 해결함으로써 정의를 실현하려고 하는 것이다. 그러자면 법을 다루는 사람에게 필연적으로 힘이 필요하기 때문에 법률가는 대개 권력을 가지게 마련이어서 소위 출세했다는 얘기도 듣게 된다. 이러한 이유에서 법을 공부하는 사람들은 권력지향적인 성향이 있다고 매도하기도 하고, 실제 그런 사람이 드물기는 하지만 없지는 않은 것 같다. 그러나 아무리 법률가에게 권력이 있다고 하더라도 이 권력을 정의롭게 쓴다면 결국은 인류와 국가, 그리고 사회에 도움이 될 것이다. 그렇기 때문에 법률가가 법을 제대로 사용하기 위해서는 법의 진정한 의미를 이해하고 있어야 한다는 것은 아무리 강조해도 지나침이 없다고 할 수 있다.

이러한 의미에서 현재 법률가를 키워내는 로스쿨의 교육방법에 걱정이 없을 수 없다. 법의 진정한 의미를 이해하기 보다는 판례가 어떤 입장인가를 외기에 급급하고, 법적 이해가 사람에 따라서 달라질 수 있다는 것은 생각도 못하고 있기 때문에 진정으로 인류와 국가, 그리고 사회에 도움이 되는 인간미 있는 법률가를 키워내고 있는가 하는 점에서 우려하지 않을 수 없기 때문이다. 이러한 교육 내지 공부는 극단적으로 표현하자면 법기술자를 키워내는 것에 다름 아니며, 이러한 법적 기술의 적용이라면 알파고와 같은 인공지능에 의해서도 얼마든지 가능하다고 할 수 있기 때문이다. 법의 진정한 의미를 알고, 이를 인간이나 사회에 도움이 되도록 해석 적용하는 것이 바로 법률가가 해야 하는 일이라고 할 때 법학교육의 개선이 도모되어야 하는 것으로 보는 것이다.

이를 위하여 법철학을 비롯한 기초과목이나 법사학, 비교법학 등 관련과목이 체계적으로 교육되어야 할 것이지만, 처음부터 모든 것을 다하기 어렵기 때문에 법학통론의 필요가 있는 것이다. 아직 법을 다 이해하지 못하는 상황에서는 법을 이해하기 위한 기초적 지식을 닦을 필요가 있기 때문이다. 그렇기 때문에 아무리 로스쿨이라고 하더라도 신입생들에게 법학통론 교육은 반드시 시켜야 하는 것이다. 이후 충분히 여러 법에 대한 공부가 완성되면 법철학을 비롯한 관련과목들도 체계적으로 공부하여야 할 것이다.

이번 개정판은 구판이 발간된 후 법제와 이론의 변화를 반영한 것이다. 그간 법령의 제·개정도 적잖게 있었고, 이론적인 발전도 많았기 때문에 이를 모두 반영하다보니 다소간 부피도 늘어나게 되었다. 독자제현의 양해와 충고를 바란다. 또한 구판과 마찬가지로 어려운 사정에도 불구하고 개정판의 출간을 허락해주신 법문사의 배효선 사장님과 번번이 편집에 애를 쓰신 김용석 선생님, 그리고 영업부 정해찬 선생과 유진걸 선생께 감사의 말씀을 드리고자 한다.

2016년 초여름

저자들 씀

제2판 머리말

지금 전국의 법과대학들은 가히 혁명이라고 할 수 있을 격랑의 소용돌이 속에 휩싸여 있다. 십 수 년간 법조와 법학계를 휘감고 있던 법학전문대학원 문제가 이제 정리가 되어, 바야흐로 내년 즉 2009년 3월이면 새로운 법학교육의 장인 로스쿨이 개원하기 때문이다. 인가를 받지 못한 몇몇 대학들의 반발이 아직도 계속되고는 있으나, 그들의 요구를 다 취하기 어려운 사정임을 감안한다면 이제는 법학에 있어서의 새로운 장을 열기 위한 준비를 해가야 하는 시점임을 부인할 수 없을 것이다.

로스쿨 시대의 법학교육은 종래의 교육방법과는 상당히 달라질 전망이다. 이론 중심의 연구와 수업에서 탈피하여, 실무적으로 유용한 지식을 전수하는 것이 중심이 될 것으로 보이며, 이에 따라 교수 위주의 강의보다는 학생들이 자발적으로 실습과정을 통하여 법률문제를 해결하는 능력을 키우게 될 것이다. 즉 학생들은 스스로 학습하는 방법을 익히지 않으면 안 되게 되었다. 단순히 형식적으로 대학원과정으로 되었다는 것이 그 이유는 아니다. 종래의 법과대학과정에 비하여 1년이 줄어든 3년 동안의 과정에, 법이론과 실무를 전반적으로 섭렵해야 하는데, 학교에서 개설되는 90학점 남짓의 과정으로는 이러한 요구를 충족하기에 턱없이 부족하기 때문이다.

때문에 법학을 공부하는 학생들에게 있어서 법학통론의 중요성은 배가되었다고 하여야 할 것 같다. 로스쿨에 들어와서 공부할 학생들 중에는 학부에서 법학을 전공한 사람도 있을 것이고, 그렇지 않은 사람도 있겠지만, 법학이라는 세계를 전체적으로 조망하는 것은 꼭 필요한 과정이고, 이러한 내용을 제공하는 것이 바로 법학통론이기 때문이다. 법학통론을 익힌 후에 공부를 하는 것과 법학통론을 거치지 않고 공부를 하는 것은 천양지차(天壤之差)의 결과를 불러올 것이다. 이러한 점에서 로스쿨에서 법학통론에 관한 교육과정을 제공하느냐와 무관하게 누구라도 법학통론을 공부하지 않으면 안 되는 것이다. 더군다나 대학에서 법학을 전공하지 않고 법에 관한 대강(大綱)을 접하고자 하는 사람에게 있어서는 더할 나위 없는 창구가 바로 법학통론이라 할 수 있다.

종래의 우리 구저는 다소의 미흡함이 있었음에도 불구하고, 판을 고치지 않고서도 여러 차례 다시 찍어야 할 정도로 과분한 사랑을 받아왔다. 좀 더 일찍 개정판을 내고자 하는 생각은 없지 않았으나, 여러 사정으로 여의치 않아서 항상 개운하지 않았었다. 그러다가 이제 민법을 비롯한 여러 법의 개정, 로스쿨 등을 비롯한 사회적 변화를 반영하고, 종래의 체재를 개편하여 좀 더 논리적으로 정리하며 몇몇 보충설명을 보완하여 개정판을 내놓는다.

물론 개정작업을 완결하고 다시 책을 내놓으려 하니 여러 생각이 교차하는 것은 어쩔 수 없다. 법학전문대학원 설립이라는 힘든 작업 중에 틈틈이 한 일이라, 아직도 여러 곳에 미흡함이 발견된다. 이러한 점은 다시 후일로 미룰 수밖에 없으나, 다음에도 판을 고칠 기회가 있다면 로스쿨의 취지와 체계에 맞추어 전반적으로 체재를 개편해보려고 한다.

이번 작업을 하면서도 많은 분들의 도움을 받았으나, 특히 부경대학교 강사인 최현숙 박사의 노고에 대해서는 여기에 적어 감사하고, 출판계의 어려운 사정에도 불구하고 출판을 허락해주신 법문사 배효선 사장님과 영업부 김영훈 차장님, 그리고 편집에 고생하신 김용석 과장님께도 감사의 뜻을 전하는 바이다.

2008년 무자년 정월

저자들 씀

머 리 말

사람이 사는 사회라면 당연히 법이 있게 마련이라고 한다면 우리가 법을 공부하는 것은 그 중요성을 결코 가볍게 볼 수 없을 것이다. 흔히 법을 배우는 것을 개인적인 출세나 권력을 얻기 위한 것으로 보기도 하지만, 법을 바로 세워 사람들을 정의롭게 살게 하는데 법을 배우는 큰 목적이 있다고 하기 때문이다. 법이 바로 서지 못한다면 그 사회에서 사는 사람들은 크나큰 고통을 겪으면서 살아갈 수밖에 없다. 우리의 역사는 물론, 외국에서도 법이 잘못되어 국민들이 불행하게 되고 결국은 나라의 운명마저 잘못되고 만 사례를 우리는 많이 알고 있다. 때문에 또 많은 사람들이 법학자나 법률가를 권력에 빌붙어 자신의 보신이나 꾀하는 사람쯤으로 치부하기도 한다. 실제 그러한 기회주의적인 성향을 가진 사람들이 없었다고 할 수는 없으나, 그보다 법의 올바른 모습이 무엇인지 노력한 법학자나 법률가가 수백 배 내지 수천 배 많았다고 하는 것이 옳을 것이다. 오히려 법학자나 법률가가 잘못했다기보다는 잘못된 하나의 법이 낳은 폐단이 그만큼 크게 다가온 것은 아닌가 생각된다. 그렇지 않다면 법을 자신의 권력유지수단쯤으로 알고 마음대로 주무르려고 한 위정자에게 잘못이 있는 것은 아닐까.

말하자면 우리가 법을 배우는 가장 큰 이유는 스스로 출세를 하기 위한 것도 아니요, 권력을 잡기 위한 것도 아니다. 무엇보다도 바른 법을 만들어 바르게 집행하고자 하는 것이다. 그러자면 올바른 법이 무엇인지 알고 어찌해야 법이 바르게 되는지를 알아야 하는 것이다. 그런데 불행하게도 우리의 역사는 법을 존중하는 역사가 아니었기에 우리는 지금까지도 법에 대한 인식이 그다지 좋다고 할 수 없다. 조선시대에는 중국의 법제에만 의존하지 않고 경국대전을 비롯한 법전을 편찬하는 등 법에 대한 인식이 남달랐다고 할 수 있으나, 이 역시 지배자를 위한 것이었고 또 우리 나름의 체계에 입각한 조직적인 접근은 충분하다고 할 수 없었기 때문에, 결과적으로 지금 우리는 우리의 전통적인 법을 하나도 가지고 있지 못하다고도 할 수 있다. 거기다가 우리 역사상 진정으로 국민들을 위한 법을 가져본 경험이 거의 없어서 법이라고 하면 어떻게든 나를 못살게 하고, 오로지 나에게 해로울 뿐이라는 생각이 우리의 머릿속 깊이 자리잡고 있는 것도 사실이 아니라고 할 수는 없을 것이다.

결국 이러한 것을 바로잡는 것은 우리 법학도들의 손에 달려있다고 할 수밖에 없다. 지금도 법에 대한 올바른 관념이 없이 법을 다루는 자리에 있는 많은 사람들은 자신들이 얼마만큼 다른 사람들에 대해 피해를 입히고 있는 줄을 깨닫지 못하고 있다. 그들은 자신의 눈에 보이는 것만을 법이라고 오해하고 있으며, 자신의 법전에 씌어져 있는 것에만 따르면 된다는 생각을 가지고 있다. 한 걸음 더 나아가, 자신의 편의를 위해 법을 고치려고 하는 경우까지도 없지 않다. 물론 이들이 진정으로 법이 무엇이며 어떻게 되어야 하는지 모르기 때문에 저지르는 잘못이라고 할 수 있으므로 이들을 비난할 수 있을지는 다른 문제이나, 이들을 바른 법의 세계로 이끌어 가는 것도 법학도들의 소명이라고 할 수 있을 것이다.

이 책은 바로 이와 같은 견지에서 처음 법의 세계에 발을 들여놓는 학생들을 위한 입문서이다. 물론 법학도가 아니더라도 시험이나 다른 필요에 의하여 가볍게 법전반에 대해 맛을 보고자 하는 사람도 충분히 참고할 수 있도록 배려하고 있다. 어떤 이유에서건 법을 처음 대하는 이들을 위한 것이므로 법의 세계에서 알아야 할 내용들을 망라하여, 장차 본격적으로 법을 배우거나 기초적 법생활을 하는데 필요한 사항들을 빠짐없이 익힐 수 있도록 하는 것이 이 책을 쓴 목적이라고 할 수 있다. 흔히 법을 딱딱하고 어렵다고 하지만, 그것은 하기 나름이다. 이 책에서도 학생들의 흥미를 유발하고, 법생활에서 긴요하게 이용될 수 있는 상식적 내용이나, 그림도 포함시킨 것은 이왕이면 재미있게, 그리고 효율적으로 배워보자고 하는 이유 때문이다. 그리고 기왕에 시중에 나와 있는 많은 교과서들이 피상적으로 설명하여 실재 학생들이 속속들이 내용을 이해하기 어려웠던 것을, 가급적 상세히 예를 들어 설명함으로써 이 책 한 권만 있으면 법학을 전공으로서 공부하거나, 시험을 준비하는데 기반이 탄탄하게 닦여지도록 배려하였다. 뿐만 아니라, 각국의 법사상을 비교적 상세히 다루어 우리의 법의 뿌리를 알게 하고, 장차 어떠한 방향으로 발전하여야 할지를 생각해볼 수 있도록 하였다. 오히려 이러한 이유 때문에 다른 책에 비해 다소간 많은 면수를 가지고 있으나, 최대한 수월하게 쓰려고 노력하였기 때문에 내용에 부담은 없을 것이다. 학생들로서는 몇 차례만 통독하고 강의를 들으면 대학생활의 절반은 다했다고 할 수 있을 정도로 전공공부가 수월해질 것이고, 시험을 준비하는데도 문제가 없을 것이다. 저자들로서는 학생들이 이 책을 바탕으로 하여 법학을 바로 익히고, 법학자로서 법률가로서 또 다른 분야에서 인류와 국가와 민족을 위하여 공헌하는 큰 인물이 되기를 기대하여 마지않는다.

다만 이 책을 쓰면서 저자들의 천학비재(淺學菲才)와 과욕이 앞서서 잘못된 부분이 전혀 없다고는 할 수 없을 것이다. 독자제현의 아낌없는 격려와 질책을 기다리며, 문제가 있다면 겸허히 이를 수용하여 고쳐나갈 것이다.

이 책을 완성하기까지 많은 분들의 도움을 받았으나, 일일이 다 거론할 수 없어 유감으로 생각한다. 다만 본서의 출간을 흔쾌히 수락해주신 법문사 배효선 사장님과 어려운 여건 속에서 이 책이 나오기까지 도움을 아끼지 않으신 영업부 김영훈 과장님, 그리고 정성어린 편집으로 부족한 원고를 잘 다독거려 주시고 교정까지 맡아주신 편집부 김용석 선생님을 비롯한 여러분께 특히 감사의 말씀을 전하고자 한다.

2003년 2월

광안리 앞바다의 푸른 물결을 바라보며

저자들 씀

차 례

제1편 總 論

제 4 장 法 源 (48~61)

제 5 장 法의 成立과 發展 (62~96)

제 6 장 法 系 (97~115)

제 2 편 各 論

제 1 장 憲 法 (227~265)

제 2 장 行 政 法 (266~289)

제 1 편
總　　論

01장 法의 本質

제1절 사람의 本性

사람의 본성은 원래 착할까, 그렇지 않을까? 사람의 본성이 착하다면 굳이 규범으로 행동을 제한할 필요가 없겠지만, 사람의 본성이 악하다면 이를 법으로라도 통제할 필요가 있을 것이다. "법 없이도 살 사람"이란 말이 있는 것처럼, 사람들이 법이 없어도 바르고 정직하게 생활한다면 법의 필요는 그만큼 줄어들 수도 있을 것이기 때문이다.

사람의 본성에 대해서는 종래 성선설(性善說)과 성악설(性惡說)이라는 두 가지의 생각이 대립하고 있다. 성선설은 사람의 본성은 본래 착하지만, 점차 성장하면서 사회적 환경적 요인에 의해 더럽혀진다고 한다. 이에 비하여 성악설은 사람의 본성은 본래 악하므로 사회화 과정을 통해 정화시킬 필요가 있다고 한다. 이들 중 어느 쪽 얘기가 옳다고 말하기는 쉽지 않다. 실제로 우리는 갓 태어난 어린아이에서 성선설과 성악설의 양면을 본다. 아기의 눈망울을 쳐다보고 있으면 순진무구, 여기에서 어떻게 악의 그림자를 찾을 수 있을까. 그러나 한 연구에 의하면 갓난아기가 엄마의 젖을 먹을 때 다른 쪽 젖을 잡고 먹는데, 이것은 다른 아이가 자기의 젖을 먹는 것을 막기 위한 행동이라 한다. 이러한 것은 남을 해치는 것은 아니므로 악은 아니라고 할지도 모르겠으나, 적어도 남에게 자기 것을 주지 않겠다는 뜻을 가진 행동이라고 보면, 선이라고 하기도 어려울 것이다.

어쨌든 법의 필요라는 점에 관하여 본다면 사람이 본래 착하다고 하는 성선설 쪽보다는 성악설 쪽에 무게를 두어야 얘기가 자연스럽다. 착한 본성을 지키기 위해 법이 필요하다고 하는 것보다는 사람들이 본래부터 악하므로 악행을 하지 못하도록 하기 위하여 법이라는 도구가 필요하다고 하는 것이 보다 이해하기 쉽기 때문이다. 그러나 성선설의 입장에서도 본래 사람의 본성은 착하지만 살아나가면서 나쁜 환경에 물들어 나쁜 행동을 하게 되기 때문에, 이러한 나쁜 행동을 하지 못하게 하기 위하여 법은 필요하다고 하게 되는 것이다.

결국 사회에서의 질서 유지와 복지를 위하여 법이 필요하다고 하는 것은 어느 견해에 의하든 달라질 수 없는 것이다. 사람이 있는 한 법은 있게 마련이다.

제 2 절 사회에서의 법의 필요

1. 사람과 공동생활

그림 1
Daniel Defoe

유명한 소설가인 디포(Daniel Defoe, 1660-1731)의 소설에 나오는 로빈슨 크루소의 이야기를 읽어보면, 무인도에서 크루소가 살아남기 위하여 얼마나 처절한 몸부림을 치는지 느낄 수 있다. 그가 배를 타지 않고 아버지의 권유에 따라 조용히 고향에서 살았다면 이웃들과 더불어 편안하게 생활하였을 것이다. 그러나 배를 타고 바다에 나간 크루소가 난파를 당해 혼자 무인도에서 생활하는 것을 보면서 우리는 사람이 사회생활을 하지 않으면 얼마나 살기 힘든지 알게 된다. "사람은 사회적 동물이다"(Aristoteles, B.C. 384-322)라는 말에서 보듯 사람은 사회생활을 하지 않고 혼자서는 살 수 없다. 이러한 것은 "사람이 사람인 까닭은 사람과 사람의 결합에 있다"(Gierke, 1841-1921)고 하는 말이나, "사람의 존재는 타인과의 공존에 있다"(Heidegger, 1889-1976)라는 말에서도 같은 교훈을 얻게 된다. 결국 크루소는 28년 2개월 19일 동안의 고생을 한 후에야 무인도 생활을 청산하고 고향으로 돌아오게 된다.

사람이 사회생활을 하지 않으면 안 된다는 것은 서양에서의 문제만은 아닐 것이다. 동양에서도 같은 생각을 가지고 있었던 것으로 여겨진다. 그 한 가지 예로서 요즈음은 그냥 사람이라는 뜻으로 쓰이는 인간(人間)이란 말은 본래 사람이 사는 세상, 즉 "人+人"의 의미를 가지고 있던 것을 들 수 있다. 한편으로 이 말이 사람이 사는 세상이란 의미에서 사람이라는 의미로 바뀐 것은 그만큼 사람은 공동생활을 통하여 살아갈 수밖에 없다는 뜻이 아닌가 생각된다.

2. 共同生活과 규범

사람이 혼자 산다면 반드시 법이 필요한 것은 아니다. 크루소와 같이 아무도 없는 무인도에서 혼자 사는 사람이라면 무슨 짓을 하건 상관할 필요는 없다. 혼자 있으니 적어도 그의 행동에 의해 피해를 입을 사람이 없기 때문이다. 그러나 다른 사람이 있다면 문제는 다르다. 제한된 영역에서 어떤 한 사람의 행동은 다른 사람에게 필연적으로 영향을 미치게 된다. 따라서 여러 사람이 함께 살아가는 공동생활을 위해서는 서로 지켜야 할 부분이 생기게 되고, 이런 의미에서 규범이 반드시 필요하다. 크루소는 프라이데이를 구해서 부하로 삼고, 그가 지켜야 할 규칙을 정해서 가르쳐주었는데, 이러한 것이 바로 크루소가 혼자 살 때와 달라진 점이다.

여기서 규범(規範)이라 함은 행위의 준칙으로 되는 기준을 말한다. 바꾸어 말하면 우리가 어떤 행동을 할 때 지켜야 할 것들이 규범인데, 이를 지켜 행동하면 그 행동은 다른 사람들과 공존하는 데 도움이 되어 올바른 것으로 평가받지만, 이를 지키지 않으면 그 행동은 다른 사람에게 피해를 주게 되므로 옳지 않은 것으로 평가된다. 이러한 규범은 인위적으로 만들어지기도 하지만 자연적으로 만들어지기도 한다. 크루소가 프라이데이에게 지키게 한 규칙은 인위적인 것이지만, 크루소 본인도 프라이데이에 대해 지켜야 할 규범이 당연히 만들어지는 것이다. 크루소 스스로도 혼자 있을 때에 비해 제약을 받게 마련이기 때문이다.

이러한 것은 집단생활을 하는 동물들에게서는 발견할 수 없는 사람만의 특성이라고 한다. 가령 개미가 집단생활을 하고, 그 안에서 어떤 개미가 일개미로 되었을 때, 그 일개미는 본능에 의해 일개미의 일을 하게 된다. 따라서 일개미는 죽을 때까지 일개미일 뿐 자신의 일이 고달프다고 해서 여왕개미가 되겠다는 꿈을 꾸진 않는다. 이러한 동물세계에서는 개체의 행동을 규범에 의해 제한할 필요가 없다. 모든 개체가 주어진 역할을 본능에 의해 수행하기 때문이다.

그러나 사람은 그때그때 자신의 판단과 선택에 의해 행동한다. 이때 행동의 기준은 자기 자신의 이익이다. 다시 말하면 사람은 보통 자신의 이익을 위해 활동하고, 이때 이러한 것은 타인의 이익과 충돌하는 경우가 많게 된다. 예를 들면 맛있는 음식이 있을 때 다른 사람이 그것을 먹는다면 내가 그것을 못 먹게 되므로 그의 이익과 나의 이익이 충돌하게 된다. 모든 사람이 맛있는 음식을 먹고 싶어 하기 때문이다. 그러나 이때 이로 인해 싸움이 생기는 것은 바람직하지 않으므로, 각자의 이해관계를 조절하고 좀 더 사회적으로 좋은 결과를 얻기 위하여 규범을 두는 것이다. 규범에 따른 행동이 행해지는 상태를 질서, 내지는 평화라고 한다. 이러한 것은 각 개인이 전체를 위하여 개인의 욕망을 자제하고, 결과적으로는 사회 전체에 더 큰 이익이 주어지는 상태이다. 이러한 상태 하에서는 어느 누구도 남들보다 더 큰 이익을 누리지 않을 뿐 아니라, 남들보다 더 많은 손해를 보지도 않는다.

그러나 규범이 없으면 모든 사람들이 자신의 이익만을 위해 행동할 것이므로 무질서, 혼란이 생기게 된다. 여기서는 결국 상호간의 투쟁만이 존재한다. 그리고 강자는 약자를 억압하고 그로부터 이익을 착취한다. 이러한 것은 결코 바람직하다고 할 수 없으므로 사회 있는 곳에 법을 만들어 다 같이 공존하고자 하는 것이다. 이때 규범이라고 해도 법규범 외에 종교규범, 윤리, 도덕, 관습 및 예절 등 다양한 규범이 있으나, 이들 중 가장 강력한 규범인 법(法)으로 질서를 유지하는 것이 가장 효율적이라고 할 수 있다.

제 3 절 法의 槪念

1. 法의 語義

법이란 무엇일까? 이에 대해 대답을 하기 전에 우리가 쓰는 법(法)이란 글자에 대해 먼저 생각해 보자. 잘 아는 바와 같이 법이란 말에 가장 가까운 순 우리말은 "본"이라는 말로 생각된다. 그러나 이 말은 지금은 거의 그러한 뜻으로는 사용되지 않기 때문에, "그는 본받을 점이 많다"라고 할 때처럼 어렴풋이 그 뜻이 남아있을 뿐이다. 이러한 연유에서 법과 관계되는 글자는 한자에서 찾아볼 수밖에 없게 되었다. 법(法)이라는 글자의 역사도 오래되었지만, 이것이 일반화되기 전에는 "율(律)", "형(刑)"과 같은 글자가 비슷한 의미로 쓰였고, 근세에는 "범(範)"과 같은 글자도 사용된 적이 있다. 각각 대명률(大明律), 형조(刑曹), 홍범(洪範) 등에서 그 쓰임새가 보이는 것이다.

그림 2
法의 본래글자

지금 우리가 사용하고 있는 법(法)이라는 한자도 본래의 글자는 아니다. 본래의 법자는 좌측에서 보는 것과 같이 "물 수(水, 氵)＋해태 치(廌)＋갈 거(去)"의 세 부분으로 구성되어 있는 글자이다. 물 수(氵)는 모든 사람에게 평등하다(水平)라는 의미로서 법이 지향하는 원칙을 나타낸다. 해태(廌)는 시비곡직을 가릴 수 있는 영험을 가진 상상의 동물로서 만약 옳지 않은 자가 있으면 그를 뿔로 지적한다거나, 거짓말을 한 자가 건드리면 사라진다(去)는 전설을 가지고 있다. 인지가 발달하지 않은 옛날에 거짓말하는 자와 정직한 자를 골라내기가 얼마나 어려웠을 것인가를 생각하면, 이러한 상상의 동물을 이용하여 법을 사람이 범접할 수 없는 규범으로 봄으로써 하늘의 뜻에 의한 정의를 세우려고 했던 것이 아닌가 하는 생각을 해보게 된다.

서양에서 법을 가리키는 law, recht, droit 같은 말도 대개 '옳다', '바르다'라고 하는 의미 외에 권리라는 뜻도 가지고 있는 것으로 보아, 법에 대한 동서양의 생각이 크게 다르지 않음을 알 수 있다. 이 중 영어의 law는 라틴어의 *lex*(법)에서 온 말이며, 이 외에 법과 관련되는 단어 중에는 justice(정의)나 jurisdiction(사법권)과 같이 라틴어의 *jus*(권리, 법. 복수형은 *jura*)에서 온 것들도 많다. 즉 법이 옳은 것이므로 법을 지키는 것이 옳고 바른 것이며 그렇게 하는 것이 바로 권리인 것이다.

2. 法의 槪念

한편 생각하면 법에 대해서는 우리 모두 너무나 잘 알고 있는 듯이 생각되기 때문에 "법이란 무엇인가"란 질문에 정확한 대답이 어렵다고 하면 참으로 의아할 것이다. 법을 공부하는 사람에게는 법이 무엇인지 알아야 공부를 할 수 있다는 점에서 이 질문에 대답하는 것은 중요한 문제로 된다(R. Zippelius, *Das Wessen des Rechts*, S. 4). 그러나 사실 법이라는 것은 평생을 바쳐 열심히 공부하였다 하여도 분명히 해명하기 어려운 것이다. 왜냐하면 법은 하나의 개성을 가진 단일개체가 아니라, 여러 가지 복잡한 성격을 가진 많은 규범의 총체로 되어 있기 때문이다. 상세한 것은 뒤에 살펴보겠지만 법은 우리가 이루 다 말할 수 없을 만큼의 여러 가지 종류가 있다. 또 이러한 것들은 또한 많은 점에서 서로 다른 성질과 내용을 가지고 있다. 따라서 어느 범위까지 법이라고 할 것인가 하는 문제와 법을 어떻게 설명할 것인가의 문제는 서로 관련되어 있다. 다시 말하면 법의 개념을 정하지 않고는 범위를 정할 수 없고, 범위가 정해지지 않으면 개념을 정의할 수 없다는 것이다. 이와 같은 어려움 때문에 법학이 체계적으로 연구된 이래 수천 년 동안 수많은 법학자들이 법이란 무엇인가 하는 문제를 풀기 위해 혼신의 노력을 다하였으나 명확한 해결을 보지 못하고 있다. 때문에 한편으로 법을 배우려는 사람들이 공통적으로 법을 배우려고 하지만 같은 것을 공부하는 것이 아니라, 각자 다른 것을 연구하고 또 그것을 전부로 알기 때문에 서로 다른 생각을 하게 되는 것이다.

대표적인 몇몇 법학자의 법에 대한 정의(定意)를 보면, 키케로는 "법은 사람 본성(natura, nature)에 내재하고 있는 최고이성으로서 사람이 행해야 할 바를 명하고, 행해서는 안 되는 것을 금지하는 것이다."(Cicero, De *Legibus*, Bk. I.)라고 하여 자연법적 법개념으로 설명하고 있고, 토마스 아퀴나스는 "법은 공동체를 통치하는 자에 의하여 제정되고 공포되는, 共同善(common good)을 실현하기 위한 이성의 명령이다."(Thomas Aquinas, 신학대전=*Summa Theologica*, Part II, First Part, Qu. 90, Art. 4)라고 하였다. 아퀴나스의 견해는 중세 스콜라(Schola) 철학의 대표자로서 기독교적 자연법론에 기반을 둔 견해이다. 또 홉스는 "실정법은 국가가 국민으로 하여금 행위의 선·악을 판별하기 위하여 준수하도록 말이나 문서 또는 다른 의사표시의 방법으로 명령한 모든 규범을 의미한다."(Thomas Hobbes, *Leviathan*, Ch. XXVI)라고 하여, 근대의 자연권론자로서 국가와 법의 절대적 권위를 옹호하는 설명을 하였다. 영국의 대표적 법철학자로서 분석법학의 입장을 대표하고 있는 오스틴은 "실정법은 독립된 정치적 사회에 있어서 주권자인 개인(君主)이나 주권자 집단이 그들에게 복종하고 있는 국민들에게 명령하는 것으로 제정된다."(John Austin, *The Province of Jurisprudence Determined*, Lecture VI)라고 하여 법명령설에 입각한 법실증주의적 법개념론으로 설명하고 있다. 홉스의 뒤를 이은 경험론 철학자인 로크는 "법의 목적은 자유를 없애거나 제한하는 데 있는 것이 아니라, 오히려 그것을 보장하고 확대하는 데 있다."(John Locke, *Two Treatises on Civil Government*, Bk. II, Ch. VI)고 하여 자유주의자로서의 면모를 과시하고 있다. 칸트는 "법이란 한 개인의 의지가 자유의 일반법규에 따라 다른 사람의 의지와 공존할 수 있는 조건의 총체이다."(Immanuel Kant, *Metaphysik der Sitten*, S. 34/35)라고 하고 있는데, 이는 전통적 자연법 개념이라기보다는 이성적 인식에 대한 엄격한 비판을 거친 법개념으로서 오히려 '理性法'(Vernunftsrecht)이라는 평가를 얻고 있다. 벤담(J. Bentham)과 밀(J. S. Mill) 등에 의하여 전개된 공리주의(Utilitarianism)적 입장을 취하고 있는 예링은 "법은 가장 넓은 의미에 있어서 사회생활조건의 총체를 말하는 것이며, 이는 외적 강제력을 통한 국가권력에 의하여 그 실효성이 보장되는 것이다."(Rudolf von Jhering, *Law as a Means to an End*, Ch. VIII)라고 하여 실증주의적 입장을 취하고 있으며, 베버는 "질서를 준수하거나 그 위반을 벌하기 위한 물리적 또는 심리적 강제가 특별히 그러한 강제의 목적을 위해 설정되어 있는 일단의 사람들에 의하여 행해지리라고 하는 가능성이 있고, 이러한 가능성에 의하여 질서가 외면적으로 보장되어 있는 경우에, 이 질서를 법이라 한다."(Max Weber, *Economy and Society*, p. 34)라고 하여 강제장치의 존재를 강조하고 있다. 마지막으로 라드브루흐(Gustav Radbruch, 1878-1949)는 "법의 개념은 하나의 문화개념이다. …법은 법가치, 법이념에 봉사하는 의미 있는 현실이다."(Gustav Radbruch, *Rechtsphilosophie*, 최종고 역, 법철학, p. 62)라고 하여 법을 문화개념으로 보고 있다.

결국 이들 학자들의 법에 대한 정의는 모두 특정한 측면에서 법을 살펴본 것으로서, 모든 사람이 받아들일 수 있는 보편적인 것이라고는 할 수 없다. 따라서 여기서 설명하는 법의 의미는 적확한 의미의 법개념이 아니라, 대체적인 의미에서 일반적으로 논의되는 법의 개념을 중심으로 살펴보기로 한다. 따라서 부분적으로는 아래에 설명하는 이외의 성질을 가진 법규범도 존재함을 주의할 필요가 있다.

(1) 법은 行爲規範, 즉 행위의 준칙이다

이는 법이 문제 삼는 것이 바로 사람의 "행위"라는 것이다. 여기서 행위란 행위자의 의사에 기한 신체의 외부적 동정을 말한다. 따라서 자기 자신의 자발적인 행동으로 법이 요구하지 않은 어떠한 결과를 야기했을 때 법이 이에 관심을 가지고 대응한다는 것이다. 이것은 그 행위를 하게 된 동기로서의 행위자의 의사와 그 행위로 인한 불법적인 결과의 양자가 결합되어 나타날 때 법은 그 행위를 규제대상으로 한다는 것으로 설명된다. 이렇게 본다면 행위자의 의사에 기하지 않은 단순한 동작은 행위가 아니며, 따라서 이는 법적 규제대상이 아니다. 따라서 수면 중의 무의식적인 동작, 만취된 상태에서의 행위, 타인에 의해 무력적으로 강제된 동작과 같은 것은 원칙적으로 문제되지 않는다. 행위자의 의사에 기인하지 않은 동작은 다른 사람이 자신의 팔을 잡고 다른 사람을 폭행한 경우에서도 볼 수 있다. 이때 자신의 손이 타인을 때렸으나, 자신은 나무막대기와 마찬가지로 다만 그 행위자의 도구에 불과하기 때문에 이를 자신의 행위라고 할 수 없는 것이다. 그러나 남의 손을 가지고 타인을 폭행한 사람은 이때의 행위자로 되어 법적 문제가 생긴다. 이것은 한편으로 스스로 자신의 의사를 통제할 능력이 없으면 그 행위에 대하여 책임을 지우지 않는다는 것으로 연결된다. 형사미성년자인 14세 미만자의 행위나 억압할 수 없는 강제에 의해 불가항력적으로 행해진 행위와 같은 것은 실제 그러한 행위를 한 사람에게 책임을 지울 수 없기 때문에 이러한 경우에는 죄를 짓더라도 처벌을 받지 않게 된다.

그러나 반드시 행위가 적극적인 외형을 가질 필요는 없다. 즉 행위 중에는 부작위(不作爲)라고 하여 특정한 행위를 할 의무 있는 자가 그 의무를 위반하여 아무런 조치도 취하지 않음으로써 특정한 법률위반의 상태가 형성되는 경우가 있다. 예컨대, 엄마가 젖을 주지 않아 아이가 굶어 죽은 경우, 교사가 자기가 지도하는 아이가 물에 빠졌는데도 그 아이를 구하지 않은 경우 등에 문제된다. 이 경우는 아이에게 젖을 주어야 할 의무 있는 엄마, 또는 아이를 구해주어야 할 의무 있는 교사가 실제 아무런 동작을 취하지 않았기 때문에 법위반이 되는 것이다.

법은 이러한 행위에 대한 판단기준으로 작용하는 행위규범이다. 여기서 법을 행위규범이라 하는 것은 법을 통하여 개개인은 스스로의 행위여부를 결정하게 되기 때문이다. 법이 금지하는 행위는 하지 않아야 하고, 법이 명하는 행위는 하여야 한다. 결국 어떠한 행위를 할 것인가 말 것인가의 기준이 바로 법이라는 것이다. 그러면서 이러한 행위에 대한 판단은 최종적으로는 재판과정에서 가려지게 되고, 법은 그 재판의 기준이 된다. 이때 법은 동시에 재판규범(裁判規範)으로도 된다.

행위규범으로서 법규범을 그 내용적 기능에 따라 분류하여 명령·금지·허용·수권(授權)의 4가지로 나누기도 한다. 행위규범을 얘기할 때에는 종래 앞에서 본 바와 같이 일정한 작위 내지 부작위를 명하는 의무부과규범, 즉 명령규범과 금지규범을 중심으로 논의되어 왔다. 그러나 법규범 중에는 일반적으로 금지되어 있는 행위를 특별한 조건 아래서 허용하는 규범, 즉 허용규범도 있고, 특정한 사람이나 기관에게 유효한 법률행위를 실행하는 공적·사적 권능을 부여하는 수권규범도 있다. 허용규범으로는 정당방위에 관한 규범이나 일정한 조건하에서 낙태를 인정하는 규범 등을 예로 들 수 있고, 수권규범의 예로서는 계약이나 회사설립의 방식에 관한 규범, 입법·사법·행정의 조직과 권한에 관한 규범 등을 들 수 있다. 허용규범은 명령규범이나 금지규범의 존재를 전제로 하고 있으며 이들 규범에 종속적이다. 반면 수권규범은 의무부과규범에 종속되지 않고 독자적인 기능을 수행한다. 수권규범은 아래에서 말하는 조직규범과 상당 부분 겹친다.

(2) 법은 社會規範이다

법은 사회에서 사람에게 부여된 규범이다. 사람들은 법에 의하여 금지된 것을 해서는 안 될 뿐 아니라, 법이 명령하는 것을 하지 않으면 안 된다. 그래서 한편 법규범은 당위(當爲; Sollen)로서 마땅히 따라야 하는 것이라고 한다. 그러면 법을 왜 따라야 하는 것일까? 그것은 법이 추구하는 것이 우리에게 꼭 필요한 것이기 때문이라는 것만으로는 설명할 수 없다. 예컨대 정상적인 국가라면 위험한 순간이라고 해서 국민에 대해 자신의 목숨을 바쳐 조국을 구하라고 명령하거나, 그렇게 하지 않았을 때 명령 위반으로 처벌하지는 않는다. 그러한 큰 희생을 한 사람은 영웅으로 칭송을 받겠지만, 그것은 보통사람으로서는 감당할 수 없는 불가능한 일이기 때문이다. 즉 불가능한 것을 필요하다고 해서 법적으로 강제할 수는 없는 것이다. 달리 말하면 법이 사람들에게 어떤 행위를 할 것을 강요하는 것은 그것을 우리가 "할 수 있기" 때문이다. 즉 어떤 행위에 관하여 법을 따를 것인가 말 것인가를 스스로 통제하여 선택할 수 있으므로 법에 의하여 규제된다는 것이다. "법은 불가능한 것을 강요하지 않는다(*Lex non cogit ad impossibilia.*)."거나, "네가 할 수 있으므로 그것을 해야 한다(Du sollst, denn du kannst. Kant)."는 말은 바로 이와 같은 점을 강조한 것이다. 이에 따라 법은 행위자가 도저히 거부할 수 없는 힘에 의한 것, 즉 천재지변과 같은 불가항력(不可抗力; vis major)에 의한 것을 벌하지 않는다. 이에 비하여 법이 아닌 도덕과 같은 것은 "네가 그것을 해야 하므로 너는 그것을 할 수 있다(Du kannst, denn du sollst. Kant)."라고 하여 가능성을 그 기준으로 두지 않는다. 한편 자연법칙과 같은 것은 존재(Sein) 또는 필연(Müssen)으로서 선택의 가능성이 없으므로 법으로 규제할 수 없다.

법이 어떠한 것을 가능하다고 보고 규제할 것인가 또는 어떠한 방법으로 얼마만큼 규제할 것인가 하는 것은 그 사회의 특성과 크게 관련이 있다. 어떤 것이 가능한가 불가능한가는 바로 그 법의 규제 하에 있는 사람들의 일반적 인식에 달려있기 때문이다. 즉 법이 규제할 것인가 말 것인가를 결정하는 것이 아니라, 그 나라의 국민들에 의해 결정되는 것이다. 법은 그 사회의 전반적인 문화행태에 따라 그 모습이 좌우되는 소위 문화규범(文化規範)으로서의 특성을 가지고 있기 때문이다. 따라서 나라마다 그 내용이 같을 수 없고, 상당한 차이점을 나타낼 수밖에 없다. 이러한 것을 결정하는 것은 시간, 장소, 종교, 풍습 등의 요소이다. 이들을 풍토(風土)라고 하는 학자도 있다(이항녕). 이러한 부분은 법규범 중에 명시적으로 규정하여 법해석의 기준이 되는 경우도 있고, 학설이나 판례에 의해 확립되는 경우도 있다.

(3) 법은 국가에 의한 强制規範이다

법은 국가규범이다. 본래 법은 국가 이전부터 있었다고 하는 것이 일반적인 생각인데, 그것은 사람이 집단생활을 한 때로부터 오랜 세월이 지나 국가가 생성되었기 때문이다. 말하자면 국가가 있기 훨씬 이전부터 법 또는 규범이 있었던 것이므로 국가가 법을 만들었다고 하기는 어렵다는 것이다. 그렇다면 법의 집행도 국가 이외의 무엇에 의해 이루어졌을 것이다. 이렇듯 법이 국가에 의하여 생성되고 국가에 의하여 운영된 것은 아니라고 하더라도 현재에 있어서 국가의 법에 대한 위치는 확고하다. 현대 사회에서 국가 이외의 기관에서 법을 제정하거나, 집행하는 것을 생각할 수 없다. 이에 의하여 법은 정치적 특성을 지니게 되고, 당해 국가의 사상 즉 국시(國是)에도 크게 좌우되게 되는 것이다. 실제 국가가 그 사회에 있어서 가장 강력한 힘을 가지고 있는 것이므로, 국가가 아니고서는 국내의 모든 대상자에 대해 법 위반에 의한 제재를 가할 수 있는 주체가 없다.

이러한 것은 법이 강제규범으로서의 특징을 가지고 있기 때문이다. 법 이외의 규범은 반드시는 강제력에 의하여 사람을 통제하지 않는다. 그러나 법은 이를 위반할 경우에 반드시 그에 상응하는 제재수단을 강구하고 있으며, 사람은 이에 의하여 법의 준수를 강요받게 된다.

해 태

해태 또는 해치(獬豸)는 옳고 그름과 선악(善惡)을 판단할 줄 안다는 상상의 동물로 전체적으로 양을 닮은 모습을 가지고 있으며 이마 한가운데 외뿔이 나 있다. 문헌속의 해치는 '소머리 말상에 외뿔이 나있고 양 발톱으로 온몸에 푸른 비늘이 나있다' 고 했다. 상상의 동물인 만큼 그 이름도 여러 가지로 붙여졌다. 해천, 신양(神羊), 식죄(識罪: 죄가 있고 없음을 잘 식별함), 해타 등으로 불렀으며, 요즘 부르는 해태는 그 어원이 불분명한 것이다.

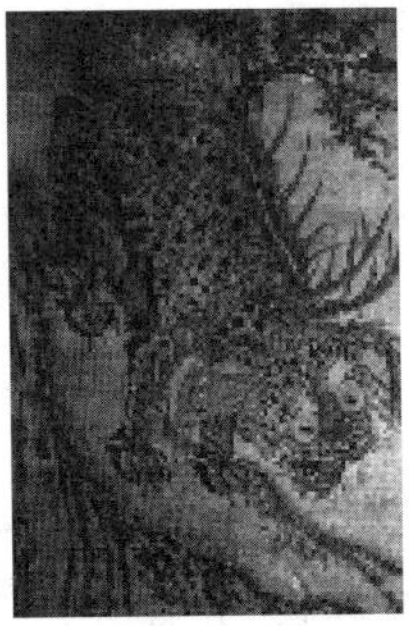

그림 3 민화에 나타난 해태

태고적 중국 황제(黃帝) 때 변방에서 뿔이 하나인 신수(神獸)를 바쳤는데 불측하고 부정한 신하가 있으면 가서 떠받는다 했으니 해치의 역사는 유구하다. 어떤 이는 요임금 시대에 세상에 태어났다고 하기도 한다. 중국 산해경(山海經)에 따르면 순(舜)임금 당시 고요(皐陶) 라는 신하가 죄인을 다스릴 때 의심되는 점이 있으면 해치에게 판단을 맡겼는데, 해치는 죄인에겐 뿔을 대고 죄가 없으면 가만히 있었다고 한다.

신선이 먹는다는 멀구슬나무의 잎만 먹고살기에 파리 한 마리 꾀지 않는 깨끗한 짐승으로 사람의 선하고 악하고 곧고 비뚤어지고 바르고 그르고를 알아 대들고 안 하고 한다하여 법수(法獸)라고도 불려왔다. 초나라 때 이 해치 정신을 도입, 궁문 앞에 세워 경계했다.

진나라가 초나라를 멸망시켰을 때 이 제도만을 살려 해치관(獬豸冠)으로 어사관을 삼고 당 송 명 청나라에 이르기까지 법을 다스리는 관리의 공복이나 흉배에 해치 문양을 도입해 내렸다.

신라 말 최치원의 첩에 해치가 들어가 있는 벼슬이 있었으며, 고려 때 임금이 거동할 때의 의장기에 해치기가 있었고, 조선조 단종 2년 복제개혁에서 나라의 기강을 다스리는 대사헌 흉배에 해치 문양을 쓰도록 했다.

지금의 조선호텔 자리에 있었던 남별궁이나 남양부 관문 앞에도 해치상이 있었다는 문헌이 있으며 대원군이 집정하고 경복궁을 복원할 때 석수 이세욱으로 하여금 조각시킨 것이 지금 한국의 상징적 도안이 되고 있는 광화문 앞의 해치상이다. 원래 이 해치상은 문의 남쪽 약 8,90미터 떨어진 곳에 앉아 있었다. 현재의 정부종합청사 정문 근처에 한 마리, 그 맞은편에 한 마리가 있었다.

그림 4 우리나라의 해태상

조정의 신하들이 광화문을 드나들 때 이 해치 꼬리를 쓰다듬어 마음을 정화시키는 관행이 있어 이를 진미라 했다. 대검찰청에서도 1999년 5월 1일 법의 날을 맞아 청사 현관에서 해치 청동상을 제막하였는데, 이번에 제막된 해치는 광화문 앞의 해치나 중국 문헌에 나오는 해치와는 일각수라는 것만이 같을 뿐 산양처럼 보인다. 어쨌든 비단 검찰뿐만 아니라 모든 공직자로 하여금 쓰다듬게 해야 할 해치 꼬리가 아닐 수 없다.

한편, 세상에 달리 전하는 말로는 광화문 앞의 해치상은 화마를 제압하기 위하여 만들었다고 하기도 한다. 해치는 불을 먹고사는 것으로 알려졌기 때문이다. 풍수설에 의하면 서울 성내의 궁전이 여러 차례에 걸쳐 화재가 일어난 것은 서울의 안산인 관악산이 화산이기 때문이라고 하는데, 이를 믿고 관악산 상봉에 샘을 파고 구리로 용을 만들어 넣었으며, 또 광화문 앞 좌우에 해치상 한 쌍을 관악산을 보게 앉혀 화기를 진압하게 하였다는 말도 전한다.

해치에 관한 문헌으로 이물지(異物誌), 유신지(庾信誌), 후한서여복지(後漢書與服志), 회남자(淮南子) 등이 있다.

(이규태 코너, 조선일보, 1999. 5. 4. 外)

제 4 절 法의 構造

1. 命令規範과 制裁規範

본래 법은 행위자에 대하여 특정한 행위를 할 것을 명하거나 금지하는 명령규범과 그에 위반하였을 때에 그 행위에 대하여 제재를 가하기 위한 제재규범의 이중적 구조를 가지는 것이 원칙이다. 어떤 행위를 하거나 하지 말라는 명령만 하여 두고 이를 위반하더라도 아무런 조치를 취하지 않는다면 사람들이 굳이 그 규범을 준수할 필요를 느끼지 못하게 될 것이므로, 명령규범과 함께 그 위반 시에 취할 제재를 규정하는 제재규범을 마련하여 둠으로써 법의 실효성을 꾀하고자 하는 것이다.

법이 명령하는 것이 국민에게 당연한 것일 때에는 명령규범을 생략할 수도 있으나, 법이 기술적인 필요에 의하여 국민들의 행위를 규제하고자 할 때에는 명령규범을 규정하는 것이 꼭 필요하게 된다. 예컨대, 아기가 태어났을 때에는 그 아버지나 어머니가 출생한 때로부터 1월 이내에 출생신고를 하여야 한다(가족관계의 등록 등에 관한 법률 제44조 1항, 제46조 1항). 만약 이 기간이 지나도록 출생신고를 하지 않으면 법은 신고의무자에 대해 과태료로써 제재를 하게 된다(같은 법 제122조). 앞의 신고의무에 관한 규정은 의무자에게 신고를 하라는 명령을 하는 규정이므로 명령규범이고, 뒤의 과태료규정은 의무위반자에 대한 제재를 규정하고 있으므로 제재규범이 된다. 아기가 태어났을 때 출생신고를 하여야 한다는 것은 사람으로서 당연한 의무는 아니다. 이는 국가가 그 행정상의 필요에 의하여 국민들에게 부과한 의무일 뿐이다. 따라서 이러한 의무는 법규정이 없다면 생기지도 않는 것이고, 의무 위반이나 제재의 문제도 생기지 않는 것이다. 그러나 법규범의 연원이 도덕이라든가 국가 이전의 원칙에 근거하는 경우에는 명령규범은 당연한 것으로 생각되기 때문에 법에 굳이 규정할 필요가 없다. 이때에는 명령규범 없이 제재규범만이 법규정으로 나타난다. 예컨대, 살인을 하면 안 된다는 것은 굳이 법으로 금지할 필요도 없이 사람으로서 준수하여야 할 당연한 규범이다. 이런 경우에는 굳이 "살인하지 말라."는 명령규범을 둘 필요 없으므로 법은 제재규범만 규정한다. 형법을 보면 "사람을 살해한 자는 사형, 무기, 또는 5년 이상의 징역에 처한다."(제250조 1항)고 규정하고 있는데, 이러한 것이 그 예로 된다.

대개 명령규범은 바로 국민에 대하여 어떠한 행위를 명하거나 금지하는 것이므로 이를 지켜야 하는 수범자가 국민임에 비하여, 제재규범은 법을 위반한 때의 처벌을 내용으로 하는 것이므로 성질상 재판규범으로 되는 경우가 보통이다.

드물게는 명령규범만 있고 제재규범이 없는 규범도 있는데, 이를 불완전규범이라 한다. 이 경우는 법이 어떠한 명령을 하였으면서도 굳이 제재를 할 필요 없이 국민이 자발적 준수를 하도록 요구하는 경우이다. 이때에는 위반 시의 제재가 없으므로 명령규범 자체의 실효성은 적다. 따라서 이런 불완전규범은 법 이외의 규범에 많으나, 법규범의 경우에도 그 예가 없는 것은 아니다.

2. 組織規範

법 가운데는 국가나 지방자치단체 등 공공기관의 설치와 조직, 권한 등에 관하여 규정하는 규범이 있는데, 이를 조직규범이라 한다. 이 규범이 없으면 당해 기관을 조직하는 것이 불가능하게 된다. 국가 내지 공공기관에 관한 일반적인 사항은 조직규범에 의하여 정해진다. 다만 이 규범은 일반 국민과는 상관이 없거나 적은 것이 보통이므로 위반이나 제재 등을 예정하고 있지 않다는 점이 특징이다. 헌법을 비롯하여 법률이나 그 위임을 받은 하위규범으로 정하는 경우도 많다. 헌법상 국회에 관한 규정들(헌법 제40조 이하)이나 법원조직법(法院組織法), 지방자치법, 감사원법 같은 것이 그 예이다.

世界最古의 法典

지금까지 알려진 것 중 세계에서 가장 오래된 성문법전은 우르-남무(Ur-Nammu) 법전으로서, B.C. 2050년 수메르 왕 우르-남무가 반포한 것이라고 한다. 이 법전은 설형문자(楔形文字: 쐐기문자)로 기록되어 있으며, 바빌론의 함무라비 법전보다 300년 이상 앞선 것이다. 해독 가능한 법규들은 모두 20여개에 달하는데, 모두 조건절과 결과절로 이루어져 있다. 예컨대, "남자가 아내와 이혼하려면(조건절), 그는 1 므나를 지급하여야 한다(결과절)"(제6조). 또한 놀라운 것은 이 법전은 배상에 대해 규정하고 있는데, 예컨대 "만일 누군가가 다른 사람의 다리를 부러뜨린 때에는 은 10 세겔을 배상하여야 한다"(제15조)라고 규정하고 있어서 후대의 함무라비 법전이 탈리오(talio)의 원칙을 취하고 있는 것보다도 발전된 모습을 보이고 있다.

그 외의 고대 법전으로는 B.C. 1920년경의 것으로서 아카드어로 기록된 아모리 왕 빌라라마(Bilalama) 시대의 에쉬눈나(Eshnunna) 법전이 있고, 수메르-아카드 왕조의 리피트-이쉬타르(Lipit-Ishtar)가 B.C. 1860년경에 반포한 리피트-이쉬타르 법전도 유명하다. 에쉬눈나 법전은 60여개의 조문이 있으며, 세율, 운임, 가족 문제, 성문제, 노예, 동물에 의한 상해나 사람에 의한 상해 등 다양한 문제들을 다루고 있다. 이 법전은 처음부터 대부를 받거나 이자 계산에 대한 조문들을 다루고 있어서 경제문제를 중시하고 있는 것을 알 수 있다. 이 법전에서도 배상의 법칙이 적용되고 있고, 왕이 판결하도록 규정하고 있는 것도 특징 중의 하나이다. 그리고 리피트-이쉬타르 법전은 서문과 발문에서는 리피트-이쉬타르가 '정의와 복지'에 관심을 가지고 있음을 강조하고 있으며, 38개에 이르는 법조항들은 배의 임대, 과수원, 노예, 세금, 결혼, 빌려 온 황소들에 대하여 다루고 있는데, 이러한 다양한 문제들은 당시의 사회적 배경을 설명한다. 이 법전은 이 법규들을 지키는 자에게는 축복이 임할 것이고, 어기는 자에게는 저주가 임할 것이라고 하여 신비적 색채도 가지고 있다.

02장 法과 다른 社會規範

인간사회에 규범이 없을 수 없다는 것은 앞에서 본 바이나 실제 규범이라고 하여도 법규범만 있는 것은 아니다. 여기에는 도덕·종교·관습·예의·예절 등 다양한 것들이 있다. 이들은 법과 마찬가지로 각각의 영역에서 사람의 행동을 제약하여 사회의 원칙을 형성하고 유지하는 데 기여하고 있다. 그러나 이들은 모두 사람의 어떤 영역을 어떻게 규제하는가, 또는 어떤 목적으로 사람에 대해 그 준수를 요구하는가가 다 다르다.

물론 이들 중에 가장 중요한 것을 들라고 한다면 그것은 바로 법이다. 바로 우리 생활이 법을 떠나서는 있을 수 없기 때문이다. 이는 국가의 발생과 밀접한 관계를 가지고 있다. 현재에는 국가가 법에 대한 전권을 장악하고 있기 때문에 규범 중에서 법의 중요성이 강조되고 있는 것이다. 그러나 국가가 이렇게 사람들에 대한 영향력을 가지기 이전에는 법은 여러 규범 중의 하나일 뿐이었다.

어쨌든 법의 역할이 이렇게 강조되자 한때 법의 이름으로 도덕적·종교적 관념이 강행되는 경우가 있었다. 중세에 기독교가 그러했고, 최근에도 이슬람제국과 같이 종교적 성향이 강한 일부 국가들에서 그러한 모습을 볼 수 있다. 그러나 일반적으로 이들은 구별하여 생각하여야 한다.

여기에서는 이들 인간세계에 적용되는 각종의 규범들을 비교해서 살펴보기로 한다. 그렇게 함으로써 법의 개념과 지위를 분명히 할 수 있게 된다.

제 1 절 法과 道德

1. 법과 도덕의 구별

법과 도덕은 다 사람의 사회생활을 규율하는 규범이다. 그러나 실질적으로 양자를 구별하는 것은 쉬운 일이 아니다. 종래 많은 학자들이 법과 도덕을 구별하려고 시도했었지만 쉽게 성공할 수 없었으므로 "법과 도덕을 구별하는 것은 법학의 케이프 혼(Cape Horn)이다."(Jhering)라는 말까지 나오게 되었다. 결국 이를 구별하는 것은 학문적 난파를 할 만큼 어려운 문제이다.

이렇게 법과 도덕을 구별하기 어려운 것은 이들 두 가지는 서로 다른 것 같으면서도 공통영역이 많기 때문이다. 예를 들면 법규정 가운데는 도덕에서 연유한 것이 많이 있다. 특히 민법, 형법 등과 같은 기본법령 중에는 "사람을 살해하지 말라."라는 도덕률이 "사람을 살해한 자는 사형, 무기, 5년 이상의 징역에 처한다."(형법 제250조 1항)고 하는 법으로써 뒷받침되는 것과 같이 법과 도덕의 공통사항을 내용으로 하는 것이 많다.

그러나 무엇보다도 법과 도덕을 구별하기 어려운 가장 근본적인 이유를 들라고 한다면 그것은 법개념이 완전히 정립되어 있지 않기 때문이라고 해야 할 것이다. 법이 무엇인지, 어떤 범위를 가지고 있는지, 어떤 성격을 가지고 있는지도 완전히 설명할 수 없는 마당에 법을 도덕과 구별하라는 것은 애초에 가능하지 않은 일이었다고 할 수도 있다. 이것이 가능하다고 해도 법에 대한 입장에 따라 많은 차이가 있게 마련이다. 예컨대, 비교적 도덕과 가까운 방법으로 법에 관한 정의를 내리는 자연법론의 경우에는 도덕을 객관주의 내지 절대주의에 의하여 이해하고, 법개념과 도덕규범과의 불가분의 관련성을 기초로 양자간의 동일성을 인정하는 일원론을 취하게 된다. 이 입장에서는 도덕을 '사람으로서 마땅히 따라야 할 보편적인 가치(善)를 실현하기 위한 객관적 규범'이라고 한다. 이를 쉽게 풀이한다면 도덕과 법은 궁극적으로 같은 것으로서 양자는 정도의 차이에 지나지 않는다고 하는 것이다. 따라서 사회에서 요구되는 규범 중 기차나 버스 안에서 노약자에 대한 좌석의 양보와 같이 강제할 필요가 적은 것은 도덕으로, 약자에 대한 폭행의 금지와 같이 강제의 필요가 큰 것은 법으로 한다는 식으로 구별한다. 이들은 법과 도덕은 다 같이 사회적 약자에 대한 보호라는 점에서 기본형을 같이한다는 것이다. 그러나 실정법의 존재만을 인정하고 이를 토대로 설명하고 있는 법실증주의의 경우에는 선험적·객관적인 도덕 개념의 존재를 부정하거나 상대적으로만 인정한다고 하는 주관주의 내지 상대주의적 입장에서 도덕을 이해하게 되며, 따라서 법과 도덕은 그 기반조차 다르고 따라서 양자의 필연적인 관계를 부정하는 이원론의 입장에 서게 되는 것이다. 따라서 이 입장에서는 도덕과 법 사이에는 공통점이 없다고 하게 된다.

그러나 법과 도덕은 위에서 본 바와 같이 공통점이 있느냐의 문제만 가지고 얘기할 수 있는 것은 아니다. 양자는 구별되는 영역도 많고, 또 실제 법 영역에는 도덕과 무관한 것도 많이 있는데, 그 예로 될 수 있는 것이 절차규범이나 조직규범과 같은 것들이다. 이러한 것은 도덕의 경우에도 마찬가지이다.

2. 法과 道德의 차이점

이렇듯 법과 도덕은 닮은 점이 상당히 많으면서도 구별되는 점도 많이 있다. 이하에서는 종래 논의되어온 양자의 차이점을 중심으로 살펴본다.

(1) 법의 外面性(Äusserlichkeit)과 도덕의 內面性(Innerlichkeit)

이는 법과 도덕을 규율대상 및 관심방향의 차이를 기준으로 하여 구별한 것이다. 이러한 점을 최초로 간파한 것은 법과 도덕을 처음 체계적으로 논의하기 시작한 푸펜도르프(Samuel von Pufendorf, 1632-1694)와 토마지우스(Christian Thomasius, 1655-1728)이다. 특히 토마지우스는 "도덕은 사람의 양심에 관하여 그 내면적 평화를 부여하는 것을 사명으로 하는 것임에 대하여, 법은 타인에 대한 관계를 통제하여 공동생활의 질서를 기초로 하는 것으로서, 전자는 의지의 내적 과정, 후자는 행위의 외적 과정에 관한 것"이라고 하였다(Thomasius,

자연법과 국제법의 기초=*Fundamenta juris naturae et gentium*, 1713).

이는 곧 법은 행위를 규율하므로 원칙적으로 결과를 포함한 행위를 문제로 삼는다는 것이다. 결국 법은 의사가 아니라, 의사의 외부적 측면인 행위를 문제로 삼는 것이다. 바꾸어 말하면, 법은 외부로 표현되어야만 관계한다는 것이다. 이는 "누구도 생각하는 것만으로는 처벌받지 아니 한다."(*Cogitationis poenam nome meretur*. Digesta 48, 19, 18.)거나, "사상에는 세금이 없다."(Gedanken sind zollfrei.)라는 말로 표현된다. 예컨대 남의 물건을 보고 가지고 싶다고 생각했다고 해서 법적 책임을 지지는 않는다는 것이다. 우리 헌법도 양심의 자유를 인정하여(제19조), 사람의 내심은 법의 규율 밖임을 명시하고 있다.

이에 비하여 도덕은 사람의 내면세계를 규율한다. 도덕은 사람의 심정을 중요시하므로 이는 법과는 달리 내부적 측면을 중시하는 것으로 받아들여진다. 도덕에 있어서는 이 심정이 외부로 표출되느냐의 여부를 불문한다. 따라서 바깥으로 표현된 것보다 동기를 중요시한다. 따라서 도덕에 있어서는 결과가 나쁘지 않아도 동기가 나쁘면 비난을 받게 되고, 반대로 결과가 나쁘더라도 동기가 나쁘지 않으면 문제되지 않는다. 따라서 남을 돕더라도 자신의 이름을 세상에 알리기 위한 것이라면 칭찬을 받기 어렵지만, 좋은 뜻으로 남을 돕다가 설령 피해를 생기게 하더라도 도덕적으로는 문제되지 않을 수 있다.

그러나 이러한 문제는 관심방향의 차이에 불과하다고 하는 학자도 있다(라드브루흐). 그것은 법 가운데도 고의나 선의 등 사람의 내심의 동기를 고려하는 경우가 있으며, 도덕의 경우에도 사람의 내심의 의사 내지는 동기가 외부로 표현될 때 비로소 사회적 의의를 가지기 때문이다.

(2) 법의 他律性(Heteronomie)과 도덕의 自律性(Autonomie)

여기서 법과 도덕을 구별하는 것은 타당근거 및 제재주체의 차이를 토대로 하는 것이다.

법에 관한 한 우리 스스로 법규범을 세우고 그에 따라 행위를 하는 것은 아니다. 일반적으로 본다면 법을 정립하는 것은 국가이고, 수범자인 국민은 이렇게 국가가 일방적으로 정해놓은 규범을 지켜야 할 의무만을 질 뿐이다. 뿐만 아니라, 법위반 시의 제재도 그 행위자의 의사와는 전혀 무관하게 행해진다. 국가는 법을 위반한 자에 대하여 행위자의 의사와 무관하게 제재를 가하게 된다. 공법적(公法的) 내지 사법적(私法的) 제재는 물론, 형사법적인 제재도 이와 같이 타율성을 유지하는 것이다. 결국 사람들은 자신에게 국가가 제재를 하는 것을 피하기 위해서 법을 준수하게 된다는 것이다. 이것이 법의 타율적 성격이다.

그러나 도덕의 경우는 좀 다르다. 도덕률은 특정의 어떤 사람이 제정하는 것이 아니다. 물론 자신과 상관없이 일반적으로 받아들여지는 도덕률도 있지만, 특정한 도덕률을 받아들이고 이를 행하는 것이나, 자신이 받아들인 도덕률을 행하지 않아 가책을 느끼는 것도 자신이다. 즉 남의 도덕적 기준이 당연히 나에게도 도덕적 기준이 되는 것은 아니라는 것이다. 다시 말하면 도덕은 자기 자신에 의해 정립되고, 자기 자신에 의해 스스로 반성의 길을 걷게 되는 자율적 규범이라는 것이다.

다만 이 설명은 법실증주의자들의 입장에 따라 도덕을 주관주의 내지 상대주의적으로 파악한 것이다. 일반적으로는 도덕을 객관주의 내지 절대주의적으로 파악하여, 도덕에 있어서도 보편적 개념을 인정하고 있으므로, 사람은 자신의 의지와는 상관없이 무조건적으로 도덕개념을 받아들이고, 객관적인 도덕규범에 따라야 할 의무를 진다고 하므로, 도덕규범도 타율성을 가지고 있다고 한다.

(3) 법의 合法性(Legalität)과 도덕의 道德性(Moralität)

이는 규범에 의한 행위의 평가 또는 의무방식의 차이에 입각한 구별이다.

법은 강제력을 바탕으로 사람이 이를 지키지 않을 수 없게 하지만, 준법의 동기는 통상 묻지 않는다. 즉 법은 자발적으로 법을 지켰는가 하는 것은 문제삼지 않는다. 그것은 결과적으로 법이 지켜지기만 하면 충분하다고 여기기 때문이다.

이러한 법의 태도에 비하여 도덕은 스스로 그 도덕률을 인정하고 지켜야만 의의가 있다고 한다. 도덕률에 따라 도덕적 행위를 했다고 하더라도, 그것이 외부적 강요에 의한 것이었다면 그것은 적어도 도덕적으로는 무의미한 것이다. 칭찬을 받기 위해 착한 일을 하고서도, 자기가 착한 일을 했다고 우쭐하고 있는 사람을 좋게 볼 수 없는 것은 그 때문이다.

그림 5 Immanuel Kant

칸트(1724-1804)는 이 문제에 관하여 '합법성(legalitas; Legalität; legality; lawfulness)'과 '도덕성(moralitas; Moralität; morality)'을 구별하여 설명하고 있는데, 그는 "동기에 상관없이 법칙에 일치하는 것이 합법성이고, 법칙에 의한 의무의 개념이 동시에 행위의 동기가 되었다면 이를 도덕성이라 한다. 전자는 행위의 외면을 보는 것임에 대하여 후자는 내심을 보는 것이므로, 의무법칙에의 행위의 합치가 합법성이고, 그 법칙에의 행위의 격률(格率. 품격이라고도 함: 주체가 스스로 규칙으로 하는 주관적 원리)의 합치가 도덕성이라고 할 수도 있다. 도덕을 강제할 수는 없으나, 법은 강제가 수반된다."(Immanuel Kant, 도덕형이상학=*Metaphysik der Sitten*, 제1부 법학의 형이상학적 기본원리)라고 하고 있다.

그러나 이러한 입장에 대해서는 플레처(Joseph Fletcher) 등에 의해 주장된 소위 도덕에 관한 상황윤리(situation ethics)의 반론이 있다. 칸트의 입장은 도덕은 근본적으로 규범주의적(normative) 또는 의무론적(deontological)인 규범으로서 동기론(nonconsequentalism)적임에 비하여, 법은 결과론(consequentalism)적인 규범이라는 견해이다. 그러나 도덕에 있어서도 결과론적 입장을 적용해야 하는 경우도 있다는 것이 바로 상황윤리에 관한 입장인데, 이는 구체적인 상황에서 사람이 따라야 하는 윤리적 규준이 무엇이며 그러한 상황 하에서 이루어진 행위의 도덕성은 어떻게 평가될 수 있는가 하는데 있어서, 사람이 직접 처한 상황 및 주관적인 입장을 우선적으로 고려하여 판단하여야 한다는 것이다. 달리 말하면 도덕에도 동기가 아니라, 결과를 가지고 따져야 할 때도 있다는 것이다. 이러한 입장은 퍼스(Charles Peirce), 제임스(William James), 듀이(John Dewey) 등에 의하여 주장된 실용주의와 노선을 같이한다.

(4) 법의 現實性(Realität)과 도덕의 理想性(Idealität)

이는 규범의 기준과 목적을 통하여 양자를 구별하는 것이다.

법은 현실적으로 불가능한 요구를 하지 않는다. 법이 불가능한 요구를 한다면 그 불이행시에 과해지는 제재는 무조건의 제재나 다름없게 되기 때문이다. 때문에 법은 사회평균인을 표준으로 하여 그 사회의 대부분의 수범자가 할 수 있는 것을 정하고 이를 준수하도록 요구한다. 예컨대 자신을 죽이기 위하여 칼을 들고 달려드는 자를 자신이 살기 위하여 살해한 때, 정당방위(형법 제21조)로 보아 형벌을 과하지 않는 것은 이러한 사상에 터 잡은 것이다. 이는 사회생활상의 평화를 위한 규범으로서의 법규범의 주요한 특징 중의 하나라고 할 수 있는데, 이렇게 정해지는 기준은 사회의 평화를 유지하기에 충분한 정도이면 되고, 그 이상의 목적을 달성할 필요는 없기 때문이다.

그러나 도덕은 불가능한 요구를 하는 경우도 없지 않다. 일반인을 기준으로 하기보다는 도덕적으로 전혀 결함이 없는 사람, 즉 성인(聖人)을 기준으로 하기 때문이다. 예컨대 "원수를 사랑하라."라고 하는 도덕률은 일반인들로서는 다만 이상적인 기준일 뿐, 개인이 쉽게 지킬 수 있는 것이 아니다. 그것은 도덕률이 단순한 사회생활상의 평화보다는 완전한 평화, 결함 없는 상태의 형성을 추구하기 때문이다. 이렇게 볼 때 도덕을 실제 준수하는 것이 어려운 고차원의 부분도 있다는 점에서, 사회에서의 공존이라는 점보다는 개인이 자신의 인격적 완성을 위하여 정한 생활규범으로서의 성격도 있는 것으로 생각할 수 있다.

한편 도덕도 법규범과 마찬가지로 사회적 공존을 위한 규범의 성격도 강하다고 하는 지적도 있다.

(5) 법의 兩面性(Zweiseitigkeit)과 도덕의 片面性(Einseitigkeit)

이는 베키오(G. del Vecchio)에 의한 구별로서, 규율관계 또는 목적주체의 차이에 주목한 것이다.

그에 의하면 법은 법률관계 당사자 간의 관계에서 상호 대가적 또는 대립적으로 권리와 의무라고 하는 양면구조로 되어 있고, 누가 특정한 의무를 지게 되면 그에 대한 대가로서 권리가 주어진다. 또한 어떠한 법률관계에 관하여 권리자가 있으면 이에 상응하는 의무자도 있게 마련이다. 그러나 도덕은 오로지 행위의 주체로서의 사람의 무조건적 의무이행만을 요구하며, 그에 대한 대가로서의 도덕적 행위자에게 권리를 주거나, 도덕적 의무자가 있다고 해서 이에 대응되는 권리자가 있는 것은 아니므로 의무의 측면만을 가지고 있다는 것이다. 이 말은 곧 법은 국민에 대해 명령을 하는 것에 그치지 않고, 의무이행에 대해 합당한 보상을 해준다는 것으로 나타난다는 것이다. 예컨대 타인의 권리에 대해 합당한 대가를 지불하게 되면 그 권리를 자신이 취득할 수 있도록 해준다는 것과 같다. 말하자면 타인의 권리를 자신이 함부로 침범하지는 못하지만, 그에 대한 대가를 지불하면 자신의 권리가 되게 할 수 있다는 것이 법의 구조인데, 도덕의 경우에는 젊은 사람에게 일방적으로 노인들에 대해 공경심을 가지라고 하는 것과 같이 의무만을 부여한다는 것이다. 이는 또 한편 젊은이들에게 노인을 공경할 의무를 부여했다고 해서 노인들이 젊은이들에게 자신을 공경하라고 요구할 수 있는 권리를 가지고 있는 것은 아니라는 것이다.

이에 대하여 카우프만(A. Kaufmann)은 베키오의 설명은 지나친 개인주의적 도덕관이라 지적하고, 타인에 대한 의무도 자신에 대한 의무와 마찬가지로 도덕적이며, 따라서 어려움에 처한 사람의 타인에 대한 부조청구권과 같은 도덕적 권리도 성립할 수 있다고 한다(심헌섭, 법철학 I, pp. 115-116). 실제로 도덕을 단순히 개인규범이 아니라, 사회규범의 하나라고 한다면, 그것은 도덕의 사회적 형태를 인정하는 것이고, 그러한 점에서 일정한 사회공동체가 그 구성원에게 요구할 수 있는 윤리적 요구라는 점을 생각하여야 할 것이다. 결국 이는 도덕에 대한 권리성을 인정하지 않을 수 없다는 점을 지적한 것이다.

(6) 법의 强制性(Zwanghaftigkeit)과 도덕의 非强制性(Zwanglosigkeit)

이는 규범의 강제성, 즉 위반자에 대한 제재방법의 차이를 기준으로 본 것이다.

법을 위반하면 반드시 이에 대한 제재가 예정되어 있다. 법을 강제규범이라 하는 것은 바로 법위반시의 국가에 의한 제재가 규범적으로는 물론 현실적으로 예외 없이 이루어진다는 것을 의미한다. 이러한 제재를 켈젠과 같이 '규범적 의미의 강제'(normative coercion)라고 할 때에는 다른 사회규범이 가지고 있는 제재와 구별하기 어려우므로, 예링과 같이 '물리적·현실적 강제'(physical coercion)로 보아야 한다. 죄를 지으면 형벌을 받는 것과 같다.

그러나 도덕을 위반한 경우에는 반드시 이러한 제재가 수반되는 것은 아니다. 도덕의 준수는 어디까지나 자율적 의무감이나 선의의 동기에 기할 수밖에 없기 때문이다. 따라서 도덕은 타율적인 강제가 불가능하며, 위반 시의 제재도 죄의식이나 양심의 가책 등 자율적인 것에 그친다. 결국 도덕은 도덕관념이 부족한 사람에 대해서는 효율적인 규범이 되지 못한다. 나쁜 짓을 하고서도 양심의 가책을 받지 않는 사람에게 도덕은 있으나마나한 것이 된다.

이러한 이유에서 사회에 꼭 필요한 도덕규범은 법에 수용되어 있는 경우가 많다. 이를 '도덕의 강제'(enforcement of morals)라고 하는데, 이렇게 되면 강제된 규범이라는 점에서 도덕으로서의 성격보다는 법으로서의 성격을 강하게 가지게 된다. "법은 도덕의 최대한이다"(das ethische Maximum)라고 하는 쉬몰러(Schmoller, 경제학자)의 말은 도덕이 법에 의해 강행되는 경우에 법으로서의 실효성을 가지기 위해 효력의 강도가 강화되어 있음을 말하는 것이다.

3. 法과 道德의 관련

법과 도덕은 얼마나 관련성을 가지고 있는가. 형법이나 민법과 같이 다수의 규정이 도덕과 관련 있는 법제도 있으나, 행정법규나 소송법규, 그리고 조직법과 같은 기술적 규범들은 도덕과 관련성이 적다.

(1) 一元論과 二元論

법과 도덕의 관련성에 관해서는 이를 동일한 것으로 보는 자연법론자들의 일원론도 있고, 양자는 전혀 이질적인 것으로 보는 법실증주의자들의 이원론도 있다. 법에 있어서의 정당성의 계기를 도덕 내지 정의관념으로부터 도출하는 자연법론의 입장에서는 법과 도덕이 근본적으로 동일한 영역을 가진다고 하는 것은 어쩌면 당연한 귀결일 것이다. 거꾸로 말하면 도덕적 기반을 가지지 못하는 법은 법이 아니라고 할 수밖에 없기 때문이다. 이러한 것은 드라이어의 원리론(Prinzipienargument)이나(Ralf Dreier, "독일에서의 법과 도덕의 관계에 관한 논의방향", 법철학과 사회철학 창간호, pp. 37-38), 엥기쉬(Engisch)의 법과 도덕의

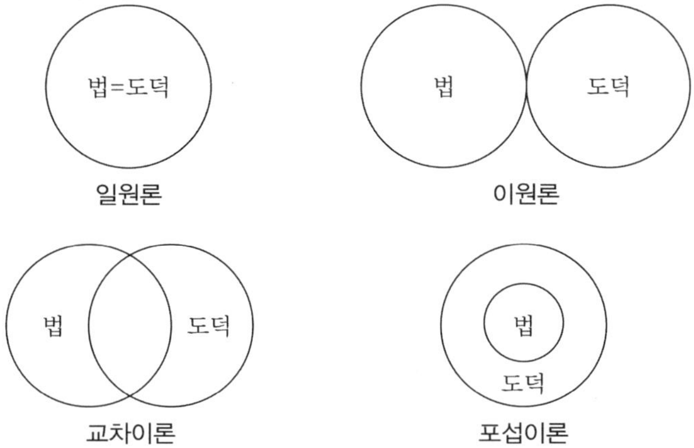

그림 6 **법과 도덕의 관계**

'동화의 준칙' 이론으로 설명되고 있다.

그러나 법실증주의자들은 법과 도덕은 형식적으로 분명하게 구별될 뿐 아니라, 내용적으로도 서로 무관하게 분리되어 존재한다고 본다. 이들은 법의 개념에 정의나 도덕과 같은 법외적 가치가 개입되는 것을 거부한다. 오스틴(Austin)과 같은 이는 "법이 있다는 것과 법이 좋고 나쁘다는 것은 별개의 문제이다."라고 하며, 켈젠(H. Kelsen)은 법은 사회조직의 특별한 기술일 따름이므로 법의 순수성을 확보하여야 한다고 하면서 순수법학(reine Rechtslehre) 이론을 정립하였다. 법실증주의자들은 법이 비록 부도덕 내지 부정당하다고 하여도 이에 무조건적으로 복종할 의무가 있다고 한다. 이에서 한 걸음 더 나아가 홉스(T. Hobbes) 같은 이는 실정법이야말로 인간행위의 선악의 판별기준이라고 하여 실정법이 곧 도덕이나 마찬가지라고 하였다.

그러나 일원론에 있어서는 도덕과 관련성이 없는 부분이 법에 존재할 뿐 아니라, 도덕에 있어서도 법과 무관한 부분이 존재한다는 사실을 설명하지 못하며, 또한 법이 도덕의 전 영역을 흡수하여 법적 제재를 통하여 도덕을 보호해야 한다고 할 수도 없는 것이다. 마찬가지로 이원론에 있어서도 법에 대한 평가를 외면함으로써 합법적 독재를 가능하게 하였다거나, 법과 도덕이 교차하는 현실을 부정하고 있다는 등의 비판을 받고 있다.

(2) 교차이론

카우프만(Kaufmann)에 의하면 법과 도덕은 서로 공통하는 부분도 있지만, 서로 무관한 고유영역도 가지고 있다고 한다. 때문에 양자는 상호 보완적 관계도 있지만, 적대적 대립(feindlicher Widerstreit, Gierke)관계에 놓일 수도 있다는 것이다. 상호 보완적 관계에 있는 것은 두말할 필요도 없이 법과 도덕이 교차하는 영역을 말하는 것이나, 적대적 대립관계에 있는 부분은 법이 금하는 것을 도덕이 명한다든지, 도덕이 금하는 것이 법으로 강제되는 극단적인 경우에 문제된다. 한편 절차법이나 조직규범 내지 기술적 규범 중에는 도덕과 무관한 법규도 적지 않으며, 도덕 중에도 '법으로부터 자유로운 영역'(rechtsfreier Raum)으로 남아있음을 볼 때 이 주장은 상당히 의미가 있는 것으로 받아들여지고 있다.

(3) 포섭이론

도덕은 인간생활의 모든 영역을 포괄하지만 법은 특히 필요한 부분에 대하여 보다 강력한 제재를 바탕으로 규율하는 것이라는 주장이 있다. 법과 도덕의 관련에 관하여 "법은 도덕의 최소한이다(das ethische Minimum: Georg Jellinek, 1851-1911)"라는 주장은 바로 이 이론의 표현이다. 도덕 중에서 국가가 실천을 요구하는 최소한의 범위를 정하여 법으로 강제하는 것이라는 주장이다. 형법과 민법 등의 경우, 도덕에서 유래한 법규정도 많고, 법규정이 도덕화하는 경우도 많다. 도덕을 바탕으로 하는 법은 국민에게 자연스럽게 수용되므로, 강제력이 훨씬 약하더라도 효과가 크다. 이 경우에는 모든 법은 도덕적 기반을 가지고 있어야 한다고 하는 반면에, 도덕에 있어서는 법으로부터 자유로운 영역이 있다는 점을 지적하고 있다.

이 견해는 법의 정당성을 강조한 점에서 의의가 있으나, 도덕과 무관한 법영역에 대해서는 설명할 수 없는 점이 비판받고 있다.

4. 法의 道德的 限界

법실증주의에 있어서는 도덕과 법은 상호간에 아무런 관련성을 가질 수 없다고 하나, 자연법론에 있어서는 다소간에 법은 도덕적 기반을 가지지 않으면 안 된다고 한다. 자연법론자들에게는 만약 법이 이러한 도덕적 기반을 가지지 못하면 그 법은 '비도덕적인 법'(unmoralische Gesetz)에 그치는 것이 아니라, 법으로서의 타당성을 가지지 못하는 '불법'(Unrecht)으로까지 규정할 수 있는 것이다.

물론 "악법도 법이다"(*Dura lex sed lex*)라고 하는 법실증주의의 경우에는 이러한 문제가 생길 수 없으나, 자연법론의 경우에는 그 법은 규범성을 상실하고, 위반행위에 대해서도 제재를 가할 수 없는 것으로 된다. 자연법론은 여기에서 더 나아가, 도덕적 영역을 얼마나 법적 영역으로 전환할 수 있는지, 그 한계는 어디까지인지가 문제로 된다. 이에 대해 가장 논란이 되고 있는 것이 소위 '착한 사마리아인 법'(Good Samaritan Clause: 누가복음 10장 30-33절)의 문제이다. 이는 도덕적 선행(善行)을 법으로 강제하고 이를 하지 않은 자에 제재를 할 수 있는가의 문제, 즉 도덕적 행위의 의무화와 그 위반에 대한 강제가능성에 관한 논란이다. 이것이 문제로 되는 것은 바로 법이 통상적으로 추구하는 '악행의 금지'가 아니라, '선행의 강제'의 문제이기 때문이다.

실제 기독교적 전통을 가지고 있는 나라 중에는 이러한 규정이 발견되는 경우가 있다. 예컨대 독일 형법에는 "도움이 필요하고 또 상당히 요구됨에도 불구하고 사고나 공공위험 또는 위기에 처해있는 자에게 도움을 주지 않는 자는 1년 이하의 징역 또는 벌금형에 처한다."(제323조 c항)는 규정이 있고 프랑스 형법에도 마찬가지의 규정이 있다(제63조 2항).

이러한 규정은 법적 도덕주의(legal moralism) 내지 법의 도덕성을 강화하는 것으로서 사랑조항(Liebensparagraph)이라고도 하는데, 反도덕적 행위에 대한 법적 제재를 정당화하는 도덕에 대한 법적 보호주의라 할 수 있다. 그러나 이로 인하여 도덕에 있어서의 '법으로부터 자유로운 영역'을 침해함으로써 사람의 행위를 과도하게 제한하는 측면이 있다. 즉, 어차피 법적 규제도 그 자체로서 악(evil)일 수밖에 없는데, 이로써 善을 강제하는 것이 정당하다고 할 수 있는가 하는 것이다. 그러나 이에 대하여 최근의 도덕적 타락현상을 막기 위해서는 어느 정도 도덕의 강제는 필요하다는 주장도 있다.

누가복음 10장

25 어떤 율법교사가 일어나 예수를 시험하여 이르되 선생님 내가 무엇을 하여야 영생을 얻으리이까
26 예수께서 이르시되 율법에 무엇이라 기록되었으며 네가 어떻게 읽느냐
27 대답하여 이르되 네 마음을 다하며 목숨을 다하며 힘을 다하며 뜻을 다하여 주 너의 하나님을 사랑하고 또한 네 이웃을 네 자신 같이 사랑하라 하였나이다
28 예수께서 이르시되 네 대답이 옳도다 이를 행하라 그러면 살리라 하시니
29 그 사람이 자기를 옳게 보이려고 예수께 여짜오되 그러면 내 이웃이 누구니이까
30 예수께서 대답하여 이르시되 어떤 사람이 예루살렘에서 여리고로 내려가다가 강도를 만나매 강도들이 그 옷을 벗기고 때려 거의 죽은 것을 버리고 갔더라
31 마침 한 제사장이 그 길로 내려가다가 그를 보고 피하여 지나가고
32 또 이와 같이 한 레위인도 그 곳에 이르러 그를 보고 피하여 지나가되
33 어떤 사마리아 사람은 여행하는 중 거기 이르러 그를 보고 불쌍히 여겨
34 가까이 가서 기름과 포도주를 그 상처에 붓고 싸매고 자기 짐승에 태워 주막으로 데리고 가서 돌보아 주니라
35 그 이튿날 그가 주막 주인에게 데나리온 둘을 내어 주며 이르되 이 사람을 돌보아 주라 비용이 더 들면 내가 돌아올 때에 갚으리라 하였으니
36 네 생각에는 이 세 사람 중에 누가 강도 만난 자의 이웃이 되겠느냐
37 이르되 자비를 베푼 자니이다 예수께서 이르시되 가서 너도 이와 같이 하라 하시니라

제2절　法과 慣習

1. 관습의 개념

관습은 일정한 행위가 특정한 다수인에게 반복되어 규범화한 것이다. 특히 문화적으로 미개한 사회에 있어서는 사람들은 자기 자신의 판단에 의하여 행동하기보다는 자기보다 우월한 타인의 행동을 모방하려고 하는 경향이 있다고 한다. 이들의 모방과 반복이 장시간 많은 사람에 의해 계속되면 이러한 행위가

규범성을 가지게 되기 때문에, 그렇게 하지 않는 사람에 대한 비난가능성까지 생기게 된다는 것이다. 이렇듯 관습은 다중에 의해 반복됨으로써 발생하였으므로 다른 규범에 비하여 사회적 현실을 많이 반영하고 있다.

2. 법과 관습

관습도 법과 마찬가지로 사회에서 적용되는 규범이다. 이런 의미에서 관습도 사람의 행위를 규제한다. 그러나 관습은 법보다는 도덕에 가깝다.

법과 관습은 성립과 효력의 면에서 구별할 수 있을 것이다. 먼저 법은 국가라고 하는 권력에 의해 성립하는 데 비하여, 관습은 사회에서 자생적으로 무의식적으로 발생한 것이다. 또 효력의 면에서도 법은 국가권력에 의하여 현실적으로 강행되는 것이나, 관습의 경우에는 이를 위반하더라도 사회적으로 비난을 받을 뿐, 형벌을 받는 것은 아니다. 이때 관습을 얼마나 지켜야 하는 문제는 사회전체의 의식에 매어 있다. 사회가 관습에 집착하면 강제력이 커지지만, 그렇지 않은 때에는 거의 지켜지지 않을 수도 있다.

이와 같이 관습은 현실생활 속에서 무의식적 내지 자생적으로 생겨난 규범이므로, 법이나 종교, 도덕에 비하여 특정한 목적이나 이상을 실현하려고 하는 성격이 약하다. 또한 현행법 중에는 관습으로부터 유래한 것도 있고, 관습 자체가 규범성을 강화하여 법으로 인정되는 경우도 있다. 특히 후자를 불문법의 일종인 관습법이라 한다. 그러나 관습이 관습법으로 된 경우에는 그것은 법이지, 더 이상 관습이라고 할 수 없다.

또 사회적으로 실체화되어 있는 윤리는 종종 습속(習俗)과 결합하여 나타나는데, 본래 이는 법과는 무관한 것이나, 여기에 사회윤리적 평가가 더해져서 시인된 경우에는 사회질서의 일 개념으로 인정되어 법원칙의 하나로 받아들여지게 된다. 이때 이는 국민들이 지켜야 할 최소한의 도덕률로 보아 선량한 풍속(die guten Sitten; bonnes moeurs)이라 한다. "선량한 풍속 기타 사회질서에 위반한 사항을 내용으로 하는 법률행위는 무효"이다(민법 제103조). 공공질서도 사회질서의 다른 표현 중의 하나로서 그 의미는 대동소이하다고 할 수 있으나,

여기서는 현행 법제도와의 관련성이 강조되어 있다고 할 수 있다. 또 "관습은 법의 최선의 해석자이다"라는 법언(法諺)에서 보듯 법의 의미가 다의적일 때에는 관습에 합치하는 쪽으로 법을 해석하여 민의와 관습을 동일시하기도 한다.

제 3 절 法과 宗教

1. 종교규범의 개념

종교규범은 사람이 아니라 신(神)으로부터 출발하는 특이한 성격의 규범이다. 종교가 내세에서의 구원을 목적으로 하므로 이를 위해 신자들이 지켜야 할 규범을 정하고 있는데, 이러한 것이 종교규범의 근간을 이루고 있다. 종교규범은 일반적으로 사회성을 부정한다. 특정 종교의 교리에 맞추어 그 종교 내에서만 의의를 가지기 때문이다.

2. 법과 종교규범

원시사회는 정치와 종교가 분리되지 않은 제정일치의 사회이므로, 이 시대에는 종교규범이 법의 기능도 행하였기 때문에 이 당시로부터 유래한 종교규범에는 예외적으로 사회적 색채가 강한 내용들도 발견된다. 그 후에 정교분리(政教分離)가 이루어짐에 따라 법규범과 종교규범도 분리되었다. 그러나 가톨릭이 지배하고 있었던 중세 유럽의 경우와 같이 종교적 성향이 강한 시대나 이슬람 제국과 같이 정교일치를 주장하는 국가에서는 종교와 국가가 혼동되어 국민의 행동이 종교에 의해 지배되기도 한다. 이러한 성향을 가지고 있던 중세 유럽 국가에서는 교회법(Kanonisches Recht; Kirchenrecht)이 곧 국법의 일부로 인정되기도 하였지만, 신법(神法; *jus divinum*)으로서 세속법의 상위에서 모든 법체계의 근본으로 인정된 경우도 있었다. 이러한 나라에서는 일반인들의 생활이 종교적인 영향을 많이 받아왔기 때문에 일상규범 자체가 종교적인 색채를 많이 띠고 있다. 그러나 현재에는 대부분의 나라에서 법규범과 종교규범은 서로 규율하는 영역이 다르기 때문에 상호간의 영향은 미미한 편이다.

법과 종교규범의 관계에 관하여 보면, 법은 국가권력을 바탕으로 강행되나, 종교규범은 신앙을 바탕으로 한다는 것이다. 때문에 법은 신앙에 불구하고 모든 사람에게 다 적용되는 것이지만, 종교규범은 그 종교를 믿지 않는 자에게는 아무런 관련이 없다. 따라서 효력적인 측면에서 보더라도 법은 직접적으로 그 위반자에게 제재를 예정하고 있는 것이 보통이지만, 종교규범을 위반한 자에 대해서는 파문(破門) 등의 방법으로 종교에 의한 구원을 거부할 뿐, 직접적인 제재를 하는 것은 아니다. 그리고 법은 일반인이 지키도록 하는 목적에서 그 규준의 대상이 일반인인 데 비하여, 종교규범의 경우에는 일반인보다 훨씬 상위에 있는 성인(聖人)을 대상으로 하는 경우도 있어서 일반인이 사실상 지키기 어려운 경우도 있다.

출애굽기 20장

1 하나님이 이 모든 말씀으로 말씀하여 이르시되
2 나는 너를 애굽 땅, 종 되었던 집에서 인도하여 낸 네 하나님 여호와니라
3 너는 나 외에는 다른 신들을 네게 두지 말라
4 너를 위하여 새긴 우상을 만들지 말고 또 위로 하늘에 있는 것이나 아래로 땅에 있는 것이나 땅 아래 물속에 있는 것의 어떤 형상도 만들지 말며
5 그것들에게 절하지 말며 그것들을 섬기지 말라 나 네 하나님 여호와는 질투하는 하나님인즉 나를 미워하는 자의 죄를 갚되 아버지로부터 아들에게로 삼사 대까지 이르게 하거니와
6 나를 사랑하고 내 계명을 지키는 자에게는 천 대까지 은혜를 베푸느니라
7 너는 네 하나님 여호와의 이름을 망령되게 부르지 말라 여호와는 그의 이름을 망령되게 부르는 자를 죄 없다 하지 아니하리라
8 안식일을 기억하여 거룩하게 지키라
9 엿새 동안은 힘써 네 모든 일을 행할 것이나
10 일곱째 날은 네 하나님 여호와의 안식일인즉 너나 네 아들이나 네 딸이나 네 남종이나 네 여종이나 네 가축이나 네 문안에 머무는 객이라도 아무 일도 하지 말라

11 이는 엿새 동안에 나 여호와가 하늘과 땅과 바다와 그 가운데 모든 것을 만들고 일곱째 날에 쉬었음이라 그러므로 나 여호와가 안식일을 복되게 하여 그 날을 거룩하게 하였느니라
12 네 부모를 공경하라 그리하면 네 하나님 여호와가 네게 준 땅에서 네 생명이 길리라
13 살인하지 말라
14 간음하지 말라
15 도둑질하지 말라
16 네 이웃에 대하여 거짓 증거하지 말라
17 네 이웃의 집을 탐내지 말라 네 이웃의 아내나 그의 남종이나 그의 여종이나 그의 소나 그의 나귀나 무릇 네 이웃의 소유를 탐내지 말라

五戒

불교에 귀의하는 재가신도(在家信徒)가 받는 5가지 계율.

① 생명체를 죽이지 말라(不殺生)
② 남의 것을 훔치지 말라(不偷盜)
③ 음행하지 말라(不邪淫)
④ 거짓말을 하지 말라(不妄語)
⑤ 술을 마시지 말라(不飮酒).

불교도 전체가 지킬 계율로서 사미계(沙彌戒)·사미니계(沙彌尼戒)에도 포함되어 있다. 한국·중국에서는 불교의 오계를 유교의 오상(五常)과 대비하는 경우가 많았는데, 특히 조선 초기 승려 기화(己和)는《현정론(顯正論)》에서 불살생·불투도·불사음·불음주·불망어를 각각 인(仁)·의(義)·예(禮)·지(智)·신(信)에 배합하고, 사람들이 오계를 잘 지키면 유교의 이상인 덕치국가를 실현할 수 있다고 하였다.

03장 法과 國家

제1절 國家의 槪念

1. 국가의 구성요소

현대 사회뿐만 아니라, 역사 이래 국가가 성립된 이후에는 국가를 빼고 법을 생각할 수는 없게 되었다. 법을 제정하는 것도 국가에 의해서 이루어지며, 법의 위반자에 대해 제재를 가하는 것도 국가이기 때문이다. 이러한 의미에서 국가에 대해 살펴보는 것이 법에 대한 이해를 깊이 할 수 있는 하나의 길이 된다.

국가는 국민·영역·주권이라고 하는 3요소를 기본으로 하여, 특정 지역에서 그 구성원들에게 최고의 권력으로서 행사되는 공동체이다. 따라서 국민이나 영토가 없는 국가가 있을 수 없고, 주권이 행사될 수 없는 경우에는 이를 독립된 국가라고 할 수 없다. 주권은 대외적으로는 독립성으로, 대내적으로는 최고의 통치권으로 나타난다.

베버(Weber)는 "국가란 특정한 영토 내에서 물리적인 힘의 정당한 사용의 독점을 요구하는 사람의 공동체로서, 다시 말하면 사람이 사람을 지배하는 하나의 관계이며, 그 관계는 정당한 것으로 인정되는 폭력의 수단으로써 뒷받침 된다."고 하고 있다.

2. 국가의 성립에 관한 이론

이 세상에 국가가 없는 곳은 없다. 그런데 이러한 국가들은 어떻게 생겨났을까. 누군가에 의해서 만들어진 것인지, 아니면 자연발생적으로 생겨났는지 의문스럽지 않을 수 없다.

이 문제에 대해서는 크게 두 갈래의 이론이 있다. 국가의 성립과정에 대해서는 아무런 역사적 자료도 없을 뿐 아니라, 이에 대해 아는 바도 없기 때문에 이들 두 가지의 이론은 다 같이 국가의 성립에 관한 추정이론일 뿐이다. 다만 이들 두 가지의 이론 중 한 쪽의 이론은 좀 현실성이 있다고 할 수 있는 것임에 반하여, 다른 쪽의 이론은 가능성이 거의 없는 이론이다.

(1) 哲學的 起源說

철학적 기원설은 국가의 기원을 철학적으로 고찰하여 살펴보는 견해이다.

이 중 사회계약설은 루소(J. J. Rousseau)에 의하여 주창된 견해인데, 이는 일반적으로 민주주의 국가의 성립과 기능을 적절하게 설명하는 이론으로 알려져 있다. 실제로 이 이론은 현실적인 국가발생 이론이라기보다는 국가의 존재근거에 관한 논리로 보아야 한다. 루소에 의하면 국민은 스스로 국가에 대해 자신의 권리를 양도하였으므로, 모든 국민은 자신이 그 일부로서 속하고 있는 공동체의 일반의사(volonté générale)에만 복종한다고 하는 것이다. 이 이론은 통치자와 피치자인 국민의 동일성을 전제로 함으로써, 민주주의적 자기지배의 원리를 기초로 하는 근대적 민주주의 및 인민주권(la souveraineté populaire; la souveraineté de peuple) 이론의 이념적 기초로 되어 있다.

역시 이와 마찬가지의 노선 위에서 홉스(Hobbes)는 사람들이 만인의 만인에 관한 투쟁 상태, 즉 고독하고, 가난하고, 더럽고, 잔인하고, 짧은 삶에서 벗어나기 위하여 생명·신체 및 소유의 안전을 보호할 강력한 힘을 가지는 국가를 창설하였다고 한다. 이것이 바로 레비아탄(Leviathan)이다. 그 외에 자연기원설이라고 하여 사회적 존재인 사람에 의해 국가가 자연적으로 발생하였다고 하는 이론도 있다.

이들 견해에 대해서는 가장 성공한 정치적 사기(Pollock)라고 하거나, 비역사적이고, 비논리적인 것(David Ritchie)이며, 국가에 대해 강제력을 부여할 근거가 없다는 등의 비판이 가해지고 있다. 또 이 이론은 지배자와 피지배자를 동일시하여 권력자의 권력행사를 합리화함으로써 다수자에 의한 독재를 합리화하는 근거로 될 수 있다는 비판을 받고 있다.

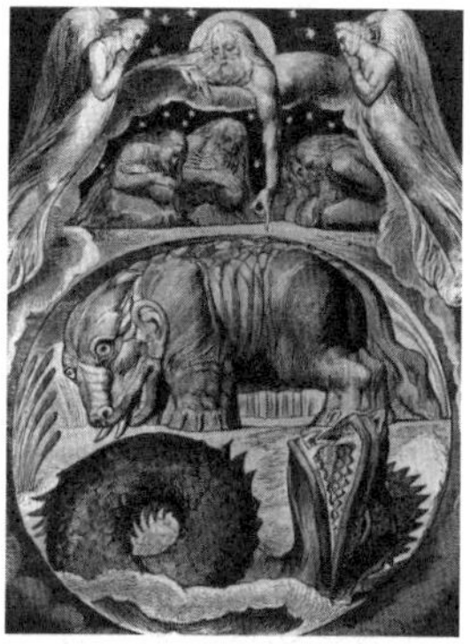

그림 7 맨 아래가 Leviathan. 맨 위는 천사이고 가운데는 베헤모스이다(윌리엄 블레이크 作)

(2) 社會學的 起源說

사회학적 기원설은 실제 사회를 고찰하여 그로부터 국가의 기원을 탐구하는 견해이다.

여기에 속하는 학설 중 정복설은 오펜하이머(Oppenheimer)에 의하여 주장된 것이 대표적이다. 그는 사회적 강자가 약자를 지배하는 과정 내지 그 결과로 국가가 발전하였다고 한다. 이 이론은 사회계약설에 비하여 현실적이나, 국가를 강자와 약자의 관계로만 설명하면 국가에서 강자의 지배를 당연시하게 되어 약자의 보호기능을 도출하기 어렵다고 하는 점이 문제로 될 수 있다.

유사한 견해로서 국가를 자본가 계급의 착취수단으로 설명하는 착취설(Marx) 외에 가족에서 씨족, 부족을 거쳐 점차 국가가 발생하였다고 하는 가족설(R. Filmer, Henry S. Maine), 노동의 분업에 의하여 지배조직인 국가가 발생하였다고 하는 분업설(Emil Durkheim) 등이 있다.

요컨대 위의 철학적 기원설이나 사회학적 기원설 등 두 가지의 학설은 국가의 성립을 보다 가능성 있고 현실성 있는 그럴듯한 이론으로 설명할 것인가, 아니면 국가를 우리가 현재에서 적절히 설명하기 위하여 다소 무리가 있더라도 이상적으로 설명할 것인가의 문제에서 나뉘게 된다. 정복설은 전자의 입장으로 설명한 것이며, 사회계약설은 후자의 입장에 서 있다.

3. 國家의 目的과 機能

국가자체의 목적과 기능은 무엇인가 생각할 때에 가장 먼저 인정하지 않을 수 없는 것은 바로 국가 자신의 존립이라고 할 것이다. 국가는 다른 생물체와 마찬가지로 스스로의 생존을 위하여 활동한다. 이 의미에서 국가는 누구라도 국가의 존립을 방해하지 않는 경우에는 적대시 하지 않으므로 적극적으로 국민의 자유와 권리를 수호할 수 없다. 따라서 이 의미로는 국가는 국민의 자유권을 침해하지 않으면 된다는 소극적 성격이 강조된다.

그러나 국가는 위와 같은 소극적 기능을 가지는 것으로는 부족하므로, 특히 국민이 주권을 가지고 있는 자유민주주의체제를 취하는 한 그 존립근거를 국민에서 찾지 않으면 안 된다고 생각한다. 따라서 국가는 국민을 위한 목적과 기능을 가지지 않으면 안 된다. 이러한 의미에서 국가는 적극적으로 국민의 생존권을 보호하여야 할 의무가 있다. 따라서 국가는 질서 및 치안유지라고 하는 전통적 기능은 물론, 국민의 적극적 복지를 위하여 활동하여야 한다. 이런 의미에서 볼 때 국가가 국민을 지배하는 것은 국민을 보호하고, 국민의 이익을 도모하기 위한 것이지, 국민을 억압하라는 것이 아니라는 것이다.

만약 이때 국가가 약체이면 국민을 보호하기 어렵고, 국가가 너무 강하면 국민의 의사를 무시하게 된다. 때문에 국가 권력의 분산을 통하여 국민을 보호하려는 것이 권력분립제이다. 바람직한 국가 권력행사 방법은 대외적으로는 강력하게, 대내적으로는 부드럽게 하는 것이다.

레비아탄(Leviathan)

영국의 철학자인 토마스 홉스가 쓴 책의 제목. '교회 및 시민 공동체의 내용·형태·권력(The Matter, Forme, and Power of a Commonwealth Ecclesiastical and Civile)'이라는 부제를 붙여 1651년 출간되었다. 레비아탄이란 구약성서 '욥기(記)' 등에 나오는 거대한 영생(永生)동물의 이름인데, 이 책에서는 교회권력으로부터 해방된 국가, 다시 말하면 중세에서의 신(神)에 대신하는 위치를 점유한 주권적·절대적인 근대 국가를 가리키고 있으며, 그러한 국가의 성립을 통하여 인민의 안전과 평화를 달성하고자 하였다. 그는 사람은 태어나면서부터 평등하되 자연상태에 있어서는 '만인은 만인에 대해서 싸우는 상태'에 있다고 하면서, 자연권의 이러한 자기부정(自己否定)에서 벗어나기 위하여 이성이 스스로 발견하는 자연법에 의해서 자연권을 제한하고 절대주권을 세우는 사회계약에 의하여 국가가 성립하였다고 하였다. 홉스는 전제군주제를 이상으로 여기고 있으나 그 주권의 기초를 국민의 자기보존권에 두고 있으며, 바로 거기서 자연주의 입장을 엿볼 수 있다. 이 저서는 법·정치 사상면에서 많은 영향을 미쳤다. 정부의 절대성을 왕권신수설에 의해 주장한 것이 아니라 평화를 바라는 사람의 이성을 토대로 하여 사회계약(社會契約)에 의해 옹호했다는 데서 왕당파로부터 비난을 받았다.

본래 레비아탄은 샬리트라고도 하며, 본래는 우가리트의 신화에 나오는 큰 뱀을 가리킨다. 그 이름에는 '자기 자신을 둘러싼 자', '똬리를 튼 자'라는 뜻이 있다. 일곱 개의 머리를 가지고 구불구불 구부러져 있으며 엄청난 힘을 가지고 있었는데, 바알신이 이를 무찔렀다고 한다. 성서에 보이는 레비아탄은 굳이 악마적인 역할을 가졌던 것 같지는 않다. 오히려 신은 이 괴물을 지상에서 가장 강한 자로 만들었고, 그 아름답고 힘센 모습을 자랑하기까지 했다. 그러나 후에 신은 그 머리를 부숴서 죽이고 시체를 들짐승(혹은 사막의 유목민)에게 먹였으므로, 해석상 신의 적으로 간주되어 악마로 분류된 것으로 보인다.

한편 탈무드에 의하면 레비아탄은 다섯째 날 창조된 생물이다. 원래 하나의 동물이었다가 두 마리의 괴물로 분리되어, 암컷은 레비아탄으로 바다 속에서 살고 수컷은 베헤모스로 덴다인이라는 사막에 살게 되었다. 세계 최후의 날에 레비아탄은 베헤모스와 함께 신에 의해 살해당할 운명에 있다고 하기도 하고, 베헤모스가 레비아탄을 살해한다고 하기도 한다. 그때까지는 천사들도 이 괴물을 어쩌지 못한다고 한다.

제 2 절 법과 국가의 관계

1. 법에 있어서의 국가

법이 국가가 생기기 이전부터 존재하였다는 것은 앞에서 본 것과 같다. 그러나 현재에는 법의 실현은 국가권력 없이는 생각할 수 없다. 법이 도덕적 규범만으로 이루어져 있다면 사회 전체의 의지에 의하여 법의 실행이 보장될지도 모르지만, 사실 법의 내용을 모든 사람이 다 옳다고 생각하는 것은 아니므로 자율적인 준수를 기대하기는 어려운 것이 사실이다. 이 점에서 법은 결국 강제규범이 될 수밖에 없기 때문에 법은 국가에 의존하는 바가 크다. 따라서 국가는 법위반자에 대해 국가가 가지고 있는 무력을 동원하여 직접적으로 제재를 가하거나, 법에 규정된 제재가 이루어지도록 보장함으로써 결국 법이 지켜지도록 하는 역할을 하게 된다. 달리 말하면 법은 국가 없이는 그 준수가 보장되지 못한다는 것이 현실이다.

한편으로 법은 국가규범이라는 것으로서 스스로의 권위를 높이고 있다. 그것은 법이 단지 어떤 집단이나 조직의 자율적 규범에 그치는 것이 아니라, 가장 크고 강한 국가조직의 규범이라는 성격을 가지게 된다는 것이다. 따라서 법은 다른 어떠한 규범보다도 강력한 카리스마를 가지게 된다. 이러한 카리스마는 법이 전 국민으로 구성되어 있는 국가의 규범이라는 점에서 '국민적 합의를 거친 규범'으로 인정될 수 있는 바탕이 된다.

2. 국가에 있어서의 법

한편 국가는 법 없이는 통치할 수 없다. 즉 법은 국가의 통치수단이 된다. 국가가 통치행위를 함에 있어서 법의 근거를 내세움으로써 그것이 자의적인 행위가 아니라 법의 집행이라는 점을 강조하여 통치행위의 정당성을 확보할 수 있다. 즉 국가는 법을 통하여 원활한 통치를 할 수 있게 된다. 국민의 입장에서는 국가의 통치방법과 그 한계를 미리 알 수 있게 되므로 국가에 대한 자신의 부담을 예상할 수 있게 된다. 국가는 법으로 정해진 범위를 넘어 국민의 부담을 요구할 수 없기 때문이다. 이는 법이 국가의 권력의 한계를 정하게 된다는 것이다.

국가는 법을 제·개정함으로써 국민에 대한 통치의 틀을 결정할 수 있다. 국민이 해야 할 일을 정할 때, 국가는 법을 제정하거나 개정하는 방법을 취하게 된다. 법이 개정되면 국가의 지시가 아니라, 법에 의하여 국민의 권리와 의무의 범위도 달라질 수 있다. 이와 같이 국가는 법을 제정하거나 개정할 수 있으나, 이는 국가가 자의적으로 행사할 수 있는 것은 아니고, 정당성의 한계 내에서 할 수 있을 뿐이다. 왜냐하면 입법권은 국가가 본래적으로 가진 것이 아니라, 국민으로부터 위임된 권리이기 때문이다.

제 3 절 法治主義

1. 법치주의의 의의

법치주의는 권력분립주의와 함께 통치자의 권력남용을 제한하는 요소로 이해되어 있다. 법치주의는 '人의 지배'가 아닌 '법의 지배'를 의미하며, 국가권력은 국민의 의사를 대표한 의회가 제정한 법률에 따라 발동되어야 한다는 것이다. 이렇게 통치자에게 자의적(恣意的)인 권력행사를 하지 못하게 함으로써 권력행사의 적법성을 담보하고자 하는 것이다.

법치주의의 목적은 국민의 자유와 권리를 보장하는 데 있다. 권력자가 권력을 자의적으로 행사한다는 것은 바로 국민의 자유와 권리를 침해하는 것이기 때문이다. 이러한 점에서 법치주의는 그 국가가 전제국가인지 아니면 자유국가인지를 가늠하는 기준이 된다. 법치주의의 기초는 권력분립에 있는데, 권력을 한 사람이나 하나의 기관에 집중시키기보다, 여러 개의 권력으로 나누어 서로 견제하면서 균형을 취하도록 하는 것이 법치주의 보장에 유리하기 때문이다. 법치주의의 내용은 권력분립의 연장선 위에서 법률의 우위(의회주의), 법률에 의한 행정, 법률에 의한 재판으로 구성되어 있다.

2. 법치주의의 바탕

법치주의는 독일법상의 법치국가(Rechtsstaat)와 영국의 법의 지배(Rule of Law)의 이념에 그 바탕을 두고 있다.

(1) 法治國家

독일법상의 법치국가의 이념은 시민의 자유를 보장하기 위한 개념이라는 점에서는 법의 지배와 다를 바 없으나, 이는 법률의 우위 및 국가 권력의 제한 내지 통제원리라는 점이 다소 다른 점이다. 법치국가는 '국가의 간섭으로부터 자유로운 개인의 영역'이 아니라 '자유로운 전체질서'의 설정을 통하여 개인의 자유를 보장하는 것을 목표로 한다. 이러한 점에서 법치국가의 개념은 형식적 법치주의와 맞닿아 있는데, 이것은 독일 자연법상 국가권력이 헌법에 선행하는 것으로서, 군주가 법치국가를 하사(下賜)하는 것으로 되어 있었기 때문이다(M. 크릴레, 국순옥 역, 헌법학 입문, 1989, 117면).

법치국가의 내용으로는 ① 국민의 대표로 구성된 의회의 법률에 의한 국가권력의 행사, ② 국가권력의 분립, ③ 모든 국가권력의 사법화(司法化) 등이다.

(2) 法의 支配

한편 영미법상의 법의 지배는 실질적 법치주의에 가까운 것으로서, 중세 이래 개인의 자유와 권리를 보호하기 위한 수단으로서 발전되어 왔는데, 독일의 법치국가와 비교하면 아무래도 절차적 성격을 가지고 있다고 할 수 있다(適法節次: due process). 이는 주권자에게 호소하여 시민의 자유를 얻어내는 것이 아니라, 직접적으로 17세기 의회와 보통법 법률가들이 헌법투쟁을 통하여 주권자와 대결하여 쟁취한 원리로서 통치자를 제약하는 원리이다. 법의 지배가 최초로 이루어진 영국에서는 "국왕도 법 밑에 있다"(Sir Edward Coke, 1552-1634)는 말로 나타낸다.

법의 지배의 내용을 간략히 살펴보면 다음과 같다. ① 여기서 법이란 이성에 기초한 법, 특히 기본적 인권의 보장을 기초로 하는 법을 의미한다. ② 법의 지배의 대상은 일반 국민이 아니라, 통치자 내지 권력담당자로서, 이들이 법을 무시하거나 자신의 마음대로 법을 뜯어고칠 수 없음을 의미한다. ③ 의회가 제정한 법은 모든 것을 구속한다(議會主權: sovereignty of parliament). ④ 최종적으로 무엇이 법인가 하는 것은 정치권력으로부터 독립된 사법부(法院)에 있다(司法權의 優位: judicial supremacy). 다만 미국에 있어서는 영국과는 달리, 헌법의 존재로 인하여 의회의 절대적 우위는 인정되지 않고 있으며, 의회가 제정한 법률에 대한 위헌판단 여부를 사법부가 재판하도록 되어 있어서 실질적인 사법부의 우위가 인정되어 있다. 이러한 현상은 캐나다, 오스트레일리아의 경우도 대개 비슷하다.

3. 法治主義의 發展

(1) 形式的 法治主義

종래의 법치주의는 주로 독일의 법치국가의 사상에 바탕을 두고 있었으므로, 국민의 대표에 의해 적법하게 성립한 법률에 의한 통치만을 문제로 삼고, 법률의 내용은 문제 삼지 않았다. 주권자인 국민의 의지는 항상 정당하다고 보았기 때문이다. 따라서 법의 내용이 어떠하든 간에 의회가 정한 법에 의하여 권력이 행사되기만 하면 무방한 것이었다. 이를 형식적 법치주의라 한다. 그러나 이는 형식논리에 의한 합법적 독재(tyranny through law)를 초래하게 되었다는 점을 반성함으로써 실질적 법치주의가 대두되었다.

(2) 實質的 法治主義

실질적 법치주의는 형식적 법치주의의 원칙을 추구하면서, 이에 더하여 법률의 내용도 문제로 삼는 입장이다. 이는 히틀러(A. Hitler)의 수권법(授權法: Ermechtigungsgesetz. 정식 명칭은 '국민 및 국가의 위기 극복에 관한 법률' 1933)으로 인한 폐해가 직접적인 계기가 되어 주창된 것이다. 즉 제2차 세계대전 후 형식적 법치주의로는 합법적인 방법으로도 독재가 가능하며, 이로써는 국민의 자유와 권리를 보호할 수 없다는 데 대한 반성으로 실질적 법치주의가 대두되었다. 실질적 법치주의는 법적 안정성의 유지와 더불어 사람의 존엄성을 존중하고 실질적 평등을 확보하는 것을 국가의 존립근거 내지 통치원리로 삼는다. 한마디로 말한다면 국민을 위한 법률에 의한 통치라고 할 수 있을 것이다. 실질적 법치주의를 그 통치원리로 삼고 있는 국가를 사회적 법치국가(Sozialer Rechtsstaat)라고 한다.

4. 우리 헌법상의 法治主義

법치주의는 우리나라의 법제에 있어 당연한 원리 중의 하나이다. 우리 헌법은 성문헌법으로 되어 있는데, 이는 모든 국가권력이 헌법에 의해 조직되고 제한을 받는다는 의미에서 아주 중요한 의미를 가진다. 물론 우리 헌법상 명문으로 법치주의가 선언되어 있지는 않으나, 성문헌법이 존재함으로써 법치주의의 기반이 조성되어 있다고 해도 과언이 아니다. 따라서 법치주의를 알기 위해서는 헌법을 살펴보지 않으면 안 된다. 우리 헌법의 개별조항 중에는 법치주의를 전제로 한 규정들이 산재해 있다.

우선 법치주의의 궁극적 목적인 국민의 자유와 권리의 보장에 대해 본다면, "모든 국민은 인간으로서의 존엄과 가치를 가지며, 행복을 추구할 권리를 가진다. 국가는 개인이 가지는 불가침의 기본적 인권을 확인하고 이를 보장할 의무를 진다."(제10조)고 한 규정, "모든 국민은 법 앞에 평등하다."(제11조 1항 전문)고 한 규정, 그리고 "모든 국민은 인간다운 생활을 할 권리를 가진다."(제34조 1항)고 한 규정들은 특히 법치주의를 질적으로 보장하는 규정으로서, 우리 헌법이 실질적 법치주의를 추구하고 있음을 보여주고 있다. 같은 이유에서 제37조는 "① 국민의 자유와 권리는 헌법에 열거되지 아니한 이유로 경시되지 아니한다. ② 국민의 모든 자유와 권리는 국가안전보장·질서유지 또는 공공복리를 위하여 필요한 경우에 한하여 법률로써 제한할 수 있으며, 제한하는 경우에도 자유와 권리의 본질적인 내용을 침해할 수 없다."고 하여, 국민의 자유와 권리를 보호하려고 하는 의지를 표현하고 있다.

이러한 목적을 달성하기 위하여, 헌법은 권력분립제를 취하고 있는데, 입법권은 국회에(제40조), 행정권은 대통령을 수반으로 하는 정부에(제66조 4항), 그리고 사법권은 법관으로 구성된 법원에(제101조 1항) 부여하고, 이들 각부 사이에서 견제와 균형이 이루어질 수 있도록 하는 여러 규정을 두고 있다. 이에 의하여 국회는 법률제정권을 가지게 되지만, 그 내용의 합헌성을 보장하기 위하여 법률이 위헌인가의 여부를 헌법재판소가 법원의 제청에 의하여 심사할 수 있도록 하고 있으며(제107조 1항, 제111조 1항 1호), 행정부에게 명령제정권 등을 부여하는 경우에도 '법률에서 구체적으로 범위를 정하여 위임받은 사항과 법률을 집행하기 위하여 필요한 사항'에 관해서만 명령을 발령할 수 있도록 하여(제75조), 그 범위를 제한하고 있다.

다만 이러한 것은 이른바 위기정부(crisis government) 이론에 의하여 다소 수정되어 있는데, 국가에 중대한 비상사태가 발생한 때에 대통령에 대해 긴급처분·명령권(제76조)과 계엄선포권(제77조)을 부여하여 위기를 극복하도록 하고 있다. 이러한 점에서 법치주의가 후퇴할 수 있으나, 헌법은 같은 조항에 이를 빌미로 한 국민의 자유와 권리에 대한 침해의 방지장치도 함께 두고 있다.

광주지법 2004. 9. 3, 2003가합7328: 항소장 각하<구 공공용지의취득및손실보상에관한특례법시행규칙 부칙 제3항 단서가 개별입법금지원칙에 반한 처분적 법률에 해당하여 무효인지 여부(소극)>

처분적 법률이라 함은 일반적으로 입법에 의한 규정이 사법 또는 행정작용을 개입시키지 않고 직접 구체적인 사건을 규율하여 이로써 직접 특정한 국민에게 권리·의무를 발생시키는 법률을 의미하는데, 구 공공용지의취득및손실보상에관한특례법시행규칙 부칙(1997. 10. 15.) 제3항 단서는 1997. 10. 15. 개정 이후 댐건설시행계획이 공고된 모든 댐건설사업에 적용되는 것으로서 특정댐건설사업의 경우에만 적용되는 것으로 볼 수 없어 처분적 법률에 해당하지 아니한다.

◇ 법령의 보기

도로교통법[1]

[법률 제7545호, 2005.5.31., 전부개정][2]

개정[3]

2005. 8. 4 법률 제7666호

2006. 4. 28. 법률 제7936호

⋮

2014. 1. 14. 법률 제12248호 (도로법)

2015. 8. 11. 법률 제13458호

⋮

2018. 6. 12. 법률 제15629호

제1장 총 칙[4]

제1조[5] (목적)[6] 이 법은 도로에서 일어나는 교통상의 모든 위험과 장해를 방지하고 제거하여 안전하고 원활한 교통을 확보함을 목적으로 한다.

제2조 (정의) 이 법에서 사용하는 용어의 뜻은 다음과 같다. <개정 2012.3.21., 2013.3.23., 2014.1.28., 2014.11.19., 2017.7.26., 2017.10.24., 2018. 3. 27.>[7]

1.[8] "도로"란 다음 각 목에 해당하는 곳을 말한다.

가. 「도로법」에 따른 도로

나. 「유료도로법」에 따른 유료도로

다. 「농어촌도로 정비법」에 따른 농어촌도로

라. 그 밖에 현실적으로 불특정 다수의 사람 또는 차마(車馬)가 통행할 수

---

1) 법령의 이름. '○○법' 외에 '○○법률' 등 다양하게 쓰인다. 법명은 통상 「」으로 묶는다.

2) 이 법령이 처음 제정된 날을 표시한다. 이 법의 경우에는 '전문개정'으로 되어 있는데, 그 전에 있던 법을 전부개정한 날이 표시된 것이다. '법률 제○○호'라는 것은 이 법령의 공포번호를 말한다.

3) 개정내역을 표시하는 부분이다. 개정일자와 법령번호, 그리고 다른 법령의 개정으로 인하여 개정된 때에는 그 법령을 표시한다.

4) 법을 편, 장, 절 등으로 나누는 표시이다. 나누지 않는 경우도 많다.

5) '조'의 표시이다. 줄여서 §1.이라 하기도 한다.

6) 표제라고 하는 부분이다. 당해 조문의 내용 또는 성격을 나타낸다.

7) 당해 조항의 개정 경과를 표시한 부분이다.

8) '항'의 아래 단위인 '호'의 표시이다. 줄여서 쓸 때는 i, ii, iii 등으로 쓴다.

있도록 공개된 장소로서 안전하고 원활한 교통을 확보할 필요가 있는 장소

2. "자동차전용도로"란 자동차만 다닐 수 있도록 설치된 도로를 말한다.

3. "고속도로"란 자동차의 고속 운행에만 사용하기 위하여 지정된 도로를 말한다.…(중략)

제 3 조 (신호기 등의 설치 및 관리) ①[9] 특별시장 · 광역시장 · 제주특별자치도지사 또는 시장 · 군수…(중략)…

제 4 조 (교통안전시설의 종류 및 설치관리기준 등) 교통안전시설의 종류, 교통안전시설의 설치 · 관리기준, 그 밖에 교통안전시설에 관하여 필요한 사항은 행정안전부령으로 정한다. <개정 2013.3.23., 2014.11.19., 2017.7.26., 2018. 6. 12.>

[전문개정 2011.6.8.]

제 4 조의2[10] (무인 교통단속용 장비의 설치 및 관리) ① 지방경찰청장, 경찰서장 또는 시장등은 이 법을 위반한 사실을 기록 · 증명하기 위하여 무인(無人) 교통단속용 장비를 설치 · 관리할 수 있다.

② 무인 교통단속용 장비의 철거 또는 원상회복 등에 관하여는 제3조제4항부터 제6항까지의 규정을 준용한다. 이 경우 "교통안전시설"은 "무인 교통단속용 장비"로 본다. <개정 2018. 6. 12.>

…(이하 생략)

부 칙〈법률 제7545호, 2005.5.31.〉[11]

제 1 조 (시행일) 이 법은 공포 후 1년이 경과한 날부터 시행한다.

제 2 조 (특별한 교통안전교육에 관한 적용례) 제73조제2항제3호의 개정규정은 이 법 시행 후 최초로 초보운전자로서 운전면허효력 정지의 처분을 받은 사람부터 적용한다.

제 3 조 (술에 취한 상태에서의 운전금지 등에 관한 적용례) 제82조제2항제5호 및 제93조제1항제2호의 개정규정은 …(중략)

⋮

부 칙〈법률 제15629호, 2018.6.12.〉

제 1 조 (시행일) 이 법은 공포 후 1년이 경과한 날부터 시행한다.…(이하 생략)

---

9) '조'의 아래 단위인 '항'의 표시이다. 줄여서 쓸 때에는 I, II, III 등으로 쓴다.

10) 개정으로 인하여 조문과 조문 사이에 법조문을 삽입하여야 할 때에는 제5조의2, 제5조의3 등으로 하여 번호를 붙인다.

11) 법시행일, 경과규정 기타 법의 시행과 관련하여 부수적인 사항을 규정하는 부분이다. 제정 또는 개정될 때마다 부칙이 따로 붙는다.

04장 法　源

제1절 法源의 의의

1. 法源의 여러 가지 의미

법이 어떠한 모습으로 존재하고 있는가 하는 문제는 법원(法源)에 대한 탐구를 통하여 밝혀낼 수 있다. 그런데, 법원 또는 법의 연원(Rechtsquellen; resource of law)이라는 용어는 여러 가지 의미로 쓰이고 있다. 이는 법학에서 종래 ① 법의 존재형식 또는 현상형태라는 형식적 의미, ② 법을 형성하는 원동력이라는 경험적 내지 인식론적 의미, 그리고 ③ 법이 규범으로서의 가치가 인정될 수 있는 근원에 관한 철학적 의미 등 여러 가지로 사용되어 왔다. 첫째의 의미는 우리가 법을 어떻게 인식할 수 있는가, 즉 우리가 법을 알려고 할 때 무엇으로부터 찾을 수 있는가, 다시 말하면 법은 어떠한 모습으로 존재하는가 하는 의미이다. 둘째의 의미는 법이 어떻게 하여 국민들에게 이를 지키라고 할 수 있는가, 다른 말로 하면 법의 규범력이라고 하는 것이 어디로부터 온 것인가 하는 문제이다. 예를 들어 국민주권주의 국가의 경우, 법이 국민의 의사로부터 나왔기 때문에 법의 효력이 인정될 수 있다는 것이 이러한 의미인 것이다. 마지막으로 법의 규범성의 가치는 법이 정당한 것으로 인정되기 위한 근본 이유, 즉 법을 정당한 것으로 인정할 수 있는 이유를 철학적으로 탐구하는 것인데, 법이 주권자인 국민의 의사를 반영한 것이라든가, 인간의 존엄성을 반영하여 국민의 행복을 추구하기 때문에 정당한 것으로 인정할 수 있다는 것이다.

우리가 지금 탐구하고자 하는 것은 위의 여러 의미 중 법의 발현존재의 형식, 즉 첫째의 의미의 법원에 대한 문제이다. 이 의미의 법원에 따라 법을 구별하면, 성문화된 법 즉 성문법(written law)과 그렇지 않은 법 즉 불문법(unwritten law)으로 나누어볼 수 있다. 다만 여기서 성문법이라 한다고 해도 법문장이나 법전 자체가 곧 법이라고 하는 의미는 아니다. 즉 법은 그 법문장이나 법전으로부터 우리가 얻어낼 수 있는 내용을 말하는 것이므로 법이 성문법 속에 내포되어 있다고 하는 것이며, 이러한 의미의 진정한 법이 바로 문장의 형태로 나타나 있다는 것이다. 따라서 불문법이라 해도 그 내용이 성문법과 다른 것은 아니다.

2. 成文法과 不文法의 구별

(1) 성문법의 의의

대체로 성문법은 제도상의 입법자에 의하여 적법절차를 거쳐 제정된 법이다. 이에 따라 성문법은 당연히 문서화되어 있다. 이와 같은 의미에서 성문법은 형식적인 제정절차를 거쳐 형성되므로 제정법(制定法; statute)이라고도 한다. 성문법은 제정 당시 엄격한 절차 하에서 다양한 검토와 수정을 거쳐 제정되는 것이므로, 법률의 통일 정비, 법적 안정성, 법률내용의 명료성 등이 장점으로 지적되고 있다. 그러나 법을 쉽게 고칠 수 없다는 의미에서 법률 내용의 경화(硬化), 법적 유동성의 저해, 사회사정의 변천에 대한 부적응 등이 단점으로 된다. 그것은 제정절차가 엄격하여 바로바로 법을 제정, 폐지, 변경하는 것이 용이하지 않기 때문이다.

성문법은 제정되어야 비로소 법으로서의 효력을 가지게 되므로, 이것이 효율적으로 국민의 행위를 규제하기 위해서는 법률불소급의 원칙에 의해 법에 의해 통제되는 행위에 앞서 제정되어야 한다. 따라서 당연히 법은 사회적 현실을 반영하는 것이 아니라, 장래에 어떠한 상황이 생길 것인가를 미리 예측하여 제정될 수밖에 없다는 의미에서 진보적 성격을 띠고, 이 사이에 정책적 고려가 개입될 수 있다. 성문법을 제정하는 과정에서 입법자의 의사가 광범위하게 반영될 수밖에 없기 때문에 집권다수당의 정책이 반영되는 것이다. 또한 성문법은 간략하고 선명한 문장으로 표현되므로, 그 진의를 파악하기 위하여 법해석의 대상이 된다. 이는 명문으로 입법되는 과정에서 학자들의 연구결과가 중대한 역할을 담당하게 되므로 학자들의 관여가 필수적이어서 학자법적 특성을 다수 가지고 있다. 대륙법계의 법들은 대부분 이에 속한다. 성문법은 다른 나라에 계수되어도 그 원형을 유지하는 것이 보통이어서, 법계의 특성이 잘 나타난다. 우리 법도 성문법이 절대 다수를 차지하고 있다.

우리나라 법령 현황

법제처 통계에 의하면 2018년 5월 31일 현재 우리나라 성문법의 수는 4,722개로서, 헌법 1개, 법률 1,423개, 대통령령 1,667개, 총리령 83개, 부령 1,206개, 기타 342개 등으로 나타나고 있다.

(2) 불문법의 의의

이에 비하여 불문법은 공식적인 법제정의 절차를 거치지 않은 법이다. 따라서 비제정법이라 하기도 한다. 불문법은 대부분 문서화되어 있지 않기 때문에 특정한 형식을 가지고 있지 않은 것이 보통이다. 통상 이에 속하는 것으로는 관습법을 위시하여, 판례법이나 조리 등이 있다. 불문법은 대체로 성문법과 정반대의 장단점을 가지나, 특히 법이 복잡하고 다양하여 그 내용의 인식이 곤란하다. 또한 경우에 따라서는 사람에 따라 같은 법을 두고 다르게 인식하는 경우도 없지 않다. 그러나 사회의 변화를 바로 반영한다는 의미에서 즉응성이 강하고, 법의 형식에 얽매이지 않고 사람의 이성에 의하여 규제된다는 점에서 불문법 자체의 특수성이 있다. 관습법과 같은 것은 특히 관습에 의해 형성되므로 과거의 경험을 반영할 수밖에 없어서 보수적 성격을 띠며, 국민성이 반영된다. 영미법계의 법들은 대체로 이에 속한다.

제 2 절 成 文 法

성문법은 여러 가지 방법으로 분류할 수 있다. 그중에서 가장 일반적인 것은 국내법과 국제법으로 구별하고, 국내법을 다시 단계적인 순서에 따라 구별하는 것이다. 국내법을 차례대로 고찰하기 위해서는 법단계설(Hans Kelsen)에 따라 분류하여 보는 것이 가장 명료한 것으로 알려져 있다.

1. 憲　法

헌법은 국가의 조직과 국민의 자유 및 권리에 관한 근본법이다. 이는 국가의 기본을 정하는 것이므로 국가의 최고규범으로 된다. 전 세계 대다수의 나라에서는 대개 성문헌법을 가지고 있으나, 영국의 경우에는 헌법이라는 이름이 붙은 성문법은 존재하지 않는다. 그러나 영국에도 헌법의 기능을 하는 각종 법률 등이 있으므로 실질적 의미의 헌법은 존재한다. 이에 영국을 불문헌법국가라 한다.

헌법은 주권자인 헌법제정권력에 의해 제정 내지 개정되어, 다른 법규범의 존재근거가 된다. 다른 규범이 헌법에 위반되면 효력이 없다. 이런 의미에서 헌법을 수권규범(授權規範)이라 한다.

2. 法　律

법률은 국회의 의결을 거쳐 대통령이 공포한 가장 일반적 법규범이다. 법치주의에서의 법은 바로 법률을 말하는 것이다. 국민의 자유와 권리를 제한하거나 조세와 같은 것은 반드시 법률로 정하지 않으면 안 되는데, 이러한 것을 입법사항, 즉 반드시 법률로 정하여야 하는 사항이라 한다. 입법사항에 관해서는 명령에 구체적인 사항을 정하도록 위임할 수 있으나, 이때에는 반드시 법률에 그 대강(大綱)을 정한 뒤 위임을 하여야 한다.

국회는 포괄적 입법권을 가지므로 헌법에 위반되지 않는 한 자유로이 법률을 제정할 수 있다. 그러나 헌법에 위반되는 법률은 헌법재판소에 의하여 위헌판단을 받으면 법률로서의 효력을 상실한다.

3. 命 令

명령은 헌법과 법률의 하위에 있는 법규범으로서 권한 있는 행정기관이 제정한다. 명령을 제정할 수 있는 것은 대통령, 국무총리 그리고 각부장관 등인데, 이들이 발령한 규범을 각각 대통령령, 총리령, 부령이라 한다. 대체로 보면 대통령령은 시행령, 부령은 시행규칙이라는 이름을 가지는 수가 많다. 명령이 헌법이나 법률에 위반될 때에는 법원의 재판에 의하여 그 효력을 상실한다.

명령은 법률에 의한 위임의 필요 여부에 따라 두 가지로 나눌 수 있는데, 먼저 위임명령은 법률이 구체적 범위를 정하여 위임한 사항에 대하여 제정하는 명령이다. 이는 입법사항에 대하여 규정한다. 이에 비하여 집행명령은 법률을 집행하기 위하여 행정기관이 제정하는 명령이다. 행정기관은 법집행을 그 본분으로 하므로 법률에 규정이 없어도 집행명령을 제정할 수 있다.

통상의 명령과 대비되는 것으로서 긴급명령이 있는데, 이는 대통령이 내우·외환, 천재·지변, 또는 재정·경제상의 위기 내지는 교전상태에 있어서 국가의 안전보장 또는 공공의 안녕질서를 유지하기 위하여 긴급한 조치가 필요하고 국회의 집회를 기다릴 여유가 없을 때에 한하여 인정되는 한시적 조치 내지는 명령이다. 이는 잠정적으로 법률적 효력을 가지는 경우도 있다(헌법 제76조).

4. 規 則

명령에 유사한 것으로서 규칙이 있는데, 이는 특정한 기관이 정하는 내부적 규범이다. 따라서 전 국민이 수범자가 되는 것이 아니라, 당해 기관과 특별한 관계를 가질 경우에만 적용된다. 이도 역시 헌법과 법률에 위반되는 내용을 정할 수 없다. 국회, 법원, 중앙선거관리위원회, 헌법재판소 등에 규칙제정권이 있다. 이는 지방자치단체의 장이 제정하는 규칙과는 별개의 규범이다.

5. 自治法規

지방자치단체가 자치입법권에 의하여 제정하는 법규범을 자치법규라고 한다. 이는 자치단체의 지위에 따라 특별시·광역시·도와 같은 광역자치단체의 규범과 구·시·군과 같은 기초자치단체의 규범으로 나뉘고, 그 제정주체에 따라 상하위 규범의 지위를 가진다. 따라서 광역단체의 자치법규는 그 소속 기초단체의 자치법규의 상위규범이 된다. 물론 이러한 관계는 유관 자치단체 사이에만 성립하는 것이고, 어떤 시군의 자치규범이 관계없는 타 시도의 자치규범에 대해서도 하위규범이 되는 것은 아니다.

자치법규는 제정 주체에 따라 두 가지로 나눌 수 있다. 먼저 조례는 자치단체가 지방의회의 의결을 거쳐 제정하는 자치법규를 말하는 것이고, 규칙은 지방자치단체의 장이 제정하는 자치법규이다. 당연히 규칙은 조례의 하위에 있다. 이는 국법의 법률과 명령에 대응하는 것이다.

6. 條　約

조약은 국가 간의 합의에 의하여 정해지는 국제법규이다. 우리나라에서는 국제법도 국내법과 같은 효력을 가진다(헌법 제6조 1항). 조약은 제정되는 절차가 국내법과는 다르고, 국내법과의 관계를 어떻게 보아야 할 것인가에 대하여도 다툼이 있다(국내법 우위설, 국제법 우위설). 다만 헌법적 효력을 가지는 국제법은 국민의 직접적 승인을 얻지 않고 조인과 비준만으로 성립할 수는 없다고 할 것이다.

제3절 不文法

불문법에는 여러 가지가 있으나, 여기서는 대표적인 것으로서 관습법, 판례법 그리고 조리에 대해 살펴보기로 한다. 민법은 민사에 관하여 법률에 규정이 없으면 관습법에 의하고 관습법이 없으면 조리에 의한다(제1조)고 하여, 이 중 관습법과 조리를 법원으로 인정하고 있다.

1. 慣 習 法

(1) 관습법의 의의

관습법은 자연발생적 법규범으로서 국민이 스스로 법과 동일한 가치를 가지는 것으로 인정하는 규범이다. 이는 국가가 제정한 법규범이 아니라, 국민들에 의하여 자연스럽게 정해진 규범이라는 데 의의가 있다. 관습법은 제정법이 아니므로 당연히 성문화되어 있지 않다. 형사법의 영역에서는 죄형법정주의에 의하여 관습법을 인정하지 않는다.

(2) 관습법의 생성과정

관행설(Zietelmann, 1852-1923)은 관습법의 생성과정을 알려준다.

관 행 → 관 습 → 관습법

어떤 특정한 사안에 관하여 사람들이 공통된 생각을 가지고 같은 행위를 반복하는 것을 관행(慣行)이라 한다. 관행은 특정 범위의 사람들이 단순히 반복하는 행위이기 때문에 일반성이 없고, 따라서 이 단계에서는 규범성도 없다. 그러나 같은 행위를 하는 사람들의 범위가 일반적이라고 할 수 있을 정도로 넓어지고, 기간도 상당히 계속되어 많은 사람들이 그러한 것에 규범성을 느끼게 되면 이를 관습(慣習)이라 한다. 관습은 이를 위반하면 다른 사람들로부터 지탄을 받는다. 그러나 관습의 단계에서는 아직 법은 아니므로 제재를 예상할 수는 없다. 다만 우리 민법상 "법령 중의 선량한 풍속 기타 사회질서에 관계없는 규정과 다른 관습이 있는 경우에 당사자의 의사가 명확하지 않은 때에는 그 관습에 의한다."(제106조)는 규정이 있는데, 이에 의하여 당사자의 의사가 명확하지 않은 때에는 관습이 그 사람의 의사를 해석하는 기준이 된다. 한편 관습이 하나의 법적 단계로 승격하게 되면 이를 관습법(慣習法)이라 한다. 후술하는 바와 같이 관습과 관습법을 어떻게 구별할 것인가의 대립이 있으나, 어느 견해에 의하든 관습은 법이 아니다.

(3) 관습법 성립의 근거

관습은 법이 아니지만 관습이 법으로 되면 이를 관습법이라 한다는 것인데, 이때 관습이 어떻게 하여 관습법으로 되는가가 문제로 된다. 이 문제에 관한 학설로서 관행설, 법적 확신설, 국가승인설 등이 알려져 있으나, 이 중 관행설은 위에서 본 바와 같이 발전단계를 알려주는 데 의미가 있을 뿐, 관습법 성립의 근거를 알려주지 못하므로 여기서는 확신설과 국가승인설만 고찰한다.

법적 확신설은 국민이 특정한 관습을 법이라고 확신하는 때에 관습법이 성립한다고 한다(Savigny, Laband). 즉 그 관습에 배치되는 행위를 국민이 위법한 것으로 믿으면 관습법이 된다는 것이다. 이 견해는 관습법의 본질에 알맞은 설명이라는 점이 장점이다. 그러나 국민이 어떠한 경우에 법이라고 확신을 가지느냐를 명확히 알 수 없어서, 객관적으로 관습과 관습법을 명확히 구별할 수 없다는 점은 문제이다.

국가승인설은 어떤 관습을 국가가 법으로 승인한 때에 그 관습이 관습법이 된다고 한다(Binding). 이 견해는 관습법의 성립내력과 배치되며, 승인이라고 하는 것이 무엇인지, 왜 국가가 성문법을 제정하지 않고 관습법을 승인하는지 명확하지 않다. 어떤 견해는 법원이 관습을 받아들여 이를 적용하여 재판을 하거나, 행정기관이 관습을 법규범으로서 적용하여 집행하면 이를 승인이라고 하기도 하나, 겨우 일회적인 것을 가지고 국가가 승인하였다고 하기는 어려우며, 이렇게 설명하는 것으로는 특히 관습과 특별한 차이를 인정하기 쉽지 않다. 또

민법이나 상법이 관습법을 법원으로 인정하였다고 해서 국가가 승인하여야만 관습이 법으로 된다고 할 수도 없다. 이는 국가위주의 견해이다.

(4) 관습법 성립의 요건

관습법이 만들어지기 위해서는 우선 관행이 존재하고 이것이 순차로 발전하여 법규범성을 가져야 한다. 즉 국민에 의하여 특정한 관습이 법규범성의 인식을 얻었을 때에만 비로소 관습이 관습법이 된다. 그리고 관습법은 선량한 풍속 기타 사회질서에 위반하지 않아야 하는데, 관습법은 입법 전문가에 의해 만들어지는 것이 아니므로, 경우에 따라서는 위법한 내용을 가지는 경우도 예상할 수 있다. 그러나 그러한 경우에는 이를 법으로서 인정하여 규범성을 가지게 할 수 없을 것이다.

(5) 관습법의 효력

관습법도 법인 이상, 그 효력은 원칙적으로 성문법과 다르지 않다. 특히 민법 제1조가 예정하는 경우와 같이, 성문법의 규정이 없는 경우에 이를 보충하기 위하여 관습법이 생겼다면 문제가 없다. 그러나 기존의 성문법과 다른 관습법이 생성된 경우, 관습법에 의하여 그 성문법이 개폐되느냐에 관하여 견해가 대립하고 있다.

변경적 효력설은 달리 개폐적 효력설이라고도 하는 것으로, 성문법과 관습법은 동일한 효력을 가지므로 신법우선의 원칙이 그대로 적용된다고 한다. 따라서 새로운 관습법은 이와 배치(背馳)되는 구성문법을 개폐할 수 있다는 것이다. 이 학설은 국민이 스스로 만든 법규정이 국민의 대리인인 국회에서 만든 것보다 우선하는 것이 타당하다는 논거를 가지고 있다. 다만 이 견해는 민법 제1조의 규정과 배치된다는 점이 문제이다.

보충적 효력설은 관습법은 성문법의 흠결을 보완하는 범위 내에서만 효력이 있다고 한다. 따라서 이 견해에 의하면 성문규정이 있는 부분에 대해서는 관습법이 존재할 수 없다고 하게 된다. 민법 제1조의 규정에 합치하는 견해로서 국가 우선적 견해라고 할 수 있다.

상법 영역에 있어서 상관습법이 민법에 우선하여 적용되는 것(상법 제1조)은 특별법 우선의 원칙에 비추어 당연하다고 할 수 있다. 또 물권법의 영역에서는 "물권은 법률 또는 관습법에 의하는 외에는 임의로 창설하지 못한다."(민법 제185조)고 하여 물권법정주의를 규정하고 있는데, 여기서 보면 성문 법률과 관습법에 같은 효력을 인정하고 있음을 알 수 있다.

2. 條　理

(1) 의　의

조리는 일반적으로 사물의 본질적 법칙 또는 사물의 도리(nature of things; Natur der Sache)라고 설명된다. 즉 사회인이 객관적으로 인식하는 원리 내지는 법칙을 조리라고 할 수 있는데, 이는 법과 관계되는 범위에서는 보통 사회통념, 사회적 타당, 신의성실, 사회질서, 형평, 정의 등과 관련하여 설명된다. 즉 법규의 흠결이 있는 부분에 대해 성문법에 의한 규제를 할 수 없으므로 이 부분에 대해서 만약 자신이 입법자라면 이러한 법규를 제정하였을 것이라고 하는 일반적인 내용을 규범으로 인정하는 것이다.

그렇다고 해도 개인이 조리를 인정하는 것은 쉽지 않으므로 실제 이 조리가 작용하는 경우는 재판절차상 법규의 흠결로 재판이 불가능하게 되었을 때를 상정하면 이해하기 쉽다. 법규의 흠결이 있다고 하여 재판을 거부할 수 없으므로 법관은 자신이 가장 타당성 있는 규범을 창조하여 이를 적용할 수밖에 없다. 그러나 조리가 당해 재판에 적용되었다고 해서 그것이 이후로 일반적 규범성을 가지는 것은 아니므로 이는 1회적 규범에 그친다. 다만 그 판결의 권위에 따라서는 같은 내용의 조리가 반복될 수 있고, 그 경우에는 국민이 그러한 내용에 관하여 법규범성을 인정하게 될 것이므로 조리가 아니라 관습법과 같은 것으로 받아들여질 수도 있을 것이다. 우리나라에서는 일반적으로 판례법의 법원성을 인정하지 않기 때문이다.

(2) 효　력

조리는 앞에서 본 바와 같이 실정법이 흠결되었을 때 재판의 기준이 된다(민법 제1조). 법규가 없다고 해서 법관이 재판을 거부할 수 없다는 것이 그 이유이다. 다만 형벌법규정의 흠결이 있을 때에는 그 행위는 죄형법정주의에 의하여 무죄로 되는 것이고, 조리를 적용하여 처벌할 수는 없다.

조리에 대해 이는 실정법 해석의 기준으로 된다는 견해도 있으나, 조리는 규범이지 해석기준이 아니라는 점에서 의문이다.

3. 判 例 法

(1) 판례법의 의의

판례 속에 존재하는 규범을 판례법이라 한다. 즉 판례법이라 하여도 판결이 법이 되는 것이 아니라, 판결의 기준이 된 일반원칙을 그 판결에서 추출하여 이를 판례법이라 하는 것이다. 따라서 당연히 당해 사건뿐 아니라, 다른 사건에도 적용할 수 있는 법규범으로 된다. 판례법은 다른 모든 법원에 대해 실질적 규범력을 가지는 최고법원의 판결에 그 효력이 두드러진다. 대법원의 판례에 반하는 판결은 상고되면 유지될 수 없을 것이기 때문이다. 우리나라에서는 법원이 판례변경을 하지 않는 한, 다른 하급 법원이나 국민은 사실상 그에 반하는 법률행위를 하지 못한다고 하는 사실상의 효력이 있는 것으로 생각되고 있다.

(2) 判例法의 法源性

판례법은 영미법계 제국에 있어서는 법원(法源)으로 인정되어 있다. 영미에서 보통법(Common Law), 형평법(Equity)이라고 하는 것들은 판례법을 지칭하는 것이다. 영미에서는 '선례(precedent) 구속의 원칙'이 있어서, 후에 같은 내용을 재판할 판결법원과 동급 내지 하급의 법원이 재판을 할 때 선례로 되는 판결과 다른 판결을 할 수 없다는 구속을 받기 때문이다. 이 점에서 실제 영미 등의 판결은 일반인들의 행위조차 규율하는 규범으로서 작용할 수밖에 없고, 판결을 하는 법관은 당해 사건의 해결을 하는 사법기능뿐 아니라 법창조 내지 법발견 작업도 하고 있는 것으로 인정된다. 영미에서 판례법은 이렇듯 제정법과 다름없으나, 근래 제정법의 중요성이 강조되고 있어서 최근 제정법이 증가하고 있는 추세이다. 이들 중에는 판례법의 산만함을 정리하여 성문화(codification)한 것도 많다.

우리 법은 판례의 법원성을 부정하고 있는데, 이는 대륙법계 공통의 현상이다. "법관은 헌법과 법률과 양심에만 구속"되며(헌법 제103조), "상급법원의 재판에 있어서의 판단은 당해사건에 관하여 하급심을 구속"(법원조직법 제8조)할 뿐 여타의 경우에는 영미에서와 같은 구속력이 없다.

4. 學 說

특히 법학자들이 법학연구의 성과로 내세운 의견을 학설이라 한다. 현재 일반적으로 학설의 법원성을 인정하지는 않는다. 고대 로마법상 학설이 법원으로 인정된 경우가 있었으나(공화정시대: Pompianus, Gaius, Paponianus(ca. 140-213), Ulpianus), 현재는 법원성을 인정하는 나라는 없다.

영미법에서는 유력 학자의 학설은 2차적 법자료(Second Material)로 인정하여 실제 상당한 권위를 인정하고 있으나, 이러한 것은 법관을 구속하는 힘(binding authority)은 없고, 대신에 법관에게 무엇이 법인가를 알려주는 것으로서, 법관을 설득하는 힘(persuasive authority)이 있을 뿐이다.

◇ 판결의 보기

서 울 중 앙 지 방 법 원[1)]

판 결

사 건	2015나1766 배당이의[2)]
원고, 피항소인[3)]	한성기업주식회사
	부산광역시 남구 대연동 502

	대표이사 장길수
	소송대리인 변호사 김세용
피고, 항소인	방준모
	서울특별시 종로구 가회동 123
원 심 판 결[4]	서울중앙지법 2015. 1. 27. 선고 2014가단47325 판결
변 론 종 결[5]	2015. 8. 25
판 결 선 고[6]	2015. 9. 28

주 문[7]

1. 원심판결 중 피고 방준모에 대한 부분을 취소한다.
2. 원고의 피고 방준모에 대한 청구를 모두 기각한다.
3. 소송 총비용은 원고의 부담으로 한다.

청 구 취 지[8]

서울중앙지방법원 2014타경50408호 부동산임의경매사건에 관하여 같은 법원이 2015. 2. 25. 작성한 배당표 중 피고 방준모에 대한 배당액 금 7,000,000원을 삭제하고 위 금원을 원고에게 배당하는 것으로 경정한다.

항 소 취 지[9]

주문과 같다.

---

1) 재판을 한 법원의 표시이다. 이 판례를 인용할 때는 '서울중앙지법 2015. 9. 28 선고, 2015나1766 판결', 또는 '서울중앙지판 2015. 9. 28, 2007나1766' 등으로 인용한다. 다만 이는 실제사건은 아니므로 사건표시와 당사자 표시는 전부 가상의 것이다.

2) 사건번호와 사건의 종류를 표시한다.

3) 원고, 피고, 상소인, 피상소인 등의 표시이다. 민사소송에서 소를 제기한 사람을 원고, 제기당한 사람을 피고라 한다. 제1심 판결에 대해 불복한 자는 항소인, 상대방은 피항소인이다. 또 제2심 판결에 대해 불복한 사람은 상고인, 상대방을 피상고인이라 한다. 형사소송에서는 재판을 받는 자를 피고인이라 한다.

4) 이 사건은 제2심 판결인바, 그 심사대상이 된 판결을 표시한 것이다. 이 판결이 1심 판결이라면 항소인, 피항소인의 표시, 원심판결의 표시, 항소취지 등은 나타나지 않게 된다.

5) 심리를 마친 날을 표시하는데, 기판력의 기준이 되는 날이다.

6) 실제 판결을 선고한 날이다. 법관의 서명란 위에 기재하기도 한다.

7) 판결의 결론부분이다. 확정되면 이 부분에 기판력이 생긴다.

8) 원고가 소를 제기할 때 청구한 사항을 표시한다.

9) 항소인이 항소를 제기하면서 청구한 것을 표시한다. 이 판결에서 "주문과 같다"라고 표

이 유[10)]

1. 인정 사실

[증 거] 갑 제1 내지 8호증(가지번호 포함), 변론의 전취지

가. 원고는 왕재곤에 대한 금 697,105,703원의 채권을 담보하기 위하여 왕재곤 소유의 서울 관악구 신림동 234 토지에 대한 채권최고액 금 2억 2천만 원의 근저당권설정등기를 마쳤다.

나. 피고 방준모는 …(중략)…

(4) 따라서 피고 방준모는 이 사건 제1차 매각허가기일인 2014. 3. 26. 이후에 전출하였으므로 우선변제의 요건을 갖추었다고 할 것이므로 소액임차인으로서 금 700만원을 배당받을 권리가 있어 이 사건 배당은 정당하다 할 것이다. 결국, 원고의 주장은 이유 없고 피고들의 주장은 이유 있다.

4. 결 론

그렇다면 원고의 피고들에 대한 청구는 이유 없어 기각할 것인바, 이와 결론을 달리하는 원심판결 중 피고 방준모에 대한 부분은 부당하므로 취소하고, 소송비용에 대하여는 민사소송법 제98조, 제105조를 적용하여 주문과 같이 판결한다.

재 판 장 판사 강 용 수 (서명날인)[11)]

판사 박 장 우 (서명날인)

판사 한 승 규 (서명날인)

시한 것은, 그 청구를 전부 받아들였다는 것을 의미한다.

10) 판결의 이유를 표시하는 부분이다.

11) 재판에 관여한 판사들이 서명날인하는 부분이다.

05장 法의 成立과 發展

제1절 法의 成立

1. 法의 起源

요즈음과 같은 형태의 법이 있기 이전의 법은 어떤 형태였을까. 또 그 당시의 법은 어떻게 발전해 왔을까. 이것은 아마도 영원히 풀 수 없는 숙제일지도 모른다. 때문에 이 당시의 법에 대해서는 현재 남아있는 극히 제한된 자료를 통하여 추측해볼 수밖에 없다.

아마도 당시의 법은 종교와 일체의 것이 아니었을까. 자연의 힘을 극복하지 못한 당시 사람들에게 있어서 종교는 절대적인 힘을 가지고 있었을 것이며, 법은 하나의 지배도구였을 것이다. 즉 원시종교 내에 법이 존재하였을 것이며, 이들은 공동체적 생활을 통하여 법을 실현하였을 것이다. 종교의 권력을 가진 제사장이 정치적 권력까지도 가지고 있었다고 하는 것은 바로 이러한 의미에서 이해할 수 있다.

이 당시의 법제는 탈리오(Talio: 同害報復), 자구행위, 자력구제 등의 기초적 질서를 바탕으로 하고 있었던 것으로 생각된다. 함무라비 법전에서 발견되는 탈리오의 원리는 타인에 대한 침해만큼 벌을 받게 한다는 의미에서 형벌법에 있어서는 가장 소박한 것이다. 또 형사법과 민사법이 구별되어 있지 아니하고,

아직 권력자의 힘도 제한적일 수밖에 없는 상황에서 자구행위를 인정하고, 자력구제를 허용하는 것은 어쩌면 불가피한 선택이었을 것이다.

이 중에서 가장 우리의 관심을 끄는 것은 복수의 문제이다. 처음에 복수는 특정인에게 권리이자 의무였으리라는 것은 능히 짐작할 수 있다. 그것은 자신이 속한 집단의 자구행위였을 것이고, 침해를 당하고도 복수에 가담하지 않는 것은 집단의 의무를 저버리는 것으로 간주되었을 것이다. 따라서 복수는 개인적인 것뿐 아니라, 집단적인 것도 있었을 것이다. 그러나 복수는 복수를 낳으므로 끊임없이 반복될 뿐 아니라, 점점 더 그 정도가 심해지는 것이기 때문에 정도를 제한할 필요가 생겼을 것이다. 결국 이러한 인식은 복수를 금지하게 했을 것이고, 그 대신에 법으로 정의를 실현하는 것이 인정되었을 것이다. 이는 아마 처음에는 국가에 의한 복수, 즉 국가가 대신 복수를 해주는 것으로 설명되었을 것이다.

이렇듯 초기의 법제는 神과의 관계를 동반한 사회적 금기로 구성되어 있었을 것이고, 이는 강한 종교적 특성을 가지고 있었을 것이다. 이러한 이유에서 법 위반자에 대하여는 재난이 가해지는 것으로 간주되었을 것이다. 아니면 거꾸로 자연재난이 있는 것은 신의 의사 즉 법위반이 있기 때문이라고 간주되었을지도 모르겠다. 그러나 이러한 것은 후에 주도권이 정치집단으로 넘어감으로써 바뀌게 되었을 것이다. 이러한 종교적 특성은 초기에는 지배원리였으나 후에 정치 또는 법과 분리되었을 것으로 생각된다.

2. 초기의 법제

여기서 외국의 법제를 살펴보기 전에 우리의 고유법제라고 할 수 있는 고조선의 법규범을 살펴보자. 이는 공동체생활과 법의 생성이라는 관계를 보여준다. 고조선의 팔조법금(八條法禁)에서는 가장 기본적 평화의 수호를 목적으로 하고 있다고 여겨지고 있기 때문이다.

1. 사람을 죽인 자는 즉시 사형에 처한다.
2. 남에게 상해를 입힌 자는 곡물로서 배상한다.
3. 남의 물건을 훔친 자는 데려다 노비로 삼는다. 단 자속(自贖)하려는 자는 1인당 50만전을 내야 한다.

이로써 우리가 이 당시의 사회생활에 대해 알 수 있는 것은 살인은 공동체적 평화를 파괴하는 것으로서 엄격히 금지되고 있었다는 것이며, 상해라는 개념을 알고 있었고, 또 이미 사유재산제가 성립하고 있었다는 것이다. 즉 절도는 사유재산제도를 파괴하는 것으로 금지되었다. 한편 당시 노예제도가 존재했다는 것은 노비를 새로운 형태의 재산으로 보았거나 아니면 신분제도가 존재했다는 것을 알 수 있는 것이다. 이 외에 부인들은 정신(貞信)하여 음란하지 않았다고 하는데, 이를 보아 간음을 금하는 조항도 있었을 것 같다.

한편 부여(夫餘)의 4조목의 법률은 다음과 같았다고 한다.

1. 살인자는 사형에 처하고 그 가족은 데려다 노비로 삼는다.
2. 절도를 한 자는 12배의 배상을 하게 한다.
3. 간음을 한 자는 사형에 처한다.
4. 부인의 투기를 특히 미워하여 이를 사형에 처하되 그 시체를 서울 남촌산 위에 버려서 썩게 한다. 단, 그 여자의 집에서 시체를 가져가려고 하면 우마를 바쳐야 한다.

다만 이들 고조선과 부여의 법은 시대적으로 외국의 고대법들보다 시대적으로 후기에 속하는 것이기 때문에 후술하는 외국법제에 비해서는 상당히 발전된 모습을 보이고 있음을 주의해야 한다.

다음은 탈리오(Talio)를 규정하고 있는 함무라비법전(Hammurabi's Code of Laws: 영문판)의 일부를 발췌한 것이다.

196. If a man put out the eye of another man, his eye shall be put out.
197. If he break another man's bone, his bone shall be broken.

198. If he put out the eye of a freed man, or break the bone of a freed man, he shall pay one gold mina.
199. If he put out the eye of a man's slave, or break the bone of a man's slave, he shall pay one-half of its value.
200. If a man knock out the teeth of his equal, his teeth shall be knocked out.

함무라비(Hammurabi) 법전

함무라비 법전은 프랑스 발굴단에 의해 1901-2년에 수사(Susa)에서 발굴되어 현재 루브르 박물관에 소장되어 있는 검은 색 비석(높이 2.4m)에 아카드(Akkad)어로 조각되어 있다. 이는 세계 최초의 법전이라고 할 수 있는 우르-남무(Ur-Nammu) 법전에 비해 약 300년 정도 떨어지지만, 이 법전이 지금까지 발굴된 법전 중 가장 체계를 잘 갖추고 있으며 그 범위가 광대하기 때문에 고대 법전의 대명사로 일컬어지고 있어서, 고대 세계에 있어서 법전의 집대성이라 부를 수 있다.

그림 8 Hammurabi비석

함무라비의 연대는 정확하지는 않으나, 대체적으로 B.C. 1728-1686년에 통치한 것으로 보인다. 그는 처음에는 고대 근동의 다른 나라들에 비하여 강력한 힘을 가지고 있지는 못하였으나, 즉위 31년 명실상부한 메소포타미아의 패자가 되어 수많은 도시 국가들을 그의 통치 아래 복속시키고, 나라의 이름을 수메르에서 바빌로니아로 바꾸어 불렀다.

이 법전이 기록된 비문에는 함무라비 왕이 태양신인 샤마쉬(Shamash)로부터 이 법전을 수여 받고 있는 모습이 새겨져 있다. 이 법전은 서문과 발문의 형식을 갖추고 있으며, 서문에서 함무라비는 “나라의 정의를 구현하고 강자가 약자를 학대하지 않도록 하고, 비뚤어진 자를 멸하기 위해” 이 법을 제정했다고 밝히고 있다. 발문에서 다시 한 번 이러한 목적이 강조되고 있다. “강자가 약자를 억누르지 못하도록 하기 위해서, 과부와 고아를 정의로 다스리기 위해서, 나는 나의 비문에 이전의 말들을 기록했다.”

이 법전 속에 있는 282개조에 달하는 법규들은 부분적으로 훼손된 것 외에는 비교적 완전하게 보존되어 있다.

제2절 法의 發展

현재의 우리나라 법은 우리의 전통법제가 아니고 로마, 독일 또는 영미 등 서양에서 도입한 것이므로 당연히 그 법의 발전모습도 서양법제도의 발전 형태를 살펴볼 수밖에 없다. 이도 역시 서양의 역사와 관련하는 것이다. 이하에서는 서양역사의 시대적 구분에 따라 법의 발전모습을 살펴보기로 한다.

1. 고대의 법

서양의 고대는 채 문자가 발견되지 않은 시대로부터 시작한다. 이 당시의 법은 통치단체의 성격에 따라 지연·혈연적 공동체하의 법의 특성을 강하게 가지고 있다. 따라서 대내외적으로 집단을 유지할 필요에 의한 규제가 많이 행해졌다. 대외적으로는 강력한 집단을 형성하여 다른 집단에 대항할 필요에 부응하고, 대내적으로는 생산 활동의 필요에 의한 규제가 행해졌다.

이 당시의 법은 종교적 특성이 강하다. 종교라 해도 초기에는 조상숭배 내지 토템이즘, 샤마니즘적 요소가 강하였고, 기독교와 같은 발전된 모습의 종교와는 거리가 있다.

법은 관습법의 형태를 가지고 있었으므로 법의 출처가 분명하지 않다. 누가 어떤 연유로 법을 만들었는지 알려진 것은 거의 없다. 오랜 세월 동안 내려오는 생활의 습관 내지 지혜가 모여서 법을 이룬 것이다.

당시의 법은 체계적인 구별이 없었으므로 공법과 사법, 민사법이나 형사법 등의 구별이 없었으나, 규율의 위반에 대해 잔인한 처벌규정을 많이 두고 있어서 위하적 효과를 노리고 있었다고 생각된다. 그것은 지배층의 지배력에 한계가 있었음을 보여주는 징표의 하나로 보여지고 있다. 그래서 소규모의 집단에서는 지배자와 피지배자의 동질성이 강조되는 경향이 강하였고, 거꾸로 비교적 대규모의 공동체에서는 지배자와 피지배자의 이질성을 강조하여 지배자의 전제적 통치를 인정한 경우도 있다. 사법적으로는 가부장제가 인정되고, 노예제도가 있었으며, 사유재산제도가 발달하였다. 노예제도는 초기적 신분제의 모습을 가지고 있었다.

문자가 생겨난 이후 법전이 생성되기 시작했는데, 이 당시의 법전으로서 가장 오래된 것으로 알려진 것은 B.C. 2050년 수메르 왕 우르-남무(Ur-Nammu)가 반포한 우르-남무 법전이며, 그 외의 고대 법전으로는 B.C. 1920년경의 것으로서 아카드어로 기록된 아모리 왕 빌라라마(Bilalama) 시대의 에쉬눈나(Eshnunna) 법전, 수메르-아카드 왕조의 리피트-이쉬타르(Lipit-Ishtar)가 B.C. 1860년경에 반포한 리피트-이쉬타르 법전 등이 유명하다. 물론 B.C. 1728-1686년경의 것으로 알려진 함무라비(Hammurabi) 법전은 당시 법전의 집대성이라 할 만하다. 이들 법전에서 다루고 있는 내용은 각기 조금씩 차이가 있으나, 이미 함무라비 이전의 법전에서 범죄에 대한 배상금의 규정을 가지고 있고, 또 여러 가지의 경제, 사회, 가족문제를 다루고 있어서 사회의 발전이 상당부분 이루어져 있었던 것으로 생각되고 있다. 이에 비해 후에 이루어진 함무라비 법전이 탈리오의 원칙을 규정하고 있음은 앞에서 본 바와 같다.

고대가 끝날 무렵 로마에서 현대에까지 가장 많은 영향을 미치고 있는 로마법이 생성, 발전하였다. 발전된 문화에 비하여 법제적으로는 그리 볼 것이 없던 그리스에 비하여 로마의 경우는 법학과 법제의 면에 있어서 괄목할 만한 발전을 이루었다. 우리가 통상 로마법이라고 부르는 것은 유스티니아누스(Iustinianus I, 483-565) 황제가 편찬한 로마법대전(Corpus Iuris Civilis)을 중심으로 한 로마의 여러 법규이다. 로마가 멸망하고 난 후, 로마법은 독일, 프랑스 등지를 중심으로 한 게르만 법계와 영국을 중심으로 한 영미법계, 그리고 러시아 및 동유럽 등지의 슬라브법계로 나뉘어져 발전하였다. 사실 그 이외의 지역에도 이들 법계가 절대적 영향을 미쳤기 때문에 무릇 전 세계의 문명사회의 법제 중 로마법의 영향을 받지 않은 것은 없다고 해도 과언이 아니다.

로마법대전

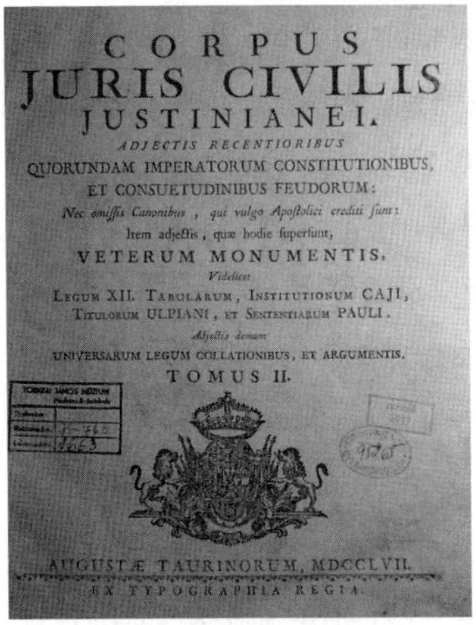

CORPUS
JURIS CIVILIS
JUSTINIANEI.
ADJECTIS RECENTIORIBUS
QUORUNDAM IMPERATORUM CONSTITUTIONIBUS,
ET CONSUETUDINIBUS FEUDORUM:
Nec omissis Canonibus, qui vulgo Apostolici crediti sunt:
Item adjectis, quæ hodie supersunt,
VETERUM MONUMENTIS,
Videlicet
LEGUM XII. TABULARUM, INSTITUTIONUM CAJI,
TITULORUM ULPIANI, ET SENTENTIARUM PAULI.
Adjectis demum
UNIVERSARUM LEGUM COLLATIONIBUS, ET ARGUMENTIS.
TOMUS II.
AUGUSTÆ TAURINORUM, MDCCLVII.
EX TYPOGRAPHIA REGIA.

그림 9 **로마법대전 표지**

로마는 기원전 753년에 건국되었다고 전해지고 있는데, 그 후 카르타고(Carthago)와의 전쟁(포에니 전쟁)에서 승리를 거둔 것을 계기로 하여 농업을 영위하던 조그만 도시국가에서 상업을 주로 하는 큰 세계국가로 발전하였다. 기원 후 3세기부터는 차차 노쇠하기 시작하여 마침내 로마제국은 동서로 분열되고, 급기야 서로마 제국은 476년에 멸망하였으나, 동로마 제국은 지방적인 비잔틴 문화를 형성하여 1453년까지 그 명맥을 유지하였다. 기원 후 6세기 중엽에 동로마 황제의 지위에 오른 유스티니아누스(Flavius Petrus Sabbatius Iustinianus, 483-565)는 그 때까지 로마에서 생성, 발전한 법을 총정리하여 획기적인 방대한 법전을 편찬(529-565)하였다.

본래 로마법의 편찬사업은 일찍이 콘스탄티누스 황제와 테오도시우스 황제에 의하여 기도되었던 것으로, 유스티니아누스 황제는 트리보니아누스(Tribonianus) 등 10명의 학자에 명령하여 이 대사업을 완성하였다. 그들은 우선 역대 황제의 칙령을 모아 '칙법휘찬'(勅法彙纂: Codex)을 편찬하고, 여러 학자의 학설을 수집한 '학설휘찬'(學說彙纂: Digesta, Pandecta)을 펴냈다. 그러나 이것들은 너무나 방대하기 때문에 법학도를 위한 교과서로서 '법학제요'(法學提要: Institutiones)를 편찬시켜 533년에 완성하였다. 이들 3부작으로 유스티니아누스 황제의 편찬사업은 끝났으나, 그 후 황제는 계속하여 중요한 칙명을 많이 냈으므로, 후에 535-565년간의 칙법 165개를 편찬하였다. 이것을 '추가법' 또는 '신칙법'(新勅法: Novellae)이라고 한다. 1583년 프랑스의 로마법학자 고토프레두스(Dionysius Gothofredus, 1549-1622)가 이상 4편의 법전을 한 책으로 편찬한 이래, 그 책명에 따라 이 4개의 법전을 로마법대전(또는 시민법대전 Corpus Iuris Civilis)으로 부르고 있다. 그 이름은 교회법의 집대성인 '카논법대전'(Corpus Iuris Canonici)에 대비하여 명명된 것이다.

로마법대전은 4부로 되어 있는데, 제1부는 학설휘찬(Digesta)으로, 울피아누스(Ulpianus), 파울루스(Paulus), 파피니아누스(Papinianus) 외의 로마 법학자의 저서에서 학설을 발췌하여 50권의 책으로 편찬한 것이다. 인용된 법학자의 수는 40명이며 대부분(35명)이 원수정(principatus)기의 법학자들이다. 여기서는 학설법을 종합하고 수정을 가하여 현행법을 제정하려 편찬되었는데, 오늘날 고전시대의 로마법을 연구하는 데 중요한 법원이 되고 있다. 회전(會典)이라고도 한다. 우리 민법은 독일 민법의 구성에 따라 학설휘찬식 체계(Pandekten System)을 취하고 있다. 제2부는 법학제요(Institiones)로, 학설집의 내용 중 중요한 것을 4권으로 축약한 것으로서, 초학자를 위한 공식적 법학입문서라고 할 만한 것이다. 가이우스(Gaius)의 법학제요와 일용법서(日用法書)를 자료로 1권에 인법(人法)을, 2권, 3권에 물법(物法)을, 4권에 불법행위(不法行爲) 및 소송법(訴訟法)을 수록하여 후에 사법(私法) 법전 편별의 바탕이 된 법학제요식 체계(Institutiones System)를 갖추었다. 프랑스 민법이 이 체계를 따르고 있다. 제3부는 칙법휘찬(Codex)으로 학설휘찬, 법학제요에 의해 구칙법휘찬을 개정하여, 1권에 교회, 법원, 관제를, 2권 내지 8권에 사법을, 9권에 형법을, 10권 내지 12권에 행정법을 수록, 편찬하였다. 제4부는 신칙법(Novellae)으로 칙법휘찬 후 유스티니아누스 황제의 사망시(565)까지의 칙법을 집대성한 것이다.

2. 중세=봉건사회의 법

중세는 대략 서로마가 멸망한 5세기부터 근세가 시작된 17세기경까지의 시기를 말한다. 이 시기의 법은 봉건제도와 기독교라는 양대 요소의 영향 하에서 파악하지 않으면 안 된다. 당시의 법의 특징은 또 형식주의로 말할 수도 있는데, 이는 장원주의로 인한 법률적 분권화를 상쇄하는 수단으로 작용하였다. 각 지역에서 공통된 형식을 법률요건으로 인정하게 되면 상호간의 법의 차이를 줄일 수 있기 때문이다. 또 철저한 형식주의에 의하게 되면 그 형식을 따랐느냐만 조사하면 되므로 재판이 간단해지는 특징이 있다.

(1) 중세 초기(5세기-9세기)

먼저 대략 9세기까지의 중세 초기에는 속인주의(personality principle)에 의하여 법이 적용되었다. 이에 따라 로마인은 로마법의 적용을 받고 게르만인은 각자의 출신 부족법의 적용을 받았다. 로마가 멸망하고 난 뒤, 서로마 교회로부터 로마 황제의 관을 받은 프랑크 왕국의 샤를마뉴(Charles Magne, 768-814)의 강력한 왕권에 의하여 속인주의는 점차 그 색깔을 잃어가게 되지만, 프랑크 왕국 초기에는 여전히 게르만 부족법이 적용되고 있었다. 샤를마뉴는 강력한 왕권에 기해서 국왕의 칙령(Capitularia)을 공포하여 어느 부족에 속하든 상관없이 이 칙령에 복종하도록 하였다. 그는 재판제도도 개혁하였는데, 국왕재판소를 설치하고, 어떠한 지방의 사건이라도 국왕재판소에 가져올 수 있도록 하고, 이 법정에서는 게르만법도 로마법도 아닌 '형평에 따라'(secundum aequitatem) 재판하게 하였다. 또 지방에 州장관(comes)을 파견하고 그 밖에도 수시로 순찰사(missio domini)를 파견하여 국왕의 권리에 입각한 순회재판을 열도록 하였다. 하지만 프랑크 왕국은 영토가 광대하였고 이를 다스릴 만한 충분한 중앙집권적 권력을 가지고 있지 못했다. 그래서 프랑크 왕국의 영역 내에 단일한 통일적 법이 적용되지는 않았다. 프랑크 왕국의 분열(베르덩 조약, 834) 이후 왕국은 거의 무정부상태에 가까운 혼란을 보였다. 이름뿐인 왕은 실권을 행사하지 못했고 지방 귀족들은 자신들의 권리에만 집착하였다. 그러나 샤를마뉴의 개혁에 힘입어 과거의 부족적 기반이 차츰 사라져갔으며 속지주의가 성립할 수 있는 토대가 되었다. 이제는 과거의 부족적 기반이 아닌 지역적 기반을 갖는 지방귀족의 시대가 도래하게 되는 것이다. 이는 프랑크왕국의 사법제도가 과거의 속인주의와의 단절을 가능하게 한데 기인한다. 한마디로 지방적 관습법의 시대가 된 것이다. 이후 비자유인들은 장원법의 적용을 받고 자유인들은 도시법의 적용을 받게 되었다.

(2) 封建主義의 발달

11세기 중엽에 이르러서는 봉건사회의 발전이 두드러지는데, 봉건제도는 봉토를 매개로 한 신분사회적 특징을 가지고 있다. 당시는 통신이 발달하지 못했고 자연 경제 단계여서 중앙집권적인 권력이 온전히 발달할 수가 없었다. 이런 상황에서 아프리카 북부의 이슬람 세력인 무어(Moore)인들이 유럽을 침략하자 이를 방어하기 위해서 국왕은 자신의 종자(從者)들을 중기병으로 육성하면서 이들에게 토지를 주어 보상했다. 토지는 주로 교회재산에서 나왔는데, 대신 국왕은 기독교를 보호해주는 정책을 취하게 된다. 어쨌든 이렇게 토지를 받은 종자들은 각자의 토지에 기초하여 분권적인 정치권력 하에 봉건영주가 되어 간다. 또한 지방의 파견했던 州장관(comes)이나 순찰사(missio domini), 심지어는 각 지방의 교회까지도 봉건영주화한다. 왕은 제후에 대해 봉토(feudum. 로마법상의 은대지: beneficium)를 주는 대신에 충성서약(commendation)을 받고, 제후는 다시 하급 제후에 대해 봉토를 주고 충성을 서약 받는 형태가 계속되어 피라미드식 신분계급구조를 이루게 되는 것이다. 봉건제의 최하층에는 농노(serf)가 있으므로 이를 농노제(serfdom)라고도 한다.

봉건제도하의 법은 장원을 중심으로 한 철저한 속지주의의 지배를 받고 있었다. 주군(主君)이 가신(家臣)의 영지에 대한 지배권을 가지지 못하므로, 가신은 자신의 장원에서 배타적인 입법·사법·행정권을 가졌다. 이를 불수불입권(不輸不入權, Immunitas)라 한다. 봉건주의는 본래 로마적 요소인 충성서약, 은대지제도, 불수불입권과 게르만적 요소인 종사제(Gefolgschaft)가 결합하여 본래의 성질과는 달리 주군과 봉신 양자 간의 계약적 성격을 띰과 동시에 어느 정도는 위계적인 고도의 인격적 성격을 가지는 복잡한 제도로 변질되었다. 중기병으로서의 봉신은 봉토의 대가로서 주군에게 원조와 조언을 하고, 주군은 봉신을 보호하는 애정과 존경심의 결합물이 된다. 그러나 봉신이 여러 주군을 섬기는 경우도 많이 생기고, 봉토에 대한 봉신의 권리가 소유권화하면서 이 제도는 형식화되어 갔다.

중세에는 또 복잡하고 엄격한 신분제가 존재하여, 제후 간에도 신분의 구별이 있었으며, 피지배자들 간에도 구별이 존재하였음은 두말할 나위도 없다. 그러나 봉건주의는 지배자들 사이의 제도였을 뿐, 피지배자인 농노와는 관계가 없다. 농노들은 오로지 착취당하는 존재였을 뿐이다. 우리나라의 경우에는 왕족, 사대부, 중인, 상민, 천민 등으로 구별되어 이러한 점에서 봉건주의적 성향이 보이기도 한다. 그러나 우리나라에서는 국토는 전부 왕에게 속한다고 하는 왕토사상이 지배하였으므로 봉건주의가 성립된 적이 없다.

잉글랜드를 제외한 지방에서 봉신이 주군이 되어 자신의 가신에 대해 다시 봉토를 주어 충성서약을 받는 경우, 하급봉신은 두 단계 위의 영주에 대하여 아무런 직접적 관계를 가지지 않았다(man's man is not lord's man). 어떻든 이런 분열적 상황 하에서 봉토 소유자들 사이에 다툼과 반목이 일어나도 상급영주는 영향력을 행사할 수 없었다. 결국 분쟁은 자력구제나 복수(feud; Fehde)에 의하여 처리될 수밖에 없었다. 이러한 자력구제는 사법적 결투나 전쟁 등 다양한 방법에 의하여 이루어졌다. 이것은 무력수단을 장악하고 있었던 봉신들의 입장에서는 당연한 것이었다. 이런 사적 복수가 성행하다 보니 복수를 방지하기 위한 일련의 조치가 발표되는데 하인리히 4세의 '란트평화령'(Landfriedensgesetz, 1103)이 그것이다. 1495년에는 막시밀리안 1세에 의하여 '영구 란트평화령'이 공포되기도 하였다. 이것은 제국 내에 사적인 실력행사를 금지하는 것을 내용으로 하며 이를 시행하기 위해 제실법원(帝室法院; Reichskammergericht)이 설치되었다. 이 제실법원은 이탈리아에서 로마법을 공부하고 돌아온 학식법률가들이 절반을 차지하고 있어서 로마법계수의 선봉의 역할을 하게 된다. 그러나 이런 조치에도 불구하고 사적 복수는 근절되지 않았고 이러한 현상은 근대국가 이전까지 지속되었다. 중앙권력은 전 국토에 걸쳐 자신의 권력을 행사하기에는 역부족이었던 것이다.

재판제도도 마찬가지였다. 상위법이 하위법에 우선하는 것이 아니라, 거꾸로 "지방법은 란트법을 깨뜨리고 란트법은 제국법을 깨뜨린다."는 원칙에 의하고 있었기 때문에 상소제도는 생각할 수 없었다. 상소는 당시 교회법에서만 존재하였다. 물론 신성로마제국이 성립한 이후에는 제국법원-란트법원-지방법원이 중층적으로 존재하였으나 제국법원이나 란트법원의 관할권은 봉주로부터 직접 봉토를 수여 받은 봉신에 대한 봉건관계에 국한되는 것이었고 일반적인 백성들의 분쟁은 주로 지방의 인민법정에서 처리되었다. 인민법정은 법률을 공부한 학식법률가가 아니라 귀족들이 담당했다.

각 지방의 관습법을 모아 편찬한 관습법전이 만들어지기도 했으나 이것은 왕이나 제후가 주도한 일이 아니라 사인이 편찬한 사선 관습법전이었다. 그중 대표적인 것이 레프고우(Eike von Repgow)에 의해 편찬된 작센슈피겔(Sachsenspiegel, 1230)과 보마누아(Beaumanoir)라는 사람에 의해 편찬된 보베 관습법집(Coutumes de Beauvaisis, 1280)이다. 이들의 편찬은 새로이 도입되기 시작한 로마법의 영향과 관련이 있다. 로마법은 당시 당사자의 원용 없이 적용될 수 있었지만 관습법은 당사자의 존재증명이 있어야만 했는데, 그 존재입증이 쉽지 않았으므로 관습법을 정리 편찬할 필요가 생겼던 것이다.

(3) 敎會法의 발달

세속사회가 전통적 부족법 내지 지방적 관습법에 의하여 분권적으로 지배되었던 반면, 교회는 고대 지중해문명을 이어받아 이를 계속 발전시키는 역할을 담당하게 되었다. 당시 유일하게 교육받은 엘리트 계층은 교회의 성직자들뿐이었고, 특히 게르만의 인적 특수적 도덕에 대해 교회만이 사회적 보편적 도덕을 전파할 수 있었다.

교회는 성직자들에 대한 배타적 관할권을 가졌고, 일반 평신도들에 대해서도 일정한 관할권을 가지고 있었다. 예컨대 교회는 혼인, 유언집행, 고리대 문제 등에 대해 배타적 관할권을 가졌고 빈민, 고아들에 대해서는 경합적 관할권을 가졌다. 게다가 일반인의 보통 사건도 교회에 재판을 요구할 수 있었다. 물론 처음부터 교회가 이렇게 관할권을 많이 가지고 정비된 법체계를 가졌던 것은 아니다. 로마제국 말기에는 성직자가 기소되면 교회가 사건조사를 마칠 때까지 세속법원의 절차가 정지되었으나, 교회가 무죄 결정을 내리더라도 세속법원은 세속재판을 진행할 수 있었다. 그러나 프랑크 왕국 시대에는 교회가 무죄 결정을 하면 세속법원도 더 이상 재판을 진행할 수 없게 되어 그만큼 교회의 권위가 높아졌다. 또 평신도에 대해서는 로마 말기까지 교회가 파문을 내린다 해도 세속적 권리에는 아무런 영향을 미칠 수가 없었다. 그러던 것이 게르만 왕국에 들어 와서는 파문당한 자가 1년 1일 동안 교회에 복귀하지 못하면 세속법적 보호도 박탈되었다. 이렇게 교회는 차츰 자신의 법적 관할권과 권위를 확장해 나가기 시작했다.

본래 프랑크 왕국 시기에는 교회와 세속국가가 서로 협조하는 관계에 있었으므로 세속군주와의 마찰도 거의 없었고 교회도 아직 배타적 관할권을 가지고 있지 못했다. 그런데 샤를 대제가 사망한 이후 프랑크 제국이 분열되자 보호를 의탁할 곳을 찾을 수 없게 된 교회는 독자적인 권력을 확보하는 정책을 실시했다. 이것이 곧 교황전제주의의 시작이다. 이러한 교황전제주의는 세속군주와 갈등을 예정한 것이었는데, 이것은 황제 그레고리우스 7세와 교황 하인리히 4세 간의 '서임권 논쟁'(주교를 누가 임명할 것인가의 문제)으로 표출되었으며 교황으로부터 파문당한 황제가 맨발로 눈밭에서 교황에게 용서를 비는 소위 '카놋사의 굴욕(Humiliation at Canossa)'이라는 극적인 사건을 야기하게 된다. 이런 과정을 거쳐 맺어진 것이 바로 보름스 협약(Worms Konkordat)이었고 이것은 교황의 권위를 드높이는 결과를 가져왔다. 이런 과정을 거쳐 마침내 교회는 혼인 등에 대한 배타적 관할권을 쟁취하게 된 것이다.

세속의 제도가 분권적이었던 것과 달리 이 시기의 교회는 중앙기구가 발달하여 있었다. 교황은 교령권(decretum)을 가졌고 주교회의는 입법권을 가졌다. 주교법정의 사건은 로마 교황청에 상소를 하여 일반 성직자가 아니라 법률을 전공한 교회법률가들로 구성된 법정에서 재판을 받을 수 있었다. 이렇게 교회법은 발달된 사법조직과 합리적·진보적인 법내용을 가지고 발달할 수 있었다. 특히 형사재판에서는 규문주의(Inquisitorial System)에 의하였는데, 이는 고발이나 고소가 없이도 절차를 개시할 수 있었으며, 당사자의 주장이 없더라도 직접 증인을 심문하고 증거를 조사할 수 있었음을 뜻한다. 이러한 규문주의는 세속법정의 결투나 물, 불, 독 등을 이용해서 죄가 있는지를 판단한다고 하는 시죄법(試罪法; trial by ordeal)과 비교해보면 얼마나 합리적이고 진보적인 절차였는지 알 수 있을 것이다.

한편 이 시기에는 교회법전의 편찬도 이루어지는데, 중요한 것으로는 수도사인 그라치안(Gratian, 1158년 사망)이 1140년경에 펴낸 '그라치안의 교회법전'(Deceitful Gratiani, 1140)을 우선 들 수 있다. 이것은 교령과 판례를 모아 편찬한 것으로, 이후 당분간 교황들이 만든 법전은 이것의 추록에 불과할 정도로 영향력이 큰 법전이었다. 그리고 마침내 1582년 그레고리우스 13세는 이 법전과 그 후의 추록들을 모아서 카논법대전(Corpus Iuris Canonici, 교회법대전)을 편찬하였는데, 이는 1917년까지 사용되다가 교회법전(Codex Iuris Canonici)에 의하여 대체되었다.

중세에는 이와 같이 카톨릭(Roman Catholic)의 세속 지배에 의한 종교적 엄격주의가 지배하였는데, 마녀재판은 그 한 표현이다.

(4) 중세 후기(14세기 이후)

중세 후기의 특징은 한마디로 도시의 등장이라 할 수 있다. 즉 도시의 시민층(bourgeois)이 봉건귀족계급과 더불어 국왕(황제)을 사이에 놓고 협력 갈등하던 시기이다. 이들 시민들은 귀족, 승려와 함께 신분의회를 구성하는 일원이 되었던 것이다. 이런 의미에서 이 시기의 국가를 일정한 신분(Stände)을 가진 자들에 의하여 국정참여가 이루어졌다고 하여 신분국가(Ständestatt)라고 부른다.

도시의 발달은 기존의 봉건관계, 즉 봉군-봉신 관계와는 다른 새로운 방법에 의한 것이었다. 그것은 혼자로서는 무력한 개인들이 집단적으로 행동하여 힘의 중심부를 만들어내는 방식, 즉 단체적인 성격의 권력이었다. 중세의 인격적 유대상황에서 예외적인 요소로 성장하기 시작한 것이다. 그런데 이들 도시도 주변의 여건에 적응해야만 했고 따라서 자신의 권리를 불수불입권(immunitas)으로서 요구하기 시작했다. 그들은 투쟁을 통해서 불수불입권을 쟁취하기도 했고 돈으로 매수하기도 하여 자치적인 권력을 확보하였다. 이렇게 봉건제의 기본적인 발상이 도시에도 일정부분 유지되었던 것이다. 사실 도시가 불수불입권을 확보하면서 독자적인 세력으로 성장할 수 있었던 것은 당시의 봉건적 무정부상태의 권력공백이 큰 기여를 하였다고 할 수 있다.

봉건제도가 게르만의 종사제(從士制)에서 유래한다면 도시는 게르만의 자유결사체(Genossenschaften)에 기원한다. 이는 '대등한 지위를 가진 개인들 간의 자유로운 결사체'를 의미한다. 이는 전사동료인 상급자와의 인격적 결사체인 종사제와는 다른 것이었다. 이러한 도시는 성벽(bourg)을 쌓고 도시민으로 민병대를 구성하게 되는데 이 또한 봉건귀족들과는 달리 전투를 직업으로 하는 생활양식이 아니라 상업이나 수공업을 보존하기 위한 지배 및 사법환경(司法環境)을 만들기 위한 자구책이었다. 이들에게는 특히 독자적인 사법환경을 만드는 것이 중요했다. 상업을 위해서는 예컨대 사법적 결투를 통해서 분쟁을 해결하는 것은 바람직하지 못했다. 도시는 이런 방식의 사법적 해결을 지양하고 나름의 독자적인 법체계를 마련하였는데 그것이 바로 도시법이다. 도시 밖의 법정이 도시민들에게 재판권을 주장하는 것이 금지되었으며 도시 내의 주거는 불가침의 것으로 주장되었다. 무엇보다도 모든 도시민이 자유인의 신분을 가졌고 도시 안에서 1년 1일을 거주한 모든 사람에게 자유민의 신분이 보장되었다(Stadtluft macht frei).

그러나 도시가 하나의 독립된 주권국가가 되는 것은 바람직하지 못했다. 도시는 주변의 시골과 긴밀한 공생관계, 분업관계 하에서만 살아남을 수 있었다. 다른 도시들과의 관계도 마찬가지였다. 즉 도시에는 독자적인 통치보다는 보다 큰 지배 단위가 필요했던 것이다. 그래서 대체로 도시는 당시의 신분의회에 참여하면서도 봉건귀족보다는 국왕과 같은 영토적인 지배자를 더 선호하는 경향을 띠게 된다. 국왕이 절대주의 군주가 되는데 도시의 후원은 절대적이었다. 이렇게 하여 신분의회에는 봉건귀족, 성직자, 도시 신분이 참여하였으며 이 외에 대학, 종교재단, 파를르망(Parlement: 대혁명 전의 프랑스 최고법원) 등도 참여하였다. 그래서 이 시기는 국왕과 신분의회의 이중구조를 가진다고 말해진다.

이러한 이중구조가 봉건제하의 귀족회의와 다른 점은 다음과 같다. 첫째, 성직자나 도시도 포함하고 있었으며, 둘째, 과거의 임시적인 성격을 벗어나 정기회의의 성격을 가지고 있었다는 것이다. 심지어 심의방식이나 결정방식도 상세하게 규정되어 있었다. 셋째, 각 신분은 과거의 인격적 관계를 벗어나 영토적인 관계를 대표한다. 즉 이들은 특정한 지리적 지역을 대표하게 된 것이다. 넷째, 신분의회는 군주와 인간적 유대를 이루는 것이 아니라 군주와 대립하는 세력이 된다. 그러나 이러한 신분제 사회는 여전히 대다수 민중들은 정치에서 배제시킨 채 군주와 귀족, 시민이 민중을 억압하는 지배체제라고 할 수 있다. 이런 의미에서 사회 전체적으로도 지배층 대 피지배층의 이중구조를 띠고 있었다고 하겠다.

어쨌든 이중구조는 결국 군주에게 유리한 것임이 판명되었는데 신분의회는 다양한 분파로 나뉘어 있었고 군주는 이들의 분열을 적절히 이용하였던 것이다. 특히 시민들은 군주를 지지하여 영토적인 통일성을 달성하고자 하였다. 그것이 자신들의 무역에 예측가능성을 확보하는 데 도움이 되었기 때문이다. 그리하여 군주는 공적이고 영토적인 군주로 나타나기 시작했고, 그 세력을 차츰 키워 친지, 측근들을 포함하는 가구로서 등장하고, 나아가 행정요원들까지 확보하여 이후 절대주의 국가로 발전하는 계기가 된다. 이때 군주의 행정요원으로는 물론 성직자, 귀족들도 포함되지만 법률가들, 특히 로마법을 공부하고 돌아온 법률가들이 중요한 역할을 하게 된다.

3. 근세의 법(17세기-19세기)

근세에 들어와 왕권이 강화되고, 도시의 발전에 따라 자본가 즉 시민계급이 두드러지게 발전하였다. 시민계급은 도시에서 스스로의 힘에 의해 부를 축적하였다. 시민계급은 자신들의 보호를 위해 권력을 필요로 하였고, 이들과 자본가의 필요로 하는 국왕계급의 결탁에 의해 민족국가가 성립하고 산업혁명에 의한 자본주의가 발달하였다. 이 시대에는 발전을 위하여 개인의 창의가 요구되는 시대였으므로, 개인의 능력이 존중되고, 경제의 발전으로 인한 자유와 권리의식이 강화되었다.

자본주의의 발달은 필연적으로 개인에 대한 국가의 간섭을 죄악시하였으므로 국가의 기능 축소를 가져와 야경국가사상이 성립하였으며, 자유와 권리의 보호를 위하여 근대적 의미의 법전이 만들어졌다. 이 시기에 대체로 요즈음과 같은 법체계가 성립하였으며, 비로소 근대적인 모습의 법이 모습을 드러내게 되었다.

(1) 絶對主義의 등장

17-18세기의 유럽대륙은 성직자, 귀족, 부르주아로 구성되는 신분의회의 힘이 약해지고 대신 국왕의 권력이 강화되는 특징을 나타낸다. 곧 신분국가의 쇠락과 절대주의 국가의 등장으로 특징지을 수 있다.

먼저 도시의 쇠락에 대해 살펴본다. 신분국가 시절 도시의 목표는 상업과 생산을 정치적으로 보장받는 것이었는데, 이를 위해서 도시는 두 가지 목표를 가지고 있었다. 하나는 중세적 분열상황 하에서 자신들만을 위한 자치권을 획득하는 것이고, 다른 하나는 신분의회에 참여하여 넓은 지역의 통일적 법집행을 구성하는 것이었다. 이 중 후자는 국왕의 권력을 강화시키는 쪽으로 전개되기 시작하였고 도시는 이러한 전개를 환영하였다.

그러나 이것은 앞의 목표를 포기하는 것을 의미하였는데, 도시가 자치권을 자발적으로 포기하기 시작한 것이다. 이것은 자치권역 내에서 이루어지던 동업

조합(Guild)적 규제가 새로운 사회경제적 변화에 적합하지 않게 되었기 때문이다. 이제 도시민은 정치는 국왕에게 맡기고 오직 개인적 부의 적립에 관심을 집중하였다. 그리하여 1560년대 프랑스에서는 상인들이 자치재판소를 스스로 철폐하고 관할권을 국가사법기관에 이양하는 사태가 발생하였다. 이때 자치법정의 판사들은 국가재판소의 판사로 그대로 임명된다. 루이 14세 치하의 재상이던 콜베르(Colbert)는 민사소송법, 저당권설정법, 해상법, 수리산림법 등을 편찬하여 상업활동에 국가적 규제를 가하게 된다. 마찬가지로 루이 15세 치하에서는 다그소(d'Aguesseau)가 증여·유언에 관한 법, 압류에 관한 법을 제정하였다. 물론 이들 법률은 상인들이 이미 실시하고 있던 관습규약을 그대로 채택한 것이었다.

이렇듯 도시가 정치적 활력을 잃고 오직 개인적으로 경제적인 부에만 관심을 집중하게 되자, 몇몇 부르주아들은 국왕으로부터 재정적·명예적 특권을 획득하여 귀족화되어 갔다. 특히 프랑스에서는 전통적인 '무관귀족'(nobless d'épée) 외에 새로이 '법복귀족'(nobless de robe)이 등장하는데 이들 법복귀족은 주로 부유한 부르주아 출신으로 돈으로 관직을 매수하여 귀족의 지위를 획득한 자들이었던 것이다.

이 시기 봉건세력도 몰락의 길을 걷고 있었는데, 경제적으로 상업화가 진전되자 귀족들은 종종 여기에 적응하지 못하고 그 세력이 약화되었다. 과거와 같은 화려한 생활을 계속 영위하려다 파산하는 경우도 있고, 대포를 위시한 새로운 무기의 발달은 봉건귀족이 중심이 된 중무장기병의 효용성을 사라지게 만들었다. 또 국가 간의 전쟁의 빈발은 상비군을 국왕이 마련하고 무장시키며 장교들을 국왕이 임명하는 사태를 불러왔다. 이제 귀족들은 군사면에서 소외되거나, 국왕의 명에 따라 움직이는 부하장교가 되어야만 했다. 사법적인 측면에서도 국왕의 사법체계가 확장되어 나감에 따라 영주의 재판권은 점차 축소되는 운명에 놓이게 되었다. 따라서 많은 경우 귀족들은 국왕의 궁정에 들어가 그 가신이나 측근이 되어야 했다. 이제 과거와 같이 국왕의 동료로서가 아니라 국왕의 명령에 따라 움직이는 관료가 된 것이다.

이렇게 하여 국왕의 권력이 귀족과 부르주아를 압도하는 절대주의(Absolutism,

絕對主義) 국가 시대가 도래하게 된다. 국왕은 화려한 궁정에서 생활하고 통치하였다. 국왕은 궁정과 그 생활의 사치스러움과 화려함, 장엄함을 공공연히 내보임으로써 자신의 권위를 고양시키고자 했다. 그리고 궁정생활에 봉건귀족들을 편입시켜 그들의 손실을 보상해주고 자신에게 충성하도록 만들었다. 당시 하급관리들은 지역적 기반을 가지지 않고 오직 국왕이 의지의 수단이어서 군주에 의하여 권한을 부여받아, 군주에게만 충성하였다. 상비군 장교, 공공사업 감독관, 지방 지사들인 이들 하급관리들은 부르주아나 소귀족 출신이거나 대학에서 법률을 공부한 법률가들이 많았다. 이들은 전통적인 봉건적·지역적 특권을 주장하는 자들에 대해서 불만을 가지고 있었다.

과거 봉건제, 신분제 하에서 법은 군주 및 신분의회 구성원들에 의해 주장되는 '특권의 다발'이었다. 법은 특정 개인이나 집단에게 선천적으로 주어진 권리와 의무였다. 그것은 단일 당사자의 뜻대로 수정될 수 있는 것이 아니었다. 법은 하나의 주어진 틀이었던 것이다. 그러나 절대주의 국가 시대에는 지배자가 자신의 주권적 의지로서 새로운 법을 만들고 그것을 점차 발달하고 있던 사법체계를 통하여 준수하도록 할 수 있다는 새로운 관념이 등장한다. 법은 주어진 틀이 아니라 지배를 위한 도구로 성격이 변화하게 된 것이다. 그리고 이런 법은 지배영역 전체에 대하여 적용되도록 만들어졌기 때문에 '언제 어디서나' 적용될 수 있는 보편적이고 추상적인 것으로 관념되었다.

이러한 통치의 도구로서의 법 관념, 보편적이며 균일한 추상적인 법에 대한 관념은 당시에 이루어졌던 몇 가지 사실과 밀접한 관련을 맺는다. 그 하나는 로마법의 계수와 그 현대적 관용이다. 로마법은 중세적·게르만적 법과는 다른 방식의 이념을 가지고 있었고 그것은 일부 개인이나 집단의 특권과는 어울리지 않았다. 또 다른 하나는 로마법의 계수와 더불어 들어온 것으로 '군주는 법의 구속을 받지 않는다'(legibus solotus)는 관념이다. 주권의 산물인 법은 지배자를 구속할 수 없다는 점에서 법은 통치의 도구가 되고 마는 것이다. 이런 맥락에서 프랑스에서는 콜베르와 다그소 등에 의한 입법이 이루어질 수 있었던 것이다.

이런 사정은 관료기구, 군사기구의 개념도 변화시키게 되었는데, 법의 추상화에 따라 관료는 미리 규정된 규범에 따라서만 활동할 수 있었고, 관리들은 자신의 자리에 대한 소유권을 갖는 것이 아니라 단지 자신의 일에 대한 보수를 받을 따름이었다. 군대도 상비군체제가 이루어지며 군사는 자신의 무기를 들고 전쟁에 참가하는 것이 아니라, 국가가 마련한 틀 속에서 그 명령에 따라 전투를 수행할 따름이었다.

물론 이러한 관료제의 법은 어디까지나 관료기구 내부의 법에 지나지 않았다. 시민이 국가에 대하여 권리를 주장할 수 있는 성질의 것이 아직은 아니었던 것이다. 어쨌든 통치의 도구로서 추상화, 균일화된 법의 관념은 점차 군주마저도 구속하여, 그의 개인적 카리스마가 아니라 법이라는 추상성의 외피 속에서 통치를 하지 않으면 안 되도록 만들었다. 이것이 계몽주의(Enlightenment; Lumières; 啓蒙主義)시대의 군주의 모습이다. 그러나 이 당시의 추상적 보편적 법 관념은 근대민족국가의 그것과 동일시할 수는 없다. 국가는 여전히 군주의 개인적 사유물로 여겨졌다. 왕위계승문제는 당시의 정치적 지형에 첨예한 영향을 미치는 것이었다. 이러한 중세적 요소는 결국 시민혁명과 근대국가의 탄생으로 극복되지 않으면 안 되는 것이었다.

(2) 自然法思想과 法典編纂

이제 국가가 공적인 것이 되어 사회로부터 떨어져 나가, 사인과 특수집단들로 구성된 사회를 전적으로 지배의 대상으로 삼게 된 것인데, 이 지배는 사실상 시장에 대한 간섭이었다. 그러나 부르주아는 이렇게 시장에 간섭하는 지배를 좋아하지 않는다. 그것은 부르주아의 경제적 이익에 들어맞지 않는 것이었다. 하지만 경제적 부르주아는 당시의 절대주의 체제에 대항하는 위협적인 존재로 결코 부상하지 않았다. 국가는 시장에 간섭하는 대신 그에 보답할 만한 자본통제를 유지함으로써 그들에게 보상을 지급했던 것이다. 중상주의(mercantilism; 重商主義)가 바로 그것이다. 자국의 부르주아를 보호하는 정책은 시장에 대한 간섭을 상쇄하고도 남을 만한 것이었다. 항해조례나 곡물법은 바로 자국의 경제를 보호하는 정책 중 하나였다.

경제적 부르주아는 위협적 세력이 아니었지만 정치적 부르주아(공중으로서의 부르주아)가 등장하여 절대주의 국가를 무너뜨리는 데 결정적인 기여를 하게 된다. 이들은 주로 문필활동이나 예술에 종사하는 이들로서 처음에는 학술협회, 문학 살롱, 비밀결사, 커피하우스 등지를 중심으로 모임을 갖고 여론 형성에 기여하였다. 이들 모임에는 누구나 참가할 수 있는 개방적 성격을 가졌기 때문에 영향력이 점차 증대되었다. 이들은 처음에는 학술, 문예, 철학에 대한 토론을 주로 하였으나 차츰 정치, 종교, 법의 문제로 관심을 옮겨 갔다. 이들의 사상의 배경에는 '자연법 사상' 또는 '이성법'이 있었는데, 그들은 이러한 사상을 중심으로 당시의 지배체제에 대한 불만을 토로하고 새로운 지배질서를 모색하였다.

자연법 사상가는 그로티우스(Grotius)에서 출발하여 영국과 프랑스 쪽에서는 홉스(Hobbes), 로크(Locke), 몽테스키외(Montesquieu), 루소(Rousseau) 등으로 이어졌고 독일 쪽에서는 푸펜도르프(Pufendorf), 토마지우스(Thomasius), 볼프(Wolff) 등으로 계승되었다.

영국이나 프랑스 쪽의 자연법 사상이 혁명적 사상으로 발전했다면 독일 쪽은 공공복지를 중시하는 계몽절대주의와 결합되었다는 점이 차이라고 할 수 있다. 즉, 18세기 프로이센에서는 이성법사상을 군주가 스스로 수용하여 계몽전제군주라고 자처했던 것이다. 이것은 독일의 무정부상태에 기인한 바 크다. 당시 독일 군주는 로마법이든 이성법이든 자신의 권위를 확대할 수 있는 것이면 무조건 받아들이려는 입장이었다. 또 당시 독일의 이성법 이론가들도 사회상황의 무정부성 탓에 절대주의적 사상의 경향이 있었다. 한편 18세기 프랑스는 이미 중세 이래 중앙집권적 정책을 꾸준히 실시해왔으므로 자연법사상은 반봉건, 반절대주의 혁명사상으로 발전하게 되었다.

이것이 혁명적 사상일 수 있었던 것은 다음과 같은 이유 때문이다. 당시의 사회상은 중앙집권적, 절대주의적 정책이 실시되기는 했지만 여전히 중앙의 권력은 지방 구석구석까지 미치지 못하는 상황이었다. 지방에는 지역적 토호세력이 상당부분 남아 있었으며 이들은 민중을 착취하여 자신들의 부와 권력을 적립하는 봉건적 수탈을 자행하고 있었다. 또 중앙 정치력의 공백은 각종 범죄집단, 산적이나 노상강도의 횡행을 막을 수가 없었다. 게다가 중앙의 국가 역시 국왕의 가산으로 여겨지는 경향이 있어서 국가를 혼인이나 상속에 의하여 차지하는 봉건적 관행이 일소되지 못하고 있었다. 요컨대 절대주의 국가도 여전히 봉건적 성격을 일정 정도 유지하고 있었던 것이다.

이에 반해 자연법사상은 그 어떤 특수집단이나 개인, 지방적 권력도 벗어나지 못하는 자연법의 존재를 상정한다. 자연법은 어느 지역, 어느 누구도 그로부터 이탈해있지 않은 보편타당한 법, 누구에게나 평등하게 적용되는 균일한 법을 전제로 하는 것이다. 이것은 당시의 봉건적 잔재를 결코 용납하지 않는 사상이었다. 심지어 군주마저도 자연법의 보편성 아래 굴복해야 한다. 국가가 군주의 개인 재산과 같이 생각되는 당시의 상황은 자연법 사상가들에게는 극복하지 않으면 안 되는 위법상태였던 것이다. 지방적 법도 극복하지 않으면 안 되었다. 특수한 법, 봉건적 특권은 철폐의 대상이었다.

따라서 자연법사상은 당시의 봉건성, 분열상을 철폐하고 언제 어디서나 타당한 보편적 법, 보편적 국가를 건설하려는 혁명사상이 될 수밖에 없었다. 이념적으로는 민족국가에 한정되지 않는 단일한 세계법이 바람직하겠으나 이것은 아직 정치상황상 불가능한 것이었다. 그래서 각 민족국가 단위로 지방적·봉건적 관습법들을 철폐하고 전국 어디에나 보편적으로 적용되는 통일법을 염원하게 되는 것이다. 절대주의 시대의 법 관념의 변화—특권의 다발로부터 추상적, 보편적인 법으로—는 사실 자연법사상에 와서 완성되는 것이다.

그리고 이것은 필연적으로 개인주의와 민주주의와 연결되지 않을 수 없었다. 국가와 개인 사이에서 민중을 착취하는 봉건세력을 타도하면 남는 것은 국가와 개인밖에 없다. 자연법사상에서 개인은 집단적 존재로서가 아니라 개인 그 자체로서 국가권력에 대면하게 되는 것이다. 그리고 국가권력의 원천은 개인들로부터 나올 수밖에 없다. 자연법은 자연 상태의 법, 즉 국가상태 이전에 개인에게 존재하는 권리이다. 따라서 국가의 권력은 개인들의 자연권에서 유래하게 되는 것이다. 이러한 개인들로부터 유래한 국가권력은 강력해야 한다. 그래야만 잔존하는 봉건세력을 완전히 타도할 수 있기 때문이다. 이것은 곧 강력한 근대 민족국가의 탄생을 염원하는 것이었다. 국가의 권력이 국가 영역 방방곡곡에 골고루, 미치지 아니하는 곳이 없도록 보편적인 효력을 가져야 한다. 이는 근대민족국가, 국민국가(nation state)의 개념인 것이다.

이렇게 혁명적 색채를 띤 자연법사상으로 무장한 공중으로서의 부르주아는 마침내 경제적 부르주아를 끌어들여 구체제(ancient régime)를 전복시키고 근대 국가를 수립하게 되는데, 이것이 가장 극적으로 표현된 것이 바로 프랑스혁명이다.

(3) 혁명, 그리고 법전의 편찬

자연법은 추상적인 법이고 사람의 머리 속에만 존재하는 법이다. 그러나 그것을 현실로 실현하기 위해서는 가시적인 조치가 필요한 법이다. 그래서 이성법을 완벽한 법전으로 만들어 누구나 이해하기 쉽게 하고 판사의 자의를 방지할 필요가 있었다.

이것은 자연법에 기초한 3대 법전을 탄생시키게 되는데 바로 다음과 같은 것들이다.

1) 프로이센 일반란트법(ALR)

1779년 물방아꾼 Arnold라는 사람의 이웃에 사는 귀족이 자기 저택에 연못을 만들어 물을 모두 끌어가 물방아를 돌릴 수 없게 된 아놀드가 소송을 제기하였으나, 제실법원이 귀족의 승소로 판결하여 전국적으로 물의를 빚은 사건이다. 이를 '물방아꾼 아놀드 소송사건' 이라 하는데, 이후 담당판사와 수상의 교체를 비롯한 법개혁이 추진되었다. 이에 따라 1794년 공포된 법이 바로 프로이센 일반란트법(Allgemeines Landrecht)이다. 이것은 대단히 방대한 법전으로서 민법, 상법, 형법, 행정법에 해당하는 17,000여 조문이 포함되었다. 비록 자연법사상에 기초한 것이기는 하나 봉건적 잔재도 군데군데 남아있었다. 이 법은 1900년 BGB가 만들어질 때까지 프로이센에서 효력을 가지고 있었다.

2) 오스트리아일반민법전(ABGB)

오스트리아일반민법전(Allgemeines Burgerliches Gesetsbuch)은 1811년 계몽전제군주 마리아 테레지아와 요제프2세가 편찬한 법으로서 독일적 계몽자연법사상에 기초하여 만들어졌다. 이것은 공법규정을 제외한 순수한 민법전으로서 당시 혁명 과정에서 제정된 나폴레옹 민법전을 참고하여 편찬되었으나, 나폴레옹 민법전의 민주주의, 자유주의 사상을 제외하고 만들어졌다.

3) 프랑스민법전(CC)

프랑스민법전(Code Civile)은 프랑스혁명의 산물이다. 프랑스혁명은 곧 이성법사상의 결과였다. 1789년 발발하여 1814년 나폴레옹이 완전히 패배한 후 열린 비인회의에서 전쟁을 종식시킬 때까지 계속된 프랑스혁명의 과정은 봉건제 혁파의 과정이라고 말할 수 있다.

1789년 6월 '테니스코트의 선서' 이후 불과 두 달 후인 8월 봉건적 공조와 부역을 폐지하는 조치가 취해졌다. 9월에 선포된 '인간과 시민에 관한 권리선언'보다 먼저 봉건제 혁파조치가 감행된 것이다. 나아가 1790년 3월에는 사법개혁이 단행되어 파를르망과 모든 영주재판소를 폐지하였다. 기존의 법관과 봉건적 사법제도에 대한 불만이 기존의 법원의 폐지로 나타난 것이다. 1790년 11월에는 파기원(Cour de Cassation)이 입법부 부설로 설치되었다. 법원을 입법부 부설로 두었다는 것은 역시 법관들에 대한 견제장치를 확보하여야 한다는 인식이 있었음을 알 수 있다. 1799년에 행정재판소(Conseil d'Etat)가 창설되었다.

그러나 무엇보다도 각종 법전의 편찬이 가장 중요한 개혁조치였다고 할 것이다.

1804. 3. 21 민법전, 1806 민사소송법, 1807 상법, 1808 治罪法, 1810 형법전

이들 법전은 거의 나폴레옹의 주도하에 편찬되었기 때문에 '나폴레옹 법전'이라고 불린다. 특히 2281조문의 민법전은 쉽고 간결하면서도 유려한 문체로 되어 있어서 법전의 모범이 되었다. 이 법은 소유권 절대, 계약 자유(물권 변동의 의사주의), 과실책임의 원칙에 입각하여 만들어졌으며, BGB(독일 민법전)와 함께 다른 나라들에 지대한 영향을 끼치게 된다. 나폴레옹은 이 민법전에 대하여 주석을 금지시켰다. 이 법은 해석이 필요 없을 정도로 완전할 뿐 아니라, 학자들이 자의적으로 해석하여 법의 내용을 왜곡시키는 것을 두려워했기 때문이다.

이러한 자연법 법전의 영향은 다음과 같이 말할 수 있을 것이다. 첫째는 개인주의의 확산과 민주주의의 초석이 되었다는 것이다. 프랑스의 인권사상이 자국에 전파되는 것을 우려하여 대프랑스동맹을 결성한 유럽의 군주국들과 벌인 전쟁 과정에서 나폴레옹은 유럽 곳곳에 혁명사상과 개인주의, 민주주의를 전파하게 된다. 둘째, 봉건제도의 철폐이다. 자연법사상은 봉건제를 철폐하려는 사상이었고 끈질기게 지속되던 봉건제의 유산은 프랑스혁명의 과정과 자연법 법전에 의하여 드디어 완전히 폐지된다. 셋째, 민족국가의 공고화가 이루어졌다. 봉건제 철폐와 더불어 봉건적 관습법과 지역법원들이 완전히 폐지되고 단일한 국가법체계가 달성된다. 이제 전국 어디에나 중앙의 국가법이 효력을 미치지 않는 곳이 없게 되는 것이다. 중세 프랑스를 특징짓던 법역의 구분, 즉 관습법 지방·성문법 지방의 구별이 사라지고, 성문법전 하에 통일적으로 규율되게 되었다. 넷째, 법실증주의가 탄생하였다. 아이러니컬하게도 자연법사상은 넓은 의미의 법실증주의를 탄생시킨다. 자연법 법전을 완벽하다고 믿은 당시의 법학자들은 법전을 맹신하고 그것의 주석에만 집착하는 주석학파를 전개하게 된다. 이것은 프랑스 혁명이 법관들을 타도의 대상으로 생각하고 그들의 재량을 억제하고자 했던 정책과 관련이 있다. 법관은 '법을 말하는 입'(몽테스키외)에 지나지 않으므로 철저히 법전에 구속되어야 한다는 사상이 당시에는 일반적이었다.

(4) 근세 말기의 대륙법

나폴레옹 법전이 완성된 프랑스에서는 위에서 본 바와 같은 법실증주의적 학풍이 전개되었다. 그것은 바로 '주석학파'(Ecole de l'exégèse)라 불리는 것이다. 법전을 완전한 것으로 생각했던 당시 프랑스 법학계는 법전에 대한 맹신에서 법전의 자구해석에만 치중하게 되었다. 또한 이것은 봉건질서의 재등장을 철저히 경계하고 있던 당시 프랑스에서 구체제 하의 귀족출신인 법관들의 자유재량을 인정하지 않기 위하여 법관은 법전에 완전히 구속되어야 한다고 생각했던 것과도 관련이 있다. 따라서 법학자들도 법전을 자유롭게 창조적으로 해석하는 것을 금기시했다. 법률가들의 재량권이 원칙적으로 부정되었던 것이다. 이는 파기원이 처음에 입법부 아래에 설치되었던 사실에서 극명하게 드러난다.

한편 독일은 프랑스의 자유주의, 민주주의가 자국에 전파되는 것에 경계를 보내고 있었다. 비인회의 자체가 프랑스 혁명의 이념을 부정하고 유럽사회를 구체제로 환원하려는 의도를 가지고 있었던 것이다. 이런 상황에서 독일에서는 사비니(Savigny)가 주도하는 역사법학파가 등장한다. 사비니는 귀족적 왕정복고를 옹호하는 보수반동적 사상을 가진 인물이었다. 그는 프랑스의 혁명이념이 전파되는 것을 막기 위해 당시 자유주의적 성향을 가졌던 티보(Thibaut)의 법전편찬운동에 대항하여 소위 유명한 법전논쟁을 펼친다.

자연법 사상가였던 티보는 프랑스의 자유주의 민주주의 이념을 수용하여 독일도 온전한 자연법 법전을 마련해야 한다고 주장한다. 그러나 사비니는 로마법관용기의 학식법률가들을 옹호하면서 독일은 아직 법전을 편찬할 준비가 갖추어져 있지 않다고 반박한다. 즉, 법이란 민족의 정신으로서 자연스레 성장하는 것인데 인위적으로 법전을 만드는 것은 바람직하지 않다는 것이다.

결국 이 논쟁에서 사비니가 승리하였다. 사비니의 역사법학은 민중의 법학(관습법)을 중시하는 법학이라기보다는 로마법학자들의 체계 확립과 개념수립에 기대는 것이었다. 이는 당시 농업자본주의에 기반을 둔 토지귀족인 융커들의 이익을 대변하는 것이기도 했다. 자유주의, 개인주의, 민주주의에 기초한 근대적 법전에 대한 요구는 몇몇 자연법 사상가들의 것으로 그치고 말았다. 독일에서 법전편찬은 즉시 이루어지지 않았고, 한 세기를 기다려 비로소 새로운 법전, 명실상부한 근대적 법전을 가지게 된다. 그것이 바로 BGB(Burgerliches Gesetzbuch), 즉 독일민법전이다.

여기서 잠깐 BGB의 편찬에 대해 살펴보자. 19세기 전반 독일법학을 지배하게 된 역사법학은 두 가지 경향으로 대별된다. 그 하나는 로마법을 중심으로 하는 로마니스텐(Römanisten)들로서 사비니는 그들의 대부가 된다. 하지만 이에 반발하여 게르만 고유법에서 독일법의 본류를 찾고자 하는 경향도 생겨났는데 그것이 곧 게르마니스텐(Germanisten)들이다. 로마니스텐에는 휴고(Hugo), 사비니(Savigny), 푸흐타(Puchta) 등이, 게르마니스텐에는 아이크호른(Eichhorn), 그림(Grimm), 베젤러(Beseler) 등이 포함된다. 19세기 후반에는 로마니스텐을 중심으로 게르마니스텐을 약간 포괄하는 개념법학이 독일을 지배하게 된다. 법을 개념들의 체계로 파악하는 개념법학은 로마니스트 계열의 빈트샤이트(Windscheid)로 대표되는데 또한 게르마니스트인 기르케(Gierke)도 여기에 속한다.

1874년 새로운 법전을 만들기 위한 준비위원회가 결성됨으로써 법전편찬 작업이 시작된다. 여기에 법학자로서 참여한 이가 바로 빈트샤이트이다. 총칙, 채권, 물권, 친족, 상속편으로 이루어진 독일민법전은 마침내 1896년 제국의회를 통과, 공포되고 1900년 1월 1일부터 시행에 들어가게 된다. 독일민법전은 게르만 고유법을 받아들이는 데는 인색했다고 할 수 있으나 그것은 근대적 법전의 모습을 갖추고 있었다. 개인주의, 자유주의 사상이 여기에 포함되고 있었고 봉건적 유산은 이제 더 이상 발견하기 어려웠다. 프랑스 혁명의 영향력이 19세기를 거치면서 전 유럽에 확산되었다고 할 수 있는 것이다.

4. 現代의 法

20세기에 들어와 세습에 의한 지배의 시대가 종료하고, 국민의 선거에 의한 지배가 일반적으로 되자 국민들의 표를 의식한 정치가들은 지금까지 소외되었던 서민계급에 눈을 돌리게 되었다. 이러한 경향은 독점자본주의의 폐해를 강조하게 되었고, 부익부 빈익빈 현상에 주목하게 되었다. 결국 국가는 자본주의의 폐해를 시정하기 위한 노력을 하게 되었고, 노동법, 사회보장법, 경제법을 위주로 한 사회법의 대두를 보게 되어 비로소 사회본위국가가 성립되었다. 이와 함께 국민에 대한 적극적인 복지정책을 펴는 것이 필요하게 되어, 행정부가 비대한 소위 행정국가가 성립하게 되었다.

일본을 통해 우리나라 민법에 지대한 영향을 끼친 독일민법전은 근대초기의 이념에 기초하였으므로 시행되자마자 새로운 시대변화에 의하여 곧바로 낡은 법전이 되고 만다. 즉 산업자본주의 시대를 규율할 새로운 법이념과 제도가 필요하게 된 것이다. 다시 말하면 자연법 법전인 프랑스민법전이나 개념법학의 산물인 독일민법전이나 모두 농업자본주의 시대에 제정된 것이어서 발전하는 산업자본주의의 수요에 부응하지 못하는 시대에 뒤떨어진 법이 되고 만 것이다.

이 시대 산업자본은 자본주의의 속성에 좇아 점점 그 독점력을 더해갔고 이것은 카르텔, 트러스트 등의 부작용으로 나타났다. 반면 노동자들은 저임금에 장시간의 노동에 시달렸기 때문에 이에 대응하기 위하여 차츰 조직을 형성하여 노동운동에 나서게 되었다. 이러한 새로운 현상들은 근대 초기에는 상상할 수 없었던 것이었다. 당연히 자유주의, 개인주의에 기초하는 근대초기의 법전들은 이에 제대로 부응할 수 없었던 것이다.

이러한 시점에서 법전에 대한 엄격한 복종을 완화시킬 필요성이 생겼다. 법전에 맹목적으로 복종하는 것만으로는 변화하는 사회상황을 따라갈 수 없었기 때문이다. 따라서 개념법학, 주석법학에 대항하여 널리 과학주의라 부를 수 있는 법학의 학풍이 20세기 초에 등장하게 되었다. 이들은 프랑스에서는 '과학학파'(Ecole Scientifique), 독일에서는 예링(Jhering)의 '목적법학', 헤크(Heck)의 '이익법학', 푹스(Fuchs)의 '자유법학' 등으로 나타난다. 이들은 법전만능주의를 비판하고 제정법에는 필연적으로 법의 흠결이 있다는 것, 그리고 현실의 사회생활 속에는 이러한 법의 흠결을 메우는 살아있는 법이 있다는 것, 그리고 법률외적인 요소를 고려하여 법관의 자유로운 법해석을 통하여 제정법의 흠결을 보충해야 한다는 것, 또한 살아있는 법규범을 과학적으로 탐구해야 한다는 것을 주장하였다.

또한 변화된 사회환경으로 인하여 사회법이 민법으로부터 분리되어 나옴으로써 노동법이나 경제법이 등장하여 사회생활에 대단히 중요한 역할을 하는 법분야가 되었다. 개념법학, 주석법학에 억눌려 있던 자연법사상도 새로운 모습으로 재등장하게 된다. 형식적 법적용이 가져오는 사실상의 불평등 때문에 정의, 공정을 기본사상으로 하는 신자연법론이 대두하게 된 것이다.

그러나 이런 경향은 근대초기의 근대국가이념, 봉건질서를 타도하고 평등한 개인이 최대한의 자유를 누리는 근대사회의 이념을 근본적으로 부정하는 것은 아니었다. 오히려 자본주의의 발전으로 인하여 야기되는 부자유, 부정의를 시정하고 근대자연법사상의 이상인 민주주의와 자유주의를 다시 한 번 추구하고자 하는 노력인 것이다.

한편 국민의 자유와 권리를 보호하기 위한 방법론으로서 형식적 법치주의가 주창되었으나, 나치에 의한 합법적 독재의 경험은 실질적 법치주의의 개념을 창안하게 하였다.

제3절 法의 繼受

1. 法의 繼受(Reception; Rezeption)

법은 그 민족의 문화적 산물이다. 이러한 의미에서 법을 문화규범이라고 하는데, 각국의 법은 나름대로 그 민족의 실정에 가장 알맞은 법체계로 되어 있다는 것이다. 이를 바꾸어 말하면 각 민족은 스스로의 문화에 가장 적합한 법에 의해 지배된다고 할 수 있다. 여기서 그 민족이 독자적으로 생성 발전시킨 법을 고유법이라 한다.

그런데 법은 생명체와 마찬가지로 끊임없이 발전하는 속성을 가지고 있다. 법이 발전하는 과정을 살펴보면, 특정 지역에서 자생적으로 발전하는 고유법은 오히려 예외적이다. 대부분의 경우, 외국의 발전된 형태의 법을 받아들여 자신의 문화에 알맞은 형태로 가공하여 이용하게 된다. 따라서 법의 계수는 법의 발전하는 모습을 말하는 것이지, 타문화에 종속되는 것을 의미하는 것은 아니다. 여기서 법의 계수란 이와 같은 법발전의 한 형태로서 외국의 법을 받아들이는 현상을 말하는 것이다. 현재의 각국 법제 중 외국법에 영향 받지 않은 법제는 없다. 법의 세계에서 최고봉을 이룬 로마법은 영국, 프랑스, 독일 등의 국가로 계수되었고 이들 법은 다시 세계의 각 지역에 계수되었다.

우리나라는 종래 중국의 법제를 받아들였으나, 일본에 의해 강제적으로 독일계의 법제를 계수하였고, 최근에는 영미법계의 법을 계수하는 경향이 있다.

여기서는 로마법의 유럽에 대한 계수과정을 대표적인 법계수의 본보기로서 살펴보고, 우리나라의 서양법 계수과정을 말미에 살펴보기로 한다.

2. 로마법의 계수

(1) 계수의 원인

중세전성기를 거치면서 유럽은 자연경제를 조금씩 탈피하고 상업과 수공업이 다시 발달하기 시작한다. 그리하여 토지보다는 개인재산에 대한 중요성이 더 크게 인식되기 시작한다. 이에 대처하기 위해 영국에서는 '형평법'(equity)을 발달시키는데, 그러나 대륙에서는 이에 대한 적절한 대처방안이 없었다. 즉, 입법에 관해서는 일반적인 입법을 행할 수 있는 중앙권위가 존재하지 못했고, 봉건법정은 봉건관계만을 관할하였으며, 교회법정은 세속적 사항 중에서 유언이나 혼인에 대한 것에만 관할권을 가지고 계약에 관한 사항에서는 오직 고리대의 금지에만 관여할 수 있었다. 그리고 도시법정은 특정 도시에만 국한되는 관할권을 가졌고, 인민법정은 일반 거래에 관하여 유일하게 '이론적으로' 관할권을 가지는 곳이었으나 지방적 관습법에 기초하고 있었을 뿐 아니라 재판을 담당하는 귀족들은 전혀 법적 훈련을 받지 않은 자들이었으므로 제대로 된 재판을 기대하기 어려웠다. 게다가 중세에는 상소할 수 있는 상급법원이 없었다는 점에서 비정상적인 체계였다. 로마시대에는 전 로마제국에서 황제의 법정에 상소가 가능했고, 영국은 처음에는 웨스트민스터 법정에, 나중에는 추밀원에 전 잉글랜드에서 상소가 가능했지만, 중세유럽은 교회법 관할이 아닌 한 상소는 불가능했다.

분명 도시법은 봉건법이나 지방법보다 진보되어 있었다. 도시의 관료들은 토지상속에 의한 세습귀족이 아니라 능력을 검증받아 임명된 비교적 전문가들이었기 때문이다. 더욱이 이탈리아 도시들은 많은 수의 입법을 행하기도 하였다. 그러나 도시법은 어디까지나 국지적인 법이었다. 도시법은 일반적인 법에 대한 요구를 감당할 수가 없었다. 다양한 도시법은 오히려 중세의 법의 분열상과 불편성을 가중시키고 있었다.

그래서 로마법의 계수가 이루어지게 된다. 그것은 로마법대전의 주석 및 주해가 유럽대륙에 전해져 이를 기초로 통일적인 법운용을 달성하고자 한 것이었다.

(2) 계수의 대상

그러나 이 시기의 계수의 대상은 로마법대전 그 자체는 아니었다. 차라리 로마법을 연구하던 학파들의 연구성과가 계수되었다고 함이 보다 정확할 것이다. 당시 로마법을 연구하던 학파로는 다음과 같은 것이 있다. 먼저 12세기 이탈리아 볼로냐를 중심으로 발달한 주석학파(Glossatoren)는 학설휘찬(Digesta)에 대해 난(欄) 외에 주석을 가하는 방법으로 로마법을 연구했다. 이 학파의 유명한 학자로는 아쿠르지우스(Accursius)가 있는데 그는 '표준주석'(glossa ordinaria)을 저술하여 계수의 주요한 대상이 되었다. 주석학파에 이어 14세기에 주해학파(후기주석학파, Postglossatoren)가 융성하였는데, 이는 주석학파의 형식이론적 경향을 실용적인 방향으로 전환시켰다. 바르톨루스(Bartolus)가 대표적인 학자로 로마법 그 자체가 아니라 주석이 붙은 로마법, 특히 아쿠르지우스의 '표준주석'을 연구대상으로 삼았다. 이후 프랑스를 중심으로 16세기에 성행하던 인문학파(Humanisten, 복고학파)는 당시 이탈리아에서 시작되어 유럽대륙으로 영향을 미치던 르네상스의 영향으로 고전을 고전 그 자체로 연구하려는 경향을 가졌다.

이 중에서 주석학파가 이론계수의 대상이었다면, 주해학파는 실무계수의 주된 대상이 된다. 이탈리아에서 공부하고 돌아온 학식법률가(Juristen)들은 이전까지 법원을 장악하고 있던 비전문가들과 대립하게 된다. 이로써 과거의 인민법원은 법조법원으로 성격을 변모시켜 나가는데, 경우에 따라서는 '소송기록을 대학에 이송'(Aktenversendung)하여 법학교수들의 자문에 따라 재판을 함으로써 차츰 학식법률가들이 법원을 장악하기에 이르렀다.

(3) 繼受地域

로마법의 계수는 거의 유럽 전역에 걸쳐 이루어졌다. 하지만 특정 지역에서는 계수가 본격적으로 진행되지는 않았는데, 스칸디나비아, 스위스의 일부 주와 같이 경제가 덜 발달되어 과거의 관습법적 해결로도 충분했던 지역이나, 잉글랜드, 스페인, 프랑스 북부와 같이 중앙 권위가 이미 형성되고 이에 기반을 둔 사법적 틀이 갖추어지기 시작한 곳에서는 로마법을 굳이 받아들일 이유가 없었다. 특히 프랑스는 북부와 남부가 법체계가 서로 상이했다. 프랑스 북부에서는 국왕의 권력이 강화되어 국왕법원이 그 틀을 갖추기 시작하여 관습법을 수집편찬하고 있었기 때문이다. 그리하여 프랑스 북부는 관습법이 사법절차에 적용되는 '관습법 지방'(pays de coutumes)이 되었고 프랑스 남부는 계수된 로마법이 적용되는 '성문법 지방'(pays de droit écrit)이 되었다. 이외에 이탈리아 특히 독일, 네덜란드 등지에서는 로마법의 전면적 계수가 이루어졌다.

(4) 계수의 과정

1) 前期 繼受(Vorrezeption, 이론적 계수)

로마법이 이전부터 유럽에 알려져 있기는 했지만 과거에는 국지적으로만 연구되던 것에 불과하였다. 로마법의 계수는 14세기 중엽부터 본격적으로 이탈리아의 볼로냐 등지에서 로마법을 공부한 사람들에 의해 이루어졌는데, 이들 중에는 교회법을 위해서 로마법을 공부한 사람, 대학에서 로마법교수가 되고자 한 사람도 있었으나, 대다수는 정부관직에서 일하고자 하는 자들이었다. 오랫동안 유럽의 세속군주나 제후들은 당시 유일한 지식계층이었던 성직자층에서 관료들을 충당했으나, 서임권 논쟁을 비롯한 성속 갈등 이후 세속군주들은 이제 성직자가 아닌 로마법을 공부한 세속적 지식인층에서 관료들을 충원하기 시작하였다. 이에 많은 사람들이 이탈리아로 달려가 로마법 공부에 열을 올렸다. 더욱이 이들 세속지식인들은 군주의 측근으로 일자리를 구하지 못하면 도시의 공무원으로 취직할 수도 있었다. 이들은 주로 제후 및 국왕의 권력 확대에 기여하였다. 이들이 주창한 법이론 중 하나가 바로 "legibus solotus"(군주는 법에서 면제되어 있다)라는 것이었다. 이렇게 로마법의 계수가 사법적 영역에서보다는 행정적 영역에서 이루어진 것을 '로마법의 전기 계수'라고 부르는 것이다.

2) 本繼受(실무계수; Praktische Rezeption)

이후 15세기 말부터 절대주의 시대인 17세기 사이에 이들 로마법 전공자들이 제후 및 군주의 법원에 재판관으로 들어가서 로마법을 실무에 적용하였는데, 이 시기를 로마법의 본계수, 실무 계수 또는 로마법의 현대적 관용(usus modernus pandectarum)기라고 부른다. 신분국가 말기로부터 과거의 인민법원이 학식법률가들에 의한 법조법원에 의하여 대체되기 시작하였다. 군주제후들은 이탈리아의 후기주석학파(주해학파)를 공부하고 돌아온 법률가들을 단순한 행정 관료가 아니라 법원의 판사로 임명하여 공식적 법조법원을 만들고, 상소를 위하여 상급법원까지 설치하였다. 법조법원은 귀족이 주관하는 인민법원보다는 시대상황에 잘 적응할 수 있었기 때문이다.

로마제국의 상징적 연속성도 계수를 촉진시켰다. 당시에는 "현재의 모든 정치적 권위는 로마제국으로부터 유래한다."는 '제국 연속(continuous empire) 이론'이 유럽을 지배하고 있었다. 프랑크 왕국의 샤를마뉴가 로마황제의 칭호를 가졌고 이후에도 신성로마제국이 명목상으로나마 로마황제의 지위를 유지해가고 있었던 것은 이러한 연유에 기인한다. 영국이나 스페인과 같이 신성로마제국의 황제권을 반대하는 나라의 국왕도 종종 스스로를 황제라 칭함으로써 로마제국의 권위의 계속성을 인정하고 있었다. 이런 상황에서 "이전 황제들의 법(로마법)이 연속성을 갖는다."는 관념이 당연히 지배적이 될 수밖에 없었고 이것이 로마법의 계수를 무리 없이 이루어지게 한 계기가 되기도 했다.

3) 個別的 繼受와 理論的 繼受

로마법의 전면적 계수가 일어나지 않은 곳에서도 로마법의 '개별적 계수'(particular reception), 즉 기존법에 흠결이 있을 경우 로마법적 원리나 규칙이 도입되는 모습의 계수가 진행되었다. 이러한 것이 일어난 가장 대표적인 지역으로 북부 프랑스의 관습법지역을 들 수 있다. 여기서는 특히 계약법 · 채권법 등 영역에서 로마법적 원리의 영향을 많이 받았다. 영국도 그 정도는 덜하지만 형평법, 교회법, 상인법 등을 통해서 로마법의 원리를 간접적으로 접했다. 스코틀랜드는 영국보다 더욱 폭넓게 로마법을 계수하였다.

하지만 스칸디나비아나 스위스에서는 로마법의 개별적 계수조차 일어나지 않았다. 실무상으로 로마법을 적용할 만한 필요가 거의 없는 자연경제 상태를 유지하고 있었기 때문이다. 그러나 이들 지역에서도 로마법의 '이론적 계수'(theoretical reception)는 이루어지고 있었다. 즉 법서나 법전이 로마법학자의 개념이나 편제를 수용하고 있었던 것이다.

요컨대 로마법의 영향은 전면 계수가 일어났던 지역이나 그렇지 않았던 지역을 막론하고 전 유럽에 걸쳐 막대한 영향을 끼쳤다고 할 수 있다. 이런 의미에서 당시 실무에 공통적으로 적용되던 로마법을 '보통법'(ius commune)이라고 부르기도 한다. 이는 각 지방마다 독자적으로 적용되던 지방적 관습법에 대비되는 말이다.

(5) 계수의 逆機能

이론적으로 로마법은 당시 관습법에 대해서 '보충적 효력'만 가지는 것이었다. 그러나 학식법률가들은 로마법을 '문자화된 이성'(ratio scripta)이라고 생각해서 이에 배치되는 관습법을 되도록 승인하지 않으려는 경향이 있었다. 따라서 원고가 증명이 불필요한 로마법을 원용하면 피고는 반대되는 관습법의 존재(즉 사실인 관습+일반적 승인)를 입증해야만 했다. 이런 이유로 로마법 계수는 다음과 같은 역기능을 낳았다. 무엇보다도 그 지역사회에 합당한 관습법이 무시되고 로마법이 적용되는 사태가 빈번하였는데, 이것은 외국법에 대한 적대감을 부추기는 결과를 낳았다. 또 본래 인민법원에서는 그 지방에서 명확한 관습과 건전한 상식에 기초하여 판결하므로 변호사가 없이 얼마든지 소송을 할 수 있었다. 그러나 로마법이 적용되자 민중이 이해하지 못하는 언어인 라틴어로 된 알 수 없는 개념으로 재판이 이루어지게 되었다. 이제 학식변호사를 선임하지 않으면 소송수행이 거의 불가능에 가까워진 것이다. 이는 곧 소송비용의 엄청난 증가를 의미하는 것이었고 법과 민중의 괴리를 뜻하는 것이었다.

로마법계수의 또 다른 역기능으로 법의 분열을 조장하는 결과를 낳았다는 것을 들 수 있다. 프랑스 지역은 로마법 계수로 관습법 지방과 성문법 지방으로 나뉘게 되었고, 독일 지역도 보통법 지방(Hessen, Hannover)과 고유법 지방(Sachsen, 스위스) 및 양자가 혼재하는 보통법+고유법 지방(Bayern, Tirol)으로 복잡하게 분열되었다.

3. 우리나라의 외국법 계수

(1) 서양법 계수 이전

우리나라가 서양법을 계수하기 이전에는 주로 중국의 율령(律令)을 받아들여 우리 나름대로 법전을 편찬하여 시행하였다. 특히 조선시대에는 대명률(大明律)을 위시한 중국의 법전을 받아들여 경국대전(經國大典)을 비롯한 법전이 편찬되어 시행되었으나, 이들 법전은 근대 이후 서양법이 계수되면서 그 자취를 잃어버리고 말았다.

(2) 일본의 서양법 계수

우리나라의 서양법은 일본을 통해서 이루어졌기 때문에 일본이 서양법제를 어떻게 받아들였는지를 간략하게 살펴볼 필요가 있다.

일본에서의 외국법의 계수는 19세기 후반에 본격적으로 이루어진다. 즉 메이지유신(明治維新) 이후 일본은 부국강병을 위하여 서구의 법을 모방 내지 번역하기 시작하였다. 일본이 1853년 미국의 함포위협에 굴복하여 구미제국에 대해 문호를 개방하여 체결한 통상조약은 일본의 관세권을 부정하는 등 심각한 불평등성을 가지고 있었기 때문에 이러한 불평등 조약의 개정을 위하여 법전을 정비할 필요가 있었던 것이다. 그러한 시급성 때문에 초기에는 헌법을 비롯한 나폴레옹 5법전을 번역하여 시행하려고 하였으나 오역이 너무 많아 포기하고, 일본의 절대주의적 통치체제와 유사한 체제를 유지하고 있던 프로이센, 즉 독일법의 계수를 도모하게 되었다.

이에 따라 1881년 프랑스인 보아소나드(Boissonade)가 프랑스민법을 기초로 하여 작성한 민법전은 시행되지도 못하고 폐기되었으며, 이에 대신하여 독일민법전 제1초안을 기초로 하여 수정된 민법전이 제정되어 시행되었다. 이어 헌법과 상법 외에, 형법이나 민사소송법 등도 독일법을 모법으로 하여 제정되었다. 이에 따라 일본에서는 독일법학이 일본법학을 지배하게 되어 독일의 법해석론은 그대로 일본법의 해석론으로 받아들여지게 되었다. 그러나 현행 일본민법전은 독일민법을 기초로 하고 있으나 프랑스민법 등 다른 나라 법의 영향도 받고 있으므로 혼합법적인 성격을 가지고 있다고 할 수 있다.

(3) 우리나라에서의 서양법 계수

우리나라에서 서양법은 일본의 침략 이전에도 그 흔적을 찾을 수 있다. 즉

18세기 중국으로부터 들어오는 한역 서학서를 통해 근대적 서구법이 소개되었다고 하는데, 실제적인 근대법의 계수는 갑오경장(甲午更張)에서 시작되었다. 갑오개혁에 의하여 조선왕조 500년의 구제도는 붕괴되고 근대적 국가형태로의 전환이 이루어지는데, 이는 일본을 등에 업은 개혁이었으므로 일본법제의 도입은 불가피한 것이었다. 임시적으로 입법기관의 역할을 맡은 군국기무처는 행정제도의 개편과 사법권의 행정으로부터의 분리를 비롯한 다수의 급진적인 사회개혁을 단행하고, 1908년에는 일본제도를 모방한 재판소구성법을 제정하는 등 법제도적 측면에서 괄목할 만한 변화를 이끌어냈으나, 을미사변 등의 정변과 일본에 대한 전 국민적 저항 등으로 정착되지는 못하였다.

1910년의 한일합방 이후 일제는 식민지지배를 위한 본격적인 법적 기초를 구축하기 위한 일련의 조치를 취하였는데, 1912년 조선민사령에 의하여 일본민법과 상법이 의용되고, 조선형사령에 의하여 일본 형법이 의용되어, 우리나라에서 본격적으로 근대적인 서구법이 시행되었다. 해방 후 미군정은 언론출판 및 인신의 자유를 보장하는 외에는 점령통치의 편의를 위하여 일제의 법령을 그대로 존속시켰다.

1948년 정부수립과 함께 설치된 법전편찬위원회는 민법, 형법 등의 기본법제의 제정사업에 착수하여 1953년에는 형법 그리고 1958년에는 민법 등이 제정되었으나 그 밖의 다수의 일제법령들은 제헌헌법 제100조에 의하여 1960년 초까지 그 효력을 발휘하고 있었다. 그 후 5.16 군사쿠데타에 의하여 설치된 국가재건최고회의는 1961년 「구법령정리에 관한 특별조치법」을 제정함으로써 일제의 법령은 완전히 소멸되었다. 이후 우리나라는 독자적으로 수많은 법령을 제정하여 시행하고 있으나, 한동안은 일본법을 기초로 하여 제정하였으므로 현행의 우리법제에는 독일법적 요소가 강하게 반영되어 있다. 특히 민법의 경우에는 일본민법과 다르게 제정하기 위하여 독일법제에 더 근접하는 규정을 도입함으로써 일본민법전보다도 더 독일법적인 것이 되었다. 그러나 최근에는 미국을 중심으로 한 영미법계의 규정들이 반영된 법령도 많이 제정되는 경향에 있다.

06장 法 系

제1절 법계의 의의

법계(legal system: 法系)란 지역적으로 동일한 법적 특성을 공유하는 국가들의 집단을 말한다. 옛날에는 교통과 통신이 발달하지 않았으므로 한 나라의 법이 다른 나라에 영향을 미치는 범위는 제한적일 수밖에 없었다. 이에 따라 종래 법계는 대개 주변지역 국가들로 구성되었으나, 오늘날에는 그와 같은 제한을 받지 않으므로 전 세계적으로 혼재하는 경향이 있다.

우리와 지역적으로 관련이 깊은 동양법계를 먼저 살펴보면 중국법계와 인도법계 등이 이에 속하고 있으나, 이들은 법을 통치를 위한 근본이념이 아니라, 유교나 불교와 같은 종교에 대한 종속적 지위에서 보충적 통치수단에 불과한 것으로 간주하고 있었다. 따라서 법을 다루는 사람들은 필요악적인 요소로서 천시되었으므로 법의 발전을 기대하기는 어려웠다. 게다가 동양권이 정치적으로 몰락하여, 그 법이념은 거의 소멸하였다고 할 수 있을 정도로서 현재에는 그 영향이 미미하다. 이 지역은 현재 서양법계에 의하여 규율되고 있다. 우리나라도 사정은 같다.

이에 비하여 서양법계는 로마법과 게르만법으로부터 진화한 것이다. 이 법계는 사실상 전 세계의 법이념을 지배하고 있다. 이로부터 분화한 사회주의법계는 사회주의 국가들의 몰락으로 현재 거의 소멸하였다고 할 수 있다. 지금은 서양법계의 분파라고 할 수 있는 대륙법계와 영미법계가 실질적으로 전 세계에 유포되어 있으므로 이들에 대해 살펴보기로 한다.

제2절 大陸法系

1. 대륙법계의 특징

대륙법계는 대륙법(Continental Law)을 중심으로 하여 유럽대륙에서 발전한 법체계이므로 그렇게 부른다. 이는 로마법의 영향을 많이 받아 주로 독일법을 중심으로 하여 발전하여 왔다. 로마법의 영향이 지배적이므로 개인주의적이고, 분석적·논리적이며, 법전주의·성문법주의를 취하고 있는 것이 특색이다. 대륙법이라 하더라도 그중에서 주로 독일·프랑스의 법을 대표적으로 말하며, 러시아·이탈리아·스칸디나비아 등 기타 국가의 법은 약간의 특이성이 있으므로 보통 대륙법이라 할 때에는 이들 나라의 법은 제외하는 것이 일반적이다. 또한 대륙법도 개별적인 법에 따라 각각 다른 점이 있어서 일률적으로 말하기는 어렵다. 예컨대, 같은 성문 민법전이라 하여도 프랑스 민법전은 18세기의 자유주의적 개인주의사상의 결정이고, 독일 민법전은 19세기의 성숙한 개인주의 사상을 반영하고 있으며, 스위스 민법은 20세기 초의 단체주의 사상을 취하고 있는 것과 같다.

2. 成文法主義

대륙법계는 성문법주의를 취하므로 불문법은 보충적 법원(法源)에 그치게 된다. 일반적으로 조리의 경우 법의 흠결을 보완하기 위하여 법원성을 인정하고 있으나, 판례는 당해 사건의 해결에 그치는 것이고, 따라서 판례가 있어도 다른 법관이나 일반인을 구속하지 못하므로 판례의 법원성은 부정되어 있다. 독일 등의 성문법계는 영미법계에 비하여 사법(私法)을 중심으로 발전하였다.

성문법은 제정과정이 필요할 뿐 아니라 해석이 필수적이므로, 자연히 학자들의 관여를 필요로 하고 따라서 학자법으로서의 특성을 가진다. 또 수범자의 행위 이전에 제정되어 이들의 행위를 규율하는 행위규범으로서의 특성을 가진다.

대륙법계는 성문법을 중심으로 하고 있기 때문에, 관념적이고 개념적으로 된 법체계를 가지고 있다. 따라서 법질서가 고정적이며 법적 안정성이 중시된다. 이 법계는 성문법으로 계수되므로 국가마다 그 차이가 크지 않다.

3. 司法制度

대륙법계에 속하는 국가들의 경우, 엄격한 권력분립을 취하고 있는 것이 보통인데, 이들 대부분의 나라에서는 행정부 산하에 행정법원을 별도로 설치하고 있는 등의 특징을 가진다. 행정에 관한 사항은 행정부 자체 내에서 처리한다는 인식이 있기 때문이다. 때문에 법원의 구조가 다원적이다. 배심제도를 취하지 않으므로 사법법원의 경우 일반적으로 일정한 자격이 있는 법관만이 재판에 관여할 수 있다.

형사재판절차에 대해 볼 때, 대부분의 대륙법 국가는 규문주의에 의하여 사안을 규명한다고 알려지고 있으나 현재에는 기소를 담당하는 검찰과 판단기관인 법원이 분리되어 있으므로 과거의 규문주의와는 다르다. 또한 대륙법 체계는 변론을 중시하면서도 문서화된 조서에 의존하는 경향이 있고, 재판절차상 직권주의가 비교적 강하다.

독일과 프랑스의 사법제도

Ⅰ. 독 일

독일의 사법권은 연방헌법재판소와 연방 및 각주의 각급 법원에 속해 있다(기본법 제92조). 연방헌법재판소는 다른 법원과 별도로 설치되며, 재판권의 영역에 따라 통상법원 또는 특별법원으로 구성된다. 특별법원에 속하는 것으로는 노동법원, 행정법원, 사회법원, 재정법원 등이 있다. 이들 법원은 각자 다른 심급 내지 상소경로를 가지고 있다.

1) 연방헌법재판소(Bundesverfassungsgericht)

기본법 제92조에 의거 설치되는 헌법기관으로서, 최고법원이다. 그러나 이는 헌법재판소가 다른 법원의 상급법원 내지 상급심에 해당하는 것을 의미하지는 않는다. 연방헌법재판소는 2개의 부(Senat)로 구성되며, 제1부는 기본권 침해문제를 취급하고, 제2부는 연방과 주정부 또는 주정부간의 분쟁을 관할한다. 법관의 임기는 12년으로서 재선이 불가능하다. 연방헌법재판소의 소재지는 칼스루에(Karlsruhe)이다.

2) 통상법원

노사관계를 제외한 민·상법상의 소송사건과 형사사건을 관할하는 일반법원이다. 연방통상대법원(Bundesgerichtshof; BGH) - 고등법원(Oberlandesgericht) - 지방법원(Landgericht)-구법원(Amtsgericht)의 조직으로 되어 있고, 연방통상법원의 소재지는 칼스루에(Karlsruhe)이다. 다만 바이에른 주에는 주최고법원(das Bayerschen Obersten Landesgericht)이 따로 설치되어 있다. BGH의 하급법원으로서 산업재산권의 보호에 관한 사건을 담당하는 연방특허법원(Bundespatentgericht)이 따로 설치되어 있는데, 이 경우에는 2심 구조로 되어 있다.

3) 노동법원

연방 및 주의 노동부 소관으로서, 노사관계 사건을 관할하며, 직업법관 외에 노동조합과 고용주 단체가 동수의 재판관을 임명한다. 연방 노동법원(Bundesarbeitsgericht) - 주 노동법원(Landesarbeitsgericht) - 노동법원(Arbeitsgericht)의 심급구조로 되어 있다. 연방 노동법원은 카셀(Kassel)에 있었으나, 통일 후 에르푸르트(Erfurt)로 이전하였다.

4) 행정법원

사회재판소, 재정법원 및 연방 헌법재판소 관할 하에 들어가지 않는 행정소송 사건을 관할한다. 연방 행정법원(Bundesverwaltungsgericht) - 고등 행정법원(Verwaltungsgerichthof bzw. Oberverwaltungsgericht) - 행정법원(Verwaltungsgericht)의 구조로 되어 있다. 연방 행정법원은 베를린(Berlin)에 있다가 통일 후 라이프치히(Leipzig)로 옮겼다. 연방행정법원은 연방징계법원(Bundesdisziplinargericht) 및 병역법원(Wehrdienstgericht)의 재판에 대한 항소심도 관할한다. 이 경우에도 2심제이다.

5) 사회법원

사회보험과 관련된 소송을 관할한다. 연방 사회법원(Bundessozialgericht) - 주 사회법원(Landessozialgericht) - 사회법원(Sozialgericht)으로 구성된다. 연방 사회법원 소재지는 카셀(Kassel)이다.

6) 재정법원

조세, 과세 등에 관련된 소송을 2심제로 관할한다. 연방 재정법원(Bundesfinanzgericht) - 재정법원(Finanzgericht)의 조직으로 되어 있다. 연방 재정법원은 뮌헨(München)에 있다.

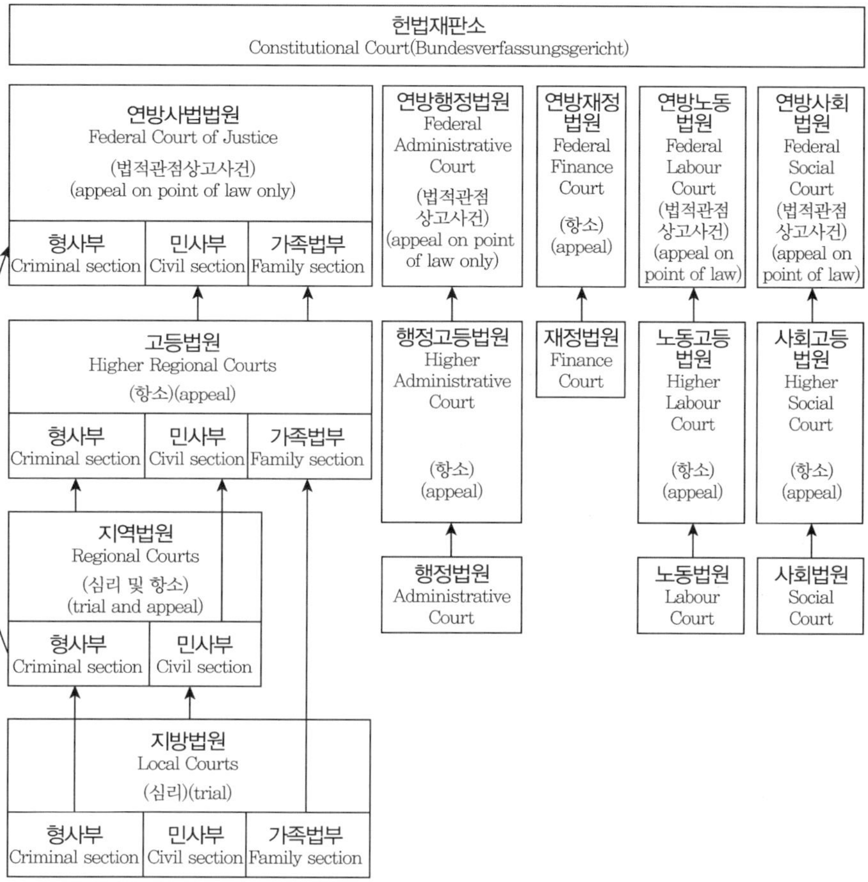

그림 10　**독일의 법원조직**

Ⅱ. 프 랑 스

1. 특　징

대통령은 사법권의 보장자로서 사법행정의 최고기관인 최고사법평의회(Conseil Superieur de la Magistrature)의 의장직을 맡고, 동 평의회의 9인 위원을 임명하여 그들의 보좌를 받는다. 법무장관은 동 평의회의 부의장직을 수행한다. 프랑스에는 독일과 마찬가지로 민형사사건을 다루는 사법재판과는 별도로 행정재판제도가 확립되어 있어서 각각 사법법원과 행정법원이 관할하는데, 이들 사이의 관할에 관한 다툼을 해결하기 위하여 권한쟁의법원이 마련되어 있다. 그리고 법원조직과는 별도로 헌법위원회(Conseil constitutionnel)가 있어서 위헌법률심사를 담당하고 있다. 프랑스에서는 형사사건에 관하여 배심제도를 채택하고 있다.

2. 사법기관

1) 사법법원

프랑스 사법법원의 최고법원은 파기원(破棄院; 대법원; Cour de Cassation)이다. 이는 항소심에 대한 최종법률심의 기능을 하는데, 판사 16명의 합의제로 되어 있다. 파기원은 판결에 대해 적법성 여부를 판단하기 때문에 3심으로 부르지 않으며, 이러한 이유로 프랑스의 재판제도는 2심제를 취하고 있다고 한다.

다음으로 항소법원(고등법원; Cour d'Appel)은 지방법원, 특별법원의 항소심으로서 판사 5명의 합의제로 되어 있다.

지방법원(Tribunal de Grande Instance)은 민·형사사건의 제1심(중범죄 제외)의 역할을 맡고 있으며, 판사 3명의 합의제로 되어 있다. 형사사건을 담당할 때에는 경죄법원(Tribunal correctional)이라 부른다. 소법원(Tribunal d'Instance)는 간이법원으로서 경미한 민·형사사건의 제1심을 담당하며, 판사 1명의 단독심으로 되어 있다. 역시 형사사건을 담당할 때에는 경찰법원(Tribunal de police)이라고 한다.

중범죄에 관하여 중죄법원(Cour d'assises)을 고등법원 내지 지방법원에 별도로 설치하여 운영하고 있는데, 이 재판에 대해서는 상소가 허용되지 않는 단심제이다.

민사에 대한 예외법원으로 상사법원, 노사법원과 농촌임대차법원, 사회보장법원 등이 있는데, 이들의 항소사건은 전부 고등법원이 담당한다. 노사법원(Conseil de Prud'hommes)은 노사문제에 관한 특별법원으로서 사법관이 아닌 노사대표로 구성되는 법원이며, 상사법원(Tribunal de Commerce)은 상사분쟁 해결을 위한 특별법원으로서 사법관이 아닌 상인 대표로 구성되는 법원이다. 또 농촌임대차법원(Tribunal paritaire des baux ruraux)은 농촌의 임대차계약에 관한 분쟁을 담당하며, 사회보장법원(Tribunal des affaires de sécurité social)은 사회보장제도의 적용에 관한 분쟁을 관할한다.

형사사건을 담당하는 특별법원으로 미성년자에 대한 사건을 담당하는 소년형사법원(jurisdiction pénal pour les mineurs), 대통령의 국가반역죄, 각료의 국가 안전에 관한 죄 등을 재판하는 고등정의법원(Haute Cour de Justice) 및 국가정의법원(Cour de justice de la République) 등이 있다.

2) 행정법원

행정부에 소속되어 행정사건을 담당하는 법원이다. 국사원(Conseil d'Etat)은 행정재판의 최종심을 담당하며, 정부의 자문역할을 수행하고, 정부법안의 입안을 담당한다. 행정사건의 항소사건의 일부는 고등행정법원(Cour administrative d'appel)이 담당하며, 행정법원(Tribunal Administratif)은 행정재판의 제1심과 지방자치단체의 법률자문을 담당한다.

3) 권한쟁의 법원 (Tribunal des Conflits)

사법법원과 행정법원의 관할분쟁사건을 관할한다.

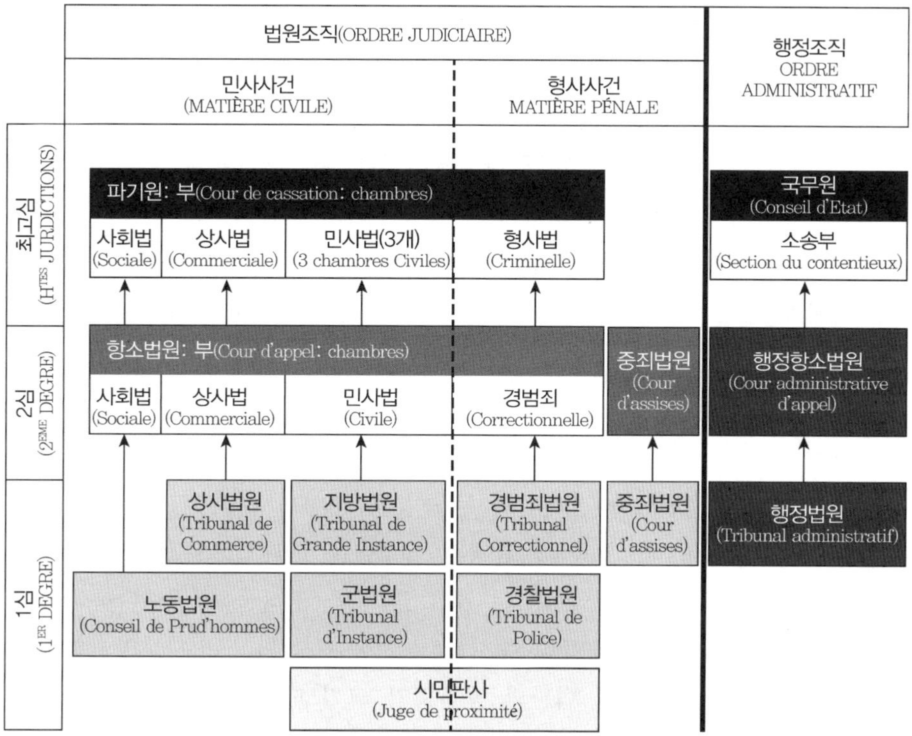

그림 11 **프랑스의 법원조직**

제 3 절 英美法系

1. 영미법계의 특징

영미법(Anglo-American Law)을 중심으로 하는 영미법계는 주로 영국에서 독자적으로 발전한 법체계이다. 현재에는 영국과 미국을 중심으로 발전하고 있으므로 이렇게 부른다. 현재 영미법계는 영국과 미국 외에도 과거 이들의 지배를 받던 나라들도 이에 속한다. 한편 미국은 영국법을 계수하기는 하였으나, 독립 후에 독자적인 발달을 이루어 현재 영국법과 미국법 사이에는 많은 차이점이 있다.

영미법계는 불문법 위주로 되어 있기 때문에, 국민의 이성이 법체계의 형성에 좌우한다. 따라서 법체계가 복잡하나, 오히려 국가질서는 국민의 이성에 합치하므로 안정적으로 유지하고 있다. 영미법은 관습법 내지 불문법의 형태로 계수되므로 국가마다 풍토의 영향을 많이 받아 서로 간에 차이가 크다.

성문법주의 국가들에 대해서는 그 발달과정을 앞에서 살펴보았으므로, 여기서는 영국을 중심으로 한 영미법계의 발달과정을 살펴보기로 한다.

2. 不文法主義

영미법계는 불문법, 즉 판례법과 관습법을 중심으로 하는 입법주의를 취하고 있다. 보통법(common law)과 형평법(equity)은 판례법으로서 영미의 법체계의 근간을 이루고 있다. 영국에서는 주로 국왕과 귀족들의 권력다툼의 와중에서 법이 발전하였으므로 공법을 중시하는 전통을 가지고 있다. 영미의 법들은 판례법 위주로 되어 있어서 법관의 공헌도가 크기 때문에 법관법으로서의 특성을 가진다. 영국에서는 법률가를 양성하기 위한 법조학원(inns of court)이 발전하고 있다거나, 적법절차(due process of law)와 같은 법원칙이 발달한 것은 이러한 전통과 무관하지 않다. 따라서 영미법은 역사적 계속성, 곧 혁명이나 법전편찬 등에 따른 법의 발달에 단층이 없는 특색을 지니고 있다. 이 밖에 법의 지배, 배심제, 보통법과 형평법의 이원적(二元的) 발달 등이 그 특색이다.

(1) 普通法의 形成

1066년 노르망디를 차지하고 있던 노르만족이 정복왕 윌리엄(William the Conqueror)의 지휘 하에 도버해협을 건너 잉글랜드를 침공하였다. 이들은 잉글랜드 왕권을 승계하면서도 과거의 법을 상당부분 그대로 인정하였으나, 강력한 중앙집권적 통치체제 하에서 왕권을 강화하는 형태로 대륙의 봉건제를 도입하였다. 모든 제후는 왕의 명령을 받았으며, 토지의 소유는 임시적으로만 인정되었다.

당시 영국에는 앵글로색슨 시대의 인민법정인 군법원(County Court), 면법원(Hundred Court) 등이 영주법원, 장원법원에 의하여 대체되었으나, 이들 봉건적 법원도 지방적 관습법을 적용하였다. 따라서 잉글랜드 전역에 공통적으로 적용되는 법이라는 의미의 보통법은 국왕의 법원(Westminster Court)에 의하여 성장할 수밖에 없었다. 최초의 국왕법원(Curia Regis, 국왕평의회)은 왕국의 평화를 위협하는 사건이나 최고위 수봉자들간의 분쟁만을 다루는 제한적 관할권을 가질 따름이었고, 이로부터 사법위원회(司法委員會)가 분화되어 나왔으나, 그 관할권은 재정·세금문제(Court of Exchequer), 토지보유문제(Court of Common Pleas), 왕국의 평화를 위협하는 중죄(Court of King's Bench) 등 세 가지에 국한되었다. 나머지 사건은 앞에서 본 봉건법원들과 교회법원 그리고 후에 등장하는 도시 및 상사법원이 나누어 맡았다.

그런데 국왕법원은 소송 및 벌금으로 인한 수익증대를 위하여 관할을 확장하기에 이르렀는데, 백성들도 봉건법정보다는 국왕법원에 제소하기를 선호하였다. 국왕법원은 증인을 소환하여 구두로 조사하는 합리적인 증거조사방법을 가지고 있었고 또 배심원에 의해 재판하였으므로 이것이 당시 봉건법정의 시죄법 내지 결투에 의한 해결보다 합리적이었기 때문이다. 그리하여 중세말기에 이르면 봉건법원은 거의 사라지고 국왕법원이 유일하게 일반사건을 담당하는 법원이 되었는데, 여기서 형성된 판례는 보통법(common law, comune ley)으로 되었다. 물론 처음부터 판례가 법으로서 작용하였던 것은 아니고, 요즈음과 같은 의미의 선례구속의 원칙(doctrine of precedent)이 확립된 것은 19세기에 들어와서의 일이다. 어쨌든 기존의 판례에 따라(stare decisis) 재판하는 이 원칙은 ① 같은 사건에 같은 법원칙이 적용되어야 한다는 평등의 원칙, ② 선례를 따름으로써 인정되는 예측가능성, ③ 선례를 따름으로써 새로운 법원칙을 발견하는 데 들어가는 비용을 절감케 한다는 의미에서의 경제성, 그리고 ④ 선배법관의 지혜와 경험에 대한 존경 등의 근거에서 인정되어 있다고 한다. 영미법에서 그냥 단순히 법(law)이라고 하면 바로 이 보통법을 의미하는 것이고, 이는 형평법에 대비되는 개념이다.

(2) 令狀(writ) 制度

당시 영국에서 국왕법원에 소송을 제기하고자 하는 자는 대법원장(Lord Chancellor)에게 신청하여 영장을 발부받아야만 했다. 영장에 의하여 법원은 피고를 소환하고 사건을 심리할 수 있었던 것이다. 그런데 영장은 대법원장이 심사하여 결정하는 것이었는데, 점차 일정한 사건에 대해서는 자동적으로 영장을 발부해주는 것이 관행이 되어 갔다. 여기서 일정한 소송형식(forms of actions)이 생겨나게 된다. 그런데 영장의 종류는 극히 제한되어 있어서, '사안이 유사한 경우'(in consimili casu) 이외에는 이 문제를 의회에 제출하여 허가를 얻어야만 하였다. 이렇게 영장발부를 제한한 것은 새로운 영장의 발부는 곧 봉건영주들의 권한을 침해하는 것이었기 때문이다.

영장이 없이는 소송을 할 수가 없었으므로, 소위 "구제가 권리에 선행한다."(Remedies precede Rights.)는 것이 보통법의 대원칙이 되었다. 특정한 소송형식에 부합하는 사안이 아닌 경우에는 아무리 자신이 권리를 가지고 있었다 할지라도 구제받을 방법이 없었던 것이다. 따라서 소송당사자에게는 어떤 소송형식, 어떤 영장을 선택할 것인가가 대단히 중요했다. 실체법적 권리보다는 절차적 규정이 사건을 좌우했던 것이다.

이러한 의미에서 영장제도는 몇 가지 영향을 남겼다. 첫째, 법률가들이 등장하여, 이들이 소송절차를 중시하게 되는 결과로 되었다. 즉, 소송형식, 영장종류에 대해 정통하고 있는 사람만이 적절한 소송형식을 선택할 수 있었으므로, 법률가들이 필요하게 되었다는 것이다. 법률가들은 실체적 권리관계가 아니라 절차법적 측면에 더 큰 관심을 두었던 것이다. 둘째, 소송형식은 영국법의 개념 및 범주에 지대한 영향을 끼치게 된다. 1873년 법원조직법에 의하여 영장제도가 폐지되지만 그 후에도 이러한 개념은 법 전반에 걸쳐 작용하고 있다. 셋째, 영국에서는 사실상 사법(私法)이 소멸하는 결과로 되었다. 국왕법원이 발달하고 봉건법원이 사라지게 되자 보통법소송이 일반화되었는데, 이때 보통법소송은 국왕의 관리인 대법원장이 발부한 영장이 근거가 있는지를 심사하는 일종의 행정소송이라고 볼 수 있기 때문이다. 마지막으로 영국에서 로마법계수가 이루어지지 않게 되었다. 보통법은 엄격한 절차, 전통적인 틀을 고수함으로써 이질적인 로마법이 침투할 여지를 주지 않았다. 따라서 영국에는 로마법이 포괄적으로 계수되지 않았는데, 이것은 법학교육이 대학을 통해서가 아니라 실무를 통해서만 가능하도록 만드는 결과로 되었다.

(3) 衡平法의 成長

영장이 없으면 재판할 수 없다고 하는 것과 같은 보통법의 형식주의와 경직성은 다른 봉건법원들이 국왕법원과 병존하고 있을 때는 영장을 얻지 못해도 봉건법원으로부터 구제를 받을 수 있었으므로 큰 문제가 되지 않았다. 그러나 이들 봉건법원들이 사라지자 보통법은 위기를 맞게 된다. 경직된 형식주의가 변화하는 현실을 따라가기에는 역부족이었기 때문이다.

대법원장으로부터 영장을 발부받지 못하거나 보통법원에서 구제를 받지 못한 당사자는 14세기 말부터 점차 양심의 수호자이며 하나님의 사랑과 자비심을 가지고 있는 국왕에게 직접 '도덕과 양심'(morality and good conscience)에 따른 구제를 요청하게 되었다. 왕에 대한 직접청원은 대법원장을 통하여 이루어졌는데, 그는 국왕의 최측근 관리였고 보통법상의 영장의 발부자로서 법에 대해서도 소양이 있었으며, 무엇보다도 당시에는 고위 성직자로서 도덕과 양심에 따른 판단을 하기에 적임자였던 것이다.

물론 처음에는 국왕이 직접 보통법 사건이 아닌 이러한 사건들을 주재하였으나, 점차 대법원장이 독립적으로 이런 유형의 사건들을 취급하게 되었다. 이것이 형평법원(Court of Chancery, 대법관법원)으로 발전되었다. 이와 같이 형평법원은 국왕의 권위를 등에 업고 성장하였다. 형평법 재판은 서면주의, 비밀주의, 규문주의에 의하여 진행되었으므로 구두의 공개재판이자 배심재판인 보통법재판보다 국왕이 더 선호하였다.

형평법원은 처음에는 구체적 타당성과 양심에 따라 판단을 하였으나, 오랜 기간 재판이 반복됨으로써 일정한 원리와 규칙들이 정착되게 되었고, 이것이 형평법(equity)으로 되었다. 형평법원에 의하여 발달된 대표적 법원리로는 신탁계약을 인정하여 수탁자가 신탁계약에 따라 의무를 이행하도록 강제할 수 있게 하는 신탁(trust), 타인의 불법행위를 사전적으로 구제할 수 있는 유지명령(injunction), 직접 계약의 특정한 이행을 명령하는 특정이행(specific performance) 등이 있다.

그런데 이 중 유지명령은 보통법법원의 재판진행을 정지시키기도 하고, 보통법법원의 판결의 집행을 금지시키기도 하는 경우가 종종 있었다. 처음에는 형평법의 등장에 별 거부감이 없었던 보통법법원은 이러한 사태가 발생하자 정면으로 의회와 손을 잡고 국왕의 형평법원과 충돌하기에 이른다. 이에 1616년 당시 보통법판사였던 코크(Sir Edward Coke, 1552-1634)와 대법원장이었던 엘스미어(Lord Ellesmere, 1540-1617) 간의 유명한 논쟁이 벌어진다. 코크는 형평법의 금지명령으로 보통법사건에 개입하는 것은 대법관의 권한 밖이라고 주장하였고, 엘스미어는 도덕과 양심에 반하는 보통법 판결에 국왕의 권위로 개입하는 것은 정당하다고 맞섰다. 이 분쟁을 심판한 제임스 1세 국왕은 엘스미어의 손을 들어 형평법원의 우선권을 인정하였다. 그리고 이때부터 국왕의 고해신부로 임명되던 대법원장은 진정한 판사로서 법적 기준에 따라 속인이 임명되게 되었다.

이로써 보통법과 형평법의 충돌은 위기를 넘기고 양자는 이후 별 충돌 없이 조화롭게 영국법을 발달시켜 나가게 되었다. 영국법원은 이제 보통법원과 형평법원의 이중구조로 굳어졌으며 이는 1875년 사법개혁이 있기까지 유지되었다.

3. 司法制度

영국은 대학이 아니라 독특한 법률가 양성 조합(guild)을 가지고 있어서 여기서 법률가를 양성하고, 법관은 변호사들 중에서 선발하는 법조일원주의를 취하고 있다. 또 변호사가 법정변호사(barrister)와 사무변호사(solicitor)의 양 체제로 이원화되어 있다. 이외에 영국에서는 의회의 절대적 우위가 인정되어 있으나, 오히려 미국은 법원이 위헌법률심사권을 가지고 있어서 사법법원(司法法院) 중심주의 내지 사법우월주의에 입각한 의회의 입법에 대한 사법부의 통제가 이루어지고 있다.

(1) 영국의 법률가 양성제도

보통법에 의한 재판은 그 정형성으로 말미암아 법률가들을 필요로 했다는 점은 앞에서 본 바이나, 이에 따라 국왕법원이 있는 웨스트민스터(Westminster) 주위에 법률가들이 모여들었다. 물론 당시에도 법정에서 구두변론을 하는 법정변호사(advocate)와 당사자에게 조언하고 문서를 작성해주는 사무변호사(attorney)의 구별이 있었으나, 이들은 같은 길드에 속해 있었다. 이러한 길드를 법조학원(Inns of Court)이라 불렀는데 오늘날까지 남아있는 유명한 법조학원으로는 Lincoln's Inn, Gray's Inn, Inner Temple, Middle Temple 등이 있다. 여기서는 원로법조인(bencher)이 이들 학원의 대표를 맡아 신참자들을 교육하였다. 교육은 이론적, 체계적인 것이 아니라 경험적, 실무적인 것으로서 법정 견학, 모의재판, 원로변호사의 강의 등으로 이루어졌다. 이러한 교육을 이수하면 변호사로 초청되었다(call to the bar). 교육은 철저히 선후배 법률가들 사이의 접촉으로 이루어졌기 때문에, 국가는 변호사의 양성에 전혀 관여하지 않았다. 따라서 법률가들은 긴밀한 동료의식 아래 뭉쳐 있게 되었던 것이다.

그런데 헨리 3세 때부터 변호사 중에서 판사를 임명하게 되자, 변호사 중에서도 판사가 될 자격이 있는 소수 엘리트 변호사집단이 생기게 되었다. 이들을 상급변호사(serjeant-at-law, servientes ad legem)라고 하는데, 상급변호사로 임명되면 변호사는 원래 소속되어 있던 Inn을 떠나 이들로만 조직된 상급법조학원(Serjeants Inn)에 들어갔다. 판사와 이들 엘리트 변호사들의 관계는 매우 친밀해서 서로를 형제(brother)라 부르며, 때로 '법원의 친구'(amicus curiae)라는 이름으로 판사의 소송에 관한 자문에도 응하였다. 그러나 상급변호사제도는 1877년 폐지되었다.

한편 법정변호사(barrister)들은 스스로 당사자의 대변인이 아니라, 법정에서 변론을 하는 고상한 직무를 수행하는 독립적 변론인이라고 주장하면서 사무변호사와 자신들을 구별하기 시작하였다. 그들은 스스로 소송사무의 처리나 당사자의 면담, 보수청구 등을 부정하면서 자긍심을 높여갔고 마침내 사무변호사들을 법조학원에서 추방하였다. 법정변호사들의 조직은 법정변호사총평의회(General Council of the Bar, 약칭 Bar Council)라고 한다.

이렇게 되자 보통법 사무변호사(attorney)들과 새로 생겨난 형평법 사무변호사(solicitor)들은 1739년 '보통법 및 형평법원 실무가 협회'(Society of Gentlemen Practisers in the Court of Law and Equity)를 결성하였다. 이것이 후에 사무변호사단체인 법조협회(Law Society)의 전신이 되었다.

현대의 영국의 법률가 양성제도는 각 변호사단체가 결정한다. 이에 따라 과거와는 다소의 변화가 있는데, 먼저 법정변호사의 경우에는 대학의 법학과를 졸업한 후 로스쿨에 진학하여 1년간의 실무교육을 받아야 한다. 실무교육은 법정변호사 직업교육과정(Bar Vocational Course, BVC)이라고도 하는데, 그 신청 전에 위의 법조학원 중 어느 하나의 입회허가를 받아야 한다. 실무교육은 법조학원의 연합체가 시티대학교에 병합되어 운영하는 로스쿨(ICSL; Inns of Court School of Law/City University)을 비롯한 8개의 로스쿨에서 실시한다. 이후 다시 1년간 법정변호사의 사무실이나 정해진 실무수습기관(Pupillage Training Organization) 중 한 곳에서 실무수습을 받으면 법정변호사의 자격이 부여된다. 사무변호사의 경우에도 법학교육을 받은 자가 사무변호사단체에서 실시하는 1년간의 실무교육을 받고 시험에 합격한 후 다시 2년간 사무변호사 사무실에서 실무수습을 하여야 한다.

(2) 영국의 법원제도

산업혁명에 의하여 영국사회의 주도권을 행사하게 된 부르주아 계급은 구봉건귀족들의 반발에도 불구하고, 개혁을 주도해나갔다. 이후 영국은 제정법시대라고 할 수 있을 만큼 많은 개혁적 법률들이 제정되었다. 이는 이전까지의 판례법의 시대, 즉 보통법과 형평법 판례를 중심으로 법이 발달해 온 것과 좋은 대조를 이룬다.

이 시기에 법제사적으로 가장 중요한 개혁은 말할 것도 없이 1875년 발효된 법원조직법(Judicature Act, 정식 명칭은 Supreme Court of Judicature Act, 1873)이다. 당시의 법원조직은 말할 수 없이 복잡하고, 또 각 법원은 나름의 절차법을 가지고 있어서 당사자가 법적 구제를 받기가 극히 곤란했기 때문에, 수많은 법원들을 통폐합하여 고등법원(High court of Justice)과 항소법원(Court of

Appeal)의 단일한 상급법원(Supreme Court of Judicature) 아래 귀속되었다. 고등법원 아래에는 여왕좌부(Queen's Bench Division), 재무부(Exchequer Division) 및 민사소송부(Common Pleas Division)의 3개 부가 있었으나 이들은 곧 여왕좌부에 통합되고, 이와 함께 로마법적 색채를 강하게 띠고 있는 사건들을 모아 전담하는 유언·이혼·해사부(Probate, Divorce and Admiralty Division)가 만들어졌으나, 이도 1970년에 가사부(Family Division)로 개명되었다. 이 밖에 형평법부(Chancery Division)를 설치하여 형평법 관할사건을 다루게 하였다.

이러한 개혁의 결과 보통법과 형평법이 사실상 통합되는 성과를 가져왔다. 종전에는 손해배상과 금지명령을 동시에 얻고자 하면 보통법 법원과 형평법 법원에 동시에 소송을 제기하여 두 개의 재판을 받아야 했다. 그러나 이제 형평법 사건과 보통법 사건이 하나의 법원에 통합됨으로써 하나의 법원에 하나의 소송만 제기하면 충분하게 되었다. 관할문제는 사건을 타 부에 이송하면 해결되기 때문이다. 또한 여왕좌부에서도 형평상의 항변을 받아주게 되어 양 법체계 사이의 모순이 거의 해소되게 되었다. 특히 앞의 법원조직법은 보통법과 형평법이 충돌하면 형평법이 우선한다는 원칙을 정함으로써 양자 간의 모순을 해결하게 되었다.

이상과 같이 보통법과 형평법은 제도상으로 통합된다. 하지만 형평법부의 존속이 말해주듯이 적어도 학문이론적, 실무적으로는 형평법과 보통법의 구별이 완전히 사라진 것은 아니다. 법조인들의 의식 속에 여전히 남아있고, 대학에서 강좌도 별개로 개설된다.

한편 위의 개혁에 의하여 소송형식제도가 폐지되었는데, 이는 소송의 내용에 불구하고, 영장(writ)을 잘못 선택하였다는 이유만으로 패소하는 불합리를 제거하기 위한 것이었다. 이에 의하여 모든 소송은 하나의 동일한 소환장(writ of summons)에 의하여 개시되게 되었다.

2005년 헌법개혁법(Constitutional Reform Act 2005. 2009년 발효)에 의하여 영국의 사법제도에 또 하나의 변화가 일어났는데, 기존에 상원에 소속되어 있었던 대법원이 명실상부하게 이로부터 독립하였다. 따라서 대법관들은 상원으로부터 독립된 독자적인 지위를 가지게 되었다. 기존의 상원의장 겸 대법원장

(Lord Chancellor)이 대법원의 재판업무에서 물러나 상원의장 겸 법무부장관이 되고, 그 휘하에서 실질적으로 사법부의 수장 역할을 해온 형사 항소법원장 (Lord Chief Justice)이 대법원장이 되었다.

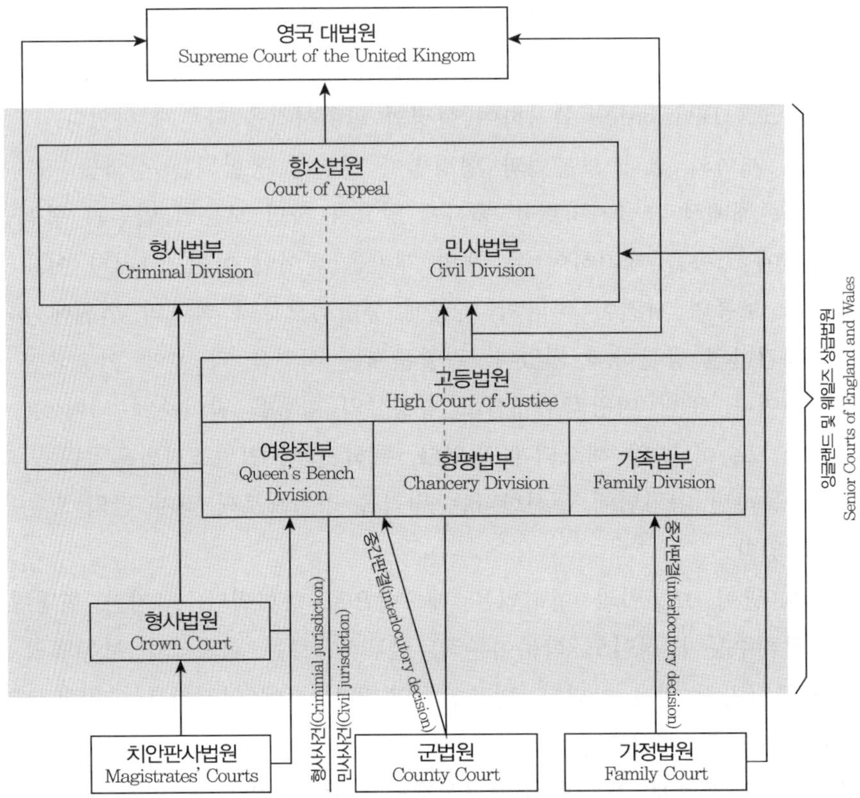

그림 12 **영국의 법원제도**

4. 미국의 법제도

(1) 미국 법제의 특징

미국은 영국과 같은 영미법계에 속하면서도 이와 구별되는 특징을 가지고 있다. 우선 미국은 영국으로부터의 독립과정에서 13개의 식민지가 연맹하여 성립된 국가로서 그로부터 유래한 주(state)와 연방정부라고 하는 2원적 체제를 가지고 있기 때문에 법제도 주법과 연방법의 구조를 가지고 있고, 법원도 각 주의 법원과 연방법원의 2원적 체제를 가지고 있다. 이러한 구조는 영국이 가지지 못한 성문 헌법(Constitution)에 규정되어 있는데, 이에 따라 영국보다 더 분명한 권력분립체계와 연방법의 주법에 대한 우위라는 모습을 가지게 되었다.

미국의 법제는 헌법과 의회가 제정한 연방법률을 기본으로 하고 있으나, 국방, 외교, 통화 등 일정 분야 이외의 영역은 주법에 의해 규율되는 것이 원칙이다. 이에 따라 민형사 등 전통적인 사법법제는 대부분 주법의 관장사항이다.

또한 헌법이나 법률 등 제정법이 규율하지 않는 부분은 광범위하게 불문법이 법원으로서 기능을 가지고 있음은 영미법계의 특징으로서 미국에서도 마찬가지이다. 관습법은 연방이나 주의 법원을 막론하고 중요한 법원이며, 이와 함께 상위 또는 동등한 법원의 선례는 판례법으로서 법관을 구속한다(선례 구속의 원칙; doctrine of stare decisis).

(2) 미국의 사법제도

미국이 국가조직을 유지하는 한 연방법원을 운영하는 것은 불가피한 것이었으나, 그 연방법원의 하위법원을 어떻게 조직할 것인가가 문제되었다. 많은 사람들은 연방의 하위법원이 주법의 관장부분을 박탈할 수 있을 것이라고 우려하였으나, 반대로 주에 서로 다른 법원을 설치하면 각주의 재판이 서로 달라진다는 주장도 팽팽하였다. 이러한 논쟁의 결과 1789년 사법령(Judiciary Act)에 의하여 연방법원은 하나의 대법원(Supreme Court)과 그 아래에 3개의 순회법원으로서의 항소법원(Court of Appeal)과 13개의 연방지방법원(District Court)을 설치하였다. 물론 현재에는 이보다 훨씬 많은 법원이 설치되어 있으나, 그 구조는 유지되고 있다. 연방대법원은 이들 하급법원으로부터의 상소사건과 함께 주법원이 재판한 연방사건의 상고사건에 대한 재판권을 가지고 있으며, 연방의회와 주의회가 제정한 법률이 연방헌법에 위반되는지를 조사할 권한을 가지고 있다. 연방법원의 법관은 대통령이 연방 상원의 비준을 얻어 임명한다.

각주의 법원제도는 일률적으로 말할 수 없다. 대개는 3-4단계의 법원구조를 가지고 있으나, 주에 따라 관할권이 중복하는 등 일정하지 않다. 한때 하버드대학교 로스쿨 교수인 로스코 파운드(Roscoe Pound, 1870-1964)를 중심으로 하여 법원체계를 통일하고자 하는 움직임이 없지 않았으나, 기존의 법률가들의 반대로 무산되었기 때문에 각 주가 서로 다른 법원제도를 가지고 있다고 해도 과언이 아니다. 이에 따라 판사로 되는 절차도 일정하지 않다.

미국에서 법률가가 되기 위해서는 대개 미국 연방 변호사회(American Bar Association; ABA)의 인가를 얻은 대학원 과정인 로스쿨을 졸업한 자로서 각 주가 부과하는 시험(bar exam)을 통과하여야 한다.

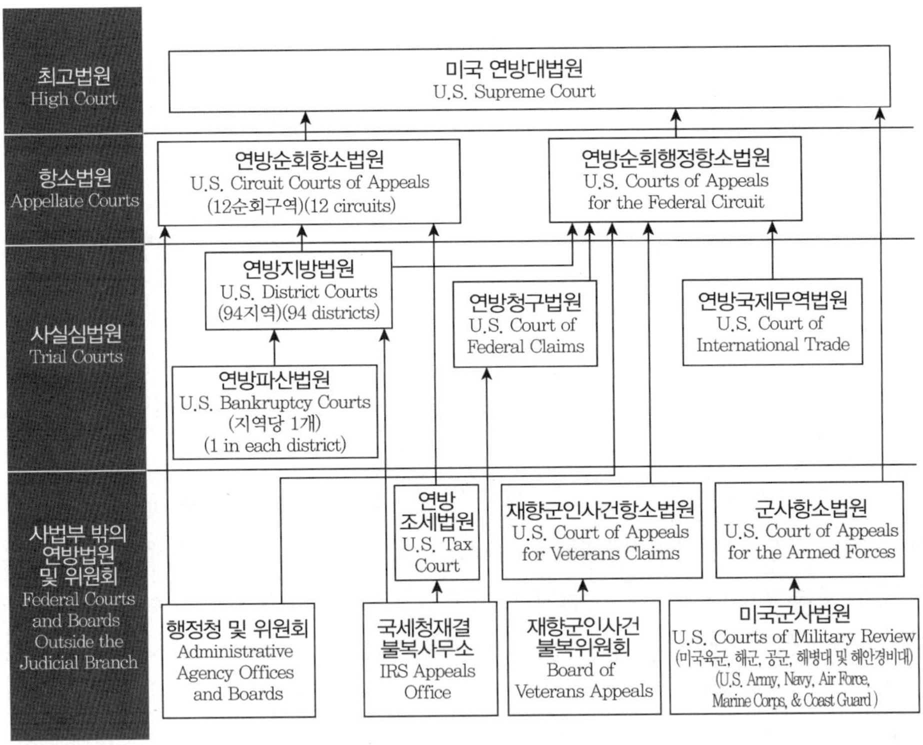

그림 13 **미국 연방법원체계**

제4절 우리 법제의 위치

우리나라는 일제 침략 이후로 우리의 전통법제를 상실하여 현재 우리 고유의 법체계라고 할 수 있는 것은 전혀 없다. 따라서 종래 우리 민족의 법은 현재 전혀 남아있지 않다. 때문에 현재까지 우리나라의 법제는 우리의 전통적 가치관과 유리되어 우리의 독자적인 법제를 수립하는 것이 민족적 과제로 되어 있다.

우리나라에 현재 시행되고 있는 것은 일본에 의해 강제 계수된 대륙법제가 주종을 이루고 있어서 법계로만 본다면 대륙법계 내지는 성문법계라고 하여야 한다. 그러나 해방 이후 미군정을 거치고, 미국과의 관계가 깊어지면서 영미법의 도입도 점차 많아지고 있는 경향이다. 헌법상의 대통령제와 같은 것은 굳이 영미법제라 하기에는 어려운 점도 있을 정도로 세계적인 제도이나, 행정법상 행정위원회 제도와 같은 것은 영미법제로서 대표적인 것이다. 형사법제에서도 선고유예, 가석방 제도를 비롯, 형사소송법상의 당사자주의·구속적부심사제도 등이 계수되어 있고, 사법 영역에 있어서는 신탁제도를 위시하여 부분적으로 도입이 되어 있다. 그러나 상사법 영역의 경우에는 훨씬 많은 부분이 도입되어 있는데, 대표적인 것으로는 주식회사법으로서 이사회, 수권자본제도 등이 있다. 사회법 영역에서도 그 내용적 측면에 있어서 영미법제의 영향이 큰 것은 주지의 사실이다. 이러한 점을 생각하면 이제 우리 법제를 순수한 의미에서 대륙법계라고 하기는 어렵게 되었다. 이와 같은 경향은 앞으로 더 심화될 것으로 생각된다.

이로 인해 우리나라에서는 대륙법계와 영미법계의 혼재로 인한 문제도 생기고 있는 실정이다.

07장 法의 目的

제1절 개별 법규의 목적

법의 목적을 말할 때에는 먼저 그것이 법 일반의 목적을 말하는 것인지, 아니면 개별법규의 목적을 말하는 것인지를 분명히 하지 않으면 안 된다. 통상 법의 목적이라 함은 법 일반의 목적을 가리키는 것이나, 이에 대해 살펴보기 전에 개별법규의 목적에 대해서 간략히 살핀다.

모든 개개의 법은 개별적으로 목적을 가지고 있다. 예컨대 법원조직법은 제1조에서 "이 법은 헌법에 따라 사법권을 행사하는 법원의 조직을 정함을 목적으로 한다."고 규정하고 있는데, 이와 같은 것이 바로 당해 법규가 가진 목적이다. 민법이나 헌법 등과 같이 그 법의 목적이 자명한 경우를 제외하고는 대부분 법 규정의 앞부분에서 목적을 밝히고 있다.

개별법규의 목적은 당해 법규범 제정의 이유를 밝히고 그 법의 운용에 대한 기준을 제시한다. 따라서 당해 법규를 해석하여 적용하는 데 기준이 되고, 개정의 한계가 된다. 그러나 목적규정도 개정할 수 있고, 당해 법규를 폐지할 수 있으므로 이도 절대적인 것이라고는 할 수 없다.

제 2 절 法의 目的

일반적으로 법의 목적이라 하면 개별적인 법규가 아니라 전체적인 법규범이 가지는 존재원리를 말한다. 이를 법의 이념(理念)이라고도 하는데, 법의 목적을 통하여 전체적인 법규범의 통일적인 정립이 가능하게 된다. 법을 제정할 때 일반적인 법의 목적에 따르지 않으면 그 법의 정당성을 인정하기 어렵게 되기 때문이다. 또한 법의 목적은 법의 가치판단의 기준이 되므로 법을 해석하고 집행하는 과정에 있어서도 중요한 작용을 하게 된다. 법이 그 이념을 벗어나게 되면 법으로서의 의미를 상실할 수도 있다.

법 일반에 공통된 목적은 학자에 따라 여러 가지를 들고 있으나, 오늘날은 라드브루흐의 '법이념 3요소설'(Trias der Rechtsidee)에 따라, 정의, 합목적성, 법적 안정성 등 세 가지로 풀어보는 것이 가장 일반적이다. 이들 세 가지의 목적에 관하여 라드브루흐는 다음과 같이 말하고 있다.

"법이란 그 의미상 법이념에 이바지하도록 규정되어 있는 것이다. 우리는 법이념을 정의 속에서 찾았다. …정의는 실로 우리에게 같은 것은 같게, 같지 않은 것은 같지 않게 다루도록 지시하나 그것들이 일단 먼저 같거나 같지 않은 것으로 지적하여 줄 관점에 대해서는 말하지 않는다. 나아가 정의는 취급의 관계로 규정하나 그 방법에 대해서는 규정하고 있지 않다. 이 두 문제는 오직 법의 목적으로부터 대답될 수 있다. 따라서 정의 이외에 법이념의 두 번째 구성부분으로 합목적성(Zweckmäßigkeit)이 등장한다. 그러나 목적과 합목적성의 문제는 일의적으로가 아니라 다만 …상대주의적으로 대답될 수 있다. 그러나 이러한 상대주의는 법철학의 최후의 말일 수 없다. 공동생활의 질서로서의 법은 개개인의 상이한 생각에 맡겨질 수는 없으며 모든 이 위에 있는 '하나'의 질서이지 않으면 안 된다. 이리하여 우리는 …세 번째의 법이념의 구성부분인 '법적 안정성'(Rechtssicherheit)에 이른다. 법의 안정성은 법의 실효성을 요청한다. 무엇이 정의로운가를 확인할 수 없다면 무엇이 법적이어야 하는가를 확정하지 않으면 안 된다"(라드브루흐, 최종고 역, 법철학, 109-110면).

라드브루흐는 정의의 내용을 구체적으로 규정하지 않는 아리스토텔레스 이래의 태도를 견지함으로써 궁극적으로 그 내용을 국가가 사안에 따라 정할 수 있는 것으로 정의하였다. 그는 결과적으로 법의 실질적 내용은 국가가 지향하는 목적에 따라 합목적적으로 규정되는 것이고, 국가의 목적은 여러 가지 선택적 대안들 가운데 상대주의적으로 결정된다고 하여, 정의를 다른 개념의 상위에 두지 않았다. 이러한 그의 상대주의적 태도는 국가가 제정한 실정법만을 법으로 보고 그 효력을 절대시함은 물론, 법이념에 있어서도 합목적성이나 법적 안정성을 정의보다 중요시하는 결과를 초래함으로써, 법의 내용이 자의적으로 결정되거나 정의의 추구가 자의적으로 배제될 수 있는 가능성을 열어주었다. 이는 이후 나치의 합법적 독재의 근원이 되었으므로, 그는 제2차 세계대전 이후 정의를 다른 두 가지보다 우월한 것으로 규정하여 자연법적 사상을 옹호하는 방향으로 입장을 바꾸었다.

이들 목적은 이와 같이 정의를 기본으로 하여 합목적성과 법적 안정성이 보완하는 것으로 되어 있으나, 이들은 상호간 보완적일 수도 있고, 충돌하는 것도 있지만 서로 조화를 이루도록 하지 않으면 안 된다.

1. 正義(法的 正當性)

전통적으로 법은 정의를 추구한다고 한다. 자연법론자들에 의하면 정의롭지 못한 법은 정당성을 상실한 법이고 이를 법이라 할 수 없다고 한다. 그러나 법실증주의자들은 이러한 정의개념을 부정한다. 그들에 의하면 실정법에 수범자인 국민이 정당성 여부를 논할 수 없고, 따라서 모든 법은 모두 정당하다고 하기 때문이다.

일찍이 그리스에서 올바른 것을 의미하는 δικαιον(dikaion)이 법과 정의를 동시에 의미하고 있었던 것이나, 로마에서 법(*jus*)은 정의(*justitia*)로부터 유래하는 것이라는 설명을 보면, 법과 정의는 서로 뗄 수 없는 관계라고 할 수 있다. 로마에서는 "법은 정의의 규범이며, 정의의 규범에 위반하는 것은 모두 해악이다."(*Jus est norma recti; et quicquid est contra norman recti est injuria.*)라고 하였으며, 심지어 "하늘이 무너져도 정의를 행하라."(*Fiat justitia, ruat coelum.*) 고 하였다. 이러한 전통은 오늘에까지 이어져서 모든 국가가 헌법에서 정의를 표방하고 있다. 물론 이는 국가의 존립근거 확보라는 차원에서 이해될 수 있으나, 오늘날 국가와 법의 밀접성을 생각할 때 결국 국가는 법적 정의를 추구하지 않으면 안 된다는 의미로 받아들일 수 있을 것이다.

(1) 고대의 정의론

그러면 정의란 무엇일까? 이에 대해 한마디로 무어라 말할 수는 없다. 수많은 법철학자가 정의에 대해 연구하고 자신의 소견을 발표하였으나 아직 논의를 종결할 수 있는 정확한 개념이 정의되었다고 할 수 있는 상태는 아니다.

프로타고라스(Protagoras, ca. 482 B.C.)를 비롯한 소피스트(sophist)들은 사람을 만물의 척도라고 하면서, 객관적 가치척도를 부정하고 주관적 상대주의를 주장하였으나, 소크라테스(Socrates, 469-399 B.C.)는 법과 정의를 같은 것으로 보고 이들은 개인적 이해관계가 아니라 사람의 본성에서 나오는 것이라고 하여, 정의의 기준을 객관적인 것으로 환원하였다. 그중에서 초기의 것으로 비교적 많은 영향을 미친 것이 플라톤(Platon, 427-347 B.C.)의 개념정의인데, 그는 정의를 사람의 이성에서 찾으려고 하였다. 그는 덕(德)을 지혜·용기·절제·정의의 네 부분으로 나누고, 여기서 철인통치자(哲人統治者)가 다스리는 국가에서 본분을 지키는 것을 정의라고 하고 있다. 그는 "각자에게 그의 것을 주라."(*suum cuique tribuere;* render to each his due.)는 말로 그의 정의론을 세웠는데, 이는 로마시대의 울피아누스에 이르기까지 영향을 미쳤다.

플라톤의 제자인 아리스토텔레스(Aristoteles, 384-322 B.C.)는 정의를 윤리학의 견지에서 사람이 이행하여야 할 최고의 덕이라고 하면서, 정의는 단순한 개인의 도덕이 아니라 타인과의 관계에서 실현하여야 할 사회적 도덕이라고 하였다. 그는 정의를 일반적 정의와 특수적 정의로 나누어, 전자를 국민의 국가에 대한 충성이라고 하고, 특수적 정의는 평등이라고 하였다. 평등은 다시 평균적 정의(*justitia commutativa,* commutative justice)와 배분적 정의(*justitia distributiva,* distributive justice)로 구별되는데, 그에 의하면 평등실현의 바람직한 모습은 배분적 평등이라고 하였다. 역시 그의 이론은 스승인 플라톤으로부터 영향을 받았음을 알 수 있다.

- Aristoteles의 정의
  - 일반적 정의: 국민의 국가에 대한 충성, 헌신, 준법
  - 특수적 정의(평등)
    - 평균적 정의: 기계적 평등
    - 배분적 정의: 합리적 차별

여기서 평균적 정의는 절대적 평등을 의미하는 것으로서, 기득권의 존중, 권리침해의 금지 등으로 나타나며, 일반적으로 사법(私法)상의 정의로 나타난다. 이에 비하여 배분적 정의는 비례적 평등을 의미하는 것으로서 '평등한 것은 평등하게, 불평등한 것은 불평등하게'(like for like, unlike for unlike) 하는 것이므로 공법(公法)상의 정의로 나타난다. 아리스토텔레스의 정의론은 개인주의와 단체주의의 양측면을 다 고려하고 조화를 꾀한 것으로서 후세의 정의론에 결정적 영향을 미쳤다.

울피아누스(Ulpianus, 170-228)는 정의를 '각자에게 그의 것을 돌리려는 항구적 의지'(*Justitia est constans et perpetua voluntas jus suum cuique tribuendi*) 라고 하였다. 이러한 정의는 다분히 방법적인 것이다.

(2) 중세의 정의론

중세에는 정의를 신학적으로 해석하고 있는데, 교부철학의 대표자인 아우구스티누스(Augustinus, 354-430)는 교회의 아래에 있는 국가의 인간생활 질서를 유지하기 위한 의의만을 인정하면서, 정의를 유일한 신을 신봉하는 것으로서 사랑과 같은 것으로 보았다. 한편 토마스 아퀴나스(Thomas Aquinas, 1224-1274)는 아리스토텔레스의 철학을 기독교적으로 해석하여 지혜·용기·절제·정의의 4대 덕목 중, 정의를 일반적 정의와 특수적 정의로 구별하였는데, 일반적 정의는 지상의 모든 덕목을 포괄하나, 특수적 정의는 배분적 정의와 특수적 정의로 나뉜다고 하였다.

(3) 근대 이후의 정의론

근세의 정의론은 기독교로부터 자유로워진 인간중심주의적 정의론이라고 할 수 있다. 그중 몇몇의 견해를 살펴본다면 먼저 홉스(Thomas Hobbes, 1588-1679)는 정의와 부정의를 구별하는 기준은 국가권력의 결정에 있다고 보았으며, 흄(David Hume, 1711-1776)은 정의의 본질이 전적으로 사회에 대한 효용에 있다고 하였다.

라이프니츠(Gottfried Wilherm von Leibniz, 1646-1716)는 사람의 의지가 아니라 신의 정의가 법의 기초가 된다고 보았다. 그는 법의 목적은 사람의 완성에 있고 자연법의 원리는 인간사회의 완성에 있다고 하였다. 그에 의하면 자연법의 목적은 결국 그것을 준수하는 사람들의 善을 실현하기 위한 것이라고 하며, 그 내용은 모든 도덕적 행위라고 한다. 그에게 있어 정의는 현자의 자비 내지 사랑을 의미하는 것이다. 그가 말하는 자연법이란 인간이성의 도덕규칙으로서 키케로(Cicero)를 따라 ① 엄격법의 단계로서 “타인을 해치지 말라.”(*neminem laedere*)라는 근본원칙의 광정적(匡正的) 정의, ② 형평의 단계로서 “각자에게 그의 몫을 주라.”(*suum cuique tribuere*)는 근본원칙의 배분적 정의, ③ 경건과 성실의 단계로 “성실하게 살아라.”(*honeste vivere*)는 근본원칙의 보편적 정의의 3단계로 나누어 설명하고 있다. 그는 보편적 정의야말로 가장 완전한 나라의 완전한 시민이 되는 길이며, 모든 사람의 공통된 법이 실현되는 보편국가에 도달하는 길이라 한다.

켈젠(Hans Kelsen, 1881-1973)은 법실증주의자로서 정의의 상대성을 강조한다. 그는 전통적으로 내려오는 정의의 여러 가지 형식들을 비판하고, 상대주의적 관점에서 입각하여 정의가 절대적으로 무엇인가를 말하는 것은 불가능하다고 주장한다. 그는 “정의에 대하여 자신의 견해만이 정당하고 절대적으로 타당하다고 하는 것은 자신의 감정적 행위를 합리적으로 정당화하려는 요구가 너무나 절실해서 생기는 자기기만이다.”라고 하면서, 절대적 정의론을 주장하는 것은 공허한 도식이라고 한다. 그리하여 그는 ‘나에게 있어서의 정의’만 얘기할 수 있다고 하면서, 그것은 자유의 정의, 평화의 정의, 민주주의, 즉 관용의 정의라 한다.

한편 코잉(Helmut Coing, 1912-2000)은 적극적으로 새로운 자연법의 사상을 내세웠다. 그는 법이념의 핵심을 이루고 있는 것으로서, 정의, 사람의 인격적 존엄성, 그리고 신뢰·신의·신용·성실성 등의 요소를 꼽고, 이 중에서 가장 중요한 것이 정의라고 하였다. 그리고 앞의 라이프니츠의 정의의 3단계를 따르고 있다. 그는 생활관계에 대한 피어칸트(Alfred Vierkandt, 1867-1953)의 분류에 따라 정의를 평균적 정의, 배분적 정의 및 보호적 정의(justitia protectiva) 등으로 분류하고 있다. 앞의 두 가지는 아리스토텔레스의 정의와 대동소이하나, 보호적 정의는 권력적 지배관계를 바탕으로 하는 사회에 있어서 "사람에 대한 사람의 모든 실력은 제한하지 않으면 안 된다."는 요청에 따라 이루어지는 실력의 제한을 의미한다.

이외에도 정의에 관한 논의는 다양하게 행해지고 있으나, 그중 공리주의 학자인 벤담(Jeremy Bentham, 1748-1832)의 견해에 의하면 법의 일반적 목적은 "최대다수의 최대 행복"(the greatest happiness of the greatest number)이라고 하여 이를 정의라 하고 있다. 그러나 이에 따르더라도 모든 사람을 항상 만족시킬 수 있는 방법은 없으므로 정의는 시대와 장소에 따라 변화하는 상대적인 개념으로 보지 않을 수 없다는 결론으로 된다. 또한 정의라는 것은 추상적 개념으로서 실질적 내용을 정의할 수 없다는 점이 문제로 된다고 할 것이나, 민주주의 국가에서는 다수결의 원리에 따라 다수의 이익이 되는 것이 곧 정의로 된다고 하여도 무방하지 않을까 생각한다.

2. 合目的性

합목적성이란 법이 스스로의 개별적 목적을 달성하기 위하여 사람들에게 시행하는 방법이 궁극적으로 정의 실현을 위한 것이어야 한다는 것을 말한다. 다시 말하면 법이 추구하는 정의라는 목적을 어떠한 방법으로 실현할 것인가를 말하는 것이다. 따라서 합목적성이란 목적을 달성하기 위한 방법론이라 할 수 있을 것이다.

정의의 개념을 인정하는 자연법론은 정의개념의 절대성을 주장한다. 이에 의하면 모든 법의 내용은 정의에 합치하지 않으면 안 된다. 이러한 입장은 동서고금을 막론하고 유지되고 있다.

그러나 합목적성이라는 개념을 최초로 인정한 라드브루흐(Radbruch)는 정의는 절대적으로 인식될 수 있는 것이 아니라고 하면서, 시대적 상황에 따른 가치관에 의해 결정된다고 하였다. 이러한 라드브루흐의 합목적성은 국가질서를 지배하는 기본적 목적이자 법이 실현해야 하는 가치기준으로서 그 세계관에 따라 다음과 같은 세 가지의 목적을 생각할 수 있다고 하였다. 첫째는 자유(自由)의 이념인데, 이는 개인의 자유를 최고로 인정하는 이념으로서 개인주의적 사상이다. 이는 개인 지향적이며, 모든 개인의 발전을 균등히 추구하므로 평균적 정의를 추구하게 된다. 둘째는 국가(國家)의 이념인데, 이는 국가의 존립과 번영을 중시하는 초개인주의 내지 단체주의적 사상이다. 이는 단체 지향적이며, 국가 안에서 각 개인의 합리적 발전을 추구하므로 필연적으로 배분적 정의를 추구하게 된다. 마지막으로는 문화(文化)의 이념으로서 공동사회의 목적을 예술과 학문의 발전에 두는 문화업적주의 또는 초인격주의인데, 이는 인격가치나 단체가치는 작품가치에 봉사하고 국가나 법은 문화에 봉사하는 것으로 규정되는 것이다. 일설에 의하면 카톨릭은 이러한 바탕을 가지고 있다고 한다.

이 외에도 자유주의나, 공리주의, 사회주의, 전체주의, 복지국가주의, 민주주의 등 다양한 이념을 생각할 수 있으나, 여기서 이러한 이념을 어떻게 인정하고 추구할 것인가의 문제에 대해 생각해 볼 필요가 있다. 이러한 관점에서 절대주의와 상대주의의 구별을 생각해볼 수 있는데, 절대주의는 자신의 가치관에 대해 절대적 가치를 부여하고 오로지 그를 추구하는 것만 가치 있는 것으로 여기는 것이다. 이에 비하여 상대주의는 사회 내에서의 다양성을 토대로 하여 각각의 가치관 사이의 공존을 모색한다. 현대 사회에 있어서 가장 일반적이고 바람직한 것은 자유민주주의적 가치관이라고 하지 않으면 안 될 것이다. 이는 절대주의를 배격하고 상대주의에 입각하여 "나의 것이 소중하므로 너의 것도 소중하다."라는 기치 아래 사회와 개인의 공동 발전을 추구한다. 민주주의 사회에서 다수결의 원칙이 인정될 수 있는 것도 상대주의에 입각해 있는 결과이다.

이러한 바탕 위에서 우리는 합목적성이 정의 실현을 위하여 최선의 노력을 다하는 것이라고 생각하여야 할 것이며, 공공복리도 이에 속한다고 할 것이다. 결국 이러한 것을 달성하기 위해 국민주권, 권력분립, 사법심사 등의 도구를 갖추고 있는 것이다.

3. 法的 安定性

법적 안정성이란 합목적성을 달성하기 위하여 제정된 법이 현실적으로 수범자들에게 준수되고 있는 상태를 의미한다. 그 가장 바람직한 상황은 곧 법이 모든 사람에게 공평하게 적용되고, 급변하지 않음으로써 질서 있는 법 생활이 유지되는 상태로 되는 것이다.

일찍이 괴테(Johann Wolfgang von Goethe, 1749-1832)가 "부정의(不正義)한 법도 무질서보다는 낫다."고 한 것은 바로 이러한 의미이다. 그 전에 소크라테스(Socrates, 469-399 B.C.E.)가 "악법도 법이다."라고 하면서 독배를 마신 것은 법실증주의자로서 법의 효력을 부정할 수 없다고 한 것이라 할 수도 있으나, 한편 법적 안정성을 강조한 것이라 해도 무방한 것이다. 법이 없는 상태의 혼란을 생각해보면 법적 안정성이 얼마나 중요한 것인지 알 수 있다.

우리 법제에 규정되어 있는 취득시효, 소멸시효, 공소시효, 제척기간 등의 각종의 시효제도는 법과 일치하지 않은 상태를 법적인 상태로 전환함으로써 법의 현실적 안정을 추구하려는 것이다. 이만큼 법적 안정성은 중요한 개념이다.

법적 안정성을 갖추기 위해서 법은 다음과 같은 요건을 갖추어야 한다. 우선 ① 법이 명확하여야 한다. 국민이 잘 알지 못하는 어려운 법은 국민이 지키려고 해도 지킬 수 없다. 법규정은 누구나 잘 알 수 있도록 쉽게 규정되어야 하며, 모호한 문장으로 국민들이 잘 알 수 없게 해서도 안 된다. 다음 ② 법이 현실적으로 운용되어야 한다. 법이 불가능한 것을 요구해서는 안 되고, 또 현실적으로 시행되어야 한다. 국민에게 불가능한 것을 요구하면 그 법을 지킬 수 없게 되므로 결국 전 국민을 처벌하지 못하는 한 법은 스스로 소멸의 길을 걷게 되는 것이며, 현실적으로 운용되지 못하는 사문화된 법은 법이라 할 수 없다. ③ 조령모개(朝令暮改) 식의 변경은 법적 안정성을 저해한다. 너무 자주 바뀌는 법은 국민이 현재의 법 내용을 알 수 없게 하고, 또 현행법이라고 해도 곧 개정될 것으로 생각하므로 국민들에 의하여 존중되지 않는다. 마지막으로 ④ 법은 국민의 법의식과 일치하여야 한다. 국민이 금기시하는 것을 하게 하고, 국민이 해야 한다고 믿는 것을 금지하는 법은 국민의 저항을 받아 오래 가지 못할 것이다.

무엇이 정의인가

테리 시아보(Terri Schiavo) 사건
-소극적 안락사 문제-

지금 미국에서는 15년째 식물인간 상태에 있는 테리 시아보(41세 여성)의 영양 공급 튜브 제거를 명령한 법원의 결정을 다시 뒤집으려는 부모의 청원을 둘러싸고 소극적 안락사에 대한 논쟁이 뜨겁다. 이 사건은 불치병 환자에 대한 자살할 권리의 차원에서 논의되는 적극적 의미의 안락사와 달리, 식물인간 상태의 환자에게 원하지 않은 의료 치료를 거부할 권리로서 논의되는 소극적 의미의 안락사의 문제이다.

미국 연방대법원은 적극적 의미의 안락사인 '자살할 권리 또는 죽을 권리'는 인정하지 않지만, 식물인간 상태의 환자에게 원하지 않은 의료 치료를 거부할 권리로서 '소극적 의미의 안락사'는 인정하고 있다. 1983년 낸시 크루잔이라는 여성이 뇌 손상으로 식물인간 상태에 빠지자 그 부모가 생명 유지 인공관의 제거 명령을 법원에 요청한 사건에서, 연방대법원은 최초로 소극적 의미의 안락사를 허용했다.

연방대법원의 판결에 따르면, 의식이 있고 정상적 판단 능력이 있는 성인 환자는 스스로 의학적 치료를 거부할 권리가 있지만, 완전한 혼수상태에 있는 환자는 그러한 능력이 없기 때문에 반드시 환자가 정상 상태에 있었을 때 미리 이런 혼수상태가 될 경우를 대비해 자신의 의사를 밝혀 놓은 증거가 있어야 한다. 그 증거가 있을 경우에도 플러그를 뽑기까지 '회복 불가능한 식물인간 상태'라는 의사들의 판정이 있어야 하고, 보호자의 신청에 의한 법원의 결정에 따라 인공관을 제거하도록 하였다.

그러나 현실적으로 '회복 불가능한 식물인간 상태'의 판정을 둘러싸고 항상 배우자와 부모 등 가족 간에 충돌되는 문제가 일어난다. 테리 시아보 사건은 인공관 제거를 원하는 남편의 이익과 이를 반대하는 부모의 이익이 극도로 충돌한 사건이며, 법원의 명령에 의회와 주지사, 대통령까지 개입함으로써 안락사 문제는 더욱 복잡하게 전개되고 있다.

1990년 20대 신혼인 테리 시아보는 넘어지면서 혈액 공급 중단으로 뇌손상을 입고 혼수상태에 빠졌는데 10년이 지나도록 회복이 되지 않자 2000년 시아보의 남편은 플로리다주 법원에 시아보의 영양 공급 튜브 제거를 명령해 줄 것을 신청하였다. 주 법원은 남편의 신청을 받아들여 시아보의 영양 공급 튜브를 제거하도록 명령하여 2001년 4월 24일 튜브가 제거되었으나, 시아보 부모의 신청에 의해 이틀 만에 다른 판사의 명령에 의해 다시 튜브가 재삽입되었다. 2002년 플로리다 주항소법원의 심리에서 법원과 남편측이 선임한 의사는 시아보의 상태를 '회복 불가능한 영구 식물인간 상태'라고 증언하였지만, 시아보 부모가 선임한 의사 2명은 '회복 가능하다'고 증언하였다.

튜브 제거를 지지한 항소심 결정 후 시아보의 튜브는 다시 2003년 10월 5일 제거되었는데, 이번에는 6일 만에 플로리다주 의회가 "Terri's Law"를 통과시켜, 플로리다 주지사에게 판사의 명령을 정지시키고 시아보의 영양 공급 튜브 재삽입 명령을 할 권한을 수여하였고, 이에 주지사의 명령에 따라 시아보의 영양 공급 튜브는 재삽입되었다.

2004년 플로리다주 대법원은 "Terri's law"가 위헌이라고 판결했고, 연방대법원 또한 위헌으로 인정했다. 이에 다시 플로리다 주 지방법원 판사는 시아보의 튜브를 2005년 3월 18일자로 제거할 것을 명령하였으며, 시아보의 부모가 항소하였으나 항소심에서도 기각되었다. 튜브 제거일인 2005년 3월 18일 연방하원이 이 문제에 관한 청문회를 개최하고 연방대법원에 긴급상고를 하여 튜브 제거를 막아달라고 요청했지만 기각 당하자, 2005년 3월 21일 연방하원과 상원은 이 사건에 대해 연방지방법원의 판사가 재심리할 관할권을 부여한 법을 통과시켰고 대통령이 서명하였다.

이로써 이 사건은 다시 연방지방법원 판사가 재심리하게 되었지만 2005년 3월 22일 연방지방법원판사는 시아보의 영양 공급 튜브를 재삽입해 달라는 부모의 요청을 기각하였다. 이에 대해 항소, 상고가 제기되었지만 조지아 주 애틀란타에 소재한 연방 제11순회 항소법원에 이어 미국 연방대법원은 재심리를 거부하였다. 그러자 시아보 부모는 다시 연방지방법원에 딸의 영양 공급 튜브 재삽입 긴급 명령을 요청하였으나 기각되었고, 2005년 3월 30일 연방 제11순회항소법원에 이어 연방대법원에서도 긴급 명령을 받아들이지 않음으로써, 법적으로 가능했던 모든 절차가 종료되었다.

시아보는 2005년 3월 18일 영양공급 튜브가 제거된 지 13일 만인 31일 오전에 숨을 거두었다.

배금자 변호사(대한변협신문 130호 · 2005. 4. 4자 5면)

08장 法　學

제1절　法學의 基本槪念

1. 法學의 의의

법학(Jurisprudence; Rechtswissenschaft)은 법적 현상을 대상으로 연구하는 학문분야이다. 이는 법이라는 규범에 대한 연구를 통하여 사람의 전반적인 생활을 두루 대상으로 하는 것이므로, 문화과학, 사회과학, 정신과학의 한 분야이며, 종합과학의 성격을 가지고 있다. 법학은 그리스에서 태동하여 로마에서 정립된 것으로 적어도 2000년 이상의 긴 역사를 가지고 있다. 뿐만 아니라, 10세기경 대학이 처음 설립되어 강좌가 개설된 분야도 법학을 비롯하여 의학, 신학의 3분야였다. 이렇게 법학은 오랜 역사를 가지고 있으며, 기본적 학문으로서 발전되어 왔다. 법학의 연구는 고대 로마 이래 19세기까지는 법해석학이 주류를 이루었으나, 그 이후부터 분야가 다양화되었다.

2. 法學의 學問性

그러나 학문으로서의 법학, 즉 법학의 학문성에 대해서는 많은 비판이 존재하였다. 쉴러(Schiller)의 '빵을 위한 학문'(Brotwissenschaft)이라는 비판이나,

그림 14 Savigny

"유스티니아누스는 명예를 준다."(Da Justinianus Honores.)는 조롱은 일반적인 것에 불과하다. 키르히만(Kirchmann: 검사, 문필가 1802-1884)은 그의 저서 '학문으로서의 법학의 무가치성'(Über die Wertlosigkeit der Jurisprudenz als Wissenschaft, 1847)에서 "입법자가 세 마디만 수정하면 도서관의 모든 법서는 휴지가 된다."고 하였고, 하이네(Heinrich Heine, 1797-1856)는 법학을 '압제적 학문'이라 하고, 로마법을 '악마의 성서'로, 사비니(Friedrich Karl von Savigny, 1779-1861)를 '뺀질하게 세련된 판덱텐 음유시인'으로 매도한 것들이 바로 그 예이다. 이미 그 전에 파스칼(Blaise Pascal, 1623-1662)은 "풍토의 변천에 의하여 성질이 변하지 않는 정의도 부정의도 없다. 극에서 3도만 떠나면 모든 법학이 무너진다. 한 줄의 자오선이 진리를 결정하고, 몇 년의 세월이 소유를 결정한다. 근본법규는 변한다. 법은 그 시대를 가진다. 강과 산맥이 경계를 짓는 정의! 피레네 이쪽에서의 진리가 저쪽에서는 오류이다."라고 설파한 적이 있다. 한마디로 법학은 보편성이 없는 우연적·가변적인 대상을 탐구하는 분야로서 과학성을 가지고 있지 않다는 뜻이다.

그러나 이는 오히려 법학의 실용적 성격을 강조한 것으로 볼 수 있을 것이다. 그리고 법학서는 현행법을 중시하나, 그 철학적, 사회적, 역사적 성격도 중시하지 않으면 안 되므로, 법 개정에도 불구하고 기존의 법서가 가지는 의미는 퇴색되는 것이 아니라, 중요한 법사적(法史的) 자료로서 의미를 가지게 되고, 이를 토대로 법학연구는 지속될 수 있는 것이다. 법학의 실천성이라는 점은 법학의 특징의 하나로서, 법학이 그 연구성과를 사회에서 직접 이용하는 것이므로 이를 비난할 수는 없는 것이다. 오히려 이러한 실용성은 그 학문적 실용성을 특히 강조하는 것이 될 수도 있을 것이며, 특히 사유 그 자체에서 끝나는 것이 아니라, 현실적으로 이용할 수 있는 학문이라는 점은 법학의 장점 내지 특징의 하나로 받아들일 수 있을 것이다. 특히 영미법계의 경우에는 이러한 성격이 더욱 두드러지고 있는데, 영국이나 미국의 경우 법률가와 법학자들을 특별히 구별할 수 없는 것은 그러한 이유이다. 그러나 대륙법계 국가의 경우, 법학자들과 법률가들은 서로 다른 요건을 갖추지 않으면 안 된다. 그러나 대륙법계의 법학도 역시 실천성을 강하게 가지고 있음은 부인할 수 없다.

한편 법학을 전체적으로 볼 때에는 켈젠과 같이 법의 규범성만을 강조한다거나, 개념법학이라고 할 만큼 법해석학에 치우쳐 있었던 과거에는 이러한 비판이 어느 정도 타당할 수도 있을지 모르겠다. 그렇지만, 현재의 법과학은 법전에만 얽매이지 않고 사회적 사실 또는 현상으로서의 법을 탐구현상으로 삼고 있는 법사회학 등을 포괄하는 학문분야이므로, 더 이상 학문성 문제를 가지고 왈가왈부할 수는 없게 되었다.

3. 法學의 任務

일반적 학문으로서의 법학의 임무는 진리의 탐구에 있다고 할 것이지만, 법학의 경우에는 직접 현행법과 관련하여 국민의 생활에 영향이 미치므로 그에 따른 특수한 사항을 살펴볼 필요가 있다. 법학은 또 실천학문, 실용학문으로서의 성격을 강하게 가지고 있으므로, 이러한 점도 고려할 때 법학이 가져야 할 임무는 다음과 같이 생각해볼 수 있을 것이다.

(1) 현행법의 운용에 대한 기준제시 및 비판

법학은 현행법에 대한 학문적 연구를 통하여 국가기관의 현행법 해석에 대한 기준을 제시하고, 잘못된 점을 지적함으로써 국민이 법상 보장되어 있는 지위를 충분히 누릴 수 있도록 한다. 법학의 기반은 무엇보다도 현행법일 수밖에 없다. 현행법의 진의를 잘 살피는 것은 제일차적으로 법학이 추구하여야 할 임무이다. 특히 국민이 주권자인 자유민주국가에 있어서 실제 국민은 피지배자의 지위에 설 수밖에 없으므로, 국가나 공무원에 의해 법이 남용될 가능성은 언제나 존재한다. 법이 잘못 집행될 때 이를 지적하고 시정을 촉구함으로써 법적 정의가 실현되도록 하는 것은 법학의 제1의 임무이다.

(2) 현행법에 대한 비판적 탐구

법학은 현행법제에 대하여 이를 비판적으로 검토함으로써, 장차 그 법이 더 나은 방향으로 개정되기 위한 방향을 제시한다. 이는 입법정책의 기준과 관련이 있다. 정부에서 법을 집행할 때는 그 법에 대해 가장 합리적인 결과를 추구하는 것이 보통이다. 물론 그러한 기준도 법학이 제시할 수밖에 없다. 그러나 그 법에 잘못된 점이 있다면 그때는 물론, 설사 잘못이 있는 것은 아니라 하더라도 이 법을 더욱 발전시키기 위하여 더 나은 법으로 되기 위한 방향을 제시하여야 한다.

(3) 입법정책의 기준제시

법학은 법의 근본원리를 탐구하여 철학적 입장에서 국가이념에 합치하는 법제정을 위한 기준을 제시한다. 대륙법계에 있어서의 학자법성(學者法性)과 관련하는데, 이러한 입법기준이 미리 제시되지 않으면 안 되므로 법의 학문적 탐구가 필요하게 되는 것이다. 합리적 근거가 있는 연구결과는 입법에 반영되어 법의 발전에 기여하게 된다.

(4) 법에 대한 국민의 의식개선

법학은 사람들이 준법, 즉 법을 지키는 것이 자기 자신에게 유리하다는 점을 인식시켜 법의 지위를 강화하고, 그에 의하여 국민이 적극적으로 법에 의한 보호를 받을 수 있도록 한다. 법학은 바른 법이 무엇인가를 추구하는 것이므로 이러한 것은 입법자, 법의 집행자뿐만 아니라 법의 수범자인 국민들에게도 중요하다.

제2절 法學의 理念과 系譜

1. 法學의 理念

법학의 이념은 법학의 최고 가치를 어디에 두는가의 문제이다. 이는 이미 앞에서 법의 목적과 관련하여 살펴본 바이다. 그러나 이러한 이념은 법학에 대한 관점에 따라 차이가 있고, 시대상황 및 가치관에 차이가 있게 된다. 다음에서 보는 학문적 구별은 그 가치관에 따른 구별이라 할 수 있을 것이다. 이에 따라 법학의 내용과 방법이 천차만별로 달라지게 된다.

2. 로마法學

법학의 기원을 살펴보면 본래 원시부족사회의 법에는 학문성이 없었다고 한다. 그리스의 경우, 정의에 대한 철학적 사유를 통하여 법학에 영향을 미쳤으나, 순수한 의미에서 법학이라고 하기는 어려운 점이 있었다. 아테네의 드라콘(Drakon)이나 솔론(Solon)의 입법은 그리스 법학의 도움을 받았는지는 알 수 없고, 또 법학자료로 현재 전해져 오는 것도 없다. 또 중국의 법가(法家)의 사상은 법사상이지, 법학이라고는 할 수 없다. 게르만 사회에는 법률가가 아닌 소인(素人)이 재판하였는데, 이러한 전통은 법에 대한 학문적 탐구를 필요로 하지 아니하였다.

로마의 법학(*iuris prudentia, iurisprudentia*)은 초기 공화정시대 폼피아누스(Pompianus), 가이우스(Gaius), 파포니아누스(Paponianus, ca. 140-213), 울피아누스(Ulpianus) 등의 학자에 의해 발전하였다. 이 시기를 법학융성시대라고 한다. 로마의 법학은 당시의 풍조에 따라 실천적 법학으로서 실행을 위한 지식, 구체적 사례에 가장 알맞은 해결책을 제시하는 것을 임무로 하였다. 당시에는 사회상황을 통찰하여 경험적으로 이에 적합한 결론을 도출하였다. 따라서 로마법에서는 법개념이나, 정의(定義)에 대한 탐구는 회피되었다. 로마법에 의하여 비로소 법의 침체성이 탈피되고 이로부터 비약적인 법의 발전을 보게 되었다.

로마법학은 전 세계에 큰 영향을 미쳤는데, 영국에는 그 실천적 문화를 전파하였고, 독일을 중심으로 한 게르만법에 대하여는 볼로냐 대학을 중심으로 한 후기주석학파에 의해 유럽전역에 계수되었다. 이것이 대륙법계의 초석이 되었으나 여기서는 다만 지배계급의 이익을 위한 것이었으므로 개념적인 것으로 변형되었다. 이러한 대륙법계 법학을 판덱텐 법학이라 한다.

3. 自然法論

법학의 역사를 얘기할 때 자연법론을 빼고 얘기할 수 없을 만큼 자연법론이 오랫동안 법학발전에 끼친 공로는 지대하다. 자연법론은 법의 정당성을 얘기할 때, 자연법의 존재를 상정한다. 즉 사람이 만든 실정법 즉 인정법(人定法)은 신에 의해 만들어진 자연법에 합치할 때에만 정당성을 가진다는 것이다.

로마 교황의 절대적 권위 하에서 '신학의 시녀'(ancilla teologiae)로서의 지위가 강요되었던 중세법학의 일파로서 스콜라 학파가 있는데, 이 학파는 토마스 아퀴나스(St. Thomas Aquinas, 1225-74)로 대표된다. 그에 의하면 '영구법'(*lex aeterna*), '자연법'(*lex naturalis*), '인정법'(*lex humana*)은 상호 결합되어 있는 것으로서, 인정법은 자연법이 적용되어야 하며, 자연법은 사람의 자연이성의 빛에 의한 영구법(세계를 지배하는 신의 의지)에의 참가라 한다. 즉 인법(人法)은 신법(神法)에 근거하지 않으면 안 된다고 함으로써, 성서나 모세의 율법이 신법의 법원(法源)으로 되고, 극단적인 자의적 재판(예컨대 마녀재판)의 근거로 되었으며, 프랑스 구제도(ancien régime)의 지주로 되어, 이에 반발한 프랑스혁명의 준비단계로서의 합리적 자연법사상 내지 계몽주의 태동의 원인이 되었다.

자연법론은 법실증주의 시대인 19세기에는 부정되었으나, 19세기 말부터 신토마스주의(néo-thomisme)로 재생하여 오늘에 이르고 있다. 한편 제2차 세계대전과 나치스의 압제를 경험한 일련의 학자들에 의해 재생된 인간적 자연법론을 역사적 자연법론이라 하는데, '진화적 자연법론'(droit naturel évolutif: Salleilles)

이라고도 한다. 권력의 자의적 지배에 대항하여 '자연법의 영원에의 복귀'를 주창하고, 인권을 보장하는 것을 제1의로 하여, 문화법(Kulturrecht: Mitteis, 1889-1952)인 자연법이 법사학적인 견지에서 어떻게 실정법에 영향을 미치는가를 생각하고, 양자 간의 대결을 통하여 법이 발전한다고 하며, 그 지도이념으로서 절대적 정의개념을 상정한다. 코잉(Coing)도 이에 속한다.

4. 合理主義的 自然法論

합리주의적 자연법론은 인간의 이성에 의한 자연법론을 말한다. 후고 그로티우스(Hugo Grotius: Hugo de Groot, 1583-1645)에서 홉스(Thomas Hobbes, 1588-1679)를 거쳐 로크(John Locke, 1632-1704)에 이르기까지 사회계약의 이념이 발전한 것이다.

그로티우스는 아리스토텔레스의 영향을 받아 바른 이성은 사람의 사교적 본성과 일치하여야 할 것이라고 하여, 자연법은 바른 이성의 명령이라고 하였다. 이와 같은 성선설적 입장에 대하여 홉스는 "사람은 사람에 대하여 이리이다."(*homo homini lupis*)라든가, '만인의 만인에 대한 투쟁'(*bellum omnium contra omnes*)과 같은 성악설적 입장에서 강력한 국가(Leviathan에 비유)의 수립을 주장하였다. 한편 로크(인간오성론, 1690)는 경험주의철학의 대표자이면서 자연법주의자로서, 인권옹호를 위하여 사회계약의 요소를 도입하였다. 그에 의하면 자연상태는 평화와 선의가 충만한 상태로서, 그것은 소위 실낙원(失樂園)이며, 소유권 기타의 권리는 사회계약 이전의 것이다. 사회계약은 결합계약(pactum unionis)과 복종계약(pactum subjectionis)의 2단계로 구성되며 다수결원리가 인정된다고 하여, 의회민주주의의 기초를 이루고 프랑스혁명과 미국독립전쟁에 영향을 주었다. 이어 루소(Jean Jacques Rousseau, 1712-78)는 민약론(사회계약설, Du contrat social, 1762)에서 일반의지(volonté générale)의 개념으로 사회계약을 설명하였다(*cf.* 전체의지, volonté de tout). 이들의 학설은 후에 피히테나 헤겔의 국가주의와도 연결되어 있다.

이들 합리주의적 자연법론은 계몽사상을 통하여 근대헌법의 골격을 이루고,

특히 자연권적 인권사상의 토대를 이룬 점에 의의가 있다.

5. 獨逸의 觀念論

사람의 이성은 이성 그 자체의 철학적 반성이라는 방향과, 이성에 의한 효용의 합리적 추구 내지 쾌락과 고통의 합리적 타산이라고 하는 경험적·공리적 합리성의 추구라고 하는 두 가지의 방향으로 나뉘어서 발전되어 왔다. 전자는 독일의 관념론으로 나타나고, 후자는 공리주의로 나타났다.

칸트의 법철학에 의하면 자유가 도덕법칙의 존재근거(*ratio essendi*)이고, 도덕법칙은 자유의 인식근거(*ratio cognoscendi*)이다. 도덕법칙은 직접적으로 의지를 규정한다. 법칙에 대한 존경으로부터 의무가 동기로 되어 법칙에 일치하여 행위할 때 비로소 도덕적이라 할 수 있는 것이고, 단지 법칙에 일치하도록 행위하는 것이라면 이는 합법적인 것에 불과하다. 그에게 있어서는 자신의 자의가 다른 사람의 자의와 보편적 법칙에 따라 양립할 수 있어야 한다. 이러한 법과 도덕의 준별, 각자의 자의의 긍정 및 한계의 설정, 인격의 절대성, 죄형의 균형과 같은 여러 원리는 모두 시민법원리에 다름 아니다. 시민계급의 발흥을 지반으로 하는 계몽사상은 칸트에 의해 최고의 철학적 표현을 획득하였고, 칸트철학이 그가 완성한 이론체계와 사회적 요청에의 합치에 의해 절대의 세력을 얻은 것은 당연하다. 뿐만 아니라, 칸트철학은 곧 여러 가지 모습의 신칸트파로 발전하여 현대에 이르기까지 영향을 주었다.

칸트에 의하여 확립된 독일 관념론철학은 곧 피히테(Johann Gottlieb Fichte, 1762-1814)를 거쳐 헤겔(Georg Wilhelm Friedrich Hegel, 1770-1831)의 철학으로 발전한다. 이후 헤겔이나 독일 역사법학파의 로마주의적·형이상학적 경향과 자연법사상에 반발하여 후에 법실증주의, 경험주의, 유물론이 생겨나게 되는데, 19세기 말에 이르러 다시 칸트로 돌아가려는 경향이 나타났다. 이를 신칸트파(neokantianism, Neukantianismus)라 한다.

그중 하나는 서남독일학파(süddeutsche Richtung des Neukantianismus)로, 여기에 속하는 법철학자 중 특히 살펴보아야 할 것은 라드브루흐(Gustav Radbruch,

그림 15　Radbruch

1878-1949)와 라스크(Emil Lask, 1875-1915)이다. 라스크는 신칸트파 중에서 최초로 법철학을 다루어, 법과학(Rechtswissenschaft)이 법에 관한 경험적 현실(empirische Wirklichkeit)을 대상으로 함에 대하여, 법철학은 법에 관한 초경험적 가치(überempirische Werte)를 다루는 것으로 하고, 실정법학의 방법론을 확립하는 데 기여하였다. 이러한 이론을 기반으로 하여, 법철학의 체계를 수립한 것이 라드브루흐이다. 그도 결국 비판철학의 범위 내에 머무르며 상대주의를 취하였으나, 코잉의 평판에 의하면 '체계적 상대주의'(systematischer Relativismus)이고, 각종의 가치체계가 각자 정서된 모습으로 보이면서, 결국 그 어느 것을 취할 것인가는 무릇 학문적으로 결정되어야 할 것이 아니라, 각자의 입장에 의한 것이라고 하였다.

신칸트파의 또 다른 하나는 말부르크 학파(Merburger neukantische Schule)이다. 선험적인 논리구성을 주로 하는 것으로, 서남독일학파와 비교하여 훨씬 형식주의적이다. 법철학자로서는 슈타믈러(Rudolf Stammler, 1856-1938), 잘로몬(Max Salomon), 엠게(C. A. Emge) 등이 거론된다. 그중에서도 중요한 것은 슈타믈러인데, 그는 인식의 형식(Form)과 질료(Stoff)를 구별하여 전자의 보편타당성을 주장한다. 경제적 유물론에 대한 비판으로서의 경제에 대한 법우위의 주장이나 '내용이 변화하는 자연법'(Naturrecht mit wechselndem Inhalt)의 주장도 여기에서 유래한다.

6. 功利主義와 實用主義

앞에서 본 바와 같이 근대적 법사상의 원점이라고도 하여야 할 사람의 이성의 추구의 방법을 대별하면 두 가지의 방향이 있다. 그 하나는 이성의 철학적 반성이고, 독일 관념론철학에 그 전형을 보인다. 그 둘째는 쾌락과 고통의 경중이나 효용의 타산적 판단을 합리적으로 행할 수 있는 능력으로서의 이성의 추구이고, 이것이 즉 공리주의의 입장이다.

(1) 공리주의–특히 벤담과 J. S. 밀

영국 공리주의의 창설자로서 들 수 있는 것은 벤담(Jeremy Bentham, 1748-1832)이다. 그는 흄(David Hume, 1711-76)으로부터 효용(utility)의 관념을 받아들여 쾌락 내지 효용의 분배에 대해 '최대다수의 최대행복'의 원리를 들었다. 밀(John Stuart Mill, 1806-73)에게서는 효용의 수량의 문제에 대해서 심리학적 관념 연합의 원리가 나오고, 또 정의감을 매개로서 정의와 효용과의 통합이 기도되었다. 개인적 이익과 사회적 이익과의 이원론이 극복되어, 개인적 이익으로부터 일반의 이익에 중점이 옮겨간 점에 있어서(사유재산제의 한계도 인정되는) 시민법적 원리로부터 사회법적 원리에의 이행(移行)이 인정된다.

이러한 공리주의적 법사상은 독일에서는 곧 예링(Rudolf von Jehring, 1818-1892)이라는 거봉을 배출하고, 현대의 여러 가지 법사상에 연결되어 왔다.

(2) 예　　링

예링은 19세기 법학계의 대표적 학자로서, 그를 단순히 공리주의자로서 꼽는 것에는 문제가 있으나, 전반적으로 보아 그의 학설의 기본성격은 여기에 있었다고 보아도 좋을 것이다. 그는 사비니의 역사법학파에서 출발하였으나, 그의 대저술인 '로마법의 정신'(Der Geist des römischen Rechts auf den verschiedenen Stufen seiner Entwicklung, 1852-1865)에서 로마법 발전을 통하여 사회적 합리성을 이끌어내려 하였다. '로마법을 통하여 로마법 위로'라고 하는 그의 말은 이를 단적으로 표명하는 표어이고, 이는 곧 명저 '법에 있어서의 목적'(Der Zweck im Recht, 1877-1883)에서 목적법학으로 결실을 맺었다. 그의 학설의 영향은 바다를 건너 영미에 파급되고, 또 세기를 넘어 지금에 이르고 있다. 자유법운동, 이익법학(Interessenjurisprudenz), 법사회학, 프라그마티즘(pragmatism) 등은, 직접·간접으로 그의 학설의 영향 하에 있는 것이다.

(3) 프라그마티즘

프라그마티즘은 엄밀한 의미의 공리주의와 무관계하나, 실제적으로 사회적 공리를 목적으로 하여 법학과 관련해서는 법을 사회통제의 수단이라고 하는 입장이다. 실용주의, 실천주의라고도 한다. 공리주의는 유럽에서 생겨났지만, 프라그마티즘은 미국에서 생겨났다. 프라그마티즘은 실험적이고 실천적이며 또 실용적이다. 프라그마티즘 법학을 발전시킨 사람으로서는 홈즈(Oliver Wendell Holmes, 1841-1935) 및 카르도조(Benjamin N. Cardozo, 1870-1938), 브랜다이스(Louis Dembitz Brandeis, 1856-1941)로 이어지는 연방대법원 판사들과, 학자로서는 특히 파운드(Roscoe Pound, 1870-1964)를 들어야 한다. 홈즈는 '위대한 소수 의견자'(great dissenter)로 알려져 있다.

파운드는 특히 법은 '최소의 희생'(the least sacrifice)으로써 최대의 '사회적 욕구'(social wants)를 만족시켜야 할 사회적 제도이고, '점점 효율적인 사회제어'가 목표로 된다고 주장하면서, 법원이 실제로 법에 따라 재판할 것이라는 의미에서 법을 '예언체계'(systematized prediction)라고 하였다. 그는 또 프라그마티즘 법학은 인간의 행복을 증진시켜 사회의 발전과 개선에 이바지하는 과학이므로 '사회공학'(social engineering)이라 불렀다.

7. 歷史法學派

역사법학파(historische Schule)의 진정한 창설자 내지 대표자는 사비니(von Savigny)이다. 이 학파의 형성은 19세기 초 독일의 법전논쟁을 계기로 한 것이었다. 피히테의 '독일 국민에게 고함'이 발표된 6년 후, 압제자 나폴레옹은 곧 패퇴하고 엘바섬으로 유배되었다(1814년). 해방된 독일은 민족통일운동의 기운을 만나 통일 민법전 제정 논의가 일어나고 있었는데, 로마법학자이며 자연법학자였던 티보(Anton Friedrich Justus Thibeau, 1772-1840)는 '독일의 일반 민법전의 필요성에 대하여'(Über die Notwendigkeit eines allgemeinen bürgerlichen Gesetzbuches für Deutschland, 1814)를 발표하여 이를 촉진하려 하였다. 이를 논박한 것이 사비니의 유명한 '입법과 법학에 대한 우리 시대의 임무에 대하여'(Vom Beruf unserer Zeit für Gesetzgebung und Rechtwissenschaft, 1814)이고, 이것이 역사법학파의 강령으로 되었던 것이다. 사비니는 법을 언어와 마찬가지로 민족의 공동의식에 의하여 자연적으로 발생 내지 발전한 것으로 민족에 고

유한 성격을 가진 민족공존의 확신이고, 우연적·인위적으로 만들어진 것이 아니라는 점을 강조하였다. 법은 언어와 같이 민족과 함께 성장하고 민족과 함께 형성하며 민족이 특질을 잃으면 사멸한다. 법이 입법자의 자의에 의하여 만들어지게 되면 법이 전혀 우연적으로 변화하게 되고, 법학도 우연적으로 항상 변화하는 내용으로 될 것이라고 하였다. 그도 법전편찬을 전혀 부정한 것은 아니나, 법전편찬은 훨씬 긴급한 필요가 있는 경우에 한한다고 하였다. 그러므로 로마법을 변변히 이해하고 있지 못한 독일의 법률가들에게는 입법사업의 능력은 없다고 하였다.

그림 16 Gierke

이후 독일의 역사법학파에는 로마니스텐(Römanisten)과 게르마니스텐(Germanisten)의 대립이 생겼다. 사비니나 푸흐타(Georg Friedrich Puchta, 1798-1846)는 로마니스텐이었고, 그들의 로마법에 대한 과도한 존중도 비판의 대상으로 되었다. 특히 로마법 법원에 대한 번거로운 탐구는 그들의 본래의 주장과는 달리 법 내지 법학을 민중의 생활로부터 유리시켰고, 더욱이 후의 개념법학의 단초가 되었다. 이에 대하여 게르만 법 내지 독일 고유법의 연구를 중시한 것이 게르마니스텐인데, 그들은 역사법학파로부터 분리되어 나왔다. 이 대표자는 베셀러(Georg Beseler, 1809-88)와 기르케(Otto Friedrich von Gierke, 1841-1921)이다. 기르케의 단체법론은 사회학적임과 동시에 다분히 형이상학적이나, 로마니스텐의 시민법적 사상을 사회법적 견지로 바꾸는 역할을 하였는데, 이는 당시의 프로이센에 있어서의 경제적 자유주의의 희생양으로 되어 있었던 수공업자·농민을 구제하는 데 공헌하였다.

역사법학파는 영국에까지 펴져서 영국 역사법학파(English historical school)로 발전하였는데, '고대법'(Ancient Law, 1861)의 명저로 알려진 메인(Henry James Summer Maine, 1822-88)이 대표자이다. 메인에 있어서는 민족정신의 관념은 부정되어 비현실적인 로만티시즘은 이미 모습이 사라졌다.

8. 法實證主義

(1) 독일 보통법학과 프랑스 주석학파

로마법의 계수는 독일에서 보통법을 형성시켰는데, 학자들은 이를 이론적으로 체계화하여 보통법학을 이루었다. 이는 독일에서 19세기 후반에 이루어진 소위 판덱텐 법학으로서 이론체계의 정치성(精緻性)을 자랑하고 있다. 그 대표자로서는 빈트샤이트(Bernhard Windscheid, 1817-1892)를 들 수 있는데, 에얼리히는 이를 조롱하여 개념법학이라 불렀다.

사비니의 후계자인 푸흐타에 이르면 자연법, 민족정신 기타의 요소는 모두 법 이외의 것으로 법학으로부터 배척되었다. 빈트샤이트는 이러한 방법론을 유지하여 윤리적·정치·경제적 요소를 일체의 법이론으로부터 배척하였다. 이렇게 하여 독일의 보통법학은 역사법학파 이후에 확실한 법실증주의로 되는 것이다.

독일의 보통법학 내지 판덱텐 법학에 대응하는 것이, 프랑스의 주석학파(Ecole de l'exégèse; Ecole exégétique)이다. 이는 프랑스 나폴레옹 민법전이 공포된 1804년에서 19세기 말까지 계속된 것으로서, 특히 그중의 약 50년간이 최전성기였다. 이 학파는 중요한 법전의 주석을 작성하는 것에 전력을 경주하였고, 성문법 특히 법률을 절대시하여 조문의 엄격한 해석을 지향하였다. 그들이 관습법을 법원(法源)으로 보는 데에 소극적이었던 것은 프랑스 혁명 전의 관습이 혼란스럽기 그지없어서 이를 법원으로 할 경우, 법적 안정성이 침해될 우려가 있었기 때문이다.

(2) 일반법학

일반법학(allgemine Rechtslehre)은 19세기 말경 나타났는데, 그 선구적 역할을 한 것은 자연법을 철저히 배격한 것으로 유명한 베르그봄(Karl Bergbohm, 1849-1927)이고, 이에 속하는 것으로 알려진 학자는 비얼링(Ernst Rudolf Bierling, 1841-1919), 메르켈(Adolf Merkel, 1836-96), 빈딩(Karl Binding, 1841-1920) 등이 있다. 이들은 자연법, 가치철학 기타의 형이상학적 철학을 배척하고, 철학의 대용물로서 '일반법학'을 끄집어냈고, 또 실증주의와 다르지는 않으나, 이들을 전부 '법'실증주의라고 할 수는 없다. 적극적으로 법실증주의를 표방하는 것은 빈딩인데, 그는 방법론에 있어서는 철학에서 배워야 할 것이나, 내용적으로 철학에 연결되는 때에는 이상법과 실정법과의 이원주의에 빠지게 된다고 하여, 실정법의 논리적 분석에 의한 규범이론(Normentheorie)을 수립하였다.

(3) 분석법학과 순수법학

엄밀한 방법론적 반성 하에서 법실증주의의 견지로부터 법학체계를 건설한 것으로서 특히 분석법학과 순수법학을 들어야 한다. 양자는 서로 계통을 달리할 뿐 아니라 주창된 시기나 사회적 배경도 다름에도 불구하고, 많은 점에서 관련성을 가지고 있으며, 또한 현대적 의의에 있어서도 공통점을 가지고 있다.

분석법학(analytical jurisprudence)의 창시자는 영국의 오스틴(John Austin, 1790-1859)이다. 그는 벤담에게서 배우고, 독일에 유학해서는 사비니나 티보와 교류하여 그 영향으로 로마법이나 독일 보통법에 대한 이해를 하고 있었으며, 벤담의 공리주의적이면서 현저한 논리적 법학체계와 유럽대륙풍의 법학이 그의 분석법학 수립의 배경으로 되었다.

오스틴은 자연법을 배척하는 법실증주의의 입장에서 법의 기초를 두는 것을 주권자의 명령에서 구하였고(명령설), 이렇게 주권자의 권력을 기초로 하는 점에 있어서 홉스의 전통을 받아들인다. 그에 의하면 본래의 법(law proper)은 명령(commands)이고, 명령이 아닌 것 — 예컨대 국제법 — 은 법이라고 불리어도 본래의 법은 아니다. 본래의 법 중에는 실정법 외에 '신의 법'(the divine laws, or the laws of God) — 실질법에는 자연법 — 이 포함된다. 본래의 법은 명령(command), 제재(sanction), 의무(duty)에 의하여 설명되나, 그중에서 '단순하고도 엄밀하게 법이라고 불리는 것'(law, simply and strictly so called)이 실정법(positive law, or law existing by position)이고 이것이 법리학의 대상으로 되어야 한다고 한다. 그의 학설은 학계의 주목을 끌어 현대 법실증주의에도 큰 영향을 미쳤다.

오스틴의 분석법학은 프랑스의 로갱(Ernst Roguin, 1851-1923)의 순수법학

그림 17 Kelsen

(science juridique pure)을 거쳐 다시 세련된 모습으로 켈젠(Hans Kelsen, 1881-1973)의 순수법학(reine Rechtslehre; pure theory of law)으로 나타났다. 켈젠의 이론은 계통은 전혀 달라도 논리적으로는 법실증주의에 속한다. 켈젠은 한편으로는 법학에 이데올로기나 정책이 혼입되는 것을 배척함과 동시에(정치적 순수성→몰가치적 이론 wertfreie Theorie), 다른 편에서는 존재와 당위를 준별하는 견지에서 사회학적 방법을 거부함으로써(방법의 순수성→규범적 방법 normative Methode), 실정법적 규범의 순수한 체계적 파악을 기도하였다. 법단계설도 그 체계의 일부를 이룬다. 그를 중심으로 빈에 순수법학의 동조자가 모여 비인학파(Wiener Schule der Rechtstheorie)가 형성되기에 이르렀다. 비인학파는 법단계설의 제창자로 알려진 메르켈(Adolf Julius Merkel, 1890-1970), 국제법 우위설로 신토마스주의(네오토미즘; Neo-Thomism)의 경향을 가진 페아드로스(Alfred Verdross, 1890-1980), 현상학파의 펠릭스 카우프만(Felix Kaufmann)이나 슈라이어(Fritz Schreier) 등 여러 가지 다채로운 경향을 가진 사람들의 지지를 받고 있다. 켈젠은 나치 당시에 미국에 망명하여 타계하기까지 정력적 활동을 계속하여 미국법학에도 중요한 영향을 미쳤다.

9. 自由法論과 法社會學

(1) 자유법론

법학을 개념적인 것으로부터 해방하여야 한다는 자유법론(Freirechtslehre) 내지 자유법운동(Freirechtsbewegung)은 19세기 말엽 예링과 오프너(Julius Ofner)에 의하여 준비되었으나, 이것이 정면으로부터 처음 주장된 것은 20세기에 들어와서 에얼리히(Eugen Ehrlich, 1862-1922)의 '자유로운 법발견과 자유로운 법학'(Freirechtsfindung und freie Rechtswissenschaft, 1903) 및 칸토로비츠(Hermann Kantorowicz, 1877-1940)가 그네이우스 플라비우스(Gnaeus Flavius)라는 가명으로 쓴 '법학을 위한 투쟁'(Der Kampf um die Rechtswissenschaft, 1906)에서부터이고, 푹스(Ernst Fuchs)가 '법적 문화투쟁'(juristischer Kulturkampf)을 표방함으로써 이어졌다. 프랑스에선 그에 앞서 살레이유(Salleilles)와 과학학파(école scientifique)를 구축한 것으로 알려진 제니(François Geny)의 사법해석방법론(Méthode d'interprétation et sources en droit privé positif, 1899)에서는 과학적 자유탐구(libre recherche scientifique)의 용어가 사용되고 있었다.

그런데, 개념으로부터 해방이라고 하는 자유법운동의 주장은 그 자체로서는 소극적인 것이었고, 적극적 규준을 제시한 것은 아니다. 따라서 형식논리적인 개념구성으로부터 해방된 법학에 새로운 규준을 제공하지 않으면 소위 실체가 없는 이론으로 되고 만다. 더욱이 프랑스의 과학학파는 실로 과학이라고 하는 규준을 추상적이지만 제시하고 있었고, 그 점에서는 처음부터 독일에 앞선 것이다. 독일에서도 무릇 이익법학의 일파가 형성되어 창설자 헤크(P. Heck)를 비롯, 뮐러-엘츠바하(Rudolf Müller-Erzbach) 등이 법학의 발전에 대해 실질적인 방향을 제시하였다.

(2) 법사회학

논리적 개념구성으로부터 해방된 해석법학은 그에 대신할 규준으로 되어야 할 것을 찾지 않을 수 없게 되었는데, 이를 사회학적인 것에서 구하는 것이 사회학적 해석법학이다. '사회학적 법학'(sociological jurisprudens; soziologische Rechtswissenschaft)이라는 것은 본래 이러한 사회학적 해석법학을 가리키는 것이다. 그러나 '사회학적 법학'이라는 말은 에얼리히 자신에 의해서도 누누이 법학의 일분야로서의 법사회학의 의미로 사용되었다. 법사회학은 문자 그대로 법 및 법에 관한 여러 현상을 대상으로 하는 응용사회학이고, 그 임무는 해석법학에의 봉사에 국한되는 것이 아니라 이를 넘어 훨씬 광범한 범위에 미친다. 요컨대 법사회학은 법학의 한 분야임과 동시에 사회학의 한 분야도 되고, 양자가 경합하는 광대한 영역이다. 그러나 여기서는 주로 법학의 계보라는 점을 들어 살펴보기로 한다.

이미 지금까지 고찰한 것과 같이 법에 관하여 사회학적이라고도 할 수 있는 실증적 연구는 이미 계몽시대에 있어서 몽테스키외를 비롯하여 수많은 학자들에 의하여 이루어져 왔다. 그러나 법사회학(sciology of law; Soziologie des Rechts, Rechtssoziologie; Sociologie du droit, sociologie juridique)의 학문적 기초를 쌓아올린 중요한 업적으로서 특히 들지 않을 수 없는 것은 에얼리히의 '법사회학의 기초이론'(Grundlegung des Rechts, 1913)일 것이다. 전술한 바와 같이 그는 자유법론의 대표자이나, 그에 의하면 자유법론에 기한 법의 적용은 입법과 본질적으로 다른 '사회의 지도'(Leitung der Gesellschaft) 그 자체이고, 따라서 사회학적 사실에 대한 과학적 인식이 당연히 요청된다. 그러한 의미에서 법사회학은 자유법론의 필연적 요청이다. 그러나 그에 있어서는 법 적용의 전제로 되는 국가법은 논의의 중심이 아니다. 오히려 국가법 이외의 '살아있는 법'(lebendes Recht, living law), 즉 사회적 집단에서 '인간행동을 사실적으로 지배하는 법적 당위규칙'이 그가 얘기하는 대상이다. 그것은 무릇 국가법과 같이 공권력에 의한 강제라고 하는 표지로서 법적 성격을 정할 수 없다. 따라서 그에 있어서 강제는 법의 요소로 인정될 수 없고, 이에 대신하는 것으로서 규범의 위반에 대한 반동으로서 집단적 감정이 표출되는 분개(憤慨; Empörung)라는 것을 가지고 나오는 것이다. 이렇게 하여 그에게 있어서는 법은 재판규범으로서가 아니라 행위규범으로서 취급된다. 또한 독일의 법사회학자로서 사회과학 전반에 있어서 위대한 공헌을 한 막스 베버를 잊을 수 없다.

근년에 있어서 법사회학의 발달은 특히 미국에 있어서 현저하고, 더욱이 유럽대륙으로부터 건너간 학자에 의한 것이 적지 않다. 여기서는 예시적으로 프랑스 출신의 귀르비치(Georges Gurvitch, 1849-1965)와 러시아로부터 유럽 각국을 편력한 후 미국에 이주한 티마세프(Nicholas S. Timasheff, 1886-1970) 등의 이름을 들어두고자 한다.

(3) 리얼리즘

법사회학 가운데서 가장 미국적 특색이 강하고, 또한 세계 각국에 가장 강한 영향을 주고 있는 것이 리얼리즘(realism)일 것이다. 철학적으로는 사물의 실재성을 주장하는 입장으로서 사실주의(寫實主義)라고도 한다. 법적 분야에서는 법적 리얼리즘(legal realism) 또는 네오리얼리즘(neo-realism)이라고도 불린다.

앞에서 본 프라그마티즘과 리얼리즘은 방법론적으로는 다른 것이나, 프라그마티즘의 목적인 법에 의한 사회 통제라든가 재판의 예견 등에 가장 잘 합치하는 것은 리얼리즘이고, 또 리얼리즘의 성과가 가장 실익을 발휘하는 것은 실용주의의 견지에서이기 때문에, 양자는 실제상 한계를 지을 수 없을 정도로 밀접한 관계에 있다. 실질적으로 말하면 프라그마티즘에서 리얼리즘으로 발전하였다고까지 할 수도 있을 것이다. 예컨대 홈즈는 실용주의자로 알려져 있는 것과 동시에 리얼리즘의 창시자의 한 사람, 적어도 그 선구자로서 원용되고 있다.

리얼리즘의 대표자로는 특히 제롬 프랑크(Jerome Frank, 1889-1957)와 르웰린(Karl Nickelson Llewellyn, 1892-1962)을 들 수 있다. 프랑크가 '법의 현대적 사상'(Law and the Modern Mind)을 발표하고, 르웰린이 '실용주의 법학'(A Realistic Jurisprudence—The Next Step)을 저술하여 학계에 센세이션을 불러일으킨 것은 1930년이었다. 이에 의해 미국의 리얼리즘이 시작하였다고 할 수 있다. 프랑크는 홈즈 판사의 영향을 강하게 받아 실제 소송이 일어난 사건에 관심을 두었다. 그는 판결이 있기까지는 그 사건에 대한 법은 존재하지 않는 것이고, 그때까지 이용할 수 있는 법이라면 변호사의 의견뿐이라고 쓰고 있다. 이것이 이어 1949년에 발표한 '재판하는 법원'(Court on Trial)에까지 발전하여, 리얼리스트로서의 그의 명성이 확립되었다. 거기서 법은 사법과정의 한 인자(因子)에 불과한 것이라고 생각하고, 재판에의 예측이 관심의 중심으로 되어 있었던 것이다.

리얼리즘 법학은 행동과학(behavioral sciences)의 발달에 의하여 이후 크게 발전하게 된다. 그것은 사법과정의 문제를 대상으로 프라그마티즘의 요청에 따라 과학으로서의 법사회학에 크게 공헌한 것으로 생각되고 있다. 그와 동시에 한편에서는 인간행동을 모두 행동과학으로 딱 떨어지게 생각하는 것은 방법론적으로 불가능하다는 점에서 한계도 있다.

이상은 미국의 리얼리즘에 대해서 살펴본 것이나, 따로 스칸디나비아에는 헤겔스토름(Hägerström), 올리베크로나(Karl Olivecrona), 룬드스테트(Lundstedt), 카스트베리(Castberg), 로스(Alf Ross) 등을 중심으로 한 스칸디나비아 리얼리즘이 있다. 이것은 미국의 리얼리즘에 비해서는 훨씬 철학적 회의주의의 경향이 강하고, 또한 의미론 내지 언어분석과 한층 강하게 결합하고 있는 것으로 보인다.

10. 現代法學의 發展

여기서는 현대법학의 여러 경향에 대하여 앞에서 설명한 것을 정리하면서 몇 가지를 보충하려고 한다.

(1) 분석철학-현대적 분석법철학

분석철학(analytical philosophy)은 특히 제2차 대전 후 영미에 있어서 주류적 지위를 점하고 있었던 철학의 일파로, 법학에 있어서는 특히 리얼리즘을 비롯한 경험법학에 봉사하기 위하여 근년에 급격히 세력을 얻어왔다.

분석법학은 라일(Gilbert Ryle, 1900-1976) 등을 대표자로 하는 일상언어학파(옥스포드 학파)와 카르납(Rudolf Carnap, 1891-1970) 등을 대표자로 하는 인공언어학파로 나뉜다. 전자는 무어(George Edward Moore, 1873-1958), 후기의 비트겐슈타인(Ludig Josef Johann Wittgenstein, 1889-1951)의 영향에 기하여 주로 영국에서 발달하고, 후자는 러셀, 비트겐슈타인, 물리학자였던 마하(Ernst Mach, 1838-1916)의 영향을 받아 주로 미국에서 발전하였다. 전자는 일상언어의 의미의 분석을 수단으로 함에 대하여 후자는 인공언어를 만들어 이에 의하여 문제를 해결하려고 하였다. 이렇게 분석철학은 언어분석을 중심으로 하는 것이므로, 이를 응용한 법학은 종종 언어학적 법학(linguistic jurisprudence)이라고 불린다.

(2) 현상학, 존재론, 실존주의

에드문트 훗설(Edmund Husserl, 1859-1938)의 현상학은 법철학에도 영향을 미치고 있다. 선험적인 논리학을 골자로 하는 점에서 말부르크파 신칸트주의와 공통점을 가지기 때문에, 같은 말부르크학파와 맥락을 같이 하는 켈젠과는 가까운 관계이고, 순수법학을 중심으로 하는 비인학파에는 현상학파로부터도 참여자가 있다(프리츠 슈라이어, 펠릭스 카우프만 등).

현상학은 순수한 본질관점(Wesensschau)으로써 사물의 본질을 파악하려고 하는 것이다. 이러한 현상학을 처음으로 법철학에 적용한 것은 라이나흐(Adolf Reinach, 1883-1917)로서, '법의 현상학을 위하여 — 민법의 선험적 기초'(Zur Phänomenlolgie des Rechts. Die apriorischen Grundlagen des bürgerlichen Rechts, 1913)를 저술하고 이어 에드문트의 아들 게르하르트 훗설(Gerhart Husserl, 1893-1973)이 '확정과 법의 실효성'(Rechtskraft und Rechtsgeltung, Bd. 1, 1925)을 저술하였다. 라이나흐는 예를 들면 약속에 의하여 약속의 구속력과 상대의 청구권이 성립한다고 하는 것과 같은 것을 선험적인 법칙성으로서 수립하려고 하였다. 이는 후에 게르하르트 훗설의 확정력이론으로 이어졌지만, 에드문트 훗설의 현상학은 후에 지지자의 층이 넓어지면서 존재론이나 실존주의에도 연결되었다.

라이나흐, 벨첼(Hans Welzel, 1904-1977)의 목적적 행위론(finale Handlungslehre), 마이호퍼(Werner Maihofer)의 '법과 존재 — 법존재론에의 서론(Recht und Sein, Prolegomena zu einer Rechtsontologie, 1954), 페흐너(Erich Fechner)의 법철학에 이르기까지, 현상학으로부터 직접간접의 영향을 받은 존재론 내지 실존주의의 견해는 특히 유럽대륙을 중심으로 막강한 세력을 누리고 있다.

또한 특수한 지위를 점하고 있는 것으로 게오르그 콘(Georg Cohn)의 실존주의 법학이 있는데, 그에 의하면 모든 현실적인 법은 그 순간에 결합하는 것이고, 법규나 법원칙의 분석에서가 아니라 구체적 사안의 판단으로부터 도출하여야 할 것이라 한다.

(3) 통합적 법학

통합적 법학(integrative jurisprudence)은 제롬 홀(Jerome Hall, 1901-1992)에 의해 제창되었다. 그는 존재와 당위와의 준별을 부당하다고 하고 이론과 실천, 법사회학과 법철학과의 협력 내지 통합을 기도한다. 그는 법을 '행동'(action)으로 취하고, '행동으로서의 법'(law-as-action)만이 법이라고 한다. 여기에 '행동'이라는 것은 '행태'(behavior)에 있어서의 그것과는 다르다. 후자가 모든 동물에 특징적인 운동임에 대해, 전자는 인간주체에 의한 것이고, 무엇을 할 것인가는 선택을 수반하는 동기가 있는 목적적인 행위를 의미한다. 따라서 그것은 단순한 과정(process)과도 다르다. 입법과정이나 사법과정이 어느 것도 법의 담당에 의한 주체적 요소를 강조한다면, 이러한 견해는 홀의 소위 '행동으로서의 법'과 연결되는 바가 있다. 파운드는 '움직이는 법'(law-in-action)이라는 생각을 해냈으나, 홀의 '행동으로서의 법'은 이것을 주체적인 방면으로 향하여 발전시킨 것이라 하겠다. '행동으로서의 법'을 생각하는 것은 전통적인 법학에 있어서의 '규칙으로서의 법'(law-as-rule)이라는 정적인 사상을 동적인 것으로 전개한 것이다. 이에 의하면 판례집·법령집에 인쇄되어 있는 것은 소위 '과거의 법'(past law)이고 그 후의 사회적·정치적 변화를 두루 고려함으로써 '현재의 법이라고 생각되는 바의 것', 법원의 판결의 예측, '개연적인 법'(probable law), '잠재적인 법'(potential law), '잠재적인 행동으로서의 법'(potential law-as-action)이 인정된다. 이것들도 또 법의 여러 모습이고, 이들도 통합적으로 고찰하지 않으면 안 된다.

(4) 최근의 경향

비교적 최근에 나타난 법학이론으로 법경제학 이론, 비판법학 이론, 포스트모던 법학 등을 들 수 있는데 이들에 대해 간략히 살펴보면 다음과 같다.

법경제학(Law and Economics) 이론은 사회의 궁극적 원리를 경제적 이해관계에서 구하는데, 이는 말하자면 미시적 경제결정론이라고 할 수 있다. 사회의 모든 구성원들은 동등한 시장참여자로서 각자의 이익을 합리적으로 추구하는 것으로 상정되고, 사회는 그러한 개인들 간에 게임과 같은 현상으로 이해된다. 그런 이해관계의 게임에서 상호간에 평형 즉 균형을 이루는 지점에서 어떤 제도들이 형성된다고 보는 것이다. 대표적인 학자로 로널드 해리 코즈(Ronald Harry Coase)의 '사회적 비용(social costs)에 관한 연구(1960)', 귀도 칼라브레시(Guido Calabresi)의 '불법행위에 관한 연구(1961)', 아르멘 앨버트 알치안(Armen Albert Alchian)과 하롤드 뎀세츠(Harold Demsetz)의 '재산권에 관한 연구' 등이 있다.

한편 비판법학 이론은 한편에서는 마르크스주의의 비판적 관점과 다른 한편으로는 미국의 법현실주의의 현실적 관점을 계승하고 있다. 전자는 비판법 이론이 체제비판적이며 법적 구조에 의한 차별과 억압을 고발하는 기능을 할 수 있게 하고, 후자는 비판법 이론이 기존의 해석법학의 비현실성과 실제 법의 모습에 대한 냉정한 고찰을 가능케 한다.

포스트모던(Postmodern) 사상은 이른바 '거대담론(grand theorie)'의 반대와 '해체주의'로 특징지을 수 있다. 포스트모던 사상은 지금까지의 모든 이론이 거대한 체계와 일관된 논리를 고집한 것을 비판하고, 그러한 큰 이론을 포기하여야 한다고 주장한다. 또한 포스트모던 사상은 기존의 언어에 의해서 상정되는 본질을 모두 해체할 것을 주장한다. 이와 같이 포스트모더니즘은 그동안 사회체계의 중심을 구성하여 왔던 이념과 원칙들에 대해 비판하고 그것을 부정하면서, 동시에 그동안 그 중심에 의해 배척되고 부정되어 왔던 주변과 부분들에 대해 복권을 요구한다. 이러한 포스트모더니즘의 반주류적 경향은 법학에도 반영되는데, 포스트모던 법학은 비판법학을 계승하는 성격을 보인다. 포스트모던 법학은 포스트모더니즘의 사상의 특징과 같이 법에 대한 거대이론을 비판하고 해체하여, 법에 대한 근본적 근거추구 혹은 법의 본질에 대한 논의들의 허구성을 지적한다. 법의 근본적 근거추구 혹은 법의 본질에 대한 정의는 불가능할 뿐 아니라 그것은 담론의 주도자들의 전체주의적 성향을 암시한다고 한다. 그리고 그들은 법의 해석에서도 일정한 규칙과 논리가 있다는 주류 법학 또한 거부한다. 그리하여 포스트모더니즘의 법학은 완전한 상대주의를 승인하게 된다. 그리고 그동안의 법체계의 일관성과 위계질서에 대한 믿음도 거부하게 한다. 따라서 포스트모더니즘의 법학은 법에 대한 허무주의를 조장할 수 있지만 기존 법질서를 영원히 상대화시킴으로 해서 법이 빠질 수 있는 권위주의적 함정은 피할 수 있다. 그리고 법률가들의 견해만이 아니라 모든 일반인들의 견해도 똑같이 존중됨으로써 법의 민주주의에 기여할 수 있다고 한다.

제3절 法學의 分類

법학은 그 학문수행 방법에 따라 여러 가지로 나누어볼 수 있다. 법학의 연구는 이론적 탐구와 사실적 탐구의 방법으로 행해진다. 이론적 탐구는 법전과 해설서 등의 문헌조사와 판례연구를 통한 사유적(思惟的) 연구로 행해지며, 문헌자료의 이용 및 인용방법이 중요하다. 그리고 사실적 탐구는 법사회학적 방법을 동원하여 실사회에서의 법의 역할, 상태 등을 탐구하는 방법이다. 실태조사, 여론조사 등의 방법을 많이 쓴다. 그러나 이들은 상호간에 깊은 관련을 가지고 있기 때문에 한 분야의 연구를 위해서는 다른 분야의 연구가 필수적이며, 또 그 성과는 서로 활용될 수밖에 없다.

1. 法解釋學

법해석학은 현행법의 해석론을 중심으로 하여, 주로 법학상의 개념을 탐구하는 분야이다. 성문법계 국가에서 성문법규과 법적용의 대상인 사람의 행위와의 관계를 미리 설정하고, 연구를 통하여 법적용의 의의, 내용, 한계, 효과 등을 미리 탐구하여 실제의 법적용에 기여하는 것이 주요한 기능이다. 이는 법학에서는 종래의 대체적인 연구방법이었고, 현재에 있어서도 법학의 가장 일반적인 연구방법이다.

법해석학에 대해서는 개념법학(Jehring, 에얼리히의 비판)이라는 비판이 있고, 이 외에도 그 성향에 따라 목적법학, 이익법학, 자유법학 등으로 구별할 수 있다.

법해석학과 구별되는 것으로 비교법학이 있는데, 이는 두 개 이상의 법제를 비교하여 그 특성을 찾아내는 연구방법이다.

법해석학은 다른 법학의 연구토대를 많이 활용하는데, 이는 개념파악과 논리에 의해 연구를 수행하므로 현장성이 떨어지고, 결론이 연구자의 주관에 많이 좌우된다는 문제가 있다.

2. 法史學

법사학은 주요한 연구대상을 법의 역사적 탐구에 둔다. 이는 고래(古來)로부터의 법의 변천을 연구함으로써, 현행법제의 지위를 명정(明定)하고, 타국 내지 타법계의 법제사의 연구를 통하여 보다 근본적으로 법의 본질을 추구한다. 법제사도 여기에 속하는 학문분야이다.

3. 法政策學

법정책학은 현행법제에 대한 비판을 통하여 입법방향을 제시하는 것을 목적으로 하는 분야이다. 멩거(Anton Menger, 1841-1906)가 대표적 역설자이다.

4. 法社會學

법사회학은 앞에서도 설명한 바와 같이 사회현상 속의 법의 실태를 실증적으로 인식하여 이를 체계화하는 분야이다. 대표적 학자로서 베버(Max Weber, 1894-1920), 에얼리히(Eugen Ehrlich, 1861-1922), 칸토로비츠(Herrmann Kantorowicz, 1877-1940) 등이 있다. 이는 법현상을 거시적 또는 미시적인 여러 가지의 사회적 여러 요인과의 관련 하에서 경험과학적으로 분석하는 학문분야이다. 19세기 후반부터 사회질서의 유동화를 배경으로 하여 실정법의 사회에의 적응의 필요에 의해 촉진된 법률학과, 사회질서의 구조변동에의 관심에 의해 촉진된 사회학의 쌍방의 흐름에 의해 이론적으로 형성되어 1960년대 이후 독립한 연구분야로 간주되고 있다. 개개의 법질서의 규범적 의미를 추구하는 것이 아니라, 사실로서의 법규범이나 법제도가 어떻게 하여 성립하고, 작동하며 기능하는가를 연구한다. 또 사회질서 운영의 메커니즘으로서의 법의 일반적 특징을 법 이외의 여러 가지 메커니즘과의 비교를 통하여 명확히 하고자 한다.

5. 法哲學

법철학은 법의 본질 및 목적과 법의 가치판단에 관한 철학적 고찰로서 법원리에 대한 탐구를 본질로 한다. 유명한 법학자는 모두 법철학자라고 해도 과언이 아닐 정도로 법학에서 법철학이 차지하는 중요성은 크다. 법철학은 일반적으로 법 자체의 본질이나 효력이 있어야 할 법규범의 총체로서의 법의 모습을 파악하는 법존재론, 법을 어떻게 인식하며 그 방법론은 어떠한가를 파악하는 법인식론·방법론, 법질서의 존재가치에 대한 법과 법규범의 파악을 목적으로 하는 법가치론, 마지막으로 법철학의 역사적 관련을 추구하는 법철학사 등이 법철학의 임무이다.

09장 法의 分類

법은 여러 가지로 분류된다. 앞에서 본 성문법과 불문법의 구별이나 실정법과 자연법과 같은 것은 큰 범주의 구별이라고 할 수 있지만, 여기서는 현실적으로 보다 큰 의미를 가지고 있는 실정법의 분류에 대해 살펴보기로 한다. 법을 분류하여 살펴봄으로써 여러 법이 가지고 있는 특징을 명확히 나타나게 하여, 그 모습을 잘 수 있게 되기 때문이다.

제1절 國內法과 國際法

1. 구별기준

국내법(droit interne; Landesrecht)과 국제법(droit international; Staatenrecht)은 다음과 같은 몇 가지의 구별기준에 따라 구별할 수 있다.

먼저 제정주체 및 적용대상에 따라 구별하면, 국내법은 국가가 국민으로부터 입법권을 위임받아 정해진 법제정 절차에 따라 제정되고, 원칙적으로 국민에 대하여 효력을 가진다. 이에 비해서 국제법은 국가와 국가의 조약이나 의정서 등 국가의 적극적 행위로 제정되고, 효력도 국민보다는 국가에 대하여 적용되는 것이 원칙이다. 대개 국제법은 국가 간의 문제이고 직접 국민에게 적용하지 않으므로 이것을 국민에게 적용하기 위해서는 국내법을 제정하여야 한다. 다만 평시 국제법과 전시 국제법으로 분류하여 전자에는 외교적인 사항을, 후자에는 전시의 사항을 규율하던 종래의 국제법의 분류와는 달리, 최근에는 국제무역의 증가와 중요성의 인식에 따라 국가의 외교업무 중 통상부분의 중요성이 증가하고, 그에 따라 국제거래법이 국제법의 한 분야로 등장하였다. GATT, WTO 등은 이러한 중요성을 가지는 국제협약 또는 기구이다. 이들과 비교하여야 할 것으로 국제사법이 있는데, 이는 섭외적 사법관계 내지 외국적 요소가 있는 법률관계에 대하여 준거법을 지정하는 법규로서 저촉법이다. 국제사법은 국내법에 속한다.

다음으로 법효력의 담보의 측면에서 보면, 국내법의 효력은 국가의 권력에 의해 담보된다. 이에 비하여 국제법이 위반되어도 일률적으로 행할 수 있는 제재수단도 없고, 그 위반에 대하여 제재가 가해지는 것을 담보할 권력도 없다. 이에 제1차 세계대전 후 국제연맹(League of Nations)을 만들었으나, 미국을 비롯한 강대국의 불참과 탈퇴로 사실상 제 역할을 하지 못하여, 제2차 대전 후 국제연합(U.N.)을 만들어 국제경찰로서 국제연합군을 창설하였다. 그러나 그 실제 파병은 한국전쟁 정도에 그치고, 그 외의 경우에는 실질적 기능을 하지 못하였다. 다만 최근에는 미국 등 강대국을 중심으로 하여 국제연합의 이름으로 군사적·경제적 제재를 가하는 경우가 있기는 하나 실효성은 의심받고 있는 실정이어서 그 기능에 한계가 있는 것으로 생각된다. 강대국이 국제법을 위반한 경우에는 이에 대해 제재를 가할 방법이 없으므로 더 문제이다. 이 때문에 "만국공법은 대포 한 발만도 못하다(萬國公法不如大砲一發)"는 말까지 있다.

2. 국내법과 국제법의 관계

이는 국내법과 국제법이 동일한 법체계에 속하는가 아니면 서로 다른 법체계에 속하는가 하는 것이다. 전통적인 학설은 이들이 서로 다른 법체계에 속한다고 하는 이원설이나, 최근에는 일원설도 유력하게 주장되고 있다. 일원설을 취하면 국내법과 국제법이 하나의 계통 속에 있다고 보게 되므로 양자의 상관관계를 논할 수 있게 된다.

이원설은 국제법과 국내법이 서로 다른 체계에 속한다고 하는 견해인데, 이는 국제법과 국내법은 앞에서 본 바와 같이 성립의 방법이나 수범주체 등과 같은 면에 차이가 있을 뿐 아니라 타당근거가 다르므로 이들을 하나의 평면 위에서 파악할 수 없다고 하는 것이다.

일원설은 국내법과 국제법이 동일한 법체계에 속한다고 보는 견해이다. 주로 비인(Wien)학파에 의한 순수법학자들에 의하여 주장되었다. 그 실례로 되어 있는 것이, 영국의 국제관습법은 보통법(Common Law)의 일부로 인정되어 있다거나, 국내법상 조약의 법규성을 당연히 인정하는 규정을 가지고 있는 것 등이다. 우리 헌법 제6조 1항(헌법에 의하여 체결·공포된 조약과 일반적으로 승인된 국제법규는 국내법과 같은 효력을 가진다.)은 후자의 예에 속한다. 일원설 중 국제법우위설은 국제법은 국가와 국가 간의 규범으로서, 국내법이 국제법에 의해 개폐되는 경우가 있으므로 국제법이 상위에 있다고 한다. 이는 제1차 대전 후의 국가주의적 풍조를 배경으로 하여 페아드로스(A. Verdross)를 비롯한 비인학파에 의해 주장되었는데, 국제법학상의 통설로 되어 있다. 물론 미국 연방헌법(제6조 2항)과 같은 경우, 조약의 최고법규성을 규정하고 있어서 이를 뒷받침하는 것으로 되어 있으나, 이러한 규정이 없는 때에는 다소 의문이 있다. 이 견해는 현실적으로 국가가 조약에 의해 입법의 의무를 지는 경우를 상정한 것이라고 할 수 있으나, 실정법이나 법적 당위성을 생각할 때 곤란하다고 할 수 없지 않다는 것이다. 한편 국내법우위설은 조약을 체결하더라도 국가는 국내법의 범위 안에서만 가능하다고 하여 국내법을 위반한 국제법을 무효라고 하는 견해이다. 그러나 현실적으로 국가가 특정한 조약을 체결하게 되면, 그에 장애가 되는 국내법을 개정 내지 폐지하도록 압력을 받게 되는 것이며, 또 국내법을 이유로 국제적 책임을 면할 수 있는 것도 아니다.

미합중국 헌법(Constitution of U.S.A.) 제6조 2항(Article VI. para. 2.)

[연방정부의 최고성] 본 헌법, 본 헌법에 준거하여 제정되는 합중국 법률 그리고 합중국의 권한에 의하여 체결되었거나 체결될 모든 조약은 이 나라의 최고법률이며, 모든 주의 법관은, 어느 주의 헌법이나 법률 중에 이에 배치되는 규정이 있을지라도 이에 구속된다(This Constitution, and the laws of the United States which shall be made in pursuance thereof; and all treaties made, or which shall be made, under the authority of the United States, shall be the supreme law of the land; and the judges in every state shall be bound thereby, anything in the Constitution or laws of any State to the contrary notwithstanding).

제 2 절 公法, 私法, 社會法

1. 공법과 사법의 구별

(1) 구별의 필요

공법과 사법에는 서로 다른 법원칙이 적용되고(공법-사적자치의 배제, 권력적 작용; 사법-계약자유), 분쟁이 발생했을 경우에 해결방법이 다르므로(공법-헌법소송, 행정소송 내지 형사소송의 대상; 사법-민사소송) 양자는 구별할 필요가 있다.

(2) 구별에 관한 학설

공법과 사법을 구별하는 것은 용이하지 않기 때문에 이의 구별에 관한 학설이 많이 있다. 먼저 이익설(利益說)은 공익을 보호하는 것이 공법, 사익을 보호하는 것이 사법이라는 견해이다. 이에 의하면 헌법이 규정하는 이익은 공익이고, 민법이 규정하는 이익은 사익이다. 그러나 헌법을 비롯하여 공법에도 사익을 보호하는 규정이 있고, 사법도 공익적 차원에서 보호되어야 한다고 볼 때 이익만으로 구별하는 것은 철저하지 못하다. 다음으로 주체설(主體說)은 국가 또는 공공단체 상호간, 또는 이들과 사인과의 법률관계를 규율하는 법은 공법, 사인간의 법률관계를 규율하는 법을 사법이라 한다. 그러나 잡종지인 국유지를 분할하는 경우 등과 같이 국가도 사법주체가 될 수 있으며, 국토교통부장관의 사업인정을 받은 사인이 토지수용을 하는 경우(공익사업을 위한 토지 등의 취득 및 보상에 관한 법률 제20조)와 같이 사인도 경우에 따라서는 공법상의 주체가 되는 경우도 있으므로 주체만으로 공사법을 구별할 수는 없다. 다음으로 법률관계설(法律關係說)이 있는데, 이는 법률주체간의 관계를 중심으로 하여 국가가 국민에게, 국가가 지방자치단체에게, 지방자치단체가 그 주민에게, 광역자치단체가 기초자치단체에게 하는 것과 같이 명령복종을 내용으로 하는 수직적 권력관계를 공법관계라 하고, 사인과 사인 사이의 대등 내지 평등한 수평적 관계를 사법관계라고 한다. 그러나 국가와 국가, 공공단체와 공공단체 상호간의 관계는 수평관계이나 공법관계이며, 친자관계는 수직관계이나 사법관계이므로 수평수직관계만으로 구별할 수는 없다. 마지막으로 생활관계설(生活關係說)은 법률관계의 주체의 자격을 문제 삼아, 국가 내지 국민으로서의 지위에서 생활관계가 형성되면 공법관계, 국가와 무관하게 사람 내지 인류로서의 지위에서 생활관계가 형성되면 사법관계라고 한다. 그러나 무엇이 국민으로서의 지위에 기한 것인지, 인류로서의 지위에 기한 것인지 분명하지 않다.

2. 社會法의 대두

(1) 사회법의 의의

사회법은 독점자본주의의 폐해를 시정하기 위하여 사법관계를 공법적으로 수정하기 위하여 대두된 새로운 법체계이다. 경제적 강자의 법적 지위를 제한하여 경제적 약자를 보호하고, 국민을 보호의 대상으로 보는 점이 기존의 사법체계와는 다른 점이다. 이러한 점에서 기존의 법질서에 의해 야기된 문제점을 해결하게 된다.

(2) 사회법의 종류

여기에는 대략 3종류가 있는데, 먼저 노동법은 자본주의하에서의 노사관계를 합리적으로 규율하기 위하여, 노동조합을 설립하고 이를 통하여 사용자와의 교섭, 쟁의 등을 인정한 법체계를 말한다. 근로기준법, 노동조합 및 노동관계조정법 등의 법체계가 여기에 속한다. 그리고 경제법은 독점자본주의 하에서 필연적으로 발생할 수 있는 가격조작, 수급조절 기타 독점자본에 의한 폐해를 시정하여 국민생활의 안정 및 국민경제의 발전에 기여하기 위한 법체계이다. 독점규제나 소비자 보호 등의 분야에는 독점규제 및 공정거래에 관한 법률로 규제되고 있고, 중소기업의 보호 분야에는 중소기업기본법을 비롯한 여러 법률이 제정되어 있다. 마지막으로 사회보장법은 국민의 인간다운 생활을 보장하기 위하여 요부조자에 대한 지원, 국민연금, 사회보험 등 국가가 주체적으로 국민생활을 지원하기 위하여 마련된 법체계이다. 국민연금법, 사회보장기본법, 장애인복지법, 국민건강보험법 등의 법제가 여기에 속한다.

제 3 절 司法法과 行政法

1. 사법법과 행정법의 특질

사법법(Justizrecht)은 법원의 재판의 내용과 절차를 규제하는 법으로서, 민법·형법과 같은 실체법과 민사소송법·형사소송법과 같은 소송법의 양자를 포함한다. 소송법은 당연히 사법법에 속하지만, 이에 속하지 않는 실체법규는 실체적 사법법(materielles Justizrecht)이라고도 한다. 그중 형법은 행위규범이라고 하기보다는 법원을 향한 법규범으로서 재판의 내용을 규제하는 것이므로, 확실히 실체적 사법법에 속하지만, 민법은 국민을 향한 법규범이므로 그 자체로서는 사법법에 속하지 않으나, 이러한 영역도 재판규범으로 작용하는 것이므로 사법법의 영역에 속하는 부분이 존재한다고 할 수 있다. 예를 들어 권리보호청구권과 같은 영역이 그러하다.

행정법(Verwaltungsrecht)은 주로 행정기관의 행정행위를 규제하기 위하여 제정된 법규들을 말한다. 실체적인 법규와 조직규범, 그리고 절차규범이 두루 나타난다.

사법법은 사법의 성질상 전체적으로 법적 안정성을 그 지도이념으로 한다. 예를 들면 형법에 있어서의 죄형법정주의나, 소송법에 있어서의 판결의 확정력 내지 기판력 등이 전형적인 표현이다. 그러나 사법법에 속하는 법규의 해석에도 목적론적인 해석이 요청되는 경우가 없지 않다.

이에 대해 행정법은 행정을 규제하는 법이므로, 행정의 성질상, 전체적으로 합목적성의 요청이 강하게 나타난다는 점이 특징이다. 그러나 행정법에 있어서도 공정력(公定力)의 경우와 같이 '법률에 의한 행정'(Gesetzmäßigkeit der Verwaltung)이 강조되는 경우에는 법적 안정성이 문제되지 않는다고 할 수는 없는 것이다.

2. 사법법과 행정법의 교차

사법법과 행정법은 엄격히 구별할 수 있는 것이 아니라, 양자가 교차하는 부분도 많다. 먼저, 사법법 중에 법원조직법 등을 비롯한 사법조직에 관한 법규들을 포함시킬 수 있으나, 그렇게 된다면 사법행정(Justizverwaltung)에 관한 법이 사법법의 일원으로 들어오게 된다. 둘째, 가장 중요한 점의 하나로서 헌법상 행정에 의해 위법한 권리침해가 있는 경우에는 소의 제기에 의하여 최종적으로 법원에 의한 사법심사를 받을 수 있게 되어 있고, 이러한 경우에는 행정법규 자체가 재판규범으로서 실체적 사법법으로서의 의미를 가지게 된다. 마지막으로 사법법과 행정법의 구별은 대륙법계 법원제도와는 달리 행정법원이 사법부 내에 설립되어 있는 우리나라에서는 이론적으로 철저하게 확립되어 있는 것은 아니다.

제 4 절 實體法과 節次法

1. 실체법과 절차법의 구별

전통적으로 법은 실체법과 절차법으로 나눌 수 있다. 실체법은 법률관계 내지 권리의무관계의 발생, 변경, 소멸 등에 관한 법규로서 공·사법에 두루 분포한다. 헌법, 행정법, 민법, 상법 등이 이에 속하는 것이며 이데올로기나 세계관에 영향을 많이 받는다. 대륙법계에서 발전한 형태이다. 이에 비하여 절차법은 법률관계 내지 권리의무의 실현절차에 관한 법규로서 모두 공법이다. 민사소송법, 형사소송법, 행정소송법, 민사집행법, 등기법, 채무자회생 및 파산에 관한 법률 등이 이에 속한다. 절차법은 탈가치적인 기술적 입법이 대부분이고 로마법이나 영미법에서 발달한 법체계이다.

2. 구별실익

실체법과 절차법을 구별하는 실익은 양자의 적용범위가 다르다는 점에 있다. 실체법이 존재하지 않으면 조리(條理)를 적용하여서라도 재판을 하여야 하지만, 절차법이 흠결되어 있는 경우에는 권리실현절차가 없으므로 재판 자체가 불가능하게 된다. 또 실체법은 대개 행위시의 법률에 의하여 규제되는 것이 원칙으로서 법률불소급의 원칙이 적용되나, 절차법은 그 절차가 진행될 당시의 현행법에 의하는 것이 원칙이다.

제5절 一般法과 特別法

1. 의 의

공통된 규율영역을 공유하고 있는 두 개의 법규의 효력범위가 상호간에 전체집합과 부분집합의 관계에 있을 때 전자를 일반법이라 하고, 후자를 특별법이라 한다. 이 구별은 두 법규의 비교에 의한 것이므로 상대적인 개념에 불과하다. 예컨대 상법은 민법에 대해서는 특별법이지만, 은행법에 대해서는 일반법이 된다. 다만 이 개념을 인정할 때 주의하여야 할 점은, 양자 간에 형식적으로 동일성이 인정되어야 한다는 것이다. 예컨대 적용사항이 서로 다른 민사법규와 형사법규 간에는 일반법과 특별법의 관계가 인정될 수 없고, 법단계상 상위규범과 하위규범 간, 또는 입법주체가 다른 규범 간에는 이러한 관계가 인정되지 않는다. 그러나 이 구별은 꼭 법과 법 사이에만 적용되는 것은 아니고, 동일법 내의 조문과 조문 사이에 인정되기도 한다.

일반법과 특별법의 관계는 다음과 같은 경우에 인정된다. 먼저, 인적 범위에 관하여 보면 법이 적용의 대상으로 하는 사람의 범위가 더 넓은 쪽을 일반법, 더 좁은 쪽을 특별법이라 한다. 전 국민을 대상으로 하는 민법과 상인만을 대상으로 하는 상법은 전자가 일반법, 후자가 특별법이다. 전 국민을 대상으로 하는 형법과 군인을 대상으로 하는 군형법의 관계도 같다. 다음으로 지역을 대상으로 하는 경우에는 법이 적용되는 영역을 기준으로 하여 전 국토에 적용되는 국토기본법과 국토의 일부지역에만 적용되는 「동·서·남해안 및 내륙권 발전 특별법」은 전자가 일반법, 후자가 특별법이 된다. 그리고 법률관계에 관해서 볼 때 법이 규율하는 사항을 표준으로 하여 보다 포괄적인 사항을 규율하는 법이 일반법, 보다 구체적인 사항을 규율하는 법이 특별법이다. 민법과 상법은 각각 일반적인 민사관계와 상행위를 비롯한 상사관계를 규율한다는 점에서 일반법과 특별법의 관계를 가지기도 한다.

2. 특별법 우선의 원칙

특별법과 일반법이 공통으로 규율하는 사항에 관하여 어느 법을 적용할 것인가의 문제가 있는데, 이 경우에는 특별법 우선의 원칙에 의하여 항상 특별법을 적용한다. 예컨대, 상인과 거래를 하게 되면 민법의 매매에 관한 규정을 적용하는 것이 아니라, 상법의 규정을 적용하는 것과 같다.

제 6 절 原則法과 例外法

1. 원칙법과 예외법의 구별

모든 법은 예외를 가지게 마련이다. 따라서 "예외 없는 법칙은 없다"(There is no rule but has exceptions). 이때 법이 규율하는 사항에 관한 일반적 규정을 원칙법이라 하고, 원칙법을 적용하면 부당한 결과가 생기는 사항에 대하여 특별한 경우에 한하여 원칙과 다른 규율을 하는 법규정을 예외법이라 한다. 일반적으로 같은 사항에 대하여는 같은 규율을 하는 것이 원칙이고 그것이 공평하나, 그 원칙을 강행할 경우 오히려 불공평한 결과로 되는 경우에는 원칙과 다른 내용의 규제를 하여야 하는 경우도 있기 때문이다. 일반적으로 동일한 조문 내에서 원칙법인 본문에 단서로서 예외법이 규정되는 경우가 많으나, 조문을 달리하는 경우에는 맨 앞에 나오는 조문이 원칙을 규정하고, 그 이후의 규정이 예외를 규정한다. 이것은 하나의 법 안에서 법원칙의 적용범위의 문제이나, 일반법·특별법의 구별은 서로 다른 법 사이에서 일어나는 저촉의 문제를 해결하기 위한 것이라는 점에서 구별된다.

2. 예외법 확장금지의 원칙

다만 여기에는 예외법 확장금지의 원칙이 있어서, 원칙법은 법해석의 일반원칙에 따라 확장이나 유추해석이 가능한 경우도 있으나, 예외법은 법규정에 대하여 이를 더 확장한다거나 다른 경우에도 유추하여 해석할 수 없고, 규정된 대로만 해석하여야 한다. 예외법을 확장하여 해석하면 원칙이 훼손되기 때문이다.

제 7 절 強行法(강제규범)과 任意法(임의규범)

법의 강행성 여부에 의한 구별이다.

1. 강 행 법

법이 언제나 적용되고, 그에 의하여 효과가 달성되며, 그 규정하고 있는 사항이 반드시 실현될 것을 예정하고 있는 법규가 강행법이다. 공법에 많다. 사법에서도 물권법이나 친족법, 상법 등 기본적인 체제와 관련 있는 사항은 강행법이다. 질서규정, 공서양속과 관련이 있는데 그 위반의 효과에 따라 다음과 같이 나누어 볼 수 있다. 먼저 단속법규는 강행법 위반의 행위에 대하여 제재를 가하기는 하지만, 행위자체가 무효로 되는 것은 아닌 것을 말한다. 이는 경찰법규라고도 하는데 무허가 음식점에서의 음식물의 판매행위가 그 예로 된다. 그리고 효력법규는 법위반의 행위가 제제를 받지는 않으나, 그 행위는 무효로 되는 경우이다. 법규에 없는 물권의 창설, 연장자를 양자로 들이는 것 등이 이에 속한다.

2. 임 의 법

법의 적용이 강제되지 않고 특정한 자(대개 그 법을 적용받는 자인 경우가 많다)의 의사에 따라 적용여부가 결정되는 법을 임의법이라 한다. 따라서 법규정은 특별한 의사표시가 없는 경우에 적용됨에 그친다. 사법 특히 채권법에 그 예가 많다. 대개 법률생활의 기준을 정하기 위하여 제정된 법규들에서 많이 보인다. 사적자치의 원칙과 관련한다.

한편 이와 구별하여야 할 것으로서 직무규정 또는 훈시규정이라고 하는 것이 있는데, 이는 법원 또는 공무원의 직무집행절차에 관한 규정으로서 이를 위반하여도 문제가 되지 않는 규정이다. 그러나 이는 성질상으로 보면 강행규정에 속한다.

10장 法의 效力

제1절 法의 效力

1. 법의 효력의 의의

법은 실제적으로 적용되어야 하고, 또 법에 규정된 대로 효력을 가지지 않으면 안 된다. 법이 적용되지 못하거나, 그 의미가 왜곡되어 있는 경우에는 그 법은 정상적인 효력을 가지고 있지 못한 것이다. 이때에는 법은 궁극적으로 개정되거나 폐지되는 길을 걷게 된다.

법의 효력이 인정되지 않으면 국민에 대해 법적 의무를 부과하지 못하는 것에 그치지 않고 국민을 구속하지 못하는 것이므로, 그 법은 있으나마나 한 것이 되고 마는 것이다. 다시 말하면 법이 효력이 없으면 그 의무자에게 법이 정한 대로 행위할 것을 요구할 수 없게 되고, 법을 위반한 자에 대하여도 제재를 가할 수 없게 된다. 이는 법이 타율적·강제적 규범이라는 것과 궤를 같이 한다.

2. 법의 효력의 내용

법이 효력을 가지고 있다는 것은 어떤 의미라고 하여야 할 것인가. 무조건

강력한 제재만 한다고 그 법이 효력을 가지고 있다고 할 수 있을까. 아니면 국민들이 자발적으로 이행하도록 촉구만 하는 것으로 효력이 생길 것인가. 이러한 점과 관련하여 일반적으로 타당성과 실효성의 두 가지 점을 고려한다.

먼저 타당성이란 법이 구속력을 가질 수 있는 정당한 자격 내지 권능을 말한다. 국민들이 그 법을 정당하다고 믿는 것이 바로 타당성의 내용이다. 국민과 법이 추구하는 정의가 같은 경우에는 타당성이 있다고 할 수 있으나, 만약 양자가 다르다면 국민들이 법을 거부하게 된다는 것이다. 타당성이 없는 법은 국민들이 악법으로 인식하게 된다.

한편 실효성이란 법이 현실로 지켜져서 실현되는 근거를 말한다. 법이 법으로 인정받고, 또 법 위반의 행위에 대해 현실적으로 제재가 가해짐으로써 그 법의 존재의의가 나타나 있는 상태를 실효성이 있다고 한다. 실효성이 없는 법은 위반하여도 별 문제가 없게 된다.

법이 효력을 가지는 것은 타당성과 실효성이 합치될 때이다. 타당성이 있어도 실효성이 없는 경우에는 그 법은 정당하나 어떠한 이유에 의하여 현실적으로 강행되지 않음으로써 법위반의 상황을 규제하지 못한다는 것이다. 이때에는 국민이 법을 경시하게 되므로 법의 구속력이 인정되지 않는 결과로 된다. 종래 국가의 인구정책에 의해 낙태죄를 처벌하지 않는 시기가 있었는데 이 경우, 그렇다고 해도 낙태가 정당시되는 것은 아니므로 낙태를 금지할 필요성은 인정되나, 현실적으로 낙태를 하더라도 처벌받지 않았으므로 당시에는 사실상 실효성이 없는 규정이었다고 할 수 있다. 반대로 실효성이 있으나 타당성이 없으면 그 법은 국민적 지지를 받지 못하는 정당하지 못한 것으로서 결국에는 국민적 저항을 받아 사문화되거나 종국적으로는 개정 또는 폐지될 수밖에 없다. 대체로 실효성과 타당성은 같은 평면에서 볼 수도 있으나, 실제 타당성이 있음으로써 실효성이 인정된다는, 원인과 결과의 관계로 작용한다고 보는 것이 옳다.

3. 법의 효력의 근거

법이 어떠한 근거에서 효력을 가지는가 하는 점에 관한 학설을 살펴보면 법의 효력의 실질적 내용을 알 수 있게 된다. 법의 효력근거에 대한 학설은 그 방법론에 따라 법학적 효력론, 사회학적 효력론, 철학적 효력론으로 나누어볼 수 있다.

(1) 법학적 효력론

법학적 효력론은 법의 규범력과 관련하여 효력여하를 고찰하는 것이다. 이에 속하는 것으로는 켈젠(H. Kelsen)의 법단계설이 있다. 이는 특정 국가 또는 사회에서 상위규범에 의한 수권을 하위규범의 효력의 근거로 보는 학설인데, 그의 순수법학에서 근거를 가지는 것이다. 예를 들면, 법률은 헌법으로부터 수권을 받아 제정되었으므로 헌법에 그 효력근거를 가지고, 명령이나 규칙은 법률로부터 위임받은 사항에 대해 규정하므로 법률에 효력근거가 있다고 하는 것과 같다. 켈젠은 법적 효력을 상위규범에 합치하는 합법성으로 본다. 이때 상위규범의 타당성이 인정되지 않으면 하위규범의 타당성을 인정할 수 없으므로, 이러한 단계를 좇아가다 보면 최상위규범인 헌법의 타당성이 문제로 되고, 결국 헌법의 타당성은 어디서 연유하느냐가 근본적인 과제로 되게 된다. 이 학설은 최상위법인 헌법의 근거를 근본규범(Grundnorm)으로 설명하고 있으나, 이렇게 보더라도 근본규범의 합법성의 근거를 어떻게 설명할 것인가가 문제되므로 근본적인 문제를 명확히 설명하지 못하는 단점이 있다. 이미 실질적으로 법이라고 할 수 없는 근본규범을 가지고 설명하는 것은 법학적 효력론의 범위를 벗어난 것이며, 근본규범을 법이라 하더라도 또다시 근본규범의 상위법을 인정하지 않으면 근본규범 자체의 정당성을 보장할 수 없게 되는 것도 난점이다. 어떻든 이 학설에 의하면 실효성 있는 법은 효력이 있다고 하게 된다.

(2) 사회학적 효력론

법의 효력근거를 사회현상에서 찾으려고 하는 일련의 학설들을 사회학적 효력론이라 한다.

1) 사실의 규범력설

먼저 사실의 규범력설은 법의 타당성의 근거를 힘에서 찾으려는 견해인데,

옐리네크(Georg Jellinek)가 주장한 것이다. 여기서 사실 속에 규범으로 바뀔 힘이 내재하고 있다는 것을 '사실의 규범력'이라 하는데, 관행이 관습으로 되고, 다시 관습법이 되는 것, 그리고 혁명이 새로운 법을 생성시키는 것은 사실의 규범력에 의한 것이라고 한다. 즉 관행이라고 하는 사실이 규범성을 어느 정도 가진 관습이 되고 이것이 다시 관습법으로 되어 완전한 규범이 된다는 것이다. 이 학설은 실력설과 결합하게 된다. 다만 민주주의 국가에 있어서는 다수 국민이 관습법을 만들어 승인하게 되므로 타 학설과 큰 차이가 있지는 않다.

2) 실력설

이 학설은 강자의 실력이 곧 법을 만들고, 법을 시행하며, 따라서 법에 효력을 부여하는 근원이라고 한다. 소피스트에서 시작하여 오랜 역사를 가지고 있다. 극단적인 것으로는 "법이 곧 실력이다."라고 주장하는 견해도 있으나, 그렇게 본다면 규범인 법을 사실과 동일시하게 되어 타당하지 않다. 효력의 바탕이 되는 실력의 근거에 대하여도 주권자의 의사에 기하기 때문이라는 견해도 있다. 그러나 실력이 어떻게 당위가 되는지(그렇지 않다면 실력은 무조건 타당하다고 하여야 하므로), 또는 실력자라고 하더라도 어떻게 그 실력을 규범화시키는지 설명하지 못한다면 실력이 법이라는 것은 타당하다고 할 수 없다. 굳이 말하자면 "법은 실력으로부터 나온다."라고 하는 것이 맞다.

3) 승인설

법의 효력 근거를 다수인이 법규정을 행동준칙으로 승인하고 이를 준수하기 때문이라는 견해를 승인설이라고 하는데, 비얼링(R. Bierling)의 주장이다. 그는 법의 효력의 근거가 사회에서 생활하는 일반인의 법에 대하여 인정하는 정신적 지지에 있다고 한다. 그러나 무정부주의자는 법을 승인하지 않지만 이들에도 법의 효력은 미친다. 이것은 다수자의 횡포에 해당하는 것일까?

4) 여론설

마지막으로 여론설은 여론을 법효력의 근거이며, 법창설의 연원이라고 한다. 다이시(Albert V. Dicey)는 여론이란 일정한 법을 유익하다고 인정하고, 다른 법을 해롭다고 인정하는 사회에 널리 통용되는 신념이라고 한다.

(3) 철학적 효력론

법의 효력을 법이념 내지 가치와 관련하려는 일련의 입장이다. 법이념설 내지 정당성설이라고도 한다. 라드브루흐(Radbruch: 법의 효력은 오로지 더 높은 또는 가장 높은 당위, 즉 하나의 초실정적인 가치에만 의거할 수 있다)에 의해 시작되어, 리케르트(Rickert: 효력은 언제나 가치적이다)나 빈더(Binder), 라렌츠(Larenz: 법을 문화대상 또는 의미형성물로 본다), 벨첼(Welzel: 힘으로서의 법은 강제할 뿐이며, 가치로서의 법은 의무를 부과시킨다), 카우프만(Kaufmann: 법이념이란 법이 법으로서의 효력을 갖기 위하여 지향하여야 하는 법의 목적이다), 마이어(M. E. Mayer: 둥지에서 쫓겨난 새처럼, 효력의 개념은 가는 곳마다 자리 잡으나 어느 곳에서도 안정을 찾지 못하고 법철학의 여기저기를 날아다닌다)에까지 이르고 있다.

4. 법의 효력범위

법이 효력을 미치는 범위를 효력범위라고 한다. 여기서 규범적 효력범위라고 함은 법이 법으로서 마땅히 그 효력을 미쳐야 하는 범위를 말하는 것이며, 사실적 효력범위라고 할 때에는 그 법이 실제 효력이 실효적으로 미치는 범위를 말한다. 규범적 효력범위 내에 속하는 일부분의 지역 중에 비법적인 사유로 현실적으로 법의 효력이 미치지 못하는 곳이 있는 경우에, 사실적 효력범위는 규범적 효력범위보다 좁게 된다.

위 양자의 범위는 보통 일치하고 있으나, 규범적 효력범위보다 사실적 효력범위가 더 좁은 경우도 있으며, 그 반대의 경우도 있다. 앞의 예가 국토의 일부를 외국에 의해서 강점당하거나, 반란이 일어나서 사실상 통치력이 미치지 못하는 경우이고, 뒤의 예가 타국을 침략하여 사실상 지배하고 있으나 국제법적으로 승인을 받지 못한 경우인데 이 동안에도 자국의 법을 그 곳에 시행하게 되기 때문에 이때에는 사실적 효력범위가 더 넓게 되는 것이다.

제 2 절 時的 限界

1. 법의 시행과 폐지

(1) 법의 시행기간

법은 시행된 때로부터 폐지될 때까지 효력을 가진다. 따라서 이 유효기간 중의 행위에 대하여만 법이 적용되는 것이 원칙이다. 이 말은 유효기간 이전의 행위나 유효기간 이후의 행위에 대해서는 원칙적으로 법이 적용되지 않는다는 것을 의미한다.

(2) 법의 시행

법은 시행되는 때로부터 효력을 가진다. 법은 시행에 앞서 반드시 공포되어야 한다. 공포할 때 법에 시행기일이 지정되어 있지 않으면 공포한 날로부터 20일이 경과함으로써 효력이 발생한다. 보통 시행일은 당해 법규의 부칙에서 규정하고 있다. 이때 공포일로부터 시행일까지의 기간을 주지기간이라 한다. 주지기간은 새로운 법이 시행되기 전에 국민들에 대해 그 법의 내용을 알리고, 미리 준비하게 하는 기간이다. 주지기간을 전혀 주지 않는 경우도 있고, 수년을 두는 경우도 있다. 주지기간을 주지 않은 경우에는 "이 법은 공포일로부터 시행한다."고 한다. 공포일로부터 시행하는 경우, 벽지에서는 따로 시행기간을 주지 않으면 실제 법의 내용을 알기도 전에 법이 시행되는 불합리가 생길 수 있으므로, 현실적으로 법을 공포하는 수단인 관보의 도착시점을 공포시로 보아야 한다.

(3) 법의 폐지

입법작용에 의해 법의 효력을 상실시키는 것이다. 이는 명시적으로 법을 폐지하는 경우도 있고, 묵시적으로 폐지하는 경우도 있다.

법의 명시적 폐지는 입법과 동일한 방법으로 특정한 시점부터 법의 효력을 상실시키는 것을 말한다. 당해 법의 제정시에 효력의 종기를 정하는 경우도 있고, 다른 입법작용으로 폐지하는 경우도 있다. 앞의 것을 한시법이라 하는데, 보통 "이 법은 ○○년 ○월 ○일까지 효력을 가진다."라고 하거나, "이 법은 시행된 날로부터 1년이 경과한 날로부터 효력을 상실한다."라고 규정하는 경우이다. 또 뒤의 것은 종래의 법을 대체하는 입법을 하면서 구법을 폐지한다고 규정하는 경우가 보통인데, 아예 다른 법을 폐지하는 법을 제정하여 그 효과로 구법을 폐지하는 경우도 있다. 이러한 법률을 폐지법이라 하는데, 그 예로는 종래의 「이자제한법폐지법률」을 들 수 있다. 그러나 이자제한법은 그 후 다시 제정되었다.

법의 묵시적 폐지는 동일사항에 대하여 동일한 형식적 효력을 가지는 신법과 구법이 공존할 때, "신법은 구법을 개폐한다."는 원칙을 적용하는 것을 말한다. 이는 구법이 존재하는 데도 불구하고 동일한 사항을 규정하는 신법을 제정한 경우에 생긴다. 이렇게 되면 구법과 신법이 함께 효력이 생기게 되지만 '신법 우선의 원칙'을 적용하여 구법은 신법에 의해 개정되거나 폐지되었다고 보는 것이다. 그리고 이와 구별되는 개념으로 '법의 사문화(死文化)'가 있는데 이는 법을 폐지하지 않았으나 사회의 변화에 입각하여 실질적으로 그 법이 적용되지 못하고 있는 상태를 말한다. 이 경우에는 대체로 법의 실효성이 상실된 것으로 본다.

2. 法律不遡及의 原則

새로 제정된 법은 법제정 이전에 발생한 사실에 대하여 적용하여서는 안되는 것이 원칙이다. 그렇지 않으면 사람들이 행위시에 적법하다고 믿고 한 행위가 그 후에 만들어진 법에 의하여 제재를 받는 불합리한 결과가 생기기 때문이다. 이러한 것을 법률불소급의 원칙이라고 하는데, 기득권의 존중 내지 법적 안정성의 추구와 관련이 있다. 이 원칙은 민사법에서는 어느 정도 예외를 인정하고 있어서 반드시 따라야 할 필요는 없으나, 형사법영역에서는 사후법 제정

금지의 원칙과 관련하여 반드시 지켜야 할 절대적 원칙에 해당한다. 다만 신법을 적용하는 것이 본인에게 유리하거나, 법정책적 필요가 있는 경우에는 법률소급을 인정하기도 하나, 정책적 필요에 의하여 소급하는 것은 바람직하다고 볼 수 없다. 또한 절차법의 경우에는 구법보다 우수하다고 인정되는 신법에 의하여 재판을 받는 것이 당사자에게 유리하다고 판단되고 또 절차규정의 개폐가 당사자에게 미치는 영향이 크기 않으므로 행위시의 절차법을 적용함으로써 생기는 번잡을 피하여 대체적으로 소급을 인정한다. 따라서 행위시의 법이 아니라, 재판시의 절차법을 적용하여 재판하게 된다.

한편 이와 관련하여 파생원칙이라고 할 수 있는 몇 가지 원칙이 있는데, 하나는 사후법제정금지의 원칙으로서 행위시에 존재하지 않았던 법으로 행위의 규제를 하여서는 안 된다는 원칙이다. 형사법상에서 죄형법정주의와 관련이 있다. 법률불소급의 원칙은 법적용상의 문제이나 사후법제정금지의 원칙은 입법상의 문제이다. 그리고 다른 하나는 기득권존중의 원칙인데 이는 구법으로 취득한 권리를 신법으로 제한하여서는 안 된다는 원칙이다. 사법상의 사유재산권의 보호와 관련이 있으나, 절대적인 것은 아니고 타당한 이유가 있으면 제한할 수 있는 것으로 되어 있다.

3. 經 過 法

법령의 제정이나 개폐시에 구법과 신법의 적용에 관하여 규정하는 규범을 경과법 또는 경과규정이라 한다. 어떤 법의 개정이 이루어진 전후시기에 걸쳐서 행해진 법사실을 어떠한 법으로 규율하여야 할지를 명확히 정하는 것이 좋기 때문이다. 경과법이 없으면 원칙적으로 법률불소급의 원칙을 인정한다. 대개 신법의 부칙에서 규정하나, 상법시행법과 같이 별도로 제정하는 경우도 있다.

제3절 場所的 限界와 人的 限界

1. 대한민국 법이 적용되는 경우

(1) 일반 법규의 적용

어느 곳의 행위에 대하여 법을 적용할 것인가의 문제를 법의 효력의 장소적 한계라 하고, 누구의 행위를 규율할 것인가의 문제를 인적 한계라 한다. 이 두 가지의 문제는 대개 장소와 국적이 문제가 되므로 한꺼번에 보는 것이 간편하다. 다만 대한민국 내에서 대한민국 국민의 행위는 당연히 대한민국법의 적용대상이 되므로, 그 이외의 경우를 어떻게 다루어야 할지가 문제로 될 수 있다. 이 문제에 대해서는 각 법규에 따라서 일률적으로 말하기는 어려우나, 대체로 헌법이나 행정법과 같은 공법의 경우는 대한민국 또는 대한민국 내의 공공의 이익과 관련이 있는 경우에 한하여 적용되고, 민사법의 경우는 대한민국 내에 문제가 되는 물건이 존재하거나, 대한민국 법에 의하여 규율 받기로 합의한 경우 등에 적용된다. 또 소송법과 같은 경우에는 대한민국 내에서 재판 받게 된 사건에 대해 적용된다.

(2) 구체적 법원칙

우리 법상 장소적 한계와 인적 한계가 특히 문제되는 경우는 다음과 같은 네 가지 경우이다. 특히 이들은 우리 형법의 적용에 의하여 처벌을 받을 수 있는 경우와 관련하여 논의된다.

1) 속지주의

법의 적용을 받아야 하는 자가 누구인지 묻지 않고, 대한민국 내에서 일어난 모든 사실에 대하여 대한민국 법을 적용한다는 원칙이다. 외국인이 대한민국에서 저지른 형법상의 범죄에 대하여 의미가 있다. 사법상의 경우에도 일반적으로 인정될 수 있으나, 준거법을 당사자가 지정할 수 있는 경우(계약)에는 의미가 없다.

2) 속인주의

행위지의 내외를 막론하고, 대한민국 국민의 행위에 대하여는 대한민국 법을 적용하는 원칙이다. 대한민국 국민이 외국에서 범죄를 저지른 경우에 의의가 있다. 형사법에 대하여는 폭넓게 인정되나, 이중기소 방지를 위한 국제협약에 의하여 상당히 제한되는 경우가 있다. 사법의 영역에 있어서는 국제사법상 속인법이 적용되는 범위 내에서 인정된다.

3) 보호주의

형사법상의 원칙으로서 범죄지 및 범죄인의 내외를 묻지 않고, 대한민국 또는 대한민국 국민의 이익을 해친 범죄에 대하여는 대한민국의 형법을 적용하여 처벌한다는 원칙이다. 외국에서 외국인이 대한민국 공관을 공격한 사건에 대하여 국내에서 처벌하는 것을 예로 들 수 있다.

4) 세계주의

형사법상의 원칙으로서 국제적 범죄방지를 위한 연대의 필요에 의하여 특정범죄에 대하여는 무조건 대한민국 법을 적용하여 재판할 수 있다는 원칙이다. 따라서 이 경우에는 외국에서 행해진 외국인의 범죄라도 처벌될 수 있다. 그 대상으로 중요한 것은 집단학살(Genocide), 마약범죄 등이 있다.

2. 대한민국 내에서 법을 적용할 수 없는 경우

(1) 속인주의의 예외(국내법상의 예외)

모든 대한민국 국민의 행위에 대해 대한민국법을 적용한다는 속인주의에 대한 예외로서 대한민국 국민의 행위에 대해 대한민국법을 적용하지 않는 경우가 있다. 이러한 경우는 특별히 명문의 법규정이 있는 경우에 한하지만, 그러한 규정도 특별한 경우에만 인정된다. 먼저, 대통령은 내란 또는 외환의 죄를 범한 경우가 아니고는 재직 중 형사상의 소추를 받지 아니한다(헌법 제84조)는 규정이 있고, 국회의원은 불체포특권이 있으며(제44조), 국회에서 직무상 발언과 표결에 관하여 외부에서 책임을 지지 아니한다(제45조)는 규정에 의하여 인정되는 면책특권이 있다.

또한 우리나라에는 그 예가 없지만, 특정인에 대하여만 적용할 것을 목적으로 하는 법령(처분적 법률; Massnahme Gesetz)은 다른 사람에는 적용되지 않는다.

(2) 속지주의의 예외

대한민국에서 행해진 행위의 경우, 외국인의 것이라도 모두 우리 법을 적용한다는 속지주의에 대한 예외로는 다음과 같은 것이 있다. 먼저 치외법권(治外法權)에 의해 대한민국법이 적용되지 않는 경우가 있는데, 이는 국제법상 인정된 예외로서, 외국의 원수, 외교사절, 수행원 및 그 가족, 군대, 군함, 외국 등에 대하여는 특정한 범위 내에서 주재국의 과세권 및 경찰권 및 재판권의 행사가 면제된다. 이 경우에는 속지주의가 포기되고 속인주의에 의하여 본국법이 규율한다. 따라서 예컨대 대한민국에 주재하는 외국의 대사가 대한민국에서 죄를 지으면 대한민국에서는 재판을 받지 않지만, 본국에서 재판을 받게 되는 것과 같다.

또 특정지역에 대하여만 적용되는 법령에 대하여는 당해 지역 외에서는 적용이 없는 것은 당연하다.

3. 대한민국 영토 외에서 한국법이 적용되는 경우

이는 일반적인 것은 아니고 예외적인 경우인데, 통상 국제사법상의 준거법 결정에 의해 대한민국의 사법이 준거법으로 지정된 경우에는 외국에서도 대한민국법을 적용하게 된다. 이 경우에는 대한민국에서 외국법이 적용될 수도 있다.

11 장 法의 適用과 解釋

제1절 法의 適用段階

법이 실제 적용되어야 하는 것은 두말할 나위도 없는 일이다. 그러나 법은 항상 법원에서 재판을 할 때만 적용되는 것은 아니다. 그 전이라도 법규정에 따라 사인 간에 법률행위를 하였다면 이들 사인(私人)에 의하여 법의 적용이 있다고 할 수 있다. 그러나 이는 실제 후에 법적으로 다툴 수 있다는 점에서 종국적인 것은 아니므로, 실제 중요성이나 종국성을 가지고 따진다면 국가기관에 의한 법의 적용이 법의 적용단계에서는 가장 주목하여야 할 것임은 틀림없다. 그중에서도 특히 사법기관에 의한 법적용이 가장 중요하고, 행정기관에 의한 것은 일반성에서는 주목할 만하나, 종국적인 것은 아니라는 점에서 2차적이라고 할 수도 있다. 때문에 여기서는 주로 법원에서 법이 적용되는 것을 이상형으로 하여 살펴볼 것이다.

이러한 의미에서 법이 적용되는 때에는 행위와 법의 일치여부의 검증이 중요한 내용의 일부를 차지한다. 따라서 통상 삼단논법에 의한 법의 적용이 이루어지는 경우에도 궁극적으로는 사실을 어떻게 파악하고 이해하며, 법을 어떻게 해석하고 적용하는가의 문제로 되는 것이다.

이를 조금 더 구체적으로 살펴보면, [사실의 확정](행위자가 문제된 행위를 실제로 했는가) ⇒ [법규의 해석적용](그러한 행위에 대해 법은 어떻게 규정하고 있는

가) ⇒ [결론](이 행위에 대한 법적 판단, 가치 내지 무가치의 판단=유죄, 무죄, 권리의 인정, 부정, 책임의 유무 등)이라고 하는 3단계의 사유과정을 거쳐 비로소 법의 적용이 완료되는 것이다.

삼단논법에 의한 법의 적용은 이론적으로는 대전제[법규의 해석] ⇒ 소전제[사실의 확정] ⇒ 결론[사실에 법을 적용하여 판결]의 방법으로 행해진다. 이때 법의 적용은 대전제인 법규와 소전제인 사실의 일치여부를 검증하고 이에 해당할 때에는 법규에 의하여 그 사실 또는 행위의 가치를 판단하는 것이다.

제 2 절 事實의 確定

사실의 확정은 법적으로 문제된 행위를 실제로 했는가를 탐구하여 이를 확정함으로써 그 사람에게 특정한 법적 효과를 가할 수 있는가를 가리는 것이다. 따라서 이는 논리적으로 법적용의 첫 단계이며 이 단계에서 그 사람이 그러한 행위를 하지 않았다거나, 그 행위를 하였는지 여부가 불분명하면 다음 단계에서의 법적용이 가능하지 않게 되는 것이다.

1. 事實確定의 필요

법은 사람의 행위에 대해 그 행위의 적법 여부를 판단하는 가치규범이므로 항상 법적용의 모든 단계에서 그러한 행위가 있었는지 명확하게 판별되지 않으면 안 된다. 예컨대 사람을 죽였다는 것이 분명한 사람에 대해서는 살인죄의 적용이 검토될 수 있겠지만, 사람을 죽이지 않았다거나, 사람을 죽였는지 여부가 불분명하다면 이 사람에게 살인죄에 관한 형법규정을 적용할 수 없는 것이다. 물론 사실을 확정하는 단계에 있어서는 당사자 한 사람의 행위만 문제되는 경우도 있을 것이지만, 주변의 사람들의 행위도 문제가 될 수 있으므로 사실을 종합적으로 파악할 것이 필요하게 된다.

만약 정확한 사실에 기하지 않고 법을 적용한다면 그 법적용은 정당성을 가질 수 없을 것이며, 나아가 법 자체의 정당성조차 의심받을 수 있게 되는 것이다. 이에 따라 법 적용 이전에 사실을 확정하여 법적용의 정당성을 도모하는 것이다.

2. 證據裁判主義

사실을 확정함에 있어서 무엇보다 문제가 되는 것은 법적용을 받는 사람이 실제 그러한 행위를 했는가 내지 문제된 사실이 실제 존재했는가의 여부인 것은 두말할 나위도 없다. 여기에서 증거의 필요가 대두된다. 통상 "증거는 재판의 왕"이라고 하여 증거의 중요성을 강조하는데, 실질적으로 증거 없이는 재판이 불가능하기 때문이다.

어차피 마녀재판과 같이 직관이나 짐작에 의해 재판을 할 수 없다면, 정확한 사실확정은 결국 증거에 의할 수밖에 없다는 것이다. 법관은 직접 체험한 사실에 대하여 법을 적용하는 것이 아니기 때문이다. 따라서 법관은 재판 이전에는 자신이 재판하는 사람이나 사실에 대해 어떠한 사실도 알지 못하며, 만약 미리 사실관계를 알고 있어서 재판에 영향이 있을 때에는 그 법관은 재판을 할 수 없게 되는 경우도 있다(법관의 제척, 기피, 회피). 결국 법관은 법정에서 나타난 사실만을 토대로 재판하여야 하므로 증거 없이 재판할 수 없다고 하는 것이다.

그런데 증거를 얻는 것이 쉽지 않기 때문에 많은 경우에 자백에 의해 사실을 인정하려는 경향이 생기게 된다. 대개 사람은 자신에게 불리한 사실을 인정하려고 하지 않으므로 자백은 진실할 것이라는 믿음이 있기 때문이다. 그러나 자백을 널리 인정하게 되면 자백을 얻기 위해 고문을 하게 되는 폐해가 생긴다. 수사를 하는 쪽에서는 힘들여 증거를 찾는 것보다 피의자를 고문하는 것이 쉽다고 생각할 수 있기 때문이다. 때문에 형사법의 경우에는 자백만으로는 범죄의 증거로 할 수 없고, 이와 일치하는 보강증거가 있어야만 유죄로 될 수 있다. 그러나 민사법의 경우에는 자백이 있으면 다툼이 없는 사실로서 증거가 필요 없게 된다. 법원이 이미 알고 있거나 여러 사람이 두루 알고 있는 공지의 사실에는 증거가 불필요하다. 이러한 증거는 당사자가 제출하는 것이 원칙이나 형사법에 있어서는 검사가 피고인의 유죄를 입증하도록 되어 있다.

3. 推定과 看做

법을 적용하기 위하여 확정하여야 할 사실관계를 항상 증거만에 의하여 인정한다면 예기치 않은 곤란에 접할 수 있다. 증거라는 것이 항상 필요한 만큼 있는 것은 아닐 뿐 아니라, 입증을 하는 것이 반드시 용이한 것도 아니기 때문이다. 이러한 이유에서 통상 사리에 비추어 일반적인 일이면서 법상 증거에 의하는 것이 용이하지 않은 것은 특별한 원칙을 정하여 증거 없이도 사실을 인정할 수 있도록 하고 있다. 이러한 것 중에서 추정과 간주에 대해 살펴본다.

(1) 推 定

먼저 추정은 여러 가지 경우가 있는데, 통상 추정이라 함은 법률상의 사실추정을 말한다. 이는 일반적으로 입증이 용이한 전제사실의 입증에 의하여 입증이 어려운 추정사실이 입증된 것으로 인정한다. 이는 법규정에 의한 입증책임의 완화라고 할 수 있을 것이다. 다만 이러한 추정은 반대사실의 증거에 의하여 번복된다. 예컨대 2인 이상이 동일한 위난으로 사망한 경우에는 동시에 사망한 것으로 추정한다(민법 제30조)는 규정이 있는데, 이에 의하여 당사자들은 실제 거의 불가능한 사망사실의 선후를 입증할 필요 없이 동일한 재난으로 사망하였다는 것만 입증하면 동시에 사망한 것으로 추정받게 된다.

한편 이와 구별되는 개념이 몇 가지 있는데, 법률상(法律上)의 법률추정(法律推定)은 전제사실의 입증에 의하여 특정한 법률관계 내지 권리가 추정되는 것을 말하는데, 부부의 누구에게 속한 것인지 분명하지 아니한 재산은 부부의 공유로 추정한다(민법 제830조 2항)는 규정이 그 예로 될 수 있고, 사실상(事實上)의 추정(推定)은 특정사실의 입증에 의하여 경험칙상 다른 사실을 추정하는 것을 말한다. 예컨대 칼에 찔려 사망한 사람의 옆에 살인도구일 것으로 생각되는 칼을 가지고 있는 사람이 있다면 그가 살인자일 것이라고 추정할 수 있는데, 이러한 것이 사실상의 추정이다. 이는 경험칙에 근거할 뿐 법률에 근거가 없다.

한편, 일응(一應)의 추정(推定)이라고 하는 것도 있는데 이는 고도의 개연성이 인정되는 경험칙을 적용하여 행하는 사실상의 추정이다. 수술 받은 환자의 배속에 이물질이 들어있는 경우, 차량이 인도로 뛰어들어 사람을 해친 경우 등에 각각 의사나 운전자의 과실이 추정되는 것이 그 예이다. 일응의 추정은 간접사실의 입증(환자의 배속에 들어있는 이물질은 이번 수술 때 남겨진 것이 아니라는 것)을 다투거나, 간접반증(차량이 뒤의 차에 추돌되어 인도 쪽으로 튕겨나갔다는 것)에 의하여만 번복된다.

(2) 看 做

다음으로 간주는 법규정에 의하여 추정보다 강한 효력을 인정하는 것이다. 다른 말로 의제라고도 하는데, 법문에서는 "본다"라고 규정하기도 한다. 간주의 사실관계의 추리구조는 추정과 다를 바 없으나, 간주된 사실은 특정한 절차를 거치지 않으면 번복의 효과가 생기지 않는다. 예를 들어 실종선고를 받은 자는 민법이 규정하는 5년 내지 1년의 실종기간이 만료된 때에 사망한 것으로 본다(민법 제28조). 이 사람이 실제 사망하였느냐의 여부를 불문하고 법적으로는 사망한 것으로 보아 처리한다는 것이다. 이 사람은 따라서 실종선고 취소의 재판을 받기 전에는 간주의 효과가 번복되지 않으므로 살아있는 사람으로 처리되지 못한다. 다만 민법 제844조 제1항의 규정(남편의 친생자의 추정)은 법문이 추정이라고 하고 있으나 이는 추정이 아니라 간주라고 보아야 한다. 왜냐하면 같은 법 제846조 이하에서 보는 바와 같이 친생추정을 받는 자는 친생부인의 소에 의하지 않고는 이를 부정할 수 없기 때문이다. 다만 제844조 제2항의 추정(혼인이 성립한 날로부터 200일 후에 출생한 자녀는 혼인 중에 임신한 것으로 추정한다)은 법률상의 사실추정에 해당한다.

제3절 法의 解釋

1. 법해석의 의의와 필요

법은 왜 해석이 필요한가. 그것은 법을 그 자체만으로는 내용을 충분히 이해하여 실사례에 적용할 수 없기 때문이다. 이와 같이 법의 내용을 충분히 파악하여 실사건과 법의 일치여부를 검증하고 적용하기 위해서는 법의 해석이라는 작업이 반드시 필요하게 된다. 따라서 법의 규정뿐 아니라 법의 진정한 의미를 검토하여 알아내는 작업이 바로 법의 해석이라고 하는 것이다.

우리 법은 성문법주의를 취하기 때문에 법의 해석이 필요하다고 할 수 있다. 성문법은 간결한 문체로 원칙만 정하게 되므로 이러한 원칙을 구체적인 사례에 적용하기 위해서는 해석의 필요가 생긴다. 이에 비하여 불문법은 관습 또는 판결이 법이 되므로 법이 구체적 사건과 더불어 생성되고 따라서 법도 실제 적용할 수 있을 정도로 구체적이다. 따라서 불문법은 구체적 사례에 그대로 적용할 수 있다.

이러한 이유에서 대륙법계에는 해석법학이라고 하는 학문분야가 발달해 있는데, 이는 실정법규의 해석을 임무로 하는 학문분야이다. 대륙법계에서 통상 법학이라고 하면 해석법학을 얘기하는 경우가 많다.

2. 法解釋의 指導原理

법의 해석이라는 일은 기계적·무가치적으로 행하는 것이 아니라, 해석자의 주관과 가치관이 작용하는 주관적인 작업이다. 그것은 법이 사람의 행위를 가치판단하는 기준으로서 작용하기 때문에 국가적·사회적 가치기준이 작용할 수 밖에 없기 때문이다. 따라서 법을 해석할 때는 어떠한 기준에 의하여 어떠한 방법으로 해석할 것인지를 선택하지 않으면 안 된다. 여기서는 법의 해석과 관련하여 원칙으로 작용할 수 있는 지도원리를 몇 가지 살펴보기로 한다.

(1) 國民主權의 원칙

국민이 주권을 가지는 민주주의국가에 있어서의 정당성의 기준은 어디까지나 국민일 수밖에 없으므로, 법의 해석은 국민에게 유리한 방향으로 행해져야 한다. 따라서 예컨대 해석에 따라서 국민이 유죄일 수도 있고 무죄일 수도 있을 때에는 무죄라는 쪽으로 해석되는 것이며, 국민의 이익과 관공서의 이익이 충돌하는 때에도 국민의 이익을 우선하는 쪽으로 법이 해석되는 것이다.

(2) 法律意思說과 立法者意思說

법률의사설은 법률자체의 의미와 입법자의 의사가 다를 때에는 입법자의 의사에 불구하고 객관적인 법률규정에 따라 해석해야 한다는 견해이고, 입법자의 사설은 이 경우에 법은 입법자의 의지이므로 입법자의 의사가 법해석의 기준이 된다는 견해이다. 이론적인 측면에서 볼 때, 입법자의 의사는 제정시의 입법자 개인의 사적 의사이므로 해석시에도 절대적인 기준은 된다고 볼 수 없고, 또 기술적인 측면에서 보더라도 법을 대하는 일반국민으로서는 일일이 입법자의 의사를 알 수 없으므로 법규정상 입법자의 의사가 명확히 표시된 경우를 제외하고는 법률의사설에 따르는 것이 타당하다. 그러나 법령에 입법자의 의사가 규정되어 있다면 이는 이미 입법자의 의사가 아니라 법률규정에 따른 해석이라 할 수도 있다.

(3) 具體的 妥當性과 法的 安定性

법해석을 하면서 전체사건에 법해석을 통일되게 하는 것은 해석에 의한 법적 안정성의 도모에 있어 중요하다. 그러나 그 통일성이 경직성으로 되면 구체적인 사건의 해결에 있어서 적당한 해결책을 얻기가 어려운 경우가 많다. 이때에는 당해 사건에는 다소 무리가 있더라도 법적 안정성을 고려하여 법을 통일적으로 해석하여야 할 것인가 아니면 구체적 타당성을 고려하여 법적 안정성을 포기하여야 할 것인가를 결정하지 않으면 안 된다. 대체로 학문적 해석은 법적 안정성을 중시하는 편이고, 재판실무는 구체적 타당성을 중시하나, 이 양자는 적절하게 조화되어야 한다.

3. 法解釋의 方法

(1) 有權解釋

유권해석이라 함은 국가 또는 법적으로 법을 해석할 수 있는 기관의 해석을 말하는데, 여기에는 일반인에게는 없는 법해석권이 인정되어 있다. 따라서 일반인이 법을 해석하더라도 그 해석은 다만 그 사람의 견해에 불과하지만, 유권해석은 일정한 법적 효력을 인정받는다. 따라서 그 해석은 법의 집행이나 재판 등에 적용되어, 현실적으로 국민생활에 영향을 미친다. 법학자의 해석이라고 해도 그것은 유권해석이라 할 수 없다.

1) 立法解釋

국회가 하는 해석을 입법해석이라 한다. 국회는 본래 법을 해석하는 기관은 아니나, 입법과정에 있어 법의 해석이 필요한 경우도 있고, 또 법을 제정하면서 법조문 내에 법규정에 대한 해석규정을 붙이는 경우가 있다. 전형적인 법해석은 아니나, 입법해석은 움직일 수 없는 효력이 있다. 이는 행정해석이나 사법해석 등 다른 해석의 대상이 된다. 이는 통상 법조문 내에 특정한 법률용어의 의미를 정하는 방법으로 이루어진다.

2) 行政解釋

법집행기관으로서 행정부가 하는 해석을 행정해석이라 한다. 법의 집행을 위하여 행정청은 그 관할 하에 있는 각종 법규의 일차적 해석권을 가진다. 법집행과정에서 법을 집행하는 것은 국민에게 드러나지 않으나, 행정처분 등의 방법으로 국민에게 영향이 미친다. 행정해석은 법해석에 대한 국민의 질의에 대하여 답변의 방법으로 해석을 하는 방법으로 나타나기도 한다. 모든 국민은 행정기관에 대해 특정 법령에 대한 해석을 해줄 것을 요구할 수 있고, 그 해석이 법령담당 중앙행정기관의 해석과 차이가 있을 때에는 법제처에 해석을 의뢰할 것을 요청할 수 있다. 행정해석은 특히 행정처분으로 나타난 경우에는 사법심사의 대상이 된다. 행정해석은 최종적인 것은 아니기 때문이다.

3) 司法解釋

법원이 재판을 통하여 하는 해석을 사법해석이라 한다. 통상 판결 속에 나타나는데 법해석으로서는 가장 최종적인 유권해석이다. 따라서 법원의 해석에 대해서는 따로 이의를 할 방법이 없다.

(2) 學理解釋

학문적인 필요에서 법학자들이 하는 해석이 학리해석이다. 학리해석은 학자들이 일반적으로 직접 법집행이나 재판과 관련 없이 행하는 가장 보편적인 해석으로서 유권해석의 근거가 된다. 다만 학자들의 해석은 유권해석이 아니므로 법적으로 본다면 학자 개인의 의견에 지나지 않고, 따라서 국민생활에 대하여 직접 영향을 미치지는 않는다. 학자들이 일반적으로 하나의 법을 해석할 때에는 하나의 해석방법만을 이용하는 것은 아니고, 종합적 사고에 의하여 여러 가지의 해석방법을 병용하는 경우가 많다.

1) 文理解釋

문법과 단어의 사전적 의미에 의하여 하는 해석을 문리해석이라 한다. 이것은 법해석에 있어 가장 먼저 하게 되는 일차적인 해석방법이다. 그러나 법률의 전문적인 의미나 법률해석에 특유한 규정 또는 법제정상의 불비로 인한 경우에는 해석이 부당하게 되거나 불가능해질 우려가 있으므로, 논리해석에 의해 보충되지 않으면 안 된다.

2) 論理解釋

문법과 단어의 직해(直解)보다는 논리적 사유과정을 통하여 하는 해석이다. 문리해석에 의하여 법을 해석하는 것이 적당하지 않을 때 보충적으로 이용된다. 어떤 것을 논리해석이라고 하여야 할지에 대해서는 의견이 갈리어 있으나, 다음에서 보는 해석방법을 여기에 속하는 것으로 보아도 무방하다.

3) 擴張解釋

법규정의 본래의 사전적 의미보다 넓게 해석하는 것을 확장해석이라 한다. 일부로서 전체를 대표할 수 있을 때 그 일부로서 전체를 의미하는 것으로 해석하는 경우이다. 예컨대, 두발의 절단을 상해죄(형법 제257조)에 해당하는 상해로 보는 것과 같다. 일반적으로 상해라 할 때에는 상처를 입히거나, 신체의 일부를 침해하는 것과 같이 신체의 완전성을 해치는 것으로서 머리카락의 절단과 같은 것을 포함하지 않으나, 그 의미를 넓혀서 상해에 포함된다고 보는 것은 이에 속한다.

4) 縮小解釋

본래의 사전적 의미보다 좁게 해석하는 것을 축소해석이라 한다. 본래의 의미에서 제외되는 일부는 전체의 대체적인 성격과 배치되는 경우이다. 예컨대, 절도죄의 대상(형법 제329조)에서 부동산을 제외하는 경우와 같다. 통상 절도의 대상은 타인의 재물이 되고, 여기서 재물은 동산과 부동산을 다 말하는 것이나, 부동산을 절취하는 것은 용이하지 않으므로 전통적으로는 부동산을 제외하여 말한다.

5) 比較解釋

법규를 연혁적 내지 비교법적으로 해석하는 방법인데, 다른 것과 비교에 의하여 하는 해석이라고 하는 의미에서 비교해석이라 한다. 구법과의 관련이나, 외국법 특히 모법과의 관계를 많이 참고로 한다. 비교해석을 하는 것은 여러 가지가 있을 수 있으나, 예를 들어보면, 구법상의 특정규정을 삭제한 경우에 그 규정에 의한 효력을 생기지 않게 한 것이라고 해석하는 것이다. 그 실례를 하나 들어보면, 현행 민사소송법 제367조는 "법원은 직권으로 또는 당사자의 신청에 따라 당사자 본인을 신문할 수 있다."라고 규정하고 있는데, 이에 의하면 언제 당사자의 신문을 할 수 있는지 규정이 없다. 그런데 이 규정을 해석하면서 구민사소송법 제339조 "법원은 증거조사에 의하여 심증을 얻지 못한 때에는 직권 또는 당사자의 신청에 의하여 당사자 본인을 신문할 수 있다."라는 규정과 비교하여 '증거조사에 의하여 심증을 얻지 못한 때에는'이라는 제한이 없어졌으므로 언제라도 당사자를 신문할 수 있다고 해석하는 것이다.

6) 反對解釋

법이 어떠한 상황 전부를 규정하고 있는 것이 아니라 일부만 규정하고 있는 경우에, 법이 규정하지 않은 부분에 대해서는 어떻게 해야 할 것인가의 문제를 해결하기 위하여 법이 규정하고 있는 경우 이외에는 법규정과 반대로 할 수 있다고 해석하는 것을 반대해석이라 한다. 즉 "A는 B이다."라는 법규정을 "A가 아니면 B가 아니다."라고 해석하는 경우이다. 그러나 이 방법은 논리적 또는 사실적으로 B이거나 B가 아닌 경우의 2가지만이 있을 수 있고, 기타의 경우는 생기지 아니하는 것이 분명할 때 사용하여야 한다. 예컨대, 부부 사이에는 일상가사대리(민법 제832조)를 할 수 있는데, 부부 일방의 행위가 일상가사대리에 의한 것으로 보는 경우에는 그 행위로 인한 채무는 그 배우자도 연대하여 책임을 지게 된다. 여기서 어떤 행위가 일상가사대리가 아니면 배우자에게 책임이 없다고 해석하는 것이 가능한데, 이것이 반대해석이다. 또, 권리능력(민법 제3조)은 생존시에 가지나, 사망하면 권리능력이 없다고 해석하는 것도 그 예로 될 수 있다.

7) 勿論解釋

"A는 B이다."라는 법규정을 "a는 B이다."라는 형태로 해석하는 것으로서, A와 a의 관계가 전체와 부분의 관계에 설 때 또는 A에 대한 규정취지로 보아 a에 법규정을 적용하는 것이 당연할 때 사용하는 해석방법이다. 예를 들어 피해자에게 과실이 있을 때 그만큼 책임을 분담한다는 규정인 과실상계(민법 제396조)에 있어서 상계의 대상인 과실(過失)에 고의(故意)도 당연히 포함된다고 해석하는 것이다.

8) 補正解釋

법규정이 잘못되어 있을 때 이를 바로잡아 하는 해석방법이다. 이 해석방법에 대해서는 입법상의 오류를 해석자가 판단할 수 있느냐와 관련하여 논란이 있고, 이를 금지하는 학설도 있다. 다만 법률규정이 목적이나 체제, 확정적 학설에 위반될 때는 일정한 범위 내에서 허용하는 것이 법해석상의 오류를 방지하는 길이 된다. 예컨대, 법정대리인이 행위무능력자의 행위에 대해 동의 내지 허락을 한 경우에 법은 이를 취소(取消)(민법 제7조)할 것으로 규정하고 있으나, 해석상 취소라고 하면 소급하여 그 효력이 없어지게 되어 문제가 발생하기 때문이 사후적으로만 효력을 잃게 하기 위하여 이를 실질적으로는 철회(撤回)라고 해석하는 것이다.

9) 類推解釋

특정사항을 직접 규정한 법규가 없는 경우에, 이 사항과 유사한 사항을 규정하고 있는 다른 법규정을 끌어와 적용하는 것을 유추해석이라 한다. 이때 유추되는 규정과 유추하는 사항은 그 실질적 기반이 동일하여야 한다. 형법상은 죄형법정주의의 원칙 때문에 유추해석을 하는 것이 엄격하게 금지되어 있다. 유추해석의 예를 들어보면, 법인 아닌 사단의 법률관계에 사단법인에 관한 규정을 유추하는 것과 같다. 그것은 법인 아닌 사단이나, 사단법인이나 법인설립등기가 되어 있다는 것만 제외하면 마찬가지의 성질을 가지고 있다고 여겨지기 때문이다.

다만 여기서 구별하여야 할 개념으로 법규의 준용(準用)이라 하는 것이 있는데, 이는 어떤 법규정을 성질이 다른 사항에 그대로 이용할 수 있을 경우에 그 다른 사항도 이 법규정으로 규율하게 하는 입법상의 기술이다. 법을 제정할 때 동일한 규정을 중복하여 두는 대신에 이미 앞에 나온 규정을 준용하는 방법을 쓴다. 준용을 하도록 하면 같은 문장을 반복하지 않아 법의 내용이 줄어들게 되므로 입법경제적 장점이 있으나, 법규를 찾기 어렵게 하여 해석상 곤란한 문제가 생길 수 있다. 준용은 입법으로 하는 것이므로 반드시 명문규정이 있는 경우만 가능하고 따라서 해석으로는 할 수 없다. 법상 예가 많으나, 영리를 목적으로 하는 사단법인에 대해 상사회사에 관한 규정을 준용하는 것(민법 제39조 2항)도 그 예로 된다.

10) 目的解釋

법의 목적에 따른 해석방법이다. 개별적 법규의 목적뿐 아니라 법의 일반적 목적도 고려하여야 하고, 또 입법당시의 법의 목적뿐 아니라, 해석당시의 법의 목적도 고려하여야 한다. 논리해석의 방법 중에서도 다른 방법으로 해석하는 것이 불가능할 때 쓰여야 한다. 이 해석방법은 법의 목적을 내세워서 법률을 왜곡할 위험이 있으므로 주의하여야 한다.

11) 立法解釋

입법자의 의사를 추구하기 위하여 제안당시의 법률안, 국회속기록이나 제안이유서 등 입법자료를 보고 이를 참조로 하여 하는 해석이다. 법의 제정경위를 살펴서 해석한다는 점에서 연혁해석과 통한다.

법해석의 방법과 한계(대법원 2013. 1. 17. 선고 2011다83431 전원합의체 판결)

법은 원칙적으로 불특정 다수인에 대하여 동일한 구속력을 갖는 사회의 보편타당한 규범이므로 이를 해석함에 있어서는 법의 표준적 의미를 밝혀 객관적 타당성이 있도록 하여야 하고, 가급적 모든 사람이 수긍할 수 있는 일관성을 유지함으로써 법적 안정성이 손상되지 않도록 하여야 한다. 한편 실정법은 보편적이고 전형적인 사안을 염두에 두고 규정되기 마련이므로 사회현실에서 일어나는 다양한 사안에서 그 법을 적용함에 있어서는 구체적 사안에 맞는 가장 타당한 해결이 될 수 있도록 해석할 것도 또한 요구된다. 요컨대 법해석의 목표는 어디까지나 법적 안정성을 저해하지 않는 범위 내에서 구체적 타당성을 찾는 데 두어야 한다. 나아가 그러기 위해서는 가능한 한 법률에 사용된 문언의 통상적인 의미에 충실하게 해석하는 것을 원칙으로 하면서, 법률의 입법취지와 목적, 그 제·개정 연혁, 법질서 전체와의 조화, 다른 법령과의 관계 등을 고려하는 체계적·논리적 해석방법을 추가적으로 동원함으로써, 위와 같은 법해석의 요청에 부응하는 타당한 해석을 하여야 한다.

12장 法律關係

제1절 法律關係

1. 법률관계의 의의

사람은 이 세상을 살아가면서 여러 사람과 유형·무형의 관련성을 맺고 살아가게 된다. 그중에는 서로 간에 별 의미 없이 계속되다가 아무 흔적 없이 사라지는 것도 있지만, 상호간에 특정한 제한이 생기고 그 제한에 의해 서로 영향을 받는 경우도 많다. 예컨대 종교나 관습, 윤리·도덕으로 맺어진 관계는 그러한 규범에 의하여 우리 자신의 행동반경을 제한하고 반면으로 상대방에게도 영향을 미친다. 그중에서도 법에 의해 이러한 관계가 맺어진다면 법의 특성으로 인하여 그러한 제약은 더욱 강력하게 될 것이다. 이와 같이 여러 가지 사람의 생활관계 중 법에 의해 규율되는 생활관계를 법률관계(Rechtsverhältnis)라 한다.

법률관계를 비롯하여 사람 사이에 영향이 큰 관계는 규범에 의하여 맺어져 있다고 하는 점이 사람을 제약하는 요소로 된다. 이때 법이 사람의 행동을 제약하는 것은 법이 추구하는 특정한 이익을 보호하기 위한 것인데, 이와 같이 법에 의해 보호되는 개인 또는 사회의 이익을 법익(Rechtsgut)이라 한다. 사람과 사람의 생활관계라고 하더라도 이것이 만약 전혀 규범적 성격이 없는 관계라고 한다면 그것은 사실관계로서 여기서 전혀 문제 삼을 필요가 없다. 오늘날에는 사람의 생활관계의 대부분이 법에 의해 규율된다고 해도 과언이 아니기 때문에 법률관계에 관하여 살펴볼 필요가 있다.

2. 법률관계의 내용

법률관계는 통상 권리와 의무로 구성되어 있다고 한다. 이러한 법률관계는 타인과의 사이에 있어서 나의 행위를 제약함으로써 타인에 영향을 주거나, 그 반대의 경우로 나타나는 것이 보통이기 때문이다. 이렇게 볼 때 법률관계는 법에 의하여 보호 내지 옹호 받는 자와, 법에 의하여 구속되는 자의 관계로 나타난다고 할 수 있고, 이러한 것은 권리와 의무로 되는 것이 일반적이다. 이러한 권리·의무는 한 사람의 권리자와 한 사람의 의무자 사이에서 하나의 단일한 관계로 나타날 수도 있지만, 다수자 사이에서 복잡한 형태로 나타나는 경우도 있다.

일반적으로 권리와 의무는 서로 대응하는 것으로 되어 있다. 예컨대 돈을 빌려준 자는 채권자로서 채무자에게 반환을 요구할 권리를 가지고, 채무자는 이에 대응하여 돈을 갚을 의무를 지는 것과 같다. 이와 같이 어떤 권리가 있으면 그에 대응하는 의무가 있는 것이 보통이나, 반드시 그런 것은 아니다. 예컨대 국방의 의무와 같이 권리자는 없고, 의무만 있는 경우가 있는가 하면, 형성권과 같이 의무는 없고 권리만 있는 경우도 있다.

근대 이전의 법은 명령규범의 형태를 취하였기 때문에 법률관계는 자연적으로 의무중심으로 구성되어 있었으나, 근대 이후 사람의 인격과 자연적 의사가 존중됨으로 인하여 의무보다는 권리의 관념이 강조되고 이에 따라 법률관계도 권리중심으로 구성되었다. 그러나 현대에 와서는 권리의 사회성 내지 공공성이 강조됨으로 인하여 다시 의무성이 강조되는 경향에 있다.

3. 好意關係

법률관계 중 특이한 것으로서 호의관계(Gefälligkeitsverhältnis)라고 하는 것이 있다. 이는 호의에 의하여 어떠한 이익을 주는 법률관계로서, 저녁식사에 초대를 한다든가, 자동차를 무상으로 태워주는 것 등이 이러한 예로 된다. 단순한 호의관계는 법률관계로서 문제될 것이 없으나, 그에 의하여 예기치 않은 방향으로 여파가 발생한 경우에는 문제가 될 수 있다. 예컨대 저녁식사에 나온 음식 중에 상한 것이 있어서 식중독에 걸렸다거나, 호의동승한 차량을 타고 가다가 교통사고가 나서 다친 경우 등에 문제가 되는 것이다. 이런 경우에는 손해의 배상책임이 누구에게 있는가를 가려야 하지만, 대개 호의관계라고 인정될 때에는 그 책임을 감경 내지 면제하는 것이 일반적이다.

제2절 權 利

1. 權利의 本質

권리(right, Recht im subjektiven Sinne, droit subjectif)는 법률관계의 본질적 요소의 하나로서 이것이 무엇인가 하는 것을 밝히는 것은 대단히 중요한 일이다. 때문에 학자들은 19세기 이래 권리의 본질을 밝히는 것을 중요한 과제로 삼아왔다. 권리의 본질을 밝힌다면 의무의 개념도 쉽게 이해될 뿐 아니라, 법률관계 전체를 쉽게 파악할 수 있기 때문이다.

(1) 意思說(Willenstheorie)

권리를 의사의 힘 또는 의사의 지배라고 하는 설로서, 주로 역사법학파에 속하는 사비니(Savigny), 푸흐타(Puchta), 빈트샤이트(Bernhard Windscheid) 등에 의하여 주장되었다. 이 학설에 의하면 권리는 권리자가 자유롭게 자기의 의사를 전개할 수 있도록 보호하는 것이라고 하게 된다.

그런데 이 학설은 자기의 의사를 지배할 수 없는 유아나 정신병자와 같은 의사무능력자의 경우에도 권리를 가질 수 있다는 것을 설명하기 곤란하다는 단점이 있다.

(2) 利益說(Interessentheorie)

권리를 법에 의하여 보호되는 이익이라고 하는 견해로서, 목적법학과 이익법학의 견지에서 예링(Jehring)에 의하여 주장되었다.

다만 권리 중에는 친권과 같이 이익이 없는 것도 있다는 점에서 이익설로서는 이러한 권리를 설명할 수 없으며, 또 반사적 이익은 권리가 아님에도 이익이 있으므로 권리라고 하게 된다는 점이 문제이다. 따라서 이익설도 권리의 본질을 충분히 밝히지 못하고 있는 것으로 생각되고 있다.

(3) 折衷說(gemischte Theorie)

권리를 이익의 보호를 위하여 법이 인정하는 의사력이라고 하는 견해이다. 이 학설은 의사설과 이익설을 절충한 것인데, 옐리네크(Georg Jellinek)에 의하여 주장되었다.

다만 이 견해는 의사설과 이익설의 결점을 다 가지고 있다는 점에서 비판받고 있다.

(4) 權利法力說(Rechtsmachtstheorie)

권리법력설은 절충설에서 의사를 법으로 대체한 학설이다. 이 학설에 의하면 권리는 일정한 이익을 향수하게 하기 위하여 사람에게 부여된 법률상의 힘이라고 한다. 줄여서 법력설이라고도 한다. 이 학설은 메르켈(Adolf Josef Merkel), 레겔스베르거(Ferdinand Regelsberger), 에넥케루스(Ludwig Enneccerus) 등에 의하여 주장되었다.

오늘날은 권리법력설이 가장 유력한 학설로 평가되어 있다. 이 학설에 의하면 의사능력이 없는 자나 권리의 존재를 알지 못하는 자도 권리자가 될 수 있으므로 의사설의 문제점을 극복할 수 있고, 생활상의 모든 이익이 다 권리는 아니며, 또 그러한 이익을 보호 또는 향수케 하는 수단으로서 법에 의해 주어진 힘을 권리로 봄으로써 이익설의 문제점도 해결한 것으로 평가되기 때문이다. 그리고 이 견해는 권리를 일정한 이익을 향수할 것을 목적으로 하는 법률상의 힘으로 파악함으로써 권리의 목적을 강조하고 있어서, 목적에 반하는 권리행사는 이미 권리의 행사가 아니라는 법리구성을 가능하게 하는 장점이 있다.

2. 權利의 槪念

(1) 권리의 의의

권리의 본질에 관해서는 권리법력설이 통설이고 또 이것이 타당하다고 인정되고 있으므로, 이에 의하여 권리는 일정한 이익을 향수하게 하기 위하여 사람에게 부여된 법률상의 힘이라고 하게 된다. 이를 구체적으로 살펴보면 다음과 같이 생각해 볼 수 있을 것이다.

첫째, 권리는 특정인의 일정한 이익을 위하여 인정된다. 모든 법적 인격자는 특정한 생활이익을 누리기 위하여 활동하는데, 이러한 이익은 재산적인 것뿐만 아니라 사회생활을 하기에 필요한 이익을 말한다. 이러한 것에는 생명·신체·자유·명예 등이 포함되는 것이며, 이러한 이익이 법에 의해 보호될 때 법익이라고 한다는 것은 앞에서 본 바와 같다. 이때 권리는 특정인의 이익을 위하여 보호되는 것이므로 사회일반인의 권리라는 것은 불가능한 개념은 아니나, 어딘지 어색한 점이 없지 않다. 따라서 권리의 주체는 꼭 특정 개인으로 될 필요는 없으나 그렇지 않은 경우에는 범위가 정해져 있는 한정된 경우라야 할 것이다. 물론 여기서 권리주체는 자연인과 법인을 모두 포함한다. 이들을 권리(의무)능력자라 한다. 둘째, 권리는 법률상의 힘이다. 따라서 권리가 존재하기 위해서는 먼저 법이 존재하여야 하며, 따라서 법 없는 권리란 있을 수 없다. 물론 여기서 법은 성문법만을 말하는 것은 아니므로 불문법도 무방하다. 그러나 자연법의 경우에는 이는 법이전의 것이므로 자연법상의 권리는 이와는 구별되는 점이 있다. 이렇게 법에 의하여 권리가 인정된다는 것은 권리자가 특정 또는 불특정

상대방에 대하여 법으로 인정된 작위 또는 부작위를 청구하는 힘을 가진다는 것이다. 이에 의하여 하는 청구는 위법이 아니라는 것이며, 의무자가 이를 이행하지 않을 때, 법적 절차에 의하여 목적을 달성할 수 있게 되어 있다는 것이다.

(2) 권리와 구별하여야 할 개념

1) 權 原

어떤 법률적 내지 사실적 행위를 하는 것을 정당화하는 법률상의 원인을 권원(title; Rechtstitel; titre)이라고 한다. 예를 들면 지상권이나 임차권과 같이 다른 사람의 토지 위에 자기의 재산을 부속시켜 그 토지를 이용할 수 있는 권리가 이에 속한다. 이러한 권원이 없으면 행위의 정당성이 인정되지 않으므로 법적인 문제가 생길 수 있다.

2) 權 能

권능(Befugnis)은 권한과 같은 뜻으로 쓰이는 수도 있으나, 보통 권리의 내용인 개개의 기능을 말한다. 달리 표현하면 권리의 내용을 이루는 개개의 법률상의 힘이라고도 할 수 있다. 예컨대 소유권이라는 권리 속에는 그 목적물을 사용할 권능, 수익할 권능, 처분할 권능이 포함되어 있다고 하는 것과 같다. 권리 중에는 소유권과 같이 여러 개의 권능으로 이루어진 것도 있고, 하나의 권능으로 이루어진 것도 있다. 후자의 경우는 청구권과 같은 것이 그 전형적인 것이나, 이때에는 권리와 권능이 동일하게 된다.

3) 權 限

타인에 대해 일정한 법률효과를 발생시키는 행위를 할 수 있는 법률상의 지위 내지 자격을 권한(competence; Zuständigkeit; Kompetenz; compétence)이라 한다. 이는 가끔 좁은 의미에서 공법상의 법인인 국가 또는 공공단체 내지 사법상의 법인의 기관의 행위가 법률상으로 그 기관의 행위로서 효력을 발생하는 범위를 말하는 때도 있다. 대리인의 대리권, 채권자의 변제수령의 권한 등이 그 예이다. 한편 권한이 있으면 그 기관의 행위는 적법한 것으로서 법인의 행위로 효력이 생기지만, 권한이 없다면 그 행위는 부적법하게 된다. 대통령의 권한, 시장의 권한, 대표이사의 권한 등이 그 예로 된다.

4) 反射的 利益

사회일반을 대상으로 하여 규정된 법률의 효과로 특정인이 이익을 얻게 될 때에, 이 이익을 반사적 이익(reflective interest; objektives Reflexrecht)이라 한다. 예컨대, 교통방해죄(형법 제185조)는 "육로, 수로 또는 교량을 손괴 또는 불통하게 하거나 기타 방법으로 교통을 방해한 자"를 처벌하는 것인데, 이는 특정인의 교통권을 보호하고자 하는 것이 아니라 교통안전이라는 일반의 이익을 보호하기 위한 것이다. 따라서 어떤 개인이 이로 인해 무사히 통행할 수 있게 되었다고 하여도 이는 반사적 이익에 불과하고 그 자신의 권리에 의한 것은 아니다. 따라서 이 사람이 가야 할 길이 특정인에 의해 파손되어 지나갈 수 없게 되었다고 하여, 그에게 즉시 통행할 수 있도록 해달라고 청구할 권리 내지는 통행할 수 없게 되어 생긴 손해를 배상하여 달라고 청구할 권리가 생기는 것은 아니다.

(3) 權利否認論

권리부인론은 법은 의무를 본위로 하는 것이지 권리를 본위로 하는 것이 아니라고 하여 권리의 개념을 인정하지 않는 견해이다. 이 설은 프랑스의 실증철학파에 속하는 콩트(Auguste Comte), 뒤기(L. Duguit) 등에 의하여 주장되었다.

그러나 이 견해는 현재의 권리론이 권리만능을 지양하고 권리에는 의무가 수반되는 것으로 정리되어 가고 있다고 할지라도 여전히 취하기 어려운 견해라고 할 것이다. 왜냐하면 현재의 실정법의 입장에서 권리의 관념을 완전히 제거할 수는 없는 것이므로 권리 없이 법률관계를 논할 수는 없을 것이기 때문이다.

3. 權利의 行使

(1) 권리행사의 자유

권리가 있다는 것은 그 권리를 행사할 수 있다는 것을 뜻한다. 권리를 행사한다는 것은 그 권리를 구체적으로 실현할 수 있다는 것이고, 이로 인하여 적절한 범위 내에서 타인에게 손해를 입히더라도 그것이 위법이 아니라는 것이다. 이와 함께 권리를 행사하는가 않는가는 권리자의 자유로 인정된다. 개인주의·자유주의에 바탕을 둔 권리행사에 관한 이러한 방임적 태도는 "자기의 권리를 행사하는 자는 그 누구를 해하는 것도 아니다."(*Qui suo iure utitur, neminem laedit.*)라거나, "자기의 권리를 행사하는 자는 누구에 대해서도 불법을 행하는 것이 아니다."(*Nullus vedetur dolo facere qui suo jure utitur.*)라고 하였다. 이러한 권리본위의 사고는 중세의 신분적 의무본위의 사고에서 사람을 해방하기 위한 이데올로기로 주장되었고, 또 권리행사의 자유를 인정한다고 하여 자의적인 권리행사까지도 인정하였던 것은 아니다. 다만 자본주의의 발달과 더불어 새로운 문제가 대두되었다.

그것은 근세의 자유주의적 사상 하에서 권리자인 사람은 모두 동일한 이성적·인격적 존재라는 것을 전제로 하는 것이었으므로 권리의 행사는 이성적으로 정당한 범위 내에서 행사할 것으로 생각되었던 것이다. 그러나 현실적으로 권리남용의 현상이 자주 초래되고, 또 자본주의하에서 독점자본에 의한 권리행사를 빙자한 권리남용은 심각한 사회적 문제를 일으켰으므로, 권리에 사회성·공공성을 인정하는 쪽으로 수정이 이루어졌다. 이리하여 타인을 해칠 목적만으로 권리를 행사하는 것을 금지하는 시카네의 금지(Schikaneverbot) 이후, 이러한 사상이 헌법적으로도 도입되었다. 이를 이어받은 우리 헌법도 "재산권의 행사는 공공복리에 적합하도록 하여야 한다."(제22조 2항)고 하여 같은 원칙을 천명하고 있다. 민법에서도 권리의 사회성·공공성의 구체화로서 신의성실원칙과 권리남용금지의 원칙을 규정하고 있다.

(2) 信義成實의 原則

우리 민법은 "권리의 행사와 의무의 이행은 신의에 좇아 성실히 하여야 한다."(민법 제2조 1항)고 규정하여 신의성실의 원칙(Treu und Glauben)을 권리행사에 관한 일반원칙으로 선언하고 있다. 본래 신의성실이란 사회공동체의 구성원으로서의 개인이 서로 상대방의 신뢰를 헛되이 하지 않도록 성의 있게 행동하여야 한다는 도덕 내지 윤리규범인데, 민법은 이를 법규범으로 도입하고 있는 것이다. 민법뿐만 아니라, 상법을 포함하는 사법(私法) 전반에 규정되어 있는 권리가 이에 의하여 규율된다. 공법상의 권리에 대해서는 의문이 있으나, 역시 이러한 원칙이 적용될 수 있다고 볼 것이다. 민사소송에도 신의성실의 원칙이 인정되어 있다(민소 제1조).

신의성실 원칙의 내용은 판례에 의하여 구체화되어 왔는데, 이 중 몇 가지를 들어보면 다음과 같다. 우선 ① 모순행위(矛盾行爲)의 금지가 있는데 이는 상당기간 계속된 그 이전의 행위가 타인의 신뢰를 얻고 있을 때 이와 모순되는 행위를 하는 것은 금지된다는 것이다. 예컨대 타인의 토지를 수탁하여 경작하는 자가 그 토지를 자신의 토지인 것처럼 등기까지 하고서도 막상 세금은 자신의 소유가 아니므로 원소유자에게 미루는 것과 같은 것은 허용하지 않는다는 것이다. 다음으로 ② 사정변경(事情變更)의 원칙을 생각할 수 있는데, 이는 법률행위 성립의 기초가 된 사정이 후에 당사자가 예견하지 못했거나 예견할 수 없었던 중대한 변경이 있어서 당초의 법률행위의 효과를 그대로 유지하는 것이 정당하지 못한 것으로 인정될 때, 그 법률행위의 내용을 변경된 사정에 맞추어 수정하거나 기존의 법률행위의 효력을 취소할 수 있다는 것이다. 예컨대 건물을 임대하고 있던 중, 급격한 경제사정의 변화로 세금이 오히려 차임을 초과하게 된 경우에, 계약기간 중이라도 임대인이 임차인에게 차임을 증액하여 줄 것을 요구할 수 있는 것과 같다. 그리고 ③ 실효(失效)의 원칙은 권리자가 장기간 그의 권리를 행사하지 않고 있었기 때문에 상대방이 그 권리가 행사되지 않을 것으로 믿을 만한 정당한 사유가 있고, 또 새삼스럽게 그 권리를 행사하는 것이 신의칙에 반할 때 그 권리의 상실을 인정하는 것이다. 판례 중에는 근로자들이 면직 후 바로 아무런 이의 없이 퇴직금을 수령하였으며 그로부터 9년 후 소정의 보상금까지 수령하였다면 면직일로부터 10년이 다 되어 면직처분무효확인의 소를 제기함은 신의성실의 원칙에 반하거나 실효의 원칙에 따라 권리의 행사가 허용되지 않는다고 한 것(대법원 1992. 12. 11. 선고 92다23285 판결)이 있다.

신의성실의 원칙에 위반한 권리행사는 권리남용으로 되어, 오히려 손해배상을 비롯한 법적 책임을 지게 되는 경우가 있을 수 있고, 의무의 이행도 이것이 신의성실 원칙의 위반이 되면 의무를 이행하지 않은 것으로 되거나, 이에 더하여 잘못된 부분에 대한 법적 책임을 지는 경우도 있을 수 있다.

(3) 權利濫用 禁止

권리남용금지의 원칙(Verbot des Rechtsmißbrauchs)은 권리의 행사가 외관상 적법한 것으로 보여도 실질에 있어서는 권리의 사회성, 경제적 목적 또는 사회적으로 허용되는 한계를 일탈한 것이라면 이에 대한 법적 보호를 해줄 수 없다는 원칙이다. 우리 민법도 이를 분명하게 규정하고 있다(제2조 2항). 이도 신의성실의 원칙과 마찬가지로 권리의 사회성·공공성이 반영된 원칙이다.

어떠한 경우가 권리남용이 되는가에 대해서는 법에 규정된 바가 없으므로 해석상 문제가 있을 수 있으나, 대체로 권리의 행사가 권리 본래의 사회적 목적에 부합하지 않는 경우에 권리남용이 된다고 하는 것이 보통이다. 따라서 정당하지 않은 권리주장을 포함하여 권리를 행사할 의무를 진 자가 권리행사를 하지 않는 경우 등도 문제가 될 수 있으며, 이러한 권리의 행사가 신의칙 위반이 되거나, 사회질서 위반, 정당한 이익의 흠결, 권리의 사회적 내지 경제적 목적 위반, 공평의 이념 위반, 정의 내지 사회윤리질서의 위반이 되거나 공공복리에 부적합하게 된다면 권리남용으로서 문제가 된다는 것이다. 이러한 예를 하나 보면, 건물이 서 있는 토지를 매수하여 토지 시가의 7배가 넘는 건물의 철거를 청구하면서 그 인접토지 가격보다 2배 이상 되는 가격에 그 토지의 매수를 요구하는 것은 권리남용이 된다는 것이다(대법원 1964. 11. 10. 선고 64다720 판결). 다만 권리남용의 여부를 인정할 때 행위자의 주관적 의사가 필요한가의 문제가 있는데, 예컨대 남을 해칠 목적으로 권리행사를 해야만 권리남용이 되는가 하는 것이다. 주관적 의사가 필요하다고 하게 되면 권리남용이 되는 경우가 줄어들게 되는데, 우리 판례는 주관적 의사가 필요 없다고 한 경우도 있으나 대체로 많은 경우에 행위자의 주관적 의사를 필요로 한다고 하고 있어서 비판을 받고 있다.

권리남용이 되는 경우에도 신의성실 위반의 권리행사와 마찬가지로 그 권리의 행사가 적법한 것으로 취급을 받지 못하게 되어, 권리행사의 효과가 발생하지 않기도 하고, 나아가 불법행위가 되어 손해배상의무를 질 때도 있으며, 극단적으로 명문의 규정이 있다면 권리가 박탈되는 경우도 있다. 친권의 남용이 있을 때 친권상실선고를 하는 것이 그러한 경우이다(민법 제924조).

4. 권리의 종류

권리는 법에 의해 부여된 힘이므로 법에 근거하지 않고는 성립할 수 없다. 이러한 점에서 권리가 공법·사법·사회법의 분류에 따라 공권·사권·사회권으로 나뉘는 것은 어쩌면 당연한 일이라고 할 수 있다. 여기서 모든 권리를 다 살펴본다는 것은 불가능한 일이므로 이러한 분류에 따른 권리의 종류만을 간략히 살펴보기로 한다.

(1) 公　權

공권(subjektive öffentliche Rechte, droit publics)은 공법에 의하여 부여된 권리로서 공적 이익을 보호하기 위한 목적을 가지고 있다. 공법은 국내법과 국제법으로 나눌 수 있으므로, 권리도 국내법상의 공권과 국제법상의 공권으로 나뉜다.

1) 國內法상의 公權

국내법상의 공권은 다시 국가공권과 국민공권으로 나눌 수 있다.

(가) 國家公權　국가공권은 국가나 기타 공공단체가 공법인으로서 그 자체의 존립을 위하여 가지는 권리와 국민에 대해 가지는 권리를 다 말한다.

국가공권은 다시 그 작용에 따라 입법권·행정권·사법권으로 나뉘고, 또 그 목적에 따라 조직권·경찰권·군정권·형벌권·재정권 등으로 나뉜다.

(나) 國民公權　국민공권은 국민이 국가나 기타 공공단체에 대해 가지는 권리이다. 여기에는 자유권·수익권·참정권 등이 포함되어 있다.

2) 國際法상의 公權

국가는 대내적으로 통치권을 행사하는 최고의 조직으로서, 대외적인 독립성을 가진 국제법상의 권리의무의 주체이다. 이와 같이 국가는 국제법상 독립권·평등권·자위권 등을 가지고 있다. 그러나 엄밀히 말하면 각국이 가지는 이와 같은 국제법상의 권리는 국가마다 다 같다고 할 수는 없다.

(2) 私　　權

사권(subjektive private Rechte, droit privé civil)은 사법상의 권리로서 사적 생활에서의 이익을 보호하기 위한 권리이다.

1) 내용에 의한 분류

권리의 내용을 형성하고 있는 이익을 기준으로 한 분류이다.

(가) 財産權 재산적 이익을 내용으로 하는 권리이다. 원칙적으로 양도나 상속이 가능하며, 물권 · 채권 · 지식재산권이 이에 속한다.

(나) 人格權 권리의 주체와 분리할 수 없는 인격적 이익의 향수를 내용으로 하는 권리를 인격권이라 한다. 구체적으로는 생명, 신체, 자유에 대한 불가침의 권리와 명예, 신용, 정조(貞操), 성명, 초상, 학문이나 예술, 사생활의 비밀 등과 같은 영적(靈的) · 정신적 자유가 이에 속한다.

(다) 家族權 가족권은 친족권과 상속권으로 구성되어 있는데, 친족권은 친족관계에 있어서의 일정한 지위에 따르는 권리로서, 친권, 후견인의 권리, 배우자가 가지는 권리, 부양청구권 등이 이에 속하며, 상속권은 일정한 친족적 지위에서 상속개시 후 상속인이 가지는 권리로서, 재산상속권, 유증을 받는 권리, 유류분에 관한 권리 등이 이에 속한다. 친족권은 의무성이 강한 점이 특징이나, 상속권은 재산권의 성격이 강하다.

(라) 社員權 사원이 단체의 구성원이라는 지위 내지 자격에 기하여 그 단체에 대해 가지는 권리를 포괄적으로 사원권이라 한다. 사단법인 사원의 권리, 주식회사의 주주권 등이 여기에 속한다. 사원권은 단체 자체의 목적 달성을 위한 공익권(共益權)과 단체로부터 사원이 이익을 받는 것을 내용으로 하는 자익권(自益權)이 있는데, 전자는 결의권, 소수사원권, 사무집행권, 감독권 등을 포함하는 것이며, 후자는 이익배당청구권, 잔여재산분배청구권, 비영리사단법인의 설비이용권 등을 포함한다.

2) 작용에 의한 분류

권리의 작용 내지 효력의 차이에 따른 분류이다.

(가) 支配權 타인의 행위를 중간에 개재시키지 않고 권리의 객체에 대한 직접지배를 내용으로 하는 권리를 지배권이라 한다. 지배권은 대내적으로는

대상물에 대한 직접지배력으로 나타나고, 제3자가 침해행위를 하게 되면 그 침해를 배제하여 지배력을 유지하기 위한 대외적 효력으로서 방해배제청구권이 발생하게 된다. 이에 속하는 것으로서는 물권, 준물권, 지식재산권 등이 있다. 지배권은 대세적 효력이 있는 절대권이다.

(나) **請求權** 청구권은 특정인이 다른 특정인에 대하여 일정한 행위, 즉 작위 또는 부작위를 청구할 수 있는 권리이다. 채권이 가장 대표적인 청구권이다. 그러나 채권은 청구권을 가장 중요한 부분으로 하지만, 이외에 급부를 수령하고 보유하는 효력, 채권자취소권, 채권자대위권 등 청구권 이외의 부분도 있으므로 채권과 청구권이 같은 것이라고는 할 수 없다. 청구권은 특정인에게만 효력이 있다는 의미에서 상대권이다. 그리고 청구권은 채권 이외에도 물권이나 가족권 등으로부터도 발생한다.

(다) **形成權** 권리자의 일방적 의사표시에 의하여 법률관계를 발생·변경·소멸시킬 수 있는 권리를 형성권이라 한다. 이에는 권리자의 의사표시만으로 법률관계가 변동되는 재판' 외의 형성권과 형성의 소라고 하여 반드시 재판을 통해서만 행사할 수 있는 재판상의 형성권의 두 가지가 있다. 전자에 속하는 것으로는 동의권, 취소권, 추인권, 계약의 해제·해지권, 상계권, 매매의 일방예약완결권, 약혼해제권 등이 있고, 후자의 예로서는 채권자취소권, 친생부인권, 재판상 이혼청구권, 입양취소청구권, 재판상 파양청구권 등이 있다.

(라) **抗辯權** 청구권의 행사에 대해 일시적 또는 영구적으로 그 작용을 저지할 수 있는 권리를 항변권이라 한다. 이는 상대방이 가지고 있는 청구권의 존재를 부인하는 것은 아니지만, 효력을 저지할 수 있는 권리이다. 항변권은 청구권의 행사를 일시적으로 저지할 수 있는 연기적 항변권과 영구적으로 저지할 수 있는 영구적 항변권이 있는데, 전자에 속하는 것으로는 동시이행의 항변권, 보증인의 최고 및 검색의 항변권 등이 있고, 후자에 속하는 것으로는 상속인의 한정승인의 항변권이 있다.

3) 기타의 분류

(가) **絕對權·相對權** 권리자에 대한 의무자의 범위를 기준으로 권리를 절대권과 상대권으로 나눌 수도 있다. 절대권은 특정한 상대방이 없고 일반인

을 의무자로 하여 모든 사람에게 주장할 수 있는 권리로서, 대세권이라고도 한다. 여기에 속하는 것으로는 물권·지식재산권·인격권 등이 있다. 한편 상대권은 특정한 상대방에 대해서만 주장할 수 있는 권리로서 대인권이라고도 한다. 여기에 속하는 것은 채권 등 청구권이다. 본래 절대권은 일반 제3자에 의해 침해될 수 있고, 상대권은 특정 의무자만이 침해할 수 있다고 하는 것에서 구별 의의가 있으나, 오늘날은 채권에 대해서도 제3자의 침해가 이루어질 수 있다고 한다. 제3자가 채권의 이행을 방해할 목적으로 채무자를 납치한 것 등이 이러한 경우이다.

(나) 一身專屬權·非專屬權 일신전속권은 권리의 성질상 특정인에게만 소속될 수 있는 권리로서 타인에게 양도·상속되거나 타인이 행사할 수 없는 권리이다. 이는 다시 타인이 권리를 가질 수 없는 귀속상의 일신전속권과 타인이 행사하는 것이 금지되는 행사상의 일신전속권으로 나누어지는데, 대부분의 가족권·인격권과 종신정기금채권 등은 전자에 속하고, 부부 상호간의 권리나 부양청구권은 후자에 속한다. 이에 비하여 비전속권은 양도성과 상속성이 있는 권리로서 대부분의 재산권이 이에 속한다.

(다) 主된 권리·從된 권리 이는 권리의 독립성에 의한 구별로서, 다른 권리의 존재를 전제로 하는 권리를 종된 권리라 하고, 이때 다른 권리의 근거로 되는 권리를 주된 권리라 한다. 예컨대 원본채권과 이자채권, 피담보채권과 담보물권, 주채무자에 대한 채권과 보증인에 대한 채권, 요역지소유권과 지역권은 각각 주종의 관계에 있다. 종된 권리는 대개 주된 권리와 법률적 운명을 같이한다.

(라) 完全權·期待權 권리가 그 성립요건을 완전히 갖추면 이를 완전권이라 하여 그 효력이 발생하게 된다. 그러나 법이 정하는 요건을 완전히 갖추지 못하고 이를 갖추어가고 있는 권리는 불완전권리 또는 생성 중의 권리라고 하는데, 본래 아무런 법적 보호를 받지 못한다. 그런데 이러한 생성 중의 권리 가운데는 법적 보호의 필요가 있는 것이 있는데, 이러한 것을 기대권이라 한다. 이에 속하는 것으로는 정지조건부 권리, 상속개시 전의 추정상속인의 지위 등이 있다.

(3) 社 會 權

사회권은 국민이 인간다운 생활을 영위하는 데 필요한 조건을 형성하기 위하여 인정되는 권리이다. 사회권은 사회법에 의하여 인정되고 있는데, 사회법은 자본주의의 발달과 더불어 심화된 제도적 모순을 개선하여, 모든 국민이 최소한의 법적 지위를 기본적으로 누릴 수 있도록 하기 위하여 사법을 공법적으로 수정하고 있는 법제라고 할 수 있다. 사회법에 의하여 국민은 국가에 대하여 인간다운 생활을 유지하기 위한 배려와 급부를 요구할 수 있게 된다. 이러한 권리들은 대개 헌법에 의하여 보장되어 있는데, 교육을 받을 권리(제31조), 근로의 권리(제32조), 근로자의 단결권·단체교섭권·단체행동권 등 근로3권(제33조), 인간다운 생활을 할 권리(제34조), 환경권(제35조), 보건권(제36조 3항) 등이 있고, 이러한 것은 대개 법률로 보장되어 있다. 그러나 이러한 권리들은 국민이 직접 청구하거나 행사할 수 있는 것도 있지만, 그렇지 않은 것도 많다.

제3절 義　務

1. 義務의 意義

(1) 義務의 槪念

의무(duty, Pflicht, devoir)란 어떤 행위를 하거나 하지 않아야 할 법률상의 구속을 말한다. 의무자가 의무를 이행하지 않으면 권리자는 그 의무의 이행을 강제하기 위하여 소를 제기하거나, 손해배상을 청구할 수 있게 된다.

의무에는 통상 권리가 대응하고 있으나, 의무 없는 권리가 있는 것과 마찬가지로 권리 없는 의무도 있음은 앞에서 본 바와 같다. 소비대차에 의하여 발생한 채무와 채권은 대응하는 권리의무의 예이고, 책임무능력자의 감독자의 의무(민법 제755조)와 같은 것은 권리 없는 의무의 예로 된다.

(2) 구별개념

한편 의무에 속한다고 할 수도 있지만, 다소 차이가 있는 개념 중에 간접의무(間接義務) 내지는 책무(責務)라고 하는 것이 있다. 이는 위반하더라도 본래의 법률관계의 강제이행을 청구당하거나 손해배상을 하지 않아도 되는 가벼운 부담이지만, 대신 그 불이행에 대해서는 법에 정해진 일정한 불이익을 받게 된다. 그 예로는 청약자의 승낙 연착의 통지의무(민법 제528조 2항), 수증자의 하자고지의무(민법 제559조 1항 단서) 등이 있다.

또 의무와 자주 혼동되는 것으로 채무(債務)라고 하는 것이 있는데, 이는 채권에 대응하는 의무이다. 이를 정의해 본다면 채무(obligation, Obligation, Schuld)는 채무자가 채권자에 대해 일정한 행위를 하거나 하지 않아야 할 것을 내용으로 하는 의무라고 할 수 있을 것이다.

이와 더불어 책임(責任; Haftung)이라고 하는 것은 규범을 위반하면 법에 규정된 제재를 받아야 하는 지위를 말하는 것이다. 죄를 지으면 처벌을 받을 책임이 있다거나, 채무불이행에 대해서는 손해배상을 할 민사책임을 진다고 할 때의 책임이 이러한 예이다. 그런데 이 개념은 채무와 더불어 쓰이기도 하는데, 특히 민법상 채무가 이행되지 않는 경우에 대비하여 제공된 일정한 담보를 의미하기도 한다. 이러한 담보는 재산으로써 현실적으로 제공되는 경우도 있지만, 의사표시만으로 특별하게 인정되는 경우도 있고, 또 일반적으로 인정되는 경우도 있다. 앞의 두 가지의 예는 차례로 저당권, 보증 등을 들 수 있고, 채무자는 자신의 전 재산으로 책임을 진다고 하면 마지막의 예로 되는 것이다. 또한 채무가 존재하더라도 그 불이행시에 재판상 청구를 통해 책임을 묻는 것이 불가능한 것도 있는데, 이를 자연채무(自然債務)라 한다.

2. 義務의 種類

의무도 권리와 마찬가지로 몇 가지 기준을 통해 구별할 수 있다.

(1) 公義務와 私義務

의무가 인정된 법규를 기준으로 한 구별이다.

공의무는 공법에 의하여 인정되는 법률상의 구속을 말한다. 이도 역시 국내법상의 의무와 국제법상의 의무로 나누어볼 수 있는데, 전자에 속하는 것으로는 국민이 국가 기타 공공단체에 대해 지는 의무로서 교육의 의무(헌법 제31조 2항), 근로의 의무(제32조 2항), 환경보전의 의무(제35조 1항), 납세의 의무(제38조), 국방의 의무(제39조)와 국가 기타 공공단체가 국민에 대해 지는 의무로서 기본인권 보장의무(제10조), 청원에 대한 심사의무(제26조 2항) 등이 있다. 국제법상의 의무는 국가가 다른 국가에 대해 지는 의무를 말하는데, 조약에 의하여 인정되는 것이 보통이므로 일정하지 않다.

사의무는 사법에 의하여 인정되는 의무인데, 민·상법과 그 특별법에 의해 인정되는 재산 내지 친족법상의 여러 가지 의무가 이에 속한다.

(2) 積極的 義務와 消極的 義務

의무를 이행하는 모습을 기준으로 하는 구별이다.

의무자가 특정한 행위를 하여야 할 의무를 적극적 의무 내지 작위의무(作爲義務)라 하고, 하지 않아야 할 의무를 소극적 의무 내지 부작위의무(不作爲義務)라 한다. 부작위의무는 경우에 따라서 권리자의 행위를 거부하지 않고 받아들여야 하는 인용(忍容)의무도 있다. 예컨대 돈을 빌린 채무자는 돈을 갚아야 할 작위의무가 있고, 영업양도를 한 사람은 10년간 같은 지역에서 같은 종류의 영업을 하지 않아야 할 부작위의무가 있다(상법 제41조). 또한 자신의 토지를 임대한 소유자는 임차권자가 그 토지를 사용하는 것을 허용할 의무가 있다는 것이 인용의무의 예로 된다. 적극적 의무는 의무인 행위를 하지 않는 것이 의무위반이 되지만, 소극적 의무의 경우에는 하지 않아야 할 행위를 하게 되면 의무위반이 된다.

13장 法에 의한 制裁

제1절 法制裁의 根據

1. 법의 성질과 제재

법은 행위규범이므로 필연적으로 이를 따르는 경우와 따르지 않고 법을 위반하는 경우가 생기게 된다. 법을 위반하였을 때, 법은 이를 방치하지 않고 그에 대한 대가로서 제재를 주는 것이 보통이다. 이와 같이 법을 위반하게 되면 여러 가지의 제재를 받게 되는데, 그 이유는 무엇이라고 하여야 하는가에 대하여 법의 몇 가지 성질을 들어 설명한다.

(1) 강제규범성

법을 강제규범이라 하는 것은 법은 스스로 자신이 지켜지도록 하기 위한 강제수단을 가지고 있기 때문이다. 따라서 법이 의도하는 바와 다른 행위 내지 다른 결과가 형성되었을 때 제재가 가해지지 않는다면 그러한 상태가 반복되어 아무도 법을 지키지 않게 되고, 결국 법은 사문화되고 말 것이므로, 대부분의 규범은 제재규정을 가지고 있는 강제규범이다.

예외적으로 법위반에 대해 제재규정을 가지고 있지 않은 법규정도 있을 수 있는데, 이를 불완전 규정이라 한다. 따라서 이러한 규정은 위반하더라도 제재가 가해지지 않는다. 강행규정이라도 무방하지만, 불완전 규정이 되면 사실상 사람들이 지켜야 할 이유가 없으므로 잘 지켜지지 않더라도 무방한 규정에 그러한 예가 있다.

이에 비하여 임의규정은 처음부터 국민을 강제할 목적이 없고, 법규정과 무관하게 행위하는 것이 허용되어 있는 규정이다. 따라서 이에 따를 것인가 말 것인가는 수범자의 의사에 달려있다.

(2) 타율규범성

법이 제재가 없으면 지켜지지 않는 이유는 법이 행위자의 의지와 무관하게 결과적으로 법에 적합한 행위가 행해지면 적법한 것으로 보는 타율규범이기 때문이다. 따라서 법은 행위자의 자발적 의사에 의해 지켜지는 것까지를 원하지 않는다. 실제로는 그러한 것이 불가능한 경우도 있다. 이러한 경우 법준수의 보장은 그 위반시의 제재에 의할 수밖에 없게 된다.

(3) 비도덕적 규범성

법이 타율규범성을 가지는 이유는 법이 도덕적 규범이 아니기 때문이다. 일부의 법규는 도덕에 근거하기도 하지만, 대부분의 법규는 도덕과 무관하다. 이 점에서 본다면 사람의 본성과 법규의 준수는 일치하는 것은 아니다. 따라서 법규의 위반에 대하여는 사회적 비난과 같은 법외적 장치를 기대할 수 없으므로 법은 제재라는 수단을 이용하여 법의 준수를 강요하게 된다.

2. 法制裁의 原因

법의 제재가 가해지는 원인은 물론 법에 위반한 행위가 있는 경우이다. 가장 일반적인 것은 법위반행위만으로 제재가 가해지기도 하지만, 경우에 따라서는 그 행위로 말미암아 법이 금지하는 결과가 발생하여야 한다거나, 또는 특정한 자의 기여가 필요한 경우도 있다. 후자의 예로서는 제소나 고발 등을 들 수 있다.

제2절 公法上의 制裁

공법상의 제재는 주로 행정법상의 제재를 중심으로 살펴본다. 다만 이와 별도로 헌법상의 정당해산제도나 고위 공무원에 대한 탄핵제도를 살펴볼 수도 있으나, 이러한 것들은 헌법부분으로 미룬다.

1. 行政上의 제재

행정상의 제재는 아주 다단계적이고 그 종류도 다양하다. 법에 합치하지 않는 행위에 대하여 소극적으로 법이 규정하는 협조를 거부하는 선에서 그치는 것이 있는가 하면, 적극적으로 법의 준수를 종용하고 그것이 이행되지 않는 경우에 제재를 가하는 경우도 있다. 그 태양으로는 행정법적 효력을 부정하거나, 권리를 박탈하거나, 과태료를 부과하거나, 허가나 인가신청에 대하여 수리를 거부하거나, 경우에 따라서는 행정상의 손해배상이나 손실전보 또는 강제집행의 방법을 쓰는 경우도 있다.

행정지도의 경우, 행정목적을 위하여 국민에 대하여 법적 구속력이 없는 지시, 권유, 지도, 기타의 방법을 통하여 행정목적을 달성하려는 것인데, 그 상대방인 국민으로서는 행정지도에는 법적 구속력은 없으나 행정부가 법집행을 위하여 다양한 재량권을 가지고 있으므로, 협조하지 않을 경우, 불이익을 입게 될 수도 있다는 점에서 사실상의 강제력을 가지고 있다고 할 수 있다. 다만 행정지도 자체를 거부하여도 제재가 가해지지 않는다. 다만 필요한 경우에는 국가는 허가를 취소한다거나, 각종의 신고의 수리를 거부한다거나, 법적 자격을 인정하지 않는다거나 하는 방법에 의하여 실질적으로 제재의 효과를 얻을 수 있다.

행정상의 손해배상은 불법적인 행위로 인한 손해를 전보하는 것이고, 손실전보는 적법한 공권력의 행사에 의해 입은 특별한 희생을 공평성의 견지에서 행정주체가 조정하기 위하여 재산적으로 전보해주는 것이다. 이들은 주로 국가나 공공단체 내지 공무원에 대한 제재에 해당한다. 따라서 국민에 대하여는 제재라기보다는 구제방법에 해당한다.

2. 行政罰에 의한 제재

행정법상의 의무위반에 대한 제재로서 행정벌은 행정행위와 관련된 경우도 있고, 법령의 준수와 관련된 경우도 있다. 그 종류로는 질서행정벌(경찰벌), 규제벌, 공기업벌, 재정벌, 군정벌 등이 있으나, 성질에 의하여 나누면 행정형벌과 행정질서벌로 나눈다.

행정형벌이란 행정상의 의무위반에 대하여 형벌로써 제재를 가하는 것이다. 행정목적의 달성을 형벌로 담보하는 것이므로, 형사법과 행정법의 한계가 문제로 된다. 그 형벌의 종류는 형사법에서 보는 바와 같다.

행정질서벌이란 과태료로 제재를 과하는 것이다.

3. 行政强制

행정강제는 행정주체가 행한 행정행위의 내용을 의무자가 자발적으로 실행하지 않는 경우에 직접 실력을 행사하여 목적을 달성하는 것으로서, 직접강제와 간접강제 외에 대집행의 방법도 이용된다. 다른 기준으로는 행정상의 강제집행, 또는 행정상 즉시강제 등으로 구별한다. 이렇게 구별할 때에는 대집행, 집행벌, 직접강제, 행정상 강제징수 등이 행정상의 강제집행에 속하게 된다. 그리고 이와 구별되는 의미에서 행정상 즉시강제라 함은 목전에 급박한 행정상의 장해를 제거할 필요가 있는 경우에 미리 의무이행을 명할 시간적 여유가 없을 때 또는 그 성질상 의무이행을 명해서는 목적달성이 곤란한 때에 즉시 사람의 신체 또는 재산에 실력을 가하여 행정상 필요한 상태를 실현하는 작용을 말한다.

제 3 절 刑事法上의 制裁

형사법에 의한 제재는 범죄행위를 저지른 자에 대해 사후적으로 제재를 가하는 형벌과 범죄의 가능성이 농후한 자에 대해 사전적으로 범죄를 저지르지 못하도록 하기 위하여 가하는 예방조치인 보안처분이 있다.

1. 刑罰에 의한 제재

형법상의 처벌규정에 해당하는 범죄를 저지른 자에 대하여 사형, 유기 또는 무기의 징역·금고, 자격상실, 벌금, 자격정지, 구류, 과료, 몰수 등의 형을 과하여 제재를 하는 것이다. 죄형법정주의가 강하게 적용되므로, 반드시 형벌규정이 필요하고, 재판을 거쳐 집행된다. 그 목적으로는 범죄자를 처벌하여 제재를 한다는 것 외에 범죄를 저지를 가능성이 있는 자에 대하여 처벌을 경고함으로써 범죄로부터 사회를 보호하는 것이다.

2. 保安處分에 의한 제재

현실적으로 범죄를 저지르지 않았거나 범죄에 대한 대가는 모두 치렀다고 하는 경우에도, 범죄를 저지를 가능성이 농후한 자에 대하여 적절한 통제를 함으로써 범죄를 저지르지 못하도록 하는 처분을 보안처분이라 한다. 죄형법정주의와 관련하여 문제가 있다는 지적이 있다. 우리나라에서는 형법에서 보안처분의 일종인 보호관찰(제59조의2)의 규정을 두고 있으며, 이외에 치료감호 등에 관한 법률, 보안관찰법, 보호관찰 등에 관한 법률 등의 몇몇 특별법에서 보안처분에 관한 규정을 두고 있다.

제4절 私法上의 制裁

사법은 공법이나 형사법과 같이 국민에 대한 법적 질서를 강제하는 것이 아니라, 사인과 사인 사이에서의 거래를 통한 사법적 질서를 유지하는 것을 내용으로 하므로, 공법상의 제재와는 그 내용이 확연히 다르다. 따라서 엄밀히 말하면 사법적 질서가 침해되었을 때 이를 유지하기 위한 법제도를 제재라고 할 수 있는가도 문제로 될 수 있다. 사법상의 의무위반에 대한 제재는 그 의무를 이행케 하는 것, 권리를 박탈하는 것, 순수히 제재를 가하는 것 등의 종류가 있다.

1. 權利의 否認 및 剝奪

일정한 권리를 갖는 자가 그 권리를 오랫동안 행사하지 않거나, 법에 위반하여 권리를 행사하는 경우에 그 권리를 부인하거나 박탈하는 것이다. 친권의 상실(민법 제924조)이나 신의성실의 파생원칙으로서의 금반언칙(estoppel), 소멸시효(민법 제162조) 등이 여기에 해당한다.

2. 損害賠償

과실로 타인에 대하여 손해를 입힌 자 또는 자신의 의무이행을 태만히 한 자는 그로 인하여 타인이 입은 피해를 전보(塡補)해 주어야 한다(민법 제390조, 제750조). 궁극적으로 손해의 배상은 금전배상에 귀착되나, 원상회복이 가능한 때에는 원상회복을 해주는 것이 원칙이다. 우리나라에서는 징벌적 손해배상(punitive damages)을 인정하지 않으므로 손해를 입은 만큼만 배상을 해주도록 되어 있다.

3. 强制執行

채무자가 그 의무를 임의로 이행하지 않는 경우에, 채권자의 청구에 의하여 국가권력으로 그 권리를 실현시키는 것이다. 이에는 강제적으로 권리실현상태를 도출하는 직접강제, 강제금이나 감치(監置) 등의 방법으로 의무자를 위하여 자발적으로 의무를 이행하도록 압박하는 간접강제, 제3자로 하여금 대신 그 내용을 이행하게 하고 의무자로부터는 그 비용을 징수함에 그치는 대체집행의 3종이 있다.

제 5 절 國際法上의 制裁

국제법상의 의무를 위반한 국가에 대하여 가하는 제재이다. 국내법과는 달리 국제법상 현실적으로 제재를 담보할 권력이 존재하지 않으므로 국제법상의 제재는 현실적으로 실행되기는 극히 곤란하고, 침해를 가한 국가가 강대국인 경우에는 제재 가능성은 극히 희박하게 된다. 그 종류로는 어떤 국제법 위반의 침해가 있을 경우에 그 침해 이후에 사후적으로 침해와 동량·동질의 위해를 가하는 보복(報復), 타국의 위법행위를 중지시키기 위한 목적에서 침해와 동시적으로 동량, 동질의 위해를 가하는 복구(復仇), 경제적 내지 군사적인 방법을 이용하여 외국과의 교류를 하지 못하도록 하는 봉쇄(封鎖) 등이 있으나, 최종적으로는 전쟁으로 귀착하는 것이 보통이다.

14장 法의 變更

제1절 법의 변경의 필요

법이 제정된 후 상당한 시간이 경과하게 되면 사회의 기반의 변천이 일어나게 되고, 그 변천은 결국 법이 존재하는 기반을 위태롭게 한다. 이때 법이 바뀌지 않는다면 처음에는 국가의 의지와 권력에 의하여 강행되기도 하나 결과적으로는 그 법은 사회실정을 반영하지 못하는 것으로서 사문화되거나 궁극적으로 국민으로부터 배척받는 처지로 되고 만다. 결국 법이 실제로 적용되어 법으로서 기능하기 위해서는 그 사회변화에 좇아 대응하지 않으면 안 되는 것이다. 물론 법이 사회변화를 선도할 수도 있으나 대개의 경우는 법적 안정성의 요구에 의하여 사회의 변화를 사후적으로 좇아가는 경향을 가지게 된다. 법의 변경은 명시적으로 개정의 방법에 의하기도 하고, 사회의 변화가 심각하지 않을 때에는 해석의 변경 등을 통하여 묵시적인 방법으로 일어나기도 한다. 후자를 강학상 법의 변천이라 한다. 그러나 법의 변천은 완전한 것은 아니고 또 바람직한 것도 아니므로 궁극적으로는 법의 개정절차에 의하여 정리되어야 한다.

제 2 절 法의 改正

법의 개정은 명시적으로 법을 입법권자가 변경시키는 것이다. 법을 제정하는 것과 마찬가지로 제정주체가 개정주체가 되고, 절차방법도 제정의 절차방법으로 행해진다. 우리나라의 경우, 특히 헌법의 개정절차와 법률의 개정절차가 중요하다. 다만 법의 개정은 법을 개선시키는 방향으로 행해져야 하며, 개악시키는 방향으로 행해질 수는 없다. 경우에 따라서는 위정자가 사회의 변경이 없는데도 불구하고 법을 개정하는 경우가 있으나, 이러한 것은 결코 바람직한 것이 아니다. 왜냐하면 법의 개정은 법적 안정성을 해치는 것이므로 최소한에 그쳐야 하고, 또 자주 있어서도 안 되는 것이기 때문이다.

법을 개정함에 있어서는 구법을 삭제하고 신법을 대치하는 방법(replacement)과 구법에 그대로 두고 신법을 부가하는 방법(amendment)이 있으나, 보통은 앞의 방법을 많이 쓴다.

제 3 절 法의 變遷

1. 사회의 변천에 의한 법의 변천

법의 기반이 되는 사회실정의 변화를 법해석의 변화를 통하여 수용하는 방법을 법의 변천이라 한다. 법의 변천은 기존의 법규정에는 변화가 없음에도 불구하고, 법의 바탕이 되는 사회의 변화에 즉응하여 법의 내용의 탄력성을 꾀하는 것이다. 이렇게 되면 가능한 범위 내에서 법의 개정이 없어도 사회의 변화를 법이 따라갈 수 있게 된다. 결국 법의 변천은 법규정의 개정이라는 방법은 동반하지 않으나, 그와 마찬가지의 결과를 초래한다. 법의 변천으로 사회의 변천에 대처하지 못하는 경우에는 개정의 방법에 의할 수밖에 없다.

2. 법과 정치

법과 정치는 상호간에 영향력을 가지고 있다. 정치는 법에 의해 제약을 받는다. 정치체제는 법상의 것으로 규정지어지며, 법규정을 일탈한 정치는 위법하다. 이에 비하여 정치현실의 변경은 법제에 영향을 미친다. 현실적으로 국민의 입법권은 정치인들에게 위임되며, 법을 만드는 입법자는 바로 정치가들이다.

법과 정치의 관계에 대하여는 법이 정치현실을 통제하고 따라서 법이 정치의 우위에 서 있다는 입장(소위 법치주의)에 대하여, 정치가 법의 상위에 선다는 입장(소위 정치주의)의 대립이 있다. 후자의 입장은 보수적이면서 정적(靜的)인 법으로서는 사회의 변천에 즉응하지 못하므로 동적인 정치가 우위에서 법현상을 통제할 수밖에 없다는 것이다. 그러나 이 입장은 혁명 등의 격동기와 평상시의 실태를 구별하지 못하는 견해로서, 혁명기에는 법체제의 변동이 혁명이라고 하는 정치현실에 좌우될 수 있으나, 평상시에는 어디까지나 정치가 법의 테두리 내에서 이루어져야 하고, 이를 벗어난 정치는 위법한 것으로 배척되어야 한다. 그렇지 않으면 정치가들의 독단이 국민의 자유와 권리를 침해하여도 이를 제어할 수 없게 되고 이 경우에는 국가의 기본바탕도 흔들리게 되고 만다. 궁극적으로는 정치주의라는 것은 성립할 수 없으며, 법치주의는 법이 정치 위에 있다는 제한적 의미가 아니라, 통치자와 피치자가 모두 법 앞에서 평등하며, 나아가 법도 스스로의 정당성을 가져야 한다는 의미로 보아야 한다.

3. 법과 경제

자본주의 사회에 있어서는 법과 경제의 관계는 더할 나위 없이 밀접하다. 일찍이 사회주의가 경제적 이유에서 발생하였다는 것이나, 경제적 이유에서 사회법이 생겨난 것은 주지의 사실인데, 이뿐만 아니라, 경제상황은 사회에 미치는 영향이 지대하여 사회의 변화를 주도하고 이에 의하여 법적 질서가 수정될 수도 있다는 점에서 본다면 경제가 법세계에 미치는 영향도 상당한 것으로 인정할 수 있다. 그러나 경제는 어디까지나 법이 정한 범위 내에서 이루어지지 않으면 안 되며, 법을 위반하여 이루어지는 경제질서는 결과적으로 법적 제재를 벗어날 수 없게 된다는 점에서 볼 때 법이 경제에 미치는 영향도 상당하다고 할 수 있다.

4. 혁명에 의한 법의 변경

혁명을 어떻게 개념정리하느냐 하는 것은 지극히 어렵고도 곤란한 문제이나 적어도 법과의 관련성에서 본다면 혁명에 의하여 기존의 법의 효력은 정지되고, 새로운 법이 발생하게 된다.

15장 한국 법학의 과제

우리의 법학은 외국의 그것에 비하면 많은 다른 점을 가지고 있다. 거기에는 누구 때문이라고 말하기 어려운 우리의 부끄러운 과거가 녹아 있고, 우리 자신이 살고 있는 현재가 살아있으며, 앞으로 우리와 우리 자손들이 살아야 할 미래가 자라고 있다. 이러한 점에서 한국 법학은 우리의 얼굴이라고 해도 과언이 아니다. 여기서는 비정상적으로 자라난 우리의 법학이 장차 어떠한 모습으로 발전해나가야 할 것인가를 간단히 살펴보고자 한다.

1. 전통법학의 연구증진

우리의 현행법제뿐 아니라 현행의 법학도 국적불명의 것이다. 우리의 전통법제는 일제의 침략과 해방 이후의 외국법 추종의 사조에 밀려 완전히 말살되었으며, 우리의 전통적인 법제도가 존재하지 않음으로 인하여 우리 관념에 알맞은 법이론도 개발되지 못하였다. 우리사회는 몸에 맞지 않는 외국법으로 인하여 뒤틀리고 왜곡되었으며, 우리의 전통적인 법문화는 어디에도 없다.

이러한 현상은 초기 일제의 강점에 의한 문화말살 내지 식민정책으로 행해졌으며, 해방 이후에는 외국에서 돌아온 위정자들의 소위 개발정책에 의하여 강행되었다. 학문적 영역에도 외국법이론을 소개하고 이를 우리 법에 뜯어 맞추지 않으면 지지를 받지 못하였으며, 이에 따라 이상하고 낯선 외국의 법제들이 물밀듯이 밀려들어왔다. 따라서 새로운 법제는 우리에게 필요하기 때문이라거나, 우리에게 알맞은 것이라는 이유가 아니라, 외국에서 행하는 것이라는 이유로 수입되었다. 이러한 것은 결국 사회현상과 법학간의 관계를 단절시켰으며, 법학이 법현실의 개선에 기여하지 못하는 기이한 현상을 낳았다.

물론 현재에는 많은 사회구조가 서구화되어, 오히려 법과 현실의 괴리가 줄어들었다고는 하나, 아직도 많은 법관행은 전통적 측면에서도 연구되어야 할 점이 없지 않을 것이다. 우리의 연구 과제는 우리의 몸에 맞는 우리 법을 찾아내기 위하여 그 첫째 임무로서 전통법을 살피는 일이라고 할 것이다.

2. 법을 존중하는 기풍 진작

법학은 사회과학이다. 물론 법 또는 법학이 사회를 선도하는 것은 타당하지 않을 수도 있다. 그러나 어느 누구도 법을 존중하지 않는 이러한 상황은 결코 계속되어서는 안 된다. 국가의 잘못이 법제의 문제로 투영되고, 사회적 문제가 법의 잘못으로 논박당하는 것은 바람직하지 않다. 중요한 일은 중요한 일대로, 사소한 것은 또 그대로 법의 테두리 내에서 이루어져야 하며, 마음에 들지 않는다고 법을 무시하거나, 자기에게 이익이 되지 않는다고 법을 고치려 드는 것은 결코 우리나라의 앞날을 밝게 하는 것이 아니다. 이러한 것은 자신의 이익과 일치하면 법을 이용하지만, 자신에게 이익이 되지 않을 때는 법을 공격하고, 법의 위반을 부끄러워하지 않는 풍조를 만들어냈다. 심지어는 법을 위반하여 처벌을 받는 것을 위대한 업적을 세운 것인 양 우쭐하기도 하는데, 옆에서 이를 고무하기도 한다. 한편으로 자신은 법을 지킬 필요가 없는 특별한 사람이라는 착각을 하는 모자라는 사람도 있다. 법을 존중하고 법 안에서 생활하는 사람들이 제대로 대접받는 사회의 창조는 법학이 추구하는 최후의 목표라고 할 수 있을 것이다. 지위의 고하를 막론하고 법을 존중하는 것이야말로 민주시민의 가장 기본적인 덕목이라는 것을 깨우치지 않으면 안 된다.

3. 이 시대에 알맞은 규범 창조

법이 사회에서 존중되기 위해서는 법이 정상적인 사회상황을 잘 반영하고 있어야 한다. 법이 권력에 아부하는 내용을 가지고 있다거나, 정당하지 않은 시대의 유행을 반영하여 비정상적인 모습으로 만들어진다면 그러한 법은 결국 외면될 수밖에 없다. 법은 이 시대의 마지막 보루로서 어떠한 권력이나 유행에도 흔들리지 않은 굳건한 모습을 가지고 있어야 한다. 이러한 이유에서 법이 사회를 이끌어가는 것은 타당하지 않다고 하는 것이다. 법은 이 시대의 잘못을 바로잡고 악의 가지를 잘라내서 민족적 정통성이 올곧게 자랄 수 있도록 하지 않으면 안 된다. 따라서 법은 시대보다 한 발짝 뒤에서 따라가는 것이 바람직하다. 그러나 이러한 것은 시대의 흐름에 뒤처지라는 것은 아니라는 점을 주의해야 한다.

또한 아무리 법이 좋은 내용을 규정하고 있어도 이 법이 제대로 이해되거나 제대로 집행되지 않으면 결코 국민의 지지를 받을 수 없다. 법이 제정되기 전부터 시행되는 모든 전 과정에 법학의 올바른 기여가 있을 때, 법이 존중받는 사회가 이룩될 것이다. 법을 잘 모르는 일반 국민들은 법을 법문에 나타난 그대로의 것이라고 오해하는 경향이 있다. 이러한 점은 법에 미숙한 공무원 중에서도 심심찮게 발견된다. 따라서 법학계는 현재의 법에 어떠한 문제가 있는가를 심각하게 고려하여 문제점을 지적하고, 대안을 제시하여야 한다. 또 새로운 법이 제정될 때에는 법이 특정한 방향으로 일방적 편향성을 가지지 않도록 중심적인 위치에서 바로잡도록 하여야 하며, 새로운 법의 올바른 내용이 무엇인가를 정확하게 이해하여 이를 널리 펴야 한다. 이러한 것은 법학계의 부단한 노력을 필요로 함은 물론이다.

4. 사회에서 함께 숨 쉬는 법학

법학은 응용학문이기 때문에 결코 법학자의 연구실 안에서만 이루어지는 것은 아니다. 올바른 법을 연구하는 것만큼이나 그 연구결과를 널리 알려 국민들로 하여금 바른 법생활을 하게 하는 것도 중요한 일이다. 아무리 중요한 법의 학문적 성과가 있다고 하더라도 그것이 국민들에게 알려지지 않는다면 그것은 아무런 소용이 없다. 따라서 다른 어떠한 학문보다도 특히 법학은 국민들과 사회에서 함께 숨 쉬는 학문이 되지 않으면 안 된다. 때문에 법학은 학자의 자기도취를 위하여 연구되는 것은 아니므로 쓸데없이 현학적(衒學的)인 내용을 가져서는 안 된다. 그러나 물론 여기서 한 가지 경계하여야 할 것은 오히려 국민에게 해가 되는 장사꾼들에 의해 만들어지는 쓰레기나 다름없는 무가치한 문헌들의 범람이다. 법의 내용을 알지도 못하는 미숙한 자들이 허영심이나 경제적 이득을 얻기 위하여 마구잡이로 펴내는 문헌들은 국민을 도와주는 것이 아니다. 이러한 것은 오히려 국민들에게 유독한 것이므로 국민들이 법의 올바른 내용을 바로 알 수 있도록 유익한 연구를 통하여 사회에 기여하는 풍토가 이루어져야 한다.

부록: 여러 가지 법언(法諺)

1. 종물은 주물에 따른다(Accessorium sequitur principates.).
2. 법이 행하는 바는 어느 누구에 대해서도 권리침해로 되지 않는다.
3. 눈에는 눈, 이에는 이를
4. 만인의 만인에 대한 투쟁
5. 형평법상의 권리가 같은 자에 대하여는 보통법상의 우위자가 승리한다.
6. 동일한 사물에 관해서는 소권(訴權)은 두 번 존재하지 않는다.
7. 소유자는 사변(事變)으로 인한 손실을 부담한다.
8. 원인이 그치면 효과도 그친다.
9. 어느 누구도 사고(思考)하는 것만으로 처벌받지 아니한다.
10. 합의는 법을 만든다.
11. 채권자는 채무자보다 기억력이 좋다.
12. 채무는 채무자의 인격에 따른다.
13. 죽은 자가 살아있는 자에게 상속을 시킨다.
14. 악법도 법이다.
15. 소유권은 의무를 지운다.
16. 형평법은 보통법에 따른다.
17. 형평법은 형식보다 실질을 중시한다.
18. 단순한 합의는 소권을 발생시키지 않는다.
19. 미분리 과실은 토지의 일부로 간주된다.
20. 도둑은 언제나 지체하고 있는 것으로 간주된다.
21. 공익은 사익에 우선한다.
22. 훌륭한 법률가는 나쁜 이웃이다.

23. 손이 손을 지켜라.
24. 형평을 구하는 자는 스스로 형평을 유지하여야 한다.
25. 사람을 위하여 법이 존재한다.
26. 법의 부지(不知)는 용서되지 아니한다.
27. 의심스러울 때에는 관대하게
28. 의심스러울 때에는 피고인의 이익으로
29. 조건이 동일하면 점유자가 우선한다.
30. 피에 가까울수록 재산에도 가깝다.
31. 매매는 임대차를 깨뜨린다.
32. 자녀의 재산(子産)은 철로 된 재산이다.
33. 왕은 악을 행할 수 없다.
34. 선의는 항상 추정된다.
35. 란트법은 보통법을 깨트린다.
36. 특별법은 일반법에 우선한다.
37. 장소는 행위를 지배한다.
38. 사람은 귀보다는 눈을 믿는다.
39. 나에게 사실을 말하라, 그러면 그대에게 권리를 주리라.
40. 동일한 범죄로 거듭 처벌받지 않는다(일사부재리).
41. 필요는 법칙을 가지지 않는다.
42. 가지지 않는 자는 줄 수 없다.
43. 법률이 없으면 죄도 없고 형벌도 없다.
44. 이익이 없는 곳에 보험도 없다.
45. 법학에서 정의(定義)는 위험하다.
46. 관습은 법의 최선의 해석자이다.
47. 불법행위는 추정되지 않는다.
48. 약속은 지켜져야 한다.
49. 침묵하는 자는 동의한 것으로 본다.
50. 인민의 복지는 최고의 법이다.

51. 도시의 공기는 자유를 준다.
52. 힘은 법의 적이다.
53. 횃불에 타는 것은 동산이다.
54. 씨를 뿌린 자가 거둬들인다.
55. 소를 제기하지 않는 자에게는 시효는 진행되지 않는다.
56. 시간은 채무와 소권을 소멸시키는 수단이다.
57. 사권의 향유는 출생으로부터 시작된다.
58. 위임은 무상이 아니면 무효이다.
59. 타인의 사무는 특별한 주의로 하지 않으면 안 된다.
60. 한사람으로 대리인과 상대방을 겸할 수 없다.
61. 정의는 사람에게 그 의무를 지우는 견실부단한 준비이다.
62. 신법은 구법을 개폐한다.
63. 관습은 법의 효력이 있다.
64. 판례는 정의와 같이 법이다.
65. 조리는 법의 혼(魂). 법이 없을 때는 조리가 일한다.
66. 추정은 반대증명이 있을 때까지 유효하다.
67. 의제는 진리에 반하여도 유효하다.
68. 법률 없으면 의제도 없다.
69. 법의 의제는 항상 공평을 동반한다.
70. 해석은 법의 명문을 떠날 수 없다.
71. 모순 없이 법을 해석하는 것이 최고의 방법이다.
72. 모든 권리는 샘과 같이 정의에서 흘러나온다.
73. 자기의 권리를 행하는 자는 불법을 하는 것이 아니다.
74. 물건을 사용할 때에는 타인의 물건을 해치지 말라.
75. 소송을 제기하는 것은 불법행위가 아니다.
76. 직무를 집행하는 자는 누구도 해치는 것이 아니다.
77. 인격상의 것은 오직 그 사람에게 속한다.
78. 죽음은 모든 것을 해소한다.

79. 누구도 자기를 무능력자로 할 수 없다.
80. 법은 만인에 대해 하나의 입을 가지고 말한다.
81. 법은 국경을 넘지 않는다.
82. 사람의 몸은 평가할 수 없다.
83. 자유인은 자신의 집에서 끌려 나갈 수 없다.
84. 법은 항상 최선으로 추정된다.
85. 양 한 마리 때문에 소송을 하는 자는 소 한 마리를 잃는다.

제 2 편
各　　論

01장 憲　法

제1절 헌법의 의의

1. 헌법의 개념

헌법은 국민의 자유와 권리를 규정하고, 국가의 통치조직과 통치작용의 원리를 정하는 국가의 근본 규범이다. 헌법은 국가의 최고규범으로서 모든 다른 법규의 원칙으로 작용하며, 어떠한 법규도 헌법을 위반하여서는 안 된다. 하위법령이 헌법을 위반하면 그 효력이 부인된다. 헌법은 그 역사적인 발전단계에 따라 ① 고유 의미의 헌법, ② 근대적 · 입헌주의적 의미의 헌법, ③ 현대적 · 복지주의적 의미의 헌법으로 나눌 수 있다.

(1) 고유 의미의 헌법

고유 의미의 헌법(본래 의미의 헌법)이란 국가의 통치체제에 관한 기본사항을 정한 국가의 기본법을 말한다. 헌법은 국가기관의 조직, 권한 및 그 상호간의 관계 그리고 국가와 국민의 기본원칙을 정한 기본법으로, 이는 국가가 존재하는 한 어떠한 형태로든 존재한다.

(2) 근대적 · 입헌주의적 의미의 헌법

근대적 · 입헌주의적 의미의 헌법은 시민사회와 더불어 자본주의가 발전함으로써 이루어진 헌법으로서 국가의 간섭을 최소한으로 하여 개인의 능력을 최고도로 발휘하도록 하기 위한 것이다. 이 헌법은 자연법적인 국가계약이론을 토대로 하여, 국민의 자유보장을 국가의 기본원칙으로 선언하였고, 이를 위하여 권력분립제도를 채택하고 있다. 그리하여 재산권의 신성불가침과 개인의 경제활동의 절대적 자유와 형식적 평등에 기초하여 개인의 자유와 권리를 보장하고, 국가권력의 남용을 억제하는 것을 내용으로 한다. 이 헌법은 20세기 초에 이르기까지 자본주의가 발달하는 바탕이 되었다.

(3) 현대적 · 복지주의적 의미의 헌법

종래의 헌법은 독점 자본주의 경제제도의 모순과 두 차례의 세계대전을 겪고 난 후에는 그 모습이 바뀔 수밖에 없었다. 부의 편재, 노사간의 경제적 대립, 독점 등으로 인하여 심각한 사회문제가 야기된 결과, 시민사회의 존속을 위해서는 자본주의 체제를 보완하고, 사회적 부조리를 제거하며 국민의 생존을 배려할 것이 요구되었다. 그 결과 등장한 것이 현대적 · 복지주의적 의미의 헌법이다. 즉, 이 헌법은 재산권행사의 의무화, 경제에 관한 규제와 통제를 통하여 사회적 약자의 인간다운 생활을 보장하는 사회적 법치국가의 원리와 실질적 평등의 보장에 기초하고 있다. 현대 대다수의 국가의 헌법은 이러한 성격을 가지고 있다.

2. 헌법의 분류

(1) 실질적 의미의 헌법과 형식적 의미의 헌법

실질적 의미의 헌법은 어떠한 법형식인가를 묻지 않고 내용적 측면에서 파악하여 국가의 조직 · 작용의 기본원칙과 같은 헌법사항을 정하고 있는 법규범을 말한다. 따라서 헌법전뿐만 아니라 그 형식이 법률 · 명령 · 규칙 또는 헌법적 관습의 형태라도 그 실질적 내용이 헌법적인 것이면 실질적 의미의 헌법에 해당한다. 영국에는 헌법이 있다고 할 때는 이러한 의미의 헌법을 의미한다.

이에 반하여 형식적 의미의 헌법이란 법의 내용이 무엇인지를 묻지 않고서 법의 존재형식 등의 외형적인 특징에 따라 정의된 헌법개념으로서 헌법전의 형식을 갖추고 있는 것을 말한다. 영국에는 헌법이 없다고 말하는 경우에는 형식적 의미의 헌법이 없다는 것을 의미한다.

(2) 성문헌법 · 불문헌법

헌법이 성문화되었느냐 아니냐에 따라 성문헌법과 불문헌법으로 나눌 수 있다. 성문헌법이란 헌법전의 형태로 성문화된 것을 말하는데, 현대의 대부분의 국가는 성문헌법을 가지고 있다. 세계최초의 근대적 성문헌법은 1776년의 미국 버지니아주 헌법이다. 이에 대하여 불문헌법은 성문화된 헌법전의 형태로 되어 있지 않은 헌법을 말한다. 영국을 비롯하여 캐나다, 뉴질랜드 등의 헌법이 이에 속한다. 불문헌법국가들도 헌법전만이 없을 뿐 실질적 의미의 헌법에 해당되는 각종 법률과 관습헌법을 가지고 있다.

(3) 경성헌법 · 연성헌법

헌법개정절차의 난이도에 따른 분류이다. 헌법의 개정이 법률의 개정절차에 비하여 보다 엄격한 절차를 거치도록 되어 있는 헌법을 경성헌법이라 하고, 법률개정과 동일한 절차로 개정이 되는 헌법을 연성헌법이라 한다. 성문헌법은 대개 경성헌법이지만, 성문헌법이면서 연성헌법인 경우도 있다(1848년의 이탈리아 헌법, 1876년의 스페인 헌법 등).

(4) 흠정헌법 · 협약헌법 · 국약헌법 · 민정헌법

헌법의 제정주체를 기준으로 한 분류이다. 군주가 단독으로 제정한 헌법이 흠정헌법(1814년의 프랑스 헌법, 1889년의 일본의 명치 헌법 등)이고, 군주와 국민 또는 군주와 국민대표의 합의에 의하여 제정한 것이 협약헌법(1215년의 영국의 Magna Carta, 1809년의 스웨덴 헌법 등)이며, 여러 국가(연방 · 주) 사이의 합의에 의하여 제정된 것이 국약헌법(1787년의 미합중국헌법, 1848년의 스위스연방헌법 등)

이다. 그러나 현대 대다수 국가의 헌법은 주권자인 국민이 단독으로 제정한 민정헌법이다.

제2절 대한민국 헌법의 기본적 구조

1. 헌법의 제정과 개정경과

(1) 헌법의 제정

우리나라는 종래 관습법과 중국에서 전래한 봉건법제 하에 있었기 때문에 정식으로 헌법이라고 부를 수 있는 것을 가지지 못하였으나, 제2차 대전이 끝난 후 비로소 성문헌법전을 제정하였다. 이것이 우리나라 최초의 헌법인 제1공화국헌법이다. 즉 1948년 5월 10일 국제연합 감시 하에 시행된 총선거의 결과 선출된 198명의 제헌 국회의원으로 구성된 제헌국회는 개회일인 5월 31일 헌법기초위원회를 조직하여 헌법초안을 작성하였다. 이 초안은 7월 12일 본회의를 통과하고 7월 17일에 공포되어 시행되었다. 전문 및 본문 103조로 된 이 헌법의 주요골자는 국회단원제, 대통령 중심제, 기본권 존중주의, 국제평화주의로 되어 있다.

(2) 개정경과

우리나라의 헌법은 제헌헌법 이후 9차에 걸쳐 개정되어 현재에 이르고 있다.

1) 제1차 개헌

제1차 개헌은 1952년 7월 4일에 있었는데, 이른바 정치파동이라고 하는 정치적 충돌의 결과 국회안과 정부안을 절충하여 통과되었기 때문에 발췌개헌이라고도 한다. 주요골자는 ① 정부측 제안인 대통령의 국민직선제와 국회의 양원제의 채택, ③ 국회측 제안인 국회의 국무위원 불신임 결의권과 국무총리의 국무위원 임명제청권의 채택 등이다. 이 헌법은 1952년 7월 7일에 공포되었다.

2) 제2차 개헌

제2차 개헌은 1954년 11월 29일에 있었다. 이 개헌안의 가결을 위해서는 재적의원 203인의 3분의 2 이상, 즉 136인의 찬성을 필요로 하였는데, 표결 결과 찬성수 135표로 1표가 미달되어 처음에는 부결이 선포되었다. 그 후 203명의 3분의 2는 135.33이므로 사사오입(四捨五入)을 하면 135가 되어 가결요건을 충족하였다는 주장을 받아들여 가결을 선포하였다. 세칭 사사오입 개헌이라고 한다. 그 주요내용은 ① 초대 대통령에 한하여 중임제한의 철폐, ② 주권의 제한, 영토의 변경 등 중대 사항에 관한 국민투표제의 채택, ③ 국무총리 및 국무위원 연대책임제의 폐지와 국무위원의 개별적 불신임제의 채택 등을 골자로 하고 있다.

3) 제3차 개헌

제3차 개헌은 4·19 혁명을 계기로 1960년 6월 15일 개정하여 당일 공포한 제2공화국 헌법이다. 그 개정내용이 너무 광범위하여 거의 헌법 제정이라고도 말할 수 있을 정도이다. 그중 주요골자는 ① 대통령 중심제를 폐지하고 내각책임제 채택, ② 기본권 보장의 강화, ③ 헌법재판소의 신설, ④ 대법원장 및 대법관의 선거제, ⑤ 정당조항의 신설, ⑥ 지방자치단체장의 직선제 등이다.

4) 제4차 개헌

제4차 개헌은 1960년 11월 29일에 공포한 것으로서 4·19 혁명 부상학생의 의사당 점거사건에 자극받아 3·15부정선거 관련자 등에 대한 특별법 제정을 위한 개헌이다. 그 주요내용은 ① 3·15 부정선거 관련자의 처벌과 반민주 행위자의 공민권 제한, ② 부정축재자의 처벌에 관한 특별법 제정, ③ 이상의 형사사건 처리를 위한 특별재판소 및 특별검찰부의 설치를 위한 특별법 제정의 헌법적 근거 마련 등이다.

5) 제5차 개헌

제5차 개헌은 1961년 5월 16일의 군사 쿠데타 이후 제정된 제3공화국 헌법이다. 동년 6월 6일 국가재건비상조치법에 의하여 헌법의 일부 효력이 정지되었는데, 1962년 혁명정부는 헌법심의위원회를 조직하여 개헌안을 발의하고 국가재건최고회의의 의결을 거쳐 같은 해 12월 17일 국민투표로 확정하고 12월

26일자로 공포하였다. 그 주요내용은 ① 전문에서 4·19 의거와 5·16혁명 이념의 구현, ② 정당정치의 확립, ③ 국회의 단원제 채택, ④ 국민직선에 의한 대통령제 채택, ⑤ 사법부의 권한강화, ⑥ 경제과학심의회의와 국가안전보장회의의 설치, ⑦ 헌법 개정에 대한 국민투표의 실시 등이다.

6) 제6차 개헌

제6차 개헌은 3선 개헌이라고도 한다. 헌법개정안이 1969년 10월 17일 국민투표에서 가결되어 동년 10월 21일자로 공포, 당일로 시행하였다. 그 주요내용은 ① 대통령의 3기 계속재임의 허용, ② 대통령에 대한 탄핵소추의 곤란·신중화, ③ 국회의원 정수의 증가, ④ 국회의원의 국무총리 및 국무위원 겸직 허용 등이다.

7) 제7차 개헌

제7차 개헌은 이른바 제4공화국의 유신헌법이다. 당시 정부는 급변하는 국제정세와 전쟁도발에 광분하는 북한에 대처하여 조국의 평화적 통일을 위한 기반을 조성한다는 이유로 국가예산 낭비, 비능률, 정쟁으로 얼룩졌던 종전의 우리 정치 체제를 비상적 방법으로 혁신하여 국력의 조직화와 강화를 기한다는 뜻에서 국회해산, 정당 활동의 금지 등 초실정법적인 비상조치를 단행하는 동시에 전국에 비상계엄을 선포하여 헌정이 일시적으로 중단되었다. 그 후 1972년 10월 27일 평화적 통일의 지향, 한국적 민주주의의 토착화 등을 기치로 하여, ① 국민의 기본권보장의 현실과의 조정, ② 법원의 위헌법률심사권의 헌법위원회로의 이관, ③ 헌법위원회의 신설, ④ 경제조항의 보완, ⑤ 헌법개정절차의 이원화 등을 주요 골자로 하는 이른바 헌법안이 동년 11월 21일에 국민투표에서 가결되어, 12월 27일자로 이를 공포, 당일로 시행되었다.

8) 제8차 개헌

제8차 개헌은 제5공화국 헌법이다. 이 헌법 개정은 1979년 10월 26일 갑자기 박정희대통령이 시해되어 잠시 국정이 혼란하였으나, 1980년 5월 17일 정부가 설치한 헌법개정심의위원회가 주도적 역할을 담당하여 같은 해 10월 22일 국민투표를 거쳐 10월 27일 공포, 시행되었다. 그 주요내용은 ① 기본권의 신장, ② 대통령 선거에 있어서 간접선거제의 유지와 중임 금지, ③ 행정부의 권한약화와 국회・법원의 권한강화, ④ 경제조항의 강화 등을 들 수 있다.

9) 제9차 개헌

제9차 개헌은 제6공화국헌법이다. 1987년 이른바 6.29선언 이후 대통령 중심제와 대통령 직선제의 실현을 위한 국민들의 열화와 같은 의지가 반영되어 마침내 그에 따른 헌법개정이 이루어졌다. 1987년 9월 18일에 국회에서 발의된 직선제헌법개정안이 10월 12일 국회를 통과, 10월 27일 국민투표로 확정되어 10월 29일 공포되었다. 개정헌법의 주요내용은 ① 대통령 직선제, ② 대통령 권한 축소, ③ 기본권 보강, ④ 국회의 국정감사권 인정, ⑤ 헌법재판소 신설 등이다.

2. 헌법의 내용과 구조

현행 헌법은 전문(前文)과 본문 10장 130조와 부칙 6개조로 구성되어 있다.

(1) 전　문

헌법의 전문은 헌법 제정의 유래와 목적, 그 주체와 절차, 헌법의 기본원리 등 헌법의 특징을 집약적으로 표현한다. 전문은 단순한 정치적 또는 수사적 문장이 아니라, 헌법본문의 각 조항과 일체가 되어 헌법전의 일부를 구성하며, 그 자체가 직접적으로 법적 구속력을 가진다.

(2) 본　문

현행 헌법의 본문은 10장 130개조로 구성된다. 제1장 총강, 제2장 국민의 권리와 의무, 제3장 국회, 제4장 정부, 제5장 법원, 제6장 헌법재판소, 제7장 선거관리, 제8장 지방자치, 제9장 경제, 제10장 헌법 개정의 순이다.

제2장의 국민의 권리와 의무는 권리장전 혹은 기본권 조항이라고 하며, 근대 입헌주의헌법에서 가장 중요한 부분이다. 제3장 국회에서 제8장 지방자치까지는 통치기구에 관한 것이다. 이 중 제3장 내지 제5장의 국회・정부・법원 등은 근대입헌국가의 기초적인 조직원리인 입법・행정・사법의 3권 분립제도를

규정하고 있다. 제9장 경제에 관한 조항은 현대헌법의 특징의 하나인데, 이러한 경제조항을 가지는 헌법을 경제헌법이라고 한다.

3. 헌법의 기본원칙

(1) 국민주권주의

국민주권주의란 모든 국가권력의 궁극의 근원이 국민에게 있다는 사상이다. 헌법은 전문에서 국민이 헌법제정의 주체임을 명시하고, "대한민국의 주권은 국민에게 있고, 모든 권력은 국민으로부터 나온다."(제1조 2항)고 규정하여 국민주권주의를 직접적으로 선언하고 있다. 또한 "대한민국은 민주공화국이다."(제1조 1항)라는 규정은 국민주권주의를 간접적으로 표현하고 있는 것이다.

(2) 권력분립주의

권력분립주의는 국민의 자유를 확보하고 국가권력의 남용을 방지하기 위하여 입법·행정·사법의 각 작용을 분리시켜 각각의 독립된 기관에 담당케 함으로써 기관 상호간의 견제와 균형으로써 권력을 통제하는 통치조직에 관한 원리로서, 우리나라 헌법도 이에 따르고 있다(제40조 내지 제110조).

(3) 기본권 존중주의

기본권보장은 근대입헌국가의 이념이며, 그 내용적 기본요소이다. 헌법은 전문에서 국민의 기본권 존중을 선언하고 제2장에서 이를 개별적으로 규정하고 있다. 특히 헌법 제10조의 인간의 존엄과 가치, 행복추구권의 대원칙 아래 평등권·자유권·생존권·참정권·청구권 등으로 분화하고 있으며, 제37조 2항에서 기본권제한의 방법과 한계를 규정함으로써 국민의 기본권을 존중하고 있다.

(4) 국민평등주의

헌법 전문에 "정치·경제·사회·문화의 모든 영역에 있어서 각인의 기회를 균등히 하고"라고 선언하고, 또 "모든 국민은 법 앞에 평등하다. 누구든지 성별 · 종교 또는 사회적 신분에 의하여 정치적 · 경제적 · 사회적 · 문화적 생활의 모든 영역에 있어서 차별을 받지 아니한다. 사회적 특수계급의 제도는 인정되지 아니하며 어떠한 형태로도 이를 창설할 수 없다."(제11조 1-2항)고 규정하여 모든 국민은 평등함을 밝히고 있다.

(5) 복지국가주의

복지국가란 기본적으로 자유주의에 입각하면서도 국가가 적극적으로 간여하여 경제적 자유경쟁의 모순을 해소함으로써 모든 국민의 인간다운 생활을 도모함을 목적으로 하는 국가이다. 이에 따라 우리 헌법은 전문에서 "국민생활의 균등한 향상"을 선언하고 있으며, 기본권 조항에서 "모든 국민의 인간다운 생활"(제34조 1항)을 보장하고, "국가의 사회보장 · 사회복지의 증진에 노력할 의무"(같은 조 2항)를 명문으로 규정하여 복지국가주의를 선언하고 있다.

(6) 평화적 통일주의

우리 헌법은 조국의 평화적 통일을 이루는 것을 헌법적 목표로 하고 있다. 헌법 전문은 "평화적 통일의 사명에 입각하여"라고 하여 이를 국민적 사명으로 규정하고, 또한 "대한민국은 통일을 지향하며, 자유민주적 기본질서에 입각한 평화적 통일정책을 수립하고 이를 추진한다."(제4조)라고 하고 있다.

(7) 국제평화주의

헌법은 전문에서 "밖으로는 항구적인 세계평화와 인류공영에 이바지할 것"을 선언하고, 그 구체적 표현으로서 제5조 1항에서 침략전쟁의 부인을, 제6조 1항에서 국제법 존중주의를, 동조 제2항에서 외국인의 법적 지위의 보장을 규정하고 있어 국제평화주의를 표명하고 있다.

제3절 국민의 권리와 의무

1. 기본권의 의의 및 종류

기본권이란 헌법이 보장하고 있는 국민의 기본적 권리를 말하는 개념이다. 이를 인권적 측면에서 파악하여 기본적 인권이라고도 한다. 보통의 권리는 법에 의해서 인정되기 때문에 법 이전에는 권리가 있을 수 없고, 기본권을 헌법이 규정하는 범위 내에서만 인정한다는 입장도 있었으나, 현재에는 기본적 인권은 보통의 권리와 달라서 국가가 이를 부여한 것이 아니라, 자연의 이치에 따라 사람이 사람으로서 당연히 가지고 있는 천부의 인권이라고 하는 것이 보통이다. 헌법 제2장에 기본권을 규정하여 이를 보장하는 것도 여기에 연유한다.

헌법상에 규정된 국민의 기본권을 크게 나누면, ① 인간으로서의 존엄과 가치, 행복추구권, ② 평등권, ③ 자유권, ④ 수익권, ⑤ 참정권 등으로 분류할 수 있다.

(1) 인간으로서의 존엄과 가치, 행복추구권

헌법 제10조는 "모든 국민은 인간으로서의 존엄과 가치를 가지며, 행복을 추구할 권리를 가진다. 국가는 개인이 가지는 불가침의 기본적 인권을 확인하고 이를 보장할 의무를 진다."라고 규정하고 있다. 이 규정은 국민의 기본적 인권이 국가가 부여한 것이 아니라, 인간으로서의 존엄과 가치에서 당연히 나오는 천부인권이라는 것과 이러한 기본적 인권을 국가가 확인하고 보장할 의무가 있다는 것을 선언한 것이다.

(2) 평 등 권

평등권이란 국가에 의하여 국민 개개인이 불평등한 대우를 받지 않으며, 또 국가에 대해 평등한 대우를 해줄 것을 요구할 수 있는 권리이다. 헌법 제11조

1항은 "모든 국민은 법 앞에 평등하다"고 규정하고 있어, 법 앞의 평등을 보장하고 있다. 모든 국민이 법 앞에 평등하다고 하는 것은 모든 국민이 법의 차별을 받지 아니한다는 것, 즉 법을 제정(立法)하거나, 법을 집행(行政)하거나, 법을 적용(司法)함에 있어서 평등하게 다루어져야 한다는 뜻으로서, 이것은 모든 국가기관을 구속한다.

그리고 '평등'이라고 하는 것은 절대적 평등이 아니라 '같은 것은 같게, 같지 않은 것은 같지 않게'라는 합리적 차별을 뜻하는 상대적 평등을 의미한다. 헌법은 제11조 1항 후단에서 "누구든지 성별·종교 또는 사회적 신분에 의하여 정치적·경제적·사회적·문화적 생활의 모든 영역에 있어서 차별을 받지 아니한다."고 규정하여 법 앞의 평등의 내용을 구체적으로 예시하고 있다. 이러한 점에서 대학입학시험에 성적이 좋은 순서대로 입학시킨다거나, 부녀자에 대한 근로시간을 단축해준다거나, 고소득자에 대하여 누진세를 부과하는 것 등은 합리적 차별대우로서 용인할 수 있는 것이다.

(3) 자 유 권

자유권이란 국가권력에 의하여 자유를 침해당하지 아니하고, 만약 침해가 있을 때에는 그 침해를 배제해줄 것을 국가에 청구할 수 있는 권리이다. 이는 국민의 기본권 가운데 가장 기본적인 것이다. 역사적으로 보면 절대군주권에 항거하여 최초로 획득한 것이 바로 자유권이며, 이론적으로도 먼저 국가권력으로부터 자유를 획득함으로써 그것을 전제로 하여 더 고차적인 개인의 권리, 즉 생존권이 확보되고 발전될 수 있다.

이러한 자유권은 초국가적인 자연법적 권리 내지 천부인권인 동시에 국가로부터의 자유, 국가권력에 대한 방어적·소극적 권리이며, 포괄적인 성질을 가진 권리이다. 헌법 제37조 1항은 "국민의 자유와 권리는 헌법에 열거되지 아니한 이유로 경시되지 아니한다."고 규정하여 중요한 것만을 예시적으로 규정하고, 여기에 규정하지 않은 국민의 자유도 보장할 뜻을 밝히고 있다. 또한 동조 2항에서 국민의 모든 자유와 권리를 제한할 때는 국가안전보장, 질서유지 또는 공공복리를 위하여 필요한 경우에 한하며 법률에 의해서만 제한할 수 있고, 법률에 의해서 제한하는 경우에도 자유와 권리의 본질적인 내용이 침해되지 않는 범위 내에서 할 수 있다는 자유와 권리의 제한입법의 한계를 명시하고 있다.

헌법에서 규정하고 있는 자유권을 아래에서 간략히 살펴보면 다음과 같다.

1) 신체의 자유

헌법 제12조는 "모든 국민은 신체의 자유를 가진다."고 규정하고 있다. 신체의 자유는 모든 자유의 기본이 되는 것이므로 국가의 수사기관이 함부로 이를 침해하는 것을 방지하기 위하여 법률에 규정하여도 좋을 만한 규정들을 헌법 자체 내에서 상세히 규정하고 있다. 그 내용은 다음과 같다.

누구든지 법률에 의하지 아니하고는 체포·구속·압수·수색 또는 심문을 받지 아니하며, 법률과 적법한 절차에 의하지 아니하고는 처벌·보안처분·강제노역을 받지 아니한다(제12조 1항). 또한 모든 국민은 고문을 받지 아니하며, 형사상 자기에게 불리한 진술을 강요당하지 않는다(제12조 2항). 뒤의 것이 묵비권이다.

국민의 신체나 재산에 대해 체포·구속·압수 또는 수색을 할 때에는 적법한 절차에 따라 검사의 신청에 의하여 법관이 발부한 영장을 제시하여야 한다. 다만 현행범인인 경우와 장기 3년 이상의 형에 해당하는 죄를 범하고 도피 또는 증거인멸의 염려가 있을 때는 사후에 영장을 청구할 수 있다(제12조 3항). 누구든지 체포 또는 구속을 당한 때에는 즉시 변호인의 조력을 받을 권리를 가진다. 다만 형사피고인이 스스로 변호인을 구할 수 없을 때에는 법률이 정하는 바에 의하여 국가가 변호인을 붙인다(제12조 4항). 누구든지 체포 또는 구속의 이유와 변호인의 조력을 받을 권리가 있음을 고지 받지 아니하고는 체포 또는 구속을 당하지 아니한다. 체포 또는 구속을 당한 자의 가족 등 법률이 정하는 자에게는 그 이유와 일시·장소가 지체 없이 통지되어야 한다(제12조 5항). 누구든지 체포 또는 구속을 당한 때에는 적부의 심사를 법원에 청구할 권리를 가진다(제12조 6항). 구속을 하려면 일정한 법적 요건을 갖춘 경우에 한해서 법관이 발행한 영장을 제시하여야 하는데, 만약에 구속을 당할 이유가 없음에도 불구하고 억울하게 구속되었다고 생각될 때에는 그 구속이 적법한가를 심사해줄 것을 법원에 청구할 수 있다는 것이다. 이를 구속적부심사제도라 한다. 법원에서 구속이 부적법하다고 인정하는 경우에는 석방하여야 한다.

피고인의 자백이 고문·폭행·협박·구속의 부당한 장기화 또는 기망, 기타의 방법에 의하여 자의로 진술된 것이 아니라고 인정될 때 또는 정식 재판에 있어서 피고인의 자백이 그에게 불리한 유일한 증거일 때에는 이를 유죄의 증거로 삼거나 이를 이유로 처벌할 수 없다(제12조 7항).

모든 국민은 행위시의 법률에 의하여 범죄를 구성하지 아니하는 행위로 소추되지 아니하며, 동일한 범죄에 대하여 거듭 처벌되지 아니한다(제13조 1항). 이를 각각 법률불소급의 원칙 및 일사부재리의 원칙이라 한다.

또한 헌법은 "모든 국민은 자기의 행위가 아닌 친족의 행위로 인하여 불이익한 처우를 받지 아니한다."(제13조 3항)고 규정하여 연좌제를 금지하고 있다. 연좌제란 범죄를 범한 사람 본인뿐만 아니라 그의 친족에게까지 불이익을 주는 제도를 말한다.

2) 거주·이전의 자유

모든 국민은 거주와 이전의 자유를 가진다(제14조). 거주의 자유란 주소·거소를 정하는 자유이며, 이전의 자유란 주거를 마음대로 옮기는 자유이다. 이에는 국외로 이주하거나 국외로부터 국내로 귀환할 수 있는 자유, 국적을 이탈할 자유가 포함된다.

3) 직업선택의 자유

모든 국민은 직업선택의 자유를 가진다(제15조). 이는 국민이 자기가 원하는 직업을 스스로 선택할 수 있는 자유를 말하는 것으로서 여기에는 그 선택한 직업에 종사하는 자유, 즉 영업의 자유가 포함되며, 직업을 바꾸는 전직의 자유 및 무직업의 자유도 포함된다.

4) 주거의 자유

헌법은 "모든 국민은 주거의 자유를 침해받지 아니한다. 주거에 대한 압수나 수색을 할 때에는 검사의 신청에 의하여 법관이 발행한 영장을 제시하여야 한다."(제16조)라고 규정하여 주거의 안전과 평온을 침범당하지 아니할 자유를 보장하고 있다. 여기에서 주거라 함은 주택뿐만 아니라 사람의 거주에 적합하다고 볼 수 있는 건조물 일체를 포함하며, 침입이란 거주자나 점유자의 의사에 반하여 허가 없이 들어가는 것을 말한다.

5) 사생활의 자유와 비밀보장

모든 국민은 사생활의 비밀과 자유를 침해받지 아니한다(제17조). 이는 프라이버시의 비밀을 보장하는 것으로 이에는 도청·비밀녹음·비밀촬영·초상도용 등으로 사생활을 본인의 의사에 반하여 조사당하지 않으며, 개인의 사생활의 내용을 공개당하지 않는다는 것을 의미한다.

6) 통신의 자유

헌법은 "모든 국민은 통신의 비밀을 침해받지 아니한다."(제18조)고 규정하여 통신의 자유를 보장하고 있다. 통신이란 우편·전신·전화·소포 그 밖의 모든 우편물을 포함하며, 통신의 비밀을 보장한다는 것은 통신사무에 종사하는 국가기관이 우편물의 내용을 뜯어보지 못한다는 것과 직무상 취득한 사실을 타인에게 누설하지 못한다는 것을 의미한다.

7) 양심의 자유

모든 국민은 양심의 자유를 가진다(제19조). 양심의 자유는 정신적 자유 중에서 가장 근원적인 것으로, 양심은 자신의 의지대로 형성하며, 국가에 의해 강제로 양심의 형성을 강제당하지 않다는 것이며, 또 마음속 의사의 발표를 강제당하지 않는 자유 그리고 자기의 양심과 사상에 반하는 행위를 강제당하지 않는 자유를 포함한다.

8) 종교의 자유

헌법은 "모든 국민은 종교의 자유를 가진다. 국교는 인정되지 아니하며, 종교와 정치는 분리된다."(제20조)고 규정하여 종교의 자유를 보장하고 있다. 종교의 자유에는 신앙의 자유, 종교선택의 자유, 무신앙의 자유와 개종의 자유를 비롯하여 종교적 행위의 자유, 즉 종교적 의식의 참가·불참의 자유, 그리고 종교적 결사의 자유, 즉 종교단체를 조직할 자유 등이 포함된다. 그리고 국교가 존재하거나 종교와 정치가 분리되어 있지 아니하면 진정한 종교의 자유를 보장할 수 없게 될 염려가 있으므로 헌법은 국교를 인정하지 않을 것과 정교분리를 명문화한 것이다. 이를 위하여 교육법은 국·공립학교에서의 종교교육 금지를 규정하고 있다(제5조 2항).

9) 언론 · 출판 · 집회 · 결사의 자유

모든 국민은 언론 · 출판의 자유와 집회 · 결사의 자유를 가진다(제21조 1항). 언론 · 출판의 자유란 국민이 각자 자신의 사상이나 의견을 문자 · 언어 · 형상 등을 이용하여 불특정 다수인에게 발표하는 자유를 말한다. 여기에는 의사 표현의 자유, 알 권리, 악세스권, 언론기관의 자유가 있다. 언론 · 출판의 자유는 인간으로서의 존엄성을 향유하고 자유로운 인격을 함양하고 발전시키는 기능을 하며 민주주의의 필수적 요소로 작용한다.

한편 집회 · 결사의 자유는 다수인이 공동의 목적을 위해 회합하거나 모임을 만드는 자유이다. 집회는 3인 이상의 사람들이 일정한 장소에서 공동의 목적을 위해 일시적으로 회합하는 것이다. 집회의 자유에는 집회 개최의 자유, 집회 진행의 자유, 집회 참가의 자유, 집회에 참가하지 않을 자유가 있다. 결사란 2인 이상의 사람들이 공동의 목적을 위하여 계속적인 단체를 형성하는 것을 말한다. 결사의 자유에는 단체 결성의 자유, 단체 유지의 자유, 단체 활동의 자유, 단체에의 가입 · 잔류 및 탈퇴의 자유가 있다. 집회 · 결사의 자유는 집단적 의사의 형성과 공동의 이익을 추구하는 민주정치 실현의 기초가 되는 자유권이다.

10) 학문과 예술의 자유

모든 국민은 학문과 예술의 자유를 가진다(제22조 1항). 학문의 자유에는 연구의 자유, 연구 성과 발표의 자유, 가르칠(教授) 자유 및 이를 위한 집회 · 결사의 자유와 대학의 자치 등이 포함된다. 예술의 자유는 예술창작의 자유, 예술 표현의 자유, 예술을 위한 집회 · 결사의 자유를 포함한다. 학문과 예술의 자유를 실질적으로 보장하기 위하여 저작자 · 발명가 · 과학기술자와 예술가의 권리는 법률로써 보호한다(제22조 2항).

11) 재산권의 보장

모든 국민의 재산권은 보장된다(제23조 1항 전문). 이는 우리 헌법이 자본주의에 입각하여 경제질서를 수립함을 천명한 것으로서, 근대 초기의 소유권절대의 원칙을 보장한 것이다. 그러나 20세기의 사회복지국가에서는 재산권을 절대적으로 보장할 수는 없기 때문에 그 보장이 상대적인 것으로 변모하였는데, 우리 헌법도 이러한 취지에 따라 "그 내용과 한계는 법률로 정한다. 재산권의 행사는 공공복리에 적합하도록 하여야 하며, 또한 공공의 필요에 의한 재산권의 수용·사용 또는 제한 및 그 보상은 법률로써 하되, 정당한 보상을 지급하여야 한다."(제23조 1항 후문 내지 3항)고 규정하고 있다.

(4) 수 익 권

수익권이라 함은 국민이 국가에 대하여 일정한 행위 또는 급부를 요구하거나 공공시설의 이용을 요구하는 등 국가로부터 적극적으로 특정한 이익을 받을 권리를 말한다. 자유권이 국가 권력으로부터 자유의 침해를 당하지 않을 소극적 공권인데 대하여 수익권은 적극적인 공권이다.

1) 청원권

모든 국민은 법률이 정하는 바에 의하여 국가기관에 문서로 청원할 권리를 가진다(제26조 1항). 청원이란 국민이 국정에 대하여 국가기관에 바라는 사항을 시행해줄 것을 요청하는 것이다. 청원은 국가기관 외에도 지방자치단체 내지 법령에 의하여 행정권한을 가지고 있거나 행정권한을 위임 또는 위탁받은 법인·단체 또는 그 기관이나 개인에 대하여 할 수 있다(청원법 제3조). 청원은 피해의 구제, 공무원의 위법·부당한 행위에 대한 시정이나 징계의 요구, 법률·명령·조례·규칙 등의 제정·개정 또는 폐지, 공공의 제도 또는 시설의 운영 등 국가기관의 권한에 속하는 사항에 대해 할 수 있다(동법 제4조). 그러나 청원사항이 법령에 의한 조사·불복 또는 구제절차가 진행 중인 때, 허위의 사실로 타인으로 하여금 형사처분 또는 징계처분을 받게 하거나 국가기관 등을 중상모략하는 사항인 때, 사인간의 권리관계 또는 개인의 사생활에 관한 사항인 때 등에는 이를 수리하지 않는다(동법 제5조 1항).

2) 재판을 받을 권리

모든 국민은 헌법과 법률이 정한 법관에 의하여 법률에 의한 재판을 받을 권리를 가진다(제27조 1항).

첫째, 모든 국민은 형사재판이나 민사재판, 또는 행정재판을 가리지 않고 헌법과 법률이 정한 법관에 의한 재판을 받을 권리를 가지므로, 법관에 의한 재판을 요구할 수 있는 권리와 소극적으로 헌법과 법률이 정한 법관에 의하지 않은 재판을 받지 않을 권리 등을 포함하고 있다. 따라서 군인 또는 군무원이 아닌 국민은 대한민국의 영역 안에서는 중대한 군사상의 기밀, 초병·초소·유해음식물공급·포로·군용물에 관한 죄 중 법률이 정한 경우와 비상계엄이 선포된 경우를 제외하고는 군사법원의 재판을 받지 아니한다(제27조 2항).

둘째, 법률에 의한 재판을 받을 권리라 함은 헌법이 규정하는 외에 법률이 정하는 절차와 방법에 따라 재판을 받는 것을 말하며, 그러한 재판을 해줄 것을 요구할 수 있고, 법률에 의한 재판이 아니면 거부할 수 있음은 당연한 것이다.

셋째, 모든 국민은 신속한 재판을 받을 권리를 가지며, 특히 형사피고인은 상당한 이유가 없는 한 지체 없이 공개재판을 받을 권리를 가지는데(제27조 3항), 국가의 안전보장 또는 안녕질서를 방해하거나 선량한 풍속을 해할 염려가 있을 때에는 법원의 결정으로 심리를 공개하지 아니할 수 있도록 하였다(제109조 단서). 그리고 형사피고인은 유죄의 판결이 확정될 때까지는 무죄로 추정된다고 규정하여 형사피고인을 보호하고 있으며(제27조 4항), 형사피해자도 법률이 정하는 바에 의하여 당해사건의 재판절차에서 진술할 수 있도록 하여 피해자의 구제에 대해서도 배려하고 있다(제27조 5항).

3) 형사보상청구권과 국가배상청구권

형사피의자 또는 형사피고인으로서 구금되었던 자가 법률이 정한 불기소처분을 받거나 무죄판결을 받았을 때에는 법률이 정하는 바에 의하여 국가에 정당한 보상을 청구할 수 있다(제28조). 억울한 구금에 대해 보상을 하여야 한다는 것으로서 이를 형사보상청구권이라고 한다.

그리고 공무원의 직무상 불법행위로 손해를 받은 국민은 법률이 정하는 바에 의하여 국가 또는 공공단체에 정당한 배상을 청구할 수 있다(제29조 1항 전문). 그러나 국가 또는 공공단체가 배상책임을 진다고 해서 그 공무원 자신의 책임이 면제되는 것은 아니다(제29조 1항 후문). 군인·군무원·경찰공무원 기타 법률이 정하는 자가 전투·훈련 등 직무집행과 관련하여 받은 손해에 대하여는 법률이 정하는 보상 이외에 국가 또는 공공단체에 공무원의 직무상 불법행위로 인한 배상은 청구할 수 없다(동조 2항). 국가가 통상 배상하는 것과의 중복을 피하기 위한 규정이다. 또한 타인의 범죄행위로 인하여 생명·신체에 대한 피해를 받은 국민은 법률이 정하는 바에 의하여 국가로부터 구조를 받을 수 있다(제30조).

4) 교육을 받을 권리

모든 국민은 능력에 따라 균등하게 교육을 받을 권리를 가진다(제31조 1항). 그리고 모든 국민은 그 보호하는 자녀에게 적어도 초등교육과 법률이 정하는 교육을 받게 할 의무를 진다(동조 2항). 이 의무교육은 무상으로 한다(동조 3항). 그리고 교육의 자주성·전문성·정치적 중립성 및 대학의 자율성은 법률이 정하는 바에 의하여 보장된다(동조 4항). 국가는 평생교육을 진흥하여야 하며(동조 5항), 학교교육 및 평생교육을 포함한 교육제도와 그 운영, 교육 재정 및 교원의 지위에 관한 기본적인 사항은 법률로 정하게 되어 있다(동조 6항).

5) 근로의 권리

모든 국민은 근로의 권리를 가진다(제32조 1항 전문). 근로의 권리란 국가에 대하여 일터를 마련해 달라고 요구할 권리가 있다는 뜻이다. 따라서 국가는 사회적·경제적 방법으로 근로자의 고용의 증진과 적정 임금의 보장에 노력하여야 하며, 법률이 정하는 바에 의하여 최저임금제를 시행하여야 한다(동조 1항 후문). 근로의 권리는 동시에 근로의 의무로도 된다(동조 2항). 근로조건의 기준은 인간의 존엄성을 보장하도록 법률로 정한다(동조 3항).

헌법은 특별히 보호하여야 할 근로에 대해서도 규정하고 있다. 즉, 여자의 근로는 특별한 보호를 받으며, 고용·임금 및 근로조건에 있어서 부당한 차별을 받지 아니하고(동조 4항), 연소자의 근로도 특별한 보호를 받는다(동조 5항). 그리고 국가유공자, 상이군경 및 전몰군경의 유가족은 법률이 정하는 바에 의하여 우선적으로 근로의 기회를 부여받는다(동조 6항).

6) 근로자의 근로3권

근로자는 근로조건의 향상을 위하여 자주적인 단결권·단체교섭권 및 단체행동권을 가진다(제33조 1항). 단결권이란 근로자들이 근로조건을 유지·개선하기 위하여 사용자와 대등한 교섭력을 가지는 단체를 구성할 수 있는 권리를 말하며, 단체교섭권이란 근로자의 단체가 근로조건에 관하여 사용자와 자주적으로 교섭할 수 있는 권리를 말하고, 단체행동권은 노동쟁의 발생시 근로자측이 자신들의 주장을 관철시키기 위해 정상적인 업무를 저해하는 쟁의행위를 할 수 있는 권리를 말한다. 이들 권리를 보통 근로3권이라고 한다.

국가의 기본적 활동이나 안보를 보장하기 위하여 근로3권이 제한되기도 한다. 즉 공무원인 근로자는 법률이 정하는 자에 한하여 단결권·단체교섭권·단체행동권을 가진다(동조 2항). 또한 법률이 정하는 주요방위산업체에 종사하는 근로자의 단체행동권은 법률이 정하는 바에 의하여 이를 제한하거나 인정하지 아니할 수 있다(동조 3항).

7) 인간다운 생활을 할 권리

모든 국민은 인간다운 생활을 할 권리를 가진다(제34조 1항). 국가는 사회보장·사회복지의 증진에 노력할 의무를 진다(동조 2항). 또한 국가는 여자의 복지와 권익의 향상을 위하여 노력하여야 하고(동조 3항), 노인과 청소년의 복지향상을 위한 정책을 실시할 의무를 진다(동조 4항). 그리고 신체장애 등의 사유로 생활능력이 없는 자는 법률이 정하는 바에 의하여 국가의 보호를 받는다(동조 5항). 그뿐만 아니라 국가는 재해를 예방하고 그 위험으로부터 국민을 보호하기 위하여 노력하여야 한다(동조 6항).

8) 환경권

환경권이란 국민이 건강하고 쾌적한 환경에서 인간다운 생활을 할 수 있는 권리를 말한다. 헌법은 "모든 국민은 건강하고 쾌적한 환경에서 생활할 권리를 가지며, 국가와 국민은 환경보전을 위하여 노력하여야 한다."(제35조 1항)고 규정하고 있다. 오늘날 산업이 급진적으로 발달함에 따라 각종 공해가 크게 문제되고 있어 공해로부터 우리의 생활환경을 보호하기 위하여 헌법에 규정을 두고 있는 것이다. 깨끗한 환경에서 생활한다는 것은 국민 모두의 권리이지만, 동시에 그러한 환경을 보전하는 일은 국가와 국민의 의무로 되어 있다. 그리하여 환경권의 내용과 행사에 관하여는 법률로 정하도록 하고(동조 2항), 국가는 주택개발정책 등을 통하여 모든 국민이 쾌적한 주거활동을 할 수 있도록 노력하게 하고 있다(동조 3항).

9) 혼인·가족·보건에 관한 권리

헌법 제36조 1항은 "혼인과 가족생활은 개인의 존엄과 양성의 평등을 기초로 성립되고 유지되어야 하며, 국가는 이를 보장한다."라고 규정하고 있다. 또한 동조 2항은 "국가는 모성의 보호를 위하여 노력하여야 한다."고 하고 3항은 "모든 국민은 보건에 관한 국가의 보호를 받는다."라고 하여 국민의 보건에 관한 국가의 보호와 모성의 보호의무를 규정하고 있다.

(5) 참 정 권

참정권이란 국민이 선거나 투표를 통하여 또는 공무원으로 취임하여 국정에 참여할 수 있는 권리를 말한다. 민주국가에 있어서는 참정권을 통하여 주권자인 국민이 스스로 주권을 행사하게 되는 것이다. 참정권은 국민의 기본권으로서 권리인 동시에 의무라는 특색을 가지고 있다. 헌법이 규정한 참정권에는 선거권, 공무담임권, 국민투표권 등이 있다.

1) 선거권

모든 국민은 법률이 정하는 바에 의하여 선거권을 가진다(제24조). 국민이 직접 선거를 통하여 선출하는 공무원으로는 대통령, 국회의원, 지방의회의원 및 지방자치단체의 장이 있다(공직선거법 제2조).

2) 공무담임권

모든 국민은 법률이 정하는 바에 의하여 공무담임권을 가진다(제25조). 여기서 공무는 행정부·사법부의 직무, 국회의원과 입법부 및 지방자치단체 기타 공공단체의 직무를 포함하는 것으로서, 공무담임권이란 국민이 스스로 공무원이 되어 국정을 책임질 수 있는 것을 말한다.

3) 국민투표권

우리 헌법은 직접민주주의의 한 형태로 대통령이 회부한 국가안위에 관한 중요정책과 헌법개정안에 대하여 국민투표권을 인정하고 있다(제72조, 제130조 2항).

2. 국민의 의무

국민은 국가에 대하여 위에서 본 것과 같은 여러 가지 권리를 갖고 있지만, 동시에 여러 가지 의무도 진다. 헌법에서 정하고 있는 국민의 의무로는 납세,

국방, 교육 및 근로의 의무가 있는데, 이를 국민의 4대 의무라고 한다. 국민의 의무를 헌법 속에서 특히 규정하고 있는 것은 모든 국민이 법률에 의하지 아니하고는 국가로부터 의무의 부과를 받지 않게 하려는 데 있다.

(1) 납세의 의무

모든 국민은 법률이 정하는 바에 의하여 납세의 의무를 진다(제38조). 국가의 유지와 운영을 위하여 세금을 받는 것은 꼭 필요한 일이지만, 이는 국민의 재산권과 밀접한 관계를 가지고 있기 때문에 납세의 의무는 반드시 법률에 의하여 정하게 되어 있다. 이것은 조세의 종목과 세율은 법률로 정한다고 한 헌법 제59조와 더불어 조세법률주의를 밝힌 것이다.

(2) 국방의 의무

모든 국민은 법률이 정하는 바에 의하여 국방의 의무를 진다(제39조 1항). 국방의 의무 중에 가장 중요한 것은 국민이 군대의 구성원으로 군에 복무할 의무, 즉 병역의 의무이다. 그러나 오늘날 전쟁의 양상이 과거와 크게 달라져서 전쟁이 총력전의 성격을 띠고 있으므로 병역의 의무만으로는 도저히 국토방위를 효과적으로 수행할 수 없기 때문에 이에 부수하는 반공, 방첩, 전시 근무의 의무도 여기에 포함된다. 그러나 국방의 의무를 이행하는 것이 국민에게 피해가 되어서는 안 될 것이므로, 헌법은 "누구든지 병역의무의 이행으로 인하여 불이익한 처우를 받지 아니한다."(동조 2항)고 하여 의무를 이행하는 국민을 보호하고 있다.

(3) 교육의 의무

교육은 국가의 백년대계에 해당하는 것으로서 국가의 발전과 관련하여 대단히 중요하다. 헌법은 모든 국민에게 교육의 권리를 보장함(제31조 1항)과 동시에 또한 모든 국민은 그 보호하는 자녀에게 적어도 초등교육과 법률이 정하는 교육을 받게 할 의무를 진다고 명시하고(동조 2항), 의무교육은 무상으로 한다고 규정하여(동조 3항), 교육의 의무를 규정하고 있다.

(4) 근로의 의무

국가의 건전한 발전을 위해서는 국민의 근로가 절대적으로 필요한 것이므로, 헌법은 모든 국민에게 근로의 권리(제32조 1항 전문)와 함께 근로의 의무를 지우고 있다(제32조 2항 전문). 이러한 근로의 의무의 내용과 조건은 민주주의원칙에 따라서 법률로 정한다(동항 후문).

제 4 절 통치구조

1. 통치구조의 원리

(1) 권력분립주의

권력분립주의란 국가의 통치작용을 입법·행정·사법의 삼권으로 분립하여 각각 독립기관에 담당케 하여 기관 상호간의 견제와 균형을 유지하도록 하여, 국가권력의 집중과 남용을 방지하고 국민의 자유를 수호하기 위한 자유주의적인 정치조직원리이다. 권력분립주의는 오늘날 국민주권주의와 함께 자유민주주의 국가의 필수적인 통치구조의 원리이다.

(2) 정부형태

1) 정부형태의 의의

정부형태란 권력분립주의가 국가권력의 구조에 어떻게 적용되고 있는가를 기준으로 하는 통치구조형태로 정부제도라고도 한다. 구체적으로는 입법부·사법부·행정부 등의 국가기관에 국가권력을 배분하는 방법 및 각 국가기관의 권력행사방법, 그리고 국가기관 상호간의 관계를 기준으로 하는 국가의 통치구조형태를 말한다.

2) 현대의 대표적인 정부형태

(가) 대통령제 대통령제는 엄격한 권력분립을 통해서 국가권력 상호간의 독립을 보장하며 대통령이 자신의 임기 중 독립하여 행정권을 행사할 수 있

게 하는 정부형태로서 미국이 이 제도를 취하고 있는 대표적인 국가이다. 대통령제는 의회와 행정부가 상호 독립되며 견제하고 균형을 이룬다. 대통령은 법률안거부권, 법률안공포권 행사를 통해서 의회의 입법권을 견제하고 고위법관에 대한 임명권을 통하여 사법권을 견제한다. 다만 우리나라는 의원내각제적 요소를 가미하여 순수한 대통령제와는 약간의 차이가 있다. 대통령제의 장점은 대통령의 임기보장으로 정국이 안정되고, 소신 있는 정책을 추진할 수 있다는 것이다. 그러나 의회와 행정부가 대립할 경우 제도적으로 해결할 방법이 없어서 정국이 불안해지는 단점이 있다.

(나) 의원내각제 　의원내각제는 의회와 행정부가 협력관계를 통해서 상호 통제하고, 행정부가 국가원수와 행정부의 수반으로 이원화되어 있는 정부형태로서 이 제도를 취하고 있는 대표적인 국가는 영국이다. 영국식 의원내각제는 행정부의 성립과 존속을 의회에 의존한다. 이때 의회는 행정부에 대한 불신임결의권을 가지고, 행정부는 의회해산권을 가지기 때문에 의회와 행정부 상호간에 평등과 균형이 있다는 것이 특색이다. 의원내각제의 장점은 국정 처리에 있어서 신속성과 능률성을 기대할 수 있고, 민주주의의 구현·책임정치를 실현하는 데 적합하다. 그러나 의회와 내각이 한 정당에 독점되면 다수당의 독주와 횡포가 우려되고, 군소정당의 난립시에는 정국의 불안정을 초래할 수 있다.

(다) 이원정부제 　이원정부제는 대통령제와 의원내각제를 결합하여 정부를 이원적으로 운영하는 정부형태이다. 평상시에는 의원 내각제로 국정을 운영하다가 국가 위기시에는 대통령이 전적으로 행정권을 행사하는 대통령제로 국정을 운영하는 정부형태이다. 프랑스 제5공화국과 핀란드가 채택하였다. 국가위기상황에서 대통령은 수상과 내각각료를 자유로이 해임할 수 있고, 행정에 관한 모든 권리를 사용할 수 있으며, 각료회의를 주재하고 수상과 내각 각료의 부서(副署) 없이도 행정권을 행사할 수 있는 특색을 지닌다. 장점은 평상시 의원내각제를 통해서 의회와 행정부의 마찰을 최소화할 수 있고, 위기시에는 대통령제로 운영함으로써 신속하고 강력한 정책을 수행해 나갈 수 있다는 것이다. 그러나 대통령이 국가긴급권을 행사할 경우 내각과 의회는 이를 견제할 만한 방법이 없어 대통령에 의한 독재에 빠질 가능성이 있다.

(라) 의회정부제 의회정부제란 의회가 행정부에 대해 절대우위의 지위에 있는 정부형태를 말한다. 국민의 직접선거에 의해 선출된 의원들로 구성된 국회가 유일한 국민대표기관이며 최고국가기관이 된다. 대통령은 없는 것이 보통이며, 있더라도 행정부 내에서 선출되며 명목상 국가원수의 지위를 가질 뿐이다.

3) 우리나라의 정부형태

우리나라의 정부형태는 대통령제, 의원내각제, 이원정부제를 절충한 정부형태이지만, 대통령은 행정부의 수반임과 동시에 국가원수의 지위에 있어 국정의 중심적 역할을 하게 되어 있으므로 실질적으로는 대통령제라고 하여도 좋을 것이다.

그 제도적 내용을 살펴보면, 대통령제적 요소는 대통령은 국가의 원수임과 동시에 행정부의 수반으로서의 지위에 있고, 국민의 직접선거에 의하여 선출하며, 법률안거부권이 있을 뿐 아니라, 대법원장과 대법관을 임명하는 점이다. 의원내각제적 요소는 국회는 국무총리 임명동의권이 있고, 국무총리와 국무위원의 해임건의를 할 수 있으며, 국회의원이 국무위원을 겸직할 수 있다는 점이다. 이원정부제적 요소는 대통령은 긴급명령·처분권과 계엄권이 있으며, 국무회의의 의장이 되고, 중요정책을 국민투표에 붙일 수 있는 점 등이다.

2. 국 회

(1) 국회의 헌법상의 지위

국회의 지위는 국가에 따라 상이하다. 즉 의원내각제의 국가에서는 국가기관 중에서 국회가 헌법상 중심적 위치에 있으므로 그 지위도 다른 기관에 비하여 우세하나, 대통령제인 국가에서는 국회와 정부가 동격·병립적 지위에 있다. 이와 같이 국회의 헌법상의 지위는 국가에 따라 다르지만 국회제도의 근본적 성질에 있어서는 각국이 모두 공통된다. 이 근본적 성질에는 국회는 국민의 대표기관이며 입법기관임과 동시에 국정의 감시·비판기관이라는 것이다.

(2) 국회의 구성

국회의 형태에는 양원제와 단원제의 두 가지가 있다. 양원제는 국회가 상원과 하원 등 두 개의 회의체로 구성되는 것을 말하고, 단원제는 국회가 한 개의 회의체로 구성되는 것을 말한다.

우리나라 헌법은 제1차 개정에 의하여 국회를 민의원과 참의원으로 구성하게 하였지만, 실제로 양원제가 구현된 것은 제3차 개정 이후의 일이었다. 그러나 제5차 개정 이후는 다시 단원제를 채택하여, 현재에는 단원제를 취하고 있다.

국회는 국민의 보통·평등·직접·비밀선거에 의하여 선출된 의원으로 구성되며, 국회의원의 선거구와 비례대표제 기타 선거에 관한 사항은 법률로 정한다(제41조 1·3항). 국회의원의 정수는 법률로 정하되 200인 이상으로 하고 있다(동조 2항). 그리고 국회의원의 임기는 4년이다(제42조). 국회의원의 선거에 관한 법률로는 공직선거법이 있다.

(3) 국회의 권한

1) 입법에 관한 권한

(가) 법률제정권 입법권은 국회에 속한다(제40조). 입법에 관한 권한은 국회가 가지고 있는 권한 중에서 가장 중요한 권한이다. 국회가 법률을 제정하기 위해서는 법률안의 제출·의결·공포의 3단계를 거쳐야 한다.

국회의원과 정부는 모두 법률안을 제출할 수 있는데(제52조), 국회의원이 법률안을 발의할 때에는 10인 이상의 찬성이 필요하다(국회법 제79조 1항). 그리고 정부가 법률안을 제출함에는 국무회의의 심의를 거쳐야 한다(제89조 3호).

법률안이 제출되면 국회의장은 이것을 소관 상임위원회에 회부하여 그 심사가 끝난 후 본회의에 부의한다(국회법 제81조 1항). 만약 소관 상임위원회에서 심사한 결과, 본회의에 부의할 필요가 없다고 결정되면 원칙적으로 그 법률안은 폐기된다(국회법 제87조 1항). 본회의에 법률안이 부의된 때에는 심사한 위원장의 심사보고를 듣고 질의·토론을 거쳐 표결하게 된다(국회법 제93조).

회의에서 의결된 법률안은 정부에 이송되어 15일 이내에 대통령이 공포하는데(제53조 1항), 법률이 공포되면 특별한 규정이 없는 한 공포일로부터 20일이 경과함으로써 발효되는 것이 원칙이다(동조 7항). 대통령이 법률안에 대하여 이의가 있을 때에는 정부로 이송된 후 15일 이내에 이의서를 붙여 국회로 환부하고 그 재의를 요구할 수 있다(동조 2항). 이를 대통령의 법률안거부권이라고 한다. 이 경우에 국회가 재적의원 과반수의 출석과 출석의원 3분의 2 이상의 찬성으로 재의결을 하면 그 법률안은 법률로서 확정된다(동조 4항). 그리고 법률안이 정부에 이송된 후 15일 이내에 대통령이 재의 요구, 즉 환부하지도 않고 공포도 하지 않을 때에도 그 법률안은 법률로서 확정되며(동조 5항), 확정된 후 5일 이내에 대통령이 공포하지 않으면 국회의장이 이를 공포한다(동조 6항).

(나) 헌법개정권 　헌법 개정은 대통령이 제안할 수 있지만, 국회도 재적의원 과반수의 찬성으로 제안할 수 있다(제128조). 제안된 헌법개정안은 국회에 제출된 후 대통령이 20일 이상의 기간 공고하고(제129조), 공고 후 60일 이내에 국회에서 재적의원 3분의 2 이상의 찬성으로 의결된다(제130조 1항). 이때 국회가 개정안을 수정할 수는 없다. 국회에서 의결된 헌법개정안은 30일 이내에 국민투표에 붙여 국회의원 선거권자 과반수의 투표와 투표자 과반수의 찬성을 얻으면 가결된다(동조 2항). 대통령은 개정안을 즉시 공포하여야 한다(동조 3항).

2) 재정에 관한 권한

(가) 예산안심의확정권 　국회는 국가의 예산안을 심의·확정한다(제54조 1항). 예산이란 1회계연도에 있어서의 세입과 세출의 예산회계서를 말한다.

정부는 회계연도마다 예산안을 편성하여 회계연도 개시 90일 전까지 국회에 제출하여야 하며(제54조 2항), 국회는 정부에서 제출된 예산안을 심의하고 예산을 확정하는 권한을 가지고 있는데, 국회는 회계연도 개시 30일 전까지 이를 의결하여야 한다(동조 2항 후단).

(나) 예비비설치동의권 및 예비비지출승인권 　예측할 수 없는 예산 외의 지출 또는 예산 초과지출에 충당하기 위한 예비비는 미리 국회의 의결을 얻어야 하며, 예비비의 지출은 차기 국회의 승인을 얻어야 한다(제55조 2항).

(다) 기채동의권 　국채란 국가가 세입부족을 보충하기 위하여 지는 재정상의 채무를 말한다. 정부가 국채를 모집함에는 미리 국회의 의결을 얻어야 하는바(제58조), 이때 국회가 가지는 동의권을 기채동의권이라 한다.

(라) 예산 외에 국가의 부담이 될 계약에 대한 동의권　정부가 예산 외에 국가의 부담이 될 계약을 체결할 때에는 미리 국회의 의결을 얻어야 한다(제58조).

(마) 결산심사권　감사원은 세입·세출의 결산을 매년 검사하여 대통령과 차년도 국회에 그 결과를 보고하여야 하는데(제99조), 이는 국회의 의결을 얻은 예산의 집행결과인 결산을 국회로 하여금 심사시킴으로써 국회의 재정에 관한 감사권을 실효성 있게 하려는 취지이다.

3) 국회의 대정부 견제권

국회는 입법 기능 외에 정부에 대하여 비판·감시기관으로서 여러 가지 견제기능을 가지고 있다. 즉 국무총리 임명 동의권, 국무총리·국무위원 출석 요구권 및 질문권, 국무총리·국무위원 해임 건의권, 탄핵소추권, 긴급 재정경제처분·명령 및 긴급명령에 대한 승인권, 계엄해제 요구권, 선전포고 및 국군 해외파견·외국군 주류에 대한 동의권 등을 들 수 있다.

4) 국정감사권과 국정조사권

국회의 국정감사권과 국정조사권은 국민의 알 권리 실현과 국회의 통제기능 수행을 위하여 헌법이 인정하는 것으로(제61조) 민주의회제도의 불가결한 요소로서 의의를 가진다. 이에 관한 구체적인 법률로 「국정감사 및 조사에 관한 법률」이 있다. 이 법에 의하면 국정감사는 국정전반에 관하여 소관 상임위원회별로 매년 정기회 집회일 이전에 감사시작일부터 30일 이내의 기간을 정하여 실시한다(동법 제2조 1항). 국정조사는 재적의원 4분의 1이상의 요구로 특별위원회 또는 상임위원회가 국정의 특정사안에 관하여 시행하게 되는데, 조사요구는 조사의 목적·범위 등을 기재하여 요구의원이 연서한 서면(조사요구서)으로 하여야 한다(동법 제3조 1항, 2항).

5) 국회의 내부사항에 관한 자율권

국회의 자율적 권한이란 국회의 조직·활동 및 내부사항에 대하여 다른 국가기관의 간섭을 받지 않고 자주적으로 이를 정하는 것을 말한다. 국회 자율권의 내용으로는 규칙 제정권, 의사진행에 관한 자율권, 내부 경찰권 및 국회 가택권, 내부조직권 및 국회의원의 신분에 관한 권한 등을 들 수 있다.

(4) 국회의 활동

1) 회의의 종류와 회기

국회의 집회에는 정기회와 임시회가 있다. 정기회는 매년 1회 법률이 정하는 바에 의하여 집회되며, 회기는 정기회는 100일을, 임시회는 30일을 초과할 수 없다(제47조 2항). 그리고 임시회는 긴급한 특정의안의 심의, 기타 필요가 있을 때에 대통령 또는 국회재적의원 4분의 1 이상의 요구에 의하여 집회한다(동조 1항).

2) 의사절차

(가) 정족수 정족수에는 개의를 함에 필요한 의사정족수와 의결을 함에 필요한 의결정족수가 있다. 국회는 재적의원 5분의 1 이상의 출석으로 개의하며(국회법 제73조 1항), 의결정족수에 관해서는 헌법 또는 법률에 특별한 규정이 없는 한 재적의원 과반수의 출석과 출석의원 과반수의 찬성으로 의결하며, 가부동수인 때에는 부결된 것으로 본다(제49조).

(나) 의사공개의 원칙 국회의 회의는 공개하는 것이 원칙이지만, 출석의원 과반수의 찬성이 있거나, 의장이 국가안전보장을 위하여 필요하다고 인정할 때에는 공개하지 않을 수 있다(제50조 1항).

(다) 회기계속의 원칙 국회에 제출된 법률안, 기타의 의안은 회기 중에 의결되지 못하여도 폐기되지 아니하고 다음 회기에 계속된다. 다만 국회의원의 임기가 만료된 때에는 예외이다(제51조).

(라) 일사부재의의 원칙 회기 중에 부결된 안건은 그 회기 중 다시 제출하지 못하는데, 이것을 일사부재의(一事不再議)의 원칙이라고 한다.

(5) 국회의원의 지위

1) 선 출

국회의원에는 지역구 국회의원과 비례대표 국회의원이 있다. 지역구 국회의원은 당해 국회의원 지역구에서 유효투표의 다수를 얻어 당선된 자이다(공직선거법 제188조 1항). 비례대표 국회의원 의석은 유효투표 총수의 100분의 3 이상을 득표하였거나 지역구 국회의원 총선거에서 5석 이상의 의석을 차지한 각 정당에 대하여 당해 의석할당정당이 비례대표 국회의원 선거에서 얻은 득표비율에 따라 배분된다(동법 제189조 1항). 그리고 국회의원은 임기만료나 판결의 확정, 퇴직, 사직, 제명, 무자격 결정 등에 의해 그 직에서 물러난다.

2) 국회의원의 특권

국회의원은 불체포특권과 면책특권을 갖는다. 여기서 불체포특권은 국회의원이 현행범인 경우를 제외하고는 회기 중 국회의 동의 없이 체포·구금되지 아니하며, 회기 전에 체포·구금되었더라도 현행범이 아니면 국회의 요구에 의해 회기 중 석방될 수 있는 권리이다(제44조). 한편 면책특권은 국회의원은 국회에서 직무상 행한 발언과 표결에 관하여 국회 외에서 책임을 지지 않는다는 것(제45조)을 말한다.

3) 국회의원의 의무

국회의원은 법률이 정하는 직을 겸할 수 없으며(제43조), 청렴·국가이익 우선·지위남용 금지 등의 의무(제46조)를 진다.

3. 대 통 령

(1) 대통령의 헌법상의 지위

대통령은 정부형태에 따라 각각 다른 지위를 가진다. 대통령제 국가에서는 국가원수로서의 지위와 함께 대내적으로 행정권의 수반으로서 지위를 가진다. 의원내각제 국가에서는 일반적으로 국정에 초연한 형식적·의례적 존재로서의 국가원수의 지위를 가진다.

우리나라 헌법상 대통령은 국가원수로서의 지위와 행정부 수반으로서의 지위를 갖는다.

(2) 대통령의 선임과 임기

대통령은 국민의 보통·평등·직접·비밀선거에 의하여 선출한다(제67조 1항). 대통령에 입후보하기 위해서는 국회의원의 피선거권이 있고 선거일 현재 40세에 달하여야 한다(동조 4항). 선거 결과 최고득표자가 2인 이상인 때에는 국회의 재적의원 과반수가 출석한 공개회의에서 다수표를 얻은 자를 당선자로 한다(동조 2항). 대통령후보자가 1인일 때에는 그 득표수가 선거권자 총수의 3분의 1 이상이 아니면 대통령으로 당선될 수 없다(동조 3항). 대통령선거에 관하여는 공직선거법이 규정한다.

대통령의 임기는 5년으로 하며, 중임할 수 없다(제70조).

(3) 대통령의 특권과 의무

대통령은 내란 또는 외환의 죄를 범한 경우를 제외하고는 재직 중 형사상의 소추를 받지 않는다(제84조). 이는 형사책임의 면제는 아니므로 퇴직 후에 소추할 수 있음은 물론이며, 재직 중이라도 민사책임은 면제되지 않는다. 대통령은 탄핵결정에 의하지 아니하고는 공직으로부터 파면되지 아니한다(제65조 1항 참조).

대통령은 헌법의 준수, 국가보위, 평화적 통일을 위한 성실한 노력을 하여야 하며(제69조 참조), 국무총리·국무위원·행정각부의 장 기타 법률이 정하는 공사의 직을 겸할 수 없다(제83조).

(4) 대통령의 권한

1) 행정에 관한 권한

첫째, 대통령은 행정의 주체인 행정부의 수반으로서 행정의 최고지휘권을 가진다. 행정은 대통령 책임 하에 이루어지며, 대통령은 법률집행권, 하부행정기관에 대한 지휘·감독권을 가진다(정부조직법 제11조 참조).

둘째, 외교에 관한 권한으로서 대통령은 외국에 대하여 국가를 대표한다(제66조 1항). 대통령은 조약을 체결·비준하고 외교사절을 신임·수수 또는 파견하며, 선전포고나 강화를 하는 권한을 가진다(제73조).

셋째, 대통령은 국군의 최고사령관으로서 국군을 지휘·통솔하는 권한, 즉 국군통수권을 가진다(제74조).

넷째, 대통령은 공무원을 임명하거나 면직할 수 있는 권한, 즉 공무원 임면권을 가진다(제78조). 여기서의 임명은 좁은 의미의 임명 이외에 승진·강임·

전보·징계 등을 포함한다.

다섯째, 대통령은 정부의 수반으로서 위헌정당의 해산을 헌법재판소에 제소할 수 있다(제8조 4항).

여섯째, 대통령은 정부의 수반으로서 예산안을 편성하고 국회에 제출할 권리·의무가 있으며(제54조 2항), 추가경정예산안도 같다(제56조).

일곱째, 대통령은 법률이 정하는 바에 의하여 훈장, 기타 영전을 수여할 권한이 있다(제80조).

2) 국회에 관한 권한

대통령은 국회의 임시회의 집회를 요구할 수 있고(제47조 1항), 국회에 출석하여 발언하거나 서한으로 의견을 표시할 수 있다(제81조).

3) 입법에 관한 권한

첫째, 대통령은 행정부의 수반으로서 법률안을 제출할 수 있는 권한을 가진다(제52조).

둘째, 대통령은 국회에서 의결된 법률안을 정부에 이송된 날로부터 15일 이내에 공포한다(제53조 1항).

셋째, 대통령은 법률안거부권이 있다(제53조).

넷째, 대통령은 법률에서 구체적으로 범위를 정하여 위임받은 사항에 대한 위임명령과 법률을 집행하기 위하여 필요한 사항에 관하여 집행명령을 발할 수 있다(제75조).

4) 사법에 관한 권한

대통령은 법률이 정하는 바에 의하여 사면·감형·복권을 명할 수 있다. 사면은 일반사면과 특별사면으로 구별되는데, 일반사면은 국회의 동의를 얻어야 한다(제79조). 그리고 사면·감형·복권을 하려면 국무회의의 심의를 거쳐야 한다(제89조 9호).

5) 헌법개정과 국민투표에 관한 권한

대통령은 헌법개정에 대한 제안권을 가지며(제128조 1항), 제안된 헌법개정안을 20일 이상의 기간 공고하여야 하고(제129조), 헌법개정이 확정되면 즉시 이를 공포하여야 한다(제130조 3항).

대통령은 필요하다고 인정할 때에는 외교·국방·통일, 기타 국가안위에 관한 중요 정책을 국민투표에 붙일 수 있다(제72조).

6) 헌법기관구성에 관한 권한

대통령은 헌법재판소장을 포함한 헌법재판관 9인의 임명권(제111조 2항, 4항), 대법원장과 대법관 임명권(제104조 1-2항), 국무총리와 국무위원 임명권(제86조 1항, 제87조 1항), 행정각부의 장 임명권(제94조), 감사원장과 감사위원 임명권(제98조 2-3항), 중앙선거관리위원회위원 3인의 임명권(제114조 2항) 등을 가진다.

7) 긴급권

(가) 긴급재정경제처분·명령권, 긴급명령권 내우·외환·천재·지변 또는 중대한 재정·경제상의 위기에 있어서, 국가의 안전보장 또는 공공의 안녕질서를 유지하기 위하여 긴급한 조치가 필요하고, 국회의 집회를 기다릴 여유가 없을 때에 한하여 대통령은 최소한으로 필요한 재정·경제상의 처분을 하거나, 이에 관하여 법률의 효력을 가지는 명령을 발할 수 있다(제76조 1항).

국가의 안위에 관계되는 중대한 교전상태에 있어서, 국가를 보위하기 위하여 긴급한 조치가 필요하고, 국회의 집회가 불가능한 때에는 대통령은 법률의 효력을 가지는 명령을 발할 수 있다(제76조 2항).

(나) 계엄선포권 계엄은 전시·사변 또는 이에 준하는 국가비상사태가 발생하여 병력으로써 군사상의 필요에 응하거나 공공의 안녕질서유지의 필요가 있을 때 한하여 선포할 수 있다(제77조 1항). 비상계엄이 선포되었을 때에는 법률이 정하는 바에 의하여 영장제도, 언론·출판·집회·결사의 자유, 정부나 법원의 권한에 관하여 특별한 조치를 할 수 있다(동조 3항).

(5) 대통령의 자문기관

국가안전보장에 관련되는 대외정책·군사정책과 국내정책의 수립에 관하여 대통령의 자문에 응하기 위하여 국가안전보장회의를 두고 있다(제91조). 또한 국정의 중요사항에 관해 대통령의 자문에 응하기 위하여 국가원로자문회의를 둘 수 있고(제90조), 평화통일정책의 수립의 자문을 위한 민주평화통일자문회의(제92조)와 국민경제의 발전을 위한 중요정책의 수립에 관하여 대통령의 자문에 응하기 위해서는 국민경제자문회의를 둘 수 있다(제93조). 그리고 국민경제의 발전, 과학기술의 창달·진흥을 위해 대통령의 자문에 응하기 위하여 과학기술자문회의를 둘 수 있다(제127조 3항).

(6) 감 사 원

국가의 세입·세출의 결산, 국가 및 법률에 정한 단체의 회계검사와 행정기관 및 공무원의 직무에 관한 감찰을 하기 위하여 대통령 소속하에 감사원을 둔다(제97조). 감사원은 감사원장을 포함한 5인 이상 11인 이하의 위원으로 구성된 합의제기관이다(제98조 1항). 감사원장은 대통령이 국회의 동의를 얻어 임명하고, 감사위원은 감사원장의 제청으로 대통령이 임명하는데, 임기는 모두 4년이며 1차에 한하여 중임할 수 있다(동조 2-3항).

4. 행 정 부

(1) 국무회의

국무회의는 정부의 권한에 속하는 중요한 정책을 심의하는 기관으로(제88조 1항) 헌법상 반드시 설치해야 하는 필수기관이다. 국무회의는 대통령의 하급기관이라기보다는 독립된 합의제 기관이라 할 수 있다.

국무회의는 대통령, 국무총리와 15인 이상 30인 이하의 국무위원으로 구성된다(제88조 2항). 대통령이 국무회의 의장이 되고, 국무총리가 부의장이 된다(제88조 3항). 의장이 사고로 인하여 직무를 행할 수 없을 때에는 부의장인 국무총리가 그 직무를 대행하고, 의장과 부의장이 모두 사고가 있을 때에는 정부조직법에 규정된 순서에 따라 국무위원이 그 직무를 대행한다(정부조직법 제12조 2항).

(2) 국무총리

우리나라의 현행 헌법은 대통령제를 기본으로 하고 있으면서도 부통령제 대신 의원내각제적인 요소인 국무총리를 두고 있다. 이는 대통령을 보좌하고 대통령의 명을 받아 행정 각부를 통할·조정함으로써 대통령제의 효율을 극대화

할 수 있고, 국회와 정부 간의 관계를 유지하는 데 대통령을 대신할 수도 있으며, 대통령을 대신하여 국회에 정치적 책임을 질 수 있기 때문이다. 국무총리는 헌법상 대통령의 보좌기관, 행정부의 2인자, 국무회의의 부의장, 하나의 중앙행정 관청인 지위를 갖는다.

국무총리는 국회의 동의를 얻어 대통령이 임명한다(제86조 1항). 군인은 현역을 면한 후가 아니면 국무총리로 임명될 수 없다(동조 3항). 국무총리는 대통령이 궐위되거나 사고로 인하여 직무를 수행할 수 없을 때 대통령의 권한을 대행한다(제71조). 이외에 국무총리는 국무위원・행정각부의 장의 임명제청권(제87조, 제94조)과 국무위원의 해임건의권(제87조 3항), 국회출석・발언권(제62조 1항), 행정각부의 통할・감독권 등의 권한(제86조 2항)과 함께 총리령을 발할 권한을 가진다(제95조).

(3) 국무위원

국무위원은 대통령의 보좌기관이자 국무회의의 구성원으로서의 지위를 가진다. 국무위원은 그 신분에 기해서 행정각부의 장으로 임명될 수 있고(제94조) 국회의원을 겸직할 수 있다. 국무위원도 국무총리에 이어 대통령의 권한을 대행하는 경우가 있으며(제71조), 국무회의 구성원으로서 국정을 심의할 권한(제87조 2항)과 국회에 출석하여 국정처리상황을 보고하거나 의견을 진술하고 질문에 응답할 수 있다(제62조 1항).

(4) 행정각부

행정각부는 대통령을 수반으로 하는 행정부의 구성단위로서 소관 행정사무를 집행하는 중앙행정기관이다. 따라서 대통령이나 국무총리의 단순한 보조기관이라기보다는 대통령과 국무총리의 하위에 있는 행정관청이라 할 수 있다. 행정각부의 장은 통상 장관이라 부르는데, 국무위원 중에서 국무총리의 제청으로 대통령이 임명한다(제94조). 행정각부의 장은 중앙행정관청으로서 소관사무를 통할하며, 소속직원을 지휘・감독한다(정부조직법 제7조 1항). 행정각부의 장은 부령을 발할 수 있다(제95조).

5. 법　　원

(1) 사법권의 의의

사법(司法)이란 국가 통치권의 작용방법의 하나로서 재판을 통하여 특정사항에 대해 적법 내지 위법에 대한 판단이나 권리관계를 확정함으로써 구체적 쟁송을 해결하는 국가작용이다. 얼핏 보면 행정과 마찬가지로 법을 집행하는 것 같이 보이기도 하지만, 행정이 법에 담겨진 내용을 적극적으로 실행해 나가는 것이라면, 사법은 법질서에 대한 침해가 있을 때에 법을 선언하여 법을 수호하는 국가 작용을 말한다. 이러한 국가작용을 행사하는 기능을 사법권이라 하는데, 법원이 이를 행사한다.

대륙법계 국가에서는 일반적으로 이른바 행정국가주의에 입각하여 사법권을 민사재판권과 형사재판권만으로 한정하여 왔으나, 우리나라는 영미법적인 통일관할주의에 입각하여 행정사건의 재판권까지도 사법권에 포함시키고 있다. 그뿐만 아니라 법원관할 하에 선거소송과 위헌법률심사제청권도 부여되어 있다.

(2) 사법권의 독립

사법권이 입법권이나 행정권으로부터 영향을 받으면 공정한 재판을 할 수 없기 때문에 이들로부터 자유롭게 재판을 할 수 있어야 한다. 이러한 취지에서 우리 헌법 제101조 1항은 “사법권은 법관으로 구성된 법원에 속한다.”고 규정함으로써, 헌법 제66조 4항 및 제40조와 더불어 3권 분립의 원칙을 선언하는 동시에, 사법권이 입법부인 국회 및 행정부인 정부로부터 분립된 사법부인 법원에 속한다는 사법권독립의 원칙도 아울러 선언하고 있다. 따라서 사법권은 법관으로 구성된 법원이 행사하는 것이며, 법원 외의 기관에서 하는 행정심판과 같은 재판 유사의 작용은 최종적으로 법원이 판단하지 않는다면 위헌이 된다(제27조 1항).

사법권의 독립은 재판의 인적 독립을 위한 규정과 물적 독립으로 나누어진다. 재판의 인적 독립은 법원의 인적 조직, 법관의 자격, 법관의 지위의 독립 및 보장을 말하고, 물적 독립이란 법관이 어떠한 통제나 지시로부터 독립하여 재판할 수 있어야 한다는 것이다. 헌법이 “법관은 헌법과 법률에 의하여 그 양심에 따라 독립하여 심판한다.”(제103조)고 규정한 것이 그것이다.

(3) 법원의 조직

법원은 소송절차에 의하여 사법작용을 하는 것을 주요 임무로 하는 국가기관이다. 헌법은 “법원은 최고법원인 대법원과 각급법원으로 조직된다.”(제101조 2항)고 규정하고 있다. 이 규정에 의하여 제정된 법이 법원조직법이다. 이에 의하면 법원의 종류는 대법원, 고등법원, 특허법원, 지방법원, 가정법원, 행정법원 및 회생법원의 7종으로 하되 지방법원과 가정법원은 그 사무의 일부를 처리하기 위하여 그 관할구역 내에 지원을 둘 수 있다(법원조직법 제3조).

(4) 법 관

헌법 제101조 3항은 법관의 자격을 법률로 정하도록 함으로써 사법권의 독립을 보장하고 있다. 대법원장은 국회의 동의를 얻어 대통령이 임명하고, 대법관은 대법원장의 제청으로 국회의 동의를 얻어 대통령이 임명한다. 대법원장과 대법관이 아닌 법관은 대법관회의의 동의를 얻어 대법원장이 임명한다(제104조).

대법원장의 임기는 6년으로 하되 중임할 수 없다. 그리고 대법관의 임기는 6년으로 하며 법률이 정하는 바에 의하여 연임할 수 있다. 대법원장 또는 대법관이 아닌 법관의 임기는 10년으로 하며 법률이 정하는 바에 의하여 연임할 수 있다. 법관의 정년은 법률로 따로 정하게 되어 있다(제105조).

사법권의 독립을 위해서 가장 필요한 것은 법관의 신분보장이다. 그래서 헌법은 “법관은 탄핵, 또는 금고 이상의 형의 선고에 의하지 아니하고는 파면되지 아니하며, 징계처분에 의하지 아니하고는 정직·감봉 기타 불리한 처분을 받지 아니한다.”(제106조 1항)고 규정하고 있다. 그러나 법관이 중대한 신분상의 장해로 직무를 수행할 수 없을 때에는 법률이 정하는 바에 의하여 퇴직하게 할 수 있다(동조 2항).

(5) 위헌법률심판제청권 및 위헌명령 등 심사권

법원의 임무는 절차상 나타난 사실이 법에 적합한 것인가의 여부를 판단하는 것이다. 그런데 모든 법을 무조건 적용하여 재판할 수 없는 경우도 있다. 예를 들어 하위법이 상위법을 위반한 경우에 하위법을 적용하여 재판하게 되면 재판이 상위법을 위반하는 결과로 된다. 이와 같은 경우에는 하위법이 상위법을 위반하였다고 판단되면 하위법을 폐기하는 것이 타당하다. 우리 헌법은 이러한 경우에 대비하여 법률이 헌법에 위반되는 여부가 재판의 전제가 된 경우에는 법원은 헌법재판소에 제청하여 그 심판에 의하여 재판하도록 하고(제107조 1항), 명령·규칙 또는 처분이 헌법이나 법률에 위반되는 여부가 재판의 전제가 된 경우에는 대법원은 이를 최종적으로 심사할 권한을 가지는 것으로 하고 있다(동조 2항).

6. 헌법재판소

헌법재판소는 위헌법률심판권, 탄핵심판권, 정당해산심판권, 기관쟁의심판권, 헌법소원심판권을 가지고 우리 헌법의 민주적 기본질서를 수호하는 헌법상의 기관이다(제111조 1항). 헌법재판소는 법관의 자격을 가진 9인의 재판관으로 구성되는데, 재판관은 대통령이 임명하되 그중 3인은 국회에서 선출하는 자를, 3인은 대법원장이 지명하는 자를 임명한다(동조 2-3항). 그리고 헌법재판소장은 대통령이 재판관 중에서 국회의 동의를 얻어 임명한다(동조 4항). 재판관의 임기는 6년이고 연임할 수 있다(제112조 1항). 재판관은 정당에 가입하거나 정치에 간여할 수 없으며(동조 2항), 탄핵 또는 금고 이상의 형의 선고에 의하지 아니하고는 파면되지 아니한다(동조 3항).

7. 선거관리위원회

우리 헌법은 선거와 국민투표의 공정한 관리 및 정당에 관한 사무를 처리하기 위하여 선거관리위원회를 두고 있다(제114조 1항). 선거관리위원회는 중앙선거관리위원회와 각급선거관리위원회로 구성된다. 중앙선거관리위원회는 대통령이 임명하는 3인, 국회에서 선출하는 3인, 대법원장이 지명하는 3인의 위원으로 구성되며(동조 2항), 각급선거관리위원회는 특별시·광역시·도선거관리위원회, 구·시·군 선거관리위원회, 읍·면·동 선거관리위원회의 4종이 있다(선거관리위원회법 제2조).

중앙선거관리위원회의 위원을 비롯한 각급선거관리위원회 위원의 임기는 6년이다(114조 3항, 선거관리위원회법 제8조 본문). 이 중 구·시·군 선거관리위원회 위원의 임기는 3년이나 한 차례만 연임이 가능하다(선거관리위원회법 제8조 단서). 선거관리위원은 정당에 가입하거나 정치에 관여할 수 없으며(제114조 4항), 탄핵 또는 금고 이상의 형의 선고에 의하지 아니하고는 파면되지 않다(동조 5항). 위원의 공정한 업무수행을 위한 장치이다.

제 5 절 헌법의 개정

1. 헌법개정의 제안 및 공고

헌법개정의 제안은 국회 재적의원 과반수 또는 대통령이 발의한다(제128조). 국회는 입법권을 가지고 있기 때문이고, 대통령은 국가원수로서 헌법수호의 책무를 지고 있으므로 제안권을 주고 있는데, 대통령이 제안하는 경우에는 국무회의의 심의를 거쳐야 한다(제89조 3호). 대통령 또는 국회의원에 의하여 제안된 헌법개정안은 대통령이 20일 이상 이를 공고하여야 한다(제129조).

2. 헌법개정의 의결·확정·공포

국회는 헌법개정안이 공고된 날로부터 60일 이내에 의결하여야 하여, 국회의 의결은 재적의원 3분의 2 이상의 찬성을 얻어야 한다(제130조 1항).

국회를 통과한 헌법개정안은 30일 이내에 국민투표에 붙여서 국회의원선거권자 과반수의 투표와 투표자 과반수의 찬성을 얻으면 헌법개정이 확정된다(동조 2-3항). 이때에는 대통령은 즉시 이를 공포하여야 한다(동조 3항). 대통령의 임기연장, 또는 중임변경을 위한 헌법개정은 그 헌법개정 제안 당시의 대통령에 대해서는 효력이 없다(제128조 2항).

02장 行 政 法

제1절 서 설

1. 행정법의 개념

(1) 의 의

행정법이란 행정권의 조직과 작용 및 행정구제에 관한 국내공법을 말한다. 국가의 작용을 보통 주로 법을 제정하는 입법, 법을 적용하는 사법, 그리고 법을 집행하는 행정의 셋으로 나누고 있는데, 행정법은 이 가운데 행정작용을 담당하는 국가·공공단체 등의 행정주체의 조직과 행정주체 상호간의 관계, 행정주체와 개인간의 관계 및 행정작용에 대한 개인의 권리의 구제를 규정한다.

(2) 헌법과 행정법

행정에 관한 법을 국가의 전반적인 면에서 보면 근본적인 것과 그렇지 않은 것이 있으며, 전자는 실질적 의미의 헌법에 속하고 후자는 행정법에 속한다. 그러므로 이 두 가지는 그 구별이 분명하지 못한 때가 많다. 그러나 헌법은 국가의 기본적인 조직과 국가의 작용에 관한 기본원칙을 정하는 기본법이며, 행정법은 이 헌법이 정하는 원칙을 바탕으로 하여 행정에 관한 자세한 사항을 규정하는 것이므로 양자는 구별할 필요가 있다.

(3) 사경제적 행정에 관한 법

국가와 공공단체의 행정은 공권적 행정과 사경제적 행정으로 나눌 수 있다. 전자에 있어서는 국가나 공공단체는 공권력의 주체로서 사인에 대하여 공권력을 행사하나, 후자의 경우에는 국가나 공공단체는 사인과 마찬가지의 법적 지위에 서게 되므로 전자의 경우와는 달리 사법의 적용을 받는 것이 원칙이다. 사경제적 행정의 예로는 국가가 사인과 체결하는 물품매매계약과 같은 것이 있다.

2. 행정법의 특색

(1) 형식적 측면

1) 행정법의 성문법성

행정법은 행정작용의 공공성에서 다수인에 대하여 획일적·강행적인 규율을 하는 것이 원칙이며, 개인의 권리·의무에 대하여도 일방적으로 규제하는 경우가 많다. 따라서 법적 안정을 기할 필요가 있으므로 행정법은 형법과 같이 성문법주의를 원칙으로 한다. 다만 이것은 행정법에 불문법이 존재하지 않는다는 의미는 아니다.

2) 행정법의 다양성

행정법의 법원(法源)은 헌법·법률·조약·명령(위임명령·집행명령)과 지방자치단체의 조례와 규칙 등 자치법규의 형식으로 존재하며, 매우 다양하다는 것을 그 특색으로 들 수 있다. 또한 행정법은 입법과 사법을 제외한 국가의 모든 행정작용 및 그에 관계되는 사항을 규율의 대상으로 하여 매우 복잡다기하므로 하나의 법전으로 망라하여 입법할 수가 없다. 따라서 헌법이나 민법·형법 등의 경우와 같이 '행정법'이라는 명칭을 가진 법전이 없으며, 다수의 행정관계법규군을 통틀어서 행정법이라고 부르고 있는 것이다.

(2) 내용적 측면

1) 행정주체의 우위성

행정법은 행정권을 행사하는 국가 또는 공공단체 등의 행정주체와 그 지배권에 복종하는 국민과의 사이의 법률관계를 규율한다. 이와 같은 관계는 주로 공권력의 행사이며, 행정목적의 실효적인 실현을 위하여 행정주체의 우월한 지위를 인정한다. 즉 사법관계(私法關係)에서의 당사자 간의 대등한 지위와는 다른 행정주체의 우위성이 인정되고 있다.

2) 행정법의 강행성

행정법은 원칙적으로 일정한 국가의 목적을 위하여 공공의 입장에서 어떤 사항을 획일적으로 규율하는 것이므로, 성질상 강행성을 가지게 된다. 그러므로 사법상의 임의법규의 경우와 같이 당사자의 의사에 의하여 그 적용을 배제하지 못하는 것이다. 행정법의 이 강행성은 개인에 대하여서뿐 아니라 행정주체에 대해서도 나타난다.

3) 행정법의 획일 · 평등성

행정법은 행정목적을 달성하기 위하여 일반적으로 여러 사람을 함께 규율하기 때문에 공공의 견지에서 일방적으로 모든 사람을 다 같이 균등하게 다루게 된다. 이러한 것은 사법이 개개인의 자유로운 의사를 존중하여 개별적으로 법률관계가 구성되는 것과 다르다. 물론 이러한 획일성은 입법이나 법의 집행 · 적용에 있어서 일반적으로 요구되는 것이지만, 행정법의 획일 · 평등성은 거의 예외 없이 인정되어야 한다는 점에서 강력하다.

4) 행정법의 기술성

행정법은 행정조직법을 제외하면 거의가 일정한 행정목적을 실현하기 위한 행정절차를 규정하는 것이므로 합목적성과 합리성을 지향한다는 의미에서 수단적 · 기술적 성질을 가지고 있다. 이 점에서는 상법과 유사한 특성이 있다.

3. 행정법의 기본원리

(1) 법치행정의 원리

행정은 법률에 의거하여 법률이 정하는 바에 따라 행해져야 한다는 원리를 법치행정의 원리 또는 법률에 의한 행정이라 한다. 즉 행정의 조직이나 작용에 관한 사항은 모두 법률로 정하여야 한다는 것이다. 이러한 원리는 전제국가에는 없었으나, 근대국가의 발생과 더불어 국민을 행정권의 자의(恣意)로부터 보호하기 위하여 국민의 대표기관인 의회가 제정한 법률에 의해서만 국민에 대해 의무를 부과할 수 있게 한 것이다.

(2) 민주행정의 원리

우리 헌법은 국민주권사상에 입각하여 행정의 민주화를 제도화하고 있다. 헌법은 국민의 평등과 자유를 보장하고(헌법 제11조 이하), 또한 공무원은 국민전체에 대한 봉사자로서 국민에 대하여 책임을 진다고 규정하여(헌법 제7조) 민주행정의 원리를 밝히고 있다. 법치행정에 있어서는 형식적으로 행정이 법에 근거하고 법에 따라서 행하여지는 것을 보장하는 데 그치나, 민주행정에 있어서는 실질적으로 행정권의 작용에 의하여 국민의 자유와 권리가 제한되거나 침해되는 경우에도 이를 최소한에 그치도록 하는 것이다.

(3) 복지행정의 원리

법치행정의 원리와 민주행정의 원리는 18세기나 19세기의 행정에도 공통되는 원리이었으나, 20세기에 들어와서 현대국가는 한 걸음 더 나아가 복지행정을 지향하게 되었다. 복지행정이란 국가가 국민 생활에 적극적으로 관여하여 국민의 인간다운 생활을 보장하는 행정을 말한다. 우리 헌법에서도 국민의 생존권적 기본권을 보장하고 국가권력의 남용을 방지하며 국민이 문화인으로서의 최저 생활을 보장받는 복지행정의 원리를 명백히 하고 있다.

4. 행정법관계

행정상의 법률관계는 행정행위의 주체로서의 국가 또는 지방공공단체와 그 상대방인 국민(개인 또는 법인)과의 법률관계이다. 이 법률관계에는 공법관계인 경우와 사법관계인 경우가 있다. 사법관계인 경우에는 국가 또는 공공단체가 국공유재산을 매각하거나 물품을 구입하는 것과 같이 사인 상호간의 법률관계와 실질적으로 동일하다. 따라서 국가 또는 공공단체는 일개 사인과 마찬가지로 간주되어 국가와 개인이 대등한 지위에 서게 되고, 따라서 민법, 상법 등 사법의 규율을 받기 때문에 행정법의 고려 대상에서는 제외된다. 따라서 행정법에서 고려되는 것은 공법관계뿐이다. 즉 공법관계는 경찰권의 발동, 조세의 부과·징수 등과 같이 행정주체가 사인 상호간의 관계에서는 볼 수 없는 공권력의 주체로서 활동하는 경우로서 사법관계와는 다른 특수한 법적 규율 및 법률원리가 지배하는 법률관계이다. 이와 같은 법률관계를 행정법관계라고 말한다.

5. 특별권력관계

(1) 의 의

특별권력관계란 일반권력관계에 대응하는 개념으로서 특별한 법률원인에 의하여 특별한 공법상의 목적을 위하여 필요한 범위 안에서 일방이 타방을 포괄적으로 지배하고, 타방이 이에 복종할 것을 내용으로 하며 그 범위 내에서 법치주의의 적용이 제한되는 법률관계이다. 근래에는 이러한 특별권력관계를 부정하는 견해가 유력하다. 대법원도 전통적인 의미의 특별권력관계는 부정하고 있는 것으로 이해되고 있다(대법원 2015. 6. 25. 선고 2014다5531 전원합의체 판결).

(2) 성립과 소멸

특별권력관계는 일반법률관계와는 달리 그 성립에 특별한 법률원인을 필요로 한다. 첫째, 직접 법률의 규정에 의하여 성립하는 경우로, 병역법에 의한 징·소집해당자의 입대 등이 그 예이다. 둘째, 상대방의 동의에 의하여 성립하는 경우가 있는데, 이는 국공립대학의 입학과 같이 동의가 그 행위자에게 맡겨져 있는 경우와 학령아동의 초등학교 취학 등과 같이 동의가 법률에 의하여 강제되는 경우가 있다.

특별권력관계의 소멸은 특별권력관계의 종류에 따라 다르다. 일반적 소멸사유로는 목적달성(졸업)·탈퇴(공무원사임)·특별권력 주체에 의한 일방적 배제(파면, 퇴학처분) 등이 있다.

(3) 특별권력

특별권력이란 특별권력주체가 특별권력관계에서 가지는 포괄적 지배권이다. 특별권력은 특별권력관계의 종류에 따라 직무상 권력·영조물 권력·감독권력·사단권력으로 나누어진다. 특별권력은 내용상 보통 명령권과 징계권으로 구분한다. 전자는 특별권력주체자가 특별권력관계의 목적을 달성하기 위하여 명령·강제할 수 있는 권리이다. 후자는 특별권력주체가 특별권력관계의 내부질서를 유지하기 위하여 의무 위반자에 대하여 징계를 과할 수 있는 권리이다. 특별권력도 그 목적에 의하여 한정된다.

제2절 행정조직법

1. 행정조직법의 의의

행정조직법이란 행정을 담당하는 국가 또는 공공단체, 즉 행정주체의 조직에 관한 법으로서, 행정기관의 설치·구성·권한 등에 관한 사항을 중심으로 하는 규정과, 그의 구성인자인 인적 요소(공무원) 및 물적 요소(공물·공공기관)에 관한 법을 포함한다. 우리나라의 기본적인 행정조직에 관하여는 원칙적으로 법률주의를 취하고 있으나 그 하위조직에 관하여는 명령에 맡기고 있다.

2. 행정기관의 의의와 종류

행정기관이란 국가 또는 공공단체의 행정사무를 담당하는 기관을 가리킨다. 행정기관은 그 기능·권한·지위 등에 따라서 다음과 같이 분류된다.

(1) 행정관청

행정관청은 강학상의 용어로서, 행정에 관한 국가 의사를 결정하고 외부에 표시하는 권한을 가진 행정기관이며, 의사기관이라고도 한다. 이러한 것으로 각부의 장관이 있다. 행정관청은 구성원이 1인인 독임제와 다수인인 합의제가 있다. 전자의 예로는 법무부장관, 행정안전부장관 등이 있고, 후자의 예로는 선거관리위원회, 토지수용위원회 등이 있다.

행정관청은 국가 의사를 결정하는 점에서 의결기관과 같으나, 그것을 외부에 표시할 수 있는 권한을 가진 점에서 의결기관과 다르다. 행정관청의 설치와 조직은 법정사항이다.

(2) 보조기관

보조기관은 그 자신이 독자적으로 국가의사를 결정할 권한이 없고 행정관청에 소속되어 그 권한행사를 보조함을 임무로 하는 행정기관이다. 예컨대 각 부처의 차관, 차장, 실장, 국장, 과장 등이 보조기관의 예로 된다. 보조기관의 설치 및 사무분장은 법률로 정하여진 것을 제외하고는 대통령령으로 정한다.

(3) 자문기관

자문기관이란 행정관청의 자문에 응하여 또는 자발적으로 행정관청의 의사결정에 참고로 할 의사를 제공하는 행정기관이다. 자문기관이 제공한 의견이나 건의 등은 법률상 행정관청을 구속하는 힘이 없으며, 이 점에서 의결기관과 다르다. 자문기관은 합의제인 것이 많으나 독임제인 경우도 있다.

(4) 의결기관

행정에 관하여 의사를 결정할 수 있는 권한을 가지는 합의제 행정기관을 의결기관이라 한다. 감사위원회, 소청심사위원회, 각종의 징계위원회 등이 의결기관이다. 이는 의사결정에만 그친다는 점에서 의사를 외부에 표시할 권한을 가지는 행정관청과 다르고, 그 의결은 행정관청을 구속한다는 점에서 단순한 자문적 의사를 제공하는 자문기관과는 다르다. 의결기관의 설치는 법률에 근거하여야 한다.

(5) 집행기관

행정관청의 명을 받아 국가의사를 사실상 집행하는 기관이다. 예컨대 경찰, 소방, 세무공무원 등이 집행기관이다. 이들은 실력의 행사로 국가의사를 강제적으로 실현함을 특색으로 한다.

(6) 감사기관

행정기관의 사무집행을 검사하여 그 비위를 적발·시정하는 것을 임무로 하는 국가기관이다. 감사기관에는 하급행정기관에 대하여 일반감사권을 가지는 보통감사기관 및 특정한 감사사무를 담당하는 특별감사기관이 있다. 감사원은 후자에 속한다.

(7) 공기업기관·공공시설기관

공기업이나 공공시설의 영리운영을 임무로 하는 행정기관을 말한다. 공기업을 담당하는 기관을 현업기관이라고 한다. 공공시설기관은 영조물기관이라고도 하는데 공공시설의 관리·운영을 임무로 하는 행정기관이다. 공기업에는 한국철도공사나 한국전력공사 등이 있고, 공공시설기관으로로는 국립대학교, 국립도서관, 국립병원 등이 있다.

3. 국가행정조직법

(1) 의 의

국가행정조직법은 국가행정을 담당하는 국가 자신의 행정기관의 조직에 관한 법이다. 그 중요한 법원(法源)으로는 헌법, 정부조직법과 지방자치법 등이 있다.

국가행정기관은 첫째로 그 권한의 지역적 범위에 따라 중앙행정기관과 지방행정기관으로 구분되고, 둘째로 국가행정기관의 법률상의 지위·권한, 주관사무의 종류와 내용 등을 표준으로 행정관청, 보조기관, 자문기관, 의결기관, 감사기관, 집행기관, 공기업 및 공공설치기관 등으로 분류되는데, 이에 관해서는 앞에서 설명하였다.

(2) 중앙행정기관

중앙행정기관에 관하여는 헌법과 이에 의거한 일반법인 정부조직법 및 개개의 특별법이 규정하고 있다. 중앙행정기관을 보면 행정부의 수반인 대통령을 정점으로 하여 그 아래에 국무회의, 국무총리, 행정각부가 있다.

(3) 지방행정기관

일정한 지역 내의 국가행정을 관장하는 국가행정기관을 지방행정기관이라 한다. 이에는 그 권한의 내용이 일반적인 것인가 또는 특정된 것인가에 따라 보통지방행정기관과 특별지방행정기관으로 분류된다.

1) 보통지방행정기관

우리나라는 보통지방행정기관을 별도로 설치하지 않고 지방자치단체의 장인 서울특별시장·광역시장·도지사 및 시장·군수와 구청장·읍장·면장에게 위임하여 행한다. 이들은 지방자치단체의 지위와 함께 국가 사무를 위임·처리하는 한도 내에서 국가의 보통지방행정기관의 지위를 가진다.

2) 특별지방행정기관

어느 특정한 중앙관청에 소속하여 당해 관할구역 내에 시행되는 그 중앙관청의 권한에 속하는 사무로서, 보통지방행정기관에게 처리시키는 것이 적당하지 않는 특수한 행정사무를 관장하는 국가지방행정기관을 말한다. 이에 속하는 것으로는 지방보훈청, 세관, 지방국세청, 세무서, 지방국토건설국, 전파감시국, 경찰서, 소방서, 지방항공관리국, 각급선거관리위원회 등이 있다.

4. 자치행정조직법

(1) 의 의

특정한 지역이나 영역에 관하여 국가가 행정을 스스로 행하는 외에 그 주민들이 독립적으로 설립한 법인, 즉 공공단체에 의하여 이루어지는 행정을 자치행정이라 한다. 자치행정은 관치행정에 대한 개념으로서 국가 내의 일정한 법인이 그 구성원의 복리 증진을 위하여 어느 정도 국가의사로부터 독립하여 자치적으로 사무집행을 하는 것이다. 이것은 일정한 지방을 단위로 하기 때문에 보통 지방자치행정이라고 한다. 자치행정조직의 종류로는 지방자치단체와 공공단체(공법인)가 있다.

(2) 공공단체

공공단체는 자치행정의 주체로서 국가로부터 그 존립 목적이 부여된 법인을 말한다. 공공단체는 스스로 법인격을 가지는 점에서 스스로 법인격을 갖지 않는 행정기관과 구별된다. 이것은 국가가 지정한 목적을 위하여 존립하는 법인으로서 사인으로부터 부여된 목적을 위하여 존재하는 사법단체와 구별된다. 공공단체의 종류는 다음과 같다.

1) 지방공공단체

일정한 지역을 구성요소로 하고 그 지역 내의 모든 주민에게 대하여 법률이 인정하는 범위 내에서 지배권을 가지는 공공단체를 말한다. 예컨대 서울특별시, 광역시, 도, 시, 군과 같은 일정한 지역을 기초로 하는 공법인이다.

2) 공공조합

국가의 특정 목적을 위하여 설립된 인적 단체로서 자치권이 인정된 공법상의 사단법인이다. 예컨대 농지개량조합, 산림조합, 상공회의소, 변호사회, 농업협동조합, 재향군인회 등이 그것이다.

3) 영조물법인

특정한 국가 목적을 위하여 설립된 공법상의 재단법인이다. 공재단 또는 법인격 있는 공공시설이라고도 한다. 예컨대 한국조폐공사, 대한주택공사, 대한석탄공사, 국제관광공사, 한국은행, 증권거래소 등이 있다.

(3) 지방자치단체

지방자치단체에 관하여는 헌법에 기본원칙이 규정되어 있으며, 지방자치단체의 종류와 지방의회의 조직·권한·의원선거, 지방자치단체의 장의 선임 방법, 기타 자세한 사항은 지방자치법에 규정되어 있다.

지방자치단체는 일반지방자치단체와 특별지방자치단체로 나눌 수 있다. 일반지방자치단체는 그 사무가 일반적 성격을 가진 지방자치단체로 특별시, 광역시, 특별자치시, 도, 특별자치도와 시, 군, 구 등이 이에 해당한다. 이에 대하여 특별지방자치단체는 특정한 사무에 한정하여 집행하는 지방자치단체이다. 지방공공조합이 이에 해당된다.

5. 공무원 제도

(1) 개 념

공무원이란 넓게 보면 공무를 수행하는 모든 공무담당자 즉, 국가나 공공단체의 모든 기관구성자를 의미한다. 그러나 좁게 보면 국가 또는 지방자치단체와 특별행정법관계를 맺고 공무를 수행하는 기관 구성자를 말한다. 일반적으로 공무원이라 하면 국가 또는 지방자치단체와 광의의 공법상 노무관계를 맺고 공무를 담당하는 자를 의미한다.

(2) 종 류

1) 국가공무원 · 지방공무원

국가에 의해 임명되는 공무원을 국가공무원이라 하고 지방자치단체에 의해 임명되는 공무원을 지방공무원이라 한다. 다만 임명이 아니라 선거를 통해 선출되는 공무원도 있고, 국가공무원이 지방자치단체의 사무를 집행하거나 지방공무원이 국가의 사무를 집행하는 경우도 있어서, 공무원이 국가나 지방자치단체 중 누구에게 근무의무를 지는지, 보수를 누가 지급하는지 등의 구별기준에 따르기도 한다.

2) 경력직 공무원 · 특수경력직 공무원

공무원의 직무내용, 임명자격 및 신분보장 등을 기준으로 나누는 구별이다. 경력직 공무원은 실적과 자격에 의하여 임용되고, 신분이 보장되며, 평생 공무원으로 근무할 것이 예정되는 공무원이다. 이는 다시 일반직 공무원과 특정직 공무원으로 나누어진다(국가공무원법 제2조 2항). 특수경력직 공무원은 경력직 공무원 이외의 공무원을 말하며, 정무직 공무원 · 별정직 공무원으로 나누어진다

(동조 3항).

(3) 공무원의 임명 · 변경 · 퇴직

1) 임 명

자연인은 임명을 통해 공무원의 신분을 취득하게 된다. 임명은 국가 또는 공공단체가 특정한 자연인과의 사이에 공법상의 특별한 권력관계를 설정하는 행위로, 법상 이를 임용이라 한다. 임용은 넓은 의미에서는 신규채용, 승진임용, 전직, 전보, 겸임, 파견, 강임, 휴직, 직위해제, 정직, 강등, 복직, 면직, 해임 및 파면으로 이루어진다(공무원임용령 제2조 1호). 아래에서 보는 변경이나 소멸도 이에 속한다.

2) 변 경

변경은 공무원의 신분은 그대로 두면서 그 직위나 직무를 바꾸는 것이다. 이에는 직위가 상위직급이나 동위직급, 하위직급으로 변경하는 승진, 전보, 강임 등의 경우, 직위를 부여하지 않는 직위해제, 신분은 그대로 두면서 직무에 종사하지 못하게 하는 휴직, 정직 등이 있다.

3) 퇴 직

공무원은 당연퇴직과 면직에 의해 공무원으로서의 신분이 소멸한다. 당연퇴직이란 임용권자의 의사와 상관없이 법이 정한 일정한 사유에 해당될 때 당연히 공무원의 지위가 소멸되는 것을 말한다. 그 사유로는 사망, 임기만료, 국적상실 등이 있다. 면직이란 특별한 행위에 의하여 공무원 관계를 소멸시키는 행위이다. 면직에는 의원면직과 강제면직이 있고, 강제면직은 다시 징계면직과 직권면직이 있다.

(4) 공무원의 권리

공무원은 일반국민과 달리 특별한 의무와 책임을 부담하는 반면, 일반국민에게는 인정되지 않는 신분상, 재산상 권리도 누리게 된다. 공무원은 신분상 신분보유권과 직위보유권, 직명을 사용할 수 있는 권리를 가진다. 그리고 보수청구권과 실비변상청구권 그리고 연금청구권을 갖는다.

(5) 공무원의 의무

공무원은 국민전체의 봉사자로서 국가의 이익과 국민의 복리를 위하여 자신의 임무수행과 관련한 의무를 진다. 따라서 공무원의 의무는 국가임무수행의 보장을 위한 것이지, 그 자체가 자기 목적적인 것은 아니다. 또한 자신의 임무에 따라 의무도 달라진다. 그러나 일반적으로 공통된 의무로는 국가공무원법상 선서의무·성실의무·직무상의무·품위유지의무가 있고 공직자윤리법상 재산등록의무·선물신고의무·유관업체취업금지의무가 있다.

(6) 공무원의 책임

공무원은 공무원으로서 부담하는 의무를 위반한 때에, 그에 대한 책임으로 법적 제재를 받게 된다. 공무원의 책임문제는 헌법상·행정법상·형사법상·민사법상 책임으로 나누어 볼 수 있으나, 여기서는 행정법상 책임으로 징계책임과 변상책임에 대해 살펴보기로 한다.

1) 징계책임

공무원이 공무원의 신분으로서 부담하는 의무를 위반하였을 때 공무원관계의 질서유지를 위해 공무원법에 따라 그 위반에 대해서 가해지는 법적 제재를 징계라 한다. 이때 그 의무위반에 대해서 가해지는 벌을 징계벌이라 하고, 벌을 받게 되는 지위를 징계책임이라 한다. 징계는 파면·해임·강등 또는 정직으로 하는 중징계와 감봉·견책으로 하는 경징계로 나눌 수 있다(공무원징계령 제1조의3).

2) 변상책임

변상책임이란 공무원이 행한 의무위반 행위로 인하여 국가나 지방자치단체에 재산상의 손해를 발생케 한 경우에 공무원이 부담하게 되는 재산상의 책임을 말한다. 변상책임에는 회계관계직원 등의 변상책임과 국가배상법상 변상책임의 두 종류가 있다.

제3절 행정작용법

1. 행정작용법의 의의

행정작용법이란 행정작용에 관한 법을 가리키는데, 여기서 행정작용이란 행정주체가 그 행정목적을 달성하기 위하여 하는 법률적·사실적 작용을 총칭하는 것이다.

행정작용은 그것이 행하여지는 형식에 따라서 행정입법, 행정행위, 행정계획, 행정계약, 행정지도 등으로 분류된다.

2. 행정입법

(1) 행정입법의 의의

행정입법은 행정권이 법조의 형식으로 일반적·추상적 규범을 제정하는 작용 또는 그에 의하여 제정된 법규정을 의미한다. 행정주체로서의 국가에 의한 입법을 협의의 행정입법이라고 하고, 이것에 조례·규칙과 같은 지방자치단체의 자치입법을 포함시켜 광의의 행정입법이라고 한다.

여기에서 일반적 규범이라 함은 불특정다수인을 대상으로 하는 규범을 의미하고, 추상적 규범이라 함은 불특정다수의 사건에 적용되는 규범을 의미한다. 여기서 규범은 생활관계를 일방적이고 구속적으로 확인하고 형성하는 고권적 명령으로 정의된다. 행정입법이 일반적·추상적 규범이라는 점에서 후술하는 행정주체의 개별적·구체적 규율로서의 행정행위와 구별된다.

(2) 행정입법의 종류

행정입법은 행정주체와 국민과의 관계를 규율하여 대외적인 효력을 갖는 법규명령과 원칙적으로 행정내부의 영역에만 효력을 갖는 행정규칙으로 구별된다.

법규명령은 법률의 위임에 의하여 또는 법률을 집행하기 위하여 행정권에 의하여 제정되는 일반적·추상적 규범이다. 그에 반해 행정규칙은 상급행정청이 하급행정청 또는 보조기관을 수범자로 하여 그의 임무수행과 조직에 관하여 발하는 일반적·추상적 규범이다.

3. 행정행위

(1) 개 념

행정행위란 국가 기타 행정주체가 법 아래에서 구체적 사실에 관한 법집행으로서 행하는 권력적 단독행위인 공법행위를 말한다. 행정행위는 강학상의 용어이며, 실정법상으로는 허가·인가·면허·특허·금지·승인·면제 또는 행정처분 등의 용어로 쓰이고 있다.

(2) 내 용

행정행위는 그 내용에 따라 법률행위적 행정행위와 준법률행위적 행정행위로 분류된다. 법률행위적 행정행위란 의사표시 즉 효과의사표시를 구성요소로 하고, 그 효과의사의 내용에 따라 법률효과가 발생하는 행정행위로서, 하명·허가·면제·특허·인가 등이 이에 속한다. 준법률행위적 행정행위란 판단, 인식, 관념 등 효과의사 이외의 정신작용의 표시를 구성요소로 하고, 그 법률적 효과는 행위자의 표시여부를 불문하고 직접 법규가 정하는 바에 따라 발생하는 행정행위로서, 확인·공증·통지·수리 등이 이에 속한다.

1) 법률행위적 행정행위

법률행위적 행정행위는 법률효과의 내용에 따라 명령적 행위와 형성적 행위로 구분된다.

(가) 명령적 행위 명령적 행위란 행정행위의 상대방에 대하여 국민의 자유와 관련된 일정한 의무를 과하거나 이미 과해진 의무를 해제하는 것을 내용으로 하는 행정행위를 말한다. 명령적 행위는 그 내용에 따라 다음의 여러 가지로 나누어진다.

① 하 명: 작위·부작위, 급부·수인과 같은 특정한 행위를 명하는 행정행위를 말한다. 이 중에서 부작위를 명하는 하명을 특히 '금지'라 하고, 그 외의 것을 '명령'이라고도 한다.

② 허 가: 일반적으로 금지되어 있는 행위를 특정한 경우에 해제하여 적법하게 할 수 있도록 하는 행정행위를 말한다.

③ 면 제: 법령에 의하여 일반적으로 부과되어 있는 의무를 특정한 경우에 해제하는 행정행위이다. 병역면제를 예로 들 수 있다.

(나) 형성적 행위 형성적 행위란 행정행위의 상대방에 대하여 일정한 권리·능력 기타 법률상의 힘을 발생·변경·소멸시키는 행정행위를 말한다. 형성적 행위는 그 내용에 따라 다음의 여러 가지로 나누어진다.

① 특 허: 특정인의 이익을 위하여 일정한 권리·능력을 설정하는 행정행위를 말한다. 이것은 사람이 자연적으로 가지지 아니하는 권리를 새로이 설정하는 행위라는 점에서, 일반적으로 금지되어 있는 일을 해제하여 사람이 본래 가지고 있는 자유를 회복시켜 주는 데 그치는 허가와 구별된다. 실정법상으로는 허가·인가·면허 등의 용어로써 쓰이는 경우가 있다. 출입허가, 시행인가, 어업면허 등이 그 예이다.

② 인 가: 당사자의 법률적 행위를 국가가 동의하여 그 법률상의 효력을 완성시켜 주는 행정행위를 말한다. 여기서 국가가 행하는 동의는 그 법률적 행위를 유효하게 완성시키는 보충행위이다. 법인설립의 인가가 그 예이다.

2) 준법률행위적 행정행위

(가) 확 인 확인이란 특정한 법률사실 또는 법률관계에 관하여 의문이 있거나 다툼이 있는 경우에 행정청이 공권적으로 판단·확정하는 행정행위를 말한다. 실정법상으로는 특허·결정·재결 등의 용어로 쓰이는 예가 많다. 예를 들면 당선인의 결정, 행정심판청구에 대한 재결과 같은 것이다.

(나) 공 증 공증이란 특정한 법률사실 또는 법률관계의 존재를 공적으로 증명하는 행정행위를 말한다. 각종 증명서류발급, 면허증의 교부, 검인의 압날 등이 그 예이다.

(다) 통 지 통지란 특정인 또는 불특정 다수인에게 특정한 사실을 알

리는 행정행위를 말한다. 공고나 독촉과 같은 것을 예로 들 수 있다.

(라) 수 리 수리란 타인의 행정청에 대한 행위를 유효한 것으로서 수령하는 행정행위를 말한다. 예를 들자면 원서·신고서 등의 수리와 같은 것이다.

(3) 행정행위의 효력

행정행위가 성립하고 그 효력요건이 갖추어지면 완전한 효력이 현실적으로 발생한다. 일반적으로 행정행위는 절대무효인 경우를 제외하고는 다음과 같은 효력이 발생한다.

1) 구속력

행정행위가 유효하게 성립하기 위한 요건을 갖춘 때에는 효과의사의 내용에 따라 또는 법률의 규정에 따라 일정한 법률효과가 발생하여 상대방, 이해관계인, 행정청과 같이 그 효과를 받는 자를 구속하는 힘을 가진다. 이 힘을 구속력이라 한다. 구속력은 일반적으로 행정행위의 성립과 동시에 발생한다.

2) 공정력

행정행위가 유효하게 성립하기 위한 요건을 완전히 갖추지 못하여 흠결이 있더라도 그 흠결이 중대하고 명백하여 절대무효인 경우를 제외하고는 처분청, 감독청, 법원과 같은 권한 있는 기관에 의하여 쟁송 또는 직권으로 취소될 때까지는 그 행위는 적법하다는 추정을 받아 누구도 그 효력을 부인하지 못하는 힘을 가진다. 이 힘을 공정력이라 한다. 공정력은 모든 행정기관과 국민에 대하여 발생한다.

3) 확정력

행정행위는 특정한 요건을 갖추면 확정되어 이에 대해 다투거나 변경하지 못하게 되는데 이를 확정력이라 한다. 확정력은 불가쟁력과 불가변력으로 나누어볼 수 있는데, 불가쟁력이란 행정행위가 무효인 경우를 제외하고는 행정법관계의 안정성을 위해서 일정기간이 경과하면 행정행위의 상대방이나 기타 관계인 측에서 더 이상 행정행위의 효력을 다툴 수 없게 하는 효력을 말하며, 형식적 확정력이라고도 한다. 불가변력이란 행정행위 중에서 행정청 또는 그 감독청 자신도 그를 취소·변경할 수 없는 효력을 말하며, 실질적 확정력이라고도 한다.

4) 집행력

행정행위의 내용을 행정청 자신의 강제력으로써 실현할 수 있는 효력, 즉 행정상 강제집행을 할 수 있는 효력을 말한다. 이것을 자력집행력이라고도 한다. 이 집행력은 모든 행정행위에 인정되는 것이 아니라, 의무를 과하는 행정행위에 있어서 의무불이행의 경우에만 인정되는 것이다.

4. 행정절차

행정절차라 함은 행정입법절차, 행정처분절차, 행정계획확정절차, 공법상계약의 체결절차, 행정지도절차 등과 같이 행정청이 행정작용을 함에 있어서 거치는 일련의 사전절차를 의미한다. 이러한 행정절차는 행정의 민주화, 행정작용의 적정화, 행정작용의 능률화에 기여하며, 손해전보나 행정쟁송 같은 시간과 비용이 많이 소요되는 사후적 권리구제수단과 달리 행정작용이 행하여지기 전에 이해관계인에 대한 의견진술 및 자료제출 등 절차적 참여의 기회를 보장함으로써 사전에 위법한 행정결정을 피하고 이를 통하여 개인의 권리침해를 사전에 방지하려는 사전적 권리구제수단에 해당한다.

5. 행정강제

(1) 행정강제의 의의

행정강제란 행정청이 행정상의 목적을 달성하기 위하여 사람의 신체 또는 재산에 대하여 실력을 가함으로써 행정상 필요한 상태를 실현하는 작용을 말한다. 상대방의 의무의 불이행을 전제로 하는가의 여부에 따라 행정상 강제집행과 행정상 즉시강제로 구분된다.

(2) 행정상 강제집행

1) 의 의

행정상 강제집행이란 행정법상의 의무의 불이행에 대하여 행정청이 실력을 가하여 그 의무를 이행시키거나 또는 이행된 것과 같은 상태를 실현하는 작용을 말한다. 그 수단으로 대집행, 집행벌, 직접강제, 행정상 강제징수가 있다.

2) 대집행

대집행이란 대체적 작위의무의 불이행의 경우에 행정청이 의무자가 행할 작위의무를 스스로 행하거나 또는 제3자로 하여금 이를 행하게 하고 그 대신 그 비용을 의무자로부터 징수함을 말한다. 대집행을 하기 위해서는 ① 의무의 불이행이 있어야 하고, ② 다른 수단으로는 그 이행을 확보하기 곤란하며, ③ 그 불이행을 방치하는 것이 심히 공익을 해한다고 인정되는 경우라야 한다.

3) 집행벌

행정상의 부작위의무 또는 다른 사람이 대신할 수 없는 비대체적 작위의무의 이행을 강제하기 위하여 과하는 벌이 집행벌이다.

4) 직접강제

직접강제란 행정상 의무의 불이행의 경우에 직접적으로 의무자의 신체 또는 재산에 실력을 가함으로써 행정상 필요한 상태를 실현하는 작용을 말한다. 이것은 신체의 자유 또는 재산에 대한 제한을 가져오므로 제한된 범위 내에 개별적으로 인정되어 있는 경우를 제외하고 원칙적으로 금지되어 있다.

5) 행정상 강제징수

행정상 강제징수란 국민이 국가 또는 공공단체에 대하여 부담하고 있는 공법상의 금전급부의무를 이행하지 않는 경우에 행정청이 의무자의 재산에 실력을 가함으로써 그 의무가 이행된 것과 같은 상태를 실현하는 작용을 말한다. 이는 독촉, 재산압류, 공매 등에 의한 환가처분, 배분, 결손처분 등의 절차로 행해진다.

(3) 행정상 즉시강제

행정상 즉시강제란 목전의 급박한 위해를 제거해야 할 필요가 있을 경우에 미리 의무를 명할 여유가 없는 때 또는 그 성질상 의무를 명하여서는 목적을 달성하기 어려울 때에, 행정청이 직접 국민의 신체 또는 재산에 실력을 가하여 행정상 필요한 상태를 실현하는 작용을 말한다.

행정상 즉시강제는 그 대상에 따라서 대인적 강제, 대물적 강제, 대가택적 강제의 세 종류로 나눌 수 있다. 대인적 강제란 본인의 의사에 반하여 개인의 신체의 자유를 침해하는 경우로서 강제격리, 교통차단, 강제수용, 동행명령 등이 그 예이다. 대물적 강제란 재산소유자의 의사에 반하는 재산에 대한 실력행사이며 사실상 재산권의 침해로서 물품·장부의 검사·압수·영치·가영치·압류 등이 그 예이다. 대가택적 강제란 현거주자의 의사에 반하여 가택·영업소 등을 실력으로 침해하는 경우이다. 가택출입·임검·검사·수색 등이 그 예이다.

(4) 행 정 벌

행정벌이란 명령·금지위반과 같은 행정법상의 의무위반에 대하여 일반통치권에 의거하여 과하는 제재로서의 처벌을 말하며, 행정벌이 과하여질 비행을 행정범이라고 한다. 행정법규는 행정목적의 실현을 위하여 국민에게 각종의 행정의무를 과하는 동시에 국민이 그 의무를 위반할 때에 제재를 과할 것을 규정함으로써 그 실효성의 확보를 기하고 있다. 행정벌에는 행정분야에 따라서 경찰벌·규제벌·공기업벌·재정벌·군정벌 등이 포함되나, 그 성질상 행정형벌, 행정질서벌인 과태료, 조례에 의한 과태료 등이 있다.

제 4 절 행정구제법

1. 행정구제의 의의

행정구제란 행정기관의 행위에 의하여 권리나 이익에 침해를 받은 자가 구제를 받기 위해서 당해 행정기관이나 법원에 그 행정행위의 취소, 변경 또는 재산전보를 구하는 절차를 모두 일컫는 말이다. 실질적 법치국가주의를 실현하기 위한 절대불가결의 전제가 되는 것이다.

행정구제제도는 크게 재산전보제도와 행정상 쟁송제도로 나누어진다. 전자는 행정기관의 위법한 행위로 인하여 받는 침해를 구제하는 행정상손해배상과 적법한 행위로 인하여 받은 침해를 구제하는 행정상손실보상이 있고, 후자는 약식쟁송인가 정식쟁송인가에 따라 행정심판과 행정소송으로 나누어진다.

2. 재산전보제도

(1) 행정상손해배상

공무원이 그 직무를 집행함에 있어서 고의·과실로 법령에 위반하여 상대방에게 손해를 가한 경우, 즉 불법행위의 경우에 국가 또는 공공단체가 손해배상책임을 부담하는 것을 일컫는다. 배상의 범위는 가해행위와 상당인과관계에 있는 재산, 생명, 신체에 관한 모든 손해이다. 공무원의 고의나 과실에 대해서 국가나 공공단체가 그 책임을 부담하는 것이기 때문에 대위책임이라 할 수 있고, 공무원에게 고의나 중과실이 있을 경우에는 국가나 공공단체에 구상권이 주어진다. 행정상손해배상청구권을 행사하기 위해서는 결정전치주의에 따라 법원에 대하여 국가배상청구를 하기 전에 배상청구심의를 하여야 한다. 생명, 신체의 침해로 인한 국가손해배상청구권은 배상금 청구권자의 보호를 위하여 타인에게 양도하거나 압류할 수 없도록 하고 있다.

(2) 행정상손실보상

행정주체의 적법한 공권력의 행사로 사유재산에 다하여진 특별한 희생에 대한 재산적 전보를 행정상 손실보상이라 한다. 생명, 신체에 대해서는 적법한 침해란 있을 수 없으므로 재산적 침해에 국한된다. 행정상 손실보상을 청구하기 위해서는 공공의 필요에 의한 재산권의 수용·사용·제한의 경우 청구자에게 귀책사유가 없는 특별한 희생이 있어야 한다. 행정상손실보상은 협의, 재결, 소송의 절차를 거친다.

3. 행정상쟁송제도

(1) 개 념

행정쟁송이란 행정상 법률관계의 형성 또는 존부에 관하여 위법 또는 부당한 행정작용으로 인해 권리를 침해당한 자가 일정 국가기관에 이의를 제기하여 그 위법·부당을 시정하고, 이로써 침해된 권리의 회복을 구하는 절차를 말한다. 이는 개인의 권리구제수단이자 행정작용의 합법성·타당성을 보장하는 방법이다.

(2) 행정심판

행정심판이란 행정상 법률관계로 인한 분쟁에 대해서 행정기관이 이것을 심리·재결하는 행정쟁송절차를 말한다. 행정심판은 행정의 자기통제와 사법기능의 보충을 목적으로 하고 개괄주의에 따라 모든 위법한 처분에 대해 제기된 행정심판을 그 대상으로 한다.

행정심판의 종류에는 취소심판, 무효 등 확인심판 및 의무이행심판의 세 가지가 있다. ① 취소심판은 행정청의 위법 또는 부당한 처분의 취소 또는 변경을 하는 심판으로서 행정심판의 대표적인 것이며, ② 무효 등 확인심판이란 행정청의 처분의 효력 유무 또는 존재 여부에 대한 확인을 하는 심판이며, ③ 의무이행심판은 행정청의 위법 또는 부당한 거부처분이나 부작위에 대하여 일정한 처분을 하도록 하는 심판을 말한다.

(3) 행정소송

1) 의 의

행정소송이란 행정법규의 적용에 관한 분쟁을 심리, 판단하기 위하여 법원에 의한 정식의 소송절차에 따라서 하는 소송을 말한다. 행정소송은 행정청의 위법한 처분, 그 밖의 공권력의 행사·불행사 등으로 인한 국민의 권리 또는 이익의 침해를 구제하고, 공법상의 권리관계 또는 법적용에 관한 다툼을 적정하게 해결하는 것을 목적으로 한다(행정소송법 제1조).

2) 행정심판 전치주의

당해 처분에 대한 행정심판의 재결을 거치지 아니하면 취소소송을 제기할 수 없는 경우(행정소송법 제18조 1항 단서)가 있는데, 이를 행정심판 전치주의라고 한다. 그러나 일반적으로 취소소송은 법령의 규정에 의하여 당해 처분에 대한 행정심판을 제기할 수 있는 경우에도 이를 거치지 아니하고 제기할 수 있다(위 조항 본문).

그러나 행정심판 전치주의가 적용되는 경우에 대하여도 다음의 예외가 인정되어 있다. 즉 행정심판청구가 있은 날로부터 60일이 지나도 재결이 없는 때, 처분의 집행 또는 절차의 속행으로 생길 중대한 손해를 예방하여야 할 긴급한 필요가 있는 때, 법령의 규정에 의한 행정심판기관이 의결 또는 재결을 하지 못할 사유가 있는 때 기타 정당한 사유가 있는 때에는 행정심판의 재결을 거치지 않고 소송을 제기할 수 있다(행정소송법 제18조 2항).

3) 행정소송의 종류

행정소송의 종류에 관해서는 행정소송법에 항고소송 · 당사자소송 · 민중소송 · 기관소송 등 네 가지로 구분하여 규정하고 있다(행정소송법 제3조). 이들의 유형을 법정하고 있는 이유는 각 유형에 따라 소 제기의 요건이 다르고 재판관의 권한에 있어서도 차이가 있기 때문이다.

(가) 항고소송 · 당사자소송 항고소송이란 행정청의 처분이나 부작위에 대하여 제기하는 소송을 말한다(행정소송법 제3조 1호). 이에는 행정청의 위법한 처분 등을 취소 또는 변경하는 취소소송(동법 제4조 1호), 행정청의 처분 등의 효력 유무 또는 존재 여부를 확인하는 무효 등 확인소송(동조 2호) 및 행정청의 부작위가 위법하다는 것을 확인하는 부작위위법확인소송(동조 3호) 등이 있다.

당사자소송이란 행정청의 처분 등을 원인으로 하는 법률관계에 관한 소송 기타 공법상의 법률관계에 관한 소송으로서 그 법률관계의 한쪽 당사자를 피고로 하는 소송을 말한다(동법 제3조 2호). 예컨대 공무원의 급여청구소송, 행정상의 손실보상청구소송 등이 이에 속한다.

(나) 민중소송 · 기관소송 민중소송이란 국가 또는 공공단체의 기관이

위법한 행위를 한 때에 직접 자기의 법률상의 이익과 관계없이 그 시정을 구하기 위하여 제기하는 소송을 말한다(동법 제3조 3호). 민중소송의 예로서는 국민투표에 관한 것, 선거에 관한 것, 지방자치에 관한 것 등이 있다.

기관소송이란 국가나 공공단체의 기관 상호간에 권한의 존부 또는 그 행사에 관하여 다툼이 있을 때에 그에 관하여 제기하는 소송을 말한다(동조 4호).

03장 民 法

제1절 서 설

1. 민법의 의의

(1) 민법은 사법(私法)이다

인간의 생활관계는 크게 둘로 나누어진다. 하나는 대통령이나 국회의원을 선거한다든가 세금을 납부한다든가 병역소집에 응하는 것과 같이 국가나 공공단체의 구성원으로서의 생활관계이고, 다른 하나는 주택을 소유한다든가 그것을 매매한다든가 혼인을 한다든가 상속을 받는 것과 같이 개인 상호간의 생활관계이다. 전자를 규율하는 법을 공법이라고 하고, 후자를 규율하는 법을 사법이라고 한다. 민법은 이러한 구별기준에 의하면 사법에 속한다.

사법의 규율대상이 되는 인간의 생활관계에는 재산의 형성과 보전 및 재산으로부터 수익을 얻기 위한 재산관계와 혼인이나 친자를 중심으로 하는 가족 내지 친족 사이를 규율하는 가족관계의 두 유형이 있다. 그래서 민법도 재산관계를 규율하는 재산법과 가족관계를 규율하는 가족법의 두 가지로 크게 나누어진다. 재산관계를 규율하는 것은 민법 이외에 상법도 있으나, 가족관계의 규율은 민법이 전담하고 있다.

(2) 민법은 일반사법이다

사법 중에서 사람·장소·사항 등에 관하여 특별한 제한을 받지 않고, 개인의 일상·보통의 사적인 생활관계에 적용되는 일반법·원칙법을 일반사법이라고 하며, 특수한 생활관계, 예컨대 상거래 관계 등에 관해서만 적용되는 특별법을 특별사법이라고 한다. 민법은 이러한 구별에 있어서 일반사법에 속하며 상법은 특별사법에 속한다.

(3) 민법은 실체법이다

실체법은 직접 권리·의무의 귀속, 변동 및 범위를 정하는 법을 말하고, 절차법은 실체법상의 권리·의무를 실현시키기 위한 방법과 절차를 정하는 법을 말한다. 민법은 실체법에 속하며 민사소송법은 절차법에 속한다.

(4) 실질적 의의의 민법과 형식적 의의의 민법

실질적 의의의 민법이란 사법·일반사법·실체법으로서의 민법을 말한다. 따라서 공법이나 특별사법인 상법, 절차법인 민사소송법은 이에 포함되지 않는다. 실질적 의의의 민법은 민법전뿐만 아니라, 부동산등기법이나 신탁법과 같은 민법부속법률, 그리고 실질은 민법에 속하면서도 특별법의 형식을 빌리고 있는 수많은 민사특별법과 그 밖의 관계법령에 산재되어 있다. 민사특별법의 예로는 집합건물의 소유 및 관리에 관한 법률, 가등기담보 등에 관한 법률, 주택임대차보호법 등을 들 수 있다.

형식적 의의의 민법이란 1958년 2월 22일에 공포되어 1960년 1월 1일부터 시행되고 있는 현행 민법전을 말한다. 형식적 의의의 민법은 실질적 의의의 민법을 집대성한 것이기는 하지만, 그중에는 실질적 의의의 민법에 속하지 않는 것도 있다. 예를 들면 공법적 색채를 띠고 있는 법인에 대한 벌칙규정인 제97조가 그러하다.

2. 민법전의 체계

민법전을 구성하는 방식은 나라마다 다르다. 민법전을 편별로 구성하는 방식에는 두 가지가 있는데, 하나는 인스티투치온식(Institutionen System)으로서, 편별의 순서를 사람·물건·소송의 3편으로 나누어 배열하는 것인데, 프랑스민법이 이 방식을 취하고 있다. 다른 하나는 판덱텐식(Pandekten System)으로서, 편별의 순서를 대체로 총칙·물권·채권·친족·상속의 배열을 취하는 것인데, 독일민법과 일본민법이 이 방식을 따르고 있다. 다만 독일민법은 채권이 물권의 앞에 배열되어 있다.

우리 민법전은 판덱텐식 편별법에 따라 제1편 총칙, 제2편 물권, 제3편 채권, 제4편 친족, 제5편 상속으로 구성되어 있으며, 전문(全文) 1118조, 부칙 28조로 되어 있다. 제1편 총칙은 민법 전편에 걸치는 원칙적 규정들을 두고 있으며, 제2편 물권과 제3편 채권은 재산관계를 규율하는 재산법이고, 제4편 친족과 제5편 상속은 가족관계를 규율하는 가족법이다.

판덱텐식은 각칙을 규정하기에 앞서 각칙의 공통되는 내용을 묶어 이를 총칙으로 하여 이를 각칙의 앞에 위치시키는 점에 그 특색이 있다. 따라서 민법의 조문을 체계적이면서 중복되지 않게 배열한다는 장점이 있지만, 그 내용이 상당히 추상적이고 어렵다는 단점이 있다. 또한 민법 제1편 총칙은 규정위치로 보면 민법 전체에 걸치는 총칙으로 규정되어 있지만, 재산법과 가족법의 규율이념이 다르다는 점에서 이것은 주로 재산법에 대한 총칙으로 작용하고 가족법에 대한 총칙으로서의 성격은 희박하다.

3. 민법의 기본원리

(1) 근대민법의 기본원리

봉건제도를 무너뜨리고 성립한 근대사회의 기초법으로서의 근대민법은 개인을 봉건적인 여러 구속으로부터 해방시키고 모든 사람을 평등하게 다루며 그 자유로운 활동을 보장한다는 개인주의·자유주의를 사상적 기반으로 하고 있었다. 따라서 근대민법에서는 개인의 자유와 평등이 강조되어 있는데, 이를 실현하기 위하여 다음과 같은 세 개의 구체적인 원칙을 인정한다. 이것을 보통 근대민법의 3대원칙이라고 일컫는다.

1) 사유재산권 존중의 원칙

근대사회에 있어서는 개인은 봉건사회에 있어서와 같은 신분적 예속관계로부터 해방된 대신에 자기의 책임 아래 생활을 영위하여야 한다. 이 때 그가 마지막까지 의지할 수 있는 것은 오직 자신이 가지고 있는 재화뿐이므로, 이에 대한 완전한 지배를 인정하고 서로 이를 침해하지 않도록 하는 것이 요구된다. 따라서 각 개인의 사유재산권에 대한 절대적 지배를 인정하고, 국가나 다른 개인은 이에 간섭하거나 제한을 하지 못한다. 이를 사유재산권 존중의 원칙이라고 한다. 그런데 사유재산권 가운데 가장 전형적인 것이 소유권이기 때문에, 이 원칙을 소유권 절대의 원칙이라고도 한다.

2) 사적 자치의 원칙

근대사회에서는 개인의 자유를 보장하고 실현하기 위해서는 법률관계 형성의 중심적 수단이 개인의 의사에 있음을 인식하고, 개인의 의사실현에 노력하여야 한다고 생각하였다. 따라서 개인이 자기의 법률관계를 그의 자유로운 의사에 의하여 형성할 수 있다는 사적 자치의 원칙을 기본원칙으로 삼게 되었다. 이 사적 자치의 원칙은 개인의사 자치의 원칙이라고도 한다. 한편 개인의사는 개인이 법률행위를 하는 과정에서 나타나는 것이므로 법률행위 자유의 원칙이라고도 하며, 또한 법률행위 중에서도 개인과 개인의 자유로운 의사의 합치인 계약에서 개인의사가 가장 많이 나타나므로 계약자유의 원칙이라고도 부른다.

3) 과실책임의 원칙

개인이 타인에게 끼친 손해에 대하여서는 그 행위가 위법할 뿐만 아니라 동시에 고의 또는 과실에 의한 경우에만 책임을 지고, 그러한 고의나 과실이 없는 행위에 대하여서는 책임을 지지 않는다는 원칙이다. 개인은 자기의 행위에 대해서만 책임을 지고, 타인의 행위에 대해서는 책임을 지지 않는다는 의미에서 자기책임의 원칙이라고도 한다.

(2) 근대민법의 기본원리의 수정

앞에서 본 근대민법의 기본원리 내지 3대원칙은 개인을 봉건적인 여러 구속으로부터 해방하고 개인의 사회적·경제적 활동의 자유를 보장하였으며, 이로써 근대사회는 확립되고 자본주의는 비약적으로 발전하게 되었다. 그러나 자본주의가 고도로 발달함에 따라 이제는 자본주의의 폐해와 결함이 나타나게 되었다. 즉 사람들 사이의 빈부의 격차는 점점 커져 갔고 노동자와 자본가의 계급대립은 격화해 갔으며 기업의 독점현상도 나타나게 되었다.

이에 따라 소유권 절대의 원칙은 일부 유산자의 재산을 보장하는 수단에 그치게 되어, 대다수의 무산자, 즉 소유할 재산이 없는 자에게는 한낱 장식물에 지나지 않게 되었다. 또한 형식상 계약의 자유가 있다고는 하지만 실은 자본가의 노동자에 대한 또는 유산자의 무산자에 대한 지배의 구실을 주는 데 기여할 뿐이었다. 이에 더하여 과실책임의 원리는 자본가가 경영하는 공장에서 피해를 입은 근로자가 자본가의 과실을 입증하지 못하는 한 배상을 받지 못하게 하는 원리로 작용함으로써 자본가가 책임을 회피할 수 있는 근거로 되었다. 이러한 점에서 자본주의가 고도로 발달한 현대사회에 있어서는 이미 낡은 근대민법의 기본원리로는 국민의 실질적인 자유와 평등을 보장할 수 없게 되었다. 이리하여 근대민법의 3대원칙에 대한 반성에 터잡아 그 수정을 꾀하게 되었다.

첫째, 소유권의 행사는 이제는 절대적 자유가 아니며 사회적 내지 국가적인 견지에서 필요한 각종의 제한과 구속에 복종하는 것이 당연한 것으로 여기게 되었다. 그리하여 소유권을 제한하는 법률은 날로 늘어가고 있으며, 그 법해석에 있어서는 공공의 복리 또는 권리남용금지의 법리가 크게 작용한다.

둘째, 계약자유의 원칙도 마찬가지로 수정되고 있다. 전에는 국가는 개인의 경제활동에 대하여 자유방임주의를 취하여 계약자유에 대한 국가의 태도는 소극적으로서 그 제한은 예외적인 것에 그쳤으나, 지금에 와서는 계약자유를 제한하는 강행법규는 상당히 많으며 때로는 계약체결을 강제하고, 때로는 계약내용을 고치거나 그 효력을 부인하는 등 대단히 적극적이다. 또한 법해석에 있어서는 공공의 복리·사회질서·신의성실 등의 법리가 계약의 자유를 제한하는 데 작용한다.

셋째, 대규모의 기업이나 시설은 그 경영 자체 속에 많은 위험을 안고 있음에도 불구하고, 기업에서 생기는 이익은 이를 독점하면서 손해는 고의나 과실이 있는 경우에만 배상하면 된다는 것은 손해분담의 공평을 잃은 것이다. 이에 따라 기업은 고의나 과실의 유무를 묻지 않고서 배상책임을 져야 한다는 무과실손해배상책임의 이론이 주장되는 동시에, 과실책임의 원칙 아래에서도 입증책임의 전환 또는 무과실책임을 인정하는 예외규정의 확장해석을 통하여 무과실책임을 될 수 있는 대로 인정하려고 한다.

제2절 총 칙

민법 제1편인 총칙은 민법 전체에 공통되는 원칙적 규정이며 그 내용은 권리의 주체, 권리의 객체 및 권리의 변동에 중대한 관계가 있는 일반적 사유에 관한 것들이다. 그러나 위에서 본 바와 같이 친족·상속편에는 적용되지 않는 규정이 적지 않다.

1. 권리의 주체

권리와 의무의 귀속자가 권리·의무의 주체이다. 모든 권리·의무에는 그 주체가 있으며 주체 없는 권리·의무는 있을 수 없다.

권리의 주체가 될 수 있는 법률상의 지위 또는 자격을 권리능력 또는 인격이라고 한다. 근대법에서는 권리의 주체가 될 수 있는 자는 동시에 의무의 주체가 될 수 있으므로 엄격히 말하면 권리의무능력이라고 해야 하겠으나, 근대사법은 권리중심으로 구성되어 있기 때문에 단순히 권리능력이라고 한다.

민법상 권리의 주체가 될 수 있는 권리능력자는 자연인과 법인이다.

(1) 자 연 인

보통 우리들이 말하는 사람을 자연인이라고 한다.

1) 권리능력

사람은 생존한 동안 권리와 의무의 주체가 된다(제3조). 따라서 자연인은 출생과 동시에 당연히 권리능력을 가지며 사망과 동시에 권리능력은 소멸한다.

민법상 출생의 시기에 관해서는 출생시 태아가 모체로부터 전부 노출된 때에 출생한 것으로 보는 것이 통설이다(전부노출설). 그러나 불법행위에 의한 손해배상청구, 상속, 유증, 인지 등과 같이 일정한 경우에는 예외적으로 출생 전의 태아에게도 권리능력을 인정한다.

자연인의 권리능력은 성별·연령·직업·계급·국적 등의 여하를 불문하고 평등하게 인정되는 것이 원칙이므로 외국인에 대해서도 일정한 경우 외에는 원칙적으로 내국인과 동일한 권리능력을 인정하고 있다. 외국인이 제한을 받는 예로는 선박소유권, 항공기소유권, 토지소유권, 특허권 등이 있다.

2) 행위능력

모든 사람은 평등하게 권리능력을 가지고 있으나 그렇다고 해서 모든 권리능력자가 권리를 취득하거나 의무를 부담하는 행위를 할 수 있다는 것은 아니다. 권리능력자가 권리를 얻고 의무를 부담하기 위하여서는 자기의 행위의 의미나 결과를 합리적으로 판단할 수 있는 정신능력을 가지고 있어야 하는데, 이를 의사능력이라고 한다. 이러한 의사능력을 가지고 있지 못한 자, 즉 의사무능력자의 행위에 대하여는 법률적 효과가 인정되지 않는다. 그런데 의사능력은 구체적인 경우에 그 유무를 판정하여야 하므로, 의사표시를 한 자가 행위 당시에 의사능력이 없었다는 것을 입증해서 보호를 받기가 어려울 뿐만 아니라, 한편 그 입증이 되었다고 할 경우 이제는 의사능력의 구비 여부를 알기 어려운 상대방에게 예측할 수 없는 피해를 줄 수도 있다. 그래서 민법은 형식적이고 획일적인 행위능력이라고 하는 개념을 따로 정하고 있다.

여기서 행위능력이란 단독으로 완전·유효한 법률행위를 할 수 있는 능력을 말하며, 행위능력을 가지지 못한 자를 제한능력자라고 한다.

3) 제한능력자

민법이 규정하는 제한능력자에는 미성년자, 피성년후견인, 피한정후견인 등이 있다. 이들은 행위능력의 범위에서 차이가 있다.

(가) 미성년자　미성년자란 만19세에 달하지 아니한 자를 말한다(제4조).

미성년자의 법률행위는 법정대리인이 대리하거나, 미성년자가 스스로 법률행위를 하려고 할 때에는 법정대리인의 동의를 얻어야 하며, 법정대리인의 동의 없이 미성년자가 단독으로 한 법률행위는 취소할 수 있다(제5조 2항). 미성년자의 법정대리인은 친권을 행사하는 부 또는 모가 되나(제911조), 미성년자에게 친권자가 없거나 친권자가 친권을 행사할 수 없을 때에는 후견인이 법정대리인이 된다(제928조, 제938조 1항).

그러나 미성년자라도 ① 단순히 권리만을 얻거나 의무만을 면하는 행위(제5조 1항 단서), ② 법정대리인이 범위를 정하여 처분을 허락한 재산의 처분행위(제6조), ③ 법정대리인으로부터 허락을 얻은 특정한 영업에 관한 행위(제8조 1항) 등은 법정대리인의 동의 없이 단독으로 유효하게 법률행위를 할 수 있다.

미성년자도 혼인하면 성년에 달한 것으로 본다(제826조의2).

(나) 피성년후견인　질병, 장애, 노령 그 밖의 사유로 인한 정신적 제약으로 사무를 처리할 능력이 지속적으로 결여된 사람에 대해 가정법원이 성년후견개시의 심판을 하는데, 그러한 심판을 받은 자를 '피성년후견인'이라고 한다. 가정법원이 성년후견개시의 심판을 하려면 본인, 배우자, 4촌 이내의 친족을 비롯한 일정한 자의 청구가 있어야 한다(제9조 1항). 가정법원의 성년후견개시심판이 있는 경우에는 그 심판을 받은 사람에게 성년후견인을 두어야 하고, 성년후견인은 피성년후견인의 법정대리인이 된다. 종전의 한정치산·금치산제도는 정신적 능력의 제약을 이유로 한 것이었는데, 이러한 점은 성년후견인제도와 같다.

피성년후견인이 단독으로 한 법률행위는 성년후견인이 취소할 수 있다. 다만 일용품의 구입 등 일상생활에 필요하고 그 대가가 과도하지 아니한 법률행위는 피성년후견인이 단독으로 할 수 있다(제10조).

(다) 피한정후견인　질병, 장애, 노령 그 밖의 사유로 인한 정신적 제약으로 사무를 처리할 능력이 부족한 사람에 대하여 가정법원은 한정후견개시의 심판을 하는데, 그러한 심판을 받은 자를 '피한정후견인'이라고 한다(제12조). 한정후견은 사무를 처리할 능력이 부족한 경우라는 점에서 그 능력이 지속적으로 결여된 상태인 성년후견과 구별된다. 가정법원이 한정후견개시의 심판을 하려

면 본인, 배우자, 4촌 이내의 친족을 비롯한 일정한 자의 청구가 있어야 한다. 가정법원의 한정후견개시의 심판이 있는 경우에는 그 심판을 받은 사람에게 법정대리인이 될 한정후견인을 두어야 한다.

가정법원은 한정후견개시의 심판을 하면서 피한정후견인의 정신적 제약의 상태에 따라 부동산 거래나 예금거래 등과 같이 한정후견인의 동의를 받아야 하는 범위를 탄력적으로 정할 수 있고, 일정한 자의 청구에 의해 그 범위를 변경할 수도 있다. 동의가 필요한 행위를 피한정후견인이 단독으로 한 경우 한정후견인은 이를 취소할 수 있다(제13조). 다만, 일용품의 구입 등 일상생활에 필요하고 그 대가가 과도하지 아니한 법률행위는 피한정후견인이 단독으로 할 수 있다.

4) 부재와 실종

부재자란 종래의 주소를 떠나 쉽사리 돌아올 가망이 없는 자를 말한다. 민법은 부재자의 잔류재산을 관리하고 잔존배우자나 상속인의 이익을 보호하기 위하여 부재자의 재산관리에 관한 규정을 두고 있다.

부재자의 생사불명상태가 오랜 기간에 걸쳐 계속되어 사망의 개연성은 크더라도 사망의 확증이 없는 경우에는 원칙적으로 타인이 그 재산을 건드릴 수 없는 것이다. 그러나 이를 방치한다면 그 부재자의 법률관계의 불확정으로 이해관계인에게 불이익을 줄 수 있다. 따라서 법원은 부재자의 생사가 일정한 기간 동안 분명하지 아니한 때에는 이해관계인이나 검사의 청구에 의하여 실종선고를 하여야 한다(제27조). 실종기간은 보통실종의 경우에는 5년, 전쟁실종, 선박실종, 항공기실종, 위난실종 등 특별실종의 경우에는 1년이다. 실종선고를 받은 자는 실종기간이 만료한 때에 사망한 것으로 본다(제28조).

(2) 법　인

1) 법인의 의의

법인이라 함은 법에 의하여 권리능력이 인정된 사람 또는 재산의 집단을 말한다. 법은 자연인 이외의 것으로서 권리·의무의 주체가 될 수 있는 법인제도를 인정하고 있다.

2) 법인의 종류

(가) 공법인과 사법인　공법인은 국가 또는 공공단체와 같이 특별한 공공목적을 위하여 특별한 법적 근거에 의하여 설립된 법인을 말하고, 사법인은 사적 사업을 목적으로 사법의 규정에 의하여 설립된 법인을 말한다.

(나) 영리법인과 비영리법인　영리법인은 구성원의 경제적 이익을 목적으로 설립된 법인을 말하고, 비영리법인은 공익이나 그 밖에 영리 아닌 사업을 목적으로 설립된 법인을 말한다.

(다) 사단법인과 재단법인　민법은 비영리법인을 구성요소에 따라 사단법인과 재단법인으로 구별한다. 사단법인은 일정한 목적을 위하여 결합한 사람의 단체, 즉 사단을 그 실체로 하는 법인이고, 재단법인은 일정한 목적을 위하여 출연(出捐)된 재산, 즉 재단이 실체를 이루고 있는 법인을 말한다. 사단법인에는 영리를 목적으로 하는 영리사단법인과 영리를 목적으로 하지 않는 비영리사단법인이 있다. 영리법인에는 상법규정이 적용되는데, 여기에는 회사, 은행 등이 있고, 비영리법인에는 민법규정이 적용되는데, 여기에는 학회, 동창회 등이 있다. 재단법인에는 비영리법인만이 있으며, 민법규정이 적용된다. 재단법인의 예로는 학교, 양로원 등이 있다.

3) 법인의 설립

민법상 법인은 영리 아닌 사업을 목적으로 하는 경우에만 설립할 수 있다. 법인을 설립하려면 일정한 사항을 기재한 정관을 서면으로 작성하여 설립자가 기명・날인하고 주무관청의 허가를 얻어 주된 사무소의 소재지에서 설립등기를 하여야 한다(제40조). 그리고 재단법인인 경우에는 이 외에 일정한 재산의 출연이 또 하나의 요건으로 되어 있다(제43조).

사단 또는 재단으로서의 실체를 갖추었음에도 불구하고 아직 설립절차를 밟지 않아 법인격을 갖지 아니한 사단 또는 재단을 권리능력 없는 사단 또는 재단이라고 한다. 종중이나 교회 중에는 권리능력 없는 사단인 것이 있다. 민법은 이에 관해 일반적 규정을 두고 있지 않아 이러한 사단 또는 재단에 대해 어떠한 법적 지위를 부여할 것인지가 문제된다.

4) 법인의 능력

법인의 능력은 권리능력, 행위능력, 불법행위능력의 세 가지로 나누어 볼 수 있다.

민법은 법인의 권리능력에 관하여 "법인은 법률의 규정에 좇아 정관으로 정한 목적의 범위 내에서 권리와 의무의 주체가 된다."(제34조)고 규정하고 있어서 법인의 권리능력의 범위에는 법률에 의한 제한과 목적에 의한 제한이 있음을 명백히 하고 있다. 그리고 그밖에 법인은 자연인과 달라서 자연인의 천연의 성질을 전제로 하는 권리를 향유할 수 없음은 명문규정이 없어도 당연하다.

법인의 행위능력에 관하여는 민법은 아무런 규정을 두고 있지 않다. 법인학설에 따라 견해가 나누어지지만, 법인이 가지는 권리능력의 범위 내에서는 행위능력도 인정되어야 할 것이다.

법인의 불법행위능력에 관해서도 학설의 논의가 있으나, 법인은 이사 기타 대표자가 그 직무에 관하여 타인에게 손해를 가한 때에는 그 손해를 배상할 책임을 져야 한다(제35조).

5) 법인의 기관

법인이 독립한 인격자로서 사회적으로 활동하기 위해서는 법인의 의사를 결정하고 그 의사에 기하여 외부에 대하여 행동하고 내부의 사무를 처리하는 일정한 조직을 필요로 하는데, 이 조직을 이루는 것이 법인의 기관이다. 법인의 기관으로서는 이사, 사원총회, 감사 등이 있다.

(가) 이 사 이사는 대외적으로는 법인을 대표하는 대표기관이며, 대내적으로는 법인의 사무를 집행하는 업무집행기관으로서 상설적 필수기관이다. 따라서 이사는 사단법인이나 재단법인을 막론하고 법인에는 반드시 이를 두어야 한다. 이사의 수에는 제한이 없으며 정관에서 임의로 정할 수 있다. 이사가 수인인 경우에는 정관에 다른 규정이 없으면 법인의 사무집행은 이사의 과반수로써 결정하지만(제59조), 법인의 사무에 관하여 각자 법인을 대표한다(제59조). 정관이나 사원총회의 결의로 이사의 대표권을 제한할 수 있지만, 이사의 대표권에 대한 제한은 등기하지 않으면 제3자에게 대항하지 못한다(제60조).

(나) 사원총회 사원총회는 사단법인의 총사원으로 구성되는 최고의사

결정기관이며, 또한 반드시 두어야 하는 필수기관이므로 정관에 의하여도 이를 폐지할 수 없다. 재단법인에는 사원이 없으므로 사원총회가 있을 수 없다. 사원총회는 정관으로 이사 기타 임원에게 위임한 사항을 제외한 법인의 모든 사무에 대해 이를 결의할 권한을 가진다. 특히 정관의 변경 및 임의해산은 총회의 법정전권사항으로서 정관에 의하여도 다른 기관의 권한으로 하지 못한다.

(다) 감 사 　사단법인이나 재단법인에는 정관 또는 사원총회의 결의로써 감사를 둘 수 있으며, 이는 임의기관이다. 감사의 직무권한은 법인의 재산상황과 이사의 업무집행상황을 감시하는 것이며, 대외적으로 법인을 대표할 권한은 없다.

6) 법인의 소멸

법인의 소멸은 자연인의 사망에 해당한다. 자연인의 사망시에는 상속이 개시되지만 법인의 경우에는 재산관계를 정리하기 위하여 해산과 청산의 절차를 밟는다. 해산이란 법인이 목적사업을 정지하고 청산절차에 착수하는 것이고, 청산이란 해산한 법인의 잔무를 정리하는 것이다.

사단법인과 재산법인의 공통된 해산사유로는, ① 존립기간의 만료, ② 법인의 목적의 달성, ③ 목적달성불능의 확정, ④ 정관에 정한 해산사유의 발생, ⑤ 파산, ⑥ 설립허가의 취소 등이고(제77조 1항), 사단법인에 특유한 해산사유는 사원이 1명도 없게 되거나 총회의 해산결의가 있는 경우이다(동조 2항).

2. 권리의 객체

(1) 권리의 객체의 의의

권리는 일정한 사회적 이익을 누릴 수 있도록 권리주체에게 주어진 법률상의 힘인데, 이 힘이 미치는 대상, 즉 이익발생의 대상을 권리의 객체라고 한다. 권리의 객체는 권리의 종류에 따라 다르다. 즉 물권에 있어서는 물건, 채권에 있어서는 특정인(채무자)의 행위(급부), 지적 재산권에 있어서는 저작·발명 등의 정신적 산물, 인격권에 있어서는 권리주체 자신, 친족권에 있어서는 친족법상의 지위, 상속권에 있어서는 상속재산 등이 각각 권리의 객체이다. 민법은 권리의 객체에 관한 일반규정을 총칙편에 두지 않고 오직 물건에 관하여서만 규정하고 있다.

(2) 물건의 의의

물건이라 함은 유체물 및 전기 기타 관리할 수 있는 자연력을 말한다(제98조). 유체물이란 고체·액체·기체와 같이 공간의 일부를 차지하는 유형적 존재를 말한다. 전기를 비롯하여 열·빛·원자력 등과 같은 관리할 수 있는 자연력도 물건에 포함된다. 물건이 되기 위해서는 배타적으로 지배할 수 있는 것이어야 하므로 해·달·별·공기 등은 유체물이기는 하지만 법률상의 물건의 개념에서 제외된다. 다만 바다는 인위적으로 일정한 범위를 구획함으로써 지배할 수 있는 것이 되며, 어업권 등의 객체가 된다. 또한 물건은 권리의 주체인 자연인 이외의 외계의 일부이어야 하기 때문에 자연인의 신체 및 그 일부는 물건이 아니다.

(3) 물건의 종류

1) 동산과 부동산

부동산이란 토지 및 그 정착물을 말한다(제99조 1항). 토지란 일정한 범위의 지면에 정당한 이익 있는 범위 내에서의 그 상·하 즉 공중과 지하를 포함한다. 구분된 각 토지는 지번으로 표시되고 '필(筆)'로서 그 개수를 계산한다. 토지의 정착물이란 토지에 고정적으로 부착되어 용이하게 이동할 수 없는 물건으로서, 그러한 상태로 사용되는 것이 통상적으로 용인되는 것을 말한다. 그러므로 판잣집, 임시로 심어놓은 나무, 토지 또는 건물에 충분히 고착되어 있지 않은 기계 등은 정착물이 아니다. 정착물에는 건물, 입목 등과 같이 토지와 별개의 독립한 부동산으로 인정되는 것과 담장, 교량, 도로의 포장 등과 같이 정착하는 토지의 일부에 지나지 않는 것이 있다.

동산이란 부동산 이외의 물건을 말한다(제99조 2항). 토지에 정착되지 않은 물건이나 전기 기타 관리할 수 있는 자연력도 동산이다. 선박·자동차·항공기·건설기계 등도 동산이지만, 특별법에 의하여 부동산에 준하는 취급을 받을 뿐이다. 따라서 이들에게는 등기 · 등록의 공시방법이 마련되어 있다. 금전은 동산의 일종이기는 하지만, 물건으로서의 동산이 가지는 개성을 갖고 있지 않으며 가치 그 자체이기 때문에 동산에 적용되는 규정 가운데 금전에는 그 적용이 없는 것이 적지 않다.

이러한 동산과 부동산은 물건변동의 공시방법(등기 · 인도), 점유의 공신력, 무주물 선점 등에서 차이가 있고, 지상권 · 지역권은 부동산 중 토지에만 설정되고 전세권 · 저당권은 부동산에만 설정되며, 동산에는 유치권 · 질권만 설정된다. 또한 시효취득의 요건 · 효과가 다르고 재판관할권과 강제집행의 절차 · 방법이 다르다.

2) 주물과 종물

어떤 물건의 소유자가 그 물건의 효용을 돕기 위하여 자기소유인 다른 물건을 이에 부속시키고 있을 때 그 부속시킨 물건을 종물이라 하고, 도움을 받는 주된 물건을 주물이라고 한다. 시계와 시곗줄, 주유소와 주유기, 횟집과 수조 등의 관계가 그러하다. 종물은 동산임을 요하지 않고 주물도 부동산임을 요하지 않는다. 종물의 처분은 당사자 간에 특별한 약정이 없는 한 주물의 처분에 따르므로, 종물은 주물과 그 법률적인 운명을 같이 한다.

3) 원물과 과실

어떤 물건으로부터 생기는 수익을 과실이라고 하며, 그 수익을 생기게 하는 물건을 원물이라고 한다. 과실에는 천연과실과 법정과실의 두 종류가 있다.

천연과실은 원물의 용법에 의하여 수취하는 산출물을 말한다. 즉 과일나무의 열매, 가축의 새끼, 곡물, 목재, 석재 등과 같이 원물의 경제적 목적에 따라 얻어지는 물건을 말한다. 천연과실은 그 원물로부터 분리하는 때에 원물의 소유자, 지상권자, 임차인 등과 같이 이것을 수취할 권리자에게 귀속한다.

법정과실은 물건의 사용대가로서 받는 금전 기타의 물건을 말한다. 예컨대 지료(地料), 이자, 차임 등이다. 법정과실은 이것을 수취할 권리의 존속기간 일수의 비율로 취득한다.

3. 법률행위

(1) 총 설

우리들의 사회생활관계 중에서 법률에 의하여 규율되고 있는 것을 법률관계라고 한다. 법률관계는 곧 권리의무관계이다. 권리의무관계는 항상 고정되어 있는 것이 아니라 우리들의 사회생활의 변화와 더불어 변동하는 것이며 이것을 권리의무의 변동 또는 단순히 권리의 변동이라 한다. 권리의 변동은 권리의 발생·변경·소멸을 말한다.

권리의 변동은 무질서하게 일어나는 것이 아니라 반드시 일정한 원인이 있어야 하며, 이러한 원인을 법률요건이라고 한다. 그리고 이 법률요건을 구성하는 개개의 사실을 법률사실이라고 한다.

이러한 법률요건이 있을 때 비로소 법이 인정하는 일정한 효과가 발생하게 되며, 이 효과를 법률효과라고 한다. 다시 말하면 법률효과는 법률관계에서 생기는 일정한 효과이며, 이 효과를 발생시키는 원인이 곧 법률요건이다.

따라서 법률효과는 모두 권리변동이라는 모습으로 나타나며, 법률요건은 직접·간접으로 권리변동의 원인이 된다. 이러한 권리변동을 일으키게 하는 법률요건 가운데 가장 중요한 것이 법률행위이다.

(2) 법률행위

1) 법률행위의 의의

법률행위라 함은 하나 또는 수개의 의사표시를 필수적인 요소로 하여 일정한 법률효과의 발생을 목적으로 하는 법률요건이다. 권리변동을 발생케 하는 법률요건 중에서 가장 중요한 것이 법률행위이다.

예컨대 甲과 乙이 甲소유의 컴퓨터를 100만 원에 사고 파는 매매계약을 체결하는 경우에, 그 계약이 법률요건이다. 즉 법률요건인 그 계약에 기하여 매도인인 甲은 대금을 받을 권리가, 매수인인 乙은 목적물을 받을 권리가 각각 법률효과로서 발생한다. 그 계약이라는 법률요건을 분석하여 보면, 乙이 甲에게 그 컴퓨터를 100만 원에 사겠다고 청약을 하는 의사표시와 甲이 乙의 청약을 받아들이는 승낙의 의사표시, 즉 두 개의 의사표시로 이루어져 있는데, 이 두 개의 의사표시가 법률사실이다. 이 두 개의 의사표시라는 법률사실이 합해져서 계약이라는 법률요건, 즉 법률행위가 행해진 것이다.

2) 법률행위의 종류

(가) 단독행위 · 계약 · 합동행위 단독행위란 행위자 한 사람의 한 개의 의사표시만으로써 성립하는 법률행위를 말하며, 일방행위라고도 한다. 이에는 채무면제, 취소, 추인, 계약의 해제 또는 해지 등과 같이 상대방 있는 단독행위와 유언, 재단법인의 설립행위 등과 같은 상대방 없는 단독행위가 있다.

계약이란 서로 대립하는 두 개 이상의 의사표시의 합치 즉 청약과 승낙의 합치로써 성립하는 법률행위를 말한다. 매매, 교환, 임대차 등을 예로 들 수 있다.

합동행위란 수인이 공동하여 동일한 목적을 위한 의사표시의 합치로 성립하는 법률행위로 사단법인설립행위가 이에 속한다.

(나) 요식행위 · 불요식행위 요식행위란 법률행위의 요소인 의사표시에 서면 기타의 일정한 방식을 필요로 하는 법률행위를 말하고, 이러한 방식을 필요로 하지 않는 법률행위를 불요식행위라고 한다. 요식행위에는 정관작성, 혼인, 유언, 어음과 수표행위 등이 있다.

(다) 채권행위 · 물권행위 · 준물권행위 채권행위란 매매, 임대차 등과 같이 채권의 발생을 목적으로 하는 법률행위를 말하며, 채권행위가 성립하면 그 법률효과로서 채권 · 채무가 발생한다. 물권행위란 소유권의 이전, 지상권 또는 저당권의 설정 등과 같이 물권의 변동을 목적으로 하는 법률행위를 말하며, 물권행위가 성립하면 그 법률효과로서 물권이 직접 변동한다. 따라서 물권행위에 있어서는 이행의 문제를 남기지 않으나, 채권행위에 있어서 이행의 문제를 남기게 된다. 준물권행위란 채권양도, 채무인수, 지적재산권의 양도 등과 같이 물권 이외의 권리의 변동을 목적으로 하는 법률행위를 말하며, 이행의 문제를 남기지 않는 점은 물권행위와 같지만, 변동하는 권리가 물권 이외의 것인 점에서 물권행위와 다르다.

(라) 유상행위 · 무상행위 재산의 출연을 목적으로 하는 법률행위 중에

서 매매, 교환, 임대차 등과 같이 상대방으로부터 대가를 수반하는 행위를 유상행위라 하고, 증여, 사용대차 등과 같이 대가를 수반하지 않는 행위를 무상행위라고 한다.

(3) 의사표시

1) 의사표시의 의의

의사표시라 함은 일정한 법률효과의 발생을 원하는 의사를 표시하는 행위를 말하며, 법률행위의 불가결의 요소가 되는 법률사실이다.

이러한 의사표시가 성립하는 심리적 과정을 분석하면, 먼저 ① 일정한 법률효과의 발생을 원하는 의사(효과의사)를 결정한 다음, ② 이 효과의사를 외부에 발표하고자 하는 의사(표시의사)를 가지고 ③ 효과의사를 외부에 발표하는 행위(표시행위)를 하는 세 단계로 나눌 수 있다.

이리하여 의사표시의 상대방은 의사표시를 하는 자, 즉 표의자(表意者)의 언어, 문자, 거동 등의 표시행위를 통하여 그의 효과의사가 무엇인가를 판단하게 된다. 그런데 경우에 따라서는 표의자의 효과의사가 정확하게 표시되지 못함으로 인하여, 이 표시행위를 통하여 상대방이 판단하는 효과의사 즉 표시상의 효과의사와 표의자의 진정한 효과의사 즉 내심의 효과의사가 일치하지 않는 경우가 있다. 이러한 경우를 '의사와 표시의 불일치'라고 한다. 또한 의사표시가 외부로부터의 사기나 강박으로 인하여 진정한 자유로운 의사표시라고 할 수 없는 경우가 있다. 이러한 경우를 '하자 있는 의사표시'라고 한다.

2) 의사와 표시의 불일치

의사와 표시가 일치하지 않는 경우 어느 것을 기초로 효과를 인정하느냐에 관하여 세 가지의 입법주의가 있는데, 먼저 ① 의사주의는 내심의 효과의사를 의사표시로 보고 효과를 인정한다. 다음으로 ② 표시주의는 표시행위를 보고 그대로 효과를 인정한다. 마지막으로 ③ 절충주의는 재산거래행위에서는 표시주의를 원칙으로 하고, 예외적으로 의사주의를 보충한다. 다만 본인의 진의가 절대적으로 존중되는 가족법관계에서는 의사주의를 취한다. 우리 민법은 절충주의의 입장을 취하고 있다.

이러한 의사와 표시의 불일치에는 진의 아닌 의사표시, 통정허위표시, 착오가 있다.

(가) 진의 아닌 의사표시(심리유보)　진의 아닌 의사표시 내지 비진의표시란 표의자가 진의 아님을 알고서 한 의사표시를 말한다. 다시 말하면, 표의자가 의사 즉 내심의 효과의사 내지 내심의 진의와 표시, 즉 표시상의 효과의사의 불일치를 알면서 한 의사표시를 말한다(제107조). 예컨대, 증여를 할 생각이 없으면서 시계를 증여하겠다고 하는 말을 하는 경우이다. 비진의표시는 원칙적으로 표시행위에 나타난 대로 효과가 발생한다. 그러나 상대방이 그 표시가 진의가 아니라는 것을 알았거나 보통의 주의를 하면 알 수 있었을 때에는 무효이다(제107조 1항). 또한 무효가 되는 경우라도 비진의표시임을 모르는 선의의 제3자에 대하여는 무효임을 주장할 수 없다(동조 2항). 다만 비진의표시는 신분행위나 단체행위에는 무효로 되는 것이 보통이다.

(나) 통정허위표시　통정허위표시 내지 허위표시란 상대방과 통정(통모)하여 한 진의 아닌 허위의 의사표시를 말한다. 예컨대 채무자가 채권자의 압류를 면하기 위하여 친척과 통정하여 자기소유의 가옥을 그 친척에게 매도한 것처럼 가장하여 이전등기를 하는 행위와 같다. 이 허위표시는 당사자 간에 있어서는 무효이므로 아무런 효력도 생기지 않는다(제108조 1항). 그러나 허위표시의 무효는 허위표시임을 모르는 선의의 제3자에게 대하여는 무효라고 주장할 수 없다(동조 2항).

(다) 착　오　착오란 표의자 자신이 내심의 효과의사와 표시된 내용이 일치하지 아니함을 모르고 한 의사표시를 말한다. 착오의 종류에는 ① 표시행위를 잘못하여 예컨대 50,000원을 빌리면서 차용증서에 500,000원으로 잘못 표시한 표시상의 착오와, ② 표시행위의 의미를 오해하여 예컨대 보증과 연대보증이 같은 것으로 생각하고 보증을 선다는 생각으로 연대보증을 서기로 한 경우와 같은 내용상의 착오, ③ 모조품을 진품으로 잘못 알고 산 경우와 같이 의사표시의 동기에 착오가 있는 동기의 착오 등이 있다. 법률행위의 중요부분에 착오가 있을 때에는 표의자는 그 의사표시를 취소할 수 있다. 그러나 착오가 표의자의 중대한 과실로 인한 때에는 취소하지 못한다(제109조 1항). 또한 착오

로 인한 의사표시의 취소는 선의의 제3자에게 이 취소의 효과를 주장할 수 없다(동조 2항).

3) 하자 있는 의사표시

하자 있는 의사표시란 표시의사에 상응하는 효과의사가 있기는 하지만, 그 효과의사가 타인의 부당한 간섭, 즉 사기나 강박에 의하여 방해된 상태 하에서 결정·표시된 것을 말한다. 사기란 고의로 타인을 기망하여 착오에 빠지게 하는 행위를 말하며, 강박이란 위법으로 타인에게 해악을 표시하여 공포심을 발생하게 하는 행위를 말한다. 이러한 사기나 강박에 의한 의사표시는 취소할 수 있고(제110조 1항), 상대방 있는 의사표시에 관하여 제3자가 사기나 강박을 행한 경우에는 상대방이 그 사실을 알았거나 알 수 있었을 경우에 한하여 의사표시를 취소할 수 있다(동조 2항). 그러나 그 의사표시의 취소는 선의의 제3자에게 대항하지 못한다(동조 3항).

4) 의사표시의 효력발생시기

의사표시는 모든 효력발생요건이 갖추어진 때에 효력이 생긴다. 특히 상대방 있는 의사표시가 문제되는데, 이때에는 표의자가 ① 의사의 표시를 한 후, ② 이를 발신하여, ③ 이것이 상대방에게 도달하여, ④ 최후에 상대방이 그 내용을 요지(了知)하게 되는 순서로 된다. 민법은 의사표시의 효력발생시기에 대하여 도달주의를 원칙으로 하고(제111조 1항), 계약의 승낙 등 특별한 경우에만 예외적으로 발신주의를 취하고 있다.

(4) 대 리

1) 대리의 의의

대리라 함은 대리권을 가진 타인 즉 대리인이 본인의 이름으로 법률행위 내지 의사표시를 하거나 상대방으로부터 의사표시를 수령함으로써 그 법률효과가 직접 본인에게 발생하게 하는 제도이다(제114조). 따라서 이미 본인이 결정한 의사를 단지 전달함에 불과한 사자(使者)는 대리인이 아니다. 또한 의사표시의 효과가 일단 대리인에게 귀속된 후 그 효과를 그대로 본인에게 이전하는 경우인 간접대리도 대리가 아니다.

대리제도는 근대민법이 확립한 제도로서 본인의 거래활동범위를 넓게 확장하여 주고 또한 의사능력이나 행위능력이 없는 자에게 대리인에 의한 거래의 길을 열어 줌으로써 사적 자치를 확장 내지 보충하여 주는 사회적 기능을 가지고 있다.

2) 대리의 종류

(가) 임의대리와 법정대리　대리권의 발생원인에 따른 분류이다. 임의대리는 본인의 신임으로 본인의 의사에 따라 대리권이 부여되는 것을 말하고, 법정대리는 본인의 의사와는 상관없이 법률의 규정에 의하여 일정한 자에게 대리권이 부여되는 것을 말한다. 양자는 대리인의 복임권(復任權)과 대리권의 소멸에서 차이가 있다.

(나) 유권대리와 무권대리　대리인이 대리권을 가지고 있는지 여부에 따른 분류이다. 대리인으로서 행위를 하는 자가 정당한 대리권을 가지고 있는 경우를 유권대리라 하고, 대리권을 가지고 있지 않은 경우를 무권대리라고 한다. 대리권 없는 자가 타인의 대리인으로 한 계약은 본인이 이를 추인하지 아니하면 본인에 대하여 효력이 없다(제130조).

3) 대리행위

(가) 대리의사의 표시　대리인이 대리행위를 할 때에는 본인을 위한 것임을 표시하여야 한다(제114조). 이것을 현명주의(顯名主義)라고 한다. 수동대리의 경우에는 상대방이 대리인에 대하여 본인을 위한 것임을 표시하여야 한다. 대리인이 본인을 위한 것임을 표시하지 아니한 때에는 그 의사표시는 자기를 위한 것으로 본다. 그러나 상대방이 대리인으로서 한 것임을 알았거나 알 수 있었을 때에는 대리의사가 표시된 것으로 본다(제115조). 상행위의 대리에는 현명주의의 원칙이 적용되지 않는다(상법 제48조).

(나) 대리행위의 효과　대리인이 그 대리권의 범위 내에서 한 대리행위에 의한 법률효과는 모두 직접 본인에게 귀속된다. 대리는 법률행위에 관한 제도이므로 본인은 대리인의 불법행위에 대해서는 책임을 지지 않는다. 다만 이 경우에 본인이 대리인의 사용자로서의 배상책임을 지는 수는 있다(제756조).

(다) 대리인의 능력　대리인이 행한 행위의 효과는 직접 본인에게 귀속

되고 대리인은 대리행위에 의하여 재산상의 손해를 입을 염려가 없으므로 대리인은 의사능력만 있으면 충분하고 행위능력자임을 요하지 않는다(제117조).

4) 표현대리

대리인이 대리행위의 다른 요건은 갖추고 있으나 대리권 없이 행한 대리행위를 무권대리라고 하는데, 이 경우에는 본인이 그 대리행위를 추인한 경우를 제외하고는 본인에게 대리행위의 효과가 생길 수 없음은 당연하다(제130조). 그러나 대리인도 대리의사를 가지고 한 것이기 때문에 대리인에게도 그 효과가 생기지 않는다. 이 경우에는 상대방이 피해를 입게 될 것이므로 민법은 무권대리인이 이에 대해 책임을 지게 하고 있다.

다만 대리권은 관념적인 것으로서 그 존재나 범위를 제3자가 쉽게 알 수 없는 것이므로 이와 같은 원칙대로 한다면 대리제도의 신용은 유지될 수 없고 대리인과 거래하는 제3자의 지위는 현저하게 불안해진다. 이러한 이유에서 민법은 협의의 무권대리 외에 표현대리제도를 두어 특정한 경우에 제3자를 보호하는 규정을 두고 있다.

표현대리는 대리인에게 대리권이 없음에도 불구하고 마치 대리권이 있는 것과 같은 외관을 나타내는 경우에 그러한 외관을 신뢰한 선의·무과실의 제3자를 보호하고 거래의 안전을 보장하며 대리제도의 신용을 유지하기 위한 제도이다. 표현대리에는 대리권수여의 표시에 의한 표현대리(제125조), 권한을 넘은 표현대리(제126조), 대리권소멸 후의 표현대리(제129조)의 세 가지가 있다. 표현대리가 되면 그 무권대리행위에 대하여 본인이 책임을 진다.

(5) 무효와 취소

1) 무 효

법률행위의 무효란 법률행위가 성립한 때부터 법률상 당연히 그 효력이 없는 것으로 확정된 것을 말한다. 법률행위의 무효는 어느 누구의 주장을 기다리지 아니하고 법률상 당연히 발생한다. 무효의 효과는 어느 누구에 의하여서도 또 누구에 대하여서도 언제나 이를 주장할 수 있는 절대적 무효가 원칙이다. 그러나 무효의 효과를 특정의 제3자에 대하여는 주장할 수 없는 것으로 하는 상대적 무효도 있다.

민법상 법률행위가 무효로 되는 경우로서는 의사무능력자의 법률행위, 불능한 법률행위, 강행규정에 반하는 법률행위, 사회질서에 반하는 법률행위, 불공정한 법률행위, 진의 아닌 의사표시, 통정허위표시 등이 있다.

2) 취 소

취소란 일정한 자 즉 취소권자의 의사표시에 의하여 법률행위의 효과를 소급하여 소멸시키는 것을 말한다. 취소할 수 있는 법률행위는 취소되면 처음부터 소급하여 무효로 되지만, 취소되기까지는 그 행위는 유효하며, 취소권자가 취소권을 포기하는 추인, 사회일반인이 추인이 있는 것으로 인정할 만한 사실이 있는 경우인 법정추인, 또는 취소권이 시효로 소멸한 경우에는 확정적으로 유효하게 된다.

취소할 수 있는 행위로는 행위무능력자의 법률행위, 착오로 인한 법률행위, 사기 또는 강박에 의한 법률행위 등이 있다.

(6) 조건과 기한

1) 법률행위의 부관

법률행위의 부관(附款)이란 당사자가 법률행위의 효과의 발생 또는 소멸에 관하여 이를 제한하기 위하여 법률행위에 부가한 약관을 말한다. 이와 같은 약관이 붙은 법률행위를 부관부 법률행위라고 한다. 부관에는 조건과 기한이 있다.

2) 조 건

조건이란 법률행위의 효력의 발생 또는 소멸을 장래의 불확실한 사실의 성부에 의존시키는 법률행위의 부관을 말한다. 조건은 법률행위의 성부에 관한 것이 아니고 그 효력의 발생 또는 소멸에 관한 것이며, 조건이 되는 사실은 장래에 객관적으로 그 성부가 불확정한 사실이므로 과거 및 현재의 사실은 조건이 될 수 없다. 조건은 법률행위의 내용으로서 당사자가 임의로 정한 것이어야 하므로 이른바 법정조건은 조건이 아니다. 이와 같은 조건에는 정지조건과 해제조건이 있다.

정지조건이란 법률행위의 효력의 발생을 장래의 불확실한 사실에 의존시키는 조건을 말한다. 예컨대 "대학 입학시험에 합격하면 시계를 사주겠다."고 하는 것과 같은 경우이다. 이러한 정지조건 있는 법률행위는 조건이 성취한 때로부터 그 법률행위의 효력이 발생하고, 불성취로 확정되면 무효로 된다.

해제조건이란 법률행위의 효력의 소멸을 장래의 불확정한 사실에 의존시키는 조건을 말한다. 예컨대 "지금 생활비를 주고 있지만 시험에 떨어지면 그만두겠다."고 하는 경우이다. 이러한 해제조건 있는 법률행위는 조건이 성취한 때로부터 그 법률행위의 효력을 잃고, 불성취로 확정되면 그 효력이 소멸하지 않는 것으로 확정된다.

3) 기 한

기한이란 법률행위의 효력의 발생·소멸 또는 채무의 이행을 장래에 발생할 것이 확실한 사실에 의존시키는 부관을 말한다. 기한은 장래 도래할 것이 확실하다는 점에서 그 성취 여부가 불확실한 조건과 다르다. 이와 같은 기한에는 확정기한과 불확정기한, 시기와 종기가 있다.

"내년 1월 1일부터"라고 하는 것과 같이 도래할 시기가 확정되어 있는 기한을 확정기한이라 하고, "내가 죽거든"이라고 하는 경우와 같이 도래할 시기가 확정되어 있지 않은 기한을 불확정기한이라고 한다.

시기(始期)란 법률행위의 효력의 발생 시기를 장래의 확정적 사실의 발생에 의존시키는 기한을 말하며, 예컨대 "내년 6월 1일부터 임대한다."고 하는 경우와 같다. 종기(終期)란 법률행위의 효력의 소멸을 의존시키는 기한을 말하며, 예컨대 "내년 6월 말까지 임대한다."고 하는 경우와 같다.

4. 기 간

(1) 기간의 의의

기간이란 어느 시점으로부터 어느 시점에 이르기까지 계속된 시간의 구분을 말한다. 기간은 권리의 발생·변경·소멸 등의 법률관계에 중요한 의미를 가질 때가 많다. 그러므로 민법은 기간의 계산방법에 관하여 일반적 규정을 두고 있는데, 각종의 법령, 재판상의 처분 또는 법률행위에 다른 정한 바가 없으면 사법상의 기간뿐만 아니라 공법상의 기간에도 이 규정이 적용된다(제155조).

(2) 기간의 계산방법

시·분·초를 단위로 하는 기간(3시간, 20분, 50초 등)의 계산은 자연적 계산방법에 의하여 즉시를 기산점으로 하고, 만료점은 그 정하여진 시·분·초가 끝난 때이다.

일·주·월·년을 단위로 하는 기간은 역법(曆法)적 계산법에 의한다. 기산점은 원칙적으로 첫날은 산입하지 않으나, 기간이 오전 0시로부터 시작하는 때는 첫날을 포함시키며, 연령계산에서는 출생일을 산입한다. 그리고 만료점에 있어서는 기간 말일의 종료로 기간이 만료한다. 주·월·년의 처음부터 기간을 계산하는 경우에는 그 주·월·년이 종료하는 때에 만료하지만, 처음부터 계산하지 않을 때에는 최후의 주·월·년에서 기산일에 해당하는 날의 전일로 기간은 만료한다. 월 또는 연으로 정한 경우에 최후의 월에 해당일이 없는 경우에는 그 월의 말일로 기간이 만료한다. 기간의 말일이 공휴일에 해당하는 때에는 기간은 그 다음 날(翌日)로 만료한다.

5. 소멸시효

(1) 시효의 의의

시효란 일정한 사실상태가 장기간 계속한 경우에 그 사실상태가 진실한 권리관계와 합치하느냐 않느냐를 묻지 않고 그 사실상태를 그대로 존중하여 이것을 권리관계로 인정하려는 제도이다. 이와 같은 시효제도가 존재하는 이유는 ① 일정기간 계속된 사실상태의 유지에 의한 사회질서의 안정을 기하기 위해서이고, ② 오래된 과거의 권리관계에 대한 증거보전 또는 입증의 곤란을 구제하고, ③ 오랫동안 자기의 권리를 행사하지 않은 채 방치한 자는 이른바 '권리 위에 잠자는 자'로서 보호받을 가치가 없다는 데에 있다.

(2) 시효의 종류

시효에는 취득시효와 소멸시효의 두 가지가 있다.

취득시효란 권리행사의 외형인 점유 또는 준점유가 일정한 기간 계속됨으로써 권리취득의 효과가 생기는 시효를 말한다(제245조 이하). 이에 비하여 소멸시효란 권리의 불행사라고 하는 사실상태가 일정한 기간 계속됨으로써 권리소멸의 효과가 생기는 시효를 말한다(제162조 이하).

소멸시효와 유사한 것으로 권리의 제척기간이 있다. 제척기간이란 권리관계를 신속하게 확정하기 위하여 법률이 미리 정하여 놓은 권리의 존속기간을 말하며, 이는 불안정한 법률관계를 일정한 기간 내에 확정시키려는 제도이다. 소멸시효와 제척기간의 구별은 대체로 조문에 '시효로 인하여'라는 문구가 있는가의 여부에 따르는데, 이 문구가 있으면 시효, 없으면 제척기간으로 보게 된다.

(3) 소멸시효의 기간 및 효과

일반채권의 소멸시효기간은 10년이다(제162조). 다만 상행위로 생긴 채권의 소멸시효기간은 5년이다(상법 제64조). 채권 및 소유권 이외의 모든 재산권은 20년간 행사하지 아니하면 소멸시효가 완성된다. 또한 단기소멸시효라고 하여, 이자, 급료, 사용료, 의사 등의 치료채권, 도급인 등의 공사채권, 변호사 등의 보수채권, 상품의 대가 등의 소멸시효는 3년이며(제163조), 여관 등의 숙박료, 동산의 사용료, 연예인의 임금 등의 소멸시효는 1년이다(제164조). 그러나 판결, 파산절차, 재판상화해·조정 기타 판결과 동일한 효력이 있는 것에 의하여 확정된 채권은 단기의 소멸시효에 해당한 것이라도 소멸시효기간은 10년이다(제165조).

소멸시효는 권리를 행사한 때로부터 진행하고, 그 기산일에 소급하여 효력이 생긴다(제166조, 제167조). 소멸시효가 완성하면 권리 자체가 당연히 소멸한다는 적극적 소멸설과 권리가 당연히 소멸하는 것은 아니고 다만 시효이익을 받을 자에게 권리의 소멸을 주장할 권리가 생길 뿐이라는 상대적 소멸설이 대립된다. 전자가 다수설이다.

(4) 소멸시효의 중단과 정지

1) 소멸시효의 중단

소멸시효의 중단이란 시효기간의 경과 중에 시효의 기초가 되는 사실 상태와 상반되는 사실이 발생하면 소멸시효의 진행이 중단되고, 이미 진행한 시효기간의 효력은 무효로 되어 버리는 것을 말한다.

시효중단의 사유로서는 ① 청구, ② 압류・가압류・가처분, ③ 승인의 세 가지가 있는데(제168조), 이 중 청구에 해당하는 것은 재판상의 청구, 파산절차 참가, 지급명령, 화해를 위한 소환, 임의출석, 최고 등이다.

시효의 중단은 당사자 및 그 승계인 간에만 효력이 있으며(제169조), 시효가 중단된 때에는 중단까지 경과한 시효기간은 이를 산입하지 아니하고 중단사유가 종료한 때로부터 새로이 진행한다.

2) 소멸시효의 정지

시효기간이 거의 완성할 무렵 권리자가 시효중단행위를 하는 것이 불가능하거나, 또는 대단히 곤란한 사정이 있는 경우에 그러한 사정이 없어질 때까지 일정기간에 한하여 시효의 완성을 유예시키는 제도를 소멸시효의 정지라고 한다.

시효의 정지사유에는, ① 무능력자를 위한 정지, ② 혼인관계의 종료에 의한 정지, ③ 상속재산에 관한 정지, ④ 천재 기타 사변에 의한 정지 등이 있다(제179조 내지 제182조).

제3절 物 權

1. 물권의 의의

물권이란 '일정한 물건을 직접 지배하여 배타적으로 이익을 받는 권리'를 말한다. 이를 분설하면 다음과 같다.

(1) 목적물을 직접 지배하는 권리이다

직접 지배한다는 것은 타인의 의사나 행위를 기다리지 않고 직접 목적물에 대하여 지배를 미칠 수 있다는 뜻이다.

(2) 물권은 배타적 권리이다

물권은 채권과 달리 배타성이 있다. 배타성이라 함은 하나의 물권이 성립하면 동일목적물에 대하여 동일한 내용의 물권이 이중으로 성립할 수 없다는 뜻이다.

(3) 물권의 객체는 특정의 독립된 물건임을 원칙으로 한다

물권의 객체 즉 물권의 목적물은 원칙적으로 물건이어야 하고 현존해야 하며 특정되어 있어야 한다. 이것은 특정물이 아닐 경우 직접 배타적으로 지배하여 이익을 얻을 수 없기 때문이다. 결국 불특정물에 관하여 채권은 성립할 수 있으나 물권은 성립할 수 없다는 것이다.

또한 하나의 물권이 성립하기 위해서는 물권의 객체는 독립된 물건이어야 하며 물건의 일부분이나 구성부분 또는 물건의 집단은 원칙적으로 물권의 객체가 될 수 없다. 이와 같이 한 개의 물건에 대해서 한 개의 물권을 인정하는 원칙을 일물일권주의라고 한다.

2. 물권의 종류

(1) 물권법정주의

물권은 법률 또는 관습법에 의하는 외에는 임의로 창설하지 못한다(제185조). 이것을 물권법정주의라고 한다. 여기서 임의로 창설하지 못한다는 것은 법률 또는 관습법이 인정하지 않는 물권의 종류를 새로이 설정하지 못한다는 것과 법률 또는 관습법이 인정하는 물권의 내용과 다른 내용을 부여하지 못한다는 것을 의미한다. 만약 당사자가 임의로 물권을 창설할 수 있게 된다면 적절한 공시방법을 찾기가 곤란하기 때문에 거래의 안전을 해할 염려가 많다. 따라서 물권법에 있어서는 채권법에 있어서와 같은 계약자유의 원칙이 인정되지 않고 물권법정주의만을 취하고 있어서 그 규정은 대부분 강행규정이다.

(2) 물권의 종류

민법이 규정하는 물권의 종류에는 점유권·소유권·지상권·지역권·전세권·유치권·질권·저당권의 8가지가 있다. 이 중에서 지상권·지역권·전세권을 용익물권이라 하고, 유치권·질권·저당권을 담보물권이라 한다. 또한 용익물권과 담보물권은 타인의 소유권의 내용의 일부를 일시적으로 제한하는 것이므로 이를 타물권 또는 제한물권이라고도 한다. 결국 물권은 점유권·소유권·용익물권·담보물권의 네 종류로 분류된다.

1) 점유권

(가) 의 의　물건을 사실상 지배하고 있는 자 즉 점유자에 대하여 그 물건을 지배할 정당한 권리가 있느냐 없느냐를 묻지 않고 점유라는 사실상태를 권리로서 보호하는 것이 점유권이다(제192조 1항). 보통 어떤 물건을 사실상 지배하고 있는 자는 대체로 그것을 지배할 권리 즉 소유권·지상권·전세권 등의 본권이 있기 때문이지만 때로는 유실물의 습득자나 훔친 물건의 소지자 등과 같이 아무런 권리 없이 지배하는 경우가 있다. 이러한 경우에 진정한 권리자 즉 본권을 가진 자만이 법의 보호를 받아야 하겠지만, 점유권은 사실상 지배하는 자가 본권이 있는지의 여부를 묻지 않고 물건을 지배하고 있는 상태 그 자체에 일정한 효과를 부여하는 제도이다.

(나) 점유의 태양　점유가 성립하려면 물건에 대한 사실상의 지배만으로 충분하고 그 밖에 어떤 특별한 의사는 필요하지 않으나, 최소한 물건에 대한 사실적 지배의 관계를 가지려는 자연적 의사인 점유설정의사는 필요하다.

물건에 대한 사실상의 지배가 점유라는 원칙에는 예외가 있는데, 사실상 지배를 함에도 점유가 성립하지 않는 경우인 점유보조자가 있고, 반면에 사실상 지배를 하지 않음에도 점유가 성립하는 간접점유가 있다.

(다) 점유제도의 목적　이와 같이 점유권을 인정하고 있는 것은 물건의 사실적 지배상태를 존중하고 보호하여 사회의 물권적 질서를 유지하기 위해서

이다. 즉 진정한 권리자가 법의 절차에 의하지 않고 자력으로 타인의 점유를 침해하여 권리를 실현하는 것을 인정한다면 사회의 물권적 질서가 파괴될 염려가 있으므로 본권의 유무가 결정되기까지 잠정적으로 실력행사를 저지함으로써 물권적 지배의 질서유지를 확보하고자 하는 데 있다.

(라) 점유의 효과 민법에서는 점유권에 대하여 여러 가지 법률효과를 부여하고 있다(제197조 이하). 즉, ① 점유자가 점유물에 대하여 행사하는 권리는 적법하게 보유한 것으로 추정한다. ② 선의의 점유자는 점유물의 과실을 취득한다. ③ 점유자는 회복자에 대하여 점유물에 관하여 지출한 비용을 일정한 범위에서 상환할 것을 청구할 수 있다. ④ 점유자는 그 점유를 침해당한 때에는 그 침해의 제거를 청구할 권리가 있다. ⑤ 점유자는 일정한 요건 하에 그 점유의 침해에 대하여 자력으로써 방위 또는 회복할 수 있다.

2) 소유권

(가) 의 의 소유권이란 법률의 범위 내에서 목적물을 사용·수익·처분할 수 있는 권리를 말하며(제211조), 가장 전형적이고 완전한 권리이다. 소유권은 물건을 전면적으로 지배할 수 있는 권리인 점에서 제한물권과 다르다(全面性). 소유권은 그가 가지는 사용·수익·처분 등 권능의 단순한 집합이 아니라 이러한 권능의 원천이며 객체를 모든 면에서 지배할 수 있는 단일한 지배권능이다(混一性). 소유권에는 존속기간의 제한이 없으며 또한 소멸시효에도 걸리지 않는다(恒久性). 그리고 소유권은 목적물에 제한물권이 설정되더라도 그것은 일시적인 것이고 그 제한물권이 소멸되면 소유권은 본래의 완전한 상태로 되돌아간다(彈力性).

소유권의 성질을 절대불가침이라고 보는 소유권의 절대성이 근대민법의 원칙이었지만 오늘날에 와서는 소유권의 사회성 내지 공공성이 강조되고 있다.

(나) 소유권의 취득 소유권을 취득하는 원인은 목적물을 매수하거나 증여를 받는 경우, 상속을 받는 경우도 있지만, 유실물의 습득이나 무주물 선점, 혼화, 가공 등에 의하여도 가능하다. 그 외에 시효취득에 의해서도 소유권을 취득할 수 있는데, 민법은 특히 부동산소유권의 취득시효로서 일반취득시효와 등기부취득시효를 인정하고 있다. 즉 20년간 소유의 의사로 평온·공연하게

부동산을 점유하는 자는 등기함으로써 그 소유권을 취득한다. 또한 부동산의 소유자로 등기한 자가 10년간 소유의 의사로 평온・공연하게 선의이며 과실 없이 그 부동산을 점유한 때에는 그 소유권을 취득한다(제245조). 또한 민법은 동산소유권의 취득시효로서 일반취득시효제도와 선의취득을 인정하고 있다. 즉 10년간 소유의 의사로 평온・공연하게 동산을 점유한 자는 소유권을 취득하며, 이러한 점유가 선의이며 과실 없이 개시된 경우에는 5년을 경과함으로써 그 소유권을 취득한다(제246조).

(다) 소유의 형태 원래 하나의 물건에는 하나의 소유권이 인정되는 것이 일반적이지만, 수인이 하나의 물건을 이용하거나 소유할 필요가 있는 경우도 있다. 이와 같이 하나의 물건을 2인 이상의 다수인이 공동으로 소유하는 것을 공동소유라고 한다. 민법은 공동소유의 유형으로 공유・합유・총유의 세 가지를 인정하는데, 이는 하나의 물건을 다수인이 공동으로 소유함에 있어 다수인 사이의 인적 결합관계의 정도에 따라 유형화한 것이다. ① 공유는 다수인이 아무런 공동의 목적이 없이 단순히 2인 이상이 공동으로 소유하는 것이다(제262조 1항). 목적물에 대한 각 공유자의 지배권한은 완전히 자유・독립적이며 다만 목적물이 동일하기 때문에 그 행사에 제약을 받는 데 지나지 않는다. 공유자 각자가 가지는 지배권능을 지분이라고 하며, 그 처분은 자유이고, 또 언제든지 분할을 청구하여 단독소유로 전환할 수 있다. ② 합유는 일정한 공동사업을 목적으로 2인 이상이 결합하였지만 그것이 단체로서의 독립성을 갖추지는 못한 것, 즉 조합체가 소유하는 것을 말한다(제271조 1항). 공동의 사업을 위하여 결합된 것이기 때문에 합유자는 합유물에 대해 지분을 갖기는 하지만 그 지분의 양도는 제한되고, 또 조합관계가 종료할 때까지는 분할을 청구하지도 못한다. ③ 총유는 법인이 아닌 사단의 사원이 집합체로서 물건을 소유하는 형태를 말한다(제275조). 목적물의 관리・처분권능은 사단 자체에 귀속하지만, 한편 사단의 사원은 일정한 범위 내에서 각자 목적물을 사용・수익하는 권능이 인정된다.

3) 용익물권

용익물권이란 타인의 물건을 일정한 범위 내에서 사용・수익하는 것을 내용으로 하는 권리를 말한다. 용익물권은 담보물권과 함께 제한물권으로서 소유권에 대립한다. 민법상 용익물권에는 지상권·지역권·전세권의 세 가지가 있다.

(가) **지상권** 지상권이란 타인의 토지에 건물 기타 공작물이나 수목을 소유하기 위하여 그 토지를 사용하는 권리를 말한다(제279조). 여기서 공작물은 교량이나 각종의 탑, 터널과 같은 것을 말한다. 민법이 정하는 지상권은 당사자간의 지상권설정계약과 등기에 의해 성립한다. 현재 우리나라에서는 채권인 임차권에 비하여 물권인 지상권의 효력이 강하기 때문에 토지소유자는 자기에게 불리한 지상권의 설정을 원하지 않는 것이 보통이므로 지상권은 거의 이용되지 않고 있다. 오히려 일정한 경우에 법률의 규정에 의해 지상권이 성립한 것으로 간주되는 법정지상권이 문제되는 경우가 많다.

한편 구분지상권이란 지하 또는 지상의 공간의 상하의 범위를 정하여 건물 기타 공작물을 소유하는 지상권을 말한다(제289조의2). 본래 민법상 토지소유권은 토지의 상하에 미치므로 지하철·지하도·지하상가·모노레일·공중케이블 등의 설치를 위해 지상권을 이용하는 경우에는 필요하지 않는 부분까지 포함되어 적절하지 않기 때문에 지상권의 범위를 필요한 범위에 제한할 수 있는 구분지상권을 인정하고 있다.

(나) **지역권** 지역권이란 일정한 목적을 위하여 타인의 토지를 자기토지의 편익에 이용하는 권리를 말한다(제291조). 이때 편익을 받는 토지를 요역지라 하고 편익을 제공하는 토지를 승역지라고 한다. 요역지가 얻는 편익의 종류에는 제한이 없으며, 물을 끌어오거나(引水) 통행이 보통이지만 그 밖에 전망을 얻기 위해서도 지역권을 설정할 수 있다. 지역권이 요역지와 승역지 사이의 이용의 조절을 목적으로 하는 점에서 상린관계와 비슷하지만 상린관계는 법률상 당연히 생기며 소유권의 내용을 이루는 데 대하여 지역권은 소유권과는 별개로 설정계약에 의해 생기는 권리이다. 그러나 한편 지역권은 요역지 소유권에 부종하여 이전하며, 요역지에 대한 소유권 이외의 권리의 목적이 되므로 요역지와 분리하여 양도될 수 없다(제292조). 또한 지역권은 토지소유자만이 설정할 수 있는 것이 아니라 지상권자·전세권자·임차인 등도 그 이용권의 범위내에서 지역권을 설정할 수 있다.

(다) 전세권　전세권이란 전세금을 지급하고 타인의 부동산을 점유하여 그 부동산의 용도에 좇아 사용·수익하며, 그 부동산 전부에 대하여 후순위권리자 기타 채권자보다 전세금을 우선변제 받을 수 있는 권리를 말한다(제303조). 이에 전세권은 용익물권적 성격뿐만 아니라 담보물권으로서의 성격도 아울러 가진다. 전세권은 부동산소유자와 전세권을 취득하려는 자 사이의 설정계약과 등기에 의해 취득한다. 전세권의 목적물은 부동산 즉 토지와 건물이나, 농경지는 전세권의 목적이 될 수 없다. 전세권은 종래 관습상 인정되어 오던 전세제도를 물권으로 편성한 것이지만, 여전히 우리나라에서는 등기하지 않은 채권적 전세(미등기전세)가 많으며, 또 그 대상이 주택인 경우에는 주택임대차보호법의 적용을 통해 보호를 받는 점에서 등기를 하여야 성립하는 전세권의 이용은 많지 않은 실정이다.

4) 담보물권

담보물권이란 목적물을 채권의 담보에 제공하기 위한 목적으로 하는 물권을 말한다. 이는 제한물권의 일종으로서 물건을 실질적으로 이용하는 것을 목적으로 하는 용익물권에 대하여 물건의 경제적인 교환가치를 파악하여 그로부터 확실하게 변제를 받고자 하는 데 그 목적이 있다. 따라서 담보권자가 변제를 받지 못하면 목적물의 경매를 청구할 수 있다. 민법상의 담보물권으로는 유치권·질권·저당권의 세 가지가 있다.

(가) 유치권　유치권이란 타인의 물건 또는 유가증권을 점유한 자가 그 물건이나 유가증권에 관하여 생긴 채권이 변제기에 있는 경우에 그 채권의 변제를 받을 때까지 그 물건이나 유가증권을 유치할 수 있는 권리를 말한다(제320조 1항). 예컨대 컴퓨터를 수리한 자가 수리비의 지급을 받을 때까지 컴퓨터를 돌려주지 않을 수 있는 것과 같다. 유치권은 법률상의 요건이 충족되면 당연히 성립하는 법정담보물권이다.

(나) 질　권　질권이란 채권자가 그 채권의 담보로 채무자 또는 제3자가 제공한 동산 또는 재산권을 점유하고, 그 동산 또는 재산권에 대하여 다른 채권자보다 자기채권의 우선변제를 받을 권리가 있는 담보물권을 말한다(제329조, 제345조). 예컨대 시계를 담보로 하여 돈을 빌려준 채권자는 변제를 받을 때

까지 그 담보물을 유치할 수 있고 만약 채무자의 변제가 없을 경우에는 그 담보물을 경매로 처분하여 이 대금으로부터 다른 채권자보다 우선하여 변제를 받을 수 있다.

질권은 약정담보물권이며, 유치적 효력과 우선변제적 효력을 동시에 갖는 특성이 있다. 질권의 목적물은 동산과 일정한 재산권에 한정되며 부동산은 질권의 목적물이 될 수 없다.

(다) 저당권 저당권이란 채무자 또는 제3자가 점유를 이전하지 아니하고 채무의 담보로 제공한 부동산에 대하여 다른 채권자보다 자기채권의 우선변제를 받을 수 있는 담보물권을 말한다(제356조). 저당권은 계약에 의하여 설정되는 약정담보물권이나, 목적물을 채권자가 점유하지 않는 점에서 질권과 다르다. 저당권은 부동산의 소유권 및 점유권을 채권자 즉 저당권자에게 이전하지 않고 채무자 즉 저당권설정자가 계속하여 사용·수익할 수 있으므로 생산시설을 담보로 하여 장기에 걸쳐 생산대금을 융자할 수 있다는 점이 장점이며, 저당권자는 등기로 저당물을 파악하였다가 우선변제를 받을 수 있으므로 합리적인 담보방법이다.

저당권은 토지나 건물 등의 부동산 외에 지상권이나 전세권 등의 부동산물권도 목적으로 할 수 있고, 특별법상의 각종의 재산, 등록된 자동차·항공기·선박·건설기계 등도 특별법에 의하여 저당권의 설정이 인정되고 있다.

3. 물권의 효력

(1) 우선적 효력

1) 물권상호간의 우선적 효력

내용이 동일한 물권이 중첩하여 성립한 경우, 이들 사이에는 시간적으로 먼저 성립한 물권이 뒤에 성립한 물권에 우선한다. 물권은 물건을 배타적으로 지배하는 것을 내용으로 하기 때문에 원칙적으로 동일물 위에 같은 종류의 물권이 같이 성립할 수 없다. 예외적으로 목적물의 교환가치를 파악하는 저당권과 같은 것은 동일물 위에 두 개 이상 성립할 수 있지만 그들 상호간에는 먼저 성립한 저당권이 우선한다. 예컨대 1순위 저당권자가 우선변제를 받고 나머지가 있는 때에는 2순위 저당권자가 변제를 받을 수 있을 뿐이다. 같은 종류의 물권이 아닌 경우에도 동일물 위에 같이 성립할 수 있으나 그들 상호간에도 먼저 성립한 물권이 우선한다.

2) 채권에 우선하는 효력

동일한 물건 위에 물권과 채권이 성립한 때에는 그 성립의 선후에 관계없이 항상 물권이 채권에 우선한다. 예컨대 부동산의 임차권자는 그 부동산의 매수인에게 대항하지 못한다.

채권에 대한 물권의 우선적 효력에는 다음의 예외가 있다. 부동산임차권은 채권이지만 그 등기를 한 때에는 그 후에 성립하는 물권에 우선하는 효력을 가진다(제621조). 특히 주택임차권의 경우에는 주택의 인도와 주민등록을 하면 대항력이 인정된다(주택임대차보호법 제3조).

(2) 물권적 청구권

1) 의　의

물권적 청구권이란 물권의 내용의 실현이 방해당하거나 또는 방해당할 염려가 있는 경우에 물권자가 침해자에 대하여 그 방해의 제거 또는 예방에 필요한 행위를 청구할 수 있는 권리를 말한다. 예컨대 물건을 도난당한 자가 그 반환을 청구하거나, 토지에 무단으로 건물을 지은 자에게 그 철거를 청구하거나, 토지를 심굴(深堀)하여 건물붕괴의 위험을 초래하는 자에게 그 공사의 중지를 청구하는 것 등이 그러하다. 물권은 목적물에 대한 직접적이고 배타적인 지배권이므로, 이것이 타인에 의해 방해된 때에는 그 타인에 대해 그 방해의 배제를 청구할 수 있어야 물권 본래의 실효성을 유지할 수 있다.

2) 종　류

물권에 대한 방해의 모습에 따라 그에 대응하는 물권적 청구권의 내용도 달라지게 되는데, 그 종류는 다음의 세 가지이다.

(가) 물권적 반환청구권　타인이 권한 없이 물권의 목적물을 점유함으로써 물권자가 목적물의 점유를 전부 빼앗긴 경우에 그 반환을 청구해서 빼앗긴

점유를 회복하는 권리이다.

(나) 물권적 방해제거청구권 물권자가 목적물의 점유를 전부 빼앗기는 것 이외의 형태로 방해받는 경우에 그 방해의 제거를 청구하는 권리이다.

(다) 물권적 방해예방청구권 물권이 현재 방해당하고 있지는 않지만 장차 방해가 생길 염려가 있는 경우에 그 예방을 청구하는 권리이다.

4. 물권의 변동

(1) 물권변동의 의의

물권변동이란 물권의 발생·변경·소멸을 말하며, 이것을 물권의 주체를 중심으로 하여 보면 물권의 취득·변경·상실(물권의 득실변경)이 된다. 물권변동을 가져오는 원인은 크게 두 가지이다. 첫째는 물권변동을 의욕한 당사자의 의사표시이다. 예컨대 소유권을 스스로 포기하거나, 물건에 대해 매매계약을 맺어 그 소유자가 변동되는 경우 등이다. 이것을 법률행위에 의한 물권변동이라고 한다. 둘째는 당사자의 의사에 의하지 아니하고 물권변동이 생기는 모든 경우들이다. 무주물을 선점하거나, 상속에 의하여 물권을 승계하거나, 건물을 신축하는 경우 등이 그것이다. 이것을 법률의 규정에 의한 물권변동이라고 한다. 양자는 물권변동의 요건으로서 공시방법을 갖추어야 하는지에 관해 차이가 있다.

(2) 물권변동과 공시

1) 공시제도의 의의

물권은 특정한 물건에 대한 지배권으로서 배타성이 있으므로 물권의 귀속과 내용, 즉 물권의 현상을 공적으로 표시하는 일정한 표상·인식이 필요하다. 이러한 기능을 수행하는 표상을 공시방법이라 하고, 이를 통해 물권의 현상을 공시하는 제도를 공시제도라고 한다. 이것은 물권의 배타성을 실현하고 물권거래의 안전에 기여하는 제도로서 제3자가 공시방법을 통하여 안정적으로 물건에 대해 물권관계를 맺을 수 있도록 하는 데 그 목적이 있다.

등기부 등본 (말소사항 포함) - 토지

[토지] 부산광역시 동래구 수안동 101-19 고유번호 1234-5678-009999

【표 제 부】 (토지의 표시)

표시 번호	접 수	소 재 지 번	지 목	면 적	등기원인 및 기타사항
1 (전 1)	1977년 10월20일	부산광역시 동래구 수안동 101-19	잡종지	450.8㎡	부동산등기법 제177조의6 제1항의 규정에 의하여 2001년 01월 03일 전산이기

【갑 구】 (소유권에 관한 사항)

순위 번호	등기목적	접 수	등기원인	권리자 및 기타사항
1 (전 1)	소유권 이전	1986년6월11일 제48769호	1986년6월5일 매매	소유자 황영기 부산광역시 서구 대신동 90
2 (전 4)	가압류	1997년2월14일 제39747호	1997년2월10일 수원지방법원 가압류 결정 (97카단83749)	청구금액 금30,000,000원 권리자 주식회사 장군명군 수원시 권선구 고등동 11-8 부동산등기법 제177조의6 제1항의 규정에 의하여 1번 내지 2번 등기를 2001년 01월 03일 전산이기

- 이 하 여 백 -

【을 구】 (소유권 이외의 권리에 관한 사항)

순위번호	등기목적	접 수	등기원인	권리자 및 기타사항
1 (전 5)	근저당권 설정	2001년8월20일 제87690호	2001년8월19일 설정계약	채권최고액 금일억원정 채무자 황영기 부산광역시 서구 대신동 90 채권자 정무상 서울특별시 종로구 정동 23-9

- 이 하 여 백 -

수수료 금 1,000원 영수함

관할등기소 부산지방법원 동래등기소

이 등본은 부동산 등기부의 내용과 틀림없음을 증명합니다.
서기 2007년 3월 15일

부산지방법원 등기과 등 기 관 박장수 (인)

*실선으로 그어진 부분은 말소사항을 표시함.
*등기부에 기록된 사항이 없는 갑구 또는 을구는 생략함
발행번호 2165493121DFS54621546434678OWI93654KJ964132346875354686621 1/1
발행일 2007/03/15

2) 물권의 공시방법

물권을 공시하는 방법은 그 대상이 부동산인지 동산인지에 따라 다르다.

부동산물권의 공시방법은 등기이다. 토지에 대해서는 토지등기부에, 건물에 대해서는 건물등기부에 각각 부동산물권의 귀속과 변동과정이 기재된다. 이러한 등기절차를 규율하는 법규가 부동산등기법이다.

동산물권의 공시방법은 동산의 점유이다. 그리고 점유를 이전하는 것을 인도라고 하는데, 여기에는 4가지 유형이 있다. 현실인도·간이인도·점유개정·목적물반환청구권의 양도가 그것이다.

한편 수목(樹木)의 집단·미분리의 과실 등에 관하여는 관습법상 인정된 명인방법(明認方法)이라는 공시방법이 있다. 이는 푯말과 같은 방법으로 권리자를 표시하는 것이다.

(3) 공시의 원칙과 공신의 원칙

물권변동과 관련하여 공시의 원칙과 공신의 원칙이 있다. 공시의 원칙을 채택함은 세계 공통이나, 공신의 원칙의 채택은 나라에 따라 다르다. 우리 민법은 동산에 관해서만 공신의 원칙을 인정하고 부동산에 관해서는 이를 인정하지 않는다.

공시의 원칙이란 물권의 변동에는 외부에서 인식할 수 있는 공시방법을 갖추어야 한다는 원칙을 말하며, 공신의 원칙이란 공시방법을 믿고 거래한 때에는 비록 그 공시가 진실한 권리관계와 일치하지 않더라도 공시를 믿고 거래한 자를 보호하여야 한다는 원칙을 말한다. 따라서 공신의 원칙을 채택하게 되면 거래의 안전은 보호되지만, 진정한 권리자의 권리는 보호되지 않는 문제가 생긴다. 우리 민법은 부동산의 경우에는 공신의 원칙을 인정하지 않아 진정한 권리자를 보호하는 입장을 취한다. 그러나 동산의 경우에는 그것이 빈번히 또 대량으로 거래된다는 점에서 공신의 원칙을 채택하여 진정한 권리자의 보호보다는 거래의 안전을 보호하는 입장을 취한다. 민법상 선의취득 제도가 그것이다.

(4) 물권변동에 있어서 대항요건주의와 성립요건주의

물권행위는 물권의 변동을 목적으로 하는 법률행위이다. 그런데 한편 물권의 존재는 공시방법과 불가분의 관계에 있다. 여기서 물권변동과 관련하여 물권행위와 공시방법의 관계가 문제되는데, 여기에는 대항요건주의와 성립요건주의의 두 가지 입법주의가 대립한다.

1) 대항요건주의(의사주의)

당사자 간에는 물권행위만으로 물권변동이 생기지만, 그것을 제3자에게 대항하기 위해서는 공시방법을 갖출 것을 요건으로 하는 것이다. 즉 등기나 인도가 없어도 의사표시만으로 물권변동이 생기게 되므로 이를 의사주의라고도 한다. 또한 프랑스와 일본이 이러한 입법주의를 취하므로 불법주의(佛法主義)라고도 한다.

대항요건주의를 취하면 거래의 신속을 기할 수 있으나, 물권변동의 효력이 대내관계와 대외관계에 따라 상대적으로 나누어지게 되는 단점이 있다.

2) 성립요건주의(형식주의)

물권행위와 함께 공시방법을 갖춘 때에 당사자 및 제3자에 대한 관계에서 물권이 변동된다는 주의이다. 즉 물권변동에는 등기나 인도와 같은 일정한 형식을 요하므로 이를 형식주의라고도 한다. 또한 독일과 스위스가 이러한 입법주의를 취하므로 독법주의(獨法主義)라고도 한다.

성립요건주의를 취하면 물권변동의 존부・시기가 명료하고, 그 효력이 획일적・절대적이며 대내외간에 효력의 분열이 없고, 등기와 권리관계의 일치를 기할 수 있고, 거래안전을 기할 수 있다. 다만 등기절차가 번거롭고 거래의 신속성을 둔화시키며 등기나 점유에 공신력을 인정하게 되면 진실한 권리자의 희생이 따르게 되는 단점이 있다.

3) 우리 민법의 태도

민법은 성립요건주의를 채용하여 법률행위로 인한 부동산물권변동에는 등기를 효력발생요건으로 하였으나(제186조), 상속・판결・경매 기타 법률의 규정에 의한 부동산물권이 취득은 등기를 요하지 않으며, 그것을 처분하려면 등기를 요한다고 하였다(제187조). 동산물권의 양도의 경우에는 인도를 통하여 점유를 이전하여야 그 효력이 생긴다(제188조 1항).

(5) 동산의 선의취득

동산의 선의취득이란 평온·공연하게 동산을 양수한 자가 선의·무과실로 그 동산을 점유한 경우에는 양도인이 정당한 소유자가 아닌 경우에도 즉시 그 동산의 소유권을 취득하는 것을 말한다(제249조). 이는 동산거래에 있어 권리 없는 자의 점유를 믿고 양수한 자를 보호하려는 것이므로 점유에 공신력을 인정한 것이며, 동산거래의 신속성과 동적 안전을 도모하려는 데 그 목적이 있다. 그러나 한편 선의의 양수인이 보호되어 즉시 소유권을 취득하는 대신 진정한 권리자는 소유권을 잃는 희생을 당하게 된다. 이때 진정한 소유자는 자기의 신뢰를 배반한 양도인에 대하여 불법행위·부당이득을 이유로 손해배상이나 이득반환의 청구를 할 수 있을 뿐이다.

선의취득의 요건을 갖춘 경우에도 그 동산이 도품·유실물인 때에는, 피해자·유실자는 도난·유실한 날로부터 2년 내에 그 대가의 지급 없이 그 동산의 반환을 청구할 수 있다(제250조). 원소유자의 의사에 의하지 않고 빼앗기거나 유실하였으므로 이를 특히 보호하려는 취지이다. 다만, 양수인이 도품·유실물을 경매나 공개시장이나 또는 그와 같은 종류의 물건을 판매하는 상인으로부터 선의로 매수한 때에는 피해자 또는 유실자는 선의취득자가 지급한 대가를 변상하고 그 물건의 반환을 청구할 수 있다(제251조).

제4절 債 權

1. 채권의 의의

채권은 특정인이 다른 특정인에 대하여 일정한 행위를 요구할 수 있는 권리를 말한다. 이러한 권리를 가지는 자를 채권자라 하고 이 채권자에게 일정한 행위를 해 주어야 하는 자를 채무자라 하며, 그 일정한 행위를 급부 또는 급여라고 한다. 급부의 내용은 재화 또는 노무의 제공과 같은 적극적인 행위 즉 작위일 수도 있고 일정한 행위를 하지 않는다는 소극적인 행위 즉 부작위일 수도 있다.

채권은 재산권이라는 점에서 물권과 같지만 양자는 여러 가지 점에서 차이가 있다.

첫째, 물권은 물건을 직접 지배하는 지배권이므로 배타성이 있으나, 채권은 채권자가 채무자에게 일정한 급부를 청구하는 청구권으로서 배타성이 없다.

둘째, 채권의 경우에는 동일인에 대하여 동일지급을 내용으로 하는 채권은 여러 개가 성립할 수 있지만, 물권의 경우에는 동일물건에 대하여 동일내용의 물권은 동시에 한 개만 성립할 수 있다.

셋째, 물권은 배타성이 있으므로 물권법정주의에 의하여 그 종류가 한정되고, 등기·인도라는 공시방법이 있다. 그러나 채권은 배타성이 없으므로 그 내용은 계약자유의 원칙에 의하여 당사자가 임의로 정할 수 있으며, 원칙적으로 공시방법을 요하지 않는다.

넷째, 채권은 당사자 간에만 주장할 수 있는 상대권이므로 그 침해는 불법행위로 되지만 원칙적으로 물권적 청구권은 생기지 않는다. 그러나 물권은 누구에게나 주장할 수 있는 절대권이므로 그것이 침해되면 물권적 청구권이 생긴다.

2. 채권의 목적

(1) 채권의 목적의 의의

채권의 내용을 이루는 채무자의 행위, 즉 급부를 채권의 목적이라 한다. 예컨대 매매계약에서 채권의 목적은 매도인이 매매 목적물의 권리를 이전하는 행위와 함께 매수인이 그 대금을 지급하는 두 개의 행위이다. 채권의 목적은 반드시 금전으로 산정할 수 있는 것이어야 하는 것은 아니며, 승려에 대한 염불공양을 요구하는 권리와 같이 금전적 가치를 가지지 않는 것도 무방하다(제373조).

채권의 목적은 당사자의 의사에 의하여 자유로이 정할 수 있으나 채권이 유효하게 성립하기 위해서는 몇 가지 요건을 갖추어야 한다. 즉 채권의 목적은 강행법규에 위반되지 않는 적법한 것이어야 하고, 선량한 풍속 기타 사회질서에 위반되지 않는 사회적 타당성을 가져야 하며, 실현가능한 것이어야 하고, 확정할 수 있는 것이어야 한다.

(2) 채권의 종류

채권은 그 목적에 따라 다음과 같이 분류할 수 있다

1) 특정물채권

특정물채권이란 특정물의 인도를 목적으로 하는 채권을 말한다. 여기서 특정물이란 무슨 동 몇 번지의 주택이라고 하는 것과 같이 구체적인 거래에 있어서 당사자가 지정한 물건을 말한다. 이와 같이 특정물의 인도가 채권의 목적인 때에는 채무자는 그 물건을 인도하기까지 선량한 관리자의 주의로 보존하여야 한다(제374조).

2) 종류채권

종류채권이란 일정한 종류에 속하는 물건 중에서 일정한 수량의 물건의 인도를 목적으로 하는 채권을 말한다. 예컨대 흑맥주 1상자를 주문하는 경우처럼, 일정한 종류에 속하는 물건의 일정량이면 어느 것이라도 좋다고 하는 데에 특색이 있다. 채무자가 종류채권에 속하는 채무를 이행하려면 늦어도 이행기까지는 목적물이 특정되어야 한다. 그러나 채권의 목적을 종류로만 지정한 경우에 법률행위의 성질이나 당사자의 의사에 의하여 품질을 정할 수 없는 때에는 채무자는 중등품질의 물건으로 이행하여야 한다. 종류채권에 관하여 채무자가 이행에 필요한 행위를 완료하거나 채권자의 동의를 얻어 이행할 물건을 지정한 때에 그 물건이 채권의 목적물로 특정된다(제375조).

3) 금전채권

금전채권이란 일정액의 금전의 급부를 목적으로 하는 채권을 말한다. 금전채권은 다수의 통화 중 일정액을 지급한다는 점에서 종류채권의 일종이라 하겠지만, 이는 구체적인 물건으로서의 화폐에 대한 관계는 희박하고 수량으로 표시된 추상적인 화폐가치 즉 일정액의 가치가 있는 화폐의 급부를 목적으로 하는 채권이다. 이러한 금전채권의 종류에는 금액채권·금종채권·외환채권 등이 있다(제376조 내지 제378조).

금전채권은 다른 채권에 비하여 몇 가지 특색이 있다. 즉 금전채권의 불이행과 관련하여 이행불능이 있을 수 없고 이행지체만이 생길 뿐이다. 또한 불가항력의 항변이 허용되지 않는다. 손해배상에 관하여는 실손해의 증명을 요하지 않으며, 손해의 액도 법정이율에 의한다. 그러나 법령의 제한에 위반하지 않는 약정이율을 정하였으면 그 약정이율에 의한다.

4) 이자채권

이자채권이란 이자의 급부를 목적으로 하는 채권을 말한다. 여기서 이자란 원본채권으로부터 발생하는 수익으로서 원본액과 사용기간에 비례하여 일정한 이율에 따라 지급되는 금전 및 기타 대체물을 말한다. 이율에는 법률이 정하는 법정이율과 당사자의 약정에 의해 정해지는 약정이율이 있다. 법정이율은 원칙적으로 연 5푼이지만(제379조), 상행위로 인한 채무의 법정이율은 연 6푼이다(상법 제54조).

5) 선택채권

선택채권이란 수 개의 서로 다른 급부 가운데에 선택에 의해 어느 급부가 채권의 목적으로 정해지는 채권이다. 예컨대 골동품인 청자와 백자 중 어느 하나를 주기로 하는 경우이다. 이행을 위해서는 선택권자가 이행 전에 목적물을 선택하여야 하는데, 선택권자는 원칙적으로 채무자이지만, 당사자의 약정이나 법률규정에 의하여서도 정해진다(제380조).

3. 채권의 효력

(1) 채권의 대내적 효력

채권은 채무자가 채무의 내용에 따른 행위를 할 의무를 부담하고 채권자가 그것을 수령하는 것을 내용으로 하는 권리이다. 그러나 채무자가 만약 채무의 이행을 하지 않아서 채권이 그 목적을 달성할 수 없을 때에는 채권자는 채무자에 대하여 계약을 해제함은 물론 법의 절차에 의한 강제이행과 손해배상의 청구를 할 수 있다. 이와 같이 채권자와 채무자 사이에서 생기는 효력을 대내적 효력이라고 한다.

1) 채무불이행

채무불이행이란 채무자에게 책임 있는 사유로 채무의 내용에 좇은 이행을 하지 않는 것을 말한다(제390조). 채무불이행에는 이행지체 · 이행불능 · 불완전이행의 세 가지가 있다.

(가) 이행지체　　이행지체란 채무가 이행기에 있고 그 이행이 가능함에도 불구하고 채무자에게 책임 있는 사유로 이행하지 않고 있는 것을 말한다. 여기서 채무자에게 책임 있는 사유란 채무자나 그의 이행보조자의 고의 · 과실을 말한다. 채권자는 채무자에게 본래의 이행을 청구하는 것 외에 지체로 인한 배상, 즉 지연배상을 청구할 수 있다.

(나) 이행불능　　이행불능이란 채권이 성립할 당시에 이행이 가능하였으나 그 후 채무자에게 책임 있는 사유로 채무의 내용에 좇은 이행을 할 수 없게 된 것을 말한다. 전부불능인 때에는 본래의 지급을 목적으로 하는 청구권은 소멸하고 그 대신 전보배상의 청구권이 생긴다. 일부불능인 때에는 가능한 잔여지급의 청구와 불능부분에 대한 전보배상을 청구할 수 있다.

(다) 불완전이행　　불완전이행이란 채무자가 이행을 하기는 하였으나 그것이 채무의 내용에 좇은 것이 아닌 불완전한 경우 또는 불완전한 이행으로 인해 채권자에게 부가적 손해를 입힌 경우를 말한다. 불완전이행이 추완이 불능한 경우에는 이행불능에 준하여 전보배상의 청구와 계약해제를 할 수 있고, 추완이 가능한 경우에는 이행지체에 준하여 완전한 이행의 청구와 지연배상의 청구를 하거나 처음부터 전보배상 청구 내지 계약해제도 가능하다.

2) 강제이행

강제이행이란 채무자가 임의로 이행하지 않는 경우에 채권자가 국가의 공권력에 의하여 강제적으로 채무의 내용을 실현하는 것을 말하며, 현실적 이행의 강제라고도 한다. 강제이행의 방법으로서는 직접강제 · 대체집행 · 간접강제의 세 가지가 있다.

(가) 직접강제　　채무불이행이 있으면 채무자의 의사에 불구하고 국가집행기관의 힘으로 직접 채권의 내용을 실현하는 것이다. 이것은 물건의 인도와

같은 '주는 채무'에 인정되고, 노무제공과 같은 '하는 채무'에 관해서는 채무자의 인격존중을 위해 허용되지 않는다.

(나) **대체집행**　이는 채무자가 이행하지 않을 때 채권자가 법원에 청구하여 그 재판에 기하여 채무내용을 채권자 또는 제3자에 의하여 실현시키고 그 비용을 채무자에게 부담시키는 것이다. '하는 채무' 중에서도 작위채무 중에서 건물의 철거와 같이 채무내용이 제3자가 대신하여 이행할 수 있는 것을 대상으로 한다.

(다) **간접강제**　채무자가 이행하지 않을 때, 법원에서 채무자에게 일정한 기간 내에 이행하지 않으면 구류·벌금·손해배상 등을 명할 것을 통고하여 채무자의 의사를 강제하여 이행시키는 방법이다. 하는 채무 중에서 대체집행으로 목적을 달성하지 못하는 채무, 즉 다른 사람이 대신할 수 없는 비대체적 급부에 인정된다.

3) 손해배상

채무불이행이 채무자에게 책임 있는 사유로 인한 경우에 채권자는 채무자에 대하여 불이행으로 인한 손해배상을 청구할 수 있다. 이것을 채무불이행으로 인한 손해배상이라고 한다. 손해에는 재산적 손해와 비재산적 손해, 적극적 손해와 소극적 손해, 이행이익의 손해와 신뢰이익의 손해 등의 구별이 있다. 손해배상은 금전배상을 하는 것이 원칙이고 보충적으로 원상회복을 인정하나, 당사자의 특약(제394조)이나 법률의 규정(제764조, 명예훼손)이 있으면 그렇지 않다.

손해배상의 범위는 책임원인과 손해의 사이에 원인과 결과의 관계, 즉 인과관계가 있는 손해 중에서 일반적으로 생기리라고 인정되는 통상의 손해를 한도로 배상하고(상당인과관계설), 특별한 사정으로 인한 손해는 채무자가 그 사정을 알았거나 알 수 있었을 때에 한하여 배상의 책임이 있다(제393조). 그리고 채무불이행의 경우에 채권자에게도 과실이 있을 때에는 법원은 공평의 원칙에 기하여 손해배상의 책임과 금액을 정하는 데 이를 참작하여야 한다(제396조). 이를 과실상계라 한다.

4) 채권자지체

채권자지체란 채무의 이행에 급부의 수령 기타 채권자의 협력을 필요로 하는 경우에, 채무자가 채무의 내용에 좇은 이행의 제공을 하였음에도 불구하고 채권자가 그러한 협력을 하지 않거나 또는 협력을 할 수 없기 때문에 이행이 지연되고 있는 상태에 있는 것을 말한다. 이러한 경우 채무자가 채무의 내용에 따라 이행의 제공을 한 때에는 그 때부터 일정한 책임을 면하게 된다(제400조).

(2) 채권의 대외적 효력

채권은 채무자에 대한 권리이며 채무자가 채권의 내용에 따른 이행을 하지 않은 경우에는 결국 채무자가 가지고 있는 총재산에서 채권자가 만족을 받을 수밖에 없다. 따라서 채무자의 재산이 감소되면 그만큼 채권자의 위험은 커지게 된다. 그러므로 민법은 채무자의 재산의 부당한 감소를 방지하기 위하여 채권자대위권과 채권자취소권의 두 제도를 인정하고 있다. 이 제도는 채권자가 그 채권의 효력으로 채권자 이외의 자에게 효력을 미치므로 이것을 채권의 대외적 효력이라고 한다.

1) 채권자대위권

채권자대위권이란 채권자가 자기의 채권을 보전하기 위하여 채무자를 대신하여 채무자의 권리를 행사할 수 있는 권리를 말한다(제404조). 예컨대 채무자가 타인에게 받을 돈이 있는데도 이것을 받지 아니하고 채권자에 대하여 돈이 없어 변제할 수 없다고 하면서 채무의 이행을 거부할 때, 채권자는 채무자를 대신하여 그 타인으로부터 돈을 받아 자기의 채권을 만족시킬 수 있다.

2) 채권자취소권

채권자취소권이란 채무자가 채권자를 해함을 알고 재산권을 목적으로 하는 법률행위를 한 때에 채권자가 그 법률행위의 취소 및 원상회복을 법원에 청구할 수 있는 권리를 말하며(제406조), 사해행위취소권이라고도 한다. 예컨대 채무자가 자기의 유일한 재산인 가옥을 타인에게 증여한 경우에 이로 인하여 채권자에 대한 채무의 이행이 불가능하게 되었을 때 채권자는 채무자의 증여행위의 취소와 원상회복을 법원에 청구할 수 있다.

4. 다수당사자의 채권관계

채권관계는 하나의 급부에 관하여 1인의 채권자와 1인의 채무자가 있는 것이 보통이다. 그런데 경우에 따라서는 하나의 급부에 관하여 채권자가 수인인 경우, 채무자가 수인인 경우, 또는 양자가 모두 수인인 경우가 있다. 이와 같이 동일한 채권·채무관계에 수인의 채권자 또는 채무자가 있는 경우를 일괄하여 다수당사자의 채권관계라고 한다.

(1) 분할채권관계

분할채권관계란 하나의 '가분급부'에 관하여 채권자나 채무자가 수인인 경우에, 특별한 약정이 없는 한 각 채권자 또는 각 채무자가 균등한 비율로 분할된 채권을 가지거나 분할된 채무를 지는 다수당사자의 채권관계를 말한다. 예컨대 甲·乙·丙 3인이 공유물을 30만 원에 매각한 경우에는 각자 10만 원의 대금채권을 가지게 되고, 이들이 공동으로 30만 원에 물건을 매수하면 각자 10만 원의 대금채무를 지는 관계가 그러하다.

(2) 불가분채권관계

불가분채권관계란 불가분의 급부를 목적으로 하는 다수당사자의 채권관계로서, 채권자가 다수인 불가분채권과 채무자가 다수인 불가분채무가 있다. 예컨대 甲·乙·丙이 공동으로 丁으로부터 자동차를 매수한 경우, 그 자동차의 인도청구권에 관하여는 甲·乙·丙이 불가분채권을 가지게 된다. 이 경우에는 甲·乙·丙 중 누구를 가리지 않고 한 사람이 전원을 위하여 丁에게 전부의 이행을 청구할 수 있고, 丁이 이행을 할 때에도 甲·乙·丙 중의 누구에게든지 이행을 하면 전원에 대한 이행이 된다. 반대로 甲·乙·丙이 공유하는 주택을 丁에게 매도한 경우, 그 주택의 인도채무에 관하여는 전원이 불가분채무를 부담한다. 이 경우에는 甲·乙·丙 중의 누구든지 전부의 이행을 하면 채권은 소멸되고 다른 채무자들에 대하여 구상권을 가지게 된다.

(3) 연대채무

연대채무란 수인의 채무자가 채무 전부를 각자 이행할 의무를 부담하고 채무자 1인의 이행으로 다른 채무자도 그 의무를 면하게 되는 채무를 말한다(제413조). 채권자는 1인의 채무자에 대하여 전부의 이행을 청구할 수 있으며, 채무자 전원에 대하여 동시에 또는 순차적으로 전부의 이행을 청구할 수 있다. 1인의 채무자가 변제를 하면 다른 채무자도 채무를 면하게 되지만, 변제를 한 채무자는 다른 채무자에 대하여 구상권을 가지게 된다. 각 채무자의 채무가 독립하여 존재하므로 주종의 차가 없는 점이 보증채무와 다르다. 이러한 연대채무는 보통 일반적으로 당사자의 의사표시에 의하여 발생하지만 때로는 법률상 당연히 발생하는 경우도 있다.

(4) 보증채무

보증채무란 주채무자가 그 채무를 이행하지 않는 경우에 보증인이 이행의 책임을 부담함으로써 주채무를 담보하는 채무를 말한다(제428조). 보증은 그 의사가 보증인의 기명날인 또는 서명이 있는 서면으로 표시되어야 효력이 발생하고, 보증채무를 보증인에게 불리하게 변경하는 경우에도 마찬가지이다(제428조의2). 보증채무는 주채무와 그 내용은 같지만 그것과는 별개의 독립의 채무이며(독립성), 오직 주채무의 담보를 목적으로 하므로 주채무와 주종관계가 있다(부종성). 또한 주채무에 대한 채권이 이전하면 원칙적으로 보증인에 대한 채권도 이전하며(수반성), 원칙적으로 주채무가 이행되지 않을 때 비로소 이행하게 되는 2차적인 채무이다(보충성). 따라서 채권자가 보증인에 대하여 이행을 청구하면 보증인은 주채무자의 변제자력이 있는 사실 및 그 집행이 용이할 것을 증명하여 먼저 주채무자에게 청구할 것과 그 재산에 대하여 집행할 것을 항변할 수 있다. 이를 보증인의 최고·검색의 항변권이라고 한다. 다만 보증인이 주채무자와 연대하여 채무를 부담하는 '연대보증'에서는 이 항변권이 인정되지 않는다.

5. 채권양도와 채무인수

(1) 채권양도

채권양도란 채권의 동일성을 유지하면서 종래의 채권자로부터 새로운 채권자인 제3자에게 채권을 이전하는 것을 말한다. 채권은 양도할 수 있는 것이 원칙이지만, 다음과 같은 경우에는 양도할 수 없다. 즉 ① 채권의 성질상 양도할 수 없을 때(제449조 1항), ② 채권자와 채무자 사이에 양도금지의 특약이 있을 때(동조 2항), ③ 법률상 양도가 금지된 채권일 때 등이다.

양도할 수 있는 채권은 채권양도인과 채권양수인 간의 계약으로 양도할 수 있으나, 그 방법은 채권의 종류에 따라 각각 다르다.

1) 지명채권

지명채권이란 채권자가 특정되어 있는 보통의 채권을 말한다. 지명채권의 양도는 양도인과 양수인 사이의 계약만으로 그 효력이 발생한다. 그러나 그 양도는 양도인이 채무자에게 통지하거나 채무자가 승낙하지 아니하면 채무자 기타 제3자에게 대항하지 못한다. 이러한 통지나 승낙은 확정일자 있는 증서에 의하지 아니하면 채무자 이외의 제3자에게 대항하지 못한다(제450조).

2) 증권적 채권

증권적 채권이란 채권이 증권으로 화체(化體)되어, 채권의 성립·존속·행사·양도 등 모든 것이 그 증권에 의하여 행해지는 것으로서 유가증권의 일종이다. 그 양도에 있어서는 단순한 양도의 합의만으로는 양도의 효력이 생기지 않고, 그중 지시채권은 증서에 배서하여 양도인에게 교부함으로써, 무기명채권은 양수인에게 그 증서를 교부함으로써 양도의 효력이 생긴다. 지시채권은 특정인 또는 그가 지시하는 자에게 변제하여야 하는 증권적 채권을 말하는데, 어음·수표·화물상환증·창고증권·선하증권 등과 같은 것이 있고, 무기명채권은 특정의 채권자의 이름을 기재하지 않고 그 증권의 정당한 소지인에게 변제하여야 하는 증권적 채권을 말하는데, 상품권, 극장입장권, 철도승차권 등이 이에 해당한다.

(2) 채무인수

채무인수란 채무의 동일성을 유지하면서 채무를 인수인 즉 새로운 채무자에게 이전하는 것을 목적으로 하는 계약을 말한다. 채권양도가 채권의 주체의 변경인 데 반하여 채무인수는 채무의 주체의 변경인 점이 다르다. 채무인수를 무제한으로 허용하면 무자력인 채무자에게 채무를 인수시켜 채권자를 해할 염려가 있으나, 그럴 염려가 없는 채권자·채무자·신채무자(인수인)의 3자간 계약에 의한 인수는 물론 가능하다. 이 밖에도 ① 채권자와 인수인 간의 계약은 구채무자의 의사에 반할 수 없고(제453조), ② 채무자와 인수인 간의 계약은 채권자의 승낙을 얻어야 한다(제454조).

6. 채권의 소멸

채권은 여러 가지 원인으로 소멸하지만 민법이 규정하는 것으로 다음과 같은 것이 있다.

(1) 변 제

변제란 채무의 내용인 급부가 실현됨으로써 채권이 만족을 얻어 소멸하는 경우를 말한다.

(2) 대물변제

대물변제란 채무자가 채권자의 승낙을 얻어 본래의 채무의 이행에 갈음하여 다른 급부를 함으로써 채무를 소멸시키는 것을 말한다(제466조). 예컨대 100만원의 채무 대신에 컴퓨터 한 대를 급부하는 경우이다. 대물변제는 변제와 같은 효력이 있다.

(3) 공 탁

공탁이란 채권자가 변제의 수령을 거절하거나 수령할 수 없을 때 또는 변제자의 과실 없이 채권자를 알 수 없을 때 변제자가 변제의 목적물을 채권자를 위하여 공탁소에 맡겨 둠으로써 그 채무를 면하는 것을 말한다(제487조). 채권자는 나중에 공탁소로부터 임치하여 놓은 목적물을 수령하게 된다.

(4) 상　계

상계란 채권자와 채무자가 서로 동종의 채권·채무를 가지는 경우에 그 채권과 채무를 대등액에서 소멸시키는 일방적 의사표시를 말한다(제492조). 예컨대 甲이 乙에 대하여 100만 원의 금전채권을 가지고 한편 乙도 甲에 대하여 70만 원의 금전채권을 가지는 경우, 乙의 甲에 대한 상계의 의사표시 내지 甲의 乙에 대한 상계의 의사표시에 의하여 甲의 금전채권 100만 원 중 대등액 70만 원과 乙의 채권 70만 원을 소멸시키는 경우이다.

(5) 경　개

경개란 채무의 중요한 부분을 변경함으로써 신채무를 성립시키는 동시에 구채무를 소멸시키는 채권자와 채무자 사이의 계약을 말한다(제500조). 예컨대 1,000만 원의 금전채무를 소멸시키고 그에 대신하여 자동차 1대를 급부할 채무로 바꾸는 경우이다. 이 점에서 대물변제와 비슷하지만, 다른 급부를 현실적으로 급부하는 것이 아니라 다른 급부를 목적으로 하는 신채무를 성립시킬 뿐인 점에서 대물변제와 다르다.

(6) 면　제

면제란 채권자가 채무자에 대한 일방적 의사표시로 채권을 무상으로 소멸시키는 행위를 말한다(제506조). 면제는 채권의 포기이며 채권자의 단독행위이다.

(7) 혼　동

혼동이란 채권과 채무가 동일인에게 귀속하는 것을 말한다. 예컨대 채권자가 채무자를 상속하거나 채무자가 채권자를 상속하는 경우, 채무자가 채권을 양수한 경우에 생긴다. 혼동으로 채권은 원칙적으로 소멸한다. 다만 그 채권이 제3자의 권리의 목적인 때에는 소멸하지 않는다(제507조).

7. 채권의 발생원인

민법이 규정하고 있는 채권의 발생원인으로는 계약·사무관리·부당이득·불법행위의 네 가지가 있다. 여기서 계약은 법률행위에 의한 채권의 발생원인이고, 나머지는 당사자의 의사와는 상관없이 민법이 일정한 이유에서 법정채권이 발생하는 것으로 정한 것이다.

(1) 계 약

계약이란 서로 대립하는 두 개 이상의 의사표시의 합치로써 이루어지는 법률행위이다. 그 대립하는 의사표시는 청약과 승낙이다. 계약이 성립함으로써 채권이 발생한다.

민법은 근대시민사회에서 보편적으로 많이 행하여져 온 계약유형으로 15가지를 규정하고 있다. 이를 전형계약이라고 하는데, 증여·매매·교환·소비대차·사용대차·임대차·고용·도급·여행계약·현상광고·위임·임치·조합·종신정기금·화해가 그것이다. 이러한 15가지 전형계약에 관한 민법의 규정은 두 당사자 간의 관계를 규율하는 점에서 거의 대부분 임의규정에 속한다. 따라서 당사자는 민법에서 정한 내용과 달리 정할 수 있음은 물론, 민법에서 예정하고 있지 않은 계약도 체결할 수 있다.

전형계약 중 중요한 몇 가지만 골라 살펴본다.

1) 매 매

매매라 함은 일방 당사자 즉 매도인이 재산권을 이전할 것을 약속하고, 이에 대한 대가로서 타방 당사자 즉 매수인이 일정액의 금전 즉 매매대금을 지급할 것을 약속함으로써 성립하는 계약이다(제563조). 매도인의 재산권이전에 대한 대가가 금전의 지급이라는 점에서 금전 이외의 재산권을 서로 이전할 것을 약정하는 교환과 구별된다. 매매는 전형적인 유상·쌍무계약으로서, 생활상 필요한 재화의 이전은 대부분이 이를 통하여 이루어지는 중요한 계약이다.

매매에 있어 가장 중요한 문제는 매도인의 재산권이전의무라 할 수 있다.

왜냐하면 단순한 금전의 지급과는 달리 재산권의 이전에는 매매의 대상인 권리나 권리의 객체인 물건에 하자가 존재하는 등 여러 가지 복잡한 문제가 관련되기 때문이다. 그리하여 민법은 이러한 경우에 대비하여 매도인의 담보책임에 관한 규정을 두고, 이를 다른 유상계약에 준용하고 있다.

2) 소비대차

소비대차라 함은 일방이 금전 기타 대체물의 소유권을 이전할 것을 약정하고, 타방이 후에 동일한 종류·품질·수량으로 반환할 것을 약정하는 계약이다(제598조). 사용대차 및 임대차 등의 다른 대차형의 계약과 다른 점은 빌린 물건 그 자체를 반환하는 것이 아니라 같은 종류 및 품질의 물건을 같은 양으로 반환한다는 것이다.

3) 임대차

임대차라 함은 일방이 물건을 사용·수익하게 할 것을 약정하고 타방이 차임을 지급할 것을 약정하는 계약을 말하며(제618조), 이용대가가 지급되는 유상계약이라는 점에서 사용대차와 다르다. 차임은 금전에 한하지 않으며, 동산과 부동산 모두 임대차의 대상이 될 수 있다. 임차인은 차임 외에 보증금을 지급하는 경우가 많은데, 보증금은 임차인의 임대차상의 채무를 담보하는 기능을 가지며, 임대차가 종료하면 반환받게 된다.

임차권은 채권이므로 임차권은 제3자에게 대항할 수 없는 것이 원칙이다. 따라서 임대인이 목적물을 양도하면 임차인은 양수인에 대하여 자기의 임차권을 주장할 수 없다. 그러나 부동산임대차는 등기할 수 있으며, 등기를 한 때부터 제3자에 대하여도 효력이 생긴다(제621조).

4) 도 급

도급이란 수급인이 어떤 일을 완성할 것을 약정하고, 도급인이 완성된 일에 대하여 보수를 지급할 것을 약정하는 계약이다(제664조). 도급도 널리 노무의 제공에 관한 계약에 속하나 일의 완성을 그 목적으로 한다는 점에서 특색이 있으며, 건설공사나 물건의 주문생산 등에서 많이 이용되는 계약이다. 수급인이 한 일에 하자가 있을 때에는 수급인은 그에 대하여 담보책임을 진다(제667조 내지 제672조).

5) 여행계약

여행계약은 당사자 한쪽이 상대방에게 운송, 숙박, 관광 또는 그 밖의 여행 관련 용역을 결합하여 제공하기로 약정하고 상대방이 그 대금을 지급하기로 약정함으로써 효력이 생긴다(제674조의2). 여행에 하자가 있는 경우에는 여행자는 여행주최자에게 하자의 시정 또는 대금의 감액을 청구할 수 있다. 또한 여행자는 여행에 중대한 하자가 있는 경우에 그 시정이 이루어지지 아니하거나 계약의 내용에 따른 이행을 기대할 수 없는 경우에는 계약을 해지할 수 있다(제674조의7 제1항).

6) 위 임

위임이라 함은 일방이 사무의 처리를 위탁하고, 타방이 이를 승낙함으로써 성립하는 계약이다(제680조). 위임 역시 타인의 노무를 이용하는 계약이나, 그 목적이 사무의 처리에 있다는 데 특색이 있다. 여기서 사무처리의 위탁이라 함은 수임인이 재량에 의하여 사무를 처리케 하는 것을 말한다. 민법은 무상위임을 원칙으로 하고 있으나 당사자는 보수의 지급을 약정할 수 있다(제686조 제1항). 수임인은 선량한 관리자의 주의로써 위탁된 사무를 처리하여야 한다. 수임인이 사무처리를 위하여 비용을 지출하였거나, 채무를 부담하는 등 손해를 입었을 때에는 위임인이 이를 부담하여야 한다.

7) 조 합

조합이라 함은 2인 이상이 상호출자하여 공동사업을 경영할 것을 약정하는 계약 또는 그 계약에 의하여 만들어진 단체를 말한다(제703조). 조합도 공동목적을 위하여 결합된 사람의 단체이지만 사단법인과 달리 법인격이 없고, 조합재산은 조합원의 합유가 되며(제904조), 조합의 채무에 대하여는 조합재산 외에 조합원들도 개인재산을 가지고 책임을 진다.

8) 화 해

분쟁당사자가 서로 양보하여 당사자 사이의 분쟁을 끝낼 것을 합의함으로써 성립하는 계약이다(제731조). 양 당사자 쌍방이 모두 일정부분의 양보를 필요로 한다는 점에서 쌍무계약이며, 쌍방의 양보가 서로 대가성을 띤다는 점에서 유상계약이다. 화해에 의하여 새로운 법률관계가 창설되므로(제732조), 기존의 법률관계 중 당사자들이 양보한 권리는 소멸된다. 또한 후에 착오가 있었음을 이유로 화해를 취소하는 것은 허용되지 않는다(제733조).

민법상의 화해는 법관의 면전에서 하는 재판상의 화해와는 다르다.

(2) 사무관리

사무관리란 법률상의 의무 없이 타인을 위하여 그의 사무를 처리하는 행위를 말한다(제734조). 예컨대 길을 잃은 어린아이를 보호한다든가 이웃 사람의 부재 중에 폭풍으로 파괴된 지붕을 수리하여 주는 것과 같다. 사무처리자가 타인의 사무를 처리하면서 비용이 들어간 경우에는 비용상환청구권이 발생한다.

(3) 부당이득

부당이득이란 법률상의 원인 없이 타인의 재산 또는 노무로 인하여 이익을 얻고 이로 인하여 타인에게 손해를 가한 경우를 말한다(제741조). 예컨대 채무자가 이미 변제하였던 것을 모르고 이중변제를 한 경우 채권자는 이중변제를 받은 것을 반환하여야 한다. 이것은 이중변제로 말미암아 법률상 아무런 원인 없이 받은 이득이므로 채무자에게는 부당이득반환청구권이 발생한다.

(4) 불법행위

불법행위란 고의 또는 과실로 인한 위법행위로 타인에게 손해를 가하는 행위를 말한다. 이때에는 손해를 받은 자(피해자)는 불법행위자(가해자)에 대하여 손해배상청구권을 가지게 된다(제750조). 예컨대 자동차 운전사가 사람을 치어서 살상케 한 경우이다.

이러한 불법행위가 성립되기 위해서는 첫째, 가해자에게 고의·과실이 있을 것, 둘째, 가해행위에 위법성이 있을 것, 셋째, 가해자에게 책임능력이 있을 것, 넷째, 피해자에게 손해가 발생하였을 것, 다섯째, 가해행위와 손해 사이에 인과관계가 있을 것 등이 일반적 요건으로서 필요하다. 손해배상의 방법으로는 금전배상과 원상회복이 있으나, 금전배상을 원칙으로 한다.

제5절 親 族

1. 총 설

우리는 누구나 가족구성원의 일원으로서 생활하고 있다. 우리는 가족생활을 바탕으로 하여 국가·사회의 조직생활에 참가하고 있으므로 가족은 바로 사회의 기초적 구성단위로서 중요한 역할을 하고 있다. 이러한 가족관계를 규율하는 법이 가족법이다.

가족관계를 규율하는 가족법은 재산관계를 규율하는 재산법과 다른 특성을 가지고 있다. 먼저 재산법은 그 성질상 사회경제의 변화에 민감하고 진보적인 성향이 강한 데 대하여, 가족법은 그 사회의 전통적 관습이나 습속에 의해 지배되기 때문에 보수적 성격이 강하다. 다음으로 재산법은 매매나 임대차 등에서 보는 바와 같이 양당사자의 관계가 타산성과 합리성을 바탕으로 하는 데 대하여, 가족법은 부부관계나 친자관계와 같이 성적·혈연적 관계를 규율하는 법이므로 비타산적이고 비합리적인 성격을 가지고 있다.

2. 친족관계

(1) 친족의 의의와 종류

친족은 혈연 또는 혼인에 의하여 연결되는 자 사이에 생기는 신분관계를 말한다. 민법상의 친족의 종류에는 배우자, 혈족 및 인척이 있다(제767조).

1) 혈 족

혈족이란 혈연에 의하여 성립되는 친족관계를 말한다. 자기의 직계존속(부모, 조부모 등)과 직계비속(아들, 딸, 손자, 손녀 등)을 직계혈족이라 하고, 자기의 형제자매와 형제자매의 직계비속(조카, 생질 등), 직계존속의 형제자매(백부, 외숙부, 고모, 이모 등) 및 그 형제자매의 직계비속(종형제자매, 고종사촌, 이종사촌 등)

을 방계혈족이라 한다(제768조).

혈족은 본래 출생에 의하여 혈연관계가 있는 자 사이의 개념이나, 혈연관계가 없더라도 법규정에 의하여 혈연관계가 있는 것으로 의제되는 경우도 있다. 전자를 자연혈족이라 하고, 후자를 법정혈족이라 하는데, 법정혈족의 예로서는 양자가 있다.

2) 인 척

인척이란 혼인에 의해서 성립되는 친족관계로, 혈족의 배우자(형수, 매부, 숙모, 고모부 등), 배우자의 혈족(시부모, 장인·장모, 시숙, 처남 등), 배우자의 혈족의 배우자(배우자의 백숙부 또는 형제의 처, 배우자의 고모·이모 또는 자매의 夫 등)가 있다(제769조). 혈족의 배우자의 혈족(형제의 처의 부모·형제자매, 자매의 夫의 부모·형제자매 등)은 관습상 사돈에 해당되는데, 이들은 인척에서 제외되었다.

3) 배우자

배우자는 혼인관계에 있는 남녀가 서로를 지칭하는 것이다. 민법은 배우자를 친족의 일종으로 규정하고 있지만, 부부에 대해서는 민법 및 기타 법령에서 특별한 효과를 규정하고 있다.

(2) 친족의 범위

친족관계로 인한 법률상 효력은 민법 또는 다른 법률에 특별한 규정이 없는 한, ① 8촌 이내의 혈족, ② 4촌 이내의 인척, ③ 배우자에 미친다(제777조).

(3) 촌 수

촌수란 친족관계의 멀고 가까움을 측정하는 척도의 단위이다.

직계혈족에 있어서는 자기로부터 촌수를 알고자 하는 직계혈족(직계존속 또는 직계비속)에 이르는 세수(世數)를 계산하면 된다(제770조 1항). 따라서 자기와 부모 간은 1촌, 할아버지·할머니는 2촌이 된다. 마찬가지로 아들·딸은 1촌, 손자녀는 2촌이다.

방계혈족에 있어서는 자기와 촌수를 알고자 하는 방계혈족의 공동시조를 중심으로, 그 공동시조로부터 각자에 이르는 세수를 각각 합한 수가 곧 촌수이다

(제770조 2항). 예를 들면, 자기와 형의 촌수는 자기로부터 아버지에게 올라가는 세수 1촌과 다시 아버지로부터 형에게 내려오는 세수 1촌을 합한 2촌이 된다. 마찬가지로 숙부는 할아버지를 기준으로 하므로 1촌과 2촌을 합하여 3촌이 된다.

부부간에는 촌수가 없다.

인척의 촌수는 배우자의 혈족에 대하여는 배우자의 그 혈족에 대한 촌수에 따르고, 혈족의 배우자에 대하여는 그 혈족에 대한 촌수에 따른다(제771조). 따라서 시부모나 장인장모는 인척 1촌이고, 시동생이나 처제는 2촌이다.

(4) 가 족

민법은 종래 호적 기재의 기준이 되었던 가(家)를 폐지하고, 새로운 개념의 가족개념을 정립하고 있다. 민법이 규정하고 있는 가족의 범위는 배우자, 직계혈족 및 형제자매와 생계를 같이 하는 직계혈족의 배우자, 배우자의 직계혈족 및 배우자의 형제자매 등이다(제779조).

3. 혼 인

(1) 약 혼

1) 약혼의 의의

약혼이란 장차 혼인할 것을 목적으로 하는 당사자 사이의 계약이다. 그러므로 당사자의 합의만이 필요하고 일정한 형식은 필요로 하지 않는다. 일반적으로는 약혼의 증표로서 예물이나 반지를 교환하는 등의 일정한 형식을 갖추는 경우가 많지만, 민법은 약혼에 관하여 아무런 체결방식을 규정하지 않고 있다. 또한 당사자의 합의를 외부에 공시할 필요도 없다. 그리고 실질적인 혼인생활을 하면서 다만 혼인신고만을 하지 않고 있는 이른바 사실혼은 약혼과 다르다.

2) 약혼의 성립

약혼이 성립하기 위해서는 양당사자의 합의가 있어야 한다. 따라서 본인 이외의 부모들이 정한 약혼(定婚)은 무효이다. 성년에 달한 자는 부모나 후견인의 동의 없이 자유로이 약혼할 수 있으나 만 18세 이상의 미성년자는 부모 또는 후견인의 동의를 얻어 약혼할 수 있다(제801조). 피성년후견인은 부모 또는 성년후견인의 동의를 얻어 약혼할 수 있다(제802조).

3) 약혼의 효과

(가) 약혼당사자의 의무 약혼당사자는 장래 혼인을 할 의무를 지지만, 이 의무는 그 성질상 강제할 수 없기 때문에 일방이 상대방의 의사를 무시하고 약혼을 해제해도 어쩔 수가 없다. 다만 정당한 이유 없는 약혼의 파기는 상대방으로부터의 손해배상청구의 원인이 된다.

(나) 약혼의 해제 당사자 일방에 다음과 같은 사유가 있을 때에는 그 상대방이 약혼을 해제할 수 있다(제804조). 즉 ① 약혼 후 자격정지 이상의 형을 선고받은 때, ② 약혼 후 성년후견개시나 한정후견개시의 심판을 받은 때, ③ 성병, 불치의 정신병 기타 불치의 악질이 있는 때, ④ 약혼 후 타인과 약혼 또는 혼인한 때, ⑤ 약혼 후 타인과 간음한 때, ⑥ 약혼 후 1년 이상 그 생사가 불명한 때, ⑦ 정당한 이유 없이 혼인을 거절하거나 그 시기를 지연할 때, ⑧ 그 밖에 중대한 사유가 있는 때 등이다.

약혼해제의 효과는 당사자의 일방이 과실 있는 상대방에 대하여 이로 인해 발생한 손해배상을 청구할 수 있다(제806조 1항). 손해배상의 범위는 약혼의 파기에 의해 발생한 재산적 손해 및 정신적 손해의 양쪽을 포함한다(제806조 2항).

(2) 혼 인

1) 혼인의 의의

혼인이란 평생의 공동생활을 목적으로 하는 남녀 간의 정당한 결합관계를 말한다.

2) 혼인의 성립

혼인은 가족을 형성하는 기초이며, 본인뿐만 아니라 사회에까지 영향을 미치기 때문에 민법은 혼인의 성립에 관하여 일정한 요건을 정하고 있고, 이 요건에 반하는 혼인은 무효 또는 취소할 수 있는 것으로 하고 있다. 따라서 혼인이 성립하기 위해서는 실질적 요건과 형식적 요건을 갖추어야 한다.

(가) 실질적 요건 혼인이 유효하게 성립하기 위해서는 당사자 쌍방은

다음과 같은 실질적 요건을 갖추어야 한다. 첫째, 당사자 간에 혼인할 의사의 합치가 있어야 한다. 둘째, 당사자가 혼인적령, 즉 만 18세에 달하여야 한다(제807조). 셋째, 미성년자나 피성년후견인이 혼인을 하려면 부모 또는 성년후견인의 동의가 있어야 한다(제808조). 넷째, 일정한 근친자간의 혼인이 아니어야 한다(제809조). 다섯째, 중혼이 아니어야 한다(제810조).

(나) 형식적 요건　혼인은 「가족관계의 등록 등에 관한 법률」에 정한 바에 의하여 신고함으로써 그 효력이 생긴다. 혼인신고는 당사자 쌍방과 성년자인 증인 2인이 연서한 서면(혼인신고서)에 의하여 한다(제812조).

3) 혼인의 효과

혼인에 의하여 당사자 사이에는 부부로서의 생활공동체가 성립하고, 친족관계와 재산관계에 관하여 여러 가지의 법률효과가 생긴다.

(가) 일반적 효과

① 친족관계의 발생:　부부가 혼인을 하게 되면 서로 배우자라는 신분을 갖게 되며 서로 친족이 된다. 또한 부부는 상대방의 4촌 이내의 혈족과 4촌 이내의 혈족의 배우자 사이에 서로 인척관계가 생긴다.

② 성년의제:　미성년자가 혼인을 하면 성년에 달한 것으로 본다(제826조의2).

③ 자(子)의 성(姓):　우리나라 사람은 종래 자신의 부계혈족 고유의 성을 가지고 있으며, 성을 바꾸는 것은 허용되지 않았으므로(성불변의 원칙), 혼인이 성립하여도 부부는 혼인 전부터 가지고 있던 각자의 성을 그대로 유지하는 것이 원칙이다. 따라서 부부 사이에서 출생한 자의 경우에도 아버지의 성과 본을 따른다(제781조 1항 본문). 그러나 부모가 혼인신고시 모의 성과 본을 따르기로 협의한 경우에는 모의 성과 본을 따른다(동 단서). 또한 자의 복리를 위하여 자의 성과 본을 변경할 필요가 있을 때에는 부, 모 또는 자의 청구에 의하여 법원의 허가를 받아 이를 변경할 수 있다(동조 6항).

④ 동거·부양·협조의 의무:　부부는 동거하며 서로 부양하고 협조하여야 한다(제826조 1항). 부부의 동거장소는 원칙적으로 부부의 협의에 의하지만 협의가 이루어지지 않으면 가정법원이 정한다(동조 2항). 이것은 부부공동생활에

서 동고동락하고, 정신적·육체적·경제적인 각 방면에 있어서 협조하여 원만한 공동생활을 할 의무이다.

⑤ **정조의무:** 혼인은 부부 상호간의 배타적인 성적 관계를 기초로 하므로, 부부는 서로에 대하여 정조를 지킬 의무를 진다.

(나) 재산적 효과 부부관계도 기본적으로 경제생활을 기초로 하고 있으므로 부부간의 재산관계를 명백히 규율하고 있어야 하는데, 이를 부부재산제라고 한다. 우리 민법상의 부부재산제는 부부재산계약제도와 이러한 계약이 없는 경우에 적용되는 법정재산제의 2원적 구조로 되어 있다.

① **부부재산계약:** 부부는 혼인을 하면서 그 재산관계에 관하여 자유로이 부부재산계약을 체결할 수 있다(제829조 1항). 혼인성립 전에 그 재산에 관하여 약정한 때에는 혼인 중 이를 변경하지 못하는 것이 원칙이나 정당한 사유가 있는 때에는 법원의 허가를 얻어 변경할 수 있다(동조 2항). 민법은 부부재산계약의 방식에 관하여는 아무런 규정을 두고 있지 않으나, 부부재산계약의 존재를 부부의 승계인 및 제3자에게 대항하기 위해서는 혼인신고시까지 그 등기를 하여야 한다(동조 4항).

② **법정재산제:** 부부가 혼인신고 전에 부부재산계약을 체결하지 않으면 그 재산관계는 법정재산제에 의한다.

i) 부부별산제: 부부의 일방이 혼인 전부터 가진 고유재산과 혼인 중 자기의 명의로 취득한 재산은 그 특유재산으로 한다(제830조 1항). 부부는 그 특유재산을 각자 관리, 사용, 수익한다(제831조). 부부의 누구에게 속한 것인지 분명하지 아니한 재산은 부부의 공유로 추정한다(제830조 2항).

ii) 혼인생활비용의 부담: 부부가 공동생활을 함에 필요한 비용의 부담에 관하여는 당사자의 약정으로 정할 수 있으나, 약정이 없으면 부부가 공동으로 부담한다(제833조).

iii) 일상가사대리권과 일상가사비용의 연대책임: 부부는 의식주에 관한 사무, 자녀의 교육·양육 등에 관한 사무 등 일상의 가사에 관하여 서로 대리권이 있으며, 부부의 일방이 일상의 가사에 관하여 제3자와 법률행위를 한 때에는 다른 일방은 이로 인한 채무에 대하여 연대책임이 있다. 그러나 이미 제3

자에 대하여 다른 일방의 책임 없음을 명시한 때에는 그렇지 않다(제832조).

(3) 사 실 혼

1) 사실혼의 의의

사실혼이란 사실상 혼인생활을 하면서 법률상의 방식인 혼인신고를 하지 않았기 때문에 법률상의 혼인으로 인정되지 않는 부부관계이다. 사실혼이 성립하기 위해서는 주관적으로는 혼인할 의사가 있어야 하고, 객관적으로는 부부공동생활이라고 인정될 만한 혼인생활의 실체가 있어야 한다.

2) 사실혼의 효과

(가) 신분적 효과 　사실혼이라고 하여도 혼인의 실체가 있으므로 혼인의 신분적인 효과는 일반적으로 인정된다. 즉 동거의무, 부양 및 협조의무, 정조의 의무가 있다. 사실혼의 재산적인 효과에 관하여도 일상가사대리권, 일상가사채무의 연대책임, 부부의 특유재산, 부부의 누구에게 속한 것인지 분명하지 않은 재산에 대한 공유 추정 규정은 법률혼과 마찬가지로 인정된다. 다만 혼인신고를 전제로 하는 것은 사실혼에는 인정되지 않는다. 즉 사실혼관계에 있는 자가 혼인하더라도 중혼이 되지 않으며, 배우자로서 가지는 상속권도 없다.

(나) 출생자의 지위 　사실혼부부 사이에서 출생한 자는 혼인 외의 자가 된다. 모자간에는 법적 친자관계가 발생하나, 부자간에는 인지가 없으면 법적인 친자관계는 발생하지 않는다.

(다) 사실혼관계존부확인의 소 　사실혼 관계라도 가정법원에 사실혼관계존재확인의 소를 제기하여 승소확정판결을 얻은 때에는 당사자 일방이 혼인신고를 함으로써 법률혼에 의한 부부관계를 성립시킬 수 있다(가족관계 등록 등에 관한 법률 제72조).

(4) 이 　혼

1) 이혼의 의의

이혼은 완전·유효하게 성립한 혼인을 당사자 쌍방의 합의나 재판으로 해소하는 제도이다. 원래 혼인은 남녀 간의 영속적인 결합을 목적으로 하고 있으므로, 부부 쌍방이 생존하고 있는 상황에서 혼인관계를 해소하는 이혼에 대해서는 적대적인 법제가 많으나 우리나라는 이혼제도를 인정하고 있다. 우리나라는 대부분 협의이혼이 행해지고 재판상 이혼의 비율은 20%를 조금 넘는 수준이다.

2) 협의이혼

부부는 협의에 의하여 이혼할 수 있다(제834조). 협의이혼의 경우, 그 이유나 원인은 묻지 않는다. 다만 협의이혼이 유효하게 성립하기 위해서는 실질적 요건으로서 이혼의사의 합치와 피성년후견인의 경우 성년후견인의 동의가 있어야 하며, 형식적 요건으로서 가정법원의 확인을 받아 이혼신고서를 제출하여야 한다(제836조 1항). 민법은 가정법원이 이혼의사의 확인을 하는 때에 신중을 기하기 위하여 상담이나 숙려기간 등의 제도를 마련하고 있다(제836조의2). 미성년자는 혼인에 의하여 성년으로 의제되므로 이혼시 부모의 동의가 필요 없다.

3) 재판상 이혼

재판상 이혼은 당사자 일방이 가정법원에 이혼소송을 제기하여 그 판결로 혼인을 해소시키는 것이다. 재판상 이혼은 부부 일방의 이혼요구에 대해 상대방이 이에 응하지 않는 경우에 이혼할 수 있는 유일한 방법이며, 또한 강제적인 이혼의 방법인 점에서 중요한 의의를 가진다. 이혼소송을 제기하기 전에 가정법원에 조정신청을 먼저 하여야 하며, 조정이 성립하지 않은 경우에 판결을 얻을 수 있다(가사소송법 제50조).

재판상 이혼을 청구할 수 있는 이혼사유는 다음과 같다(제840조). ① 배우자에게 부정한 행위가 있을 때, ② 배우자가 악의로 다른 일방을 유기한 때, ③ 배우자 또는 그 직계존속으로부터 심한 부당한 대우를 받았을 때, ④ 자기의 직계존속이 배우자로부터 심한 부당한 대우를 받았을 때, ⑤ 배우자의 생사가 3년 이상 분명하지 아니한 때, ⑥ 기타 혼인을 계속하기 어려운 중대한 사유가 있을 때 등이다.

4) 이혼의 효과

(가) 일반적 효과　　이혼의 가장 기본적인 효과는 혼인을 해소하는 것이다. 이에 따라 혼인의 존속을 전제로 했던 일체의 관계가 소멸한다. 이혼에 의하여 부부간의 배우자 지위가 소멸하므로 부부 사이의 정조의무, 동거・부양・

협조의 권리의무, 부부재산관계 등은 모두 소멸한다. 혼인에 의하여 배우자의 혈족과의 사이에 생긴 인척관계도 이혼에 의하여 소멸된다. 다만 근친혼의 금지효과는 그대로 남는다(제809조 2항).

(나) 자녀에 대한 효과　부부 사이에 출생한 자녀는 부부가 이혼을 하더라도 혼인 중의 출생자로서의 지위를 잃지 않는다. 그러나 자녀가 미성년자인 경우에는 친권이나 양육권을 공동으로 행사하기 어렵다. 따라서 이혼을 할 때에는 친권자나 양육권자를 정할 필요가 있다.

부모가 이혼을 한 경우에는 부모의 협의로 친권자를 정하고, 일방이 행방불명이라든가 의식불명인 경우와 같이 부모의 협의가 되지 않거나 협의를 할 수 없는 경우에는 당사자의 청구에 의하여 가정법원이 친권을 행사할 자를 결정한다(제909조 4항). 재판상 이혼의 경우에는 가정법원이 직권으로 친권자를 정한다(동조 5항). 또한 자녀의 양육자 및 양육에 관한 사항은 부모의 협의로 정하고(제837조 1항), 협의가 되지 아니하거나 협의할 수 없는 때에는 가정법원이 당사자의 청구에 의하여 그 자녀의 연령, 부모의 재산상황 기타 여러 사정을 참작하여 양육에 필요한 사항을 정한다(동조 2항).

(다) 면접교섭권　면접교섭권이란 이혼 후 그 자녀를 직접 양육하지 아니하는 부모의 일방과 자가 이혼 후 서로 면접, 서신교환 또는 접촉하는 권리를 말한다(제837조의2 제1항). 자녀의 면접교섭의 방법, 시기 등에 관하여는 부모가 협의하여 정하는 것이나, 그러한 협의가 되지 않거나 협의할 수 없을 때에는 가정법원이 당사자의 청구 내지 직권으로 면접교섭권의 행사방법과 범위를 결정한다. 다만 면접교섭권을 인정한 결과 자에게 좋지 않은 상태가 발생하였을 경우, 당사자의 청구 또는 직권에 의하여 가정법원은 자의 복리를 위하여 면접교섭을 제한하거나 배제할 수 있다(동조 2항).

(라) 재산분할청구권　부부가 이혼을 하게 되면 부부의 경제공동체가 해체되므로 그 청산이 필요하게 된다. 재산분할청구권은 부부가 혼인 중 공동협력으로 이룩한 재산에 대하여 이혼 시에 청산을 청구하는 권리이다. 재산분할청구는 협의이혼의 경우는 물론 재판을 통해 이혼하는 경우에도 인정된다. 그 분할을 하는 방법은 먼저 당사자 사이에서 재산분할을 할 것인가의 여부와,

재산분할을 한다면 그 액수와 방법은 어떻게 할 것인가를 협의하여 결정한다. 만일 협의가 성립하지 않거나 협의할 수 없을 때에는 법원에 재산분할을 청구할 수 있다. 법원이 재산분할을 결정함에 있어서는 혼인중의 당사자 쌍방의 협력으로 이룩한 재산의 액수, 그 밖의 사정을 모두 참작하여 분할의 액수와 방법을 정한다(제839조의2).

4. 친 자

(1) 친자관계

부모와 자녀 간의 관계인 친자관계에는 민법상 자연적 혈연관계에 있는 친생자관계와 자연적인 혈연관계는 없지만 법률상 친생자관계가 있는 것으로 의제하는 법정친자관계가 있다. 친생자관계에서는 다시 혼인관계가 있는 부모로부터 출생한 혼인 중의 출생자(혼인 중의 자)와 혼인관계가 없는 부모로부터 출생한 혼인 외의 출생자(혼인 외의 자)로 나누어진다. 그리고 법정친자관계는 양자와 양부모 사이의 관계, 즉 양친자관계만 인정된다.

(2) 친 생 자

1) 혼인 중의 출생자

혼인중의 출생자란 적출자라고도 하며, 법률상의 부부 사이에서 출생한 자녀를 말한다. 민법은 처가 혼인 중에 임신한 자녀는 남편의 자녀로 추정하며, 혼인이 성립한 날로부터 200일 후 또는 혼인관계가 종료한 날부터 300일 내에 출생한 자녀는 혼인 중에 임신한 것으로 추정한다(제844조).

2) 혼인 외의 출생자

혼인 외의 출생자란 비적출자라고도 하며, 법률상의 부부 아닌 부모 사이에서 출생한 자녀를 말한다. 혼인 외의 출생자는 그 생부나 생모가 이를 인지함으로써 법률상의 친자관계가 생긴다. 부 또는 모가 인지를 하지 않는 경우에는 자와 그 직계비속 또는 그 법정대리인은 부 또는 모를 상대로 하여 인지청구의 소를 제기할 수 있다(제863조).

3) 준 정

준정이란 법률상 혼인관계가 없는 부모 사이에서 출생한 자녀가 그 부모의 혼인을 원인으로 하여 혼인 중의 출생자의 신분을 취득하는 것을 말한다. 이와 같이 혼인 외의 출생자라도 그 부모가 법률상 혼인을 하게 되면 그 혼인을 한 때로부터 혼인 중의 출생자로 된다.

(3) 양 자

1) 양자제도

양자제도는 입양에 의해서 인위적으로 친자관계를 맺는 것으로 고대사회로부터 오늘에 이르기까지 대다수의 국가에서 인정하고 있다. 본래 양자제도는 조상의 제사를 비롯하여 혈통의 승계를 위한, 즉 '가(家)를 위한 양자제도'로부터 발달하였으나, 오늘날에 있어서 양자제도의 목적은 자식욕이나 경제적 원조를 본위로 한 '어버이를 위한 양자제도'를 거쳐, 근래에 와서는 중요한 사회문제가 된 고아나 사생아 등 양육할 사람이 없는 자녀의 복리를 위한, 즉 '자(子)를 위한 양자제도'로 변천해 가고 있다.

2) 입양의 성립요건

입양을 함에 있어서도 혼인의 경우와 같이 형식적 요건과 실질적 요건을 갖추어야 한다.

(가) 실질적 요건 입양의 실질적 요건은 다음과 같다. 첫째, 양친과 양자 간에 입양의 합의가 있어야 한다(제883조 1호 참조). 둘째, 양친은 성년자여야 한다(제866조). 양친이 될 사람이 성년자이기만 하면 되고, 기혼자이거나 성별, 자식의 유무를 묻지 않는다. 셋째, 양자로 될 자가 13세 미만인 경우에는 법정대리인이 그를 갈음하여 입양을 승낙한다(제869조 2항). 이를 대낙입양이라 한다. 넷째, 양자가 될 자가 13세 이상의 미성년자인 때에는 법정대리인의 동의를 받아 입양을 승낙한다(동조 1항). 다섯째, 양자가 될 미성년자는 부모의 동의를 받아야 한다(제870조 1항). 양자가 될 자가 만 19세 이상으로 성년자라 하더라도 부모의 동의를 얻어야 한다(제871조 1항). 이때 부모의 소재를 알 수 없는 등의 사유로 동의를 받을 수 없는 경우에는 동의를 받을 필요가 없다(동 단

서). 위의 경우에 부모가 동의를 거부하면 가정법원이 입양을 허가하거나 동의에 갈음하는 심판을 할 수 있다(제870조 2항, 제871조 2항). 피성년후견인은 성년후견인의 동의를 받아 입양을 할 수 있고 양자가 될 수 있다(제873조 1항). 여섯째, 기혼자가 입양을 할 때에는 부부가 공동으로 입양을 하여야 하고, 반대로 기혼자가 다른 사람의 양자가 될 때에는 다른 배우자의 동의를 얻어야 한다(제874조). 일곱째, 양자는 양친의 존속 또는 연장자가 아니어야 한다(제877조).

(나) 형식적 요건 입양의 형식적 요건으로서 「가족관계의 등록 등에 관한 법률」에 정한 바에 따라 신고함으로써 입양의 효력이 생긴다(제878조). 이 때 미성년자를 입양하려는 자는 가정법원의 허가를 받아야 한다(제867조). 피성년후견인을 입양하거나, 피성년후견인이 입양을 하려는 경우에도 같다(제873조 2항).

3) 입양의 효과

양자는 입양한 때로부터 양친의 혼인 중의 출생자와 같은 신분을 취득하며, 양친의 혈족·인척과의 사이에도 친족관계가 생긴다(제772조). 그러나 이로 인하여 친생부모와의 사이의 친족관계가 소멸하는 것은 아니다. 따라서 양자와 양친은 서로 부양할 의무가 생기고, 또 양친이 사망하면 상속도 받게 되는 것은 물론, 친생부모와의 사이에도 상속권 및 부양의 권리의무 관계는 여전히 유지된다. 그러나 양자가 미성년자일 경우 친생부모의 친권은 소멸하고 양친만이 친권자가 된다(제909조 1항 후문). 이성양자(異姓養子)는 입양으로 인하여 그 성이 변하지 않는다.

4) 파 양

파양이란 유효하게 성립한 양친자관계가 일정한 사유로 인하여 장래에 대하여 소멸하는 것을 말한다. 이러한 양친자관계는 파양에 의해서만 해소되고, 당사자의 사망에 의해서는 해소되지 않는다. 파양에는 파양당사자의 협의에 의해서 이루어지는 협의파양(제898조)과 법정의 파양원인이 생긴 때 양친자의 일방이 법원에 파양을 청구하는 재판상 파양(제905조)의 두 가지가 있다.

5) 친양자

기존의 양자제도는 양자가 입양된 후에도 종래의 성과 본을 그대로 유지하여 양부모 집안의 성과 본을 따르지 못하고, 입양 후에도 친생부모와의 관계를 유지하는 등 불완전한 모습을 띠고 있어서 양자가 완전히 양부모와 일체로 되기 어려웠기 때문에, 민법은 친양자라는 이름으로 새로운 양자제도를 도입하였다.

친양자가 되면 양자와 친생부모 및 그 혈족 관계는 종료되고, 양자는 마치 양친의 친생자인 것처럼 양부의 성과 본을 따르는 등 거의 친생자와 다름없는 지위를 가지게 된다.

친양자를 하기 위해서는 다음의 요건을 갖추고 가정법원의 허가를 받아야 한다(제908조의2 제1항). 첫째, 3년 이상 혼인 중인 부부로서 공동으로 입양할 것. 다만, 1년 이상 혼인 중인 부부의 일방이 그 배우자의 친생자를 친양자로 하는 경우에는 그러하지 아니하다(1호). 둘째, 친양자로 될 자가 미성년자일 것(2호), 셋째, 친양자로 될 자의 친생부모가 친양자 입양에 동의할 것(3호). 넷째, 양자가 될 자가 13세 이상인 경우에는 법정대리인의 동의를 받아 입양을 승낙할 것(4호). 다섯째 양자가 될 자가 13세 미만인 때에는 법정대리인이 그에 갈음하여 승낙을 하였을 것(5호).

(4) 친 권

친권이란 미성년인 자녀에 대한 부모의 권리·의무를 말한다(제913조). 미혼의 미성년인 자녀는 부모의 친권에 복종하여야 한다. 부모가 혼인 중일 때에는 부모가 공동으로 친권을 행사하고, 부모의 의견이 일치하지 않는 경우에는 당사자의 청구에 의하여 가정법원이 이를 정한다. 부모의 일방이 친권을 행사할 수 없을 때에는 다른 일방이 이를 행사한다(제909조 2-3항).

친권의 내용은 ① 子를 보호하고 교양할 권리·의무(제913조), ② 子에 대한 거소지정권(제914조), ③ 子에 대한 징계권 및 감화 또는 교정기관에의 위탁권(제915조), ④ 법정대리인으로서 子의 특유재산의 관리권(제916조), ⑤ 子의 재산에 관한 법률행위의 대리권(제920조)과 동의권 등이다. 이와 같이 친권은 권리인 동시에 의무라는 성격을 가지고 있다.

父 또는 母가 친권을 남용하거나 현저한 비행 기타 친권을 행사시킬 수 없는 중대한 사유가 있을 때에는 가정법원은 자녀, 자녀의 친족, 검사 또는 지방

자치단체의 장의 청구에 의하여 그 친권의 상실 또는 일시정지를 선고할 수 있다(제924조). 또한 가정법원은 거소의 지정이나 징계, 그 밖의 신상에 관한 결정 등 특정한 사항에 관하여 친권자가 친권을 행사하는 것이 곤란하거나 부적당한 사유가 있어 자녀의 복리를 해치거나 해칠 우려가 있는 경우에는 자녀, 자녀의 친족, 검사 또는 지방자치단체의 장의 청구에 의하여 구체적인 범위를 정하여 친권의 일부 제한을 선고할 수 있고(제924조의2), 법정대리인인 친권자가 부적당한 관리로 인하여 자녀의 재산을 위태롭게 한 경우에는 자녀의 친족, 검사 또는 지방자치단체의 장의 청구에 의하여 가정법원은 그 법률행위의 대리권과 재산관리권의 상실을 선고할 수 있다(제925조).

5. 후　　견

(1) 미성년후견과 성년후견

1) 후견의 원인

후견이란 친권자가 없거나 친권자가 친권의 상실 또는 일부제한 등으로 친권자에 의한 보호가 어렵게 된 미성년자와 성년후견 등의 선고를 받은 제한능력자를 보호하기 위하여 마련된 제도이다.

미성년후견 내지 성년후견 개시의 원인은 ① 미성년자에 대하여 친권자가 없을 때. 부모가 모두 사망한 경우 등이 예로 된다. 미성년자에게 친권자가 있지만 친권자가 친권상실, 일부제한 내지 법률행위의 대리권 및 재산관리권을 행사할 수 없을 때(제928조). 그리고 ② 성년후견 개시의 심판이 있을 때(제929조)이다.

2) 후견인의 선임 또는 지정

미성년후견인은 1인으로 하나, 성년후견인은 여러 명을 둘 수 있고, 법인도 성년후견인이 될 수 있다(제930조).

미성년후견인은 지정후견인과 선임후견인으로 나눌 수 있는데, 지정후견인은 미성년자에게 친권을 행사하는 부모가 유언으로 지정하는 후견인이다(제931조 1항). 다만 법률행위의 대리권과 재산관리권이 없는 친권자는 후견인을 지정할 수 없다(동 단서). 선임후견인은 지정후견인이 없는 경우에 가정법원이 직권 또는 미성년자, 친족, 이해관계인, 검사, 지방자치단체의 장의 청구에 의하여 선임하는 후견인이다(제932조 1항). 미성년자에 대하여 그 친권자가 친권의 상실, 일시 정지, 일부 제한의 선고 또는 법률행위의 대리권이나 재산관리권 상실의 선고에 따라 미성년후견인을 선임할 필요가 있는 경우에도 가정법원은 직권으로 미성년후견인을 선임한다(동조 2항).

성년후견인은 가정법원이 직권으로 선임한다(제936조 1항).

3) 후견인의 임무

후견인은 피후견인의 법정대리인이 된다(제938조 1항). 미성년후견인은 미성년자에 대하여 친권자와 동일한 권리·의무를 가지며(제945조), 성년후견인은 민법에 규정된 범위 내의 재산 및 신상에 관한 대리권이 있으나(제941조 이하), 가정법원은 성년후견인의 법정대리권 내지 권한의 범위를 정할 수 있다(제938조 2-3항).

후견인은 후견감독인의 감독을 받는다(제953조, 제954조).

(2) 한정후견과 특정후견

1) 한정후견

질병, 장애, 노령, 그 밖의 사유로 인한 정신적 제약으로 사무를 처리할 능력이 부족한 사람에 대하여 가정법원이 한정후견 개시의 심판을 한 경우에는 그 심판을 받은 사람의 한정후견인을 두어야 하는데(제959조의2), 이때 한정후견인은 가정법원이 직권으로 선임한다(제959조의3). 한정후견인은 대체로 성년후견인과 유사하나, 한정후견이 피후견인의 능력을 범위를 정하여 제한하는 것이므로 그에 상응하여 임무가 정해진다.

한정후견인에게도 후견감독인을 둘 수 있다(제959조의5 제1항).

2) 특정후견

특정후견제도는 질병, 장애, 노령, 그 밖의 사유로 인한 정신적 제약으로 일시적 후원 또는 특정한 사무에 관한 후원이 필요한 사람을 보호하기 위한 제도로, 가정법원에서 특정후견의 심판을 받은 사람이 피특정후견인이다. 이때 가정법원은 적당한 처분을 하여 피특정후견인을 후원하거나 그를 대리하기 위한 특정후견인을 선임할 수 있다(제959조의9 제1항). 특정후견인도 가정법원이 정하는 범위나 기간 내에서 대리권을 가질 수 있다(제959조의11 제1항).

(3) 후견계약

후견계약은 질병, 장애, 노령, 그 밖의 사유로 인한 정신적 제약으로 사무를 처리할 능력이 부족한 상황에 있거나 부족하게 될 상황에 대비하여 자신의 재산관리 및 신상보호에 관한 사무의 전부나 일부를 다른 자에게 위탁하고 그 위탁사무에 관하여 대리권을 수여하는 것을 내용으로 하는 계약이다(제959조의14 제1항). 이에 의하여 임의후견인이 선임된다. 다만 후견계약은 본인에 미치는 영향이 크고 본인의 의사능력이 부족할 때 분쟁이 발생할 수 있으므로 후견계약은 반드시 공정증서로 체결하여야 하며(동조 2항), 후견계약의 효력발생시기는 원칙적으로 당사자들이 후견계약에서 정한 바에 따르나, 민법은 가정법원이 임의후견감독인을 선임한 때부터 후견계약의 효력이 발생한다고 규정하고 있다(동조 3항). 임의후견인은 원칙적으로 후견계약에 따라 그 임무가 정해진다.

6. 부 양

사람이 스스로를 부양하지 못할 때에는 타인의 도움을 받아야 하는데, 민법은 국가의 부양에 앞서 친족 간에 서로 부양하도록 정하고 있다.

부양의무는 직계혈족 및 그 배우자간, 기타 생계를 같이 하는 친족 간에 생긴다(제974조). 따라서 민법상의 모든 친족 사이에 부양의무가 있는 것은 아니다.

부양의 의무는 부양을 받을 자가 자기의 자력 또는 근로에 의하여 생활을 유지할 수 없는 경우에 한하여 이를 이행할 책임이므로(제975조), 스스로 부양할 능력이 있는 자에 대해서는 부양할 필요가 없다. 이때 부양의 의무 있는 자가 수인인 경우에, 부양을 할 자의 순위에 관하여 당사자 간에 협정이 없는 때에는 법원은 당사자의 청구에 의하여 이를 정한다(제976조 1항 본문). 부양을 받을 권리자가 수인인 경우에 부양의무자의 자력이 그 전원을 부양할 수 없는 때에도 마찬가지 방법으로 정한다.

부양의 정도 또는 방법에 관하여 당사자 간에 협정이 없는 때에는 법원은 당사자의 청구에 의하여 부양을 받을 자의 생활정도와 부양의무자의 자력 기타 제반사정을 참작하여 이를 정한다(제977조).

제6절 相續과 遺言

1. 상 속

상속이란 피상속인이 사망한 경우에 그가 생전에 가지고 있던 재산상의 권리·의무를 일정한 범위의 혈족과 배우자에게 포괄적으로 승계해 주는 제도를 말한다. 상속은 피상속인이 사망함으로써 개시된다. 과거에는 호주상속도 인정되어 있었으나 현재에는 재산상속만 인정되고 있다.

상속을 그 원인에 따라 구별하면 유언상속과 법정상속으로 나눌 수 있다. 유언상속은 유언에 의하여 그 재산의 전부 또는 일부를 특정인을 지정하여 유증하는 경우를 말한다. 법정상속이란 상속인이 될 자의 범위나 순위가 법률로 정해진 상속형태이다. 법정상속은 유언이 없거나 무효인 경우에 보충적으로 적용된다.

2. 재산상속

(1) 상 속 인

1) 상속인의 순위

상속을 받는 자, 즉 상속인은 상속을 하는 자, 즉 피상속인과 일정한 범위 내의 혈족관계가 있는 자와 배우자이다. 민법은 혈족상속인의 순위를 다음과 같이 정하고 있다(제1000조).

(가) 제1순위: 피상속인의 직계비속　　직계비속이 수인이 있는 경우에 촌

수가 같으면 동순위로 공동상속인이 되고, 촌수가 다르면 촌수가 가까운 직계비속이 먼저 상속인이 된다. 직계혈족은 자연혈족(친생자), 법정혈족(양자), 혼인 중의 출생자・혼인 외의 출생자, 기혼・미혼을 구별하지 않고 동순위로 상속인이 된다. 태아는 상속순위에 관하여는 이미 출생한 것으로 본다(제1000조 3항).

(나) 제2순위: 피상속인의 직계존속 피상속인에게 직계비속이 없으면 직계존속이 상속인이 되는데, 직계존속이 수인인 경우에는 촌수가 같으면 동순위로 공동상속인이 되고, 촌수를 달리하면 최근친이 먼저 상속인이 된다. 직계존속이면 부계・모계를 불문하며 또한 이혼한 부모도 상속권이 있다.

(다) 제3순위: 피상속인의 형제자매 피상속인에게 직계비속과 존속이 모두 없으면 상속인이 된다. 혈족이기만 하면 부계・모계를 불문한다. 이복형제자매는 물론 이성동복형제자매도 포함된다.

(라) 제4순위: 피상속인의 4촌 이내의 방계혈족 피상속인에게 제3순위의 상속인까지 아무도 없는 경우에 상속인이 된다. 방계혈족간에는 촌수가 같은 경우 공동상속인이 되고 근친이 원친보다 선순위이다.

2) 배우자상속권

배우자는 피상속인의 직계비속과 동순위로 공동상속인이 되고, 직계비속이 없는 경우에는 피상속인의 직계존속과 동순위로 공동상속인이 되며, 피상속인에게 직계비속도 직계존속도 없는 경우에는 단독상속인이 된다(제1003조 1항). 사실혼의 배우자는 상속권이 인정되지 않는다.

3) 대습상속

상속인이 될 피상속인의 직계비속 또는 형제자매가 상속개시 전에 사망하거나 결격자가 된 경우에, 그 직계비속이나 배우자가 있는 때에는 그 직계비속이나 배우자가 사망하거나 결격된 자의 순위에 갈음하여 상속인이 된다(제1001조). 이를 대습상속이라고 한다.

4) 상속인의 부존재

상속인이 될 자가 없는 경우 가정법원은 특별연고자의 청구에 의하여 상속재산의 전부 또는 일부를 분여할 수 있다(제1057조의2). 특별연고자라 함은 피상속인과 생계를 같이 하고 있던 자, 피상속인을 요양간호한 자, 기타 피상속인과 특별한 연고가 있던 자를 말한다. 특별연고자의 분여청구가 없거나 분여하고 남은 재산이 있으면 상속재산은 국고에 귀속된다(제1058조).

(2) 상 속 분

1) 의 의

상속분이란 상속인이 여러 사람인 경우에 각 공동상속인이 상속재산에 대해서 갖는 권리의무의 비율을 뜻한다. 각 상속인이 받을 구체적 상속재산가액은 적극·소극의 상속재산 전체에 각자의 상속분을 곱하여 산정하게 된다.

2) 상속분의 결정

(가) 지정상속분(유언상속분) 지정상속분이란 피상속인의 유언에 의하여 정하여지는 상속분을 말한다. 피상속인은 유언에 의하여 포괄적 유증을 할 수 있으며, 포괄적 유증을 받은 자는 재산상속인과 동일한 권리·의무가 있다. 피상속인은 유언에 의하여 자유로이 상속분을 정할 수 있으나, 여기에는 유류분의 제한을 받는다.

(나) 법정상속분 피상속인이 공동상속인의 상속분을 지정하지 않았을 때에는 그 상속분은 민법이 규정한 바에 따른다. 즉 ① 동순위의 상속인이 수인인 때에는 그 상속분은 균분으로 한다(제1009조 1항). ② 배우자의 상속분은 직계비속과 공동으로 상속하는 때에는 직계비속의 상속분의 5할을 가산하고, 직계존속과 공동으로 상속하는 때에는 직계존속의 상속분의 5할을 가산한다(동조 2항). ③ 대습상속인의 상속분은 피대습상속인의 상속분에 따른다(제1010조 1항).

3) 특별수익자의 상속분

공동상속인 중에 피상속인으로부터 생전에 증여를 받았거나 유언에 의해 유증을 받고 상속을 승인한 공동상속인을 특별수익자라 한다. 특별수익자는 특별수익이 자기의 상속분에 달하지 못한 때에 그 부족한 부분의 한도에서 상속분을 가진다(제1008조).

4) 기여분

공동상속인 중에 피상속인을 특별히 부양한 자 내지 피상속인의 재산의 유지 또는 증가에 관하여 특별히 기여한 자가 있는 경우에는 그 기여분을 인정할 수 있다(제1008조의2). 민법은 공동상속인 가운데 피상속인에 대해 기여를 한 자가 있을 때에는 상속개시 당시의 피상속인의 재산가액에서 공동상속인의 협의로 정한 그 자의 기여분을 공제한 것을 상속재산으로 보고 산정한 법정상속분에 기여분을 가산한 액으로써 그 자의 상속분으로 하도록 하고 있다(제1008조의2 제1항).

(3) 상속의 승인 · 포기

상속의 승인이란 상속의 개시에 의하여 피상속인에게 속하였던 재산상의 모든 권리 · 의무가 상속인에게 귀속하는 효과를 거부하지 않을 것을 스스로 선언하는 것을 말한다. 이 권리 · 의무의 귀속을 전면적으로 승인한다면 단순승인이 되고, 제한적으로 즉 상속으로 인하여 얻은 재산의 한도에서 피상속인의 채무와 유증을 변제하는 조건으로 승인한다면 한정승인이 된다. 상속의 포기는 상속개시에 의하여 발생하는 효과를 상속개시시에 소급하여 소멸시키는 의사표시를 말한다.

상속의 한정승인 및 포기는 상속인이 상속개시가 있음을 안 날 즉, 피상속인이 사망한 날로부터 3개월 내에 가정법원에 대해 하여야 한다(제1019조 1항). 이 기간 내에 한정승인이나 포기를 하지 않으면 단순승인을 한 것으로 본다(제1026조 2호).

3. 유　언

(1) 유언의 의의

유언은 유언자의 사망과 동시에 일정한 법률효과를 발생시킬 목적으로 일정한 방식에 따라서 하는 상대방 없는 단독행위이다. 만 17세에 달하면 유언을 할 수 있고(제1061조), 피성년후견인도 의사능력이 회복된 때에 한하여 독자적으로 유언을 할 수 있다(제1063조).

유언은 법정사항에 한하여 할 수 있다. 따라서 이에 해당하지 않을 때에는 무효이다. 민법이 정하는 유언사항으로는 재단법인의 설립, 친생부인, 인지, 후견인의 지정, 상속재산 분할방법의 지정 또는 위탁, 상속재산의 분할금지, 유언집행자의 지정 또는 위탁, 유증 등이 있고, 신탁법에 의한 신탁의 설정도 유언사항이다.

(2) 유언의 방식

유언은 민법이 정하는 바의 방식에 의하여야 하고, 이에 따르지 않으면 그 효력이 발생하지 않는다. 즉 그 유언은 무효이다. 유언의 요식성은 사망자의 유언이 본인의 진의에 기한 것인지 여부를 확인할 수 없는 어려움을 예방하고, 유언자에게 신중하게 유언을 하도록 하며, 타인에 의한 위조 또는 변조를 방지하기 위하여 요구된다.

민법이 인정한 유언의 방식으로는 자필증서·녹음·공정증서·비밀증서·구수증서에 의한 유언의 다섯 가지가 있다.

1) 자필증서에 의한 유언

자필증서에 의한 유언은 유언자가 그 전문과 연월일, 주소, 성명을 스스로 쓰고 날인하여 작성한 것을 말한다(제1066조 1항). 이 방식에 의한 유언은 간편하다는 장점은 있으나, 유언이 있음을 알기 어렵고 방식이 지켜지지 않은 경우에 다툼이 일어나기 쉽다는 단점이 있다.

2) 녹음에 의한 유언

녹음에 의한 유언은 유언자가 유언의 취지, 그 성명과 연월일을 구술하고 이에 참여한 증인이 유언의 정확함과 그 성명을 구술하여 이러한 내용을 녹음한 것이다(제1067조). 작성방법이 간편하고, 유언자의 진의를 살피기가 비교적 쉬운 것이 장점이다.

3) 공정증서에 의한 유언

공정증서에 의한 유언은 유언자가 증인 2인이 참여한 공증인의 면전에서 유언의 취지를 구수(口授)하고 공증인이 이를 필기·낭독하여 유언자와 증인이 그 정확함을 승인한 후 각자 서명 또는 기명·날인하는 방식의 유언이다(제1068조). 공정증서는 공증인이 작성하는 것이므로, 유언자가 글을 쓸 수 없을 때에도 쉽게 할 수 있고, 위·변조가 어려우며 발견이 쉽다는 장점이 있으나, 공증인의 참여가 필요하고 비용이 들어간다는 점이 단점이다.

4) 비밀증서에 의한 유언

비밀증서에 의한 유언은 유언자가 필자의 성명을 기입한 증서를 엄봉(嚴封)·날인하고 이를 2인 이상의 증인의 면전에 제출하여 자기의 유언서임을 표시한 후, 그 봉서 표면에 제출연월일을 기재하고 유언자와 증인이 각자 서명 또는 기명·날인하는 방식의 유언이다(제1069조 1항). 이 경우 봉서 표면에 기재된 날로부터 5일 이내에 반드시 공증인 또는 가정법원의 확정일자인을 받아야 한다(동조 2항).

5) 구수증서에 의한 유언

구수증서에 의한 유언은 질병 기타 급박한 사유로 인하여 보통방식에 의할 수 없는 경우에 유언자가 2인 이상의 증인의 참여로 그 1인에게 유언의 취지를 구수하고 그 구수를 받은 자가 이를 필기·낭독하여 유언자와 증인이 그 정확함을 승인한 후 각자 서명 또는 기명·날인하여 작성한 것을 말한다(제1070조 1항). 이 방식에 의한 유언은 그 증인 또는 이해관계인이 급박한 사유가 종료한 날로부터 7일 내에 법원에 그 검인을 신청하여야 한다(동조 2항).

(3) 유언의 효력

유언은 유언 당시에 성립하지만 그 효력은 유언자가 사망한 때에 발생한다. 유효한 유언이 성립한 후에라도 유언자는 그 유언의 효력이 발생하기 전에, 즉 그의 생존 중에는 언제든지 자유로이 유언의 전부 또는 일부를 철회할 수 있다.

4. 유 류 분

유류분제도란 피상속인의 유언에 의한 재산처분의 자유를 제한함으로써 상속인에게 법정상속분에 대한 일정비율의 상속재산을 확보해 주는 제도를 말한다. 유언자유의 원칙에 따라 누구나 자기의 소유재산을 증여하거나 유증할 수 있다고 한다면 상속인의 생활기반이 붕괴될 우려가 있고, 또한 피상속인 재산

중에는 상속인의 재산이 혼재하고 있는 경우도 있고, 상속인이 재산형성에 협력한 경우도 있을 수 있다. 따라서 개인재산의 처분의 자유와 상속인의 보호라는 양 측면을 조화시킬 필요가 있으므로 민법은 유류분제도를 두고 있다.

상속인의 유류분은 피상속인의 직계비속과 배우자는 그 법정상속분의 2분의 1이고, 피상속인의 직계존속과 형제자매는 그 법정상속분의 3분의 1이다(제1112조).

생전증여나 유증에 의하여 유류분이 침해된 경우에는 유류분 반환청구권을 행사하여 반환을 받을 수 있다.

04장 商 法

제1절 상법의 의의

1. 상법의 개념

기업생활관계에서는 특유한 상관습 내지 상관습법 등의 규범이 자연발생적으로 성립하게 되며 이를 규율하는 실정법이 제정되면 기업생활관계에 적합한 독자적인 규범으로서 상법이 성립하게 된다. 상법에는 이론적·학문적으로 파악되는 상법과 국가의 입법작용에 의하여 정립된 상법전이 있는데, 전자를 실질적 의의의 상법이라 하고, 후자를 형식적 의의의 상법이라고 한다.

실질적 의의의 상법은 “기업생활관계에 특유한 법규의 전체”이다. 따라서 실질적 의의의 상법은 상법의 존재형식과는 관계없이 기업생활관계를 통일적·체계적으로 파악한 법역이다. 여기서 기업이라 함은 일정한 계획에 따라 계속적인 의도로 영리행위를 실현함을 목적으로 하는 독립된 경제단위를 말한다. 또한 상법은 기업생활관계의 ‘특유한’ 법이기 때문에 기업생활관계에 관한 법규의 전체가 상법에 포섭되는 것이 아니고, 그중에 특히 기업의 특유한 수요를 반영하는 것만이 이에 속한다. 예컨대 기업의 부동산매매와 같이 일반인과 마찬가지의 경제생활관계는 상법이 아니라 민법이 적용되는 것이다.

반면에 형식적 의의의 상법은 ‘상법’이라는 명칭을 가진 제정법전, 즉 상법전을 말한다. 독일·프랑스 등 대륙법계의 국가와 같이 통일된 상법전을 갖고 있는 국가도 있으나, 영국·스웨덴 등과 같이 각국의 연혁적인 사정이나 입법정책에 따라서 이를 가지지 않는 국가도 있다.

우리나라의 상법전은 제1편 총칙, 제2편 상행위, 제3편 회사, 제4편 보험, 제5편 해상, 제6편 항공운송으로 이루어져 있다.

2. 상법의 법원(法源)

상법의 법원은 실질적 의의의 상법의 존재형식을 말하는데, 그 종류로서는 상사제정법으로서의 상법전과 상사특별법령·상사조약·상관습법·상사자치법이 있다. 이 중 상사특별법령의 예로는 은행법·보험업법·자본시장과 금융투자업에 관한 법률·독점규제법 등이 있고, 상사자치법의 예로는 회사의 정관·거래소·어음교환소의 업무규정 등이 있다. 기업의 계속적·집단적·반복적 거래를 획일적으로 처리하기 위하여 작성된 약관에 대하여는 건전한 거래질서의 확립과 소비자를 보호하기 위하여 「약관의 규제에 관한 법률」이 적용된다.

상법 제1조는 "상사에 관하여 상법에 규정이 없으면 상관습에 의하고, 상관습법이 없으면 민법의 규정에 의한다."라고 규정하고 있다. 이는 상관습법의 민법에 대한 우선적 효력을 규정한 것이나, 상법의 모든 법원을 망라한 것은 아니다.

3. 상법과 민법의 관계

상법은 민법과 같이 사법적 생활관계를 규율하는 법으로서 사법(私法)의 체계에 속한다. 이 중에서 민법은 시민의 일반적인 생활관계, 즉 경제생활관계와 가족생활관계를 규율하지만, 그중에서도 민법이 규율하는 경제생활관계는 재산관계를 중심으로 하는 일반적인 관계이다. 그러나 상법은 '상인(기업인)을 중심으로 하는 기업과 관련된 특수한 경제생활관계'를 규율하는 법이다. 다시 말하면 첫째, 민법은 국민일반을 대상으로 하는 데 반하여, 상법은 국민 중에서 상인과 관련된 생활관계를 규율하는 법이고 둘째, 민법은 영리를 추구하는 기업과 관련 없는 국민의 일반적인 경제생활관계 즉, 재산관계·의식주관계·농업·어업·임업 등 각종 생산 활동을 규율하는 법인 반면에, 상법은 기업과 관련된 특수한 경제생활관계를 규율하는 법이다. 이 점에서 상법은 민법에 대한 특별법의 지위에 선다.

4. 상법의 이념

상법의 이념은 '기업의 건전한 발전을 도모하는 것'이다. 자본주의 사회에서 각종 경제활동은 대부분 기업을 통하여 행하여진다. 즉 기업은 국민들이 생활을 영위하기 위하여 필요한 각종 재화와 서비스를 공급할 뿐만 아니라, 국민들에게 일자리를 제공하여 소득을 얻게 하고, 국가와 사회가 필요로 하는 공항·고속도로·공원 등 각종 유익한 사회 인프라 시설도 결국 기업이 건설한다.

기업의 건전한 발전을 도모하기 위하여서는 첫째, 기업이 수행하는 영업활동이 안전하고 신속하게 행하여져야 한다. 둘째, 한번 성립된 기업은 가급적 유지되고 또 가능하면 확대 발전되어야 한다. 셋째, 상인과 상인 사이에 이해가 충돌되지 않고 가급적 조화되어 모든 상인이 영리를 추구하면서 발전되도록 하기 위하여 기업의 이해충돌을 예방하고 또 부정경쟁을 방지하여야 한다. 넷째, 기업이 만들어 내는 상품과 서비스를 소비하는 소비자도 보호되어야 한다.

5. 상법의 경향

오늘날 상법은 유동적·진보적이며 보편적·통일적인 경향이 있다. 상법은 시간적인 면에서 볼 때 시대의 변천과 경제의 발달에 따라서 부단한 진보를 계속하며, 공간적으로는 상거래의 합리주의와 세계경제의 발달로 각국의 상법이 통일화되는 현상을 보인다.

제2절 총 칙

1. 기업의 주체(상인)

상인과 상행위는 상법의 중심이 되는 2대 개념이다. 그런데 이 두 개념을 정립하는 방법으로 상인주의와 상행위주의가 있다.

상인주의는 먼저 영업의 종류나 경영의 형태 등을 고려한 형식적 기준에 의하여 상인의 개념을 정립하고 이러한 상인의 영업상의 행위를 상행위라고 한다. 반면에 상행위주의는 행위의 주체가 누구인지를 불문하고 오로지 행위의 객관적 성질에 의하여 상행위를 정하고 이러한 상행위를 하는 자를 상인이라고 하는 주의이다. 우리 상법은 양주의를 절충하여 상인개념을 정립하고 있다.

(1) 당연상인

당연상인이란 자기의 명의(名義)로 상행위를 하는 자를 말한다(제4조).

첫째, 여기서 '자기명의로'라고 하는 것은 자기가 상행위에서 생기는 권리의무의 귀속주체가 되는 것을 말한다. 그러므로 주식회사의 대표이사가 계약을 체결하였다면 그 계약의 효과는 상인인 주식회사에게 생기는 것이고, 주식회사의 기관인 대표이사에게 생기는 것이 아니다.

둘째, 상행위를 하여야 당연상인이 되는데 여기서 상행위는 다음과 같은 22가지의 행위를 말한다(제46조). ① 동산·부동산·유가증권 기타 재산의 매매, ② 동산·부동산·유가증권 기타 재산의 임대차, ③ 제조·가공 또는 수선에 관한 행위, ④ 전기·전파·가스 또는 물의 공급에 관한 행위, ⑤ 작업 또는 노무의 도급의 인수, ⑥ 출판·인쇄 또는 촬영에 관한 행위, ⑦ 광고·통신 또는 정보에 관한 행위, ⑧ 수신·여신·환 기타의 금융거래, ⑨ 공중(公衆)이 이용하는 시설에 의한 거래, ⑩ 상행위의 대리의 인수, ⑪ 중개에 관한 행위, ⑫ 위탁매매 기타 주선에 관한 행위, ⑬ 운송의 인수, ⑭ 임치의 인수, ⑮ 신탁의 인수, ⑯ 상호부금 기타 이와 유사한 행위, ⑰ 보험, ⑱ 광물 또는 토석의 채취에 관한 행위, ⑲ 기계·시설 기타 재산의 금융리스에 관한 행위, ⑳ 상호·상표 등의 사용허락에 의한 영업에 관한 행위, ㉑ 영업상 채권의 매입·회수 등에 관한 행위, ㉒ 신용카드, 전자화폐 등을 이용한 지급결제 업무의 인수.

셋째, 상행위를 영업으로 하여야 한다. 여기서 '영업으로 한다.'는 것은 영리를 목적으로 동종의 행위를 반복적으로 계속하여 행하는 것을 말한다. 그리고 영리를 목적으로 한다는 것은 이익을 획득할 목적만 있으면 충분하고 다액의 이익을 획득하는 것을 목적으로 하여야만 하는 것은 아니다. 또한 영리의 목적은 반드시 현실로 실현되지 않아도 된다. 그리고 영리가 유일한 목적이어야 하는 것도 아니다.

(2) 의제상인

상법은 상행위와 관계없이 경영의 설비와 기업의 형태에 착안하여 일정한 자를 상인으로 의제하고 있다(제5조). 이러한 의제상인에는 설비상인과 민사회사의 두 종류가 있다.

첫째, 설비상인은 점포 기타 유사한 설비에 의하여 상인적 방법으로 영업을 하는 자를 말한다. 여기서 말하는 점포 기타 유사한 설비는 영업자가 일반 공중과 거래하기 위하여 개설한 물적·장소적 설비를 말한다. 그리고 상인적 방법은 인적 설비와 점포 기타 유사한 설비 이외의 물적 시설로서 상업사용인, 상호, 상업장부 등을 말한다. 그러나 의사·변호사·예술가 등은 그 학문적·예술적·전문적 성질을 존중하여 상인으로 보지 않는다.

둘째, 민사회사는 상행위 외의 영리를 목적으로 설립된 사단법인을 말한다(제5조 2항). 이러한 민사회사로는 농업회사, 수산업회사 또는 축산업회사 등이 있다. 민사회사는 상행위를 하지 않으나 상사회사와 같은 조직과 경영형태를 갖추어 영리를 추구한다는 점에서는 공통점이 있으므로 상인으로 의제하여 상법의 적용을 받도록 하고 있다.

(3) 소 상 인

상법이 규정하는 상인개념은 기업뿐만 아니라 개인상인에게도 적용되는 개념인데, 특히 모든 개인상인에게 상법의 규정을 다같이 적용하는 것은 무의미한 경우가 있을 수 있다. 이러한 의미에서 특정 규모 이하의 소규모의 영업을 하는 자를 특히 소상인이라고 하여, 이들에게는 지배인, 상호, 상업장부와 상업등기에 관한 규정을 적용하지 아니한다(제9조). 현행법상 소상인은 자본금액이 1천만 원에 미치지 못하는 상인으로서 회사가 아닌 자를 말한다(상법시행령 제2조).

2. 상업사용인

(1) 상업사용인의 의의

기업의 규모와 조직이 확대되고 수행하는 영업활동이 복잡해지면 기업의 경영자는 그 모든 활동을 혼자서 감당하기 힘들어진다. 이 경우 기업의 활동을 원활하게 수행하고 완전하게 수행하는 데 있어서 기업주의 노력을 보충하기 위하여 상업사용인 제도가 마련되어 있다.

상업사용인은 특정 상인에 종속하여 대외적인 영업상의 업무를 보조하는 자를 말한다. 그러므로 상업사용인은 첫째, 특정 상인에 종속하여야 하는 바, 여기서 특정상인은 영업주를 말하고, 종속한다는 것은 상업사용인이 기업조직의 내부에서 상인의 지휘에 복종하는 관계에 있는 것을 말한다. 둘째, 상업사용인의 영업상의 업무는 상인에 특유한 상업기술적 업무로서 상품의 매매, 금전의 출납·회계 또는 통신 등에 관한 업무이다. 따라서 상업기술적 업무가 아닌 가사상의 노무에 종사하는 자는 물론 제조업자의 기사·공원, 운송업자의 운전기사·선장·기장·승무원, 출판업자의 편집인·기자 등은 상업사용인이 아니다. 대외적인 영업상의 업무를 보조한다는 말은 대외적으로 대리권을 가진다는 의미이다.

(2) 상업사용인의 종류

상업사용인에는 다음과 같은 종류가 있다.

첫째, 지배인은 영업주에 갈음하여 그 영업에 관한 재판상 또는 재판 외의 모든 행위를 할 수 있는 상업사용인이다(제11조 1항). 지배인은 영업주의 영업에 관한 포괄적·정형적·획일적 대리권을 가지는 점에 그 특징이 있다.

둘째, 부분적·포괄적 대리권을 가진 사용인은 지배인과 같이 영업주의 영업에 관한 포괄적인 권한을 가지지 않고, 영업의 특정한 종류 또는 특정한 사항에 관하여 위임을 받은 사용인이다(제15조). 예를 들면 영업부장, 자재부장, 경리과장, 대부주임 등을 말한다.

셋째, 물건판매점포의 사용인은 물건을 판매하는 점포의 사용인으로서 그 판매에 관하여서는 모든 대리권이 있는 것으로 본다(제16조). 일반인은 물건판매점포의 사용인이 물건을 판매할 권한이 있다고 믿고 거래하는 것이 보통이므로, 외관을 신뢰하여 거래한 상대방을 보호하기 위하여 규정한 상업사용인이다.

3. 기업의 물적설비

(1) 상　호

1) 의　의

상호(商號)는 상인이 영업상 자기를 표시하기 위하여 사용하는 명칭을 말한다. 첫째, 상호는 명칭이므로 말로 부를 수 있고 문자로 표기할 수 있어야 한다. 그러므로 명칭이 아닌 기호나 도형은 상표로 될 수는 있어도 상호로 될 수는 없다. 그리고 상호는 한글 또는 한자이어야 하고 외국문자의 상호는 인정될 수 없다. 둘째, 상인의 명칭이어야 하므로 상인이 아닌 협동조합이나 상호보험회사는 상호가 아니다. 셋째, 상호는 영업상의 명칭이므로 상인이 영업과 관계없이 자기를 표시하기 위하여 사용하는 명칭은 상호가 아니다.

2) 상호자유의 원칙과 제한

상법은 상인은 그 성명 기타의 명칭으로 상호를 정할 수 있다고 하여 상호자유의 원칙을 규정하고 있다(제18조). 그러므로 상인은 자기의 성명뿐만 아니라 타인의 성명으로 상호를 정할 수 있고 또 영업의 내용과 일치하지 않는 명칭으로도 상호를 정할 수 있다. 그러나 거래안전보호와 상호권자의 이익을 위하여 상호자유의 원칙을 다음과 같이 제한하고 있다.

첫째, 회사는 상호를 반드시 정하여야 하고 그 상호에는 합명회사, 합자회사, 주식회사, 유한책임회사 또는 유한회사 등 회사의 종류를 표시하는 문자를 사용하여야 한다(제19조). 그리고 은행, 보험, 신탁, 증권 등의 영업을 경영하는 회사는 그 상호 중에 회사의 종류를 표시하는 문자 외에 각각 은행, 보험, 신탁, 증권 등의 문자를 부가하여야 하고, 특히 보험업을 경영하는 회사는 그 상호에 보험사업의 종류를 표시하여야 한다. 둘째, 회사가 아니면 상호에 회사임을 표시하는 문자를 사용하지 못한다(제20조). 셋째, 누구든지 부정한 목적으로 타인의 영업으로 오인할 수 있는 상호를 사용하지 못한다(제23조 1항). 넷째, 국내에 널리 인식된 타인의 성명·상호와 동일 또는 유사한 것을 사용하는 행위나 국내에 널리 인식된 타인의 성명·상호와 동일 또는 유사한 것을 사용하여 타인의 영업상의 시설 또는 활동과 혼동을 일으키게 하는 행위는 부정경쟁행위로 되고, 이러한 부정경쟁행위로 인하여 자신의 영업상의 이익이 침해될 염려가 있다고 인정되는 자는 부정경쟁행위를 하거나 하고자 하는 자에 대하여 법원에 그 행위의 금지 또는 예방을 청구할 수 있다(제23조 2항).

(2) 상업장부

1) 의의와 필요성

상업장부는 상인이 그 영업상의 재산 및 손익의 상황을 명백히 하기 위하여 상법상의 의무로 작성하는 장부이다(제29조 1항). 첫째, 상업장부는 상인이 작성하는 장부이다. 그러므로 상인이 아닌 상호보험회사나 협동조합이 작성하는 장부는 영업상의 재산 및 손익의 상황을 명백히 하기 위한 장부이더라도 상업장부가 아니다. 둘째, 상업장부는 영업상의 재산 및 손익의 상황을 명백히 하기 위한 것이므로 영업상의 재산 및 손익의 상황을 명백히 하기 위한 것이 아닌 주주명부, 사채원부, 주주총회와 이사회의 의사록은 상업장부가 아니다.

기업회계는 기업이 그 영업의 실적 및 과정을 정확하게 파악하여 합리적으로 경영하기 위한 수단으로서뿐만 아니라 기업의 이해관계자 즉 채권자나 투자자가 기업의 재산상태 및 경영성적을 알기 위한 수단으로서도 필요하다. 상법은 소상인의 기업회계에 관하여서는 무간섭주의를 취하면서, 기업의 채권자에 대하여 무한책임을 부담하는 개인상인이나 인적회사(합명회사와 합자회사)에 대하여는 약하게 간섭하는 데 비하여, 사원이 회사채권자에 대하여 유한책임을 부담하는 물적회사(주식회사와 유한회사)에 대하여는 그 간섭의 정도가 강하다. 상법은 상법총칙에서 상업장부제도를 규정하고 이것을 소상인을 제외한 일반상인에게 그 작성 및 보존의무를 부담시키고 있다. 그리고 회사편에서 물적회사에 대하여서는 재무제표와 영업보고서제도를 엄격하게 규정하여 부실기재가 있으면 벌칙의 제재를 가할 뿐만 아니라 일반채권자를 보호하기 위하여 상업장부를 공개하도록 하고 있다.

2) 종 류

상업장부에는 회계장부와 대차대조표가 있다. 회계장부는 상인의 영업의 동적상태를 표시하는 동적장부로서 상인의 거래와 기타 영업상의 재산에 영향이 있는 상황을 기재하는 장부이다. 여기에는 일상의 거래를 발생순서에 따라 기재하는 분개장(分介帳), 분개장에 기재된 거래를 구좌별로 옮겨 적는 원장(元帳)이 있으며, 또 하나로 묶여진 장부를 이용하지 않고 1거래에 대하여 1매를 사용하여 기재하는 전표 등이 있다.

대차대조표는 일정한 시기에 있어서 기업의 총재산을 자산과 부채 및 자본의 항목으로 분류하여 기업의 재무상태를 총괄적으로 표시하는 장부를 말한다. 대차대조표는 일정한 시기에 있어서 상인의 재산의 정적상태를 표시하는 정적장부라는 점에서 회계장부와 다르고 재산목록과 같다. 우리 상법은 기업회계의 목적은 채권자의 보호뿐만 아니라 주주 기타 투자자, 경영자, 종업원 등 모든 이해관계자의 이익을 조정하는 데 있다고 보아, 기업의 계속을 전제로 하는 기업의 수익력이 나타나도록 하기 위하여 회계장부를 기초로 대차대조표를 작성하게 하고 있다(제30조 2항).

4. 상업등기

상업등기는 상법의 규정에 의하여 상업등기부에 하는 등기를 말한다. 그러므로 민법 기타의 법률에 의하여 하는 부동산등기, 농업협동조합등기, 수산업협동조합등기 등은 상업등기가 아니다. 현행법상의 상업등기부로는 상호등기부, 무능력자등기부, 법정대리인등기부, 지배인등기부, 합자조합등기부, 합명회사등기부, 합자회사등기부, 유한책임회사등기부, 주식회사등기부, 유한회사등기부, 외국회사등기부 등 11종류가 있다(상업등기법 제11조 1항). 그 결과 상법의 규정에 의하더라도 상업등기부가 아닌 선박등기부에 하는 선박등기는 상업등기가 아니다.

상업등기제도는 기업주 입장에서는 기업에 관한 일정한 사항을 공시함으로써 일반 공중의 신용을 얻을 수 있고, 그 공시의 결과로 제3자에게 등기사항에 관하여 대항할 수 있다는 장점이 있다. 반면에 기업과 거래하는 일반인은 상업등기제도에 의하여 기업의 상호와 지배인, 회사의 목적·조직·자본액 등 기업의 신용과 관련된 여러 사항을 기업주에게 일일이 문의하지 않고서도 알 수 있다는 장점이 있다.

상업등기의 효력에 관하여 상법은 등기할 사항은 이를 등기하지 않으면 선의의 제3자에게 대항할 수 없으나, 등기 후에는 제3자가 정당한 사유로 알지 못한 경우 외에는 선의의 제3자에 대하여서도 대항할 수 있는 것으로 규정하고 있다(제37조).

5. 영업양도

영업양도는 일정한 영업목적을 위하여 조직된 유기적 일체로서의 기능적 재산을 일괄하여 양도하는 채권계약 내지 영업의 존속을 전제로 한 영업주의 지위를 양도하는 것을 말한다. 첫째, 영업양도의 대상은 고객, 영업상의 비결, 창업연대, 경영조직 등의 사실관계까지 포함하여, 일정한 영업목적을 위하여 조직된 유기적 일체로서의 기능적 재산이다. 둘째, 영업양도는 영업재산을 일괄하여 이전하는 것이므로 양도를 전후하여 영업의 동일성이 유지되어야 한다. 셋째, 영업양도는 채권계약이므로 양도인과 양수인은 영업재산의 이전에 관하여 권리의무를 부담한다. 그러므로 양도인은 영업재산이전의무를 부담하는데, 그 이전의무에는 영업재산전부를 이전할 의무를 부담하고, 그 이전에 효력발생요건이나 대항요건을 필요로 하는 경우에는 그 요건을 갖추어 이전하여야 하므로, 등기이전에 필요한 서류의 교부라든지 특허권이나 상표권 등의 경우에는 등록에 필요한 서류를 교부하여야 하고, 지명채권의 이전에는 채무자에 대한 통지 또는 채무자의 승낙을 받아야 한다.

그리고 영업양도를 하면 상업사용인에 대한 고용계약상의 권리도 양수인에게 이전되고 이 경우 기업의 유지·강화라는 상법의 이념에 비추어 상업사용인의 동의가 없어도 이전된다고 본다. 그 외에 양도인은 일정한 기간 동안 양도영업과 동종의 영업을 하지 않을 경업금지의무를 부담한다(제41조).

제3절 상 행 위

1. 상행위의 의의와 종류

상행위라 함은 실질적으로는 영리에 관한 행위를 말하는데, 형식적으로는 상법과 특별법에서 상행위로 규정되어 있는 것을 말한다. 상법이 영업으로 하는 일정한 행위를 실질적으로 관찰하여 상행위로서 나열·규정한 것을 영업적 상행위라 하는데, 이를 기초로 하여 상인의 개념을 규정하기 때문에 기본적 상행위라고도 한다. 또한 상법은 상인의 개념을 미리 정하고 상인의 영업을 위하여 하는 행위는 상행위로 보기도 하는데, 이것을 보조적 상행위 또는 부속적 상행위라고 한다. 그리고 앞에서 설명한 의제상인, 즉 설비상인과 민사회사는 상행위를 하지 않지만, 이들이 하는 행위는 상행위에 준하여 준상행위라고 한다.

2. 상행위편의 내용

상법의 상행위편에서는 상행위가 되는 각종의 행위를 규정하는 외에 민법에 대한 특례규정을 두고 있다. 우선 상사매매에 관하여 민법상의 매매에 대한 특례를 정하고 있으며, 상행위의 대리의 방식에 있어서 현명주의를 배제하고, 대리권도 민법과는 달리 본인의 사망으로 인하여 소멸하지 않는 것으로 하고 있다. 물권편의 특례규정으로는 상사유치권을 비롯하여 유질계약의 허용 등을 들 수 있으며, 채권편의 특칙으로는 법정이율·다수당사자의 채무·다수채무자의 연대·보증인의 연대책임·체당금의 이자청구권·소비대차의 이자청구권·상사시효 등의 규정들이 있다. 매매의 당사자가 모두 상인인 경우의 이른바 상사매매에 관하여는 매도인의 보호를 위하여 특별규정을 두고 있다. 이 밖에 상호계산·익명조합·대리상·중개업·위탁매매업·운송주선업·운송업·공중접객업·창고업에 관하여서도 규정을 두고 있다.

(1) 상사매매

상사매매는 상거래의 신속과 신용을 위하여 민사매매와 다른 여러 가지 특칙이 규정되어 있다. 즉 상인간의 매매에 있어서 매도인을 보호하여 매매거래의 신속한 결제를 시키기 위하여 매도인의 자조매각의 권리를 강화하였으며(제67조), 매수인의 목적물의 검사와 하자통지의무(제69조), 매수인의 목적물보관 및 공탁의무(제70조) 등의 규정을 두고 있다. 또한 확정기매매, 즉 연하장의 인쇄나 결혼식에 입을 웨딩드레스 등과 같이 계약의 성질 또는 당사자의 의사표시에 의하여 일정한 일시 또는 일정한 기간 내에 이행하지 않으면 계약의 목적을 달성할 수 없는 매매에 대하여서는 최고의 의사표시조차 필요 없이 그 시기만 경과하면 계약을 해제한 것으로 보게 하였다(제68조).

(2) 상호계산

상인간 또는 상인과 비상인간에 상시 거래관계가 있는 경우에 일정한 기간의 거래로 인하여 발생한 채권·채무의 총액에 관하여 상계하고 그 잔액을 지급할 것을 약정하는 계약을 상호계산이라고 한다(제72조). 상호계산제도는 몇가지 장점이 있는데, 첫째, 거래할 때마다 지급을 하여야 하는 절차의 번잡함을 덜 수 있고, 특히 격지자간의 거래의 경우에는 송금에 수반되는 비용과 위험을 피할 수 있다. 둘째, 일정한 시기까지 지급이 유예되므로 그 시기까지 자금을 유용하게 이용할 수 있다. 셋째, 당사자는 각각 상대방에 대하여 가지는 채권으로 상계할 수 있어 상대방의 채무불이행을 염려할 필요가 없다.

(3) 익명조합

익명조합은 당사자의 일방이 상대방의 영업을 위하여 출자를 하고 상대방은 그 영업으로 인한 이익을 분배할 것을 약정하는 계약이다(제78조). 익명조합원은 단지 업무감시권만 가질 뿐이고, 영업자가 단독으로 기업경영을 하게 된다. 익명조합원의 출자도 영업자의 재산으로 되며 또 기업활동으로 생기는 권리의무도 영업자에게 귀속된다. 따라서 익명조합은 자본을 가지고 있으면서 직접 기업경영을 하지 않고 기업의 위험을 출자액의 범위에 한정하고자 하는 자와 경영능력은 있으나 자본이 없는 자가 제휴하여 공동기업을 경영하는 데 적합한 형태이다.

(4) 합자조합

합자조합은 조합의 업무집행자로서 조합의 채무에 대하여 무한책임을 지는 조합원과 출자가액을 한도로 하여 유한책임을 지는 조합원이 상호출자하여 공동사업을 경영할 것을 약정함으로써 그 효력이 발생하는 상법상의 조합이다(제86조의2). 따라서 합자조합은 조합원 전원이 무한책임을 지는 민법의 조합과 다르다. 이 제도는 주식회사와 조합의 장점을 살릴 수 있는 새로운 기업형태로 벤처기업, 사모투자펀드 등에서 활용될 수 있다. 합자조합은 합자회사와 유사한 형태지만 합자회사는 법인이고 유한책임사원은 원칙적으로 기업경영에 참여할 수 없는 것에 반해, 합자조합은 조합으로서 사적 자치가 광범위하게 인정되어 유한책임조합원도 기업경영에 참여할 수 있다.

(5) 대 리 상

대리상은 상업사용인이 아니면서 일정한 상인을 위하여 상시 그 영업부류에 속하는 거래의 대리 또는 중개를 영업으로 하는 자이다(제87조). 그러므로 대리상은 첫째, 일정한 상인을 위하여 영업을 보조하는 자이므로 불특정 다수인을 위하여 영업을 보조하는 중개인이나 위탁매매인과 다르다. 둘째, 일정한 상인을 위하여 상시 그 영업을 보조하는 자이어야 한다. 여기서 상시는 계속적 거래관계가 있는 것을 말하며 이점에서 1회 또는 수회에 걸쳐서 영업주의 영업을 대리하는 자는 상법상의 대리상이 되지 못한다. 셋째, 거래의 대리를 행하는 대리상을 체약대리상(締約代理商)이라 하고 거래를 중개하는 대리상을 중개대리상(仲介代理商)이라 한다. 대리상은 본인에 대하여 거래의 대리 또는 중개를 한 때에는 지체 없이 본인에게 그 통지를 발송하여야 할 통지발송의무, 경업금지의무 등을 부담하고, 본인에 대하여서는 보수청구권, 유치권, 보상청구권, 영업비밀준수의무 등을 지며, 제3자에 대하여서는 대리권과 통지수령권을 가진다.

(6) 중 개 업

중개업은 타인간의 상행위를 중개하는 영업을 말하며, 이러한 영업을 하는 자를 중개인이라고 한다(제93조). 여기서 중개는 당사자 간에 법률행위가 성립되도록 진력하는 사실행위로서, 예컨대 거래상대방의 발견·소개, 시장의 상황·신용상태의 조사보고, 상품의 감정 또는 거래조건에 관한 조언 등을 하는 것이다. 그리고 중개인은 타인간의 상행위의 중개를 하여야 하기 때문에 혼인의 중매나 직업 소개 또는 비상인간의 투기성 없는 부동산의 매매·임대차의 중개 등을 영업으로 하는 민사중개인은 상법상의 중개인이 아니다.

중개인은 이해가 대립되는 당사자 사이에서 중개하는 자이므로 어느 일방의 이익에 치중해서는 안 되고, 중립적인 입장에서 객관적으로 중개하여야 한다. 그리고 중개인은 분쟁방지의무로서 그 중개한 행위에 관하여 견품을 받은 때에는 그 행위가 완료할 때까지 보관하여야 하는 견품보관의무, 당사자 간의 계약이 성립된 때에는 지체 없이 각 당사자의 성명 또는 상호, 계약연월일과 그 요령을 기재한 서면을 작성하여 기명날인한 후 각 당사자에게 교부하는 결약서교부의무, 장부작성의무, 등본교부의무, 성명·상호 묵비의무, 개입의무 등을 지고 보수청구권 등의 권리를 가진다.

(7) 위탁매매업

위탁매매업은 자기의 명의로 타인의 계산으로 물건 또는 유가증권의 매매를 영업으로 하는 것을 말하며, 이러한 영업을 하는 자를 위탁매매인이라고 한다(제101조). 위탁매매인이 자기의 명의로 한다는 것은 위탁매매인 자신이 매매계약의 당사자로 된다는 것, 즉 상대방인 제3자에 대한 관계에서 위탁매매인 자신이 권리의무의 주체로 된다는 것을 의미하고, 타인의 계산으로 한다는 것은 위탁매매인이 수행한 매매의 경제적 효과가 타인에게 귀속된다는 것을 의미한다. 여기서 경제적 효과의 귀속자인 타인을 위탁자라고 한다.

(8) 운송주선업

과학기술의 발달로 운송기관이 대형화·첨단화·전문화되고 이것을 바탕으로 운송절차도 복잡다양화하고 있다. 아울러 복합운송수단의 발전으로 국내운송과 국제운송을 연계하여 서비스하고 있다. 이에 따라 송하인을 위하여 적당한 운송인과 운송의 경로와 방법을 선택하여 저렴하고 안전·신속한 운송계약을 체결해주는 전문가가 필요하게 되었다. 이와 같이 송하인과 운송인 사이에서 물건운송의 주선을 영업으로 하는 것을 운송주선업이라 하고, 이러한 영업을 하는 자를 운송주선인이라고 한다(제114조). 운송주선인은 자기의 명의로 주선을 하는 자라는 점에서 타인인 본인의 명의와 본인의 계산으로 법률행위를 하는 대리상 및 타인간의 법률행위의 성립을 중개하는 중개인과 다르다.

(9) 운 송 업

운송업은 육상 또는 호천(湖川)·항만에서 물건 또는 여객의 운송을 영업으로 하는 것을 말하며, 이러한 영업을 하는 자를 운송인이라 한다(제125조). 운송이란 물건이나 여객을 일정한 장소에서 다른 장소로 이동시키는 것을 의미한다. 이는 육상운송으로서 해상운송과 구별되는데, 호천·항만의 운송을 육상운송에 포함시키는 이유는 이러한 것이 대부분 소규모로서 운송의 위험이 크지 않고, 해상운송에 관한 특별규정을 호천·항만의 운송에 적용하는 것이 번잡하고 하주에게 가혹하므로, 상법은 이들을 육상운송에 포함시키고 있다. 운송인은 송하인이 운송 중의 물건을 용이하게 처분할 수 있게 하기 위하여 송하인의 청구에 의하여 화물상환증을 교부하여야 한다. 화물상환증이란 운송인이 운송물을 수령한 것을 증명하는 동시에 도착지에서 이 증권소지인에게 인도할 의무를 표창하는 유가증권을 말한다.

(10) 공중접객업

극장, 여관, 음식점, 그 밖의 공중이 이용하는 시설에 의하여 거래를 하는 영업을 공중접객업이라 하고, 이러한 거래를 영업으로 하는 자를 공중접객업자라고 한다(제151조). 여기서 공중이 이용하는 시설은 많은 사람들이 이용하기에 적합한 인적·물적 시설이며, 여기에서 예시한 극장, 여관, 음식점뿐만 아니라 다방이나 목욕탕 등도 포함된다. 이러한 공중접객시설에는 많은 객이 빈번히 출입하여 장시간 체재하는 것이 보통이기 때문에 손님의 소지품의 안전이 보장될 수 없는 경우가 많으므로, 상법은 공중접객업자에게 무거운 책임을 인정하고 있다. 즉 공중접객업자는 자기 또는 그 사용인이 고객으로부터 임치를 받은 물건의 멸실 또는 훼손에 대하여 불가항력으로 인함을 증명하지 아니하면 그 손해를 배상할 책임을 면하지 못한다(제152조 1항). 객으로부터 임치를 받지 않은 물건의 멸실 또는 훼손에 대하여는 자기 또는 사용인의 과실이 있으면 손해배상책임을 부담하며, 객의 휴대물에 대하여 책임이 없음을 게시한 때라도 위의 책임을 면하지 못한다(제152조 2항, 3항). 단, 화폐·유가증권 기타의 고가물에 대하여는 객이 그 종류와 가액을 명시하여 임치하지 아니하면 공중접객업자는 그 물건의 멸실 또는 훼손으로 인한 손해를 배상할 책임이 없다(제153조).

(11) 창 고 업

창고업은 타인을 위하여 창고에 물건을 보관하는 영업을 말하며, 이러한 영업을 하는 자를 창고업자라고 한다(제155조). 창고업은 상품의 생산과 소비 사이에 존재하는 시간적 장애를 극복해주는 기능을 수행한다. 창고는 물건을 보관하는 설비를 가리키며 반드시 가옥임을 요하지 아니한다. 그러므로 목재나 석탄을 보관하는 빈터(空地)도 창고에 해당된다. 창고업자는 위탁자로부터 물건

보관의 위탁을 받으면 유가증권인 창고증권을 작성·교부한다. 창고업자는 위탁자가 물건의 반환을 청구할 때까지 목적물을 보관하고 이에 대한 보관료를 받으며, 임치물의 멸실·훼손에 대하여 손해배상책임을 진다.

(12) 금융리스업

금융리스업은 금융리스물건, 즉 금융리스이용자가 선정한 기계, 시설, 그 밖의 재산을 제3자인 공급자로부터 취득하거나 대여 받아 금융리스이용자에게 이용하게 하는 것을 말하며, 이러한 영업을 하는 자를 금융리스업자라 한다(제168조의2). 리스(lease)는 본래 기계·시설 등 동산의 임대차를 말하며, 운용리스와 금융리스의 두 가지가 있으나, 상법이 규정하고 있는 것은 금융리스이다. 금융리스업자는 금융리스이용자가 금융리스계약에서 정한 시기에 금융리스계약에 적합한 금융리스물건을 수령할 수 있도록 하여야 하며, 금융리스이용자는 금융리스물건을 수령함과 동시에 금융리스료를 지급하여야 한다(제168조의3).

(13) 가 맹 업

가맹업은 자신의 상호·상표 등을 제공하는 것을 영업으로 하는 것을 말하며, 이를 영업으로 하는 자를 가맹업자(加盟業者)라 한다. 가맹업자로부터 그의 상호 등을 사용할 것을 허락받아 가맹업자가 지정하는 품질기준이나 영업방식에 따라 영업을 하는 자를 가맹상(加盟商)이라 한다(제168조의6). 가맹업을 흔히 프랜차이즈(franchise)라고도 한다. 가맹계약에서는 가맹업자가 가맹상에게 자신의 상호·상표 등을 사용하여 영업을 할 수 있도록 필요한 지원을 하는 동시에 가맹업자가 지정하는 품질기준이나 영업방식에 따르도록 하며, 가맹상은 그 대가로서 가맹업자에게 가맹료를 지급하게 된다. 가맹업자는 다른 약정이 없으면 가맹상의 영업지역 내에서 동일 또는 유사한 업종의 영업을 하거나, 동일 또는 유사한 업종의 가맹계약을 체결할 수 없고(제168조의7 제2항), 가맹상은 계약이 종료한 후에도 가맹계약과 관련하여 알게 된 가맹업자의 영업상의 비밀을 준수하여야 한다(제168조의8 제2항). 가맹상은 가맹업자의 동의를 받아 그 영업을 양도할 수 있으며, 가맹업자는 특별한 사유가 없으면 이 영업양도에 동의하여야 한다(제168조의9).

(14) 채권매입업

타인이 물건·유가증권의 판매, 용역의 제공 등에 의하여 취득하였거나 취득할 영업상의 채권을 매입하여 회수하는 것을 채권매입업이라고 하며, 이를 영업으로 하는 자를 채권매입업자라 한다(제168조의11). 팩토링(factoring)이라고도 한다. 채권매입업에 있어 영업채권의 채무자가 그 채무를 이행하지 아니하는 경우 다른 약정이 없는 한 채권매입업자는 채권매입계약의 채무자에게 그 영업채권액의 상환을 청구할 수 있다(제168조의12).

제4절 회 사

1. 회사법 통칙

(1) 회사의 의의

회사란 상행위 기타 영리를 목적으로 하여 설립한 법인을 말한다(제169조, 제171조). 회사는 사단이므로 회사의 사원은 2인 이상이어야 한다. 다만, 예외적으로 주식회사와 유한회사에 있어서는 1인 회사의 설립이 인정된다. 상법상 회사는 모두 법인이므로 그 명의로 계약을 체결, 권리를 취득하거나 의무를 부담하며 그 권리·의무에 관한 소송에서 소송당사자가 된다. 또한 회사에 제공된 재산은 구성원 개인재산과 구별된다.

그런데 회사의 법인격이 남용된 경우 우리나라의 학설과 판례는 법인격부인이론을 적용하고 있다. 법인격부인론은 회사의 법인격을 박탈하지는 않고 그 법인격이 남용된 특정한 경우에 한하여 회사의 법인격을 제한함으로써 회사와 사원의 인격을 동일시하여 구체적으로 타당한 해결을 하려는 이론이다. 예컨대 어느 회사의 대주주와 회사의 재산이 실질적으로 구별되어 있지 않아 실질적으로 대주주 개인의 채무나 다름없는 회사의 채무에 대해 회사의 법인격을 부정하여 대주주에게 책임을 지우는 것과 같다.

(2) 회사의 종류

상법은 현재 회사의 종류로 합명회사·합자회사·유한책임회사·주식회사·유한회사의 5종류를 규정하고 있다(제170조). 회사는 또한 사원의 개성, 신용 등 인적요소가 회사의 대내적·대외적 관계에 반영되는 정도에 따라 인적회사와 물적회사로 구분된다. 사원의 개인적 결합의 색채가 짙은 인적회사는 사원의 개성이 강하며, 사원 개인의 신용이 회사의 대외적 신용의 기초가 된다. 물적회사는 자본이 결합된 회사로 사원의 개성이 약하여 회사재산이 회사의 대외적 신용의 기초이다. 합명회사가 대표적인 인적회사이며 합자회사도 여기에 속한다. 반면 주식회사는 대표적인 물적회사이며 유한회사도 소규모의 물적회사에 해당한다. 유한책임회사는 인적회사에 물적회사의 요소인 유한책임제도를 가미한 형태이다.

(3) 회사의 능력

회사는 법인이므로 일반적으로 권리의무의 주체가 될 수 있는 일반적 권리능력을 가진다. 그러나 회사는 그 목적과 관련하여 존재가치를 갖는다는 점에서 개별적인 권리능력에 있어서는 성질상의 제한 및 법률상의 제한을 받는다. 회사는 자연인이 아니므로 자연인의 성질로부터 인정되는 생명권, 상속권 등은 인정되지 않는다. 또한 회사는 다른 회사의 무한책임사원이 되지 못한다(제173조).

(4) 회사의 설립

회사의 설립은 회사라는 법인을 창설하는 절차를 의미한다. 통상 정관작성에서 시작하여 사원확정, 출자이행, 기관구성 등 실체형성이 이루어지며, 설립등기에 의하여 종료된다. 인적회사의 설립절차는 간단하지만 물적 회사는 복잡한 편이고 설립에 엄격한 책임이 따른다. 우리나라는 회사설립에 관하여 준칙주의를 취하면서 회사설립자인 발기인에게 엄격한 책임을 부담시키고 있다. 회사의 설립행위에 하자가 있으면 회사설립이 무효로 되거나 취소될 수 있다.

2. 주식회사

(1) 의 의

주식회사는 주식으로 나누어진 일정한 자본을 토대로 설립되며, 주주는 그 주식의 인수가액을 한도로 하는 유한의 출자의무를 질 뿐이고 회사채권자에 대하여는 아무런 책임도 지지 않는 회사이다. 주식회사의 자본은 회사채권자에 대한 유일한 담보액이고 회사신용의 기준이 된다. 그러므로 상법은 회사가 정관에 규정된 자본에 상당하는 현실재산을 반드시 확보하도록 하고 또한 그 자본이 회사가 경영하는 영업에 충분한 자본이 되도록 하기 위하여 자본에 관하여 다음과 같은 세 가지 원칙을 인정하고 있다.

첫째, 자본확정의 원칙은 회사의 설립시 또는 자본증가시에 정관에 자본의 총액을 확정하고 그 자본의 출자자인 주식인수인도 확정되어야 한다는 원칙을 말한다. 이 원칙은 회사설립시 또는 자본증가시부터 정관에 기재된 자본이 확정되지 않아 정관에 기재된 자본보다 부족한 자본을 가지고 영업을 함으로써 회사의 채권자에게 예기치 않은 손해를 끼치는 경우를 예방하기 위한 것으로 회사와 거래하는 사람들에게 회사의 사업과 신용의 규모에 대한 예측가능성을 주기 위한 것이다.

둘째, 자본유지의 원칙은 회사는 존립 중에는 항상 자본에 상당하는 충분한 재산을 보유하여야 한다는 원칙을 말한다. 회사는 계산상의 금액으로서만 자본을 보유하여야 할 뿐만 아니라 회사재산으로서 실질적으로도 보유하여야 한다는 의미로서 자본충실의 원칙이라고도 한다.

셋째, 자본불변의 원칙은 일단 확정된 자본은 법정의 엄격한 절차를 거치지 않고서는 감소시키지 못한다는 원칙을 말한다. 회사가 임의로 자본을 감소할 수 있으면 그 자본을 믿고 거래한 회사채권자의 지위가 불안정하기 때문에 인정되는 원칙이다.

주식회사 중에서 증권시장에 상장된 주권을 발행한 주식회사를 상장회사라 하는데, 상장회사에 대해서는 주식과 주주권의 행사 및 회사의 조직 등에 관하여 특례가 규정되어 있다(제542조의2 이하).

(2) 주식회사의 설립 방법

1) 발기설립

발기설립의 경우에는 다음과 같은 절차를 거쳐 설립한다. ① 발기인이 정관을 작성하여 공증인의 인증을 받고, 주식발행사항을 결정하고 난 다음 회사의 설립시에 발행하는 주식의 총수를 인수한다. ② 주식을 인수한 발기인은 지체 없이 인수한 각 주식에 관하여 인수가액의 전액을 납입하고, 현물출자를 하는 발기인은 그 전부를 이행한다. ③ 그 후 발기인은 이사와 감사를 선임하고, 이사와 감사는 취임 후 지체 없이 회사설립사항이 법령·정관에 위배하였는지 여부를 조사하여 발기인에게 보고한다. ④ 그리고 정관에 변태설립사항이 있는 경우에는 첫째, 법원에 검사인의 선임을 청구하여 법원에 의하여 선인된 검사인이 변태설립사항의 이행여부와 타당성을 조사하여 법원에 보고하고 법원은 변태설립사항이 부당하다고 인정하는 때에는 변경처분을 하는 절차를 밟을 수 있고, 둘째, 이것이 번잡하다고 생각하는 경우에는 공증인과 감정인의 조사보고로 대체할 수 있다. ⑤ 마지막으로 본점 소재지에서 설립등기를 함으로써 주식회사가 성립한다.

2) 모집설립

모집설립의 경우에는 다음과 같은 절차를 거쳐 설립한다. ① 먼저 발기인이 정관을 작성하여 공증인의 인증을 받고, 주식발행사항을 결정하고 난 다음 회사의 설립시에 발행하는 주식총수의 일부를 인수하여야 한다. ② 주식을 인수한 후 발기인은 잔여의 주식에 관하여 제3자로부터 주주를 모집한다. 잔여의 주식에 관한 주주모집은 주식청약을 받고 그에 발기인이 주식을 배정함으로써 주식인수가 확정되어, 주식청약인은 주식인수인으로 된다. ③ 설립시에 발행하는 주식총수가 인수되면, 발기인은 지체 없이 각 주식에 관하여 인수가액의 전액을 납입시켜야 하고, 현물출자가 있는 때에는 그 전부를 이행시켜야 한다. ④ 출자가 완전히 이행되면 발기인은 지체 없이 창립총회를 소집하여야 하며 창립총회는 발기인을 포함한 모든 주식인수인으로 구성된다. ⑤ 창립총회에서는 이사와 감사를 선임하고, 이사와 감사는 취임 후 지체 없이 회사설립사항이 법령·정관에 위반하였는지의 여부를 조사하여 창립총회에 보고하여야 한다. 변태설립사항이 있는 때에는 발기인이 검사인의 선임을 법원에 청구하고 검사인은 보고서를 창립총회에 제출하여야 한다. ⑥ 창립총회에서 회사설립의 폐지를 결의하지 않고 종결되면 본점 소재지에서 설립등기를 함으로써 주식회사 설립절차가 완결된다.

(3) 주식과 주주

1) 주식의 의의

주식은 주식회사가 사업 밑천 즉 자본금을 얻기 위하여 발행하는 증권으로서 두 가지 의미를 가지고 있다. 그 하나는 자본의 구성단위로서의 의미이고, 다른 하나는 주주의 지위 즉 주주권으로서의 의미이다.

2) 주 주

주주는 주식 즉 사원의 지위를 가지고 있는 자를 말한다. 주식의 취득은 원시적으로는 회사의 설립 또는 신주발행의 경우에는 주식의 인수에 의하여 이루어지고, 상속·합병 등의 포괄승계와 주식양도에 의하여 승계된다. 주주가 될 수 있는 자격에는 제한이 없으므로 자연인뿐만 아니라 법인도 주주가 될 수 있다. 자연인은 국적·연령·성별·행위능력의 유무에 관계없이 주주로 될 수 있다.

3) 주주의 권리의 종류

(가) 자익권과 공익권 자익권은 주주가 회사로부터 경제적 이익을 받을 것을 목적으로 하는 권리이다. 예를 들면 이익배당청구권, 잔여재산분배청구권, 신주인수권, 전환주식의 전환청구권, 주권교부청구권, 명의개서청구권 등이 이에 속한다. 반면에 공익권은 주주가 회사의 관리·운영에 참가하는 것을 목적으로 하는 권리를 말한다. 예컨대 주주총회 의결권, 임시주주총회 소집청구권, 주주제안권, 주주총회결의 취소의 소 제기권, 이사 위법행위 유지청구권, 대표소송 제기권, 위법한 신주발행의 유지청구권, 회계장부 열람권, 회사의 업무·재산상태의 검사청구권, 회사정리절차 개시신청권 등을 말한다.

(나) 단독주주권과 소수주주권 단독주주권은 주주이면 그 보유주식수에

관계없이 비록 1주를 가진 주주라도 행사할 수 있는 권리이다. 예컨대 앞에서 설명한 자익권과 공익권 중에서도 주주총회 의결권, 주주총회결의취소의 소 제기권, 회사설립무효의 소 제기권, 위법한 신주발행의 유지청구권 등이 여기에 속한다. 이에 비하여 소수주주권은 일정수 이상의 주식을 보유하여야 행사할 수 있는 권리를 말한다. 여기에는 발행주식총수의 100분의 10 이상을 요구하는 소수주주권으로서는 회사해산판결 청구권이 있고, 100분의 3 이상을 요구하는 소수주주권으로서는 임시주주총회 소집청구권, 주주제안권, 이사감사 해임청구권, 회계장부 열람권, 검사인 선임청구권 등이 있고, 100분의 1 이상을 요구하는 소수주주권으로서는 이사 위법행위 유지청구권, 대표소송 제기권 등이 있다.

(4) 회사의 기관

주식회사는 법인으로서 자연인과 달리 직접 행위를 할 수 없으므로 법인의 행위를 하기 위한 기관을 가지고 있다. 즉 주식회사에서 주주는 회사존립의 기초가 되나, 기관은 활동의 기초가 된다. 주식회사의 기관은 3권 분립의 영향을 받아 회사의 의사결정기관인 주주총회, 업무집행기관인 이사회와 대표이사, 감독기관인 감사 또는 감사위원회의 3 기관으로 분화되어 있다.

주주총회는 주주전원으로 구성되고 주주의 총의에 의하여 회사의 기본적인 사항에 관하여 회사의 의사를 결정하는 필요적 상설기관이다.

이사는 회사의 업무집행에 관한 의사를 결정하고 대표이사의 업무집행을 감독하는 이사회의 구성원이다. 주식회사의 이사는 원칙적으로 3인 이상을 두어야 한다. 이들 중 대표이사는 회사의 업무집행과 회사의 대표를 담당하는 회사의 필요적 상설기관이다. 다수의 이사가 모두 회사의 업무를 집행하고 회사를 대표할 수 없고 또 그렇게 할 필요도 없으므로, 상법은 대표이사제도를 두어 대표이사에게 이러한 권한을 부여하고 있다. 이사는 회사에 대하여 선량한 관리자의 주의로 업무를 처리하여야 하고(선관주의의무), 또 법령과 정관의 규정에 따라 회사를 위하여 그 직무를 충실히 수행하여야 한다(충실의무). 이사회는 이사 전원으로 구성되는 회의체로서 회사의 업무집행에 관한 의사를 결정하고 이사의 직무집행을 감독하는 회사의 필요적 상설기관이다.

회사의 감사에는 내부기관에 의한 내부감사와 회사의 외부기관에 의한 외부감사가 있다. 내부감사로는 상법상의 감사 또는 감사위원회, 검사인, 이사회, 주주총회, 주주 등에 의한 감사가 있고, 외부감사로는 「주식회사의 외부감사에 관한 법률」과 증권거래법상의 외부감사인에 의한 감사가 있다. 감사는 이사의 업무집행을 감사하는 선택적·필요적 상설기관이다. 감사위원회는 정관이 정하는 바에 따라 이사회가 설치하는 위원회로서, 감사에 갈음하여 이사의 직무집행을 감사는 기관이다. 검사인은 회사의 설립절차 또는 업무·재산상태를 조사하는 것을 임무로 하는 임시적 감사기관이다.

3. 합명회사

합명회사는 전 사원이 회사에 대하여 출자의무를 부담하는 외에 회사 채무에 대하여 직접·연대·무한책임을 지고 전 사원이 원칙적으로 회사의 업무를 집행하며 회사를 대표하는 권리를 가지는 회사이다. 합명회사는 인적 신뢰가 있는 소수의 사원으로 구성되고 그 실질적인 측면은 조합이므로 내부관계에 관하여는 정관 또는 상법에 규정이 없는 한 조합에 관한 민법의 규정을 준용하도록 하고 또 사원의 개성이 강하게 회사사업에도 반영되므로 인적회사의 전형을 이룬다.

합명회사는 회사의 두 요소인 자본의 결합이라는 측면보다는 사원의 결합이라는 측면이 중요시되는 회사이므로 자본의 집중보다는 노력의 보충과 재산의 분산방지를 위하여 합명회사를 설립한다. 그러므로 합명회사는 고도의 신뢰가 형성되어 있기 때문에 믿을 수 있는 친구·선후배·친척 사이에 설립되며 임기응변과 신속성을 요구하는 중소기업에 적합한 기업형태이다.

4. 합자회사

합자회사는 무한책임사원과 유한책임사원으로 구성되는 회사로서 서로 다른 두 가지의 사원으로 구성된다는 점에서 다른 종류의 회사와 구별된다. 첫째, 합자회사는 합명회사와 마찬가지로 무한책임사원을 가지고 있으나, 또한 유한책임사원을 가지고 있다는 점에서 합명회사와 구별된다. 이와 같이 무한책임사원을 가지고 있다는 점에서 사원의 개성이 중요한 인적회사에 속하며 그 실체는 조합의 성질을 가진다고 볼 수 있다. 그 결과 상법은 합자회사에는 특별한 규정이 있는 경우를 제외하고는 합명회사에 관한 규정을 준용한다. 둘째, 경제적으로 보면 합자회사는 무한책임사원이 경영하는 사업에 유한책임사원이 자본을 제공하고 그 사업에서 생기는 이익의 배분에 참가하는 형태로 익명조합과 유사하다. 그러나 합자회사는 무한책임사원과 유한책임사원으로 구성되는 공동기업으로서 유한책임사원의 출자는 회사재산으로 되고 유한책임사원은 그 구성원이며 회사채권자에 대하여 유한이나 직접·연대책임을 부담하는 데 반하여, 익명조합은 영업자의 단독기업으로서 익명조합원의 출자는 영업자의 재산으로 귀속되고 익명조합원은 영업자의 영업상의 채권자에 대하여 아무런 책임도 부담하지 않는 점에서 구별된다.

5. 유한회사

유한회사는 다수의 균등액의 출자로서 이루어진 자본을 가지며, 사원은 회사의 자본에 대한 출자의무를 부담할 뿐이고, 회사채권자에 대하여 아무런 책임을 부담하지 않는 회사이다. 유한회사는 전 사원이 간접유한책임을 지는 자본단체라는 점에서 인적회사와 다르고 주식회사와 같으나, 소규모의 폐쇄적인 회사이므로 자본의 구성방법에 있어서 법의 규제가 완화되어 있다.

유한회사는 간접유한책임을 그 본질적 요소로 하는 점에서 주식회사와 공통되나 이것은 중소기업에 적합한 기업형태이므로 다음과 같은 특색을 가진다. 첫째, 유한회사의 설립방법은 주식회사의 발기설립에 해당하는 형태만 인정되고, 회사설립의 경과에 관하여 법원이 선임한 검사인이 조사하는 제도도 없다. 둘째, 유한회사의 기관은 이사는 1인이라도 무방하고 기관이 이사회와 대표이사로 분화되어 있지 않으며, 감사는 임의기관이다. 사원총회의 소집절차도 간단하고, 사원총회의 특별결의의 요건은 주주총회의 특별결의요건보다 엄격하다.

셋째, 유한회사는 폐쇄적·비공개 회사로서 사원의 개성이 중요하다. 지분의 양도는 원칙적으로 허용되지만 정관으로 양도를 제한할 수 있고 지분의 유가증권화는 인정되지 않는다. 사채의 발행도 인정되지 않으며 수권자본제도도 인정하지 않는다. 그리고 공시주의를 완화하여 대차대조표의 공고를 요구하지 않는다.

6. 유한책임회사

유한책임회사는 미국의 Limited Liability Company(LLC)를 모델로 2011년 개정상법에 새로이 도입되었다. 유한책임회사는 내부적으로는 조합적인 요소를 가지고 있으나 대외적으로는 유한회사 및 주식회사의 요소를 지녀 출자금액을 한도로 유한책임을 지는 사원만으로 구성된 인적회사와 물적회사의 절충 형태이다. 그래서 모든 사원이 유한책임을 지면서도 주식회사나 유한회사와 달리 사원 스스로 업무집행을 할 수 있는 등 광범위한 사적 자치가 허용된다. 유한책임회사는 소규모 폐쇄기업, 벤처기업 및 투자기업, 법무법인, 회계법인 등 전문서비스 업종에서 활용될 것으로 본다.

상법은 유한책임회사의 내부관계에 관하여는 정관이나 상법에 규정된 사항을 제외하고는 합명회사에 관한 사항을 준용하고 있다(제287조의18). 그래서 유한책임회사는 주식회사와 마찬가지로 1인만으로 설립이 가능할 뿐 아니라, 사원이 1인이 되어도 해산되지 않는다(제287조의38). 또한 유한책임회사에서는 특정 사원이나 사원 아닌 제3자를 업무집행사원으로 정할 수 있다(제287조의12).

제5절 보　험

1. 보험의 개념

보험은 동일한 사고발생의 위험아래에 놓여 있는 다수인이 그 사고로 인한 손해를 보상받거나 또는 기타의 급여를 지급받기 위하여 통계적 기초에서 산출된 금액을 미리 납부하여 공동의 자금을 만들어 두고, 일정한 사고가 생겼을 때 이 공동의 자금으로부터 일정한 금액을 지급하도록 함으로써 경제생활의 불안에 대비하는 제도이다.

2. 보험계약

상법 중 보험에 관한 규정은 보험계약에 관한 사법적 규정들이다. 보험계약은 당사자의 일방이 약정한 보험료를 지급하고 상대방이 피보험자의 재산 또는 생명·신체에 관하여 불확정한 사고가 생길 경우에 일정한 보험금액 기타의 급여를 지급할 것을 약정하는 계약(제638조)이라고 말할 수 있다.

보험계약은 보험자와 보험계약자 사이에 보험계약을 체결하려는 의사의 합치만 있으면 성립하는데, 상법은 보험계약 체결시에 보험계약자에 고지의무를 부담시키고 있다. 고지의무는 보험계약자 또는 피보험자가 보험계약의 체결당시에 보험자에 대하여 중요한 사항을 고지하거나 또는 부실고지를 하지 아니할 의무를 말한다. 보험계약은 일정한 위험을 전제로 이루어지는 사행계약이므로, 보험계약이 도박이나 투기 등의 목적으로 악용되지 않도록 하기 위하여 보험계약자에게 이 의무를 부담시키는 것이다. 보험계약자 또는 피보험자가 고지의무를 위반한 때에는 보험자는 그 사실을 안 날로부터 1월 내에, 계약을 체결한 날로부터 3년 내에 한하여 계약을 해지할 수 있다(제651조).

3. 보험의 종류

첫째, 보험은 보험사업의 주체가 누구냐에 따라서 공영보험과 사영보험으로 나눌 수 있다. 공영보험은 국가 기타 공법인이 경영하는 보험을 말한다. 여기에는 산업재해보상보험·선원보험·의료보험·군인보험·수출보험 등이 있다. 이에 비하여 사영보험은 개인 또는 사법인이 경영하는 보험을 말한다. 사영보험은 다시 영리성이 있느냐 없느냐에 따라 영리보험과 상호보험으로 나누어진다. 영리보험은 보험자가 영리목적으로 제3자와 보험계약을 체결하는 것이며, 상호

보험은 가입자 상호간의 이익을 목적으로 하는 보험을 말한다.

둘째, 보험사고가 발생하는 객체에 따라서 보험사고가 사람에 관하여 발생하는 보험은 인(人)보험이라 하고, 물건에 관하여 발생하는 보험을 물건보험이라 한다. 인보험에는 생명보험·상해보험·질병보험·교육보험 등이 있고 물건보험에는 화재보험·선박보험·자동차보험·운송보험·도난보험 등이 있다.

셋째, 보험금을 지급하는 방법에 따라서 우연한 사고로 인하여 발생한 손해를 보상하는 보험을 손해보험이라고 하고, 손해의 유무·다소를 불문하고 사람의 생존이나 사망에 관하여 일정한 금액을 지급하는 보험을 생명보험이라고 한다.

넷째, 보험사고가 발생하는 장소에 따라서 육상보험·해상보험·항공보험 등으로 나누어 볼 수 있다.

4. 손해보험

손해보험계약은 당사자의 일방이 보험사고에 의하여 생길 수 있는 피보험자의 재산상 손해를 보상할 것을 약정하고 상대방이 보험료를 지급할 것을 약정함으로써 효력이 발생하는 비정액 보험계약이다. 손해보험은 인보험에서와 달리 피보험자의 재산상 손해발생을 필수적으로 요구한다.

손해보험은 일반적으로 실제로 발생한 손해만을 보상하는 비정액보험이 원칙인데 이를 이득금지의 원칙이라고 한다. 상법이 규정하는 손해보험으로는 화재보험, 운송보험, 해상보험, 책임보험, 자동차보험, 보증보험이 있다.

5. 인 보 험

인보험은 보험자가 피보험자의 생명, 신체에 관하여 보험사고가 생길 것을 대비하여 계약에서 정한 보험금을 지급하는 보험을 의미한다(제727조 1항). 상법상 인보험에는 생명보험과 상해보험의 두 가지가 있다. 생명보험계약은 당사자의 일방이 상대방이나 제3자의 생명에 관하여 보험사고가 발생한 경우에 보험수익자에게 일정한 재산적 급여를 하고, 상대방이 일정한 보험료를 지급할 것을 약정하는 계약으로, 손해의 유무나 다소와 무관한 정액보험이다. 상해보험은 보험자가 피보험자의 신체에 관하여 보험사고가 생길 것을 대비하여 계약에서 정한 보험금을 지급하는 보험이다(제737조). 상해보험의 경우 보험사고의 원인이 피보험자의 신체의 외부로부터 작용할 것을 요하며 질병과 같은 내부적 원인은 제외된다.

제6절 해　　상

1. 해상법의 의의

해상법은 해상기업에 관한 법으로서 주로 사법적 성질의 법규로 구성되어 있다. 해상기업은 바다를 무대로 하여 선박을 이용하여 영업활동을 수행하기 때문에 일반 기업과 다른 여러 가지 특성을 띠고 있다.

2. 해상기업조직

(1) 물적조직

해상기업을 경영함에는 선박이라는 물적조직을 기본으로 한다. 해상법상 선박은 상행위나 그 밖의 영리를 목적으로 항해에 사용하는 선박을 말한다(제740조). 첫째, 선박은 동산이지만 그 가격이나 용적·형상 등이 대체로 크다는 점에서 부동산과 유사한 취급을 하여 선박등기를 인정한다. 둘째, 선박은 선체·기관·돛·갑판 등의 각 부분이 유기적으로 결합되고 그 자체가 하나의 독립한 합성물이 된다. 셋째, 선박은 하나의 물건으로서 권리의 객체가 되는 것이지만 한편 사람과 같이 그 명칭과 국적을 가지고 또 상인의 영업소와 같이 선적항을 가진다.

(2) 인적조직

1) 해상기업의 주체

① 선박소유자는 물권법상의 소유권을 가지는 자로서 그 소유선박을 상행위 기타 영리의 목적으로 자기의 해상기업활동에 이용하는 자를 말한다. ② 선박공유자는 선박을 공유하면서 그 선박을 해상기업활동에 사용하는 자를 말한다. ③ 선박임차인은 타인의 선박을 임차하여 상행위나 그 밖의 영리를 목적으로 선박을 항해에 사용하는 자를 말한다. ④ 정기용선자는 일정기간 타인이 소유하거나 임차인이 임차한 선박에 관하여, 선원이 승무하고 항해장비를 갖춘 상태의 선박의 사용권을 얻어 이것을 해상기업활동에 이용하는 자를 말한다.

2) 해상기업의 보조자

① 선장은 선박소유자의 피용자로서 특정선박의 항해를 지휘하고 또 선박소유자의 대리인으로서 공법상·사법상의 법정권한을 가지는 자를 말한다. 선장은 선적항외에서는 그가 지휘하는 선박의 항해에 필요한 재판상·재판외의 모든 행위를 할 권한을 가진다. ② 해원은 선박 안에서 근무하는 선장이 아닌 선원을 말한다. ③ 선박사용인은 임시로 선박상의 노무에 종사하기 위하여 고용된 자를 말한다. ④ 도선사는 일정한 구역 안에서 도선업무를 하는 자를 말한다.

3. 해상운송

해상운송에는 해상운송인이 선박의 전부나 그 일부를 제공하여 물건의 운송을 인수하는 용선계약과 개개의 물건의 운송을 인수하는 개품운송계약 등이 있다. 해상운송인은 선박의 안전항행을 위한 감항능력 주의의무, 운송물을 선량한 관리자의 주의로 보관할 의무, 부득이한 경우 이외에 예정항로를 변경하지 아니하고 항행해야 하는 직항의무 등이 있다. 또한 해상운송인은 용선자나 송하인의 청구가 있으면 선하증권을 발행해야 하며, 이 경우에 운송물의 인도 및 처분은 선하증권으로 하여야 한다.

해상운송에 있어 고도의 위험성, 운임의 저렴성, 해상기업의 정책적 보호와 육성 등을 이유로 상법은 해상운송인의 책임한도를 규정하고 있다(제769조 이하

참조).

4. 해상기업의 위험

(1) 공동해손

공동해손은 선박과 적하의 공동위험을 면하기 위하여 선장이 선박 또는 적하에 대한 처분을 하는 경우에 생긴 손해 또는 비용이다(제865조). 공동해손은 그 위험을 면한 선박 또는 적하의 가액과 운임의 반액과 공동해손의 액과의 비율에 따라 각 이해관계인이 이를 분담한다(제866조).

(2) 선박충돌

선박충돌은 항해선 상호 간 또는 항해선과 내수항행선 간의 충돌이 있은 경우에 선박 또는 선박 내에 있는 물건이나 사람에 관하여 손해가 발생하는 것을 의미한다(제876조). 선박의 충돌이 불가항력으로 인하여 발생하거나 충돌의 원인이 명백하지 아니한 때에는 피해자는 충돌로 인한 손해의 배상을 청구하지 못한다(제877조). 그러나 선박의 충돌이 일방의 선원의 과실로 인하여 발생한 때에는 그 일방의 선박소유자는 피해자에 대하여 충돌로 인한 손해를 배상할 책임이 있다(제878조). 충돌이 쌍방 선원의 과실로 인하여 발생한 때에는 쌍방의 과실의 경중에 따라 각 선박소유자가 손해배상의 책임을 분담한다. 이 경우 그 과실의 경중을 판정할 수 없는 때에는 손해배상 책임을 균분하여 부담한다(제879조).

(3) 해난구조

항해선 또는 그 적하 그 밖의 물건이 어떠한 수면에서 위난에 조우한 경우에 의무 없이 이를 구조한 자는 그 결과에 대하여 상당한 보수를 청구할 수 있다. 항해선과 내수항행선 간의 구조의 경우에도 또한 같다(제882조). 구조의 보수에 관한 약정이 없는 경우에 그 액에 대하여 당사자 사이에 합의가 성립하지 아니한 때에는 법원은 당사자의 청구에 의하여 구조된 선박·재산의 가액,

위난의 정도, 구조자의 노력과 비용, 구조자나 그 장비가 조우했던 위험의 정도, 구조의 효과, 환경손해방지를 위한 노력, 그 밖의 제반사정을 참작하여 그 액을 정한다(제883조).

5. 해상기업금융

해상기업자에게 해상기업을 경영함에 있어서 필요한 자금을 원활하게 조달하도록 하기 위하여 선박우선특권과 선박저당권이라는 특수한 담보물권을 인정하고 있다. 선박우선특권은 일정한 법정채권의 채권자가 선박과 그 부속물로부터 다른 채권자보다 자기채권의 우선변제를 받을 수 있는 해상법상의 특수한 담보물권을 말한다. 선박저당권은 등기선박을 목적으로 하여 계약에 의하여 설정되는 해상법상 특수한 저당권을 말한다.

제 7 절 항공운송

1. 항공운송법의 의의

항공운송법은 항공운송에 관한 사법적 관계를 규율한다. 항공사고는 순간성 · 전손성 · 거액성 · 국제성을 띠고 있으므로 육상운송 · 해상운송과 분리하여 다룰 필요가 있기 때문에 2011년 상법개정으로 신설되었다.

2. 항 공 기

항공운송법의 적용대상은 '항공기'에 의한 운송이다. 항공기는 상행위나 그 밖의 영리를 목적으로 운항에 사용하는 항공기를 말하며, 행글라이더 등 대통령령으로 정하는 초경량 비행장치는 제외한다(제896조). 운항용 항공기에 대하여는 상행위나 그 밖의 영리를 목적으로 하지 아니하더라도 항공운송에 관한 규정을 준용한다. 다만, 군용·경찰용기 등 국유 또는 공유 항공기에 대하여는 운항의 목적·성질 등을 고려하여 대통령령으로 정하는 경우에는 예외로 한다(제897조).

3. 항공운송인의 책임

(1) 항공여객운송인의 책임

항공운송인은 여객의 사망 또는 신체의 상해로 인한 손해에 관하여는 그 손해의 원인이 된 사고가 항공기상에서 또는 승강(乘降)을 위한 작업 중에 발생한 경우에만 책임을 진다(제904조).

운송인은 위탁수하물의 멸실 또는 훼손으로 인한 손해에 대하여는 그 손해의 원인이 된 사실일 항공기상에서 또는 위탁수하물이 운송인의 관리 하에 있는 기간 중에 발생한 경우에만 책임을 진다. 다만, 그 손해가 위탁수하물의 고유한 결함, 특수한 성질 또는 숨은 하자로 인하여 발생한 경우에는 그 범위에서 책임을 지지 아니한다(제908조 1항). 운송인은 자신과 그 사용인 및 대리인이 손해를 방지하기 위하여 합리적으로 요구되는 모든 조치를 하였다는 것 또는 그 조치를 하는 것이 불가능하였다는 것을 증명한 경우를 제외하고 수하물의 연착으로 인한 손해에 대하여도 책임을 진다(제909조).

(2) 항공물건운송인의 책임

항공운송인은 운송물의 멸실 또는 훼손으로 인한 손해에 대하여 그 손해가 항공운송 중 내지 운송인이 운송물을 관리하고 있는 기간에 발생한 경우에만 책임을 진다. 다만, 운송인이 운송물의 멸실 또는 훼손이 ① 운송물의 고유한 결함, 특수한 성질 또는 숨은 하자, ② 운송인 또는 그 사용인이나 대리인 외의 자가 수행한 운송물의 부적절한 포장 또는 불완전한 기호 표시, ③ 전쟁, 폭동, 내란 또는 무력충돌, ④ 운송물의 출입국, 검역 또는 통관과 관련된 공공기관의 행위, ⑤ 불가항력으로 인하여 발생하였음을 증명하였을 경우에는 그 책임을 면한다(제913조). 운송인은 수하물의 경우와 마찬가지로 운송물의 연착으로 인한 손해에 대하여 책임을 진다(제914조). 다만, 송하인이 운송물을 운송인에게 인도할 때에 도착지에서 인도받을 때의 예정가액을 미리 신고한 경우에는 운송인은 신고 가액이 도착지에서 인도할 때의 실제가액을 초과한다는 것을 증명하지 아니하는 한 신고 가액을 한도로 책임을 진다(제915조 1항). 항공운송인의 송하인 또는 수하인에 대한 채권은 2년간 행사하지 아니하면 소멸시효가 완성한다(제919조).

(3) 운송인 등의 책임감면

운송인이나 항공기 운항자의 손해배상책임과 관련하여 운송인이나 항공기운항자가 손해배상청구권자의 과실 또는 그 밖의 불법한 작위나 부작위가 손해를 발생시켰거나 손해에 기여하였다는 것을 증명한 경우에는, 그 과실 또는 그 밖의 불법한 작위나 부작위가 손해를 발생시켰거나 손해에 기여한 정도에 따라 운송인이나 항공기 운항자의 책임을 감경하거나 면제할 수 있다(제898조).

(4) 비계약적 청구에 대한 적용 등

항공운송인의 책임에 관한 규정은 운송인의 불법행위로 인한 손해배상의 책임에도 적용한다(제899조 제1항). 항공운송계약을 체결한 운송인 즉 계약운송인의 위임을 받아 운송의 전부 또는 일부를 수행한 운송인 즉 실제운송인이 있을 경우 실제운송인이 수행한 운송에 관하여 실제운송인의 책임에 대하여는 항공운송인의 책임에 관한 규정을 적용한다(제900조). 운송인의 여객, 송하인 또는 수하인에 대한 책임은 그 청구원인에 관계없이 여객 또는 운송물이 도착지에 도착한 날, 항공기가 도착한 날 또는 운송이 중지된 날 가운데 가장 늦게 도래한 날부터 2년 이내에 재판상 청구가 없으면 소멸한다(제902조). 항공운송인의 책임에 관한 상법의 규정에 반하여 운송인의 책임을 감면하거나 책임한도액을 낮게 정하는 특약은 효력이 없다(제903조).

4. 지상 제3자의 손해에 대한 책임

항공기 운항자는 비행 중인 항공기 또는 항공기로부터 떨어진 사람이나 물건으로 인하여 사망하거나 상해 또는 재산상 손해를 입은 지상의 제3자에 대하여 손해배상책임을 진다(제930조 1항). 여기서 지상에는 지하, 수면 또는 수중이 포함되며, 항공기운항자는 사고 발생 당시 항공기를 사용하는 자를 말한다. 다만, 항공기의 운항을 지배하는 자 즉 운항지배자가 타인에게 항공기를 사용하게 한 경우에는 운항지배자를 항공기 운항자로 본다. 항공기 운항자도 유한책임을 부담한다(제932조).

제 8 절 어음 · 수표

1. 유가증권의 개념과 종류

유가증권은 재산적 가치가 있는 사권(私權)을 표창한 증권으로서 그 권리의 행사 및 이전에 증권의 소지를 요하는 것을 말한다. 그러므로 유가증권은 첫째, 재산적 가치 있는 사권을 표창하는 증권이다. 재산권은 물권이든 채권이든 사원권이든 불문한다. 둘째, 유가증권은 권리의 행사 및 이전에 증권의 소지를 요하는 것은 최소한의 요건이고 이외에도 어음 · 수표와 같이 권리의 발생에도 증권의 소지를 요하는 경우가 있다.

유가증권은 다음과 같은 종류가 있다. 첫째, 양도할 때에 그 증권 상의 권리자를 지정하는 방식에 따라 기명증권 · 지시증권 · 무기명증권 · 선택무기명증권 등으로 구분된다. 기명증권은 증권면에 특정인을 권리자로 지정한 유가증권으로서 기명채권과 기명승차권 등이 있다. 지시증권은 증권면에 기재되어 있는 특정인 또는 그 자가 지시하는 자를 권리자로 하는 유가증권을 말하며 이에는 어음 · 수표, 화물상환증 · 선하증권 · 창고증권 등이 있다. 둘째, 증권에 표창된 권리에 따라 채권증권, 물권증권, 사원권적 증권 등으로 구분된다. 셋째, 증권이 표창하는 권리와 증권의 결합관계에 따라 완전유가증권과 불완전유가증권으로 구분된다. 완전유가증권은 권리의 발생·이전·행사의 모두에 증권의 소지를 요하는 유가증권으로서 어음·수표가 그 전형적인 예이다. 불완전유가증권은 권리의 발생이나 행사에 유가증권을 필요로 하지 않는 것으로서 주권, 화물상환증 등이 그 예이다.

여기에서는 유가증권 중에서도 가장 중요한 어음과 수표에 대해서 살펴본다.

2. 어음·수표의 의의

어음은 금전의 지급을 위탁하거나 금전의 지급을 약속하는 문언을 기재한 불요인(不要因)·문언·요식의 유가증권이다. 금전의 지급의 위탁하는 문언을 기재한 어음이 환어음이고, 금전의 지급을 약속하는 문언을 기재한 어음이 약속어음이다. 이에 비하여 수표는 발행인이 지급인에 대하여 수취인 기타 소지인에게 일정한 금액을 지급할 것을 위탁하는 문언을 기재한 유가증권이다. 수표는 금전지급의 위탁증권이라는 점에서 인수전의 환어음과 같으므로 수표의 성질과 형식은 환어음과 유사하다.

(1) 환 어 음

환어음은 어음의 작성자인 발행인이 제3자, 즉 지급인에 대하여 증권에 기재된 금액을 일정한 날에 권리자에게 지급할 것을 무조건적으로 위탁하는 증권이다. 증권에는 지급을 할 지급인을 기재하고, 그것을 지급인이 어음에 서명함으로써 인수하면 지급인은 어음의 소지인에 대한 어음채무자가 된다.

발행인으로부터 어음의 교부를 받은 수취인은 직접 어음의 지급을 청구할 수 있음은 물론이지만 배서를 하여 타인에게 양도할 수도 있다. 피배서인은 수취인의 지위를 승계한다. 배서의 방식은 배서인이 증권에 서명하고 배서를 받을 자를 기재하는 것이 원칙이지만 피배서인을 기재하지 않는 이른바 백지식 배서도 인정된다. 어음의 소지인이 그 만기 또는 발행의 날부터 1년 안에 지급인 또는 지급담당자에게 어음을 제시하고 지급을 청구하는 행위를 지급제시라고 한다. 지급인 또는 인수인이 지급청구를 받고도 지급을 하지 않는 때에는 소지인은 인수인에 대하여 그 책임을 추궁하거나, 법정기간 안에 집행관 또는 공증인에게 지급거절증서를 작성케 하여 지급이 없었음을 증명하면, 그 어음을 유통에 참가하였던 발행인 및 모든 배서인에 대하여 일정한 금액의 지급을 청구할 수 있다. 이것을 상환청구 또는 소구라고 한다.

(2) 약속어음

약속어음은 발행인 자신이 정해진 날에 어음상의 금액을 권리자에게 지급할 것을 약속하는 어음이다. 약속어음은 발행인 자신이 주채무자로서 어음금액의 지급을 약속하는 것이기 때문에 환어음의 발행인이 제3자에게 어음금액의 지급을 위탁하는 것과는 다르다. 약속어음에는 발행인과 수취인 이외에는 지급인도 인수인도 없다.

(3) 수 표

수표는 법률상으로는 환어음의 한 변종이라고 할 수 있다. 수표에 관한 규정은 대체로 환어음에 관한 그것과 공통적인데, 그 차이점은 다음과 같은 양자의 경제적 목적의 차이에서 오는 것이다. 즉 환어음은 경제상으로는 신용증권·지급증권으로서 이용되는 데 대하여, 수표는 단순히 지급증권으로서 이용된다. 그러므로 수표에는 인수라는 것이 없으며 그 대신 지급보증제도가 있다. 수표는 현금에 대신하는 일람출급증권, 즉 수표를 제시하면 바로 지급이 이루어지는 증권이다. 수표의 지급제시기간은 아주 짧아서 발행 후 10일 안에 제시하도록 되어 있다. 수표는 신용의 이용을 할 수 없으므로 인수가 금지되어 있다. 횡선수표는 은행 또는 지급인의 거래처에 대하여서만 지급할 수 있게 하는 수표이다.

05장 民事訴訟法

제1절 민사소송 총설

1. 민사소송

(1) 민사소송의 목적

사법질서는 사인간의 질서라고도 할 수 있으나, 이는 국법에 의하여 규율되는 것이므로 국가에 의하여 유지되고 있다. 이러한 점에서 사법질서가 깨지게 되면 한편으로는 사인의 권리가 침해되었다고 볼 수도 있으나, 다른 한편에서는 국법질서가 침해되었다고 볼 수도 있다. 이와 같은 이유에 의하여 국가는 직접 스스로 관련되는 공법질서가 아님에도 불구하고 이를 유지하기 위하여 민사소송제도를 두어 법질서를 유지하고, 이와 아울러 국민 개개인의 권리를 보장하고 있다.

이와 같은 점을 고려할 때, 민사소송(Zivilprozeß, civil process)은 사적 영역에서는 사권의 존재를 확정하여 개인의 권리를 보호하고, 국가적 내지 공적 영역에서는 사법질서의 유지를 목적으로 하는 재판절차라고 할 수 있을 것이다. 민사소송절차는 엄격한 절차를 거쳐 분쟁을 해결한다는 점에서 장점과 단점을 다 같이 가지고 있으나, 다른 방법에 의하여 분쟁해결이 되지 않을 때 최종적인 해결방법으로서 유용하다. 그리고 민사소송은 다른 소송절차의 일반절차로서의 성격을 가진다(행정소송법 제8조, 가사소송법 제12조 등 참조).

넓은 의미의 민사소송절차는 좁은 의미의 재판절차 외에 강제집행절차와 보전소송절차의 3부분으로 구성되어 있다. 뒤의 두 가지는 민사집행법이 규정한다.

(2) 민사소송의 이상

민사소송은 사인의 권리보호와 국법질서를 유지하기 위한 제도이므로 합리적으로 타당성 있게 운영되어야 할 필요가 있다. 이를 위하여 민사소송은 ① 재판이 진실에 입각하여 이루어져야 한다는 의미에서 소송의 적정, ② 원고와 피고 사이의 균형 있는 재판이 긴요하므로 당사자 사이의 공평, ③ 재판이 가급적 당사자에게 빠른 시일 내에 결과를 주어야 한다는 의미에서 절차의 신속, 그리고 ④ 재판에 들어가는 비용이 과도하면 안 된다는 의미에서 소송의 경제 등의 4대 이상을 추구하고 있다. 이와 아울러 법원은 소송절차가 공정하고 신속하며 경제적으로 진행되도록 노력하여야 하며, 당사자와 소송관계인은 신의에 따라 성실하게 소송을 수행하여야 한다는 것을 요구하여(민사소송법 제1조), 소송에 신의성실의 원칙이 적용됨을 분명히 하였다.

2. 민사소송법

우리 민사소송법은 해방 이후에도 일본의 민사소송법을 의용하고 있다가, 1960년에 비로소 제정되었다. 이 법은 수차례의 개정을 거쳐 현재에 이르고 있는데, 현행법은 전부개정된 신법이 2002년 7월 1일부터 발효된 후 크고작은 개정을 거쳐 현재에 이르고 있다. 민사소송법은 민사와 상사를 아우르는 민사분쟁을 해결하기 위한 절차법으로서, 그 성격은 공법이며 강행법규이다. 민사소송사항에 관해서는 민사소송법 이외에도 민사집행법, 법원조직법, 집행관법 외 수많은 법령들이 적용된다.

3. 소송의 개시

(1) 소의 종류

소(訴)는 당사자가 법원에 대해 특정 상대방과의 사이에 있는 분쟁에 대해 그 당부를 재판하여 줄 것을 요구하는 신청을 말한다. 법원은 소 없이는 재판을 하지 못하므로, 소에 의하여 재판절차가 개시된다.

소는 여러 가지로 구별할 수 있으나, 통상 특정한 이행청구권에 대해 이행명령을 해줄 것을 요구하는 이행의 소, 특정한 법률관계를 확정하여 줄 것을 요구하는 확인의 소, 재판에 의해 법률관계를 형성하여 줄 것을 요구하는 형성의 소 등으로 나누어 볼 수 있다.

(2) 소송요건

소송요건이라 함은 법원이 당해 소송에 관하여 재판을 함에 있어 요구되는 적법요건을 말한다. 소송요건을 흠결하게 되면 재판이 불가능하게 되거나, 재판이 무의미하게 되고, 나아가 당사자의 보호나 공익적 요구가 이루어지지 않게 되는 등 전체적으로 보아 소송이 부적법하게 된다. 때문에 소송요건은 소송전반에 걸쳐 요구되며, 소송요건을 갖추지 못한 소송은 부적법 각하된다. 법원은 사건에 대해 당사자의 신청이 없어도 소송요건을 심사하여야 한다.

(3) 소의 제기

1) 소제기의 방법

소가 제기되어야만 재판절차가 개시된다. 이때 원고인 당사자는 소장(訴狀)이라는 서면을 제1심 법원에 제출하는 것이 원칙이다. 전자문서에 의해 소를 제기하는 것도 가능한데, 이때에는 대법원 전자소송 홈페이지(http://ecfs.scourt.go.kr/)에 접속하여 정해진 방법으로 소장을 작성할 수 있다. 소장에는 당사자와 법정대리인의 표시, 청구의 취지, 청구원인을 반드시 기재하여야 하며, 정해진 액수의 인지를 붙이고 소장 부본, 대리인 자격증명 등 첨부서면을 첨부하여야 한다. 소가 3,000만 원 이하의 소액사건에 대해서는 구술제소, 임의출석 등의 특례가 마련되어 있다.

2) 재판장의 소장심사

소장이 제출되면 법원에서는 담당재판부를 정하여 소장을 넘겨준다. 이를 받은 법원의 재판장은 소장에 흠이 없는지의 여부를 조사하여 흠이 있으면 소장을 각하하거나 보정을 명령하고, 흠이 없으면 소장 부본을 피고에게 송달하고, 30일 이내에 답변서를 제출하게 한다. 피고가 답변서를 제출하지 않으면 무변론판결을 하므로 소송은 피고의 패소로서 종료되나, 피고가 답변서를 제출하면 사건을 변론절차나 변론준비절차에 회부한다.

3) 소제기의 효과

재판장이 소장 부본을 피고에게 송달하면 이때 소송계속(訴訟繫屬)의 효과가 발생한다. 소송계속이라 함은 특정한 청구에 대해 법원이 재판을 하고 있는 상태, 즉 원고·피고·법원이 재판을 위하여 소송수행을 할 수 있는 상태를 말한다. 이에 의하여 동일한 사건을 다시 제소할 수 없는 중복제소금지(重複提訴禁止)의 효과가 발생한다. 한편 이외에도 시효중단, 제척기간 준수를 비롯한 실체법상의 효과가 발생하기도 한다.

소 장[1)]

원 고[2)] 박 장 미

부산시 영도구 맛자랑길 60 (청학동)

전화(휴대폰)번호 (051)500-1211, (010)2217-1121

팩스번호 (051)3480-1212, 이메일 주소 : rose11@mymail.net

우편번호 49026

1) 소장의 제목이다. 실제 소장은 이 앞에 표지를 붙이고 소장, 소의 명칭, 원고와 피고의 이름 등을 적는 수가 많다. 그리고 여기 나타나지는 않지만, 인지도 붙인다.

2) 소를 제기하는 사람이다. 이름과 주소를 쓴다. 기타 사항은 연락을 받기 위한 사항이다.

피 고[3] 황 상 순

서울 서초구 강남대로 300 (서초동)

우편번호 06628

대여금 청구의 소[4]

청 구 취 지[5]

1. 피고는 원고에게 금10,000,000원 및 이에 대한 2012. 8. 1.부터 이 사건 소장 부본 송달일까지는 월 1%, 그 다음날부터 다 갚는 날까지는 연 1할 5푼의 각 비율에 의한 금원을 지급하라.

2. 소송비용은 피고의 부담으로 한다.

3. 제1항은 가집행할 수 있다.

라는 판결을 구합니다.

청 구 원 인[6]

1. 원고는 피고에게 2010. 5. 1. 금10,000,000원을, 변제일은 2012. 7. 31. 이자는 월 1%로 하고 빌려주었습니다. 그러나 피고는 이자뿐만 아니라 아직까지 위 돈을 갚지 않고 있습니다.

2. 따라서 원고는 피고에 대하여 위 원금10,000,000원과 이를 갚기로 한 날의 다음 날인 2012. 8. 1.부터 이 사건 소장 부본 송달일까지는 월 1%, 그 다음 날부터 다 갚는 날까지는 연 1할 5푼의 각 비율에 의한 지연손해금의 지급을 구하기 위하여 이 사건 청구에 이른 것입니다.

---

3) 소를 제기당하는 사람이 피고이다. 주소만 정확하면 된다.

4) 소의 이름이다.

5) 재판의 내용과 종류를 정하여 청구하는 부분이다. 판결에 직접 연결되므로 가장 중요하다.

6) 재판을 청구하게 된 이유를 적는다.

입 증 방 법[7)]

갑제1호증 차용증서 사본 1통

기타 입증방법은 변론기일에 제출하겠습니다.

첨 부 서 류[8)]

1. 소장 부본 1통
1. 차용증 사본 1통
1. 납부서 1통

2016. 5. 10.

위 원고 박 장 미 (인)[9)]

서울중앙지방법원 귀중

제 2 절 소송의 주체

1. 법 원

(1) 민사재판권

민사재판권이라 함은 민사에 관한 분쟁을 처리하기 위하여 판결이나, 강제집행 및 가압류·가처분과 같은 재판절차를 진행하는 국가권력을 말한다. 이는

7) 증거에 관한 사항을 적는다.
8) 소장을 낼 때 첨부하는 서류의 목록이다.
9) 원고가 기명하고 날인한다.

원칙적으로 모든 대한민국 국민 및 대한민국 영토 내에서 발생한 모든 사건에 대하여 미치는 것이다. 다만 이는 국제재판관할과 관련하여 예외가 인정되어 있다(국제사법 제2조 참조). 당연한 것이나 우리 법원은 민사재판권이 없는 사항이나 사람에 대해서는 재판하지 못한다.

(2) 민사법원의 구성

1) 법원의 종류

여러 종류의 법원 가운데서 민사재판권을 구체적으로 행사하는 법원은 대법원·고등법원·지방법원 등 3가지의 일반법원이다. 고등법원의 원외재판부나 지방법원 지원, 시·군법원은 지방법원의 출장소격인 법원으로서 별도의 법원이라고 할 수 없다. 대법원은 고등법원과 지방법원의 상급법원이고, 고등법원은 지방법원의 상급법원이다.

2) 법원의 구성

법원은 여러 가지의 의미를 가지고 있으나, 통상 민사소송에서 법원이라고 하면, 특정한 사건을 담당하는 재판기관을 말한다. 이러한 법원은 법관으로 구성하며, 합의부와 단독판사로 나눌 수 있다. 합의부는 3인 이상의 법관으로 구성하는 법원을 말하며, 대법원, 고등법원, 지방법원 합의부에서 재판한다. 단독판사는 법관 1인으로 구성하며 지방법원 단독부에서 재판한다. 합의부에서 소송의 지휘를 담당하는 1인의 선임법관을 재판장이라 한다.

직접 법원을 구성하지는 않으나, 법원의 사무 내지 절차를 처리하는 구성원으로 법원사무관 등과 사법보좌관, 집행관 등이 있다.

3) 법관의 제척·기피·회피

법관은 재판을 공정하고 공평하게 실시하여야 하는 것이 생명이라고 할 수 있다. 이러한 점에서 법관에 대해서는 인적·물적 독립을 인정하고 있는데, 법관이 재판을 공정하게 하지 못할 사유가 있을 때에는 재판에서 물러나게 하는 것이 타당하다. 이에 법은 법관이 구체적 사건에 관하여 법률에서 정한 특수한 관계가 있을 때에는 당연히 그 사건에 관하여 직무를 수행하지 못하게 하고 있는데, 이를 법관의 제척이라고 한다. 또 제척사유 이외의 재판의 공정을 기대하기 어려운 사유가 있을 때에는 당사자의 신청에 의하여 재판으로 법관을 물러나게 하는 수도 있는데, 이를 법관의 기피라고 한다. 마지막으로 법관의 회피는 법관이 스스로 재판을 공정하게 하지 못할 사유가 있음을 인정하고 감독기관의 허가를 얻어 물러나는 것이다.

(3) 관 할

1) 각종의 관할

(가) 관할의 의의 민사법원이라 하더라도 각급의 법원이 전국에 산재해 있으므로, 구체적으로 특정한 사건에 관하여 어느 법원이 재판을 하여야 할 것인가의 문제를 관할이라 한다. 이는 당사자의 입장에서는 어느 법원에서 재판을 받을 것인가의 문제로 된다.

관할은 법에 의해 규정되는 법정관할이 원칙이나, 재판에 의해 정해지는 수도 있으며, 당사자가 정하는 경우도 있다. 또 소송법상 반드시 준수하여야 할 것으로서 그 위반은 상소사유로 되는 전속관할과, 당사자 등에 의해 변경될 수 있는 임의관할이 있다.

(나) 관할의 종류 관할은 여러 가지 면에서 사건에 적용되는데, 먼저 법관의 직무를 기준으로 직분관할이 정해진다. 심급관할도 직분관할이다. 그리고 1심에서 단독판사와 합의부 사건을 구별하여 제소하여야 하는데, 이러한 구별은 사물관할에 의해서 이루어진다. 그러나 가장 일반적인 관할은 피고의 주소지 등을 기준으로 지역적인 구별을 하는 토지관할이다. 이는 모든 사건에 관하여 피고를 기준으로 정하는 보통재판적과 기타의 사유를 기준으로 하는 특별재판적이 있다. 이외에 법정관할로는 재판을 할 수 없게 되었을 때 상급법원이 정하는 관할을 지정관할이라고 하며, 당사자가 계약에 의하여 정하는 관할을 합의관할, 그리고 원고가 관할권 없는 법원에 제소하였지만 피고가 이의를 하지 않고 응소하여 성립하는 변론관할이 있다.

2) 소송의 이송

관할권의 존부는 소송요건이므로 관할권이 없는 법원은 재판을 할 수 없다. 이때에는 법원은 사건을 각하할 수도 있지만, 관할법원으로 사건을 보내주는 것이 더 경제적이라고 할 수 있다. 이를 소송의 이송이라고 한다. 소송의 이송은 관할 위반 외에도 현저한 손해나 지연을 피하기 위해서도 할 수 있는데, 소송이 이송되면 처음부터 이송을 받은 법원에 사건이 계속된 것과 같은 효과가 생긴다.

2. 당 사 자

(1) 당사자의 의의

당사자는 자기의 이름으로 재판을 받는 자를 말한다. 통상 민사소송에서는 원고·피고라고 부른다. 이들은 스스로 재판에 관하여 소송행위를 할 수 있는 대신에 판결에 의한 기판력을 받게 된다. 우리 민사소송사건에서는 반드시 원고·피고의 양측이 존재하여야 하며, 어느 한쪽이라도 존재하지 않게 되면 사건은 종료한다. 당사자는 소송을 수행하여야 하므로 소송의 주체로서 각종의 절차에 관한 권리, 즉 당사자권이 인정되어 있다. 원칙적으로 소장이나 기타의 소송서류를 전반적으로 검토하여 원고 내지 피고 등으로 표시된 자가 당사자로 인정된다.

(2) 당사자의 자격

민사소송상 당사자가 되기 위해서는 일정한 자격을 갖추어야 한다. 일반적으로 당사자가 될 수 있는 자격을 당사자능력이라고 하는데, 민법상 권리능력자이면 모두 당사자능력을 가지고 있다고 인정된다. 또 법인이 아닌 사단이나 재단도 대표자가 있으면 당사자가 될 수 있다(제52조).

구체적 소송사건에 관하여 직접 원고나 피고가 되기 위해서 가져야 할 자격은 당사자적격이라 한다. 이는 바로 그 사건과의 직접적 관련성을 가지고 있지 않으면 재판을 받아도 아무런 소용이 없기 때문이다. 당사자적격은 일반적 권리의무 주체 이외에 제3자가 가지는 경우도 있다. 법규정에 의해 당연히 소송수행권을 가지는 것을 법정소송담당, 당사자의 의사에 의해 소송수행권을 가지는 것을 임의적 소송담당이라 한다.

당사자가 되어서도 스스로 소송수행을 하기 위해서는 민법상의 행위능력과 마찬가지로 소송능력을 가지고 있어야 한다. 행위능력자는 소송능력이 있는 것으로 인정되나, 소송무능력자는 법정대리인에 의해 소송을 수행할 수밖에 없다.

(3) 소송상의 대리인

소송상의 대리인은 당사자 본인의 이름으로, 그러나 자신의 결정으로 소송을 수행하는 제3자를 일컫는다. 민법상의 대리인과 마찬가지로 민사소송에서도 법정대리인과 임의대리인 소송대리인이 대리권을 행사할 수 있다.

법정대리인은 민법상의 법정대리인을 비롯, 법원에 의해 선임되는 소송상의 특별대리인이 있다. 그 외에 법인 등의 대표자도 법정대리인에 준해 대리권이 인정된다. 한편 임의대리인은 소송위임에 의해 대리권이 부여되는데, 원칙적으로 변호사만이 대리권을 부여받을 수 있다. 이러한 자격제한 때문에 대리권의 범위가 법정되는 등 특례가 인정되어 있다.

(4) 공동소송

소송에서 다수인이 원고로 되거나 피고로서 소송을 수행하는 것을 공동소송이라 한다. 여러 사람이 한꺼번에 재판을 받으므로 서로 모순저촉을 피한다거나, 재판의 반복으로 인한 불경제를 피할 수 있으나, 재판이 복잡해지는 폐단이 있으므로 특정한 요건을 갖춘 경우에만 허용한다(제65조). 공동소송은 당사자 사이의 관계에 따라 그 관련성이 그다지 깊지 않은 통상의 공동소송과 관련성이 깊은 필수적 공동소송으로 나뉘는데, 후자는 공동소송으로 재판을 받지 않으면 위법하게 되는 고유필수적 공동소송과 동시에 재판을 받으려면 공동소송으로 하지 않으면 안 되는 유사필수적 공동소송이 있다. 그 외에 특수형태로서 3면 소송의 형태를 띠는 독립당사자 참가소송이 있다.

공동소송인의 수가 너무 많아 소송을 하기 곤란하면 대리인을 선임하여 소송을 수행케 하는 것 외에 당사자 중의 일부를 지명하여 소송을 수행케 하는 선정당사자제도를 이용할 수도 있다.

(5) 소송참가

타인 사이의 소송이 계속 중에 그 소송에 개입하여 소송을 수행하는 것을 소송참가라 한다. 이는 자신에 대한 일정한 이익을 지키기 위하여 당사자 일방을 도와주기 위하여 참가하는 보조참가(補助參加)와 당사자적격이 있는 자가 참가하는 당사자참가(當事者參加)가 있다. 보조참가인은 당사자에 딸린 소송보조자의 지위를 가짐에 그치지만, 당사자참가를 하면 기존의 당사자와 다름없는 당사자의 지위를 가지므로 공동소송이 된다. 이때 기존의 당사자 중 어느 한 편에 속하지 않고 새로운 쪽에서 소송수행을 하기 위한 참가를 하면 독립당사자참가가 된다.

제 3 절 소송의 객체

1. 소 송 물

민사소송에 있어서 소송의 객체를 소송물이라 한다. 이는 당사자 쪽에서 보면 소송상의 청구로 나타나고, 법원의 편에서 보면 심판의 대상으로 된다. 소송물은 심리의 내용과 범위를 결정하고, 재판이 행해진 후 기판력의 내용과 한계를 결정하는 등 중요한 기능을 한다.

소송물을 여러 가지로 다루어볼 수 있으나, 통상 민사소송에서는 소송물의 특정과 관련하여 소송물론이라는 이름으로 학설이 대립되어 있다.

먼저 구소송물이론이라고도 하는 구실체법설(舊實體法說)은 주로 판례가 취하고 있는 견해로서, 실체법상의 권리 또는 법률관계의 주장을 소송물이라 한다. 이에 의하면 민법상의 개별적 권리마다 소송물이 생겨날 수 있다는 것으로 된다. 한편 신소송물이론이라고도 하는 소송법설(訴訟法說)은 소송법적 각도에서 소송물을 정의하려고 하는데, 이에 속하는 견해 중 이원설(二元說)은 신청과 이를 뒷받침하는 사실관계에 의하여, 일원설(一元說)은 신청만으로 소송물을 결정하려고 한다. 이원설이 우리나라에서는 통설적 지위에 있다. 한편 신학설로서 민법상의 권리가 아니라 일정한 급부를 구할 수 있는 법적 지위 자체를 소송물로 보는 신실체법설(新實體法說)도 있다.

2. 소송물의 복수

(1) 청구의 병합

하나의 소송에서 여러 개의 청구, 즉 소송물에 대해 재판을 청구하는 것을 청구병합 내지 소의 객관적 병합이라 한다. 이는 재판을 복잡하게 할 우려도 있으나 병합되는 청구들 간의 모순을 피할 수 있고, 경제적인 재판을 할 수 있는 범위 내에서 인정된다. 병합의 형태에 따라서 병합되는 청구들을 단순히 병합하는 단순병합, 선택적 재판을 구하는 선택적 병합, 순서를 정하여 재판을 받는 예비적 병합 등이 있다.

(2) 소송 중의 소

소송 도중에 기존의 청구와 관련 있는 다른 청구를 병합하여 한꺼번에 재판받을 것을 요구하는 소송이다. 여기에 속하는 것으로는 소송 중에 다른 소송물로 변경을 구하는 청구의 변경, 선결관계에 있는 법률관계에 기판력을 부여하기 위한 중간확인의 소, 피고가 원고에 대해 제기하는 반소 등이 있다.

제 4 절 1심의 소송절차

1. 변　　론

(1) 변론의 의의

법원이 재판을 하기 위해서는 재판자료의 수집이 절대적으로 중요하다. 재판자료는 사실자료와 법률자료로 구성되어 있는데, 법률자료의 수집은 법원의 책임이다. 이에 비하여 판결절차에서는 재판자료 중 사실자료를 당사자가 법정에서 제출토록 하고 있는데, 이를 변론이라 한다. 판결절차 아닌 재판절차에는 변론을 열지 않는다.

(2) 심리에 관한 제원칙

변론절차는 민사소송의 대부분을 차지하는 가장 중요한 절차이므로 심리를 진행하기 위한 몇 가지의 원칙이 마련되어 있다. 먼저 소송의 심리와 재판의 선고를 일반인이 알 수 있는 상태에서 하여야 한다는 공개재판주의, 변론과 증거조사를 구술로 하여야 한다는 구술심리주의, 직접 변론을 듣고 증거조사를 한 법관이 재판을 하여야 한다는 직접심리주의, 소송상 당사자 쌍방에 대해 공평하게 공격방어를 할 기회를 부여해야 한다는 쌍방심리주의 외에 처분권주의, 변론주의, 적시제출주의가 있다.

1) 처분권주의

처분권주의는 원고에 의해 소송의 개시, 재판의 내용, 재판에 의하지 않는 사건의 종료가 행해진다는 원칙이다. 즉 원고의 제소 없이 사건이 개시되지 않으며, 소가 취하되면 법원은 재판을 할 수 없고 사건을 종결하게 된다. 또 재판의 범위와 내용, 한계 등이 원고가 정한 대로 이루어지고 법원이 이를 위반할 수 없다는 것이다.

2) 변론주의

변론주의는 처분권주의와 함께 당사자주의의 발현으로서, 법원이 재판할 때 쓰는 자료 중 법률자료를 제외한 사실자료는 당사자가 수집·제출하여야 한다는 것이다. 당사자의 입장에서는 유리한 판단을 받기 위해 스스로 자료를 제출하지 않으면 안 된다는 것이고, 법원의 입장에서는 당사자가 제출한 자료가 아닌 것을 토대로 재판을 하는 것이 금지된다는 것이다.

3) 적시제출주의

한편 적시제출주의는 소송자료의 제출은 적절한 시기에 하여야 한다는 것으로, 이 시기를 지키지 못하면 실기한 공격방어방법으로서 각하된다. 법원은 기간을 정하여 자료를 제출하게 할 수 있다.

(3) 변론의 준비

1) 준비서면

변론은 구술에 의해 하도록 되어 있으나, 복잡한 사건을 전부 말로 정리하는 것은 쉬운 일이 아니다. 두서없이 변론을 하다 보면 사건은 더욱 복잡해지게 되고, 재판하는 것이 점점 더 어려워지게 된다. 이러한 이유에서 변론기일에 변론할 사항은 미리 적어 제출하도록 하고 있는데, 이를 준비서면이라 한다. 준비서면을 제출하지 않으면 일정한 불이익이 있다.

2) 서면에 의한 변론준비

사건이 복잡한 경우에 이 사건을 미리 정리하기 위하여 당사자들에게 각자 변론할 내용과 증거를 제출하게 하여, 이를 토대로 변론 전에 사건을 정리하는 것을 변론준비절차라 한다. 통상 소송절차의 첫 단계에 해당한다. 여기서는 증인신문이나 당사자신문 이외의 증거조사도 할 수 있다.

3) 변론준비기일

변론준비절차 중에 주장과 증거를 정리하기 위하여 당사자를 출석하게 할 수 있는데, 이 기일이 변론준비기일이다. 변론준비기일을 거친 경우에 당사자는 그 기일에 제출하지 않은 공격방어방법은 변론기일에 제출하지 못하는 실권효의 제재를 받는다.

(4) 변론의 실시

변론은 변론기일에 법정에서 실시하는 것이 원칙이다. 여기서는 당사자의 신청과 주장, 상대방의 인부(認否) 및 증거조사 등이 실시된다. 변론준비절차를 마친 경우에는 첫 변론기일을 거친 뒤 바로 변론을 종결하는 것이 원칙이다. 따라서 당사자는 변론준비기일을 마친 뒤의 변론기일에서 변론준비기일의 결과를 진술하고, 변론준비절차에서 정리된 결과에 따라서 바로 증거조사를 하게 된다(제287조).

2. 증 거

(1) 증거의 의의

소송상 당사자는 항상 진실만을 말한다고 할 수 없다. 물론 당사자에게는 진실의무가 있어서 거짓말을 하면 불이익을 받게 되나, 재판의 영향이 크기 때문에 법관은 항상 당사자의 주장이 진실한지 여부를 검증하지 않으면 안 된다. 이때 재판상 당사자의 주장을 검증하기 위한 자료를 증거라고 하는데, 재판의 승패는 증거에 의하여 좌우되는 경우가 많다.

(2) 증명의 대상

법원이 재판의 자료로 삼는 것은 법규와 사실자료이다. 여기서 사실이란 당사자 사이에서 법적 요건을 충족하기 위한 사실, 즉 주요사실을 의미하고, 법규는 이러한 사실관계가 확정되고 난 뒤에 적용할 법규를 말하는 것이다. 그런데 법규는 법원이 스스로 조사하고 해석·적용할 임무를 지님에 대하여, 사실관계는 당사자가 변론주의에 의해 주장·입증하지 않으면 안 된다. 그리고 이 중간 영역에 속하는 것으로 경험법칙이라는 것이 있으나, 전문적인 경험법칙은 입증을 요함에 대하여 일반적 경험법칙은 일반인도 알고 있는 것이므로 증명의 필요가 없다.

또한 사실관계라 하더라도 당사자가 자백한 사실이나, 일반공지의 사실과 같이 법원에 현저한 사실은 입증을 요하지 아니한다.

(3) 증거조사절차

1) 증거조사

증거조사는 당사자의 신청에 의해 이루어진다. 신청이 있으면 법원은 그 증거의 조사여부를 결정하고, 증거를 제출케 하여 심증을 형성하게 된다.

2) 각종의 증거조사

증거조사는 증인에 대해 그가 경험한 사실에 관한 증언을 듣게 되는 증인신문, 학식이나 전문적 경험을 가진 자로부터 문제된 사실관계에 대한 판단의 결과를 듣는 감정, 특정한 문서의 기재내용을 조사하는 서증, 사물의 성질이나 상태 또는 현상을 검사하는 검증 및 당사자 본인에 대해 신문을 실시하는 당사자신문 등이 있다.

(4) 자유심증주의

법원은 당사자가 제출한 증거를 조사하여 자유롭게 심증을 형성하는 것이 원칙이다. 이를 자유심증주의라 한다. 이에 따라 법원은 증거조사의 결과와 변론의 전취지를 증거원인으로 하여 증거능력과 증거력을 자유롭게 판단하게 된다. 여기서 논의되고 있는 것 중에는 위법수집증거의 증거능력의 문제인데, 우리나라에서는 증거능력을 부정하는 견해가 다수설이나, 긍정설도 유력하다. 판례는 긍정설을 취한다.

(5) 증명책임

당사자가 적절한 증거를 제출하지 못한 경우에는 사실관계에 관하여 법관이 심증을 형성할 수 없는 경우가 있다. 이와 같이 사실관계가 소위 진위불명(眞僞不明)의 상태에 빠져 있을 때에는 법원은 사실관계를 파악할 수 없으므로 그 토대 위에서 재판을 할 수 없게 된다. 따라서 이러한 때에는 입증을 못한 어떤 당사자가 이에 대한 책임을 지고 패소판결을 받게 되는데, 이것을 증명책임이라 한다. 증명책임을 누구에게 부여할 것인가의 문제는 법률요건분류설에 의하여 결정되는데, 이에 의하면 권리를 주장하는 자는 권리를 발생시키는 요건사실의 존재에 대해 증명책임을 지고, 그 상대방은 권리의 불발생, 소멸, 불행사 등의 요건사실에 대해 증명책임을 진다. 그러나 법률요건분류설은 일반적인 경우에는 적합하나, 현대의 고도산업사회의 특징을 가진 구체적인 사건에는 부적당한 경우가 많기 때문에 이에 관한 수정이론이 많이 나와 있는 실정이다.

제5절 소송의 종료

1. 당사자의 행위에 의한 종료

재판에 의해 소송이 종결되기 전에 당사자에 의해 종료되는 것을 말한다. 이때에는 재판 없이 사건이 종결된다.

(1) 소의 취하

원고가 소송의 전부나 일부를 철회하는 소송행위를 소의 취하라 한다. 이에 의하여 재판은 종료되나, 원고와 피고 사이의 법률관계는 소송 전의 상태로 되돌아가게 된다. 소취하는 원고에 의해 일방적으로 행해지게 되나, 피고도 응소 이후에는 재판에 대해 이해관계를 가지게 되므로 피고가 소취하에 동의하지 않으면 효력이 생기지 않는다.

(2) 재판상 화해

분쟁 당사자가 법관의 면전에서 서로 분쟁에 관하여 양보를 하여 의견의 일치를 보고, 이것을 조서에 기재하게 되면 재판상 화해가 성립한다. 재판상 화해는 소가 제기되어 소송계속 중에 하는 소송상 화해와 소제기 전에 하는 제소전 화해가 있으나, 어느 것이든 화해조서는 확정판결과 동일한 효력이 있다. 소송상 화해는 특히 소송 후 당사자 사이의 분쟁을 원만하게 해결하는 효력이 있으므로 법원은 화해권고결정을 할 수 있고, 양당사자가 이에 이의하지 않으면 화해가 성립한 것으로 본다.

(3) 청구의 포기 · 인낙

소송 중에 원고가 자신의 청구가 이유 없다고 진술하거나, 피고가 원고의 청구가 이유 있다고 진술하는 것을 각각 청구의 포기와 청구의 인낙이라 한다.

이러한 진술은 조서에 기재되면 확정판결과 동일한 효력이 있으므로 각각 원고와 피고가 더 이상 소송으로 다툴 필요 없게 되어 소송은 종료되고, 당사자 사이의 법률관계도 진술한 대로 원고 패소와 피고 패소로 확정된다.

2. 종국판결에 의한 종료

(1) 재판의 의의

재판은 법원이 당사자의 신청에 대해 판단의 결과 내지는 의사표시로서 행하는 소송행위를 말한다. 통상은 소송사건의 해결을 위해 법원이 하는 종국적 판단의 표시를 재판이라고도 하나, 정확하게는 종국판결이라고 하여야 한다. 재판은 판결 이외에도 변론을 열지 않고 하는 결정이나 명령도 있고, 또 당해 심급의 재판을 종료시키는 종국재판 외에도 그때그때 사건의 중간정리를 위해서 하는 중간재판도 있다. 여기서는 이들 중 주로 종국판결에 대해서 본다.

(2) 판결의 성립

법원이 재판을 할 수 있도록 사건이 성숙하였다고 판단하면 변론을 종결하고, 판결의 내용을 결정하게 된다. 단독판사는 스스로 결정하면 되나, 합의부인 경우에는 관여 법관의 합의(合議)를 통하여 내용을 결정한다. 내용이 결정되면 이를 판결서에 기재하고 판결을 선고하게 된다. 선고에 의해 판결의 내용이 대외적으로 공지되며, 이 판결서는 정본을 작성하여 당사자에게 송달하게 된다.

(3) 판결의 효과

일단 법원이 판결을 선고하게 되면 이후 스스로 그 내용을 고치지 못하는 기속력을 받게 된다. 그리고 당사자도 판결을 송달받고 상소기간을 도과하게 되면 그 판결이 더 이상 불복할 수 없게 된다는 의미에서 형식적 확정력을 받는다. 이러한 효력은 기판력, 집행력, 형성력의 기반이 된다.

기판력(旣判力)은 판결의 내용에 관하여 당사자는 그 내용을 다투지 못하며(不可爭), 법원도 이와 상반되는 판단을 할 수 없게 된다(不可反)는 효력을 말하는 것으로서 실체적 확정력이라고도 한다. 판결이나 이와 마찬가지의 효력이 있는 것으로 인정된 화해조서 등에 대해서 기판력이 발생하면, 원칙적으로 원고와 피고 및 이에 상당한 지위를 갖는 자들은 판결의 주문(主文)에 기재된 사항에 대하여 표준시를 기준으로 하여 다른 사실관계가 있어도 따로 주장하지 못하게 되어 판결내용에 구속된다.

그 외에 집행력은 판결로 명한 이행의무를 강제집행절차에 의하여 실현할 수 있는 효력을 말하며, 형성력은 형성판결의 효력으로서 법률관계가 발생·변경·소멸되는 힘을 말한다.

제6절 상소와 재심

1. 상소제도

(1) 상소의 의의

재판의 생명은 공정성이라고 할 수 있지만, 항상 재판이 옳은 결과만 낸다고 할 수는 없다. 그렇기 때문에 법은 일단 재판이 내려졌다고 하더라도 그 확정 전에는 상급법원에 불복을 신청할 수 있도록 하고 있다. 이것이 이른바 상소제도인데, 이에 의하여 당사자의 정당한 권리가 구제되는 외에 각 법원마다 달라질 수 있는 법령해석을 통일시키고자 하는 법정책적 고려도 달성할 수 있게 된다.

상소는 제1심 종국판결에 대해서 불복하는 항소와 항소심 판결에 대해 대법원에서 판단하여줄 것을 청구하는 상고 외에, 결정·명령에 대한 불복절차인 항고가 있다. 상소를 제기하는 절차는 소제기와 거의 유사하다.

(2) 항　소

항소는 제1심 종국판결에 대해 지방법원 합의부 또는 고등법원에 불복을 신청하는 것이다. 항소를 제기하면 사건이 항소법원으로 옮겨가서 재판을 하게 되는데, 항소법원에서는 1심의 변론절차를 속개하여 심리를 진행하고, 그 결과에 따라 재판을 하게 된다. 항소심에서는 항소의 이유가 없을 때는 항소를 기각하여 원심판결을 유지하고, 원심판결에 잘못이 있을 때는 원판결을 취소한다. 항소심에서 재판을 할 때 당사자의 일방만 항소를 하였다면 항소한 당사자에 대해서는 원판결보다 더 불리한 재판을 할 수 없다는 불이익변경금지의 원칙이 적용된다.

(3) 상 고

상고는 항소심의 종국판결에 대해 대법원에서 재판해줄 것을 요구하는 불복신청이다. 최고법원인 대법원에서 재판을 받으므로 법령의 해석통일이라는 점에 주안점이 있고, 따라서 법령위반이 있어야 한다는 점에서 상고사유의 제한이 있다. 상고사유에 해당하더라도 소수의 대법관으로 구성된 대법원에서 많은 사건을 모두 처리할 수는 없기 때문에 굳이 필요하지 않은 상고는 심리불속행의 상고기각판결을 받을 수도 있다. 이렇게 되면 상고심의 심리를 받을 수 없게 된다. 상고심의 심리는 상고장, 상고이유서 등의 서면에 대한 심리로 이루어지고, 재판은 항소심의 재판과 거의 같다. 다만 상고심의 재판에 대해서는 더 이상 상소가 불가능하므로 이 판결은 선고와 동시에 확정된다. 다만 대법원이 원심판결을 취소하고 사건을 항소법원에 환송한 경우에는 항소법원에서 다시 심리 후 재판을 받게 된다.

(4) 항 고

항고는 결정・명령에 대한 불복방법이나, 간이・신속한 절차에 의하여 심리되고, 원법원이 사전에 재판을 시정할 기회를 갖는다는 점이 특이성이 있다. 특히 법이 불복을 허용하는 경우에만 항고를 제기할 수 있으며, 특별히 항고기간의 제한이 없어서 언제라도 항고할 수 있는 일반항고 외에 항고제기기간이 정해져 있는 즉시항고가 있다. 항고심의 결정・명령에 대해 대법원에 불복하는 것을 재항고라 하고, 불복할 수 없는 결정・명령에 대해 법령의 위반이 있을 때 대법원에 하는 항고를 특별항고라 한다.

2. 재심절차

재심은 확정된 종국판결에 대해 중대한 하자가 있는 경우에 그 판결을 취소하고 다시 재판하여 줄 것을 요구하는 비상의 불복신청을 말한다. 판결이 확정되면 기판력이 생기기 때문에 누구도 이에 대해 이의할 수 없게 되는 것이나, 판결에 중대한 잘못이 있을 때에는 기판력에 의한 법적 안정성보다 구체적 타당성을 추구하는 것이 옳기 때문이다.

제 7 절 민사집행절차

1. 민사집행의 의의

채권자가 의무를 임의적으로 이행하지 않을 때에는 소를 통해서 이행하라는 판결을 얻을 수 있지만, 판결에도 불구하고 의무자가 이행하지 않으면 강제적으로 의무를 이행하게 할 수밖에 없게 된다. 이때 사인이 의무이행을 강제할 수는 없는 것이므로 국가기관에 의하여 강제를 하게 된다. 이와 같이 이행판결에 의하여 구체적으로 확정된 사법상의 권리를 국가권력에 의하여 강제적으로 실현시키는 제도를 강제집행이라고 한다. 요즘은 민사의무에 관한 집행절차라는 의미에서 민사집행이라고 부른다. 이 집행절차에 관해서 민사집행법이 제정되어 있다.

2. 집행기관

민사집행권은 국가가 보유하고 행사하는 것이므로 집행은 국가기관에 의하여 행해지게 된다. 이와 같이 국가에 속한 강제집행권을 현실적으로 행사하는 공무소나 공무원을 강제집행기관이라 한다. 이는 수소법원과는 다른 직무를 수행하는 것이므로, 별도로 설치하고 있다. 집행기관은 원칙적으로 집행관과 집행법원이며, 수소법원은 예외적 집행기관이다.

집행관은 지방법원에 소속되어 법률이 정하는 바에 따라 재판의 집행, 서류의 송달, 기타 사무에 종사하는 독립된 단독제의 사법기관을 말한다(법원조직법 제55조, 집행관법 제2조). 또한 집행법원은 집행행위를 실시하거나, 집행관의 집행을 감독 내지 이에 협조하는 것을 직분으로 하는 법원이다. 집행권의 행사는 간이하고 또 신속을 요하는 것이므로 원칙적 집행법원은 지방법원 단독판사이다. 최근에는 대부분의 집행법원의 업무는 따로 사법보좌관을 선발하여 담당하게 하고 있다. 마지막으로 수소법원은 강제집행에 관한 사건 중 판단작용이 중시되는 사건을 전속적으로 관할하는 제1심 법원을 말한다.

3. 집행력 있는 정본

채권자가 강제집행을 하기 위해서는 집행력 있는 정본을 가지고 있어야 한다. 이는 줄여서 집행정본이라고도 하는데, 통상 집행문이 붙은 집행권원을 말하는 것이다. 집행기관은 집행권원과 집행문이 제출되면, 강제집행을 적법하게 개시할 수 있게 되는데(민사집행법 제43조 참조), 이때 실체법적으로 권리나 법률관계에 대해서는 특히 고려할 필요가 없다. 즉 집행력 있는 정본이 있으면 채권자와 채무자 사이의 법률관계에 불구하고 강제집행을 할 수 있게 되는 것이다.

(1) 집행권원

집행권원이란 강제집행으로 실현시킬 일정한 사법상의 이행청구권의 존재와 범위를 밝힌 공적인 문서로서 법률의 규정에 의하여 강제집행의 근거가 되는 문서를 일컫는다. 집행권원은 대표적으로 의무자에게 이행을 명하는 확정된 종국판결 외에, 외국판결이나 중재판정에 대한 집행판결, 집행증서, 특정의 급여의무를 부과하고 있는 결정, 화해조서・인낙조서・조정조서 등과 같이 많은 종류가 있다. 여기에는 채권자와 채무자의 표시, 실현될 권리의 표시 외에 집행의 대상인 재산의 범위의 표시가 되어 있다.

변제 등으로 채권채무가 소멸한 후에 집행권원으로 집행에 착수하면 청구에 관한 이의의 소로 구제를 받을 수 있다.

(2) 집 행 문

집행권원만으로는 집행에 착수할 당시 바로 집행을 하는 것이 적법한가를 따져보기 곤란한 경우에, 미리 이 집행권원으로 강제집행을 해도 좋다는 내용의 공증문서를 작성하고, 집행기관은 이 문서에 기하여 집행하도록 한 문서를 집행문이라 한다. 일반적으로 대부분의 집행권원에는 집행문이 필요하나, 예외적으로 집행권원만으로 집행할 수 있는 것도 있다.

4. 책임재산

우리나라의 집행절차는 채무자 개인에 대해 직접 집행하는 것이 아니라, 채무자의 재산에 대해 집행을 하는 것이 보통이다. 즉 '하는 채무'에 있어서는 채무의 내용이 채무자의 행위가 되므로 본질적으로 강제집행에 친하지 않고, 집행이 이루어진다고 하더라도 대체집행이나 간접강제에 의해 이루어지게 되므로, 강제집행의 대상이라는 개념이 없다. 또한 소위 '주는 채무'에 있어서도 특정물의 인도 등을 목적으로 하는 채무는 강제집행의 대상이 특정물로서 집행절차상 논의할 것이 거의 없다. 마찬가지로 담보권실행절차에 있어서도 그 대상은 담보물에 한정되므로 집행의 대상을 따질 필요가 거의 없다.

따라서 책임재산은 주로 금전채권의 집행절차와 관련하여 문제되는 개념이다. 이는 달리 말하면 채무자의 재산으로서 집행채권의 실현에 제공될 수 있는 재산을 말한다. 이는 채권법상의 책임재산과 다르다고 할 수 없으나, 그보다는 훨씬 현실적으로 금전채권만족을 위한 채무자의 지배하에 있는 재원으로서 강제집행의 대상이 된다.

책임재산은 채무자의 소유여야 하므로, 채무자 아닌 자가 자기 소유의 재산을 집행당하거나 집행으로 자기의 권리가 침해를 당한 때에는 제3자 이의의 소로 구제를 받을 수 있다.

5. 금전집행

금전채권을 가지고 있는 채권자가 의무를 이행하지 않는 채무자의 재산에 대해 강제집행을 통하여 권리를 실현하는 절차가 금전집행절차이다. 금전집행은 직접강제를 중심으로 한다. 이는 채무자의 재산을 압류, 매각하여 그 대금으로 직접 채권의 만족을 얻는 방법이다. 대부분의 금전채권 집행은 이러한 방법으로 한다. 다만 채무자의 책임재산을 찾는 것은 쉬운 일이 아니므로 채무자재산명시선서와 채무불이행자명부제도 내지 재산조회제도를 통하여 은닉재산을 찾으면서, 그 과정에서 의무불이행자에 대한 처벌 규정을 통하여 채무자에 대한 압박을 가할 수 있게 되어 있다.

(1) 금전집행의 단계

1) 압 류

강제집행의 첫째 단계로서 강제집행의 개시와 더불어 채무자의 재산에 대한 처분권을 수납한다. 이에 의하여 채무자는 압류된 재산에 대해 처분권을 행사하지 못하게 되며, 경우에 따라서는 사용도 제한이 되는 경우도 있다.

2) 환 가

둘째 단계에서는 입찰이나 경매 등을 통하여 목적물의 교환가치를 실현한다. 현금화라고도 한다. 가장 일반적으로는 매각의 방법을 취한다.

3) 만 족

마지막 단계로서 환가된 금전으로 채권자의 채권을 만족시키는 것이다. 배당을 통하여 채권자에게 채권에 따라 변제를 하게 된다.

(2) 부동산 집행절차

부동산 집행은 금전채권을 만족시키기 위하여 채무자의 부동산에 대해 하는 집행을 이른다. 부동산 집행은 원칙적으로는 등기된 부동산을 대상으로 하므로 원칙적으로 그 대상으로 되는 것은 토지와 건물이고, 그 외에 법상 부동산으로 인정되는 권리가 그 대상으로 된다. 부동산 집행은 집행법원이 실시한다.

부동산은 입찰 등을 통해 부동산을 환가하여 그 대금으로 채권자를 만족케 하는 집행방법인 강제경매와 부동산을 관리하여 얻은 과실로 채권자의 만족에 제공하는 집행방법인 강제관리의 두 가지가 있다.

선박이나 항공기, 건설기계나 자동차 등의 집행도 부동산 집행에 준하여 실시된다.

(3) 동산집행

강제집행절차에서 동산이라 함은 유체동산과 채권 외에 이와 유사한 성질을 가진 기타의 동산을 말한다. 이에 따라 동산집행은 유체동산 집행과 채권집행으로 나뉜다.

1) 유체동산 집행

유체동산 집행은 집행관이 실시하며, 유체동산을 대상으로 한다. 주로 소액의 채권을 집행하는 데 많이 이용되므로 채무자의 보호가 문제되는 경우가 많다. 부부공유 유체동산을 집행하는 경우에는 채무자의 배우자를 보호하기 위하여 우선매수권이나 대금지급권을 인정하고 있다.

2) 채권집행

채권집행은 채무자가 제3채무자에 대해 가지는 채권을 책임재산으로 하여 집행하는 것이다. 이때에는 집행의 대상이 채권이므로 제3채무자가 등장하게 되어 집행절차가 복잡해진다. 통상 대상채권이 금전채권인 경우, 현금화절차로는 전부명령과 추심명령이 많이 쓰인다. 그러나 대상채권이 유체물의 인도청구권인 경우 그 집행을 통하여 확보한 재산을 다시 집행하여 금전채권의 만족을 얻는 과정을 취한다.

6. 담보권의 실행

저당권 등의 경매신청을 할 수 있는 담보권의 실행절차도 강제경매절차와 마찬가지로 실시된다. 이때 집행권원은 필요 없으므로 담보권자는 담보권을 증명하는 서면만으로 경매를 신청할 수 있게 된다. 이 절차도 압류, 환가, 만족의 3단계로 이루어지며, 그 대상에 따라 부동산 경매, 동산 경매 등으로 나눌 수 있다.

유치권에 의한 경매와 채권만족 외의 목적으로 실시하는 형식적 경매도 이에 준하여 실시된다.

제8절 보전절차

1. 보전절차의 의의

의무를 이행하지 않는 채무자에 대해 법이 마련한 최후의 권리실현방법이 강제집행이라고 할 수 있으나, 이때 만약 채무자가 미리 재산을 은닉하는 등 집행절차를 무력화하는 방법을 사용하게 되면 집행이 불가능하게 된다. 뿐만 아니라 소송 등 집행권원을 확보하기 위한 수고도 무위에 돌아가고 만다. 이는 적절하지 않으므로 법은 채무자가 이러한 시도를 하기 전에 책임재산이나 권리를 보전하는 제도를 마련하고 있다. 이를 보전절차라고 부른다.

2. 보전절차의 종류

(1) 가 압 류

가압류는 금전채권이나 금전으로 환산할 수 있는 채권에 대하여 동산 또는 부동산에 대한 강제집행을 보전하기 위하여 하는 보전처분이다. 이는 전형적으로 금전채권의 집행을 보전하기 위한 것으로서 금전으로 환산할 수 없는 채권의 보전은 가처분에 의하게 된다. 가압류에 의한 보전방법은 강제집행절차상의 압류와 마찬가지로 채무자의 책임재산에 대해 처분권을 수납함으로써 채무자가 그 재산을 처분하지 못하도록 하여 장래의 강제집행에 대비하는 것이다.

가압류의 대상이 되는 재산은 부동산에 한하지 않고, 강제집행의 대상이 되는 것이면 유체동산이나 채권은 물론 기타의 재산에 대해서도 할 수 있다.

(2) 다툼의 대상에 관한 가처분

다툼의 대상에 관한 가처분은 특정한 물건에 대한 강제집행을 보전하기 위하여 그 특정한 물건을 대상으로 하는 잠정적 처분을 말한다. 금전채권 이외의 특정물에 관한 이전 등의 청구권을 위한 것이 가장 전형적인 모습으로 특정물을 대상으로 한다. 다툼의 대상에 관한 가처분으로 목적물을 보관인 등에게 이전하게 하는 것은 그 한계를 벗어나는 것이다. 여기에 속하는 것으로는 특정물의 점유상태의 현상유지를 목적으로 하는 점유이전금지가처분, 특정물에 대한 권리상태의 현상유지를 목적으로 하는 처분금지가처분 등이 있다.

(3) 임시의 지위를 정하기 위한 가처분

임시의 지위를 정하기 위한 가처분은 다툼이 있는 권리관계에 대하여 현저한 손해를 피하거나 급박한 위험을 막기 위하여 행해지는 잠정적 처분이다. 이는 굳이 강제집행을 보전하려는 목적에 얽매이지 않고 계속하는 권리관계에 대해 권리보전을 위한 목적으로 널리 쓰인다.

가처분의 방법도 아주 다양하기 때문에 특정할 수는 없으나, 특정한 행위를 하거나 하지 못하게 할 수도 있고, 단순히 수인(受忍)케 할 수도 있을 뿐 아니라, 임시적으로 채권자의 만족을 꾀할 수도 있어서 법원의 재량이 가장 폭넓게 발휘되는 분야라 할 수 있다.

이에 속하는 것으로는 직무집행정지 및 대행자 선임의 가처분, 방해물의 철거단행 가처분, 건축공사 중지 가처분, 시위나 출입금지 가처분, 통행방해·업무방해금지 가처분, 지위보전 가처분, 가옥의 명도단행 가처분, 임금지급 가처분, 주주의 의결권행사중지 가처분, 상품의 판매중지 가처분 등이 있다.

06장 刑 法

제1절 형법의 일반이론

1. 형법의 기본개념

(1) 형법의 의의

형법이란 범죄를 법률요건으로, 형벌 및 보안처분을 그 법률효과로 삼는 법규범의 총체를 말한다. 형법은 크게 협의의 형법과 광의의 형법으로 나뉘는데, 먼저 협의의 형법이란 일반적으로 형법이라는 명칭이 붙여진 법전을 말한다. 다음으로 광의의 형법은 협의의 형법을 포함한 형벌과 보안처분을 그 제재효과로 규정한 모든 법규범을 의미한다. 여기에는 '형법'을 비롯한 특별형법 즉, 「폭력행위 등 처벌에 관한 법률」, 「도로교통법」 외에 많은 법령이 광의의 형법에 속한다.

(2) 형법의 기능

1) 규제적 기능

규제적 기능이란 형법의 행위규범 및 재판규범으로서의 기능을 말하며, 형법의 가장 근원적인 기능으로서 형법의 다른 기능인 보호적 기능·보장적 기능·사회 보호적 기능이 여기에서 파생한다.

2) 보호적 기능

보호적 기능이란 사회질서의 근본적 가치를 보호하는 형법의 기능을 말한다. 이러한 보호적 기능에는 일반 국민들이 평화로운 공동생활을 영위하기 위하여 필요불가결한 요건들을 내·외의 공격과 침해로부터 보호해 주는 '법익의 보호'와 사회공동체의 일원으로서 개인이 실천해야 할 윤리적 의무이행을 보호하는 '사회 윤리적 행위가치의 보호'가 있다.

3) 보장적 기능

보장적 기능이란 국가가 행사할 형벌권의 한계를 명확하게 규정하여 자의적인 형벌로부터 국민의 자유와 권리를 보장하는 형법의 기능을 말한다.

형법의 보장적 기능은 일반 국민에게는 무엇인 범죄인가를 구성요건에 의하여 확정하여 줌으로써 그에 해당하지 않는 행위에 대하여는 행동의 자유를 보장하여 준다. 한편 범죄인에 대하여는 형법에 정해진 형벌의 범위 내에서만 처벌되고 그 이외의 행위에 대하여는 부당하게 처벌을 받지 않을 것을 보장함으로써 범죄인의 대헌장이라고도 일컬어진다.

4) 사회 보호적 기능

사회 보호적 기능이란 형벌과 보안처분이라는 수단에 의하여 범죄로부터 사회질서를 유지하고 보호하는 형법의 기능을 말한다. 이러한 사회 보호적 기능은 범죄에 대하여 형벌·보안처분을 예고함으로써 일반인의 범죄를 억제하고 범죄인의 재범의 위험성을 제거하여 사회복귀를 촉진하는 것을 그 주된 내용으로 한다.

2. 형법의 기본이론

(1) 죄형법정주의

죄형법정주의란 어떤 행위가 범죄로 되며, 그 범죄에 대하여 어떤 종류와 범위의 형벌을 과할 것인가는 미리 성문의 법규에 규정되어 있어야 한다는 형법의 대원칙이다. 따라서 비록 어떤 행위가 사회적으로 매우 유해하여 비난 가능성이 크더라도 그러한 행위가 범죄로써 사전에 법률로 명백히 공표되어 있지 않다면 처벌할 수 없다. 그리고 어떤 행위의 가벌성 자체뿐만 아니라 형벌의 종류와 정도도 범죄행위 이전에 법률로 확정되어 있어야 한다. 이러한 죄형법정주의에서 파생된 원칙으로는 ① 관습형법금지의 원칙, ② 소급효금지의 원칙, ③ 명확성의 원칙, ④ 유추해석금지의 원칙, ⑤ 적정성의 원칙이 있다.

(2) 형법이론

1) 형법학파

형법학파는 크게 고전학파와 근대학파로 나눌 수 있다. 먼저 고전학파는 계몽철학의 개인주의·자유주의를 사상적 배경으로 하면서 연혁적으로는 형벌이론인 응보형주의와 일반예방이론이 범죄이론인 객관주의와 결합하여 자유주의적 법치국가의 이념아래 형성된 형법사상으로서 인간이 자유의사와 이성적 존재임을 긍정하는 이론이다.

한편 근대학파는 19세기 후반 산업혁명의 결과로 자연과학이 급속히 발달함에 따라 자연과학적 방법론에 의하여 형법학을 실증적으로 연구하고자 한 형법이론으로 인간의 소질과 환경을 중시하고 자유의사는 부정하는 것을 그 특징으로 하고 있다.

2) 형벌이론

형벌이론이란 범죄에 대하여 형벌을 과하는 목적이 어디에 있는가를 밝히는 것으로서 형벌의 목적은 범죄에 대하여 그에 상응하는 응보에 있다는 응보형주의와 형벌의 목적은 범죄를 저지르면 형법에 규정된 형벌을 받는다는 것을 일반인에게 알림으로써 장래의 범죄를 예방하는 데 있다고 하는 목적형주의, 그리고 이 양자를 결합한 절충설이 있다.

3. 형법의 적용범위

(1) 형법의 시간적 적용범위

어떤 행위가 범죄를 행할 당시에는 범죄가 되었으나 그 후 법률의 변경이 생겨서 재판할 당시에는 범죄로 되지 않는 경우와 그 반대의 경우 어떤 법을 적용할 것인가가 문제로 된다. 이 점에 관하여 우리 형법은 범죄의 성립과 처벌은 범죄를 행할 당시의 법률에 의한다고 규정하고 있다. 그러나 범죄를 행한 이후 법률의 변경이 생겨 형벌이 이전의 법률보다 가벼워졌거나 그 행위가 범죄로 되지 않는 경우에는 변경된 신법을 적용하게 된다(형법 제1조).

(2) 형법의 장소적 적용범위

형법의 장소적 적용범위란 어떤 장소에서 발생한 범죄에 대하여 형법을 적용할 것인가의 문제를 말한다. 형법의 장소적 적용에 대한 입법주의는 크게 ① 속지주의, ② 속인주의, ③ 보호주의, ④ 세계주의로 나눌 수 있다.

첫째, 속지주의는 자국의 영역 내에서 발생한 모든 범죄에 대해서 범죄인의 국적여하를 불문하고 자국의 형법을 적용한다는 원칙이다(제2조). 그러나 예외적으로 국외에 있는 자국의 선박이나 항공기의 내에서 발생한 범죄는 자국 영토의 연장으로 인정하여 그 선박이나 항공기의 국적 형법을 적용한다. 예를 들어, 부산항에 정박하고 있는 파나마 선적 안에서 발생한 범죄에 대하여는 우리나라 형법이 적용되는 것이 아니라 파나마의 형법이 적용된다. 둘째, 속인주의는 자국민의 범죄에 대해서는 범죄를 행한 장소를 불문하고 자국형법을 적용하는 것이다(제3조). 따라서 속인주의를 적용하면 우리나라 사람이 일본에서 범죄를 행하였더라도 우리나라의 형법을 적용하게 된다. 셋째, 보호주의는 자국 또는 자국민의 법익을 침해하는 범죄에 대하여는 범인의 국적과 범죄지 여하를 불문하고 자국형법을 적용하는 원칙이다(제5조, 제6조). 예를 들어 보호주의에 의하면 우리나라 사람이 미국에서 미국인에게 범죄의 피해자가 된 경우 그 미국인에게 우리나라의 형법을 적용하게 된다. 이때 이 미국인이 처벌받게 위해서는 한국으로 와야 하므로, 보호주의가 실재 적용되는 경우는 극히 드물다. 마지막으로 세계주의는 범죄지나 범죄인의 국적여하를 불문하고 문명국가에서 인정되는 공통적인 법익을 침해하는 행위에 대하여는 자국의 형법을 적용한다는 원칙이다.

(3) 형법의 인적 적용범위

형법의 인적 적용범위란 형법이 어떤 사람에게 적용되는가의 문제이다. 원칙적으로 형법은 형법의 시간적·장소적 적용범위 내에 있는 모든 사람에게 적용된다. 그러나 예외적으로 대통령은 내란 또는 외환의 죄를 범한 경우가 아니면 재직 중 형사소추를 받지 않으며, 국회의원은 국회에서 직무상 행한 발언과 표결에 관하여 국회 밖에서 책임을 지지 않는다. 그리고 외국의 국가원수나 그 가족 및 내국인이 아닌 종자, 신임된 외국 대사, 공사, 수행원 그 가족 및 종자에 대하여는 우리형법이 적용되지 않으며 외국 영사의 직무상 행위에 대하여도 형법이 적용되지 않는다. 승인 받고 주둔중인 외국군인 및 군속에 대하여는 협정에 의하여 형법의 적용이 배제되는 경우가 있다. 한미 간의 군대지위협정(SOFA)이 그 예가 될 수 있다.

제2절 범 죄 론

1. 범죄와 구성요건

(1) 범 죄

범죄란 구성요건에 해당하고 위법하며 책임이 있는 행위를 말한다. 따라서 일반적으로 범죄로 보이는 행위일지라도 그 행위가 위법하지 않거나 행위자에게 책임능력이 없는 경우라면 범죄를 구성하지 않는다. 예를 들어 자신을 향하여 칼을 휘두르는 강도를 방어의 목적으로 살해한 경우에는 살인죄의 구성요건에는 해당하지만 위법성이 없어 살인죄가 성립하지 않으며, 10세의 어린 아이가 옥상에서 화분을 떨어뜨려 지나가던 행인이 맞아 사망한 경우 구성요건에 해당하고 위법하지만 책임능력이 없어 범죄가 되지 않는다.

한편, 어떤 행위가 구성요건에 해당하고 위법하며 행위자에게 책임능력이 있다 할지라도 특별한 경우에는 처벌을 받지 않는 경우가 있다. 예를 들어 모욕죄의 경우는 고소권자의 고소가 없으면 벌할 수 없으며 명예훼손죄는 피해자의 의사에 반하여 벌할 수 없다.

(2) 구성요건

구성요건이란 형법상 금지 또는 요구되는 행위가 무엇인가를 추상적·일반적으로 규정하여 놓은 것을 말한다. 예를 들어 강간죄의 경우 폭행 또는 협박으로 사람을 간음하면 성립하기 때문에, '폭행 또는 협박'을 간음의 수단으로 이용하여야 한다. 그리고 사람의 의사에 반하여야 하므로 동의가 있는 경우 역시 본죄가 성립되지 않는다. 이와 같이 형법전에 규정된 범죄의 행위유형을 구성요건이라 하고 이에 해당하는 행위를 구성요건적 행위라 한다. 그리고 이러한 행위가 해석을 함에 있어서 구성요건에 해당된다고 판단되면 구성요건 해당성을 가지게 된다.

2. 위법성론

(1) 위법성의 의의

위법성이란 구성요건에 해당하는 행위가 법질서 전체의 입장과 객관적으로 모순·충돌하는 성질을 말한다. 위법성과 구별하여야 할 개념으로 '불법'이 있는데 양자는 서로 다른 의미를 가지고 있다. 즉 위법성이 규범과 행위의 충돌을 의미함에 반하여 '불법'은 행위에 의하여 실현되고 법에 의하여 부정적으로 평가된 반가치 자체를 말한다. 다시 말하자면 위법성은 순수한 관계개념인데 반하여 '불법'은 위법한 행위 자체이며 따라서 '불법'은 양과 질을 가지지만 위법성은 언제나 단일하며 동일하다.

(2) 위법성 조각사유

위법성 조각사유란 비록 범죄의 구성요건에는 해당하더라도 법질서 전체의 입장과 객관적으로 모순·충돌하지 않으면 위법성이 인정되지 않는데 이를 위법성조각사유라 한다. 가령 소방관이 화재를 진압하기 위하여 창문을 깨고 화재 현장에 진입하였다면 이는 손괴죄의 구성요건에는 해당하지만 소방관으로서의 정당한 직무집행에 해당하므로 위법성이 조각된다. 이하에서는 위법성조각사유로서 정당방위, 긴급피난, 자구행위, 피해자의 승낙, 정당행위를 개별적으로 살펴본다.

1) 정당방위

정당방위란 자기 또는 타인의 법익에 대한 현재의 부당한 침해를 방위하기 위한 상당한 이유가 있는 행위를 말한다(제21조). 정당방위가 성립하기 위해서는 침해가 '현재의' 침해이어야 하며, 그 침해는 '부당한' 침해일 것을 요한다. 그리고 정당방위는 원칙적으로 자기 또는 타인의 법익을 보호하기 위해서만 행사가 가능하며 국가적·사회적 법익을 보호하기 위하여 행사하는 것은 허용되지 않는다. 한편, 정당방위는 그 목적이 방어에 있으므로 정당방위에 대한 인식과 방어행위를 추구한다는 의사가 있어야 하며 또한 그 방위행위에는 상당한 이유가 있을 것을 요한다.

그러나 이상과 같은 요건을 구비하였다고 하여 언제나 정당방위가 성립하는 것은 아니다. 예를 들어 책임능력이 없는 자의 침해에 대하여는 정당방위가 제한적으로 허용되며, 자기와 긴밀한 인적 관계가 있는 자, 즉 보증인적 지위에 있는 자의 침해에 대하여도 제한적으로 허용된다. 그리고 극히 경미한 침해나 도발된 침해에 대한 방위에 대하여는 정당방위가 제한되거나 허용되지 않는다.

이상과 같이 정당방위의 요건이 구비되면 방위행위가 비록 범죄의 구성요건을 충족한다 하더라도 위법성이 조각되어 범죄가 성립하지 않는다.

2) 긴급피난

자기 또는 타인의 법익에 대한 현재의 위난을 피하기 위한 상당한 이유가 있는 행위를 긴급피난이라 한다(제22조). 예를 들어 돌진해 오는 차를 피하기 위하여 남의 집으로 뛰어 들다가 기물을 파손한 경우가 긴급피난의 전형이 될 수 있다.

긴급피난은 정당방위와 마찬가지로 자기 또는 타인의 법익에 대한 현재의 위난이 있을 것을 요한다. 그러나 정당방위와는 달리 침해가 '부당할' 것은 그 요건이 아니다. 따라서 통설에 의할 경우 스스로 위난을 초래한 자도 상당성이 인정되는 경우에는 긴급피난이 가능하다고 한다. 긴급피난은 피난행위에 의하지 않고는 달리 위난을 피할 수 없을 것을 요하며 또한 피난 방법도 피해자에게 가장 경미한 피해를 주는 방법을 택하여야 한다. 이를 보충성의 원칙이라 한다. 그리고 보호되는 이익보다 침해되는 이익이 본질적으로 우월할 것을 요하는 균형성의 원칙 역시 긴급피난의 특징이라 할 수 있다. 위에서 예를 든 것처럼 신체나 생명이라는 우월한 법익을 보호하기 위하여 보다 경미한 법익인 타인의 기물을 파손한 경우에는 이러한 균형성의 원칙이라는 요건을 갖추고 있다고 할 것이다.

긴급피난의 요건을 모두 갖추게 되면 정당방위와 마찬가지로 위법성이 조각되어 범죄가 성립하지 않는다.

3) 자구행위

자구행위란 권리자가 그 권리를 침해당한 경우에 공권력의 발동에 의하지 않고 자력에 의하여 그 권리를 구제·실현하는 행위를 말한다(제23조). 자구행위가 성립하기 위해서는 먼저, 법정절차에 의하여 청구권의 실현이 불가능할 것을 요한다.

이때 청구권이라 함은 재산적 청구권과 비재산적 청구권을 모두 포함하나, 한번 침해되면 원상회복이 불가능한 청구권은 포함되지 않는다. 따라서 생명이나 신체, 자유, 명예 등은 자구행위의 대상이 되지 않는다. 그리고 원칙적으로 청구권은 자기의 청구권일 것을 요한다. 그러므로 타인의 청구권을 보전하기 위해서는 자구행위를 할 수 없다. 다만, 예외적으로 청구권자로부터 청구권의 실행을 위임받은 경우에는 타인의 청구권이라 할지라도 자구행위를 할 수 있다. 예컨대 가게의 종업원이 물건을 절취하여 달아나는 자를 추격하여 현장에서 체포하는 경우가 이에 해당한다.

한편, 자구행위가 성립하기 위해서는 정당한 법적 절차에 의해서는 청구권의 실현이 불가능하거나 또는 현저히 곤란하여야 한다. 만약 공항에서 외국으로 달아나는 채무자를 그대로 방치한다면 자기의 채권을 실현하는 것이 불가능하거나 현저히 곤란할 것이므로 채무자를 현장에서 체포하였다면 이는 체포·감금죄가 되는 것이 아니라 자구행위가 성립할 것이다.

4) 피해자의 승낙

피해자의 승낙이란 피해자가 가해자에 대하여 자기의 법익을 침해하는 것을 허락하는 것을 말한다(제24조). 피해자의 승낙이 유효하게 성립하기 위해서는 법익주체의 승낙이 있어야 하며 그 법익은 처분할 수 있는 것이어야 한다. 예를 들어 생명은 비록 법익주체라 할지라도 처분할 수 있는 것이 아니므로 살해를 피해자가 승낙하여도 이는 처분할 수 있는 법익이 아니므로 유효한 승낙이 아니며 촉탁승낙살인죄가 성립한다.

한편 승낙은 자유의사에 의한 승낙이어야 하므로 사기나 강박에 의하여 승낙을 얻어도 유효한 승낙이 될 수 없다. 그리고 승낙을 하는 자는 승낙능력이 있어야 한다. 그러므로 유아나 책임무능력자는 승낙능력이 없으므로 이들의 승낙을 받고 법익을 침해한 경우에는 위법성이 조각되지 않고 범죄가 성립한다. 판례는 어린 아들에게 같이 죽자고 말하고 동의를 얻은 후 함께 물에 뛰어 들어가 아들은 사망하고 아버지만 살아난 사건에서 아들의 승낙능력을 부정하여 촉탁·승낙살인죄가 아니라 보통살인죄를 적용한 바 있다.

5) 정당행위

정당행위란 사회상규에 위배되지 아니하여 국가적·사회적으로 정당시되는 행위를 말한다(제20조). 예를 들어 교사가 교육의 차원에서 학생을 체벌하였다면 이는 폭행죄가 성립하지 않고 정당행위가 되어 위법성이 조각된다. 다만 그 체벌은 사회적으로 용인될 정도이어야 하므로 고막이 파열하거나 상해의 정도에 이르되면 정당행위라 할 수 없다.

정당행위에는 공무원의 직무집행행위, 징계행위, 노동쟁의 행위, 업무로 인한 행위 등이 있다.

3. 책 임 론

(1) 책임의 의의와 본질

책임이란 규범이 요구하는 합법적인 행동을 할 수 있었음에도 불구하고 위법하게 행위하였다는 데 대하여 행위자에게 가해지는 비난가능성을 말한다. 책임의 근거에 관해서는 도의적 책임론과 사회적 책임론이 견해를 달리하고 있다.

먼저 도의적 책임론은 책임의 근거를 자유의사에 두고, 책임은 자유의사를 가진 자가 적법한 행위를 할 수 있었음에도 불구하고 위법한 행위를 하였으므로 가하여진 행위자에 대한 윤리적 비난이라고 한다. 따라서 책임능력은 범죄능력을 의미하며, 책임에는 행위책임의 원리가 지배한다고 한다. 다음으로 사회적 책임론은 책임의 근거를 인과적 결정론의 입장에서 인간의 자유의사를 부정하고 행위자의 반사회적 성격에서 찾고 있다. 이에 의하면 책임능력은 형벌능력을 의미하게 된다.

(2) 책임능력

책임능력이란 행위자가 법규범의 의미내용을 이해하여 명령과 금지를 인식할 수 있는 통찰능력과 이 통찰에 따라 행위할 수 있는 조종능력, 즉 자유로운 의사를 결정할 수 있는 능력을 말한다. 형법은 책임능력자만을 처벌한다고 규정하고 있으므로 14세 미만의 형사미성년자나 심신상실자와 같은 책임무능력자의 행위는 벌하지 아니한다(제9조, 제10조 1항). 그리고 심신장애로 인하여 사물을 변별할 능력이 미약한 심신미약자나 농아자와 같은 한정책임능력자의 행위는 형을 감경한다(제10조 2항, 제11조).

그러나 살인을 결심한 자가 용기를 얻기 위하여 음주하여 만취한 후 심신장애 상태를 야기한 후 범행을 하였다면 이는 스스로 책임능력을 미약하게 만든 경우이므로 '원인에 있어 자유로운 행위'라 하여 형을 면제하거나 감경하지 않는다(제10조 3항).

(3) 위법성의 인식과 금지착오

위법성의 인식이란 행위자가 자신의 행위가 공동사회의 질서에 반하고 법적으로 금지되어 있다는 것을 인식하는 것을 말한다. 위법성의 인식이 있어야 법규범을 알면서도 범죄를 결의하였다는 것에 대한 비난이 가능하기 때문에 위법성의 인식은 책임비난의 핵심이 된다. 다만 위법성의 인식은 법적으로 금지되고 있다는 인식을 의미하며 가벌성의 인식이나 금지하고 있는 구체적인 법규정의 인식까지 요구하는 것은 아니다.

한편 형법 제16조에서는 자기의 행위가 법령에 의하여 죄가 되지 아니하는 것으로 오인한 행위는 그 오인에 정당한 이유가 있는 경우에는 벌하지 않는다고 규정하고 있다. 이를 금지착오라 하는데, 예를 들어 초등학교 교장이 교육청의 지시에 따라 교과식물로 비치하기 위하여 양귀비를 심은 경우가 이에 해당한다.

어떤 행위가 금지착오로 인정되면 그 착오에 정당한 이유가 있는 경우에는 책임이 조각되어 처벌받지 않으며, 정당한 이유가 없는 경우에는 고의범으로 처벌받게 되나 책임이 감경될 수 있다.

(4) 기대가능성

기대가능성이란 행위시의 구체적 사정으로 보아 행위자가 범죄행위를 하지 않고 적법행위를 할 것을 기대할 수 있는 가능성을 말한다. 저항할 수 없는 폭력이나 자기 또는 친족의 생명이나 신체에 대한 위해를 방어할 방법이 없는 협박에 의해 불가피하게 불법으로 나아가거나, 절대적 구속력을 가진 상관의 명령으로 인한 행위, 또는 두 가지의 의무가 충돌함으로써 하나의 의무를 이행하지 못하는 경우에는 기대가능성이 없으므로 책임이 조각되어 벌하지 않는다(제12조).

4. 미 수 론

미수란 범죄의 실행에 착수하여 행위를 종료하지 못하였거나 종료하였더라도 결과가 발생하지 아니한 것을 말한다. 실행에 착수하였다는 점에서 예비나 음모와 구별되고, 결과가 발생하지 않았다는 점에서 기수와 구별된다.

미수에는 크게 장애미수, 중지미수, 불능미수가 있다.

(1) 장애미수

먼저 장애미수란 범죄의 실행의사가 있고 실행에 나아갔으나 뜻밖의 장애의 발생으로 결과가 발생하지 않았거나 범죄를 종료시키지 못한 것을 말한다(제25조). 예컨대 절도범이 절취를 하려고 물건에 손을 대다가 주인에게 발각되어 달아나는 경우가 장애미수에 해당한다. 장애미수는 형을 기수범보다 감경할 수 있다.

(2) 중지미수

다음으로 중지미수란 범죄의 실행에 착수한 자가 그 범죄가 완성되기 전에 자의로 이를 중지하거나 결과의 발생을 방지하는 것으로(제26조), 미수범 가운데 가장 관대하게 처벌한다. 다만 공범과 관련하여 범죄를 자의로 중지하였다 하더라도 다른 공범들의 범죄를 함께 중지하여야만 중지미수가 인정되고, 단순히 자신만 범죄 현장에서 이탈한 것만으로는 중지미수가 되지 않는다. 어떤 행위가 중지미수에 해당되면 형을 필요적으로 감경 또는 면제한다.

(3) 불능미수

마지막으로 불능미수란 행위자가 범죄의사로 실행하였으나 처음부터 결과발생이 불가능한 경우이다(제27조). 이때에는 행위의 위험성이 있기 때문에 처벌하는 것이다. 예컨대 소화제를 먹으면 죽는 것으로 잘못 알고 이를 먹여서 살인하려 한 경우, 살인이라는 결과가 처음부터 발생할 가능성이 없으므로 이는 불능미수가 된다. 불능미수범의 형은 기수범보다 감면할 수 있다.

5. 공 범 론

(1) 공범의 개념

공범이란 2인 이상의 자가 공동·협력하여 범죄를 실현시키는 것을 말한다. 공범에는 1인이 단독으로 실행할 수 있는 범죄를 2인 이상이 협력하여 실행하는 임의적 공범과 구성요건 자체가 2인 이상이 참가해서만 실행할 수 있는 필요적 공범이 있다.

(2) 공동정범

공동정범이란 2인 이상의 자가 공동의 범행계획에 따라 각자 실행 단계에서 본질적인 기능을 분담하여 이행함으로써 성립하는 정범형태이다(제30조). 공동정범은 각자를 그 죄의 정범으로 처벌한다. 즉 비록 일부만을 실행하였다 하더라도 공동의 범행결의 안에서 발생한 결과 전체에 대해서 단독으로 야기한 경우와 동일하게 책임을 진다.

(3) 간접정범

간접정범이란 타인을 생명 있는 도구로 이용하여 간접적으로 범죄를 실행하는 정범형태를 말한다(제34조 1항). 예컨대 의사가 독약인 것을 모르는 간호사로 하여금 환자에게 주사시켜 살해하는 경우 의사는 간접정범이 된다. 간접정범은 교사(敎唆) 또는 방조의 예에 의하여 처벌한다. 즉 이용행위가 교사에 해당하는 경우는 정범과 동일한 형태로 처벌하고 방조에 해당하는 경우에는 정범의 형보다 감경한다.

(4) 교 사 범

교사범이란 타인을 교사하여 범죄실행의 결의를 생기게 하고 이 결의에 의하여 범죄를 실행하게 하는 자를 말한다(제31조). 교사범은 스스로 행위지배에 관여하지 않는 점에서 행위지배를 행하는 공동정범·간접정범과 구별되며, 타인에게 범죄의 결의를 생기게 하였다는 점에서, 타인의 결의를 전제로 하여 그 실행을 돕는 종범과 구별된다. 교사범은 정범과 동일한 형으로 처벌한다.

(5) 종　범

종범이란 타인의 범죄를 방조하는 자를 말한다(제32조). 종범은 이미 범행결의를 가진 자의 실행행위를 도와주거나 그 결의를 강화시킨다는 점에서, 아직 범죄를 결의하지 아니한 자에게 새로이 범행결의를 생기게 하는 교사범과 구별된다. 그리고 종범은 의사 연락과 행위지배가 없는 공범이라는 점에서 공동의사를 기초로 기능적 행위지배를 하는 공동정범과 구별된다. 한편 종범은 정범에 종속하는 공범이라는 점에서 고의가 없거나 정범으로 처벌될 수 없는 자를 도구로 이용하여 의사지배를 하는 간접정범과 구별된다. 종범의 형은 정범의 형보다 감경한다.

(6) 공범과 신분

공범과 신분이란 신분이 범죄의 성립이나 형의 감경에 영향을 미치는 경우에 신분자와 비신분자가 공범관계에 있을 때 비신분자를 신분자에 대하여 종속적으로 취급할 것인가 아니면 독립적으로 취급할 것인가의 문제이다.

형법은 신분관계로 인하여 성립될 범죄에 가공한 행위는 신분관계가 없는 자에게도 공동정범, 교사범, 종범의 규정을 적용한다고 규정하고 있다(제33조 본문). 예컨대 공무원이 아닌 자가 공무원을 교사하여 수뢰를 하게 하였을 경우에 비공무원은 비록 수뢰죄의 주체가 되지는 않으나 수뢰죄의 교사범으로 처벌 받는다. 이때 신분 관계로 인하여 형의 경중이 있는 경우에는 중한 형으로 처벌하지 아니한다(동 단서). 예컨대 甲과 乙이 공동하여 乙의 아버지를 살해한 경우 甲은 중한 형인 존속살해죄로 처벌받지 않고 보통살인죄로 처벌받게 된다.

6. 죄 수 론

(1) 상상적 경합범

상상적 경합이란 1개의 행위가 수 개의 죄에 해당하는 경우를 말한다(제40조). 예컨대 1개의 폭탄으로 수인을 살해 또는 상해한 경우가 이에 해당한다. 상상적 경합은 실질상 수죄이지만 과형상 1죄로 처벌하되 가장 중한 죄에 정한 형으로 처벌한다.

(2) 경 합 범

경합범이란 판결이 확정되지 아니한 수 개의 죄 또는 판결이 확정된 죄와 그 판결이 확정되기 전에 범한 죄를 말한다(제38조). 수 개의 행위가 기초로 되어 있는 경합범은 한 개의 행위가 수 개의 죄에 해당하는 상상적 경합과 구별된다.

경합범의 처벌은 흡수주의에 의할 경우에는 가장 중한 죄의 정한 형이 사형 또는 무기 징역이나 무기 금고인 경우에는 가장 중한 죄의 형으로 처벌한다. 다음으로 가중주의에 의할 경우 각죄에 정한 형이 사형 또는 무기징역이나 무기금고 이외의 동종의 형인 때에는 가장 중한 죄에 정한 장기 또는 다액의 2분의 1까지 가중하되, 각죄에 정한 형의 장기 또는 다액을 합산한 형기 또는 액수를 초과할 수 없다. 이 경우에 징역과 금고는 동종의 형으로 간주하여 징역형으로 처벌한다. 유기자유형을 가중한 때에는 25년을 넘지 못한다. 마지막으로 병과주의에 의할 경우에는 각죄에 정한 형의 유기징역이나 무기금고 이외의 이종의 형인 때에는 병과한다.

제3절 형벌론

1. 형벌의 의의

국가가 범죄에 대한 법률상의 효과로서 범죄자에 대하여 과형하는 법익의 박탈을 형벌이라 한다. 형벌은 책임을 기초로 하여 부과되는 제재인 점에서 범죄의 위험성을 기초로 하는 보안처분과 구별된다. 형벌은 크게 사형, 자유형, 재산형, 명예형으로 나뉜다. 재산형에는 벌금과 과료, 몰수와 그 부가형인 추징이 있으며 명예형에는 자격상실과 자격정지가 있다.

2. 형의 양정

형의 양정 또는 양형이란 형법에 규정된 형벌의 종류와 범위 내에서 법관이 구체적인 행위자에 대하여 선고할 형의 종류와 양을 정하는 것을 말한다. 형의 양정의 단계에는 법정형과 처단형, 선고형이 있다. 먼저 법정형이란 입법자가 각 구성요건의 전형적인 불법을 일반적으로 평가한 형벌의 범위로서 형법

각칙의 개개의 구성요건에 규정되어 있는 형벌을 말한다. 다음으로 처단형이란 법정형을 구체적 범죄사실에 적용함에 있어서 법정형에 법률상·재판상의 형을 가중감경을 하여 처단의 범위가 구체화된 형벌의 범위를 말한다. 마지막으로 선고형이란 법원이 처단범위의 내에서 구체적으로 형을 양정하여 당해 피고인에게 선고하는 형을 말한다.

3. 집행유예·선고유예·가석방

(1) 집행유예

집행유예란 형을 선고함에 있어서 일정한 기간 동안 형의 집행을 유예하고 그 유예기간을 경과한 때에는 형의 선고가 효력을 잃도록 하는 제도를 말한다. 집행유예의 요건으로는 3년 이하의 징역이나 금고 또는 500만 원 이하의 벌금형을 선고할 경우에 정상에 참작할 만한 사유가 있고, 금고 이상의 형의 선고를 받아 집행을 종료하거나 면제된 후 3년이 경과하여야 한다(제62조).

(2) 선고유예

선고유예란 법정이 경미한 범죄에 대하여 일정한 기간 동안 형의 선고를 유예하고 그 유예기간을 경과한 때에는 면소된 것으로 간주하는 제도이다. 선고유예의 요건으로는 1년 이하의 징역이나 금고, 자격정지 또는 벌금을 선고할 경우에 개전의 정이 현저하고, 자격정지 이상의 형을 받은 전과가 없을 경우이다(제59조).

(3) 가 석 방

가석방이란 자유형을 집행 받고 있는 자가 개전의 정이 현저하다고 인정되는 때에 형의 만료 전에 조건부로 수형자를 석방하고 이러한 기간을 경과한 때에는 형의 집행을 종료하는 것으로 간주하는 제도를 말한다. 가석방은 징역 또는 금고의 형을 집행 받고 있는 자가 무기에 있어서는 20년, 유기에 있어서는 형기의 3분의 1을 경과하고, 행상이 양호하여 개전의 정이 현저하며, 벌금 또는 과료의 병과가 있는 경우 그 금액을 완납하여야 가석방의 요건을 구비하게 된다(제72조).

제4절 각종의 죄

1. 개인적 법익에 대한 죄

(1) 생명과 신체에 대한 죄

1) 살인의 죄

살인죄란 사람을 살해함으로써 성립하는 범죄이다(제250조). 본죄의 객체는 살아 있는 사람으로서 자연인을 의미하며 법인은 포함되지 않는다. 이때의 사람은 타인을 말하며 자기 자신은 사람이라고 할 수 없다. 사람을 살해하면 사형 또는 무기, 5년 이상의 징역에 처한다.

피해자는 사람이어야 하므로 언제부터 언제까지 사람인가가 중요한데, 사람의 시기와 종기에 관하여는 통설과 판례에 의하면 출산을 위한 진통이 있을 때가 사람의 시기라고 보며, 사망했을 때 사람의 종기가 된다. 사람의 종기에 관하여 종래에는 호흡종지설과 맥박종지설의 대립이 있었으나, 최근 장기이식수술과 관련하여 뇌사에 이른 때에 사망한 것으로 보아야 한다는 뇌사설이 유력하게 주장되고 있다.

2) 상해와 폭행의 죄

상해죄는 사람의 신체에 대한 침해를 내용으로 하는 범죄이다(제257조). 신체의 불가침성 내지 완전성을 보호법익으로 한다. 여기서 사람이란 살아 있는 타인을 의미하므로 태아는 본죄의 객체가 될 수 없으며 자기 자신 역시 본죄의 객체가 아니다. 상해의 개념에 대하여 신체의 완전성을 침해하면 상해가 된다는 견해와 신체의 완전성을 침해하는 것만으로는 상해가 되지 않고 생리적 기능을 침해하여야 비로소 상해가 된다는 견해가 대립되고 있다. 다시 말하면 신체의 완전성 침해설에 의하면 사람의 생리적 기능을 훼손하는 것은 물론 신체

외관을 변형시키는 것도 상해가 된다. 따라서 소량의 모발을 자르거나 손톱의 절단과 같은 것도 상해가 될 수 있다. 다음으로 생리적 기능훼손설에 의하면 단순한 신체의 외관의 변경으로는 상해가 되지 않으며 생리적 기능의 훼손, 즉 건강침해로서 육체적·정신적 병적 상태의 야기와 증가가 있어야 상해가 된다고 한다. 상해죄는 7년 이하의 징역, 10년 이하의 자격정지 또는 1천만 원 이하의 벌금에 처한다.

한편, 폭행죄는 사람의 신체에 폭행을 함으로써 성립한다(제260조). 본죄의 보호법익은 역시 신체의 완전성이다. 본죄는 피해자의 명시한 의사에 반하여 공소를 제기할 수 없는 반의사불벌죄이다. 폭행의 죄를 범한 경우에는 2년 이하의 징역 또는 500만 원 이하의 벌금, 구류 또는 과료에 처한다.

3) 낙태의 죄

낙태죄란 태아를 자연분만기에 앞서서 인위적으로 모체 밖으로 배출하거나 태아를 모체 안에서 살해함으로써 성립하는 범죄이다(제269조). 낙태죄의 주된 보호법익은 태아의 생명이지만 임산부의 건강도 부차적인 보호법익이 된다. 현행법은 부녀가 약물 기타 방법으로 낙태함으로써 성립하는 자기낙태죄와, 부녀의 촉탁 또는 승낙을 받아 낙태함으로써 성립하는 동의낙태죄, 의사·한의사·조산사·약제사 또는 약종상이 부녀의 촉탁 또는 승낙을 받아 낙태함으로써 성립하는 업무상낙태죄 그리고 부녀의 촉탁 또는 승낙 없이 낙태함으로써 성립하는 부동의낙태죄를 규정하고 있다.

4) 유 기 죄

유기죄는 노유(老幼)·질병 기타 사유로 인하여 부조를 요하는 자를 보호할 의무가 있는 자가 유기함으로써 성립하는 범죄이다(제271조). 본죄의 주체는 부조를 요하는 법률상·계약상 의무 있는 자, 즉 보호의무자이다. 예를 들어 동거하는 가족은 법률상 의무 있는 자가 될 것이고 유치원 교사는 어린이에 대한 계약상 보호의무자가 될 것이다. 본죄의 객체는 노유·질병 기타 사유로 인하여 부조를 요하는 자이다. '부조를 요하는 자'란 타인의 도움 없이 자기의 생명·신체에 대한 위험을 스스로 극복할 수 없는 자를 말하며, 경제적으로 극빈한 자는 여기의 요부조자에 해당되지 않는다.

(2) 자유에 대한 죄

1) 협박의 죄

협박죄란 사람을 협박함으로써 성립하는 범죄이다(제283조). 협박죄는 개인의 의사의 자유 내지 의사결정의 자유를 보호법익으로 한다. 협박죄의 객체는 사람으로 자연인인 타인을 의미하지만, 본죄의 객체인 사람은 해악의 고지에 의하여 공포심을 가질 만한 정신적 능력이 있어야 한다. 따라서 영아나 수면 중인 자 또는 명정자(술에 만취한 자)는 본죄의 객체가 되지 않는다.

2) 체포와 감금의 죄

사람을 체포 또는 감금함으로써 성립한다(제276조). 행위의 객체는 사람으로서 자연인인 타인을 의미한다. 자연적·잠재적 의미에서의 행동의 자유를 가지는 자연인은 모두 본죄의 객체가 된다. 따라서 정신병자나 수면자, 명정자, 불구자는 모두 본죄의 객체가 되지만 유아는 본죄의 객체가 된지 못한다.

3) 강간의 죄

강간죄는 사람을 폭행 또는 협박으로 강간함으로써 성립한다(제297조). 본죄의 주체는 제한이 없으며 객체는 사람이다. 그리고 강간의 수단으로 폭행 또는 협박을 이용하여야 하므로 폭행 또는 협박이 없었다면 본죄는 성립하지 않는다. 강간죄의 착수시기는 폭행이나 협박이 있는 때로부터 개시되므로 폭행이나 협박을 한 후 강간을 하지 못하였다면 강간미수가 된다. 이때 폭행이나 협박은 사람의 반항을 불가능하게 하는 경우뿐만 아니라 현저하게 곤란하게 하는 경우를 포함한다. 한편, 부부간에도 강간죄가 성립될 수 있는가에 관하여 종래 판례는 이를 부정하고 있었으나 2013년 정면으로 성립을 인정하였다. 본죄는 3년 이상의 유기징역으로 처벌한다.

그런데 이미 심신상실 또는 항거불능의 상태에 있는 부녀를 폭행이나 협박이 없이 간음하였다면 준강간죄가 성립하고 그 형은 강간죄의 예에 의한다. 그리고 13세 미만의 부녀를 간음하였다면 비록 동의를 받았다 하더라도 미성년자의제강간죄가 성립한다.

(3) 명예와 신용에 대한 죄

1) 명예훼손죄

명예훼손죄는 공연히 사실 또는 허위의 사실을 적시하여 사람의 명예를 훼손함으로써 성립한다(제307조). 명예의 주체는 모든 자연인이다. 따라서 유아나 정신병자, 범죄자도 명예의 주체가 될 수 있다. 그러나 태아는 제외된다. 그리고 법인도 명예의 주체가 된다. 여기서 공연성이란 불특정 또는 다수인이 인식할 수 있는 상태를 말하며, 사실의 적시란 사람의 사회적 평가를 저하시키는데 충분한 사실을 지적하는 것을 말한다. 이때 적시된 사실이 사실인 경우에는 2년 이하의 징역이나 금고 또는 500만 원 이하의 벌금에 처하며, 허위의 사실인 경우에는 5년 이하의 징역, 10년 이하의 자격정지 또는 1천만 원 이하의 벌금에 처한다.

참고로 명예의 주체가 살아 있는 자연인이 아닌 사망한 자(死者)인 경우에는 사실을 적시하여 명예를 훼손하여도 본죄가 성립하지 않고 허위의 사실을 적시하여 명예를 훼손하여야 사자명예훼손죄가 성립한다.

2) 업무방해죄

업무방해죄는 허위의 사실을 유포하거나 기타 위계 또는 위력으로써 사람의 업무를 방해하거나 컴퓨터 등 정보처리장치 또는 전자기록 등 특수매체기록을 손괴하거나 정보처리장치에 허위의 정보 또는 부정한 명령을 입력하거나 기타 방법으로 정보처리에 장애를 발생하게 하여 사람의 업무를 방해한 죄이다(제314조). 본죄는 업무가 현실적으로 방해받지 않았다 하더라도 방해받을 우려만 있으면 성립한다. 본죄를 범한 경우에는 5년 이하의 징역 또는 1천500만 원 이하의 벌금에 처한다.

(4) 사생활의 평온에 관한 죄

1) 비밀침해의 죄

봉함 기타 비밀장치한 사람의 편지·문서 또는 도화를 개봉하거나, 봉함 기타 비밀장치한 사람의 편지·문서·도화 또는 전자기록 등 특수매체기록을 기술적인 수단을 이용하여 그 내용을 알아냄으로써 성립하는 범죄이다(제316조).

본죄는 편지 등을 개봉한 이상 비록 그 내용을 알아내지 못하였다하더라도 성립한다는 견해도 있으나 기술적 방법으로 내용을 지득했을 때 비로소 비밀침해죄가 성립하며 내용을 지득하지 못한 경우에는 본죄가 성립하지 않는다고 보아야 할 것이다. 다만 기술적 수단을 이용하여야 하므로 단순히 불빛에 비추어 편지의 내용을 알아냈다면 본죄는 성립하지 않는다.

2) 주거침입의 죄

본죄는 사람의 주거, 관리하는 건조물, 선박이나 항공기 또는 점유하는 방실에 침입함으로써 성립한다(제319조). 침입이란 주거권자의 의사에 반하여 들어가는 것을 말하며 신체의 전부가 들어가야 기수가 된다. 이때 주거권자의 의사에 반하여야 하므로 주거권자의 동의가 있는 경우에는 본죄가 성립하지 않는다. 그러나 비록 백화점과 같은 공중에게 개방되어 있는 시설이라 할지라도 절도의 목적과 같이 범죄의 의사로 들어간 경우에는 본죄가 성립한다. 본죄는 3년 이하의 징역 또는 500만 원 이하의 벌금에 처한다.

한편 퇴거불응죄는 사람의 주거, 관리하는 건조물, 선박이나 항공기 또는 점유하는 방실에 '적법하게 또는 과실로' 들어간 자가 주거자·관리자·점유자의 퇴거요구를 받고도 이에 불응함으로써 성립하는 범죄이다. 따라서 불법 또는 고의로 주거에 들어간 자가 퇴거의 요구를 받고 이에 불응하면 퇴거불응죄가 아니라 주거침입죄가 성립한다.

(5) 재산에 대한 죄

1) 절도의 죄

절도죄는 타인이 점유하는 타인의 재물을 절취함으로써 성립하는 범죄이다(제329조). 이때 재물의 개념에 관하여 유체성설과 관리가능설이 대립하고 있다. 유체성설은 재물을 유체물, 즉 일정한 공간을 차지하고 있는 물건에 한한다고 보는 견해이며 관리가능성설은 관리가 가능한 것이면 유체물 이외의 무체물도 재물이 된다는 견해이다. 현행 민법도 '유체물 및 전기 기타 관리가능한 자연력'을 물건이라고 하고 있으므로 관리가능성설이 옳다. 그리고 재물은 반드시 재산적 가치가 있을 필요는 없고 사망한 부친의 사진과 같은 것도 재물이 된다.

절도죄의 착수시기는 타인의 점유를 배제하는 데 밀접한 행위를 하거나 목적물을 물색한 때 실행의 착수가 있다고 본다. 예를 들어 자동차 안의 재물을 절취하기 위하여 자동차의 손잡이에 손을 댔다면 절도죄의 실행의 착수가 된다. 그리고 기수시기는 통설과 판례에 의할 경우 실제로 재물을 취득한 때 기수가 된다고 한다. 이와 같이 타인의 재물을 절취한 자는 6년 이하의 징역 또는 1천만 원 이하의 벌금에 처한다.

2) 강도의 죄

강도죄란 폭행 또는 협박으로 타인의 재물을 강취하거나 기타 재산상의 이익을 취득하거나 제3자로 하여금 취득케 함으로써 성립하는 범죄이다(제333조). 행위의 객체는 재물 또는 재산상의 이익이다. 재산상의 이익을 포함하므로 사람을 협박하여 채무의 변제를 미루는 것도 본죄가 성립한다. 그리고 여기서의 폭행과 협박은 상대방의 의사를 억압하여 반항을 불가능하게 할 정도에 이르러야 한다. 그런데 사람을 살해한 직후 비로소 재물을 강취할 의사가 생겨 재물을 영득한 경우에는 폭행·협박이 재물강취의 수단이 되었다고 볼 수 없으므로 강도죄가 아니라 살인죄와 점유이탈물 횡령죄의 경합범이 된다. 마찬가지로 강간 후에 재물이 탐이 나서 그 부녀의 재물을 뺏어간 경우에도 강도강간죄가 아니라 강간죄와 절도죄의 경합범이 된다. 강도죄는 폭행·협박으로 강취한 재물이나 재산상의 이익을 반드시 본인이 취득할 필요는 없고 제3자에게 이를 귀속시켜도 성립하므로, 예를 들어 친구의 채무를 면제받거나 연기하기 위하여 폭행·협박을 한 경우에도 본죄가 성립한다.

강도죄의 착수시기는 폭행이나 협박을 개시한 때이고, 기수시기는 재물 또는 재산상의 이익을 취득한 때이다. 본죄는 3년 이상의 유기징역에 처한다.

3) 사기의 죄

사람을 기망하여 재물을 편취하거나 재산상의 불법한 이익을 취득하거나 타인으로 하여금 이를 얻게 함으로써 성립하는 범죄이다(제347조). 여기서 기망이라 함은 허위의 의사표시에 의하여 타인을 착오에 빠뜨리는 일체의 행위를 말한다. 본죄가 성립하기 위하여 재산상의 손해가 필요한가에 대하여 학설은 재산상의 손해가 발생하여야 한다고 하고 있으나 판례는 재산상의 손해가 발생하지 않아도 본죄가 성립한다고 한다. 실행의 착수시기는 편취의 의사로 기망행위를 개시한 때이며, 기수시기는 재산상의 손해가 발생한 때이다. 본죄를 범한 경우에는 10년 이하의 징역이나 2천만 원 이하의 벌금에 처한다.

4) 횡령의 죄

횡령죄는 자기가 점유하는 타인의 재물을 횡령하거나 반환을 거부함으로써 성립한다(제355조 1항). 이때 보관하는 재물은 위탁관계에 의하여 보관하고 있는 재물에 한한다. 따라서 위탁관계가 없었다면 본죄는 성립하지 않는다. 그리고 객체는 재물이므로 재산상의 이익은 포함하지 않는다. 다만 본죄의 객체는 동산에 한하지 않고 부동산도 포함한다. 한편 타인의 재물이라 함은 자기와 타인이 공동으로 소유하는 재물도 타인의 재물로 본다. 따라서 공동소유의 재물을 횡령하면 본죄가 성립한다. 본죄는 5년 이하의 징역 또는 1천500만 원 이하의 징역에 처한다.

5) 배임의 죄

타인의 사무를 처리하는 자가 그 임무에 위배되는 행위로 재산상의 이익을 취득하거나 제3자로 하여금 이를 취득케 하여 본인에게 손해를 가하는 것을 내용으로 하는 범죄이다(제355조 2항). 본죄의 주체는 타인의 사무를 관리하는 자이며 객체는 타인의 사무이다. 이때의 사무는 재산상의 사무에 국한된다. 배임죄는 배임행위로 인하여 재산상의 손해가 발생하여야 성립한다. 재산상의 손해라 함은 본인의 전체재산가치의 감소, 즉 총체적으로 본인의 재산상태에 손실을 가하는 경우를 말한다.

6) 장물의 죄

장물을 취득・양도・운반・보관하거나 또는 이를 알선함을 내용으로 하는 범죄이다(제362조). 이때 장물은 재물이어야 하며 재산상의 권리나 이익은 장물이 될 수 없다. 여기서 장물은 재산범죄에 의하여 영득한 재물 그 자체임을 요하므로 장물을 매각하여 대금으로 받은 돈이나 장물과 교환한 재물은 물론 장물을 전당잡힌 전당표는 장물이 아니다. 그러나 장물인 금전을 다른 돈으로 환전한 경우는 장물성이 인정된다. 본죄를 범한 경우에는 7년 이하의 징역 또는 1천500만 원 이하의 벌금에 처한다.

7) 손괴죄

타인의 재물, 문서 또는 전자기록 등 특수매체기록을 손괴 또는 은닉 기타의 방법으로 그 효용을 해함으로써 성립하는 범죄이다(제366조). 여기서 재물이라 함은 동산·부동산을 불문하고 경제적 재산적 가치를 가질 것을 요하지 않는다. 문서란 사문서와 공문서를 불문하며 전자기록 등 특수매체기록은 사람의 지각에 의하여 인식될 수 없는 방식에 의하여 작성되어 컴퓨터 등 정보처리장치에 의한 정보처리를 위하여 제공된 기록을 말한다. 그리고 타인의 소유란 타인의 단독소유 또는 공동소유에 속하는 것을 말한다. 여기서 손괴란 재물 또는 문서에 유형력을 행사하여 그 이용가능성을 침해하는 것을 말하며, 은닉이란 재물 또는 문서의 소재를 불분명케 하여 그 발견을 곤란 또는 불가능하게 함으로써 그 재물 또는 문서가 가진 효용을 해하는 것을 말한다. 손괴죄가 성립하면 3년 이하의 징역 또는 700만 원 이하의 벌금에 처한다.

2. 사회적 법익에 대한 죄

(1) 공공의 안전과 평온에 대한 죄

1) 공안을 해하는 죄

공안을 해하는 죄란 공공의 법질서 또는 공공의 안전과 평온을 해하는 것을 내용으로 하는 범죄를 말하며, 형법상의 범죄단체 조직죄(제114조), 소요죄(제115조), 다중불해산죄(제116조), 전시공수계약 불이행죄(제117조), 공무원 자격사칭죄(제118조)가 이에 해당한다.

2) 폭발물에 관한 죄

폭발물에 관한 죄는 폭발물을 사용하여 공중의 생명이나 신체 또는 재산을 해하거나 기타 공안을 문란하게 함으로써 성립하는 범죄이다(제119조). 본죄의 보호법익은 폭발물의 사용으로 인하여 사회 공동질서가 침해된다는 사회적 위험성을 고려한 사회적 법익이다. 폭발물에 관한 죄에는 폭발물 사용죄와 전시폭발물 제조 등의 죄가 있다.

3) 방화와 실화의 죄

방화죄와 실화죄는 고의 또는 과실로 불을 놓아 현주건조물·공용건조물·일반건조물 또는 일반물건이 불타 훼손되는 것을 내용으로 하는 공공위험죄를 말한다(제164조, 제170조). 방화죄의 보호법익은 공공의 안전이라는 사회적 법익이며 재산죄와는 관련이 없다는 공공위험죄설과 공공의 안전이라는 사회전체의 이익과 개인의 재산권도 보호법익이 된다는 이중성격설이 대립하고 있다. 이중성격설이 통설과 판례의 태도이다. 방화와 실화의 죄에는 현주건조물방화죄, 공용건조물방화죄, 일반건조물등방화죄, 일반물건방화죄, 연소죄, 진화방해죄, 실화죄 등이 있다.

(2) 공공의 신용에 대한 죄

1) 통화에 관한 죄

행사할 목적으로 통화를 위조·변조하거나, 위조·변조한 통화를 행사·수입·수출 또는 취득하거나, 통화유사물을 제조함으로써 성립하는 범죄를 말한다(제207조). 형법은 통화의 위조와 변조 및 행사죄를 기본적 구성요건으로 하고 있으며 내국통화위조위조·변조죄, 내국유통외국통화위조·변조죄, 외국통용외국통화위조·변조죄, 위조·변조통화행사죄, 위조·변조통화취득죄, 위조통화취득후지정행사죄, 통화유사물제조죄 등을 규정하고 있다. 본죄의 보호법익은 통화에 대한 거래상의 안전과 신용이라고 하는 것이 다수설이다.

2) 유가증권, 우표와 인지에 관한 죄

유가증권에 관한 죄란 유가증권을 위조·변조 또는 허위 작성하거나 위조·변조·허위작성한 유가증권을 행사·수입 또는 수출함으로써 성립하는 범죄를 말하며(제214조), 유가증권에 관한 법적 거래의 신용과 안전을 보호법익으로 하는 범죄이다. 이때 유가증권이라 함은 증권 상에 표시된 재산상의 권리의 행사와 처분에 그 증권의 점유를 필요로 하는 것을 말한다. 이와 같은 유가증권에 관한 죄에는 유가증권 위조·변조죄, 허위유가증권 작성죄, 위조등 유가증권 행사죄, 인지·우표 등 위조·변조죄 등이 있다.

3) 문서에 관한 죄

문서에 관한 죄란 행사할 목적으로 문서를 위조 또는 변조하거나 허위의 문서를 작성하거나, 위조·변조·허위 작성된 문서를 행사하거나 문서를 부정 행사함으로써 성립하는 범죄를 말하며(제225조), 문서에 대한 거래의 안전과 신용을 보호법익으로 한다. 문서에 관한 죄에는 크게 문서위조·변조죄와 허위문서작성죄, 위조등 문서행사죄, 문서부정행사죄, 전자기록위작·변작죄 등이 있다.

(3) 사회의 도덕에 대한 죄

1) 성풍속에 관한 죄

성풍속에 관한 죄란 성도덕 또는 건전한 성적 풍속을 보호하기 위한 성생활에 관계된 범죄를 말하며, 형법상의 성풍속에 관한 죄에는 음행매개죄와 음란물죄 및 공연음란죄가 있다. 이중 음란물죄와 공연음란죄의 보호법익은 선량한 성풍속의 보호에 있다. 간통죄(제241조)는 헌법재판소의 위헌결정에 따라 폐지되었다.

2) 도박과 복표에 관한 죄

도박과 복표에 관한 죄라 함은 도박을 하거나 도박장을 개설하거나 복표를 발매·중개 또는 취득함으로써 성립하는 범죄를 말하며(제246조), 건전한 기업활동의 기초가 되는 국민의 근로관념과 공공의 미풍양속 내지 근로라는 사회의 경제 도덕을 보호하기 위한 범죄이다. 여기에는 도박죄와 복표발매·중개·취득죄가 있다.

3. 국가적 법익에 대한 죄

(1) 국가의 존립과 권위에 관한 죄

1) 내란의 죄

내란죄란 폭동에 의하여 국가의 존립과 헌법질서를 위태롭게 하는 범죄, 즉 국토를 참절하거나 국헌을 문란하게 할 목적으로 폭동을 함으로써 성립하는 범죄이다(제87조). 본죄의 보호법익은 국가의 존립과 헌법질서, 즉 국가의 내적 안전이다. 내란의 죄에는 내란죄와 내란목적살인죄, 내란예비·음모·선동·선전죄가 있다.

2) 외환의 죄

외환의 죄란 외환을 유치하거나 대한민국에 항적하거나 적국에 이익을 제공하여 국가의 안전을 위태롭게 하는 범죄를 말한다(제92조). 내란죄의 보호법익이 국가의 내적 안전임에 반하여 본죄의 보호법익은 국가의 외적 안전이다. 외환의 죄에는 외환유치죄와 여적죄, 이적죄, 간첩죄, 전시군수계약 불이행죄 등이 있다.

3) 국기에 관한 죄

국기에 관한 죄란 국기 또는 국장을 손상·제거·오욕 또는 비방하는 것을 내용으로 하는 범죄이다(제105조). 형법은 국기에 관한 죄로 국기·국장모독죄, 국기·국장비방죄를 규정하고 있다.

4) 국교에 관한 죄

국교에 관한 죄는 외국과의 평화로운 국제관계를 침해하여 국제법상 보호되는 외국의 이익을 해하고 외국과의 국교관계 내지 자국의 대외적인 지위를 위태롭게 하는 범죄를 말한다(제107조 이하). 본죄의 보호법익은 외국의 이익과 자국의 대외적 지위를 보호하는 데 있다. 본죄에는 외국원수·사절 및 국기에 대한 죄와 외국에 대한 사전·중립명령위반죄 그리고 외교상 기밀누설죄가 있다.

(2) 국가의 기능에 관한 죄

1) 공무원의 직무에 관한 죄

공무원의 직무에 관한 죄란 공무원이 의무에 위배하거나 직권을 남용하여 국가기능의 공정을 해하는 것을 내용으로 하는 범죄 즉, 공무원의 직무범죄를 말한다(제122조 이하). 본죄의 보호법익은 국가기능이며, 특히 국가질서에 대한 내부로부터의 침해에 그 본질이 있다. 공무원의 직무에 관한 죄에는 직무유기죄와 직권남용죄 그리고 뇌물죄가 있다.

2) 공무방해에 관한 죄

공무방해의 죄란 국가 또는 공공기관이 행사하는 기능을 방해함으로써 성립하는 범죄를 말한다(제136조). 본죄의 보호법익은 공무원에 의하여 실현되는 국가기능으로서의 공무이다. 본죄에는 공무집행방해죄와 수정적 구성요건으로서 직무・사직 강요죄, 위계에 의한 공무집행방해죄 등이 있으며 기타 특수한 공무원에 대한 공무방해죄가 있다.

3) 도주와 범인은닉의 죄

도주의 죄는 법률에 의하여 체포 또는 구금된 자가 스스로 도주하거나 타인의 도주에 관여함으로써 성립하는 범죄이다(제145조). 본죄의 보호법익은 국가의 구속권과 구금권, 국가의 구금기능 또는 구속작용이다. 도주와 범인은닉의 죄에는 도주죄와 도주원조죄, 범인은닉죄 등이 있다.

4) 위증과 증거인멸죄

위증죄는 법률에 의하여 선서한 증인이 허위의 진술을 하거나 법률에 의하여 선서한 감정인・통역인 또는 번역인이 허위의 감정・통역 또는 번역을 함으로써 성립하는 범죄를 말하며(제152조 이하), 본죄의 보호법익은 국가의 사법작용과 징계작용이다. 한편 증거인멸죄는 타인의 형사사건에 대한 증거를 인멸・은닉・위조 또는 변조하거나, 위조 또는 변조한 증거를 사용함으로써 성립하는 범죄이다. 본죄의 보호법익은 국가의 형사사법기능의 보호에 있다.

5) 무고의 죄

무고죄는 타인으로 하여금 형사처분 또는 징계처분을 받게 할 목적으로 공무소 또는 공무원에 대하여 허위의 사실을 신고함으로써 성립하는 범죄이다(제156조). 무고죄는 국가의 심판기능을 보호법익으로 하는 국가적 법익에 관한 죄이지만 부수적으로는 부당하게 처벌 받지 않을 개인의 이익도 보호하는 이중적 성격을 가진다.

07장 刑事訴訟法

제1절 서 설

1. 형사소송법의 의의

형사소송법은 실체법인 형법의 구체적인 적용절차를 규정하는 국가법률체계로서 형벌권의 실현 방법을 정하는 법률이다. 형법은 어떠한 행위가 범죄가 되고 그에 대해 어떤 종류의 형벌을 얼마만큼 부과할 것인가에 관한 법규범인데 반하여, 형사소송법은 이러한 형법을 구체적인 경우에 적용, 실현시키는 절차를 규정한 법규범이다. 형법이 형벌권의 발생요건을 규정하는 법률이라면, 형사소송법은 형벌권을 실현하기 위한 법률이다. 즉, 형사소송법은 범죄혐의의 진부를 명백히 규명하여 형벌권의 존부와 범위를 확정함으로써 형법에 규정된 국가의 형벌권을 구체화하는 절차법이다.

2. 형사소송법의 기본원리

(1) 탄핵주의와 규문주의

탄핵주의와 규문주의는 형사소송의 개시 여부를 결정하는 자가 심판기관인가 아닌가에 따른 분류방식이다. 먼저 탄핵주의는 심판기관과 공소기관이 분리되는 방식으로서 탄핵주의에서는 법원이 검사에 의하여 공소제기된 사건에 대하여만 심판할 수 있다는 불고불리(不告不理)의 원칙이 적용되고, 피고인도 소송의 주체로서 절차에 관여하여 형사절차는 소송의 구조를 갖게 된다. 탄핵주의는 이를 소추주의라고도 하고, 소추권자의 여하에 따라 국가소추주의, 피해자소추주의, 공중소추주의로 분류된다. 반면에 형사소송의 개시 여부를 심판기관이 결정하는 것이 규문주의이다. 다시 말하자면 형사소송절차의 개시와 심리가 일정한 소추권자의 소추에 의하지 않고 법원의 직권에 의하여 행해지는 주의로서, 원고의 소추를 기다려서 소송절차를 개시하는 탄핵주의에 대응한다. 탄핵을 기다리지 않고 법원의 직권에 의하여 소송절차를 개시하여 전문 법관에 의한 재판이 이루어지고, 피고인은 다만 소송의 객체로서만 취급되어 규문된 사항에 대하여만 진술을 하는 주의이다.

(2) 직권주의와 당사자주의

직권주의와 당사자주의의 구별은 공판절차에 있어서 법원과 양당사자 간의 관계를 어떻게 설정하는가에 관한 입장의 대립인 바, 탄핵주의에 따라 소추권자에 의하여 소송이 개시된 후 소송의 진행에 있어 주도적인 지위를 담당하는 자가 법원이냐 당사자이냐에 따른 분류 방식이다. 당사자주의란 소송의 주도적 지위를 양당사자에게 부여하고 법원에게는 단지 판단자로서의 지위만을 갖게 하는 것임에 반하여, 직권주의란 법원에 소송상 주도적 지위를 인정하고 양당사자 특히 피고인에게는 심리객체로서의 지위만을 갖게 하는 주의를 말한다.

(3) 실체적 진실주의와 형식적 진실주의

형사소송의 대상과 관련하여 당사자의 자유로운 처분의 가능성 여부와 진실발견의 방식에 관한 분류이다. 실체적 진실주의는 소송의 실체에 관하여 법원이 당사자의 주장이나 그가 제출한 증거에 구속되지 않고 사안의 진상을 규명하여 객관적 진실을 발견하려는 소송법상의 원리를 말한다. 이에 대하여 형식적 진실주의는 법원이 당사자의 주장이나 그가 제출한 증거에 구속되어 이를 기초로 사실의 진부를 인정하는 주의를 말한다.

제2절 총 론

1. 소송의 주체

(1) 법 원

법원이란 사법권을 행사하는 국가기관을 말한다. 헌법은 사법권은 법관으로 구성된 법원에 속한다고 규정하고 있다. 여기서 법원이라 함은 개개의 소송 사건에 관하여 재판권을 행사하는 재판기관으로서 소송법상 의미의 법원을 말한다.

(2) 검 사

검사는 검찰권을 행사하는 국가기관으로서 단독제 행정관청이다. 검사는 소송의 당사자인 한편 공익의 대변자로서 수사기관으로서의 지위를 가지며, 탄핵주의·국가소추주의·기소독점주의에 의하여 공소권자로서의 지위를 가진다. 그리고 검사는 공소관의 지위에서 법령의 정당한 작용을 청구함은 물론 상소·재심·비상상고 등을 통하여 법원에 오판의 정정을 청구할 수도 있으며, 재판의 집행기관으로서의 지위도 가진다. 검찰사무를 관할하는 기관으로는 검찰청이 있으며 검찰청에는 대검찰청·고등검찰청·지방검찰청과 지방검찰지청이 있다.

(3) 피 고 인

피고인이란 형사사건에 관하여 검사로부터 공소제기된 자를 말한다. 그러므로 단순히 범죄의 혐의를 받아 수사기관으로부터 조사를 받고 있는 자는 피의자이지 피고인이 아니다. 피고인은 소송당사자로서의 지위를 가지며 능동적 당사자인 검사의 공격에 대하여 대등한 입장에서 자기를 보호하기 위하여 변호인의 선임권 및 선임의뢰권을 가지며, 소송절차에 참여할 권리도 가진다. 아울러 검사의 공격에 대한 방어권으로서 법정에서 진술할 권리와 자기에게 불리한 내용의 진술을 강요당하지 않는 진술거부권과 위법·부당한 소송행위에 불복할 수 있는 불복권을 가진다.

2. 소송절차

(1) 수사와 공소

1) 수 사

수사란 형사사건에 관하여 공소를 제기하고 수행하기 위하여 범인과 증거를 발견하고 수집하는 소송의 준비단계적 활동을 말한다. 수사기관으로서는 검사와 사법경찰관리가 있으며 수사의 개시는 수사기관이 '범죄의 혐의가 있다고 사료하는 때' 개시한다(제195조, 제196조 2항). 이러한 수사의 개시는 수사기관이 고소·고발·자수 이외의 원인에 의하여 개시되는 '수사기관의 체험에 의한 개시'와 고소·고발·자수에 의하여 수사가 개시되는 '타인의 체험에 의한 수사의 개시'가 있다.

수사 실행의 방법으로는 임의 수사를 원칙으로 하며 강제수사는 형사소송법에 특별한 규정이 있는 경우에 한하여 예외적으로 허용된다. 임의수사란 수사를 받는 상대방의 동의·승낙을 전제로 행하는 수사를 말하며, 피의자심문·참고인조사·수사상검증·수사상감정 등이 그 수단으로 이용된다. 다음으로 강제수사란 강제처분에 의한 수사로서 대인적 강제수사와 대물적 강제수사로 구분된다. 피의자의 수속이나 현행범인의 체포 등은 대인적 강제수사에 해당되고 압수·수색·검증은 대물적 수사에 해당한다. 강제수사에는 법관이 발부한 영장에 의함이 원칙이나 이러한 영장주의에는 일정한 예외가 인정되기도 한다.

2) 공 소

공소란 법원에 대하여 특정한 사건의 심판을 요구하는 검사의 법률행위적 소송행위를 말한다. 형사소송법은 "공소는 검사가 제기하여 수행한다."(제246조)고 규정하여 국가소추주의와 기소독점주의를 채택하고 있다. 다시 말하면 형사사건에 있어서는 국가형벌권의 행사가 사인의 보복감정에 치우침 없이 객관적으로 공정하게 이루어지도록 사인소추주의를 배제하고 국가소추주의를 채택하고 있으며, 국가기관 중에서도 검사만이 공소권을 독점하는 기소독점주의를 취하고 있다. 검사가 공소와 관련하여 가지는 재량에는 기소독점주의 이외에도 기소편의주의가 있다. 그런데 기소편의주의는 검사가 형사정책상 득실을 고려하여 그의 재량으로 기소·불기소를 결정하는 제도로서, 기소독점주의와 결합하면 자칫 검사의 재량이 지나치게 확대되어 공소권의 행사가 검사의 자의 내지는 독선에 흐르거나 정치적 영향에 좌우될 위험성도 내포하고 있다.

공소를 제기함에는 공소장을 관할 법원에 제출하여야 한다. 공소장의 필요적 기재사항으로는 피고인의 성명 기타 특정할 수 있는 사항·죄명·공소사실·적용법조가 있다(제254조). 공소가 제기되면 사건은 법원에 계속되며 범위가 한정된다. 즉, 법원은 공소제기가 있는 범죄사실에 관해서만 심판을 할 수 있다. 또한 공소제기에 의하여 피의자는 피고인의 지위를 갖게 되며 피의자에 대한 구속영장은 당연히 피고인에 대한 구속영장으로 전환된다.

(2) 공판절차

1) 공판절차의 의의

공판절차란 공소가 제기된 이후부터 그 소송절차가 종결하기까지의 절차, 즉 법원이 피고 사건에 대하여 심리재판을 행하고 또 당사자가 사건에 대하여 변론을 행하는 절차를 말한다.

2) 공판절차상의 기본원칙

공판절차상의 기본원칙으로는 공개주의·구두변론주의·직접심리주의·계속심리주의가 있다. 첫째, 공개주의란 일반 국민에게 재판을 방청할 기회를 주는 것을 말한다. 이는 모든 국민은 신속한 재판을 받을 권리와 형사피고인은 공개재판을 받을 권리가 있다고 규정한 헌법 제27조 제3항에서 그 근거를 찾을 수 있다. 다만, 심리는 국가의 안전보장 또는 안녕질서를 방해하거나 선량한 풍속을 해할 염려가 있을 때에는 법원의 결정으로 공개하지 않을 수 있다. 그러나 판결의 선고의 비공개는 허용되지 아니한다. 둘째, 구두변론주의는 법원이 당사자의 구두변론에 의한 공격·방어를 근거로 하여 심리를 진행하고 재판하는 주의를 말한다. 형사소송법은 공판정에서의 변론은 구두로 하여야 한다고 규정함으로서 구두변론주의를 채택하고 있다(제275조의3). 특히 판결은 다른 법률에 규정이 없으면 구두변론에 의거하여야 하지만, 결정이나 명령은 구두변론에 의거하지 않을 수 있다(제37조 1-2항). 셋째, 직접심리주의는 법원이 공판정에서 직접심리하고 조사한 증거만을 재판의 기초로 할 수 있다는 주의로서, 법관에게 정확한 심증을 형성시키려는 요청에서 인정된 것이다. 공판개정 후 판사의 경질이 있을 때에는 공판절차를 갱신하도록 하는 것과 전문증거를 원칙적으로 배제하는 것도 직접주의의 요청에서 나온 것이다. 넷째, 계속심리주의는 피고인의 보호 및 피고 사건의 정확성을 기한다는 점에서 공판기일은 가능한 한 계속하여 열어야 한다는 원칙을 말한다.

3) 공판의 순서

공판심리는 일반적으로 모두절차와 사실심리절차 그리고 판결 선고의 순으로 진행된다.

먼저 모두절차에는 인정심문 · 검사의 모두진술 · 진술거부권 등의 고지 · 피고인의 이익사실고지가 있다. 인정심문이란 피고인의 성명이나 연령 · 주거와 직업 · 본적 등에 관한 심문으로서 공판장에 기재된 피고인과 법정에 출정한 피고인이 동일인임을 확인하는 데 그 목적이 있다. 다음으로 검사의 모두진술은 재판장이 검사로 하여금 공판장에 의하여 기소의 요지를 진술하게 하는 것을 말한다. 검사의 모두진술이 끝나면 재판장은 피고인에게 각개의 심문에 대하여 진술을 거부할 수 있다는 취지의 진술거부권을 고지하고, 마지막으로 피고인에게 그 이익되는 사실을 진술할 기회를 줌으로써 모두절차는 끝이 난다.

사실심리절차에는 피고인심문과 증거조사 그리고 최종변론이 있다. 피고인심문이란 검사, 변호인 또는 법원은 공판기일에 피고인에 대하여 공판사실과 정상에 관하여 심문할 수 있게 하는 것을 말한다. 한편 증거조사는 피고인심문이 종료한 뒤에 하는 것이 원칙이나 필요한 때에는 피고인심문 중에도 할 수 있다. 그리고 피고인심문과 증거조사가 끝나면 검사는 사실과 법률적용에 관하여 의견을 진술하고 변호인과 피고인의 최후진술을 끝으로 최종변론을 마치게 된다.

최종변론 후 변론을 재개하지 않는 한 법원은 판결을 선고하여야 한다. 판결의 선고는 공판정에서 재판서에 의하여야 하며 판결의 선고에 의하여 공판절차는 해당심급에서 종결하며 상소기간이 진행된다.

(3) 상 소

1) 상소의 의의와 존재이유

상소란 미확정의 재판에 대하여 상급법원에 구제를 구하는 불복신청제도를 말한다. 상소의 종류에는 항소·상고·항고가 있다. 상소는 재판에 대한 불복신청이라는 점에서 불기소처분에 대한 검찰항고나 재정신청과 구별되며, 미확정 재판에 대한 불복신청이라는 점에서 확정판결에 대한 비상구제절차인 재심, 비상상고와 구별된다. 또한 상소는 상급법원에 대한 불복신청이라는 점에서 당해 법원에 대한 이의신청이나 약식명령 또는 즉결심판에 대한 정식재판의 청구와 구별된다. 한편, 상소는 원판결의 잘못을 시정하여 불이익을 받는 당사자를 구제하고 법령해석의 통일을 기하는 데 그 존재의의가 있다고 할 것이다.

2) 항 소

항소란 제1심 판결에 대해 제2심 법원에 하는 상소를 말한다. 제1심 법원이 지방법원 단독판사인 경우에는 지방법원 합의부에 항소할 수 있고, 제1심 법원이 합의부인 경우에는 고등법원에 항소할 수 있다. 항소의 제기가 법률상의 방식에 위반하거나 항소권 소멸 후인 것이 명백한 경우에는 원심법원은 결정으로 항소를 기각하여야 한다. 다만 원심법원의 기각결정에 대해서는 즉시항고를 할 수 있다. 항소가 제기되면 항소법원은 항소이유에 포함된 사유에 관하여 심판하여야 한다. 그러나 판결에 영향을 미친 사유에 관해서는 항소이유서에 포함되지 아니한 경우에도 직권으로 심판할 수 있다. 항소심의 심판에는 제1심의 공판절차에 관한 규정이 원칙적으로 준용된다. 항소심의 재판에는 공소기각의 결정과 항소기각 그리고 원심판결기각의 판결이 있다.

3) 상 고

상고란 제2심 판결에 대해 대법원에 하는 상소를 말한다. 그러나 예외적으로 제1심 판결에 대하여 상고를 허용하는 경우도 있는데 이를 비약적 상고라 한다. 상고는 판결에 영향을 미친 헌법, 법률, 명령, 규칙의 위반이 있는 때, 판결 후 형의 폐지나 사면이 있는 때, 재심청구의 사유가 있는 때, 사형, 무기 또는 10년 이상의 징역이나 금고가 선고된 사건에 있어서 중대한 오인이 있어 판결에 영향을 미친 때 또는 형의 양정이 심히 부당하다고 인정될 상당한 이유가 있을 때 허용된다.

상고는 상고기간(7일) 내에 원심법원에 상고장을 제출하는 방법으로 하며(제374조, 제375조), 상고사유를 통지받은 날로부터 20일 이내에 상고이유서를 상고법원에 제출하여야 한다. 상고심의 재판에는 공소기각의 결정・상고기각의 결정・상고기각의 판결・원심판결의 파기가 있다.

4) 항 고

항고란 법원의 결정에 대한 상소를 말한다(제402조). 항고는 상소의 일종이지만 판결에 대한 상소인 항소 또는 상고와는 성질을 달리 한다. 항고에는 일반항고와 재항고가 있고 일반항고는 다시 즉시항고와 보통항고로 나누어진다. 즉시항고는 제기기간이 3일로 제한되어 있고 재판의 집행을 정지하는 효력을 가진 항고를 말하며, 보통항고는 즉시항고 이외의 항고를 말한다. 한편, 재항고란 대법원에 즉시항고를 하는 것이 특별히 허용된 항고를 말한다.

(4) 특별절차

1) 재 심

재심은 유죄확정판결에 사실인정의 오류가 있는 경우에 이를 시정하기 위하여 인정된 비상구제절차이다. 즉 확정판결의 사실인정에 오류가 있는 것이 추정될 만한 중대한 사유가 있는 경우 원심법원에 청구하여 심판을 반복하는 제도이다. 재심은 유죄의 확정판결과 유죄의 확정판결에 대한 항소기각결정 및 상고기각결정에 대해서만 인정된다.

재심의 청구는 재심청구인이 제1심 판결을 재심청구의 대상으로 하는 경우에는 제1심 법원이, 상소법원의 판결을 대상으로 하는 경우에는 상소법원이 각각 재심청구 사건을 관할한다. 재심청구권자는 검사와 유죄의 선고를 받은 자 그리고 변호인이며 재심청구의 시기에는 제한이 없다. 재심청구의 재판에는 청구기각의 결정과 재심개시의 결정이 있으며, 재심의 청구를 기각하는 결정과 재심개시의 결정에 대하여는 즉시항고를 할 수 있다.

2) 비상상고

비상상고란 확정판결에 대하여 그 심판의 법령위반을 이유로 허용되는 비상구제절차를 말한다. 비상상고는 재심과는 달리 신청권자가 검찰총장으로 제한되고 관할법원은 대법원이며, 판결의 효력은 원칙적으로 피고인에게 미치지 않는다는 특징이 있다. 비상상고의 대상은 모든 재판이며 따라서 재심의 경우와는 달리 유죄의 확정판결에 제한되지 않는다.

비상상고가 신청되면 대법원은 신청서에 포함된 이유에 한하여 조사를 하여야 한다. 다만 법원의 관할, 공소의 수리와 소송절차에 관하여는 사실조사를 할 수 있다. 비상상고의 판결에는 기각판결·파기판결이 있으며 비상상고의 판결은 파기자판의 경우 이외에는 그 효력이 피고인에게 미치지 아니한다.

08장 勞動法

제1절 노동법의 의의

1. 노동법의 개념

노동법은 노동관계 즉, 자본주의 사회에 있어서 근로자와 사용자 간에 성립하는 종속노동관계를 규제하는 법이다. 노동법은 개별적 근로관계와 집단적 노사관계의 합리적 규율을 통해 근로자의 지위를 유지·개선하는 것을 목적으로 한다.

2. 노동법의 지위

(1) 민법과 노동법

민법은 고용자와 피고용자 간의 법률관계를 고용자의 노무제공청구권과 피고용자의 보수지급청구권이라고 하는 법률관계를 중심으로 평등한 고용계약관계로서 파악하는 데 비하여, 노동법은 사용자와 노무자 간의 법률관계를 사회적으로 약자인 근로자 측의 입장에서 임금청구권·근로시간·해고제한 등을 중심으로 하는 근로관계로 파악한다. 즉 노동법은 근로계약상의 근로자의 권리를 유지·개선하기 위해서 정립된 법체제이다.

(2) 경제법과 노동법

경제법은 경제주체 상호간의 관계를 실질적 경제질서의 측면에서 파악하려는 것이고, 노동법은 근로자의 생활관계를 규율대상으로 하여 근로자의 생존권 내지 생활권을 확보하고자 하는 것이다. 그러나 양자에는 어느 정도의 국가개입이 예정되어 있다는 공통점이 있다.

(3) 사회보장법과 노동법

사회보장법이란 국민의 생존권을 확인하고, 생활을 보장하기 위하여 제정된 법을 말한다. 즉, "출산, 양육, 실업, 노령, 장애, 질병, 빈곤 및 사망 등의 사회적 위험으로부터 모든 국민을 보호하고 국민 삶의 질을 향상시키는 데 필요한 소득·서비스를 보장하는 사회보험, 공공부조, 사회서비스"를 규율하는 법규의 총체이다(사회보장기본법 제3조 1호). 즉 사회보장법은 모든 국민의 생활보장 측면에서 생활위험으로부터 국민을 보호하는 법이라 할 수 있는 데 비하여 노동법은 노동인격의 보호라는 측면에서 근로의 의사와 능력이 있는 자의 생존확보를 목적으로 하는 법이라는 데 그 차이가 있다.

(4) 노동법의 내용과 법원

노동법은 크게 개별적 노동관계와 집단적 노사관계법, 협동적 노사관계법으로 나눌 수 있다. 개별적 노동관계법은 국가가 근로조건의 최저기준을 정해서 이를 강제적으로 시행하는 것이다. 근로기준법을 위시한 최저임금법·「남녀고용평등과 일·가정 양립 지원에 관한 법률」·산업안전보건법·산업재해보상보험법이 그것이다. 집단적 노사관계법은 근로자들의 대표기구인 노동조합과 사용자의 단체협약을 통해서 근로조건을 집단적으로 개선하고자 하는 법으로서 「노동조합 및 노동관계조정법」이 이에 해당한다. 협동적 노사관계법은 노사가 협력하여 근로자의 지위개선을 목적으로 하는 법으로서 「근로자참여 및 협력증진에 관한 법률」이 그것이다.

노동법의 근간이 되는 것은 근로관계를 규율하는 모든 규정들이기 때문에 헌법·법률·관습법뿐만 아니라, 단체협약·취업규칙·근로계약·사용자의 지시

등도 법원(法源)이 된다.

제2절 노동기본권

노동기본권이란 근로관계에 있는 근로자와 근로계약관계를 희망하는 일반국민을 대상으로 하여 그들의 생존을 확보해주기 위한 기본권이다. 헌법은 근로자에게 단결권과 단체교섭권, 단체행동권을 명시함으로써(제33조 1항), 근로자 스스로가 사용자와 대등한 지위에서 근로조건을 결정할 수 있도록 하고 있다. 노동3권은 단체교섭권이 중심이 된 유기적 결합관계이다. 즉, 단결의 궁극적 목적은 사용자와의 단체교섭을 통한 단체협약의 체결이다. 이를 위해서 근로자는 노동조합을 결성하고, 단체교섭과 단체행동을 수행하는 것이기 때문이다.

제3절 개별적 근로관계법

1. 근로계약

근로계약이란 근로자가 계약의 상대방인 사용자에게 근로를 제공하고 사용자는 근로의 대가로 임금을 지급하는 것을 목적으로 체결된 계약이다(근로기준법 제2조 4호). 근로자는 사용자의 지휘·감독에 따라 노무를 제공하는 자로서 실질적 사용종속관계에 놓인 자이고 사용자는 근로자에 대하여 임금·급료 등의 지급의무를 지며, 근로자에 대하여 지시권을 가지는 자이다. 사용자는 근로계약체결시에 근로자에 대해 임금·근로시간·연차 유급휴가 기타의 근로조건을 명시해야 하고(동법 제17조), 근로자의 근로계약의 불이행에 대한 위약금 또는 손해배상액을 예정하는 계약을 체결하지 못한다(동법 제20조).

2. 임　　금

근로기준법은 임금이란 사용자가 근로의 대가로 임금·봉급 기타 어떠한 명칭으로든지 근로자에게 지급하는 일체의 금품이라고 하고 있다(동법 제2조 5호). 그러나 근로대가지급과 상관없이 타인의 경영을 위해서 근로를 제공하는 경우도 근로계약관계가 성립할 수 있다. 이 중 특히 임금에 대해서는 최저임금제를 통해 사용자가 이를 지키도록 강제하고 있다. 따라서 최저임금액에 미달하는 근로계약은 그 부분에 한하여 무효이며, 무효로 된 부분은 최저임금액과 동일한 임금을 지급하기로 정한 것으로 본다(최저임금법 제6조 3항).

3. 퇴 직 금

사용자는 계속근로기간 1년에 대하여 30일분 이상의 평균임금을 퇴직금으로서 퇴직하는 근로자에게 지급하는 제도를 설정하여야 한다(근로기준법 제34조, 근로자퇴직급여보장법 제8조 1항). 근로자는 퇴직 전이라 하더라도 자신의 요청으로 기존에 계속근로한 기간에 대한 퇴직금을 미리 정산하여 지급받을 수 있도록 하고 있는데 이를 퇴직금의 중간정산제라고 한다. 퇴직금이 중간정산되면 그 정산시점부터 그 후의 퇴직금산정을 위한 계속근로년수가 새로이 기산된다(근로자퇴직급여보장법 제8조 2항).

임금·퇴직금·재해보상금 기타 근로관계로 인한 채권은 사용자의 총재산에 대하여 질권 또는 저당권에 의하여 담보된 채권을 제외하고는 조세·공과금 및 다른 채권에 우선하여 변제되어야 한다(근로기준법 제37조, 근로자퇴직급여보장법 제11조).

4. 근로시간

근로시간에 있어서는 1주에 40시간, 1일에 8시간을 기본으로 하고 당사자의 합의에 따라 1주 12시간을 한도로 연장할 수 있게 하였다(근로기준법 제51조 내지 제53조). 소년에 대해서는 1일 7시간 주 35시간을 원칙으로 하고, 당사자의 합의가 있으면, 1일에 1시간, 1주일에 5시간을 한도로 연장할 수 있다(동법 제69조).

5. 재해보상

재해보상제도는 근로자가 근로 중에 근로자의 중대한 과실 없이 업무상의 사유로 인하여 부상을 입거나 질병에 걸리거나 사망한 경우, 재해로 인한 손실을 보상하거나 보호하기 위한 제도이다. 따라서 근로자에게 중대한 과실이 있는 경우 사용자는 휴업보상 또는 장해보상을 하지 않아도 되지만(근로기준법 제81조) 유족보상과 장의비의 지급에 관한 사용자의 책임은 면제되지 않는다.

6. 근로관계의 종료

근로관계는 기간의 만료, 합의 해지, 근로자에 의한 자진사퇴, 사용자에 의한 해고, 정년퇴직, 당사자의 소멸 등을 원인으로 하여 종료한다. 사용자의 해고에 대해서는 근로자의 근로의 기회를 보호하기 위해서 여러 가지 제한을 하고 있다. 사용자는 해고에 대해서 예고의무를 지므로 근로자를 해고하고자 할 때에는 적어도 30일 전에 예고를 하거나 또는 30일분 이상의 통상임금을 지급하여야 한다(동법 제26조). 또한 근로자가 업무상 부상 또는 질병의 요양을 위한 휴업기간과 그 후 30일간 및 산전산후의 휴업기간과 그 후 30일간은 원칙적으로 해고할 수 없다(동법 제23조 2항).

제4절 집단적 노사관계법

1. 노동조합

(1) 의 의

노동조합이란 근로자가 주체가 되어 자주적으로 단결하여 근로조건을 유지·개선하거나 근로자의 경제적·사회적 지위의 향상을 도모하기 위해 조직된 상설단체로(「노동조합 및 노동관계조정법」 제2조 4호), 노동조합은 근로권을 기초로 한 집단적 노사관계의 주체이다. 노동조합은 근로자들의 경제적·사회적 지위의 향상을 도모하는 것이지 근로자의 복지를 증진하기 위한 것은 아니다. 노동조합은 사용자 또는 사용자의 이익대표자의 참가를 허용하여서도 안 되고, 경비의 주된 부분을 사용자로부터 원조 받아도 안 되며, 공제·수양 기타 복리사업만을 목적으로 할 수 없고 근로자가 아닌 자의 가입을 허용해서도 안 되며, 주로 정치운동을 목적으로 할 수도 없다.

(2) 기 구

노동조합은 법인격이 없더라도 사단으로서의 성질을 가지기 때문에 단체의 의사를 결정하는 기관으로서 총회 또는 대의원회, 집행기관으로서 위원장·부위원장·사무국장 등의 집행위원이나 집행위원회, 그리고 감사기관으로서 회계감사 등을 담당하는 회계감사원이 필요하다.

1) 총 회

총회는 노동조합의 최고의사결정기관으로 전체조합원에 의해서 구성된다. 노동조합은 매년 1회 이상 총회를 개최하여야 하며(「노동조합 및 노동관계조정법」 제15조), 과반수의 출석과 출석조합원 과반수의 찬성으로 의결한다(동법 제16조 2항 본문).

2) 대의원회

노동조합은 노동조합의 대형화·사업장의 분산·조합업무의 전문화 등의 원인이 있는 경우 규약으로 총회에 갈음할 대의원회를 둘 수 있다(동법 제17조).

3) 임시총회 또는 임시대의원회

노동조합의 대표자는 필요하다고 인정할 때에는 언제든지 임시총회나 임시대의원회를 소집할 수 있고 노동조합의 대표자는 조합원 또는 대의원의 3분의 1 이상이 회의에 부의할 사항을 제출하고 회의의 소집을 요구한 경우 지체 없이 임시총회 또는 임시대의원회를 소집하여야 한다(동법 제18조).

(3) 노동조합의 설립과 해산

노동조합을 설립하고자 하는 자는 설립신고서에 규약을 첨부하여 고용노동부 장관 등에게 제출하면(동법 제10조), 고용노동부 장관 등은 설립신고서를 접수한 날로부터 3일 이내에 신고증을 교부하며, 노동조합의 신고증을 교부받은 경우 설립신고서가 접수된 때에 설립된 것으로 본다(동법 제12조 1항, 4항).

노동조합의 해산은 조합이 특정한 사유가 있을 때 소멸하게 되는 것을 의미한다. 따라서 법인인 노동조합은 해산하더라도 그 청산의 목적범위 안에서는 권리를 가지며 의무를 부담해야 한다. 노동조합은 규약에서 정한 해산사유가 발생하거나 합병 또는 분할로 소멸한 경우, 총회 또는 대의원회의 해산결의가 있는 경우, 노동조합의 임원이 없고 노동조합으로서의 활동을 1년 이상 하지 않은 것으로 인정되는 경우로서 행정관청이 노동위원회의 의결을 얻은 경우에 해산되고, 해산한 날로부터 15일 이내에 행정관청에게 이를 신고하여야 한다(동법 제28조).

2. 단체교섭

근로자들은 자주적으로 노동조합을 결성하고, 노동조합은 단결력을 배경으로 하여 쟁의행위에 호소함으로써 그들의 요구를 관철한다. 이와 같은 단결과 쟁의행위 사이에는 노동조합에 의해 평화적이고 구체적으로 그 목적을 실현하고자 하는 단체교섭이 존재한다. 이는 단결하고 교섭하며, 교섭이 결렬되면 쟁의행위를 하는 집단적 노사관계의 주된 발현 현상이다.

3. 단체협약

(1) 의의와 체결

단체협약이란 노동조합과 사용자 간의 평화적인 교섭이나 쟁의행위를 거쳐서 얻은 유리한 근로조건을 협약이라는 형태로 서면화한 것이다. 즉 단체협약의 체결은 노동조합의 단결력과 쟁의행위라는 투쟁력을 배경으로 하는 근로관계의 집단적 규율형식이다. 단체협약은 서면으로 작성하여 당사자 쌍방이 서명·날인하였을 때만 성립하기 때문에 서면에 의하지 않거나 요식행위를 갖추지 않은 단체협약은 무효이다(동법 제31조 1항 참조).

(2) 효　　과

단체협약 중에서 근로조건 기타 근로자의 대우에 관하여 정한 규범적 부분은 개별적 근로관계에서 강행적·직접적·자동적으로 적용된다. 그러나 근로계약이 단체협약 내의 기준보다 유리한 근로조건을 규정하고 있는 경우 단체협약에 강행적 효력이 인정되지 않는다.

협약당사자 상호간의 권리·의무를 규율하는 단체협약상의 규정들을 민법상의 계약에 의한 채무에 준하여 '채무적 부분의 협정'이라고 한다. 단체협약을 체결한 노동조합은 채무적 부분에 관한 의무를 스스로 준수해야 할 의무를 부담하고, 조합원들도 규정된 준수사항들을 지키도록 노력해야 할 의무를 부담한다. 단체협약의 내용 중에서 집단적 노사관계를 제도적으로 규율하는 조항은 규범적 효력을 가지므로, 예컨대 단체협약에 징계가 행해질 때에는 징계위원회의 의결이 있어야 한다는 규정이 있는 경우 징계위원회의 의결을 거치지 않은 징계처분은 당연히 무효이다.

4. 쟁의행위

(1) 개 념

쟁의행위란 노동조합이나 사용자 개인 또는 사용자 단체가 주체가 되어 임금·근로시간·복리후생·해고 등과 같은 근로조건을 유지하거나 개선하기 위하여 행하는 행위로서 업무의 정상적인 운영을 저해하는 행위를 말한다(동법 제2조 6호). 쟁의행위는 단결권의 보장과 더불어 법적으로 확립되었으나 그 행사에 있어서는 제약이 가해지고 있다.

(2) 종 류

1) 근로자측의 쟁의행위

근로자측의 쟁의행위에는 파업, 태업, 준법투쟁, 보이콧, 생산관리, 피케팅이 있다.

파업이란 근로자 다수가 근로조건을 유지·개선하기 위하여 조직적이고 공동적인 방법으로 노무제공을 거부하는 행위이며, 태업이란 근로자들이 단결해서 의식적으로 작업능률을 저하시키는 것이고, 이에 더해서 생산설비까지 파괴하는 행위를 사보타주(sabotage)라고 한다. 준법투쟁이란 근로자들이 법규정을 엄격히 준수하거나, 법률에 정해진 권리를 동시에 집단적으로 행사하여 사용자의 업무를 저해하는 행위를 말하며, 보이콧(boycott)은 사용자나 그와 거래관계에 있는 제3자의 상품 구입 기타 시설의 이용을 거절한다든지, 사용자나 그와 거래관계에 있는 제3자와의 상품 구입 기타 시설의 이용을 거절한다든지, 사용자나 그와 거래관계에 있는 제3자와의 근로계약의 체결을 거절할 것을 호소하는 투쟁이다. 생산관리는 근로자들이 사용자의 지휘·명령을 거부하면서 사업장 또는 공장을 점거함으로써 조합간부의 지휘 하에 노무를 제공하는 투쟁행위이고, 피케팅은 파업의 효과적 수행을 위해서 근로희망자들의 사업장 또는 공장에의 출입을 저지하고 파업에 동참할 것을 촉구하는 행위이다.

2) 사용자측의 쟁의행위

사용자측의 쟁의행위에는 직장폐쇄와 보이콧이 있다.

직장폐쇄란 노사의 주장이 대립하는 경우 사용자가 그의 주장을 관철하기 위하여 일정한 산업 또는 사업체 내의 다수의 근로자를 공장으로부터 내쫓고 노무제공을 거부하는 행위를 말한다. 직장폐쇄를 시행한 사용자나 파업을 당한 사업자의 사용자는 해당 근로자들이 직장폐쇄 또는 파업기간 중 다른 사용자로부터 취업한 기회를 얻지 못하도록 보이콧 활동을 할 수 있다.

(3) 쟁의행위의 제한

쟁의행위는 그 목적·방법 및 절차에 있어서 법령이나 사회질서에 위반해서는 안 되고, 조합원은 노동조합에 의하여 주도되지 않은 쟁의행위를 해서도 안 된다(동법 제37조). 쟁의행위는 단체교섭상의 목적사항을 관철하기 위해서 수행되어야 하므로 '집단적 이익분쟁'이 아닌 '권리분쟁'을 원인으로 한 쟁의행위는 정당하지 않다. 또한 단체교섭을 개시하기 전이나 사용자에 대해 세력과시를 하기 위해 먼저 쟁의행위를 하면 안 되고, 폭력·상해·협박 또는 불법감금과 같은 행위를 해서도 안 된다. 쟁의행위는 조정절차나 중재절차를 거치지 않으면 행할 수 없다(동법 제45조).

5. 노동쟁의의 조정

(1) 조　　정

조정은 노동위원회 내의 조정위원회 내지 단독조정인이 노동쟁의에 관하여 관계당사자의 의견을 듣고 조정안을 작성하여 노사의 수락을 권고함으로써 노동쟁의를 해결하는 방법이다. 조정안이 관계당사자에 의하여 수락하여 작성된 조정서는 단체협약과 동일한 효력을 가진다(동법 제61조 2항). 노동위원회는 관계당사자 일방이 노동쟁의의 조정을 신청한 때에는 지체 없이 조정을 개시하여야 하는데, 이 경우 노동위원회는 분쟁의 내용이 「노동조합 및 노동관계조정법」상의 조정대상이 아니라고 인정되는 때에는 그 사유와 다른 해결방법을 알려주어야 한다.

(2) 중 재

중재란 중재위원회가 노동쟁의에 관하여 관계당사자를 출석시켜 주장의 요점을 확인하고 중재재정을 내림으로써 노동쟁의를 해결하고자 하는 방법이다. 임의중재가 원칙이고 임의중재는 일반사업과 공익사업에 다 같이 적용되나 강제중재는 필수공익사업에만 적용된다. 양자의 어느 것이든 중재재정은 관계당사자를 구속한다. 중재는 중재위원회가 담당하고 중재위원은 당해 노동위원회의 공익을 대표하는 위원 중에서 관계 당사자의 합의로 선정한 자에 대해 그 노동위원회위원장이 지명한다. 중재재정은 서면으로 작성하여야 하며, 효력발생기일을 반드시 기입하여야 한다. 중재재정서가 관계당사자에게 도달되면 단체협약과 동일한 효력을 가진다(동법 제70조).

6. 부당노동행위

(1) 의 의

부당노동행위란 사용자에 의한 근로3권의 침해행위를 말한다. 이는 법에 의하여 금지되는 행위이므로 노동조합이 스스로 방위해야 하나, 노동조합에 의한 자주적 방위가 어려운 경우 국가기관이 개입하여 사용자의 침해행위를 배제한다. 즉, 부당노동행위는 손해배상과 같이 사후적 구제에 목적이 있는 것이 아니라 정상적인 노사관계의 회복에 주안점이 있다.

(2) 종 류

부당노동행위의 종류에는 ① 근로자가 노동조합에 가입하거나 기타 정당한 조합활동을 한 것을 이유로 불이익을 주는 행위, ② 근로자가 노동조합에 가입하지 않거나 노동조합을 탈퇴할 것을 고용조건으로 하는 행위, ③ 노동조합과 단체협약체결 기타의 단체교섭을 정당한 이유 없이 거부 또는 해태하는 행위, ④ 노동조합의 조직 또는 운영에 지배·개입하거나 운영비를 원조하는 행위,

⑤ 근로자가 정당한 쟁의행위에 참가하거나 사용자의 부당노동행위를 신고한 것 등을 이유로 불이익을 주는 행위의 다섯 가지가 있다(동법 제81조).

(3) 부당노동행위에 대한 구제절차

부당노동행위는 신청주의에 따라 관할 노동위원회에 신청함으로써 구제절차가 개시된다. 부당노동행위의 심사 대상은 신청의 대상이 된 '부당노동행위를 구성하는 구체적 사실'에 한정된다. 부당노동행위를 구성하는 사실에 대해서는 신청인이 입증책임을 진다. 신청이 되면 조사와 심문을 거치게 되고 심문을 종결하였을 때 의장은 심판위원회를 개최하여 합의하고, 부당노동행위가 성립한다고 판정되면 사용자에게 구제명령을 발하고, 부당노동행위가 성립되지 않는다고 판정되면 구제신청을 기각하는 결정을 한다.

제5절 협동적 노사관계법

1. 노사협의제도의 의의

노사협의제도는 노사관계를 대립적 관계에서 협조적 관계로 전환하여 생산성을 높이고 성과분배를 촉진하고자 하는 데 그 취지가 있다. 이는 근로자들이 경영에 적극적으로 참여함으로써 근로조건에 관한 것뿐만 아니라 경영 전반에 대해서 사용자와 생산활동에 있어서의 근로자들이 기능적 역할과 조화시켜 노사의 협력관계를 수립하는 데 그 의의가 있다.

2. 구 조

(1) 설 치

노사협의는 참여와 협력을 바탕으로 하는 것이므로 노사공동의 이익을 증진하는 것이어야 한다. 노사협의제는 법령에 의해 사업 또는 사업장단위로 그 설치와 운영이 강제되어 있다. 그러나 상시 30인 미만의 근로자를 사용하는 사업 또는 사업장에는 노사협의회를 설치하지 않을 수 있다(「근로자참여 및 협력증진에 관한 법률」 제4조).

(2) 구 성

노사협의회는 근로자와 사용자를 각각 대표하는 같은 수의 위원으로 구성되며 그 수는 각 3인 이상 10인 이내이다. 노동자위원은 근로자가 선출하되, 근로자의 과반수로 조직된 노동조합이 있으면 노동조합의 대표자와 그 노동조합이 위촉하는 자가 근로자를 대표하는 위원이 되고, 사용자위원은 당해 사업 또는 사업장의 대표자와 그 대표자가 위촉하는 자가 된다(동법 제6조).

(3) 임 무

노사협의회에서 근로자위원과 사용자위원이 함께 협의할 수 있는 사항은 생산성 향상과 성과분배, 근로자의 채용·배치 및 교육훈련, 근로자의 고충처리, 작업환경 개선과 근로자의 건강증진, 근로자의 복지증진 등이다(동법 제20조). 사용자는 근로자의 교육훈련 및 능력개발 기본계획의 수립, 복지시설의 설치와 관리, 사내근로복지기금의 설치, 고충처리위원회에서 의결되지 아니한 사항, 각종 노사공동위원회 설치 사항에 대해서는 협의회의 의결을 거쳐야 하고(동법 제21조), 의결된 사항에 대해서는 신속하게 근로자에게 공지하여야 한다(제23조). 사용자는 정기회의에서 경영계획 전반 및 실적에 관한 사항, 분기별 생산계획 및 실적에 관한 사항, 인사계획에 관한 사항, 기업의 경제적·재정적 사항에 관해서 성실하게 보고·설명하여야 한다(동법 제22조).

(4) 고충처리

근로자의 근로환경이나 근로조건에 관한 개별적인 불만에 대해서 노사간의 자주적 기구에 의해서 이를 해결하여 왔으나, 현행 「근로자참여 및 협력증진에 관한 법률」은 사업 또는 사업장에 고충처리위원을 두도록 규정하여 근로자의 고충을 처리하고 있다. 고충처리위원은 노사를 대표하는 3인 이내의 위원으로 구성되며, 근로자로부터 고충사항을 청취한 때에는 10일 이내에 조치사항 기타 처리결과를 당해 근로자에게 통보해야 하고, 처리하기 곤란한 사항은 협의회에 부의하여 협의·처리한다(동법 제26조 내지 28조).

(5) 경제사회노동위원회

경제사회노동위원회는 근로자·사용자 등 경제·사회 주체 및 정부가 신뢰와 협조를 바탕으로 고용노동 정책 및 이와 관련된 경제·사회 정책 등을 협의하고, 대통령의 자문 요청에 응하기 위한 것으로 종래의 경제사회발전노사정협의회를 사회적 대화기구로 확대개편한 것이다(경제사회노동위원회법 제1조). 그 위원은 근로자대표·사용자대표·공익대표 및 정부대표로 구성된다(동법 제4조). 위원회는 ① 고용노동 정책 및 이와 관련된 산업·경제·복지 및 사회 정책 등에 관한 사항, ② 노사관계 발전을 위한 제도·의식(意識) 및 관행의 개선에 관한 사항, ③ 근로자·사용자 등 경제·사회 주체 간 협력 증진을 위한 사업의 지원 방안에 관한 사항, ④ 그 밖에 대통령이 자문하는 사항을 협의한다(동법 제3조 2항).

09장 國際法

제1절 서 설

1. 국제법의 개념

국제법이란 국제사회를 기반으로 하여, 국가 간의 관계를 규율하는 외에 국제기구와 그 밖의 단체 및 개인의 관계를 규율할 수도 있는 강제성을 수반하는 규범의 총체이다. 통설에 따르면 국제법은 주로 국가 간의 관계를 규율하며, 그들의 권리, 의무를 규정한 법률이라고 한다. 그러나 현대는 국제연합과 같은 전문기구를 중심으로 국제사회가 발달하고, 여러 가지 국제문제가 이러한 국제기구에 의해 처리되고, 상설국제사법 재판소 및 국제사법재판소에 의한 분쟁의 사법적 해결과 그 판례축적에 의해 국제법의 발전하게 됨으로써, 국가뿐만 아니라 국제단체나 개인 등도 국제사회 구성에 포함시켜 이들의 행위를 규율하고 이들 상호간의 관계나 국가에 대한 관계까지도 규율하는 것으로 그 대상을 넓혀가고 있다.

2. 국제법의 법원 및 효력관계

(1) 국제법의 법원(法源)

국제법은 형식적으로는 조약과 국제관습법, 법의 일반원칙의 세 가지 형식으로 존재하는데, 실질적으로는 그 외에도 판결이나 학설, 국제기구의 결의, 미발효조약, 국제회의와 위원회의 준비작업결의, 선언, 보고서 등을 해석함으로써 특정문제에 적용되기도 하므로 이들을 국제법의 실질적 법원이라고 한다.

1) 조 약

조약이란 국제법주체간에 맺어지는 문서에 의한 합의이다. 조약에 의하여 체약국간에 적용되는 규범을 창설하고 국제관습법을 보완·수정하기도 한다. 조약은 상호간에 일정한 행위를 하거나 하지 않을 것을 내용으로 하고, 조약이 유효하게 성립하게 되면 당사국은 조약을 충실히 준수할 의무를 부담한다.

2) 국제관습법

국제관습법은 불문법으로서의 국제법을 말하며, 일반관행이라는 객관적 요건과 법적 확신이라는 주관적 요건이 있으면 성립한다. 즉 일정한 사실이 여러 번 반복하여 행해지면 일반관행이 되고, 이 관행이 법적 구속력을 갖게 되면 국제관습법이 된다.

3) 법의 일반원칙

법의 일반원칙이란 각국의 국내법에 공통된 일반적인 법원칙으로 국가 간의 관계에 적용할 수 있는 원칙을 말한다. 법의 일반원칙은 재판시 적용법규가 존재하지 않거나 불명료하여 재판불능의 상태에 빠지는 것을 방지하고, 법관의 독단적·자의적 판결을 방지하고 국제법체계 내에 일반적인 국내법원칙을 도입함으로써 판결의 질적 내용을 충실하게 해주고 있다. 그 내용으로는 위법행위에 대한 책임발생의 원칙, 금반언의 원칙, 신의칙, 입증책임, 소의 이익, 기판력의 원칙 등이 있다.

(2) 국제법의 법적 성질

종래 국제법도 법인가 하는 의문에 대해서 국제법에 강제성이 없다는 이유로 부정하기도 하였으나 현재는 국제법의 법원성을 대부분 긍정하고 있다. 국제법과 국내법을 비교했을 때 집행시 국내법은 예외적으로 자력구제를 인정하고 있는 반면, 국제법은 통일된 입법기관, 사법기관, 집행기관이 없어 각국의 개별적 판단에 의한 보복과 복구 등 자력구제가 기본을 이룬다. 국제법은 임의법적 성질을 갖지만 예외적으로 강행법에 속하는 경우도 있다. 국제법은 내용이 추상적이어서 일반적으로 국내법에 의해 시행되어야 비로소 구체화되는 특성을 가진다. 그러나 오늘날에는 국제법이 많이 보완되어 국내법상의 별도의 시행조치가 필요 없는 경우도 있다.

3. 국제법과 국내법의 관계

(1) 국제법에 있어서 국내법의 지위

국가의 국내법상 행위가 국제법의 기준에 부합하지 않을 경우 그 국가행위는 국제적 효력을 갖지 못한다. 또한 국가는 자국의 국내법을 이유로 국제법상의 의무를 피할 수 없는데, 이러한 원칙이 조약에 반하는 국내법을 당연무효로 하는 것은 아니고, 다만 국가가 국제적 의무와 양립하는 형태로 행동하도록 의무화 해 놓은 것이다. 국제적 분쟁에 대하여 국제법상의 특별한 규칙과 기준이 존재하지 않으면 국제재판에서는 관련국내법의 규정과 제도를 원용한다.

(2) 국제법의 국내적 효력

국제법의 법원이 되는 국제관습법은 국내에서 일반적으로 특별한 국내적 조치를 거치지 않고 국내적 효력이 부여된다고 한다. 조약은 국내법으로 수용되면 일반적으로 그 효력이 법률과 동등하거나 이에 우위인 효력을 가진다. 우리나라는 국민주권원칙, 조약의 국제승인절차와 헌법개정 절차의 큰 차이 등을 고려하여, 헌법우위설을 취한다.

제2절 국제법의 주체

1. 국 가

국가는 국제법의 가장 중요한 주체가 된다. 국가는 국민, 영토, 정부, 주권의 네 가지 요건을 갖추면 성립하고, 성립된 국가가 국제법의 주체가 되기 위해서는 승인을 받아야 한다. 국가가 국제법의 주체로 승인되면 승인국과 타승인국 간의 국제법상 주체가 되고 외교능력을 갖게 된다.

2. 국제기구

(1) 정 의

일반적으로 국제기구라 함은 국제법상의 조약에 의해 설립되고 국가가 주요 구성원이 되는 독립한 단체로 고유의 의사를 가지며 구성원의 공통이익을 실현하는 것을 목적으로 한다. 국제기구에는 보편적 국제기구와 지역적 국제기구가 있는데 전자는 가맹국의 범위가 세계적인 것이고, 후자는 그 범위가 지역적으로 한정된 것이다.

(2) 설립과 해산

국제기구는 일반적으로 정부 간에 체결되는 설립조약에 의해 설립되나 일정하지는 않다. 설립조약 체결은 일반적으로 다국 간의 조약 체결 절차에 따르거나 국제기구성립의 한 형식으로서 기존 국제기구의 결의에 따라 설립되는 경우도 있다. 이렇게 설립된 국제기구는 존속기간이 미리 정해져 있는 경우 기간만료 전에 당사국에 의한 기구 계속에 대한 합의가 없는 경우 존속기간의 만료에 의해 자동해산한다. 그러나 해산규정이나 존속기간규정도 없는 경우에는 가맹국의 만장일치의 결정에 의해 해산된다.

(3) 국제연합

1) 목적과 원칙

국제연합(United Nations, UN)은 국제평화와 안전유지와 평화의 기초조건을 만들어 평화를 증진시키기 위해 설립된 기구로 이러한 목적을 달성하기 위해서 주권평등의 원칙, 의무성실이행의 원칙, 분쟁의 평화적 해결원칙, 무력행사금지의 원칙, 국제행동에 대한 협력의 원칙, 미동맹국 행동확보의 원칙, 국내문제불간섭의 원칙을 두고 있다.

2) 기 관

(가) 총 회　UN의 모든 회원국은 5인 이하의 대표자를 출석시킬 수 있다. 정기총회는 일 년에 한 번씩 있고 안전보장이사회의 요청이 있거나 가맹국 과반수의 요청이 있은 경우 사무총장은 임시총회를 소집한다. 각 가맹국 대표는 한 표의 투표권을 가지며 총회의 표결은 출석하여 투표하는 회원국의 과반수에 의해 의결된다.

(나) 안전보장이사회　안전보장이사회는 5개의 상임이사국과 10개의 비상임이사국으로 구성된다. 중국, 프랑스, 러시아, 영국, 미국이 상임이사국이며, 비상임이사국은 UN에 대한 공헌도와 지리적 배분을 고려하여 임기 2년으로 매년 5개국씩 총회에서 선출되며 비상임이사국의 연속 재선은 금지된다. 이사국은 한 표의 투표권을 가지며, 결의 방법은 절차상의 사항에 관해서는 이사국 15개국 중 9개국의 찬성으로 행하고 그 이외의 실질적 사항은 5개 상임이사국을 포함한 9개 이사국의 찬성투표로 성립한다. 후자의 경우 상임이사국에는 거부권이 인정된다.

(다) 경제사회이사회　경제사회이사회는 총회의 선출에 의한 27개의 이사국으로 구성되며, 임기는 3년으로 매년 선출되며 재선될 수 있다. 이는 총회와 함께 그 관할에 있는 경제·사적인 국제협력을 행한다. 이사국은 1표의 투표권을 가지며, 결의는 출석하여 투표하는 이사국 과반수의 찬성에 의해 성립한다.

(라) 신탁통치이사회　신탁통치이사회 신탁통치국, 안전보장이사회 상임이사국 중 신탁통치국이 아닌 국가와 총회에서 선출된 임기 3년의 국가로 구성

된다. 결의는 출석하여 투표하는 국가의 과반수의 찬성으로 이루어지고 결의는 권고적 효력을 가질 뿐이나, 절차사항 및 질문서의 작성 등에 관한 결정은 구속력을 갖는다.

(마) **국제사법재판소** 국제사법재판소는 국제분쟁을 평화적으로 해결을 담당하는 주요한 사법기관이다. 국제사법재판소의 판결은 당사자국간 및 부탁된 사건이 한해서만 법적구속력이 있을 뿐이고 판결의무를 이행하지 않을 때에는 당사국은 안전보장이사회에 제소할 수 있다. 안전보장이사회는 필요하다고 인정될 때, 판결집행을 위해 권고나 조치를 결정할 수 있다. 권고나 조치는 절차사항이 아니므로 거부권이 적용된다.

(바) **사무국** 사무국은 사무총장 1인과 UN이 필요로 하는 직원으로 구성되어 있고, 각종 회의를 준비하고, 문서를 관리하며, 회의에 필요한 자료를 작성하는 일을 담당한다. 사무총장은 안전보장이사회의 권고에 따라 총회가 임명하며 임기는 5년이고 재선도 가능하다.

3. 개 인

개인도 일정한 경우 국제법상의 주체가 되기도 한다. 조약으로 일정한 외국인에 대해 권리를 부여하거나, 국제법에 위반한 어떤 개인을 전쟁범죄인으로 처벌하는 경우가 그러하다.

제 3 절 국제법의 객체

1. 국가영역

국가 구성요소의 하나로서 영역은 영토·영해·영공으로 구성된다. 이러한 국가의 영역에 대한 배타적 지배권을 영역권 또는 영역주권이라고 하는데, 영역주권에는 영역 내의 물건을 자유롭게 사용·수입·처분할 수 있는 영유권과 영역 내의 사람을 자유롭게 통치할 수 있는 통치권이 있다.

(1) 영 토

영토는 영토관할권을 한계를 표시하는 국경선에 의해 구별되며, 할양이나 선점, 시효, 정복, 첨부 등에 의해 취득된다.

(2) 영 해

영해는 해안이나 군도수역에 접속한 일정범위의 수역으로서, 국제법에 정해진 조건에 따라 연안국이 영토관할권에 준하는 배타적 관할권을 행사하는 수역이다. 연안국은 주권적 권능으로서 영해에 대하여 경찰권, 연안어업권, 연안무역권 등의 권한을 배타적으로 행사할 수 있는 반면, 국제법상의 제한을 받기도 한다.

(3) 영 공

영공 · 영토 및 영해를 덮고 있는 상공으로 구성된 국가영역이다. 그 범위는 대기권의 상공과 대기권의 우주는 명확히 구분되지 않아 80~100km 정도를 경계로 하자는 공간적 방법이 우세하다.

2. 국제공역과 국제화 지역

(1) 국제공역

국제공역(國際空域)이란 어느 특정국가의 관할에 속하지 않고 모든 국가가 공동으로 이용할 수 있는 공간으로 공해와 심해, 극지 및 우주공간과 천체가 있다.

(2) 국제화 지역

국제화 지역이란 영역주권이 원칙적으로 인정되나 관할권의 행사가 국제관습법 또는 국제 조약에 의해 제한되는 지역을 말한다. 국제해협이나 국제하천,

국제운하 등이 있다. 국제하천은 여러 나라의 국경을 이루거나 복수국가를 관류하는 하천으로 관개, 발전, 농·공업용수를 위한 자원으로 이용된다. 국제운하란 인공적으로 육지에 배가 다닐 수 있는 수도를 굴삭한 것으로 본래 내수로서 지위를 갖지만, 특별조약에 의해 모든 국가의 선박의 항해 자유가 보장되는 곳으로 수에즈운하와 파나마운하가 있다.

제 4 절 국제관계상의 기관과 행위

1. 국제관계상의 국가기관

국가의 대외기관으로 국가원수, 외교통상부장관, 외교사절, 영사 등을 드는 것이 보통이고, 군대나 군함 등도 이에 준하는 대우를 받는다.

(1) 외교사절

외교사절이란 외교교섭과 같은 직무를 수행하기 위해서 외국에 파견되는 국가의 대외적 대표기관을 말한다. 외교사절에는 상주외교사절과 임시외교사절이 있다. 상주외교사절은 접수국에 상주하며 본국과의 외교교섭을 하는 외교사절로서 일반적으로 외교사절이라 함은 이를 지칭한다. 임시외교사절은 전권위임장을 휴행하며 이는 일시적으로 외국에 파견되는 사절로 사무사절과 예의사절의 두 종류가 있다. 외교사절의 계급에는 전권대사, 전권공사, 변리공사, 대리공사의 네 가지가 있고, 대사와 공사는 국가원수의 이름으로 타국의 국가원수에게, 대리공사는 외교통상부장관의 이름으로 타국의 외교통상부장관에게 파견된다.

자국이 임명한 외교사절을 외국에 파견하는 경우 파견국은 특정인물의 파견에 대해 접수국의 아그레망(agrément)을 요청하는데, 접수국은 이러한 요청을 접하고 특정인물에 대해 불만이 없다는 동의의 의사표시 즉, 아그레망을 준다. 파견국은 접수국으로부터 아그레망을 얻으면 외교사절로 임명하고 신임장을 주어 접수국에 파견한다. 외교사절은 국가를 대표하는 외교사절단의 임무의 능률적인 수행을 확보하기 위하여 외교사절의 종류나 계급을 막론하고 일반외국인과 달리 특권적 지위인 면책특권을 향유한다.

(2) 영 사

영사란 파견국의 통상·경제상의 이익이나 파견국의 국민을 보호하기 위하여 외국에 주재하는 국제법상 국가의 기관이다. 영사관계는 대표성보다는 행정, 호적, 사증발급 등과 같은 기능적·행정적 성격만 지닌다. 영사에는 전임영사와 명예영사가 있다. 전임영사는 본무영사, 파견영사, 직무영사라고도 하고, 명예영사는 선임영사라고도 하는데, 전자가 일반적이고 후자는 접수국에 거주하는 자 가운데서 파견국이 선임하는 영사의 사무를 위임하는 영사이다. 영사의 계급은 총영사, 영사, 부영사, 대리영사로 구분하고 있다. 영사를 파견할 때는 영사에게는 위임장을 교부하여 파견하고, 상급영사에게는 국가원수의 이름으로 하급영사에게는 외교통상부장관의 이름으로 교부한다. 영사는 정치적 대표성을 가지지 않고 기능적 성격만 띠기 때문에 외교사절의 특권과 면제에 비해 상당히 제한된 범위의 특권과 면제를 갖는다.

(3) 군 대

군대는 국가의 독립·권위·안전 유지를 위해 존재하는 실력적인 국가기관이며 대외적 대표기관이다. 외국군대도 특권을 갖는가에 대해서 파견국과 접수국 사이에 주둔하는 외국군대 및 그 구성원의 법적 지위 등에 관한 사항을 규정하는 조약을 체결하여 이에 따르거나 조약이 없는 경우 접수국에 재판관할권이 있다는 것을 전제하여 공무상의 행위 등과 같이 일정한 행위에 대해서만 파견국의 관할권을 인정한다. 이때의 조약을 SOFA(주류외국군지위협정: status of forces agreement)라고 한다. 외국군대는 일반적으로 면제를 누리지 못하고, 외교관과 같은 특권은 전혀 인정되지 않는다.

10장 國際私法

제1절 국제사법의 의의

1. 국제사법의 개념

(1) 국제사법의 필요

국제사법은 "외국적 요소가 있는 사법(私法)적 법률관계에 관하여 적용될 법을 선택하여 지정하는 법제"라고 할 수 있다. 예를 들면 한국인과 미국인이 결혼할 때 한국법에 따라 하여야 하는가 아니면 미국법 규정에 따라 하여야 하는가 하는 문제를 해결하는 것이 국제사법이다. 이러한 의미에서 보는 국제사법을 전통적 내지 좁은 의미의 국제사법이라고 한다.

그러나 현재에는 그 범위가 다소 확장되는 경향에 있으며, 현행법도 이를 반영하여 "국제재판관할에 관한 원칙과 준거법을 정함"을 목적으로 하는 것으로 규정하고 있다(제1조). 이렇게 좁은 의미의 국제사법에 여러 가지의 내용을 포함시켜 그 범위를 넓게 파악한 것을 넓은 의미의 국제사법이라고 할 수 있다.

(2) 국제사법의 영역

국제사법의 범위는 국제사법을 어떻게 정의하느냐에 따라 달라지게 되나, 대체로 볼 때 전통적으로 국제사법 사항인가의 여부가 문제된 것은 다음의 3가지 분야이다.

① 국제재판권(Jurisdiction): 어느 나라의 어느 법원이 처리할 것인가

② 법의 선택(Choice of Law): 어느 나라의 법으로 재판할 것인가

③ 외국 판결의 승인 및 집행(Recognition and Enforcement of Foreign Judgment)

이 중 좁은 의미의 국제사법에 포함되는 것은 법의 선택, 즉 저촉법에 관한 문제뿐이라고 하여야 할 것이나, 현행 국제사법은 국제재판권에 관한 규정을 직접 도입하고 있고, 이외에도 외국판결의 승인 및 집행의 문제를 포함시키기 위한 논의가 행해지고 있는 실정이다.

(3) 국제사법의 법원

현행의 국제사법은 2001년 4월 7일 개정 공포된 것이나, 이 법의 시행 전에는 1962년에 제정된 "섭외사법"이 있었고, 그 이전에는 일본의 '법례(法例)'가 의용되었다. 현행 국제사법은 외국적 요소가 있는 법률관계의 1차적 법원(法源)으로 된다. 이외에 국제연합(UN)이나 그 산하 각종 기구, 그리고 각종의 다자 및 양자조약에 의하여 규율될 수 있으나, 우리나라가 가입 내지 체결하고 있는 조약은 많지 않다. 국제사법의 법원에 불문법도 생각할 수 있는데, 당연히 성문법의 흠결 시에는 관습법과 조리 등으로 보충할 수 있을 것이다(민법 제1조).

2. 국제민사소송법

(1) 국제민사소송법의 의의

전통적인 견해에 의하면 절차법, 즉 소송법에 관한 사항은 본래 법정지법을 적용하는 것이므로 법의 저촉이 일어나지 않는다. 그러나 외국적 요소를 가진 사건을 당사자뿐 아니라 국제적 입장에서, 어느 나라에서 재판하는 것이 가장 좋은가 하는 문제가 대두되었고, 이에 따라 소송법적 문제도 논의가 필요하다

고 하게 되었다.

이와 같은 이유로 외국적 요소가 있는 소송사건에 대해서 적용될 절차법을 국제민사소송법이라 한다. 여기서는 국제재판권과 외국판결의 승인의 문제의 두 가지를 다룬다.

(2) 섭외사건의 재판관할권

국제재판관할권(internationale Zuständigkeit)이라 함은 어느 특정한 외국적 요소가 있는 사건, 즉 섭외사건에 대해 어느 나라에서 재판하여야 할 것인가 하는 문제를 일컫는다.

국제재판관할을 정하는 기준에 대해 여러 가지 입장의 대립이 있다. 대체로 보면 ① 오로지 자국과 자국민의 이익만을 고려하여 국제재판관할을 정할 것이라는 국가주의에서 시작하여, ② 국제재판관할권을 국가주권의 저촉문제로 보아 국제법상의 원칙에 따라 결정한다는 국제주의, ③ 그리고 국제재판관할권의 결정은 국제사회에서 재판기능을 각국의 재판기관 사이에 분배하는 것이라고 보는 보편주의 등이 있다.

이에 따라 구체적으로 국제재판관할을 어떻게 배분할 것인가에 대해서는, ① 섭외사건에 관하여 우리 민사소송법이 규정하는 재판적이 우리나라의 법원에 있으면 우리나라에 국제재판관할권이 있다고 하는 역추지설, ② 국제재판관할의 분배도 재판의 적정, 당사자 간의 공평, 소송의 신속과 경제라는 이상을 고려하여 조리에 따라 결정한다는 관할배분설과 이들을 절충한 몇 가지 견해가 있다. 국제사법은 일차적으로는 관할배분설을 취하고 있는 것으로 생각되고 있다.

(3) 외국판결의 승인과 집행

외국적 요소가 있는 사법관계에 있어서는 외국이 국제재판관할권을 가질 수도 있고, 이때에는 외국에서 재판을 받을 수도 있다. 외국판결이란 사법상의 법률관계에 관해 외국법원이 한 종국적 재판을 말하는데, 그 외국판결의 효력을 자국 내에서도 이를 인정하고 집행할 수 있는가 하는 것이 문제된다. 본래 판결의 효력은 그 나라의 영토 내에서만 생기는 것이고, 다른 나라에서는 아무런 효력이 없는 것은 당연하다. 그러나 오늘날의 빈번한 국제교류를 고려할 때 외국판결의 효력을 전혀 인정하지 않는 것은 바람직하지 못하므로, 각국에서는 일정한 조건 아래 외국판결을 승인하여 자국 내에서 그 효력을 인정하는 제도를 두고 있고, 우리나라도 같다(민사소송법 제217조).

또 우리 민사집행법에 의하면 외국법원이 한 판결이 한국에서 집행되기 위해서는 집행판결을 받아야 한다.

제2절 국제사법 총론

1. 국제사법의 적용단계

국제사법적 생활관계에 관하여 국제사법을 적용하여 준거법을 지정할 때까지는 국제사법의 특수성으로 말미암아 몇 가지 단계를 거쳐야 한다. 즉 국제사법의 적용단계는 준거법의 지정단계와 준거법의 적용단계로 나누어 볼 수 있다. 준거법의 지정단계에는 법률관계의 성질결정, 연결점의 결정이 포함되고, 준거법의 적용단계에는 선결문제, 적응문제, 외국법의 적용 등이 포함된다.

2. 법률관계 성질결정

(1) 의 의

국제사법적인 법률관계에 관해서 그 법률관계의 준거법을 선정하기 위해서는 그 법률관계의 성질이 무엇인지 분명히 할 필요가 있다. 예컨대 국적을 달리하는 부부 중 남편이 사망한 경우, 아내가 남편의 재산에 대해서 갖는 권리에 대해 부부재산제(제38조)로 보느냐, 아니면 상속(제49조)으로 보느냐에 따라서 적용되어야 할 국제사법의 규정은 달라진다. 따라서 법률관계의 성질결정은 국제사법 규정의 적용을 위한 논리적인 전제가 되는 중요한 문제이다. 이 문제는 법규정이 없으므로 학설에 의하여 문제를 해결할 수밖에 없다.

(2) 학 설

법률관계의 성질결정을 어느 나라의 법이 하여야 하는가의 문제에 관해서는 ① 법정지의 실질법이 결정해야 한다는 법정지법설, ② 공서에 관한 것을 제외하고는 그 법률관계에 적용되는 법률에 의해 결정되어야 한다는 준거법설, ③ 법률관계의 성질결정의 문제는 법정지의 국제사법의 적용에 관한 문제이므로 법정지 국제사법자체의 입장에서 독자적으로 결정해야 한다는 국제사법자체설 등이 있는데, 국제사법자체설은 다시 비교법설, 저촉규정목적설, 신소송지법설 등으로 나뉘고 있다. 지금은 대체로 국제사법자체설을 지지하는 학자가 많다.

3. 연결점의 확정

(1) 연결점의 의의

법률관계의 성질결정이라는 과정을 거친 후, 적용되어야 할 국제사법규정이 결정되려면 그 국제사법규정이 정하고 있는 연결점의 확정이라는 과정으로 이행하게 된다. 이때 국제사법적 법률관계와 준거법(內外私法)을 연결시켜주는 요소가 필요한데 이를 연결점이라고 한다. 예컨대 문제된 법률관계가 행위능력에 관한 문제라고 성질결정이 되면 국제사법 제13조 제1항을 적용하여 준거법인 당사자의 본국법을 적용하여 재판을 하게 된다. 이때 연결점은 당사자의 국적인데, 그 국적이 어디인가를 확정짓는 것이 연결점의 확정문제이다.

(2) 국적의 확정

본래 국적은 국적법에 의해 결정되는 것이지만, 국제사법적 법률관계에 관하여 준거법이 본국법으로 되어 있는 경우 그 연결점인 국적을 결정하지 않으면 안 된다. 이때 연결개념이 결정된 후 이중국적 또는 무국적이라면 어느 국적으로 본국법을 결정할 것인가의 문제가 연결점의 확정문제이다.

1) 국적의 취득과 상실

국적은 출생에 의하여 취득하는 경우와 그 이외의 사유에 의한 취득이 있는데 우리나라는 출생에 관하여 혈통주의를 원칙으로 하고, 출생지주의를 보칙으로 하고 있다. 출생 이외의 사유로 인한 국적취득에는 혼인, 입양 등 가족법상의 원인에 의한 국적취득과 귀화 내지 국가영토의 변경에 의한 국적취득이 있다.

국적상실사유도 취득의 경우와 같다. 이혼, 파양과 같이 친족법상의 원인에 의한 국적상실, 외국국적취득에 의한 경우, 영토의 변경에 의한 경우 등이 있다.

2) 국적의 충돌

국제사법의 적용을 받아야 할 자가 여러 개의 국적을 동시에 갖고 있는 경우를 국적의 적극적 충돌이라 한다. 이중국적이 성립하는 경우는 출생 당시부터 여러 나라의 국적을 취득한 경우와 출생 후 추가적으로 다른 나라의 국적을 취득한 경우 등이 있다. 이렇게 당사자가 여러 국적을 가지는 때에는 그와 가장 밀접한 관련이 있는 국가의 법을 그 본국법으로 정하고, 그 국적 중 하나가 대한민국인 때에는 대한민국 법을 본국법으로 한다(제3조 1항).

한편 무국적이라고 하여 당사자가 국적을 가지지 아니한 때에는 그의 상거소(常居所)가 있는 국가의 법에 의하고, 상거소를 알 수 없는 때에는 그의 거소가 있는 국가의 法에 의한다(제3조 2항). 이는 국적을 알 수 없는 때에도 같다.

(3) 상거소의 확정

상거소는 속인법의 결정에 관한 본국법주의와 주소지법주의의 대립을 해결하기 위하여 헤이그 국제사법회의에서 타협의 산물로 만들어진 연결점이다. 상거소는 연결점으로서의 사실개념이므로 연결개념의 확정문제는 발생하지 않는다. 우리 국제사법도 상거소를 연결점으로 도입하고 있는데, 당사자가 국적을 가지지 아니하거나 당사자의 국적을 알 수 없는 때에는 상거소가 있는 국가의 법에 의하고(제3조 제2항), 당사자의 상거소지법에 의해야 하는 경우에 당사자의 상거소를 알 수 없는 때에는 그의 거소가 있는 국가의 법에 의한다(제4조).

(4) 불통일법국가에 속하는 자의 본국법

국제사법상 본국법을 결정함에 있어서 그 본국이 미국, 스위스 등과 같이 지역에 따라 법이 다른 불통일법국가인 경우 어떤 법을 본국법으로 삼아야 할 것인가의 문제가 발생한다.

이 문제를 해결하기 위한 학설로는 법정지의 국제사법이 본국법으로 적용할 본국의 특정 지역의 법을 직접 지정하여야 한다는 직접지정설과 본국의 준국제사법에 의하여 결정해야 한다는 간접지정설이 대립하고 있다. 우리 국제사법은 당사자가 지역에 따라 법을 달리하는 국가의 국적을 가지는 때에는 그 국가의 법 선택규정에 따라 지정되는 법에 의하고 그러한 규정이 없는 때에는 당사자와 가장 밀접한 관련이 있는 지역의 법에 의한다(제3조 3항)고 규정하여 통설인 간접지정설의 입장을 따르고 있다.

(5) 법률의 회피

당사자가 국제사법규정에 의해 원래 적용되는 나라의 법률에 의하면 특히 금지하거나 불이익을 받게될 경우에 원래 적용될 법률적용을 면탈하기 위하여 국적, 행위지 등의 연결점을 고의로 변경함으로써 자기에게 유리한 준거법의 적용을 받게 되는 경우가 있는데, 이를 법률의 회피(Umgehung des Gesetzes)라 한다.

이에 대해서는 유효설과 무효설이 대립하고 있으나, 우리나라에서는 대체로 유효한 것으로 보고 있다.

4. 선결문제와 적응문제

(1) 선결문제

문제된 사안의 법률관계가 논리적으로 먼저 형성된 법률관계의 결과에 따라 그 결론이 달라지는 경우가 있다. 이와 같이 본문제에 앞서서 먼저 해결함을 요하는 문제를 선결문제(Vorfrage, Preliminary Question)라 한다. 예컨대 상속과 관련하여 우리 국제사법 제49조는 “상속은 사망 당시 피상속인의 본국법에 의한다."고 규정하고 있다. 그런데 만약 그 상속인이 양자라면, 이 사람이 유효하게 상속을 받기 위해서는 먼저 입양이 유효하여야 하는 것이다. 여기서 상속에 관한 문제는 본문제이고, 입양의 유효성 여부에 관한 문제를 선결문제라 한다. 선결문제에 관해서는 아무런 명문의 규정이 없으므로 학설에 의할 수밖에 없다.

여기에 관해서는 법정지의 국제사법규정에 의해 규율되어야 한다는 법정지법설과 선결문제는 본문제준거법을 적용한 결과 생긴 본문제의 준거법상의 문제이기 때문에 준거법소속국의 국제사법규정에 따라야 한다는 본문제준거법설, 선결문제도 본문제의 준거법소속국의 실질법이 결정해야 한다는 실질법설, 구체적 상황에 따라 국제사법적 이익을 고려해서 해결해야 한다는 절충설, 재판관할권이 있는 나라의 국제사법규정에 의해 선결문제의 준거법을 결정하자는 국제절차법설 등이 대립하고 있다.

(2) 적응문제

하나의 법률관계가 여러 가지의 성격을 가지고 있어서 결과적으로 준거법이 여러 개로 되고 이들이 서로 충돌할 때 생기는 모순과 부조화를 어떻게 정리할 것인가의 문제가 적응문제이다. 대체로 이때에는 양자 중 더 본질적인 관계가 우선하는 것으로 본다. 예컨대, 배우자의 후견과 부모의 친권이 경합하는 경우에는 배우자의 권리를 우선시키는 것과 같다.

5. 반　　정

(1) 국제사법의 저촉과 반정

현재 각국의 국제사법 내용이 동일하지 않기 때문에 동일한 국제사법적 법률관계라 하더라도 법정지가 어디인가에 따라 준거법이 달라지는 경우가 발생하는데 이를 국제사법의 저촉 내지 충돌이라고 한다. 이에는 예컨대 A국의 국제사법 규정에 의하면 A국법이 적용되지만 B국의 국제사법 규정에 의하면 B국법이 적용되는 경우와 같이 국제사법이 적극적 저촉을 하는 경우와, A국의 국제사법 규정에 의하면 B국법이 적용되지만, B국의 국제사법 규정에 의하면

A국법 또는 C국법이 적용되는 경우와 같이 소극적 저촉을 하는 경우가 있다.

국제사법의 적극적 저촉의 경우에는 양국의 국제사법을 통일하는 방법 이외에는 이를 해결할 방법이 없다. 그러나 국제사법의 소극적 저촉의 경우에는 반정을 통하여 해결할 수 있다. 여기서 반정(renvoi; Rückverweisung)이란 외국적 요소가 있는 법률관계에 대하여 법정지의 국제사법 규정에 의하면 외국법을 적용할 것을 규정하고 있으나, 그 외국법 소속국의 국제사법 규정에 의하면 법정지법 또는 제3국법을 적용하도록 규정하고 있는 경우에 그 규정에 따라 법정지법 또는 제3국법을 적용하는 것을 말한다. 그러나 반정을 모든 나라가 다 인정하고 있는 것은 아니다.

(2) 반정의 근거

반정의 근거로는 다양한 이론이 주장되어 있는데, 먼저 총괄지정설은 국제사법규정이 준거법을 지정하는 경우 그 나라의 실질법만이 아니라 국제사법규정까지도 포함하여 지정하는 것이라고 하고, 외국의사존중설은 국제사법이 어떤 외국법을 준거법으로 지정한 경우에 그 외국의 국제사법이 다른 나라의 법을 지정하고 있다면 그 외국은 당해 법률관계에 관하여 자국법의 적용을 원하지 않는 것이므로 외국의 그러한 의사를 존중하여 반정을 인정해야 한다는 것이다. 또 내외판결통일설은 반정을 인정하면 동일한 국제사법적 법률관계에 대해서 내외법원이 동일한 판결을 내리게 되므로 국제사법규정의 불통일로 야기되는 불합리한 점을 해결할 수 있다고 하며, 판결집행설은 반정을 인정하면 자국판결의 효력을 외국이 승인하게 될 것이므로 반정을 인정해야 된다는 견해이다. 한편 이에 반대하여 반정을 부정하는 견해도 강력하게 주장되어 있다.

(3) 반정의 종류

1) 직접반정

A국 국제사법에 의하여 B국법이 지정되었는데 B국 국제사법은 A국법을 지정하고 있는 경우에 A국 법원이 A국의 실질법을 적용하는 것을 직접반정이라 한다. 우리 국제사법상 특정한 예외가 있는 경우를 제외하고 널리 인정되어

있다(제9조).

2) 전 정

A국 국제사법에 의하여 B국법이 지정되었는데, B국 국제사법은 C국법을 지정하고 있는 경우에, A국 법원이 C국 실질법을 적용하는 것을 전정 또는 재정이라 한다. 우리 국제사법상 어음·수표 행위능력과 관련하여 인정되고 있다(제51조).

3) 간접반정

A국 국제사법에 의하여 B국법이 지정되었는데, B국 국제사법은 C국법을 지정하고 있고, 다시 C국 국제사법은 A국법을 지정하고 있는 경우에 A국 법원이 A국의 실질법을 적용하는 것을 간접반정이라 한다. 우리 국제사법은 이를 인정하지 않는다.

4) 이중반정

A국 국제사법에 의하여 B국법이 지정되었는데, B국 국제사법은 A국법을 지정하고 있고, 또 B국 국제사법에 반정규정이 있는 경우, A국 법원이 B국에 소송이 제기되었다면 B국 법원은 B국 국제사법상의 반정규정에 의하여 B국법을 적용하리라는 점을 고려하여 B국법을 적용하는 것을 이중반정이라 한다. 우리 국제사법은 이를 인정하지 않는다.

6. 외국법의 적용

(1) 외국법의 성질

국제사법을 적용한 결과 외국법이 준거법으로 되면 법원은 그 외국법을 적용하여 재판하여야 한다. 그러나 이때 외국법의 성질을 어떻게 보느냐에 따라 결론이 달라지게 된다.

이에 관해서는 외국법은 단순한 사실에 지나지 않으므로 소송상 분쟁 당사자가 당해 외국법을 조사·입증하여야 한다는 외국법사실설, 외국법도 법률이므로 법원은 직권으로 외국법을 조사해서 적용해야 한다는 외국법법률설, 국제사법규정에 의하여 준거법으로 지정된 외국법은 외국법으로서 효력을 갖는 것이 아니라 내국법으로 변질되거나 내국법에 편입되어 내국법 질서의 한 구성부분이 된다고 하는 외국법변질설 등이 주장되어 있으나, 우리나라의 통설은 외국법법률설이고, 국제사법의 입장도 같다(제5조).

(2) 외국법의 불분명

국제사법적 법률관계에 관하여 외국법을 준거법으로 적용해야 하는데 법원의 조사 및 당사자의 입증에도 불구하고 외국 실질법의 존부나 내용을 알 수 없는 경우를 외국법의 불분명이라고 한다. 외국법이 분명하지 않을 경우에는 내국법을 적용해야 한다는 내국법적용설, 소송법상 입증책임의 분배원칙에 따라 그 당사자에게 패소판결을 해야 한다는 청구기각설, 외국법의 존부 내지는 불분명의 경우에도 법규의 흠결에 준하여 조리에 의해 재판하여야 한다는 조리적용설 등이 대립하고 있으나, 우리나라에서는 조리적용설이 통설·판례이다.

7. 외국법의 적용제한(公序法)

국제사법규정에 의하여 외국법이 준거법으로서 적용된 결과가 내국의 공서 및 사법질서를 해치는 결과를 초래하는 경우 그 외국법의 적용을 제한하는 것이 외국법의 제한문제이며, 이러한 것을 공서법(公序法) 내지는 금지법(禁止法)이라 한다. 외국법의 적용제한은 국제사법의 일반원칙에 대한 예외로서 부득이 인정되는 것이므로 이는 신중·엄격하게 하여야 한다.

공서조항에 의해 외국법의 적용이 배제되면 문제된 법률관계에 적용할 규정이 없게 된다. 이때에는 외국법의 흠결에 준해서 외국법으로 보충해야 한다는 외국법보충설, 내국법으로 보충해야 한다는 내국법보충설, 법규의 흠결에 준하여 조리를 적용하여야 한다는 조리적용설 등이 대립하고 있으나, 조리적용설이 가장 타당하다고 하겠다.

찾아보기

ㄴ

ㄷ

ㄹ

ㅅ

ㅇ

ㅊ

ㅋ

ㅌ

ㅍ

ㅎ

[저자 약력]

김 연(金演)

부산대학교 법정대학 법학과 졸업
부산대학교 대학원 법학과(법학석사)
부산대학교 대학원 법학과(법학박사)
University of Missouri-Columbia Visiting Scholar
경성대학교 법학과 교수
(현) 경북대학교 법학전문대학원 교수

〈저　서〉

가사소송법(공저, 고시연구사, 1995)
여성과 법률(공저, 법문사, 2001)
국제사법(공저, 법문사, 2002)
민사보전법(법문사, 2010)
친족상속법(공저, 탑북스, 2013)

박정기(朴正基)

부산대학교 법정대학 법학과 졸업
일본 동지사대학 대학원 법학연구과(법학석사)
일본 고베대학 대학원 법학연구과(법학박사)
University of Washington Visiting Scholar
Washington University in St. Louis Visiting Scholar
부경대학교 법학과 교수
(현) 경북대학교 법학전문대학원 교수

〈저　서〉

생활과 법률(공저, 법문사, 2001)
여성과 법률(공저, 법문사, 2001)
국제사법(공저, 법문사, 2002)
전자상거래법(공저, 삼영사, 2002)
국제거래법(공저, 삼영사, 2005)
인터넷과 전자상거래법(공저, 법문사, 2005)
친족상속법(공저, 탑북스, 2013)

법학통론 [제4판]

2003년 3월 10일 초판 발행
2008년 3월 10일 제2판 발행
2016년 6월 15일 제3판 발행
2018년 8월 20일 제4판 1쇄발행

저 자 김 연 · 박 정 기
발행인 배 효 선
발행처 도서출판 法 文 社
주 소 10881 경기도 파주시 회동길 37-29
등 록 1957년 12월 12일/제2-76호(윤)
전 화 (031)955-6500~6 FAX (031)955-6525
E-mail (영업) bms@bobmunsa.co.kr
(편집) edit66@bobmunsa.co.kr
홈페이지 http://www.bobmunsa.co.kr
조 판 (주) 성 지 이 디 피

정가 26,000원 ISBN 978-89-18-09178-5